张天敏 著

张仲景传

· 上

中国文史出版社
CHINA CULTURAL AND HISTORICAL PRESS

图书在版编目（CIP）数据

张仲景传：上、下册 / 张天敏著 . -- 北京 ：中国
文史出版社，2024.3
ISBN 978-7-5205-4669-0

Ⅰ．①张… Ⅱ．①张… Ⅲ．①张仲景（150-219）—
传记 Ⅳ．① K826.2

中国国家版本馆 CIP 数据核字（2024）第 092605 号

责任编辑：徐玉霞

出版发行：**中国文史出版社**
网　　址：www.chinawenshi.net
社　　址：北京市海淀区西八里庄路 69 号院　　邮编：100142
电　　话：010-81136606　81136602　81136603（发行部）
传　　真：010-81136655
印　　装：廊坊市海涛印刷有限公司
经　　销：全国新华书店
开　　本：787mm×1092mm　1/16
印　　张：46
字　　数：600 千字
版　　次：2025 年 1 月第 1 版
印　　次：2025 年 1 月第 1 次印刷
定　　价：118.00 元（上、下册）

目录 / CONTENTS

（上册）

第一章

霜降过罢时节，大地空落下来，旷野间唯留霜天万里，长空雁鸣。

涅阳城北的张寨村边，涅河水从斜枝杂蒿的荫翳里流出，发出大梦初醒似的水哗声。有古鸦在河边老槐上盘旋，发出一声呱哇，即隐于枝间，幽幽地遥望着汉朝的天空。

村里十几户人家，散落着茅棚与泥瓦房，也坐落着张家的前后群房院。院里三间瓦房是堂屋，砖混的偏房，也有黄背草棚，还有石榴树、寿桃树、香椿树，年年五月，这厢的石榴花才开上东墙，那边的寿桃果又结到西墙头了。院外另有斜枝的花椒树、伞状的老榆树、弯腰的大槐树，还有构树丛和毛竹林，间间杂杂密密麻麻合围起来，齐心协力荫蔽着老张家的庄园气象。

一切都很寻常，寻常得令人漫不经心。可张家院里近来连出怪事，就显得不寻常了。

前天，从村西头跑来一只黄狗，不大不小的中年狗，细瘦腰，长尾巴，低眉弄眼地站在院子里四下瞅瞅，就蔫蔫地卧在椿树根前落起泪来。张家人像看见了绿脸鬼，青天白日，没踪没影，谁也没看见狗是啥时辰，从哪儿进来，为啥落泪的。俗话说猫来穷，狗来富，兔子来了顶白布。黄狗你来了就来了，还落个啥泪哩，你到底有啥名堂啊。

接着是家里神台上爬了条棒槌粗的青蛇，乖乖地盘在神台中间，每有人进屋，就抬下头看一眼。俗话说九月九，龙封口，霜降时节百虫冬眠，一条蛇爬进家里了，这又昭示了哪条卦象？

坐在大关坑边上晒暖的村人，有说是青龙现身，张家可能有大事临门，添丁或发财，乡村的好事无外就这。众人继续猜，因不好猜，便打起渣滓①来。

---

① 打渣滓：方言，捣乱，开玩笑。

平时懒得做饭，只煮麦子吃的小户穷家，还有穿不上囫囵衣，身披麻片，赤脚露身的破落户，也凑过来起哄。

张家东偏房住着丫嫂伙计，西厢是工具棚和牲口棚。这些天，东家吩咐干活吃饭都小腔小调，用人们出进也蹑手蹑脚，连牛铃铛的响声都低了，只怕惊动了什么，再招来什么。女主人张闻氏有点耐不住了，只催当家的去请风水先生，占个卜算个卦，叫人心里透个缝儿。

主人张伯厚是村头儿，担着百户里魁小职，田产房屋在当地十里八乡是冒尖户，又是耕读世家，两儿两女，看哪儿都是福星高照。伯厚看世道也比一般村人高出一层，家遇怪事也不慌张，自有高于村庄人的眼光，把世事看破一层皮。他大儿子上过两年官学，读典籍多，是当官的料，这让他经常关注官场的风闻。他从高层看，官府选官开始推行举孝廉，郡级官必须考核孝敬父母一项，这应了民间颂扬的百善孝为先，凡孝子皆好人品，就是坏也坏不到哪儿去。虽然有不少贿赂上去的稗官小吏，不过是胸无大志，混个吃穿排场而已。他认为自家的儿子不一般，老爱抱着典籍啃，不与凡人搭话，说话办事自有主见，这样的儿郎能当官，定会是造福一方、光耀门庭的廉吏。

在张伯厚关注的汉朝好闻里，当前形势新意多，官府号召改变历法，把时间编成公元几年几月几日，还朝野统用，很有皇家庶民一家亲的味道。他感到这是时代的阳光普照过来了，人心向暖，村风也会好转。他发现百姓庶民间的进步也很多，涅阳县有人在南阳郡买到铁犁铧，一张犁能顶十来个劳力，翻出尺把深的土，磨得犁铧明晃晃的，把黄土地都照亮了，田野到处是希望的光。还有，县城有人在南阳郡官学当差，回来拿了几捆木简。木简比竹简平，拼条穿卷也方便，白花花的散发着木香气，在上边写字更清晰，人称木简为汉简。

这么多形势变化，好像与村人无关似的，老聚在那闲说鬼怪。他最瞧不起这号扯闲话解心焦的愚汉，游手好闲，不知发家。他大步流星走到房后，泼烦地说：去去去，甭在这闲磕牙，该去河边割些竹子回来刮筷子，改变一下手抓麦子吃的陋习。没鞋穿的主儿，开春多种麻学着做鞋，以后打赤脚的人家，再别往人前走了。还有，再瞅瞅谁家老人头发长到屁股后，胡子盖住嘴吃不成饭，就赶紧找菜刀剁短了。我再看见有人大冷天打赤脚出来，蹲树根儿说闲话儿，小心我见一回嚷一回。

人场溜溜地散了，各自归家去。伯厚背抄着手走到村西头，想找一块打井的地。这个里魁小官，想在他管辖的村寨，挖掘水井，大村两口，小村一口。

让民众不再用猪打过滚的坑里水煮饭。过去为喝坑里脏水，常出现拉肚子呕吐，老求神汉施巫。

张寨的神汉陈大仙，前天就放风说，又要打网了。这打网活动，就是有头脸的巫师，结起巫婆神汉和信巫者，每年早春正月十日前后，聚起方圆几十里的巫家们，排半里长的队伍，头扎野鸡翎，身披黑布巾，在村路上锣鼓喧天地扭秧歌，或踩高跷，轰轰烈烈地闹腾。可现在都秋后了，年不年节不节的半路时光，冷不丁又要打网，是想摆啥龙门阵哩。摆龙门阵你就摆，偏又在风光排场里暗藏计谋。

伯厚本来想去请风水先儿看看家事，当看到陈家为打网张狂的样儿，自家再有行动，会有叫板之嫌。他打消了念想，尽婆娘张闻氏怎样催他找风水先儿，他都说随后随后。他明显感觉陈大仙的打网有意图，因为每年霜天寒气降临，在外当游医的二弟张伯祖，会从北山回来，整理草药，带厚衣被。陈家正好选在这时，打网的热闹与二弟的冷清，对张家形成的压力，压得他郁闷不堪。

为什么巫家和医家形成这么大的悬殊，造成紧张局势，伯厚有点不解，他只是对二弟从医的路，一直很反感。最让他反感的是，二弟每次回来，还引得自家大儿子追去找医简读，一天到晚促膝侃谈，像是要把儿子也带到医家那条路上。二弟因为从医受尽磨难，连人生命运都搭上了，还不知改悔。

伯厚想起二弟伯祖的悲惨故事：一次在穰城县行医，舅家的表妹桃红看他用奇妙方术，医好老人的重病，随即萌起芳心。桃红年方十四，长脖细腰高挑个儿，红白圆润满月脸，还有一双巧手，清早天麻麻亮坐上织布机，到更鼓过三，能织一匹麻布出来。她父亲开黄酒行，和地方乡绅亭官都有拉扯，满脑袋攀龙附凤的心思，打死也不许闺女嫁医家。

纯情的桃红是个烈性女子，爱到执迷不悟，情到痴心不移，自从把个菊花香包送给表哥伯祖，就没打算再嫁世上第二人。可汉朝嫁娶有严格礼数，必须有媒妁牵线和父母主张。酒行老板不仅不为闺女作主张，还私下看中个地方小吏，紧赶紧地托媒来说亲，决意把这盆水尽快泼出去，断了女儿闺阁里的胡思乱想。

眼看到了打发闺女出嫁的日子，桃红以上吊跳井碰墙相逼，出言誓不嫁小吏，气得父亲一巴掌把她扇到黑屋里，锁起门来。桃红不吃不喝，熬到婚期倒数第二天半夜，突然有人上房揭瓦，助她逃走。酒行老板不查即知是谁干的，他大为光火，连夜派人奔到张寨，把伯祖重打一顿，把闺女绳捆索绑弄回来，再次关进黑屋。这回是桃红自己扒上房梁，揭瓦而逃。可是再去找她的，不是父亲，而是那个换过大帖的地方小吏，叫了三个铁杆儿弟兄，结伙跑到张寨，逮到桃红，不由分说地推搡拖拉出来。

桃红又是踢打又是抓挠，野猫泼猴的招都用上了，哪怕抱住树拽住门，哪怕拱草窝爬土堆，无论怎样撕拽，都拼命顽抗。四条汉子对付一个小女子，开始只用吹灰之力，想给个小教训让小妮配合回穰城，就没下狠手。后来见制不服，只得下手把她撂倒，膝盖顶住她腰窝，按地上捆了。谁知桃红还在挣扎，不几下又翻过身子，照小吏脸上挠。这小吏飞一脚踢到桃红腰上，接着再卷上去按实了，叫哥们儿把她四肢捆住，系到一个杠子上，抬着走。桃红仍踢腾得一塌糊涂，晃得四人走不稳。小吏叫把她扔地上，揪住桃红两胳膊拽上走。没走丈把远，桃红又挣脱了控制。待几条汉子再逮过来，个个都使了蛮劲儿。

小吏听见桃红的尖叫声太过惨烈，有点惊心。他摆手叫大伙停下，然后弯下膝盖顶住桃红肚子，俯下身脸对脸问：二尿妮儿，到底想嫁谁，说！

桃红咬牙切齿地撑过去：张伯祖——！

嫁不成咋办？

跳河，上吊。

死不成咋办？

我烧你家房子，咒你家十九辈全死光！

小吏叫人继续拽住她胳膊，顺地拖着走。

桃红的身子实实地蹭着地，后背底下是砂子麻石与车辙，搓磨着细嫩的皮肉。拖过半里路，桃红的裤子掉了，小吏叫停下把裤腰勒好。又拖了里把路，尖叫的桃红就剩下低弱呻吟的力气了，后来就像杀到半死的羊羔，身子软塌下去，时不时惨叫一声。

四人轮流拖着走了五六十里路，走走歇歇，终于到了穰城东的湍河边。眼前十来里的河滩，一片白沙滩上，只有尺把宽的独木桥，颤颤悠悠的，还只能一人过。小吏拍拍桃红的肩，把桃红拍醒过来，蔫耷着头的桃红，坐地上少气无力地喘着，被小吏扶起，颤抖着走上桥板。走到桥当中，她突然错开半步跳到水里，跟跄蹒水跑开。从背后看过去，她的裤子磨烂了，蹭碎的后背，露出血淋淋烂杂杂的皮肉，已包不住脊梁上的碎骨渣。小吏跳下水去追，眼看近了，桃红跳出水跑到沙滩上，抓一把沙子朝后甩，小吏揉着眼叫唤起来，桃红顺着沙滩往北奔逃。

三条汉子追着抄着，终于捉住她，三下两下揪起头发，抓住衣襟按倒在地上，完全控制住，喊小吏过来。小吏摆手叫三人退下，他把毫无招架之力的桃红揪拽起，像拎小鸡一样，拎到沙滩那边的芦苇丛里。约莫一顿饭的工夫，小吏扛着个软人出来了，扔到沙滩上。桃红的脸抵着沙坑，身子扔啥样是啥样，下身在流血，鲜血染红了白沙。

众人拉好绳子，想上前捆人。小吏打个手势说：不用捆了，就扔这野滩里，一文不值的货，看谁还会要她。众人回头看看桃红，只剩蜡白脸，黑头发，绿裙袍和红腰带，像个彩色包袱摞在沙滩上，半趴的脸，身腰扭成了弯儿，再没有动一下。

人走了，河滩空了，只剩下千年河风悠悠地吹过来，卷过去，将湍水撩起层层波纹。有鸟儿向空啼叫一两声，突飞起，落在不远处的芦苇荡里。

等酒行老板晚上带了人，打着火把找来时，只在沙滩上找到一只鞋，人已经不见了。河边有人说桃红可能漂到下游去了，或被蚕贼发现吃了肉。酒行老板捡起鞋，在河北选个地角掩埋掉，隆起一座孤坟。

张寨的伯祖，在众人揪抓桃红时，冲上去护人，被小吏推回院里，绑到了树上。等西院的伯厚听到声音，拿刀来割断绳子。伯祖疯了似的奔到穰城，拐弯抹角打听到桃红消息，最后得知，心上人已变成一座坟茔，埋在湍河北岸的地角。伯祖向当地的放羊人打听，桃红是怎么死的，人们说小吏把桃红拖进芦苇荡里，一顿饭时间出来后，人就不中了。伯祖第二天找到了河北地角的新坟，扑通跪倒在坟前，大放悲声，然后呜呼痛吟：

> 山海情兮，桃红魂。感天地兮，泣鬼神。
> 有来生兮，定相遇。守白头兮，不离分。

伯祖临走对天发誓：你宁死不嫁他人，我立志不娶二女。从此只管游村串乡，行医问病，回到张寨，只为换洗衣被炮制药材，再不问家事村事。

这桩爱情故事惊动了方圆几十里，被人说成书唱成戏，写成诗文。也有人当成笑话侃：巫家金屋美娇娘，光棍医家漂四方。任凭找个懒虫过，也不嫁给游医郎。

尽管后来，伯厚发觉医术比巫术好，可眼看巫家张狂得不可一世，就打消了看好医术的念头。打井之事，在他内心潜着，只因二弟去年走时说，村坑水不净，煎药效果不好，不如北山泉水好，他才想到打井。他想如果村里打了井，老二就会回来，找个媳妇过日子。可是，眼看霜降到了，老二还不回来，村上陈大仙的打网活动，却开张在即。

十月中旬秋燥期到，夜半，涅阳城更鼓敲过三声，伯厚还在床上翻烧饼，多次入睡不好，诱发了头痛。张闻氏说：看看巫家闹腾多大呀，老二也不知咋混的，整天不见个人影，读那么多简，好吃好喝呀。

伯厚说：你别看巫师表面热闹，没真才实学，骑驴看唱本，走着瞧吧，不想下苦力耕种的主儿，拿巫术捞财发家，兔子尾巴长不了。

张闻氏说：说得再美，我在涅阳听说皇帝都只招巫师，进宫观天象，测事运，叫巫师一步登天，谁会看医家一眼啊。瞅老二再回来，你也劝他心眼活络点儿，去奔个官路，再不然找个婆娘成个家，种好庄稼生好娃，正儿八经过光景。老流落外乡丢人败迹的，回来了脸上戴个驴鞍颜①往人前走哇。

夫妻俩正在叙叨，门前来了两个骑毛驴的后生，带一捆麻布，一袋谷子。下了毛驴，双手抱拳躬身施礼，道：晚辈前来拜师张医家。

伯厚摆手说：张伯祖去北山了，不在家，在家也是屁股不沾五级土②，咋收徒弟呀。后生回家去学别的手艺吧，如今巫师横行，当医家是打渣淬哩。

请指教学啥好啊？后生问。

张闻氏插嘴说：你睁眼瞅瞅行事嘛，医家背着药褡裢溜村串巷的，人家巫家兴师动众演大戏，走哪赢哪。

伯厚说：去学个木匠石匠啦，磨个豆腐啦，钉个驴掌啦，都比这强。

后生悻悻地牵着毛驴走人。

伯厚说：以后谁再来拜师，你就把老二与桃红的故事讲给他听，保证他听了八辈子不学医家。

那故事不怨老二，只怨老舅不通达，叫恶吏毁了桃红。

两人正在说，门前又来个驼背老汉，说是想要贴疮的膏药。张闻氏想起，过去老二曾熬过治疮的膏药，还有顺口溜，记不清了，她说：俺家医家去北山了，家里没存药。

---

① 驴鞍颜：方言，指遮羞布。

② 屁股不沾五级土：方言，指脱离实际，不接地气。

老汉说：我听说医家在俺们村治疮时说，一斤油二斤啥呀，没零没整摊一千。你只说出那二斤是啥，我回去自家熬。

张闻氏转身往西间跑，不大一会儿小跑步返回来，对老汉说了几句。老汉听后笑着说：都说家传秘方不外传，你家会有好报。

伯厚又坐到太师椅上沉思。他想巫界衬得医家这么不景气，咋还有人想学医。最不省心的是自家大儿子，刚才张闻氏肯定是找他问出了膏药秘方。伯厚一想起这事心里就梗得慌，那娃会不会也想走老二的路，到处漂泊流浪，居无定所。这娃可是上过官学，读过典籍，长大后进朝为官的栋梁之材呀，可别叫老二给带泥坑里了。

秋冬交替时季，地里庄稼都收完了，空落落的野坡，在期待下一轮的耕播。农谚说：秋分早，霜降迟，寒露种麦正当时。可在这节骨眼上，当家的睡榻上喊头痛，张闻氏只好托长工拐三，回老家去叫劳力来帮忙。

种罢麦，从穰城方向过来一个摇拨浪鼓的挑担货郎。

此人是平晋县的，穿青灰麻袍，腰系战带，浓眉长须，云排大脸，人称申风水。申风水平时在平晋、涅阳、安众一带活动，远的去过南阳郡、穰城县，在方圆百里都有名气，到哪个村里没人不认得，没人不上前搭腔的。货郎把拨浪鼓晃啷晃啷摇起，村里的大姑娘小媳妇，老婆子小娃子都跑了过来，大襟里包着碎铜烂铁、长头发或旧鞋底来换货，大人换的针头线脑，小娃要买花喜蛋。沉闷的村庄，瞬时活泛起来了。

这申风水，不仅会看风水，还有好人品。几年前城边有个光屁股小娃，拿着半截金砖来换糖。申风水哄那小娃说，我给你个大块，你拿不动，得领我去你家找大人。说着挑起担子拉住小娃回家，把半截金砖交给小娃的爹，就挑担走人。这事传开后，不仅生意好，上门请他占卜施相术者也大增。

此时，货郎担前围来不少人，申风水的眼，却只往张家院落上瞄。

他知道张伯厚是识文断字之人，还深知这家出了个名医张伯祖，通读医典，精研方术，为人医病不收钱粮。只因这里有巫婆神汉闹哄，小小地盘装不下心志高远之士，名医才云游四方去了。申风水心有见贤思齐之念，却很少接触到伯厚伯祖，只是每走到这都停下来，观望张家的宅院风水。

这院地基较高，林荫间垒了几个鸟窝，有喜鹊麻雀黄鹂在枝间啾鸣。最显眼是院门口的老椿树，高枝上悬了个大鸟巢，本来无声无色，细看却充着居高临下的气势。宅院里的树林荫蕗，也散发着一股清香气，这百花萧落的深秋，哪来的香气，申风水在寻找。

申风水不顾众人看这挑那的，只是捋着胡子站在那端详，执意要把张家宅院看出个究竟来。

有人背后调侃，申风水是谁？是能把死蛤蟆说出活尿来的主儿。就想上前问个稀奇古怪事儿，挑个小难题，为长见识，也为逗乐。这天围观过来三四个老人，靠树根儿蹲着，边吸烟边看热闹，待人场消停下来，就问：都说风水先儿喝墨水儿多，古今没有不通达的，那你知道涅阳城在古代有啥来头？

申风水深知问家的心眼儿，大多是獝獠怪或咬蛋虫之类，为提个凉壶露个能。你若答不上来，会落个灰不溜秋，让问家占了上风；若答出来，对方会步步紧逼，挖地三尺。申风水本来不想跟这人一般见识，但见边上看客在期待这场好戏，眼里都悬着念，看你如何下场。他略加思忖，说：汉高祖刘邦这个人物，你知晓吧，他当朝在位时，把一个名叫吕胜的人封过涅阳侯。封侯是啥意思哩，就是将一万户划成个小国，封者便是王侯。还有，光武帝刘秀也封过他次女为涅阳公主。这其实都是妇孺皆知的芝麻籽儿小事，识得半筐简字的，不用在这绕口舌。

问者赶紧又提个冷门儿：你再说说古代伏羲氏，到底是个人，还是个神？

申风水读的八卦典籍成捆，问到狗国都能对，可偏就历史这一门，没细读深究。他不愿顺嘴胡诌，又不愿搁面子，就硬着头皮，道：伏羲是个人物嘛，据我所知，是古代发明阴阳八卦的人，人们把他奉为神灵，其实他有人的一面，也有神的一面。

你说这也太八卦了，又是人又是神的，像是打渣滓哩。

申风水说：我举个例子，古代人们都认为黄帝有四张脸，有人问到孔圣人跟前，孔子说：黄帝是要治理四方的人，并非有四张脸。

这边又问：你说孔子，是哪个朝代的皇帝？

申风水说：孔子不是皇帝，可比皇帝名高，他是古代上知天文下知地理，无所不知的大学问家。

凭着三寸不烂之舌，在哪儿都能过关斩将的申风水，对付村里的混混儿，不过小菜一碟儿。对完此番话，围观者、旁听者，一阵阵唏嘘，也把他推到神秘处，还勾出了他的身世来历。

看申风水是一个宅心仁厚的先生，那生身来历却是一路地血雨腥风。这本身就是大雾渡迷津，引人窥视的奇事，人们就风言风语加穿凿附会，把申风水的小出身儿，扒了个底朝天。

申风水的外婆家是涅阳城的，据说他母亲长得赛过天仙，一次赶集回村的路上，被莽汉拖到了野沟毛林里。披头散发的申母回家对男人哭诉，男人要去杀人，被申母拦下。母亲在他九岁那年去世，申父拉杆带两个兄弟，当上了灵山盗，打扮成大路神，用竹竿扎起丈把高的人架，搭上麻布，用锅底黑灰画上鼻眼，专等三更天鸡不叫狗不吠时，到富家去敲门，所见者没有不吓趴下的。以此绝招，申父偷走了两三户富家的驴骡，从此人称申大盗。有一回，他作罢案回来，被恶霸连夜追来，把申家茅棚捣塌，瓦房毁掉，牲口牵走，还扬言要灭申门。申父带着儿子，连夜逃到灵山洞里藏身，窝了一年复出，半夜跳墙把恶霸杀死，又去了北山。不知此次是去谋生，还是遁入空门，从此再无音讯。

几年后，一个中年婆娘拉着个半大的娃进村来，找人把申家房墙糊了泥，搭了顶，起灶铺床，住了进去。人们见这娃与申大盗带相，问是不是申家之后。婆娘说小娃是她在一天夜里拜月时受孕。人们问及小娃为啥姓申，她说因申大盗救过娃的小命，为感恩而得。婆娘还自称仙家，能看风水，医小娃怪病，在她手里起死回生的小娃，数百上千。

有人要建茅棚，她跑去细看宅向，说门前有深沟，门侧有陡坡，地脉水脉风脉都不顺。那家人看她妇道人家，并没理睬。可等盖好棚子搬进去，一夜大风掀了棚盖，一根杨木柱正好砸在老人头上，当场断气。这对夫妻挑儿担女去外乡讨饭时，又遇荒兵断尽粮草，一家人被生吃了肉。一场悲剧成全了婆娘，从此声名大振，当地人有事都来找她看风水。她领回来的小娃也跟她当门徒，成了现在的申风水。几年后，婆娘患了风寒打喷嚏，半夜发高烧，再后来咳嗽哮喘。自称能治百病的半仙之人，在一场自施的麻秆火术里，倒地断气。

申风水长大后当上风水先生，因多读了典籍，学到相术真知。到了娶妻生子年纪，妻子生下龙凤胎，大闺女取名巧凤，小儿子取名玉龙。

岁月之水从远古流来，途经尧舜禹，又历夏商周秦，终于从前汉流到了当今。随着时光推演，天地间也弥漫起信奉巫术的浓云。虽然在古代有名医扁鹊，把巫和医分若泾渭，可兴盛的巫婆神汉，仍在利用巫术施招，驱鬼医病，把医家排挤到边儿上。申风水对此很是愤然，也很敬重游乡串村的张伯祖。

荒年迷岁里，有关妖魔鬼怪的传说，跟天上的云一样，这村飘一缕，那庄浮一团，缕缕团团形成了云系，压抑着晴空。在街上赶集的人，也经常传怪事：你知不知道安众有个大闺女的窗户上，爬了只花蛤蟆，说是花郎婿，那闺女半夜惊乍，不吃不睡，半月后就疯得不成人样了。

哎呀，东庄有个新媳妇隔窗看见花脸鬼，嚷着寻死觅活的，又是上吊又是跳坑。

那也不新鲜，北营有个憨老头饿极了，活吃了瞎老婆身上的肉。

嘿嘿嘿，简直妖魔降世，莫非又要改朝换代了？

晴天日头出来了，在张家山墙边晒暖的老人，听够了这些，话头拐个弯儿，侃起了帝王家的高端事，说：汉高祖刘邦年轻时一介小混混儿，耍得猪皮厚脸，混了个小亭长，最后连哄带骗打败了项羽，得到霸业。世人都说胜者王侯败者贼，现在反了过来，英雄不一定能打过奸贼。

因为识字人少，凡读过两捆竹简，都通达巫祝祭礼之事。更有不学无术、游手好闲的混混儿，不想辛苦种地，只盼天上掉馅儿饼正好落到嘴里。此等人一觉醒来口吐白沫，浑身抖如筛糠，大喊神鬼附身，或称太上老君命名，或称接到祖先降下包治百病的神药，即混入巫界捞取钱粮。于是，村村有热衷施巫的神婆，庄庄有兴巫施术的神汉，有的一村几个巫家。耕种桑麻的小户人家，一年收成连只羊娃都买不起，当上神汉半年，即买起膘肥体壮的毛驴，昂首骑驴去施术。

如此这般，朝野上下，生老病死，男婚女嫁，搭棚起灶，就连挖沟开塘，件件都依赖巫家指点，那些巫婆神汉，就这样风光起来了。

此年的汉宫，阳光并不灿烂，红墙绿瓦的殿宇里，丝竹管弦交会奏响，当朝的小皇帝虽年幼，也比前几朝皇帝年龄略大。前朝有刚满月的，被母亲抱着登基的，还有两三岁上位的。正是这一代代娃娃帝王，不是哭着不坐龙椅，就是在龙位上尿湿裤子，站到权力的峰顶，在汉宫出尽洋相，也给民间留下话柄。结果，不是把江山交给野心勃勃的外戚，就是让江山架空在城府深沉的宦官手里，外戚与宦官，都认为小皇帝执政不靠谱，将权力紧紧抓到自己手里才行。末日情结起时，捞钱的捞钱，结党的结党，谋反的谋反，地方王侯们也趁机加强割据，各地豪绅跑马圈地，招养家丁，闹得狼烟四起。

汉朝的大乱，来自宫廷暗潮；小乱，来自巫术毁掉的世风良俗。

比起张狂虚诈的巫师们，申风水还算实在。他通晓风水常识，也深知民众愚昧，就是巫家把迷魂阵摆到天上，也没人辨识或穿帮，这是巫婆神汉们得势的原因。可申风水还是想在红尘里，保持点清醒头脑，持守良知节操。他钻研八卦法则，为人卜算时，尽量撤去虚诈不实的说辞，想务点实，积点德。

此时，他仍捋着胡须站在张家宅院边，神秘的眼神儿，从后院堂屋到前院楼门，缓缓扫过一遍。四下打量罢，想译出内心感知的密码，又看见大门上"耕读世家"四个字，品味良久。他见门外剁草的拐汉只往他这看，就打起了招呼：你忙啊，咋称贵姓。

拐汉笑笑说：免贵，我姓郭，都喊我拐三。

申风水有点奇怪，问：姓郭，咋讹成拐三了？

拐三红着脸，笑着说：郭三喊拐三，是把拐腿也带上了。

申风水一时想起稀溜打哈的村庄名，把李庄喊成裂庄，许营喊成学营，郑洼喊成真洼。沾字讹音的俗套，吊儿郎当的没个正经样，看着不正经，却图个好玩儿。他想跟拐三拉一下家常，可拐三已笑着进院里去了。

再看老张家宅院风水，申风水忆着主人张伯厚，高个子，前额宽阔，面相堂正。测面相术应先看眉毛上方，叫天庭，即福堂部位，张伯厚就属于吉人天相。这家望族，早该与自己发生点联系才好，亲戚、好友，或地方名流圈，都是不错的人情风水。

偏在此时，一条青蛇探出墙头，吓得申风水一愣，却忽来灵感，叫道：青龙现身！此宅气象鲜，仙气罩高天，左有水青龙，右路白虎占，青龙白虎益，张家非一般。

有人问：张家哪儿不一般啊？

申风水说：这家要出人物哇。

至于多大的人物，出在哪朝哪代，人们再问，冥顽的申风水只笑着摆手，不吐一字。却在内里自语：天机只可意会不可言说，一说就破，一破就错。

看客们傻眼了，目送申风水挑担而去，有人说这人的脊梁像龙骨，说不定是神灵派来的。也有人嘀咕，风水先儿故意打马虎眼儿，不说实底，是瞎吹胡侃的。也有人到处奔告：张家要出大人物了，大得连风水先儿都估不出，不是真龙天子，就是朝廷命官啊。有老人听了，开始在张家人里数点。

这家老一辈弟兄四个，老大张伯厚，担任里魁小职，东汉聚百户设基层里魁，生养两男两女。老二张伯祖从小爱看药简，年过二十去北山采药，常年在外游医，至今没娶妻室。老三张伯洪，几年前发山洪被冲走，留下老伴和一双儿女。老四张伯志是个木匠，三个未成年儿子，取名四发五福六顺，婆娘是个半语子，说话口齿不伶俐，干活拖泥带水，日子老过不到人前头，至今仍住村北草棚。

盘来点去，从张家七八个小字辈中，单单把张伯厚的大儿子挑了出来，此人名机，字仲景，年一十二岁。

第二章

张寨村老椿树下边有个二亩地大的村塘，人称大关坑。

清早，没有洗脸盆的人家，都跑到这洗脸，坑边上围了一圈人，跟落雁滩一样，蹲那洗脸，也有人打水回家烧茶煮饭。尽管坑里水浑得看不见底，靠边的水面浮了一层树叶草渣，新长的菱角秧和棉草，一只死猫泡发了肚子，像个塞满东西的包袱。说是一村人的关坑，实际是村人扔杂物倒尿盆的大粪坑。每到下大雨，村外小沟里的水，带泥卷沙流过来，冲得坑里的水成了黄泥汤。

村人吃喝洗涮一坑水，从古到今，没有改变过，也没想去改变。只有张伯厚想打井改变村人吃污水的现状，想了几个月，仍没落于行动。

坑边不知什么时候，成了村人聚堆说话的场，早上来洗脸，也不耽搁说闲话。有人说：申风水顺嘴胡诌，张机是个愣头青，从涅阳县官学下学后，不跟娃们玩，不爱随大溜，也不务地里农桑活，老钻家里啃简，还拿树棍儿在地上画字儿，不知能画出啥名堂？

是啊，整天勾头读简的闷葫芦，能成啥人物，怪物还差不多。本来洗了脸甩甩手，就该回家了，一提起村里新鲜事儿，洗了也不走了，蹲到坑边听稀罕。村里唯有张家和陈家有洗脸盆，不来坑里洗脸。这天早上，村人正在闲说张家，陈大仙却来了。

陈大仙是张寨的巫汉。东汉的街头村巷，到处能见着摆个麻布摊，为人算命打卦的巫家。这类人可分为风水师、施术师。人们称陈大仙为巫汉，而不是巫师，因为他没有师传，没有学问，只是在外村看几场巫婆施术，忽一天夜里站到家门口哈哈哈哈大笑一阵，接着身披黑布转个圆场，双手抱拳道，半夜汉高祖点了他名，说他夜半时辰得道成仙，身怀医病妙术，通医百病……

人们开始是用半信半疑的目光，看这天降的神仙，瘦筋脸，眼窝深陷，鹰样的眼珠炯炯闪烁。当上大仙后，他头戴黑色猛一抹帽，穿起了长衫，手挂柳木拐棍，一袭装扮透出一身神煞气和阴森感。

可大仙有些天没接到求巫的病家了，感觉门前冷清。他听说了申风水的看张宅的事，正在心里不平，一大早来了个后生，背着有病的老娘。大仙内心庆幸，想把施巫场拉到人伙里，叫村人看看他施术的高超样儿，转移下人们对张家的关注度。他先是站到院墙根往外瞅瞅，见大关坑边聚了不少人，就上前凑场。

他站边上听了会儿，说：申风水说的是张家要出怪物，没说出人物啊，没影的事别胡诌嘛。说罢朝后打个手势，说：把病家带过来，今儿适合在水边施术，让诸位看官开开眼界。

话刚落拍，一个后生背着个老娘过来了，病婆塌蒙着眼不看人。后边跟着大仙的老婆九桂，边走边说要烧麻秆火驱鬼。

病婆说：救命啊，我怕火烧。

九桂拿出黑布蒙住病婆的眼，喝道：你是哪路神鬼，不招出来，架火堆上烧焦你，快招！

大仙接着说：啊哈，是风神雨神日神月神土地神，是路鬼树鬼石鬼门鬼灶王鬼，哦，你说不是鬼神，是老妖啊？那你是花妖水妖风妖云妖雨妖，快招吧，半天是个露水妖，太阳一晒不见了，不用施术驱鬼了。

九桂跟着呼喊：露水妖，拿火烧，烧死了，顺水漂。

大仙问病婆：放这么大的招，你病好了没？

病婆说：头还是疼，里头像塞刀子了。

九桂惊诧地问：你见着妖没，见着鬼怪没，知不知道玉皇大帝啥样，太白金星又啥样？

病婆哼一声哭了起来，捂着脸再不说话。

大仙说：妖害怕了，快进屋施术，叫你无处钻。

一竿子背人的、拿物的、念咒的，齐咕隆咚呛，将一场热闹大戏带进了陈家院子。

人群散场后，张伯厚来了，也站在张家院墙里，边吃馍边往坑边望，足有一顿饭工夫，待陈家一伙人撤走了，他才瞪着眼指着众人，啸啸地嚷：都起来起来快起来，回家拿家什把坑里脏物捞出来，再拿麻秆在水里栽个隔子，把净浑分开，吃喝好有净水用。说罢，先回家拿来了长竹竿，叫人把坑里脏物捞出，摊到一边晾着。又拿来麻秆和竹竿，叫人在坑中间栽道篱笆墙。说以后都不准往坑里扔死猫癞狗，也不准沤麻秆倒尿盆儿。栽了隔子后，脏的一边洗菜洗衣，净的打水回去，用竹筐小灰过滤了，再煮饭烧茶。

众人散去时，从张家房后过来了个少年，人们回头一看，是张仲景。手里拿着个小棍儿，肩上背后着装医简的布袋，也不知是来老椿树下画字的，还是来背典的，他跟村事从来不搭调，到人场里也不跟凡人搭话。

张仲景过去在官学里认字，生字就找地溜平处画。他看中大关坑边上小娃们常来玩耍，踩得光溜溜的平地。他肩上搭个麻布袋，迈着小方步走到椿树下，嘴里还小声嘟囔着什么。这行为本来就不在调，偏巧背着的布袋口，又拱出一条青蛇，抬头往外瞅。

人们吓得爷呀妈呀地惊叫着，往边上躲，连说怪物怪物。等看清了蛇只是探个头往外看，不是出来咬人的，就说：真是涅阳境，地面邪，说个王八来个鳖。嗨，你这娃儿是张鸡呀还是张鸭？话刚落拍，带出来一阵阵的哈哈哈。

仲景看看挤眉弄眼的村人，耷拉着眼皮，心还没从竹简上扯过来，更没心思顾及人们话里的话儿。他今天要写《黄帝内经》里的生字，二叔为他找到两卷散简，他读了发现有不少生字，才来找地方写。

这时从东边蹿来一条小黄狗，站在仲景面前叫起来。仲景拿起写字的小树棍晃晃，想吓唬跑黄狗。谁知狗被激怒了，扑上去咬住他的袍子角，猛一甩嘴，撕掉了一块。仲景赶紧钻到花椒树那边躲黄狗。这时布袋里青蛇腾起老高，他才看清黄狗原来是冲着青蛇叫的，他不知青蛇是怎样钻进布袋里的。正在惊慌，弟弟仲祥跑了过来，一看哥哥白着脸，呸呸吐两口唾沫搓搓手，捋捋袖子去追黄狗。

小黄狗跑到村外庄稼地里，累得张嘴伸舌头的，夹着尾巴喘气。仲祥趁机上前揪住狗头，夹到两腿间，掰住狗嘴，上下颌分开，蛮力猛一掰，狗嘴裂开，血流如注。仲景也过来了，一看黄狗嘴角流血，他掐一把刺角芽揉成泥，要扔给黄狗。仲祥拽住他，火爆爆地说：哥你个呆子，跟狗讲仁义呀？

村人一片哗然：我的爷光神哪，张家还耕读世家呢，看看这两娃，一个二火山[①]，一个二愣子。

仲景降生在农历七月十五，老祖宗说是个鬼节。村人过这节要为家鬼招魂，在桌上摆一幅碗筷，把家人衣服摆门里头，叫家鬼挑选着穿，有的老人还会喊魂。生仲景那天傍晚，天下起了冰雹，砸了一季庄稼。天放晴时都半夜了，月

---

① 二火山：方言，指精明、有头脑的人。

亮升起，仲景落地。

仲景掉下地只哭了一声，就睁开眼到处瞅，好像懂事似的。九个月会走路，十个月会说话，三岁跑到二叔院里拿起医简，问这问那。过八岁去上官学，回来不顾大关坑边老少怎样玩，他只拿个小棍儿在地上画字。才过十二岁，脸型大变，浓黑剑眉，眼中透着刚毅冷峻，内里像是装了一肚子心事，整日郁结不开。

仲景穿戴打扮也跟别人不一样。汉朝人大部分穿长不过膝的麻布短袍，和尚领，腰系战带或麻绳，赤脚走路。仲景偏喜欢穿青色立领长袍，还叫母亲在前襟钉布扣。众人都长披发，可他小小年纪就头扎青色幞巾，走路迈着方步，像是有一肚子学问拖着，老走不快。乡间尘芥草民，走路慌张，遇事鲁莽。可仲景走过来却有模有样，身带一股清朗气。

仲景还有一怪，别的娃都是过二十才取字。他听见村人喊他机娃，老觉得嬉皮笑脸的不正经，他在十二岁开罢锁子，就叫父亲给他取字。伯厚与张闻氏私下笑儿子不懂事，表面却应付他，说等想好了再取。谁知仲景要起个畅亮好听的为字，自取了仲景，还说仲景寓意自信独立，谦虚好学，顺利发达。

仲景对终身大事和农桑耕作，也懵懂得不识人间烟火。同岁人开始拉犁耙地了，他仍十指不沾阳春"土"。身为老大，家里活都是弟弟仲祥和长工去干。大麦忙天，南坡北坡都割得热火朝天，他仍拿着竹简在河边踱来踱去，嘴里念念有词。村娃过十二岁会有媒人上门说亲，别人都求之不得，他却不予理睬。媒婆走了，家人苦口婆心地劝，他目光仍盯在竹简上。村里老人慢慢看花了眼，看不破那层谜，这娃苦读竹片儿，不思当官儿，也不通神道儿，真不知能算个啥人物。

然而，这一切，都没有影响到张仲景在捧读医简的时光里，茁壮成长，朝着申风水预言的，老张家要出人物的方向前行。

这天，张寨村北边弯弯的麻石路上，传来一阵嘚嘚嘚的驴蹄声。

仲景的二叔张伯祖，骑着毛驴回来了。三十刚出头，胡子就长到脖子底下了，头发蓬起，过去的方脸膛因消瘦显得长了，显出了清萧文弱气质。穿的衣袍肩上褪色，靛青变成了月白色，袍角烂了几处。流落异乡，居无定所，千百磨难的日子，早早带给了他一身的老气横秋。可你说他老吧，双眼清澈明亮，闪着炯熠的神气，说话鼻音浓重，气质也淡定出尘，猛一看上去有点怪怪的。伯祖青年时学医，家有藏典《黄帝内经》和记载神农氏尝百草的散简。他的名气远在南阳郡、穰县城，近在周边十里八乡都很知名。他医过的疑难杂怪症，药到病除，还一律不收钱粮。

这次回来，他顺便带回了新采的草药，想到南阳郡去一趟。他有一年多没回来了，久违的感觉，撩起很多忧愁。他在村头碰见了来福，来福瞅瞅他，点个头擦肩过去。伯祖记得来福的儿子发过高烧，烧得浑身烫人，嘴里说胡话。来福却在大关坑边玩蛤蟆跳井的游戏。来福婆娘一看小娃快不行了，叫来福找神汉救命。来福信神，跪地求神保佑，求了半晌，小娃翻了白眼。为这事伯祖内疚了好长时间，他认为来福儿子得的是脑病，当时没人来喊自己去诊，是埋小娃时的哭声惊动到自己。可是，陈家却在村里散布闲话，说来福去找过伯祖，没医好病，耽误了一条小命。从那以后，来找伯祖治病的人少了，门前冷落，放着医术没用场，他才骑上毛驴去了外地。

伯祖进来西院，拴好毛驴，取下药褡裢，把成捆的草药拿出来。随后放眼环顾冷清的院落，没有一丝人气，只有惨淡的往事，不断浮上心头。

他想起了桃红，如果她还在人世，好好地嫁过来，现在也应是儿女双全的美满家庭。只因自己是个医家，误了终生，也毁了桃红的命，落得至今回家来，这般冷清。

与张伯祖的故事相反的，是张寨村西头的陈家。弟兄二人，老大名陈家仁，老二陈家义。名占仁义二字，听起来很暖人。二人还有乳名，大郎二郎，大郎从巫，人们喊成了大仙。二郎更名，要从西沟的莽林里说起。

有天下午，西乡一个上街去涅阳赶集的小媳妇，走到西沟树林里，遇到莽汉蹿出来拦路，言说要娶她为妻。小媳妇说俺有男人，还生过娃。拦路贼不由分说，推倒小媳妇，扑上去按地上要施暴行奸。陈家二郎及时雨似的赶来了，抓起拦路贼，拎鸡娃似的往边上一扔，折断树棍上去打，拦路贼提着裤子哇哇大叫着跑开。

小媳妇赶紧爬起来跪谢救命恩人，二郎摆摆手示意她别动，瞅瞅四周没人，解开了自己腰里裤带。小媳妇家住偏僻深乡，从没见过穿得这么好，身条这么高的标致汉，一时稀里糊涂，当二郎推倒她扑过来时，已知要发生什么，身子已被二郎压实了。二郎风卷残云，了却一场意外的兴趣，起来后，见小媳妇捂着脸躺那不吭不嚷，就好言哄着说：妹儿呀，我是涅阳城人，为保妹不受恶贼奸害，这又看中了妹儿，你说打哪儿来的好事啊。

小媳妇问：大哥，你是哪路神仙啊？

是神，还分哪路不哪路，妹儿就叫我二郎神吧，再遇到险事，就找哥。

小媳妇听了，起来走人时，问：哥，你说是二郎神，咋没见你三只眼哩？

二郎神摸摸前额说：这只眼是神灵配给，凡人看不见。

小媳妇回家后对男人说了此事，只说了前半截英雄救妹，把后边的英雄睡妹掐断了。过几天男人领着媳妇，扛一袋小麦，来张寨报答。这一来，二郎神重又看见小媳妇满面桃花粉红颜色，腮含春意，眼送秋波，还有浑圆的前胸后腰，直把个年过三十浪荡岁的狼虎欲望，轰然点爆了，他不由私语，这是熟鸭子送到嘴边了。他热诚留客吃饭，要与贤弟喝几大海碗老酒，一醉方休。他又摊开两手说灶火没啥好肴，不如我给铢钱，劳贤弟上街去买。小媳妇男人哪里肯要钱，骑上毛驴就朝涅阳城奔去。

细听那嘚嘚嘚的驴蹄声走远，二郎神迫不及待地伸手搂住小媳妇，就往房屋里钻。东院的老大媳妇九桂正在纺花，听见隔院女人吟声，一声高一声低，唱曲儿一样的柔腔轻调，听得人肉麻。九桂忽想起西院里男客上街了，她隔院墙看看，怎么也没见了老二和小媳妇？一时感到不妙，扔下手里活就往北坡跑，找到二郎神的婆娘李氏，对着耳朵如此这般一番，李氏把捡一晌的柴捆都扔了，一溜小跑回来，直接踢开了房屋门。

二郎神正在寻欢中，见婆娘进来，一时还掐不断兴趣，酸笑着说：人家女客有症候，求我施术医病哩，你，你有眼无珠啊。

李氏不由分说，抓住小媳妇头发，照脸上扇几巴掌。

二郎神拽过李氏，甩到一边，说：家里有客，快去灶火，小心惹恼了二爷，就不是巴掌伺候，而是休典待承。

说话不及，小媳妇男人回来了，手拎一块煮熟的死猪娃肉。李氏站在灶火门口，窝着嘴睃着眼说：有脸当肉头客，死去吧憨蛋货。话刚落拍，二郎神拿起毛驴鞭子，照李氏头上身上，没头没脑地猛抽。李氏被突发的暴打震蒙了，缓过劲儿来转身就跑，边跑边分辩：我床前捉双，又没胡说，凭啥打人。见二郎神在后边追打，李氏又喊不是我的错啊，你混账不讲理呀。跑一节见二郎神仍红着眼穷追，背上的鞭子越来越毒辣，她惊悚得破了嗓子喊救命啊，快救我呀。

待在院里的小媳妇男人，把女主人的吐言听个清楚明白真切，字字都如刀箭刺来。他顺手抄起墙角的扁担，照老婆身上砸去。只听扁担呜呜生风带哨，三五下砸下去，小媳妇就倒下去，直挺挺地倒地上了。

二郎神傍晚回来，见院里一摊血，几缕头发，晌午发生的一切，都不存在了。他到东院里，勾着头问大仙：哥呀后来咋回事儿了。

大仙鹰眼儿转转，板着脸说：敢在家门前招惹血光之灾，等报应吧老二。

夜幕刚才降下，从村西头蹿来五六条壮汉，还打着跳闪的火把，个个一脸横肉，手里不是掂大棍就是操菜刀。还没走到门前就高声嚷：三只眼儿你个狗日的乌龟王八蛋，头上长疮脚底流脓，你个坏透气的种，快出来跟爷们对血！今儿俺们啥都不要，只取一条狗命偿还！

大仙猴急地说：肯定他家小媳妇死了，人命大案，老二还不快逃？

二郎神跳过房后院墙，趁着黑夜往北坡奔去。

大仙把娃们睡的房门都关好，他一个人披上黑布出来院门，先是猛顿脚板，接着尖呃一腔，然后张开黑布转了半圈儿，忽闪狂跳一阵，突然呼喊：大神小仙都出来，直把乱贼挡门外，如若放贼进了门，老天有眼未睁开。念罢，朝火把的光里吐了一口，竟然是深红色的。

众汉见大仙嘴里喷血，不知是妖怪还是恶魔，吓得抱头窜逃。

二郎神的名声从此大振，凡有人问及二郎神，你那第三只眼在哪儿长着，他的回答都是说：凡人怎能看见神穴灵窍。

陈大仙装神弄鬼吓跑了不速之客，自感功夫不一般，可自己都这样神了，申风水还扬言，张家要出人物，就站到槐树下思虑半天，感到意难平。大仙深陷的鹰眼，终日闪着机警的光，好像受惊的鸟儿，又像盯准猎物的秃鹰。从外表看相，属于其貌不扬那种，但这人极有头脑，会处人也会来事儿。他手挂雕了仙字的柳木拐棍，是在涅河岸砍的水渠柳，他偏说是太上老君于三更送的神物。有人到他家求医，可以坐椅子喝茶水，万不能碰一下拐棍，凡人不可近神灵。

他站在村西头土埝上，隔几棵老榆树，想把老张家那片雾森森的宅院看透，看看到底要出什么人物，成多大的事儿。可他看了半天，什么也没看明白，反而更糊涂了。心里老掂量人物这两个字，像两根刺扎在心里，生生地刺他。他觉得老张家最不顺眼的，是那条青蛇，听说张伯厚用木锨把蛇弄到河里，蛇又爬回去，连着好几回都没送走那个神物。这到底什么卦象，他看不明白。

百思不得其解时，他返回院里骑上毛驴，去申风水常走的路口。等申风水挑担过来了，他问：那天你说张家要出人物，我咋没听明白，出啥人物。

申风水与大仙相隔三尺远近，以相术看过去，大仙天庭不阔，额部多皱有竖川纹，非吉人相。可大仙也有好名声，对老娘孝顺，传说他老娘病重时想吃山珍，大仙跑到灵山去采灵芝，攀崖摔下来，差点丢了命。家人把灵芝煮汤叫母亲喝，母亲好转后，大仙却在榻上睡了一春，这般孝子，应是有良心的主。

可申风水一眼就看出，陈大仙此时的嫉贤妒能之意，张家要出人物，就像眼里沾灰丝那样容不下。他很欣赏世人见贤思齐的谦逊，最瞧不起眼高手低，嫉贤如仇之辈。无奈乡里有俗话：能得罪十个好人，不得罪一个坏人。申风水虽然难说大仙是好人还是坏人，但见那偏执的眼神，感到内里刁钻，失清爽通透。感觉对面虽站着一个人，却复杂得跟刺架似的，好像一起子人在围堵。恃着阴阳先生的身份，他慢腾腾地说：自古兴衰命定，论者妄矣。

大仙的鹰眼儿盯着他，说：信神就对了，人说头上三尺有神明。

我信神，不是你说的那个神，是冥冥中看不见的神灵。我说的兴衰命定，也不是神能管的，而是人家门户自造的风水有定。

哎，老弟你说自家门户也有风水，这可是个冷门儿知识。

是的，一个人生老病死，一个家族兴衰升降，都由祖传和眼前共同造化定论，命定与神灵也是一理，都来自因果轮回，相报互应。

我学问浅，听得更八卦了，其实啊，老张家要出怪物，你换个说词就平了。

申风水知道自己只要说出怪物两个字，即成咒语，马上会长腿风传，形成另一种风水，对张家极为不利，他心想天地良心，我做不出来。看着旷然的村落田野，他瞅都没瞅大仙一眼，也一句话没回，挑担即走。

大仙在背后说：刚有不妥处，老弟包涵哦。内心却说：瞅你那树窟窿眼儿，还看阴阳哩，看茅坑去吧。

大仙十分相信自己眼力，看世事挖地三尺，识人心破一层皮。他内心认定了张家就是陈家的对头，自己如果超过，对自家的巫业将有万分不顺。凭这双眼，他曾看穿东村偷羊的流光蛋，看透西营睡儿媳的老扒灰。他冷不丁哼了一声：人在世上混，就凭一双眼，有眼能识珠，无眼一头猪。

他从土埂上跑下来，站到另一角度看张家，左看张家院墙，右瞅张家房坡，仍看得稀里糊涂，闷闷不乐。只好仰脸看天，好像天上啥都知晓，看半天，也是一声叹息。正要走时，迎面过来个看竹简的少年。一个低头看，一个朝天望，二者正好撞个满怀。大仙一低头看是张仲景，呃了一声：你这娃真好学，那咋不知看路哩。

仲景手里的竹简碰掉地上了，俯身捡起，直起身看见面前的人，转身就走。

大仙喊：娃你过来，说说那简上写的啥？

仲景走慢了，平时老听二叔说此人心机重，不容人，他说：写的医学真知。

大仙四下瞅瞅，招手说：娃你过来，叔有事跟你说。

仲景回头看看大仙深陷的鹰眼，有点茫然，犹豫着往前走。

娃你别急走嘛，叔想好心为你指个正路，收你当门徒，保你一年学会，两年出师，三年名扬天下，娃跟你爹说一声就成。

我爹是识字人，不信邪，我也无须谁来指路。

你看刚才不是碰到人了嘛，路走不正，以后还会碰墙你信不信？

刚才是我勾头看简，碰了人，你不也碰我了嘛。

小小后生嘴帮子硬啊，可你看医简，日后定会碰墙。叔来问你，你知道古代巫术与医术哪个早？古代人是怎样医病的？知道根起来源，就信叔的话了。

我只信医术，医病方术都是真知，从来不蒙人。

你爹过去找我医过病，他秋天上火头疼，到我这麻秆火烤好了。你别说是我意思，他会同意你跟我学巫的，咱叔侄医巫合伙，不愁不发财。

是啥就是啥，为啥要诓人，况且，你真懂巫家之术，又师承何门？

学医才诓人，看你二叔那条老光棍儿混的，说句实在话，你可甭走他的路，那才叫邪路，一上那条独木桥，得打一辈子光棍儿，混得脸上戴个驴鞍颜，才能出门见人。

那不是邪路也非独木桥，是阳关道，我二叔混到啥地步不是你说了算，我走不走他的路也不用你管。

我问你，你家院里是啥发出的香味，把人都熏蒙了。

仲景没回答，往前走走也闻到了芳香，他想可能是院里桂花开了。

大仙在后边看着仲景的背影，心有不甘地站那想，就是诱来这娃学巫，他爹的关也过不了。那个张伯厚与自己之间曲里拐弯的过节，不是小坎，而是大沟。

两人同龄同村，从小同一个学堂上学。不同的是张伯厚背书写字，老被先生夸奖。大仙耐不住先生拉着长腔念典，一上课就打瞌睡，招来老师的板子火烧火燎地打手，上半月开始逃学，被父亲的大巴掌打回学堂，终因功课落下太多，辍学了。而张伯厚上三年学，就识文断字，知典达礼，像个有模有样的小绅士，落得远近几村人一提起，就连声夸赞，衬得陈家仁的脸上，抹灰了一样没有光彩。

二者的落差，直把张陈两家的未来家境与前程，拉成天壤之别。

古来太极分阴阳，后来分不出黑白边界相交，再后来便是万象混搭。

张寨村还有个仙姑，是能把秧歌扭成麻花，能把胳膊甩到天上的主。这婆娘年轻貌美，处世心劲儿灵，把子活。原来是安众县的媳妇，三年前丧夫，埋罢男人回来，刚过九岁的闺女，睡家里上吐下泻，两天后断了气。剩下她寡妇半边可怜兮兮，跑到张寨跟着大仙打了一回网，凄苦的小寡妇，突然被点穴似的，学会了打网的各个节点，得到大仙赏识。她回家拿了捆竹竿，到闺女坟前点放一阵爆竹，忽然倒于坟上，滚地大哭。哭罢身子猛一翻腾，仰面躺地颤抖起来，嘴里不断念词。围观的邻居不少，没一个人听懂她念的啥。她颤抖半天又坐起来，说：都来看我，遇到神仙附身儿了，说我以后不是人，要成仙了。走到十字路口，她说又遇神仙嘱咐，封为仙姑，替神下凡。

村人想起了从前申风水的义娘仙姑，看身态面相，可能是仙姑转世托生。有较真的人往前挖，挖出仙姑娘家祖父会施巫医病，认为是隔代投胎转世。得到承认的仙姑，在自家村里施了两回术，一回治好了头疼半年的婆娘，另一回治好了心口痛多年的老汉，从此声名鹊起。仙姑就想去张寨傍依大仙，寻找施展的舞台。

仙姑在张寨有个拐弯亲戚，张来福，是仙姑表姨家嫂子的娘家妹夫的哥。曲里拐弯的远房表亲，终年不来往，仙姑来张寨参加打网活动，成了红人，才把背来的包袱放到来福家，经过一番沾亲带故的攀扯，说想在亲戚家落脚。

来福家有老婆和哑巴闺女，因老婆常年患病不起，混成了破落户，一家三口住两间小草棚，比陈家的猪圈大不了多少。来福老婆不让仙姑挤一个棚里，叫来福另搭个高粱秆棚，铺个麦秸垫着暂时寄居。

仙姑崇拜大仙巫术，平时夜半老有稀奇古怪的诡异梦，就怀疑自己身有神灵气，能与大仙一起火红。她怕女主人九桂嫌弃，就想在来福家等时机，盘算往下的戏怎样演，她自信自己的模样会有得胜的一天。接下来，她在打网中的表演越发精彩，一般神汉爱披黑布，仙姑偏要头顶红黄布，神汉施麻秆火或刀砍鬼，她却用唱咒击掌驱鬼，得到大仙称赞。她一天到晚没遍数地往陈家跑，与大仙近密接触不到半月，趁九桂下地干活，两人就滚成了热窝子。后大仙在外施术治病，不管收多少钱粮，都说是凭仙姑巧嘴挣来的，慢慢把仙姑的能耐，渗透到婆娘九桂的耳朵里。

九桂听得心里发蒙，内里冒烟，背过脸就撇嘴，又不敢顶碰大仙。暗里开始小心仙姑。她见这女人穿得净板①，涂抹光鲜，眼带钩子似的。她趁大仙出门，站门口骂：都听着啊，有贱货想偷鸡摸狗进家门，早叫人看出了黑心烂肝花，

---

① 净板：方言，指干净好看。

贱人啊快去死啵你。

村人围过来看热闹，听着骂词不像九桂的。这婆娘骂村的能耐，在村里是个人尖儿。嘴上功夫厉害得很，别的婆娘骂人，出口三五句就没了词儿，草草收场。九桂连骂三天三夜，词都不重样，骂累了回家搬个墩儿坐那，端杯茶喝几口，继续骂。

九桂骂人有鲜招，开头以叫板引来看客，骂几声再往狠里走，最后得把祖宗十八代都挖出来，损够一遍，才煞个段落。她此时遇到了难题，骂得狠了怕露馅儿，把陈家脏底揭出来；骂浅了不解气，众人听得稀里糊涂。她先骂一段儿，见仙姑站一边假装迷瞪，九桂就试着往损里骂：那个外来的烂破鞋底，有胆你出来走几步叫看看，你是个啥鬼。

仙姑真的出来了，她抽掉大襟前别的手巾，朝前一甩，开始骂谁家鸡娃屎拉到鞋帮上了，哪来的麻雀叼了头发丝，还有羊娃吃了青麦苗。大家听得嘿嘿笑，地里麦苗刚冒尖儿，羊娃哪能啃得住。可这话对九桂却另有效果，虽无关痛痒，却很能挑事儿。仙姑骂了还跑到后院，捂着心口长出气。

九桂也跟来了，问：你是发癫还是犯贱了，跑到这？

仙姑说：我日她祖宗十八辈，再咒她当头儿，鞋叫老鼠拉了，来找哩咋了。

九桂说：找鞋，屁，你找事儿哩吧，走，有底气还去人前对仗。

说着把仙姑拽出来，推到前边，哼笑一声，又站到高处，正要开骂，有人高声喊：大仙回来喽。九桂咪溜一声钻到屋里，仙姑也没了影。

陈家的戏很快传开，有人趁九桂上街赶集，把大仙和九桂嫁婆的事，透给仙姑。又把仙姑来张寨的图谋，挑给了九桂。

这九桂，扁平大脸，地包天儿嘴，对子眼儿一眨一眨，看外表就是施不完能处，还能拐弯儿的婆娘。当年她大伯病倒，快翻白眼儿了，被大仙施术救了命。当天傍晚，她家墙角冒出个火疙瘩，早晨她祖父坟头落了只仙鹤。有老人说这是大仙带的祥瑞气。十四岁的少女九桂在一旁听见了，对大仙萌起情心。大仙也看中九桂长得圆满，颜色鲜净，可他嫌当地说媒定亲礼路烦琐，婚姻礼仪经六礼，一纳采、二问名、三纳吉、四纳征、五请期、六亲迎。还必得父母媒人操办，六礼走到位，累个半死不说，还花不少钱财。大仙担心家底薄，又担心九桂另许他人，耍了王莽称帝的戏法，半夜爬到九桂家桐树上，把写有乘龙快婿陈家仁的字条，挂到高枝上。结果，抛开了媒人，不抬花轿，就把九桂娶了过来。

仙姑听到这个故事，晚上把大仙领到巫术房里，好言好语跟大仙议事。处处随着大仙，说到哪儿溜到哪儿，还说要帮大仙搞大事运，惊官动府，把方圆百里民众都吸引过来，送粮送棉，还送黄白两货，财源不断。说到天花乱坠时，及时提出想要的名分。

大仙看女人，先看年纪容颜有多鲜，再看利益勾手有多少。眼看婆娘九桂人老珠黄，一脸皱褶，只会做饭洗衣瞎咋呼，熬成了有名的长舌妇。仙姑不仅白胖鲜净，满嘴说不完的好听话，一身抖不尽的风骚态，最是招宠之物。他的鹰眼儿骨碌碌转着，说：其实你有没有名分，都比我家婆娘强百倍，她那一捆黄花烂套子，我跟她做的是面子夫妻，是看在娃们分上。你是谁？我的心肝宝贝儿。

仙姑听了，任大仙云雨了半夜，完事后，还激动得抽泣到五更。

隔天夜里，大仙睡到了九桂的床上。九桂拐弯抹角说仙姑闲话，咋看那浪骚婆娘都不是正经姑子皮，我看她是想来咱家争个位，瞎她的眼儿啵。

大仙说：她就是姑子皮也比不上你，我招她进家不过图的生意发财，她再出力，也不过是庄稼行里的野草秧，你是谁，我的心尖子肉哇。

九桂听了，又是抓又是拽的，侍奉大仙床事过了，激动得呜咽流泪到天明。

大仙最厉害的一招，是把两个女人喊一起干活，还一起下厨做饭，上桌吃饭。说他命里必须有两婆娘侍奉，才算真神仙。待后院风平浪静，一切稳妥，大仙在内心咕哝，俩疙瘩蛋女人都叫他玩转了，难道还玩不转个野医家？

第三章

　　大仙的打网活动选在开阔的大关坑边，支杆子挂幕布，布上画神像阴阳鱼，找来三村五寨的巫婆神汉来捧场。

　　这次打网活动，比以前每次都花样翻新。表演者脸上抹得五画六道，穿黑长衫，头戴红顶黑帽，插两根野鸡翎。村里人看见这般热闹景象，也拿起铁盆子边敲边跟队伍，看人家咋跳就咋跳，实在跳不好，就跟着鼓点扭，沾沾神气也好。陈家对参与者也够厚道，只要到场的都送礼品，一个蒸馍，一张烙饼，一只黑瓦碗或一双竹筷子，谁来都不空手。打网前邀请来者，须面面俱到，这回也送信给了申风水，还有穰城襄樊的巫师，八竿子打不着的，也贿请过来，追求场面热闹繁华。

　　张闻氏嫌不参与不好看，也拉着伯厚出来站椿树下观场。村里唯有医家张伯祖和侄儿张仲景是局外人。大仙提前到西院让了伯祖，伯祖浅笑着摆摆手，笑得有点不屑，也有点生分。大仙打网时，带着表演队，从张家门前招摇过去，把锣鼓敲得山响，还示意大家把醉神舞，跳到疯癫地步，达到惊心震魂效果。

　　每次打网过罢，大仙都会迎来更多的求拜者。这回刚打罢网，他正在取头上野鸡翎，有个骑毛驴的中年，双手打拱站到门前，求他为家母治腰疼。大仙唤上仙姑一起，骑上毛驴就走。来到病家，见这里早围了厚厚的人层，也置好了施术场。他连病人的面都顾不得见，就把黑布顶到头上，鹰眼儿滴溜溜转几圈，与仙姑正转一圈儿，再反转一圈儿，忽然在水坑边停住，嚷道：水鬼，何处躲藏！

　　仙姑紧跟着拉开长腔，喊：仙术神功，一眼即中，快捉拿水鬼！

　　一男一女粗细两腔，穿过村庄，直传到野外，村人没有不出门来看的。就连大路上跳帮帮的小娃也跑过来，挤进人层看大戏。

　　大仙盯着的水坑，是这家人在院里挖的水池，在洗萝卜时用，有时用于猪打滚，水浑得只见黄泥不见底。有小媳妇儿看看水坑又小又浑，掩口笑了起来。大仙感到气场形成了，说笑像是喝倒彩的，他猛指过去，说：休得取笑，当心报应，生男没屁眼儿，生女疤癞脸儿。小媳妇儿尖叫一声，退出人场，人群立即静得鸦雀无声。

仙姑追了过去，小媳妇儿停下步子，说：婶儿啊，我家娘犯邪病，去看看中吧。仙姑跑几步跟上来，两人一起进了低瓦房，见当堂的泥腿床上，睡了个低声哭啼的老妇人，仙姑第一感觉是鬼附身。她站到床边，双手合十，低声说：你梦见你老奶了，老奶老奶是好鬼，为家平安顾后辈，叫人给你送衣食，你要走远别回门。仙姑念了咒词，叫小媳妇弄麻秆在院当中烧起，引起一阵风穿堂而过，老妇人说想喝点热水，小媳妇去烧水端来。老妇人喝了，摆手说：我头不疼了，身子也活泛了，哎呀仙姑，我好转啦。

小媳妇到里间拿来半筐鸡蛋，递给仙姑后，跪地磕头。仙姑也莫名其妙，怎么自己两句话就医好病了，说明老妇人真是中了邪。她提着鸡蛋筐跑到大仙施巫的场上，小声说了刚才过程。大仙转过脸来瞅着仙姑，说：还不是在我这得的经？快施上啊。仙姑一脸蒙站在那，瞅着场面，不知怎样施术。

大仙转脸对堂主人说：我断出，老人的腰疼是水鬼所捏，这鬼太精灵，难叫人看出从哪路来，是家鬼是野鬼，还是屈死鬼或饿死鬼，是男鬼是女鬼，还是老鬼或小鬼？

仙姑闭上眼，说：谁叫你看见我，我是走开的人，早就没了下巴，谁叫你老鹰眼儿加神仙眼儿，看见我的踪影，我得走了。

众人都伸长脖子，听出有鬼附了仙姑身，人嘴说鬼话，好不惊讶。大仙见效果如此妙，不由暗中窃喜，他轰开更大的表演场，迈着老虎捕食那样的缓步，神秘地滑进屋里。屋里有粮食袋，棉花捆，低头闻闻粮袋有没有霉味，转出来后，说：我辩出了，这家鬼是女的，女鬼阴气重，爱水坑，得先立柱占卜。说着叫青年拿来三根竹筷子，放在装水的碗中间，筷子很快立稳了，大仙打手拊掌大叫：高哇，女鬼千真万确。

仙姑高举双手，猛击三掌，说：女鬼别走，你给我站住！

众人好像早忘了这是在诊病，而是一场大戏，看到热闹处，不时叫好，晓通或相信巫术者，还高声喝彩带鼓掌。这对大仙的鼓舞很及时，他打手势压压哄声，道：我以神功识真鬼，只是累得没心神，主家诚心愿合作，钱粮驱走女鬼魂。

这家主人赶紧弯腰打躬，凑上前虔诚地问：神仙说清，我怎办好。

五个钱，三卷麻布，一捆棉，众官往下看好了，神仙显灵时辰到。

大仙说罢仰面躺到椅子上，四肢摊开，边喘气边念着众人听不懂的词。

仙姑及时朝主家眨眼儿，示意进屋准备。主家哪敢怠慢，马上把铢钱塞进仙姑布袋里，把麻布和棉捆放到门外毛驴背上。

大仙直起身来，用切菜刀在坑边忽闪忽闪空砍几下，嚷道：叫你阴魂不散，叫你缠人腰板，叫你阳间捣乱！然后又在老者腰部空舞菜刀，玩花儿似的砍来砍去，赶着节拍说：一砍鬼，二驱妖，三除病，福寿高。喊了，把刀扔地上，仰面朝天，一阵粗喘。

场上又哗然起，要请大仙去看老妈腿的，有请大仙去治婆娘腰的，还有人扑通跪到大仙面前，诉说自身头疼起来只差上吊寻短见的。大仙扎好了架子，闭眼朝天，不应声。

有人看热闹，有人看门道，也有人起哄逗笑，沉闷的小村活泛起来了。却有冷眼静观的看客，看出大仙捉鬼的套路，差不多女鬼都沾着坑塘水沟，男鬼都与坡地大树有关，小鬼是菜园庄稼地，老鬼是古树老藤或坟园，除此再想看新戏法，就没了下文。当然，冷眼观世者虽已看透，也明白巫师的背后图的什么。

如此现象影响广泛，不是一个人，也不是一村人，而是一个世道，一朝天下。睁眼看看天，低头瞅瞅地，无奈与糊涂才有安稳处。

涅阳名医张伯祖，这次在杏花山、伏牛山，采了不少名贵药材，灵芝、黄精、天麻、山茱萸、连翘、柴胡、车前草。有的已晒干，得用大锅炮制，黄精要九蒸九晒，遇到晴天能晒，遇到雨天得摊开晾，十天半月难晾干，就得小火烘焙。回家来炮制得更细，那黄精晒到四五回，就散发出了扑鼻的芳香。还有院墙内外种的金银花，都干在枝上了，风吹日晒，有失药效。可他一进院子，还是闻到了香气。

仲景来了，进来门就兴冲冲地喊：二叔二叔你可回来啦。边说边抽着鼻子，问：这啥香啊？二叔，你说古代是先有医，还是先有巫？

伯祖说：应是先有巫，古代没有医家，人有病都找巫师，也治好不少病，深得世人信奉。后来，不少投机者发现里边有算命打卦的空子，可以混淆是非，就钻营投机进了巫术圈，弄着花招骗钱粮。大仙也没一点真才实学，光施花拳绣腿糊弄人，表面打的巫师旗，暗地捞取钱财。后来巫医分家，医家才开天辟地站了出来，开始施行医术。

仲景从没有听过如此高论，聚精会神地听着，脑筋也不停地转，问：可是古代都有圣贤，为何当今没有了呢？

伯祖沉默不语，只顾半爬半跪在麻单上，摊药摆晒。

仲景也爬下帮着摊药，问：二叔，院里哪来的香气？

伯祖指着爬满院墙的藤条，说：是二花，季节虽过，香气仍存，还有黄精也喷香。

仲景问二花是啥药味，有啥功效。

伯祖说：这花气味好闻，是清热祛火解毒的头药。它原名叫忍冬花，因为早开白色，后变黄色，人们就叫起了金银花，二花也是从金银二色得来。

仲景更感兴趣了，又问：二叔，这花好种不，要是把河边沟沿上都种些，会香一村，谁家患病了都去采用。

伯祖说：这药味甘、性寒，功效归肺心胃，可清热解毒，凉散风热。我前边说的药味，后边是功效，一药有多义，你听得懂吧。另，这玩意儿泼势得很，坡啦沟啦墙根地角啦，种哪儿都能活。你三婶家墙根也有种，不知初夏当季，她采收了没有。

伯祖说着进屋里抱出旧被子，搭麻绳上晒。仲景内心还在思考二叔说的一药多义，感觉药中有术、有技，更有学问。他也拿起扫把打扫地上落叶，从厚厚的枯叶看，二叔外出的日子有多长，心里泛起说不上来的滋味。

伯祖平时喜欢仲景读简，来了问这问那的，打破砂锅问到底。要是不问啥，就展开竹简坐那看，一天到晚屁股钉钉了似的不动弹。再不就跟缠线蛋一样摊麻布，摆草药晾晒。这娃今儿像是长大了，边干活边想事，想想问问，断不了头地追寻。

此刻，仲景发现二叔在里间，手拿个小铁盒仔细看。仲景进去了，二叔赶紧收起。他在二叔出去晒药时，偷偷打开盒子，发现里边有个菊花包，还有一缕长头发。他不明原委，傻傻地问了二叔。谁知二叔的脸红了，回复他的不是话语，而是一串又大又沉的叹息。仲景像是明白了其中秘密，定与烈女子桃红有关。他深深地爱上了痴情重意的二叔，对医术百折不改，还有一腔深情大义的胸怀。他弄不明白村人对二叔的冷落态度。二叔明明是回家了，却跟个陌路人似的，连张家人都不热情。仲景从这一行动看出，身为里魁的识文断字的父亲，既世俗，也薄情。

正在此时，二叔忽然耸着鼻子用劲闻着，说有怪味，跑出来站东院门口，看见大青蛇爬过墙头，蠕动着头到处拱。伯祖说：这院里有雄黄味，那是熏蛇的药，赶紧找找。二叔拿树棍这捣捣那捅捅，半天才找到墙根的雄黄粉。

伯祖拿起用麻叶包的雄黄粉，抵鼻前闻闻，说：这药是蛇的克星。

仲景更佩服二叔对药物的敏感。可不管怎样努力，蛇还是不见了，仲景看见蛇尾巴最后消失的地方，是紧靠东墙根的土洞口。

这边正在说，那边三婶来了，给伯祖送了蒸馍和高粱糁。伯祖接物即谢过，要赵氏进屋里坐。赵氏不进，二叔要送她走，她又摆手不让送，转身到了东院里，跟张闻氏唠几句，才走。以后，赵氏隔三岔五给二叔送吃的，都是西院送了转到东院，跟张闻氏拉几句家常，才肯回家。

这天，张闻氏看见赵氏又给老二送东西，没等赵氏转过来，她就板着脸拦在门口，说：真是看不出哇，好好一个人儿学会偷鸡蛋了，偷回去咋吃得下呀？

赵氏当即止了步，惊讶地问：大嫂咋了，家里丢鸡蛋了，谁偷的？

张闻氏拖着个长脸，阴阳怪气地说：想吃了说一声，我给送去，何必做贼。

三婶儿愣住了，往下再搭腔说话，张闻氏都板着脸不理。赵氏似乎明白了，又好像更糊涂了，揪着心口衣襟，枯皱着脸回去后，再不来西院送东西了。

仲景看到俩大人犯了生涩，也不知怎么办好，就想在家里鸡蛋坛子上找原因。第二天晌午，家人都出门了，他在屋里察看，发现存鸡蛋的泥坛那边裂了道缝儿，缝刚好紧靠墙角，不易被人发现。他走近了，好像听见坛子里有动静，隔裂缝往坛里一看，见青蛇在里边吃鸡蛋。原来初冬遇到十月小阳春，气温高得能容蚊子飞，青蛇只是暂时钻进土洞，根本没有去冬眠。

仲景把这事给二叔说了，问咋办好。

伯祖说：这案如果不破，指不定你三婶要受冤枉到何年月，那可是压到她心头的大包袱。有了实据，等于为你三婶平个反，也改变你妈的误会。这事就像诊病施术，必须诊出病症才能诊断，不跟你妈一样，只看个浮皮子就下定论。

仲景听得津津有味，原来处人世，施医术，学问是相通的。难怪父亲曾说：世事洞明皆学问。

正在此时，院门出现了赵氏，一手捂肚子，一手扶门框，声音弱得跟游丝一样，说：二哥，诊个脉吧，我心口老疼，还出虚汗。

仲景见三婶几天不见，像变了个人，身子瘦成了细条儿，脸黄如秋草，眼窝深陷，他就想挑明偷鸡蛋的误会。

伯祖叫仲景扶赵氏进来，说：你哪儿不合适叫娃来喊一声，我过去，咋都这样不经风了，还亲自跑来。

赵氏说：心口疼得睡不好，夜里瞎熬，吃饭也没胃口，你看是不是阳寿到了。

伯祖知道赵氏是一个好人，心眼细如针，张闻氏给她的折磨，肯定承受不起。他叫她坐下，对面看看她脸色，又看眼皮和舌苔，然后问了心口疼的时间，咋个疼法。说罢，找来个麻垫，叫赵氏伸手脖切脉。约莫茶盏时辰，伯祖抬起右手，又去按赵氏的左手脖。

仲景站在中间，认真看伯祖的三个指头，并拢按脉的手法和状态。

伯祖按了，说：把袋子里的药都掏出来，找个墩儿摆开。

仲景一溜小跑照做了，伯祖从小袋里抓一样，说一样，方子里有陈皮、山楂、姜干、枸杞、大枣、芡实、葛根，七味草药兑一堆儿，说：这几味药吃两回好转，吃完病好。你看是拿回去煎，还是在这煎？

赵氏说：回去煎吧，我直怕从东院门前走，惹大嫂生气。

伯祖说：叫侄儿说说他的发现吧。

仲景转身跑回家，把张闻氏拉了过来，说：妈，你给我三婶赔不是吧，你冤枉她了，我亲眼看见青蛇偷吃咱家鸡蛋，因为泥坛烂个缝，缝朝墙隐着，你看不见它拱进去。

张闻氏一句话没说，转身往家跑，不大一会拐回来，编起两手，红着脸，哭笑不得地说：妹子哎，我对不住你，叫你蒙冤了，看看几天瘦的，都是我的错呀。

赵氏不知所措地看看张闻氏，长吐一口气，低头唉了一声，半天不语。稍时，豆大的泪珠滑过脸腮，滚过嘴角，她才撩大襟拭泪，说：嫂子，是我没分辩清，惹你生气。

这话说得张闻氏也落了泪，拉住赵氏的手，说：妹呀，我不该不分青红皂白，错怪你。你抬手打我几下都行，可不能说你个芝麻籽儿不是。说着拉起赵氏手，往东院走。

仲景发现两个大人和解了，对二叔说：一条证据起作用，医好了亲情间的症候。

伯祖跨两大步追到门口，对赵氏，说：回去少老钻里屋闷睡，少想杂事，少吃生冷别熬夜，多晒日头补阳气。

赵氏回过头来，听一句点一下头，听完走了，临走又回头看一眼，想说啥，没说，犹豫着走了。

仲景问：二叔，这几味药为啥能搭配起，有啥讲究？

伯祖说：大枣养血安神，山楂消食助阳，芡实养心利眠，葛根枸杞都是为健脾益肺，补肾和胃的。从前发大水人染湿病，我都用这方术加上连翘二花，救治染疫者。

仲景打了个愣，说：二叔，我对医术太感兴趣了。

伯祖问：治好一人的病，得全家顺心，全家顺心，得邻居和睦，地里好劳动，村庄好收成，天下得太平。

仲景听得蒙蒙的，问：二叔，医病的意义，比世上哪样功德都大。

是啊，你没看过大水过后，众人身染大疫，出现多少空村之灾。

二叔我想拜你为师，跟你从医。

伯祖看看半桩子高的侄儿，眼里透着稚气，他浅笑着摇摇头，没回话。

门外有动静了，是一个穿半长麻衣的青年，下了毛驴对伯祖施礼，说他是安众人，与张寨人有拐弯亲戚。

伯祖问：你是家有病夫，还是有啥事？

麻衣青年道：我家有老人腰疼得快断了，请你去施术。

伯祖见病家上门求医，立马来了精神，去拿药褡裢，带水葫芦，牵出小毛驴骑上就要走。仲景抓住毛驴绳，要跟他一块去。伯祖让仲景上来毛驴坐前头，一起跟青年出了村。

到了安众，听见村里闹哄哄的，唱大戏一样。进到院里，见里边聚了一大起子人，青年喊开路挤进人群后，伯祖敏锐地发现，这里有施巫的神汉——陈大仙。他脚步顿然迟钝，想停，却随着麻衣青年来到院里。走进人群的刹那，大仙把头顶的黑布掀起，滴溜溜的鹰眼儿直瞅过来。伯祖有活见鬼的感觉，从头上沁出丝丝冷气，直窜到脊梁筋。

他要进屋看病人症候，大仙喝道：哪里妖医到此。青年上前介绍这是我请来的张医家。说罢被一老者拽到边上，窝着嘴耳语几句，青年就拉伯祖站边上了。

伯祖与仲景成了大仙施巫场上的观众，感觉像是鸡娃错钻鸭娃圈了，随时会被叼伤。但他们还是硬着头皮站在那。

大仙两手撑着黑布在院里转了一圈，认准来者张伯祖，且没走开，有医家在场当看官，简直日头从北山出来了，更得劲儿。

站在一旁的张仲景看得不耐烦了，他从大仙喊"妖医"二字时，就感觉邪乎。往前站半步，说：诸位叔伯婶子大娘，千万别迷信鬼神的花招。说着，要拉二叔进屋去看病夫。

站边上的麻衣青年说：鬼有人驱了，不用医家看了。

仲景说：那你跑那么远叫我们，是来看戏哩？

这时有个中年妇女睖着眼，说：俺们只信神灵，不信苦药汤子。

仲景还没回话，听见大仙尖声噢了一腔，两胳膊支起黑布像要飞起似的，在人场上转了半圈，猝然站住，指着伯祖，哈哈大笑起来。

伯祖感觉毛发都竖起来了，旁边有个白发老头走过来，笑眯眯地说：你是医家张伯祖吧，听说你读过简文，我问个古经，你说是皇帝爷大，还是盘古爷大？

伯祖见问者年纪大，说：回老先生，皇帝管天下人，你说谁大？

老头儿又问：那你说是皇帝爷早，还是盘古爷早？

伯祖正要回答，大仙打个手势，说：老人出难题儿了吧，他能答得上来？

伯祖说：天气鸿蒙，萌芽兹始，随分天地，启立乾坤。谁也不知是万八千年，还是百千万岁，盘古始将天地开辟。即为鸿蒙初开者，天数极高，地数极深，盘古极长，后世才有秦始皇，你知道哪个早了吧？

大仙说：哈哈，照你说的，是盘古爷早了？那我再问你，盘古爷开罢天地，坐朝了没有，坐过朝才算统管天下的帝王爷，是不是？

众人掌声如雷。大仙拱手朝众人大笑，冷不防戛然止住，转过身来，鹰眼睖起。

伯祖看势头已偏离研讨议题，不由分说拉起仲景，一溜烟跑离现场。

叔侄俩走到一条沟边，坐下歇息。伯祖坐到草地上，唉唉地叹息道：大仙人极聪明，只是学识浅薄，耽误了巫业正事。现在他玩的只是装神弄鬼，愚弄百姓的玩意儿。一旦被人看穿，那把戏一文不值，可他已经混成了红人，哪个能揭穿得了？

仲景问：咱这地方也没个真巫师，教他几招真功夫，不就入行了嘛。

伯祖说：怕是老一辈巫师都快下世了，已支不起这行当了，大仙也有他自编的蒙骗人套路，只是此人内心太固执，誓与医家对抗，才走得更邪了。

二叔，咱怎么办才好？

只有退出这个场，走得远远的，眼不见，心不烦。

仲景急了，半爬半跪地蹭到伯祖面前，晃着二叔的膝盖，说：二叔是对的，为啥要走，走了说明正不压邪，要走也该他们走，才是邪不压正。

侄儿有所不知，二叔不仅受巫婆神汉排挤，还有你爹娘，也不看好医家，现在村人大多跟着大仙跑。

仲景坐回到刚才的草地上，毛头少年涉世未深，第一次望着灰茫茫的原野发呆。

伯祖觉得自己的话重了，小小后生根本没试过那么深的水。他想转个念头，正好看见沟坡上麻杂的草木里，有一片开黄花的蒲公英。他麻利从裆裤里取出小剜铲，蹲那挖出来。挖了又看见马齿苋，也去剜，往下又看见了红萝卜缨，叫仲景去掐尖。

仲景掐了一大把，堆到一起。伯祖拿来细看，从红萝卜缨里挑出几根，叶形差不多的草，说：这不是红萝卜缨，它名叫断肠草，吃到肚里的头一天，就要见阎王。

仲景吓了一跳，问：这是哪卷典籍写的，二叔怎么知晓的？

伯祖双手合十，仰望天空，庄严地说：古有先贤神农氏，为试药效尝百草，一天在山上能尝几十种草药，都没伤着他，当他尝到了断肠草，半晌时间就中毒而死，这草因此得名。现在医家用的很多药，都是古人用性命换来的，没有他们，多少病夫难得救治，多少生命死于无知。我们要效法祖先精神，润泽后世。

仲景看见二叔对神农氏的崇拜，也起了敬意，拿起二叔挑出的毒草要扔掉。

伯祖说：不用扔，它也有排毒功效，以毒攻毒。咱这里土名叫狗翻肠，黄猛菜，可以散瘀止痛，杀虫止痒。外伤适于皮肤湿疹，体癣，跌打损伤。

二叔，我也要读神农氏的典籍，学他尝百草的好精神。

有一典籍，叫《神农本草经》，我在南阳郡看过，只抄来两卷。

仲景凑到二叔眼前，膝盖对膝盖，眼对眼盯着问：典里写的啥，晚点二叔找给我，我也抄录下来，中不。

伯祖看看仲景，你这么喜欢医术，是真想当医家啊？

是啊二叔，神农氏是天下大英雄，他尝百草有担当，激励我也要效仿他，求医术。

好，这事你得跟你爹说好，他可是对医术报有成见的人。

他是一时不理解，说不定往后看到医家作用，就理解了。

好哇，也许你能改变些什么，但愿。

伯祖和仲景从安众回来不久，张伯厚就知道了他们与大仙的对台戏。

他猜着麻衣青年和大仙可能是一伙的，故意把伯祖骗去看戏，然后再嘲讽戏弄之。伯厚知道老二肚里有学问，可以说满腹经纶，在涅阳境里少有人比。但他更知道二弟处人场的怯弱，处复杂人场脑袋里更是一根筋。而大仙却是阅人无数，搭台控场顺横都是趟。一呆子去碰人家的圆滑精明，样样都不对等，明明是鸡蛋碰石头。都那么缺心眼儿了，还领着个后生往坑里跳，真是二杆子里的二杆子。

仲景从父亲的态度上看到了世俗的偏见，也明白了村人有病不找二叔的原因。巫和医几乎成了村庄的楚汉两界，是针尖与麦芒的对立。陈家已到了欺行霸市的地步，二叔被逼得节节退隐，这正常吗？仲景心头梗着不平之气，在父亲面前却难以表达，很是委屈。

看见二叔悻悻地进了西院，仲景也跟了进去，问：二叔，回来多住些天吧，过罢年再走，二叔来年想去哪儿？

伯祖说：我等你三婶把被子棉袍都拆洗缝好就走。下回想去穰城，那地方大，人们也接受医术。

穰城远，多长时间能走到？

骑毛驴得走一晌多。

二叔如果不走，我陪你在家医病，不怕巫医对台，跟迷信人分辩，咱是有真知的一方，应该胜出他们。

伯祖听得出来，这嘴上没毛的小娃，变着法儿在安慰自己。院里阳光十分明媚，一片明晃晃的光点洒在山茱萸和仲景身上。伯祖心头暖和多了，但隐在内里的沉重，还是排解不掉，他说：村上谁还论真知与邪门，昏庸无道加迷信的，还只图眼前小利。

仲景有点懵乎，说：是啊二叔，我感觉大人们太复杂了，没个是非黑白之分，随大溜的混家可不少。

关键是到了巫医分界时，都顺势随风跑，没人想明辨什么，好像也没那个能力。

仲景看看满院的草药，又看见草墩上的医简，叹息一声，打开古代的医典《黄帝内经》认真看起来。

他读了两段，略解其意，当读到"岐伯对曰：上古之人，其知道者，法于阴阳，和于术数，食饮有节，起居有常，不妄作劳，故能形与神俱，而尽终其天年，度百岁乃去"，他问：二叔，此简这么好，若世人略知其中义，便知自然道。

伯祖说：哎呀后生，你展卷可进去了，好灵性啊。

仲景说：二叔，这典是黄帝所著吗？

不是，是比神农氏更全面的医典，非一人所作，只是命个黄帝之名，说明医药与生命的重要，好广布天下。

在此典之前，有没有医典？

医典没有，却有个名医扁鹊，在前朝定了医术与巫术分家的事。过去世人患病都认为是神鬼缠附，只知求神驱鬼，耽误不少症候。名医扁鹊从昏庸里站出来，登高一呼：人有病是气候、饮食、心气造成，只要对症下药，就能药到病除。他还为医家总结了四诊法，望、闻、问、切。先秦时，医家行医用的是三部九候法，按全身包括头颈部，上肢下肢多个部位的脉。从扁鹊开始，创建了脉诊法，用三个指头判断症候。扁鹊还精于内、外、妇、儿、五官的医治，开创了针灸、按摩、热熨、刺砭。可在那个乱世，秦国一个姓李的太医，医术不精却身居高位，因嫉贤妒能，把扁鹊暗害了。世人知道之后，举国悲痛，受过扁鹊救扶的病家，纷纷为扁鹊建祠堂庙碑，并口碑相传，让扁鹊的故经流传至今。

仲景忽地站了起来，下意识地跑到门口，又转过来，问：名医在古代就把巫师拆了台，可为什么现在涅阳还有巫汉当道？

伯祖说：如果没有你爹那个四平八稳的老好人，陈大仙能当道吗？我知道南阳郡府就有官吏不耻下求，找医家医病。偏就咱这小地方，让陈大仙霸占了地盘儿。

仲景想尽快把这些典读通，再遇医巫争端时，据此明辨。他背过身坐于阳光下，默默读取。此时的阳光十分明朗，和风徐徐吹来，送着悠悠的草药香，仲景入了神。二叔也不知这后生能否读懂，就尽他读去，自己只管忙别的。

至此，一棵名医圣贤的树苗，已悄悄播下了种子。

第四章

到了傍晚，伯祖看看草药晒好了，就想收起炮制。他半跪一条腿，小心把药材收起，各自装进密织的麻袋里。

仲景也帮着收，收完抓起一把弯曲的黑根儿，问：二叔，这黄花苗根能治啥病？

伯祖笑笑说：这可是金疙瘩，医名蒲公英，根、茎、花全是宝，医伤风恶感，毒瘤疖疮，是仅次于人参的名贵药材。若与柴胡、板蓝根、金银花配方，可医病无数。

哎呀，二叔，这是河岸沟坡上，到处都有的啊。

人们都忽略了这味好药，野地那个天生的大药库，可照顾你二叔喽。

这一种我知道，名叫猫眼草，学名泽七，清热解毒，医病功效可高了。仲景说着，又抓一把麦冬，问：二叔，这本地生的，也名贵吗？

不贵，这药养阴生津，润肺清心，你三婶的方术里就有此味。

这又是什么？

这叫车前草，清小肠火，医小肠热滞。

仲景又指着红宝珠似的山果，问：这药我可从没见过。

你先闻闻，记住形色气味，再识药名药性，会永记不忘。

仲景拿起红果在鼻前，稍后说：我记下味道了，酸唧唧的。

这叫山茱萸，老北山产的，补肝益肾，养肺去湿，涩精滋阴固脱，必须到老界岭那一带才能采到。它与五味子、山药、牡丹皮一配，能医大病。另有妙汤，在《难经》上谓，六味方术之头。

仲景心头激动，又问：如果得了风寒打喷嚏，怎么治？

刚才我跟你说的蒲公英，加上柴胡、板蓝根、金银花就是好方术。

仲景声声问，伯祖条条答，有问必答，对答如流。叔侄俩如数家珍，收好草药，开始炮制。不觉三天过去，仲景被二叔丰富的医术，清洗着头脑，灌满了医家道术与精神。

仲景又问：二叔有无师承，是不是只读医典，自学而成？

伯祖见侄儿已经投入进来了，他也来了兴趣，说：我的老师不太有名，他住在南阳少室山，前两年去世了。我跟他学了四五年，从断病四法到炮制草药，内外妇儿，难疑杂病，样样仔细教导，直到我五年后能单独行医，他反又带了我一年，见我各种症候都拿下了，才放心离去。老师有句话我一直铭记，世上百业都能马虎，唯有医家关乎人命，必须修出高洁医德，精研学问，苛求医术，方可从医。

仲景问：就是得认真精研，多读典籍？

伯祖说：《黄帝内经》被称为医之始祖，典里有阴阳五行、脉象诊法、藏象、经络、症候、学问太深，你如果对医学感兴趣，就要精读，百遍不厌。

仲景呼地站起来，张开双臂像燕子滑翔，在院里转个圈儿，嘴里发出呃呃的声音，就像小时候兴叉的样子。伯祖用手捣捣他说：看你乐哈哈的样，真是个小屁娃儿。

仲景蹲到二叔跟前，说：我刚读时有点蒙，听你一说，就开窍了，我定要通读熟读，决心精读透达。

伯祖大为震惊，世上真有对医术这么上心的后生，将来必走医路，定成大功。

仲景还有点较真儿，对每样药还要问从哪儿采的，咋炮制，咋煎服。问着问着，伯祖抓住他的手，好好端详着，郑重地问：侄儿啊，莫非你也想跟二叔一样，当医家？

仲景看着二叔的眼睛，激动而郑重地点头：嗯，以前我都老想，就是不知咋办，这回我心里有了底，可以对二叔说出来了。

伯祖思忖一会儿，若有所思地看看门外，然后转过脸来，说：当医家的路不宽，每走一步都不容易，这你心里有底没？

二叔你说说看。

侄儿你可曾想过，这世道当医家没有顺路可走，简直是走了条独木桥，或青天路。

二叔，我知道当医家难，可是你都走下来了，我怕个啥？

那我来问你，你可给我听好了啊，你怕不怕世人嘲笑，亲人白眼？

不怕！

怕不怕背井离乡，冻饿路旁？

不怕！

怕不怕怪兽毒蛇，吃人蝱贼？

不怕！

怕不怕独木桥断，光棍一条？

不怕！

伯祖背过脸去，半天不语。

仲景转到二叔面前，喊：二叔二叔，我啥都不怕，你收我当徒弟吧。

伯祖忧虑地看看他，说：你今年多大了。

虚岁十三，已经成人。

你倒是啥都不怕，可我怕给你家惹麻烦，怕给你爹娘交代不了，怕你以后受苦。

仲景说：我都长大了，我的事我主张。

伯祖还是高兴不起来，怔怔地坐在那，若有所思。

仲景说：二叔若是不收我，我跟大仙学巫去。

伯祖怔了一下，说：我没说不收，是叫你想好了再说。

我都想好了，一生就走这条路，千难万险不回头。

伯祖一巴掌拍在仲景肩膀上，说：好样的后生，二叔这就收你，从今往后，二叔也有了稀世知音啊！

像出家人入空门，受戒宣誓过后，打开了叔侄心灵的通道。伯祖像浴在一抹阳光里，漂落归家的时光少了清冷，求医的心声也有个回应。他进屋里搬来草墩儿，搁到仲景对面，叔侄促膝而坐，他讲了古代的神医扁鹊的故事：扁鹊初见蔡桓公，说：您已病在皮肤纹理，当及时治。蔡桓公对陌生人见面就说病，很不高兴，只说寡人没病。过十来天扁鹊又来，说：您的病到了肌肉之中，快治吧。蔡桓公气得不理扁鹊，摆手叫走人。再过十天之后，扁鹊说您的病已入腹内，不治会更严重。蔡桓公说，如果谁再说我有病，我一定饶不了他。结果十天后扁鹊只是看了一眼蔡桓公，转身就走。这下蔡桓公奇怪了，派人去追问，得到回答是，你的病已入骨髓，唯有司命之神才能扶救。几天后，蔡桓公突然觉得腹内疼痛难忍，快快传扁鹊来治病，扁鹊早已逃到了秦国。蔡桓公不久去世。

仲景两手托着下巴，听得入迷，想了半天，问：扁鹊是哪个朝代的神医？

是春秋战国时期，曾住在中丘蓬鹊山九仙洞，从师于长桑君，修得高超医术。

真是奇了，他是怎么从外表看出人有病？

医家诊病四法是望、闻、问、切，首先是望，就是观察病人的气色、肤泽、毛发、神态和气味，包括声音气息。望了，对病家身体有个基本了解，然后问些吃睡拉撒状况，再切脉，切是诊断症候的主要一步。说扁鹊有望病之功，他还有个奇典叫六不治。那就不仅是技艺了，而是圣贤的风骨。

六不治，怎讲？

伯祖扳着手指，说：倚仗权势者不治，蛮不讲理者不治，要钱不要命者不治，不听医嘱饮食无常者不治，病重不早求医的不治，信巫不信医者不治。

二叔，你看我能当上扁鹊不？

伯祖拍拍他肩，说：你能当，还会超过他，可现在只是鸡蛋叫明，早着呢。扁鹊之前都没有医学典籍，汉朝才有医典，记述古传方术。还有个事啊，你抽空去问问你三婶，啥时候有空拆洗我的被子。

仲景说：好，我一会儿就去。

晌午，门外来了个五十多岁的老汉，勾着头，说话抬不起头来。伯祖叫他进来问病，老汉说他脖子后头痛。伯祖扒开他衣领看看脖子上，有个疙瘩。伯祖问他咋个疼法，老汉说跳着疼。伯祖一手捏住他头下边的穴位，往上一提，老头啊呀一声，然后扭扭脖子，说：嘿，不僵了也不疼了，还能转头了。说着从麻衣袋里掏出几个铢钱递过来。

伯祖问：你家住哪儿，是不是田产过多，干庄稼活累的。

老汉说：没有没有，家里几十亩地有长工干，我在街上开麻行。

伯祖这才把铢钱接过来，数了又退回去三个。

然后给老汉十来张膏药，叫他回去贴。

送走老汉，仲景问：二叔，为啥要问他田产生意，才收他的钱？

伯祖伸手捣捣仲景，调侃道：你个小屁娃呀，竟然把二叔的招牌拆了。你想想如果不问他家田产，怎知他家产厚实，还是个麻行老板，如收了穷家钱，那医家什么良心啊。

仲景高兴得在院里转一圈儿，又回来坐那，叫二叔还讲行医故事，或古代神医。

伯祖说：该做饭了，你在这吃不？

仲景哪肯离开二叔一步，忘记回家吃饭的事常有发生。伯祖家里只剩麦子和萝卜干，支起铁锅，先下麦子和红薯干，再放绿豆和草药，一起煮。日头升到中天，饭香四散开来，仲景喝了一口粥，连叫：好香，我从没喝过这香汤！

正在吃，外边传来吵嚷声：放着家里好汤好水不吃，跑这弄啥名堂哩？

仲景一听老爹来了，赶紧站到门口，说：爹你也没见过二叔这带药的稀饭，可香了，也来喝点尝尝。

同时进来的，还有弟弟仲祥，十一岁的娃，个头跟仲景差不多。手里端了碗羊肉萝卜饺子，一进门，香味就扑过来了。仲景则转身跑回家，不大一会儿拐过来，也端一木碗饺子，说：二叔你尝尝，在外边吃不到这饭。

伯厚说：你二叔不走，留村里跟陈家唱对台戏哩，叫他好好歇歇吧，你跟我回去。说罢拽住仲景胳膊往外拉。仲景回头看时，见二叔对他使眼色，他跟着父亲乖乖回东院去了。不大一会儿趁父亲出去，他又溜了过来。

院外传来伯厚的喊声：老二，老二你快出来看看你的麦地。

伯祖的麦地是赵氏的儿子仲建种的，三亩半地，种了两亩麦，另一亩种了艾叶、黄花苗、麦冬，也由仲建每季管种收存。伯祖出来院门一看，前几天还青青的麦地，现成了放羊场，刚拱出来两寸高的麦苗，快被羊娃啃光了，没啃光的地，被人挖了个坑，湿漉漉的沙壤土翻了一摊。他去看地边的地窖，窖口也被树枝杂草封住了。

伯厚在自家菜园里浇菜，停住手里活，说：老二啊，叫哥说呀，你不如老实回来种庄稼，一切都会转运，你出门了地闲着，叫嘴上没毛的后生种，能指望住吗？

伯祖看看那片麦冬，不是叫羊啃了苗，而是被拔出了根。他就想，一地庄稼叫羊吃，地窖被人堵，自己还输了理，这啥是理啊。他心里像浇了瓢凉水，却不愿多说。他知道自己学医成了巫界对手，还让张家人脸上无光彩，既输理又败家。这让大哥在话头上成了常客，不管遇到啥事，一律单面打板子。他不想辩驳，干脆转身走人。

伯厚又喊住了他，口气沉重地说：老二啊，你能不能放过你侄儿，别把他往那条邪路上引？算我求你了，中不？

伯祖此时才听出大哥的怨气从哪儿来，他愣怔一下，转身回到西院。

仲景仍坐草墩上贪婪地看竹简，好像什么事都没发生过。小小年纪呈现出的超然状态，令伯祖大为感动，也让他格外心疼，真不知这个性情耿直的后生，学起医来会遇到怎样的难处，他往后的路长着哩。

他喊了声侄儿。仲景的脸从简上抬起，样子呆呆的，还没转过神来。

伯祖蹲下去拉着仲景的手，好好端详着，问：侄儿啊，你看巫界多兴盛，医家路寸步难行啊，你爹不看好你从医，怎么办啊。

仲景这才回过神来，怔怔地看看二叔忧郁的神情，他眼里却是满满的自信。外边又传来了伯厚的咆哮：机儿你快出来，医简能当饭吃啊，有本事去做官，甭走那邪门歪道。

仲景别着头出来了，眼直直地瞪着父亲，人跟木头一样呆在那。

伯厚又嚷：看你二叔混的，地里庄稼种不成，都混成光棍汉加流浪汉了。

仲景忽地站起，捧出木盒，拿出里边的菊花包，让父亲看，说：爹，二叔是有情有义的人，求医是我自己决定的，你别再难为他了，中不？

伯厚瞪眼吹胡子的，说：我啥时候能管住他呀，我现在只管你不能跟他走，要走就走官路。

仲景正要说话，二叔白着脸说：大哥你领他走吧，以后别叫他往这来了就中。

伯厚正要上前拽仲景，仲景甩一下手，拎起袍襟，别着头大步流星往河边跑去。

仲景走在村道上，见几个小娃手扳着脚脖在跳帮帮，边跳边唱：

> 世人都说巫仙好，有钱有粮如花俏。
> 谁也没说医家坏，人人都当烂白菜。

仲景看看小娃群里最大的那个，是大仙的儿子耀武，正瞅着自己发笑。他转过身，上前猛推一把，耀武当即倒在地上，躺在那踢腾几下腿，就装死了。

大仙奔了过来，瞪着眼问仲景：说说咋回事，为啥欺负人？

仲景别着头站那不说话。倒是耀武从地上跃起，把仲景揪抓好，猛地抢摔倒地，膝盖顶着仲景的肚子，拳头密不透风地猛砸仲景的脸。

仲景翻身不得，捂着头大叫起来。

聋子张来福在河边放羊，跑过来拉开了耀武，把仲景拉起一看，沾一脸灰土，鼻子嘴角都在流血。大仙要打耀武，耀武跑了，大仙掐一块大麻子叶，为仲景擦拭脸上的血，说：你这娃不该先打人，看看吃亏了吧。

来福说：都回去吧，以后看见冤家绕道走，别相交。

仲景心里想，明明是陈家娃先骂医家，我才推他。但他没说出来，小小年纪身单力薄，似乎看懂了村庄的理是辩不清的，要辩得清，得回家搬老爹和仲祥来，拳头底下见高低。可老爹打死也不会来的，还会借此吵嚷自己，再把是非根底转嫁到二叔身上。

他绷着嘴，愤愤地哼一声，弯腰拍拍身上灰，怒视着大仙，站那不动。

来福不耐烦地推推仲景，泼烦地说：傻小子，憨蛋子，走吧走吧都走吧，人一走，百事休。

仲景别着头，冲他顿了一脚，嚷：谁要你管，快走吧，走远点你。

来福想走开，见大仙仍阴着脸站在那，他紧皱眉头，仍没有走。仲景用头拱着他腰，走哇你，站这烦人不？

来福之所以不走，是因为内心有故事泛起。认为村上是非一走了之，得从他以前说起。来福长着方排脸，大胡子，脸上除了眼睛鼻子嘴巴，剩下的都是连鬓胡，透着一股野蛮粗鲁的汉子气。可他身世与村人不同，是从外地讨饭过来的，到这受过张家接济，才在村里娶媳妇安家。有一天，他媳妇刷碗时勾头，喊了声头疼就倒于地上。来福把她背到大仙家，大仙把他妻子扶到里屋去施巫。来福问咋施，大仙说捂到被窝里，热气升，汗流淹死水鬼。来福想想有道理，要离开时，妻子的手像蛇一样，嗖一声闪过来拽住他，死也不丢开。大仙却神色沉定，叫仙姑和九桂也进来，来福悬着的心才放下了。来福蹲在院外墙根下吸烟，到日头一竿子高的时辰，进到里间，见妻子的嘴更歪，眼更邪了，头发乱得猫抓过一样，背回家病还加重了，嘴角流白沫。他跑去问九桂在屋里的施术经过。九桂说：你女人中邪深，被子都捂不住，回去歇几天再施术。来福的婆娘在榻上成了木桩子，半月后断了气。村人对大仙施的巫术议论纷纷，说没对上症，有老人话里有话，说来福女人长得红白二色，是不是叫色鬼看中了，缠走了。来福一惊，心里猛生寒气，直凉到脊髓里，心眼儿也开了道缝，里边的妖魔鬼怪都窜出来，一下怀疑到了见不得人的丑事上。他有点承受不住，一夜难眠，第二天到村北新坟上烧纸，看天气晴朗，无风无云，他说：婆娘啊，你吐不出冤情算了，若是受过恶人奸害，就把烟气朝向他家。烧纸的烟气本来往上冒，来福说罢，烟气缓缓飘向了陈家方向。惊得来福哇哇大叫，猛扇自己的脸，扇罢睡坟边滚着哭。回来的路上，哑巴女儿来找他，一起走到村头，见两个放羊邻居在闲说：有人头戴绿帽子，只因头上肉多。来福听明了话中意，胸中火起，呼呼冒白烟。他拽上哑巴闺女就走，回家磨了半天杀猪刀，当晚持刀跑到大仙房后树丛里，想等大仙睡前去茅厕时，砍掉他头。谁知那晚二郎神回来了，来福拎着刀回来仍经常磨，直到来福遇见九桂上地，他套出陈家秘闻，那天施巫时房里有仙姑陪着。来福又问起仙姑，仙姑说大仙要单独施术，她面对窗户站在屋里。来福盯着九桂，问：你是不是想借我的手，掐死仙姑？九桂说：谁说瞎话叫他死儿绝女，你看仙姑来张寨投奔的你，你家哑巴碍了她的好事儿，这众人皆知的。来福对仙姑这个多面女人，从此多了个心。仙姑从那以后反而温柔起来了，以前干活大声小气地嚷，咋看都是个恶婆娘，现在在大仙那住得少了，常到这烙饼又蒸馍，还给哑巴女做鞋。因为她搅到大仙家里，受够了九桂的气，还嫌大仙年老体弱，供两个女人轮换着耗，上床后像个空心萝卜，开始满怀兴趣地上去，最后慌一身汗下去了。仙姑暗中认为膀大腰圆的来福，才是条壮汉，不由联想到床榻男女之事，是雄狮还是猛虎，都让她见到来福，吃了春药似的。来福见仙姑投来多情暧昧的眼色，如遇烈火干柴，顾不得关棚闭门，把仙姑衣袍胡乱撕抓掉，滚到了一起。从那时起，来福一到河坡里放羊，就听老人讲故事，有个美娇娘叫巫汉得了手，娇娘的男人也勾引巫汉的姅妇，一扯两平。来福嚼着蚂蚁草根儿，望着北山的影。老人问他听出啥没有。来福反问：我家没芝麻油？老人说：俺们说的巫汉糟蹋美娇娘。来福掭掭耳朵，张大嘴问：啥呀，你说谁家没有粮？老人说：我说有人勾了巫汉的姅头。来福说：我耳聋啥也听不见了。从那以后，来福成了个聋子，人们跟他说话得高腔大调，来福听啥都是先掭耳朵后摆手，好话坏话都成耳旁风了。

他把一路的往事回忆遍，恍然一回头，看张仲景还站在那。小小少年，聚一脸论死理儿的愣样。来福有点陌生，怎么读典多的人都这么愚，一见是非就败狗子一个。来福朝仲景挤眼，叫他走。仲景仍站着瞪眼。

他弯腰捡起个坷垃，又是嚷又是骂：你个小鳖孙再执劲儿，我打你。

仲景这下是真的呆了，他长这么大还没见人这样对待他，这分明是打狗猫，嚷猪羊的样子。他呆呆地看着聋子来福，心想你一个闲人，也发这臭脾气。

这时来福扔了手里坷垃，扬起巴掌往他这走。

他也握紧了两拳，扎好马弓步，端着拼命的架势。

来福瞅瞅大仙走开了，走到跟前，忽然低声说：快回去吧，我得去放羊，怕你在这吃亏。

仲景看看他，眼里汪满了泪，差点掉下来，他抬手要去擦。仲景猛自转身，一阵风似的飞跑开，往河边去了。

仲景站到涅河岸边，看着浩茫连天的河野，神色凝重。风吹斜了他的麻袍，吹散头上的幞巾，他仍临风而站，心也跟着涅河水悠悠流淌而去。他恨巫师大仙嫉贤妒能，排挤异己，更不理解父亲和来福这样的糊涂人。他隐隐感觉，二叔才是申风水预言的那个张家人物。要是村上人都信二叔，不受巫医蒙蔽，该多好哇。

深蓝的天穹飘着灰白云絮，一只孤雁咕呱着向远处飞去，渐渐消逝。仲景内心升腾起一个梦，随着远飞的雁影，飘向了天际云头。

第五章

来福扭头要走，忽然看见张家西院墙上，挺着一张脸，不用猜，是张伯厚。来福把羊拴到自家棚边的树上，往张家跑去。

来福上前把救仲景的事说了，还加重了仲景是个愣头青的说辞。

伯厚听了，摆摆手，没应声。

来福正想说话，仲景回来了，小身板挺得标直，一脸轩昂气，郑重地说：叔你别说了，我明儿学成医术给人医病，把妖怪巫师压下去，叫乡亲们眼亮起来，有个辨别。

伯厚还从没见过儿子说话这么冲，平时看惯了他手捧个竹简半闭着眼读典文，今儿变个人儿似的。他落下脸来，说：去去去，小小娃家，由不得你。

来福也劝说：后生啊，天下武艺十八般，行行都比医家强，你不如学巫，发财快，吃得香。

仲景愤愤地问：叔你不是聋了吗，耳朵咋又灵了？

来福摆摆手说：你是不是说，想借个木桶？

仲景说：我看你耳朵里有鬼，一会灵一会聋。

你说你又想借一根绳？

哈哈哈，哑巴会说话，聋子会打岔。

伯厚听出来福故意打岔，句句合音，也忍不住笑起来，说：瞅瞅你叔多精，百事只管装糊涂，光打渣滓学憨子。哪跟你一样不知天高地厚，不省心的后生啊你。

仲景转身往外走，又进到二叔院里，心事沉闷地站到院中间，不知所措。张闻氏来喊他吃饭，声音柔和得像春风，说：娃呀，好事不在忙中起，等跟你爹说好了叫学医，妈就支持你。说不好之前先听他的，再长大些去当官。

仲景转过身来，斩钉截铁地说：妈，我就要学医！

傍晚，鸡上宿，羊归圈时辰。大仙背抄着手在村东头转悠，表面很随便的样子，暗中却在观望张家动静。前些天张伯厚号召村人打井，他想起古代刘秀王莽争江山，王莽把刘秀追到穰城西边小村外，刘秀渴极了，看见野地有井，忽然说，井啊井你能不能歪一下口叫我喝点水。话刚落拍，井口歪了，把口对住他，将水浮到井口。刘秀蹲下身，咕嘟咕嘟喝个饱。

大仙在猜，伯厚是不是借打井，影射什么。大仙听说涅阳县有街道打井，专供官府使用，乡村很少有井。张伯厚打井，如果不是拿王莽刘秀两家对头做文章，就是为向上报功。为啥报功，表面一个老好人，政事平平没起色，儿子又都年少，难道是想让二弟伯祖去当官？那个漂落四方的张老二，往年回来换了被褥棉衣，住十天半月就走了，这次回来不走了，难道想熬过了年再走？

大仙好像看透了玄机，哎呀一声，打手击掌地跑回家去。

一阵炊烟飘过村林，各家老少都回屋里了，择菜煮糁蒸萝卜的，贪玩的小娃也跑回家，坐门墩上等饭吃。

正在此时，村西头土埂上传来九桂的开骂声：都听着呀，我今儿是来咒坏人，为民除害哩，谁折了俺家的槐树枝，溜墙风吹倒了麦秸垛，谁家小娃收了俺家摞窝的鸡蛋，还有谁谁谁，鬼鬼道道不正经，三更半夜偷俺家菜花鸡，第二天在贼家房后瞅见鸡毛，不信大家去瞅瞅，看我是冤枉人还是打渣滓哩。

九桂这一骂，钻进屋里的人，呼啦一下都跑出来了，有的端着饭碗，有拿着馍，还有的手里抓了把熟麦子。有老人不好意思正面看骂村，就在地上画起方格，玩蛤蟆跳井。也有抱着娃，来凑场的，还有瞎子、拐腿、麻脸、半语子，聚这么齐，只为看一出骂村戏。

九桂见人多了，及时改了骂词儿，挑高了调门儿：都听着哦，有人暗地扇阴风点黑火，说谁家要出人物，我呸，不知天高地厚的货，见人都不理，啥活不会干，能当人物，当废物去吧，真叫人笑掉大牙！俺们当家的妙手回春，济世救人，到头来落的啥呀？有人当众打俺娃子，还挑拨离间，叫俺做不成人，想毁俺一世英名，瞎你的眼啵。这世道硬是把鬼说成人，把人说成鬼了啊，真是头上烂洞，脚底流脓，坏透顶了啊！可是你再捣，你鳖子撅尾巴屙啥屎，我一眼都看出来了，你小心神灵报应下来，叫你不得好死！老天爷会帮人应咒，我不信你能有好报，你若得好报，除非苍天无眼了。

九桂声音暗沙下来，鼻音也重了，捂了嘴顿一下，又带着哭腔诉：我们一家大好人，软弱无辜老受害，遭恶人暗算带坑陷，俺们真是无力招架，有理难诉哇，俺们积存的委屈和怨气，简直恨如海呀。

黄氏吃罢饭涮罢碗出来了，板着脸站一边听听。半天才品出词里的意思，完全是在自欺，也在欺人，是正宗的恶妇咒骂好人家。

她内心说，谁不知道你九桂是个啥东西儿，一个坏东西偏把个好人家往黑里损，你能得好死嘛。黄氏有点气不过，站边上瞪着眼，往九桂那边瞅。九桂骂一句，她低声回一句：人家听不见都算你的。说着往前走，站到大关坑边时，看见那么多人在场上听，没一个人反驳九桂。她忽然感到九桂的恶气，有一股盖压众人的气势，她心生惊惧，怕自己不小心碰到点子上，惹着了，也会招来咒骂，会比欺张家更猛。从这点想，她反而感觉九桂的火气冲着别人，自家倒是安生了，她又幸灾乐祸起来。

黄氏是黄义成的婆娘。黄义成是在二十多年前，发洪水从山里冲下来的。当时村人站河边打捞漂下来的东西，把筐子箩头捞上岸，却很少捞人。这时水浪里冲下来个举手求救的小伙，喊：救命啊，我是手艺人啊。人们一听手艺人，递过去长竹竿叫他抓好，捞上岸来，领进村做了热面条。吃罢饭问姓啥名谁，会啥手艺。他抹抹嘴角，说：织藁荐时，我会递茅儿。村人一顿耻笑后，要赶他走。张伯厚把他领到家里，留下当了长工，为他取名黄义成，把村头的瓜棚让他住。从此后，这个外地人有了安身立命的居所，张寨也多了一户黄姓人家。三年后，义成干活勤快，伯厚帮他回村里盖起两间泥坯草房，又帮他托媒娶亲，成了家。现在，黄义成有房有地有农具，娶婆娘生儿女，一家人提起老张家，总是感恩不尽。虽然黄家门户单，家底薄，娶来的婆娘黄氏，却勤快能干，因感到家贫过不到人前头，到人场底气不足，处事心眼儿特别稠，只怕有闪失，惹人另眼待见。黄义成因为信神，老跟在陈家屁股后，打网时干些搬凳抹桌倒茶递水的小龙套，认为就是混到风光排场处了。村上人说他是个小巴结儿，人来疯，陈家放个屁他都说香。黄氏跟丈夫不一样，表面上顺溜陈家，背后老嫌陈家婆娘编排是非，不像张闻氏那样厚诚贤惠。这也是她听出九桂是在骂张家，她就觉得意不平。

此时，九桂上前拽住黄氏的胳膊，说：有人说俺家大仙坏话，把你家义成也扯上了，整人坑人都不眨眼儿了？

黄氏知道九桂是个闲话篓，这边套那边捣的，一言不合，就会翻脸，还会把前情尽弃。弄不好就会翻腾成筐子的是非，把跟着说话的人也扯进去。更重要的是，黄氏扭头朝张家看了一眼，看见张家院墙上，露一个头。黄氏一念转弯，干脆眍着眼撑过去：我不听闲话儿，谁听见算谁的。说罢少不得又往张家墙头看，却见露着的头脸，不见了。

九桂被呛，一时噎住了。她眼里的黄氏，并不伶牙俐齿，今儿咋变脸儿比脱裤子还快。她登高几步，站到土疙瘩上骂起来。

有人问：你能不能说句好听话，养养耳朵，老骂人会招报应。

那菜花鸡儿的案，你瞅住谁家偷的，抓出人来赌个狠咒，把儿女赌上，不就完了嘛。

九桂马上下来土埂，拖着脸回家了。

张伯厚清楚地听见土埂上的骂词，张闻氏也站在院墙里头，双手掐腰冷眼看着。伯厚交代张闻氏千万别跟九桂一般见识。张闻氏听了当家的话，点了点头，要去地里干活了。她不愿惹当家的生气，况且地里家里粗哩细哩活路多得很，哪有工夫沾染是非。

张闻氏前脚走出门，后边来了黄氏，对伯厚说：九桂编排是非，等于明地骂出来了，我都听不惯。

伯厚内心想，俗话说：来说是非者，就是是非人，不进是非圈，便是无事人。正好张闻氏扛着草捆子回来了，看见黄氏站在门口，她把草捆扔到牛棚里，抽出麻绳来，说：妹子咋没进屋？

黄氏说：我来借一条沿鞋口布，看你不在家，就站着等。

张闻氏看见当家的绷着个脸，就知道黄氏刚才说了闲话。她进里间把一缕布条拿出来给了黄氏，问黄氏坐不坐。黄氏说有事不坐了。张闻氏也拎着麻绳往外走。黄氏跟她一起边走边说：疙瘩蛋婆娘指桑骂槐，还咒人，如果是对我，我早跟她拼个人血一般红。

张闻氏说：胡骂乱叫唤，只当没听见。

黄氏说：人们都说你家老二回来，扎了陈家的眼。

张闻氏瞅瞅黄氏，转身往西坡地里拐去。

九桂也刚从院里转出来，看见张闻氏黄氏一路走，不由想起刚才黄氏的话，她脱口又骂起来：有人家是个鬼窝子，男鬼女鬼老鬼少鬼，没有一个不是鬼，都不得好死！

张闻氏听见咒语，见九桂的手还往这边指。她站下来瞪着九桂，想争个理，见对方火星乱进，一点就着，她转身绕开时，小声嘟囔道：有啥事说不了，这么阴损咒人，谁得不得好死，也不是谁说了算。

九桂看见张闻氏变脸失色的样，一下子找到了发火点儿，往前蹿两步又是蹦又是跳的，还打手击掌的，像是要打架。张闻氏稳稳地站在那，愤愤地瞪着九桂，说：我告诉你，你再往前半步，我就叫娃他舅来收拾你，信不信？

九桂像是被点了穴，当即站那不动了，她知道张闻氏的弟弟闻保有，在涅阳县是个亭官，专管治安平乱的，是个厉害主。听说城南有个老汉强奸了十三岁的憨闺女，闻保有到场后，抓住老汉就砍了头。还有一个半夜偷驴贼，五更杀了驴到街上卖肉，闻保有得到报信，当街剁了偷驴贼的手脖。还有个不孝子，把老爹背到北山去喂狼，狼来了，老爹打狼叫儿子逃命，他逃回来就被保有逮到，拦腰铡了不孝子。涅阳的治安，因此变好了，别的县吃活人肉的恶事经常发生，涅阳县一年到头都未见此事。

张家朝里有强人，吓住了九桂，她悻然站在那，木着脸看着张闻氏。张闻氏放低了声音，说：看起咱老门老户的邻居，我不跟你一样不是怕你，你信神，人恶人怕天不怕，人善人欺天不欺，神灵会有报应，只看是早是晚！说罢瞅了九桂一眼，挽挽手里麻绳走了。

村人个个打愣，叹息张家婆娘人品不赖，话里骨头硬，分寸也拿捏得住。有人高声说：老嫂子你甭走，再说点大道理叫俺们听听。

张闻氏忽然想起一路走的黄氏，九桂冲过来时，她转个身就没影了。她跟着倒抽了一口凉气。

站在院墙里观阵的张伯厚，听老婆回来说了经过。伯厚听出女人鼻音很重，知道她受了窝囊气。但他仍不想劝，怕勾起女人伤心，抹眼掉泪的。

他绷着脸走到院门口，又勾着头转过来，站到院中间，然后进屋坐到太师椅上，叹了两声，又出去了。他朝着他从不喜欢的地方走去，心里梗着节块，脚步迈得老重，每一步都踏得沉沉的，好像一脚要踩下一个坑似的。

他在冥冥中似有某种应验，他绕过老椿树时，看见大仙也笑嘻嘻地迎面走来，大老远就喊：老哥呀，上哪儿哩。

张伯厚打个手势，说：去西头坡上选个打井处，干点正事儿嘛。

大仙说：这事正，一来有老哥带头，二来人们早不想吃坑里脏水，你看有啥叫我干的，言一声就中，可别见外哦。

伯厚说：你劝劝你家婆娘吧，别弄那下三烂事，不为后辈人积德。伯厚在说这话时，内心窝着火，语气有点逼人。

谁知大仙态度好得出人意料，像是啥事都没发生过，说：哥说得是，这妇道人家的小摩擦，也不足挂齿，谁知她还蹬鼻子上脸的，真是丢人败迹。

大仙说了，伯厚反而感觉自己气量不如对方，他笑笑又招招手，叫大仙一起往村西头去选打井处。

走到西坡，村外的风拂面而来，他指着前边说：这小地块离沟近，也种不成庄稼，在这打井，省得占大地块。

大仙看看这里距自家宅基不到二分地，打了井人们打水路过家门前，啥私事都没个遮挡，还能聚住财气。他鹰眼儿睐起，说：这地儿好是好，就是与水脉远，离污沟近。

伯厚问：水脉是啥说法，要不请申风水过来一趟。

大仙说：不用请他，我都能看，要不然一起去村东头看看。

村东头是通往涅阳县的官道，留着官府以后修大道用。

东头地宽，修多少路都中，把井打到东头，官道修到西头也中嘛。

修西头得绕涅河，架桥，花费造销太高了。

咱这离杏花山不远，派劳力去弄石板，也不费啥事儿。

先搁西头打，等形势好了东头再打一口，村人两头吃水多方便。

那好老兄，一百兄弟没哥大，我听哥的不说啥。

当天晚上，九桂和仙姑端着碗各家串门，说张家人不看风水选打井地，要是打住龙脉，一村跟着遭灾。这话很快长腿似的传开了，张伯厚想在村里提打井的话题，跟谁说谁都摇头摆手，他只好暂停。

这天，仲景在河边背医典，闭着眼边想边背：余闻上古有真人者，提挈天地，把握阴阳，呼吸精气，独立守神，肌肉若一，故能寿敝天地，无有终时，此其道生。中古之时，有至人者，淳德全道，和于阴阳，调于四时，去世离俗，积精全神，游行天地之间，视听八达之外，此盖益其寿命而强者也，亦归于真人……

站那背一会儿，又坐草摊儿上，刚停下背诵，九桂的骂声就传来了。他记得这台戏常常是在二叔回来就开台，直骂到二叔走人，才收场。仲景警觉地看看村里，跑回来问母亲陈家骂的啥。张闻氏一脸泼烦地说：娃呀，这都是你二叔当医家招的祸呀，你看你还走他的路不。

仲景说：妈，我听出陈家咒骂是为打井，不是为医家。

张闻氏说：你二叔从医得罪了陈家，你又要跟他学，咱家太平不了了，不知得挨陈家多少咒骂，才是个头。

仲景冷不防低叹一声，问：妈，那你说陈家对，二叔错了就该挨骂？

不是谁对谁错，而是天下人人信巫，咱改变不了局势。

仲景紧握拳头走到椿树的斜枝下，他身子往上一跃，手攀往斜枝猛一扳，树枝咔嚓一声断掉了。

有在大关坑边扯闲话的老人说：看看老张家出的啥人物啊，那张狂样连怪物都达不到。

另有人接腔：叫我说，分明是废物一个。

次日吃罢早饭，村上出来一个骑毛驴的，是背着药褡裢的张伯祖。

这是仲景最不愿看到的一幕。那匹低头走路的毛驴好像瘦了一圈，二叔身上的袍子也破旧了许多，肩上的药褡裢扁得像饿汉的肚子，头上的幞巾被河风掀动。仲景还看见二叔脸上聚着复杂的愁绪，神情抑郁，难以名状。他朝二叔奔去，内心在自语：老天爷，张寨的圣贤为什么不能留下来，二叔为什么不去说服人们，破蒙昧，信医术啊！

伯祖察觉到了仲景的出现，他本来就沉重的心，往下沉去。昨天，他站在院墙根儿，听了九桂骂村的状况，心里正想如何是好，当晚伯厚拿一坛老酒，端了半碗凉拌萝卜丝，邀他喝酒。

伯厚见二弟连一双成样的筷子都拿不出来，只摆出四根柳条棍，伯厚忽然想到自己身为兄长的惭愧，他喷着嘴，说：老二啊，哥作为老大，自打爹娘去世后，没尽到责任，把三个弟弟带到正路上，二弟你为从医流落四方，三弟死于洪水，四弟不务正业，这都与我有关。今天，我必须跟二弟掏心窝子说几句，解解内心的闷。老二啊，你年岁小三十了吧，该物色个媳妇，过上个常人日子了。

伯祖说：哥，我自从走上医家道，就没有回头的路可走了。

可这世上，人上一百，各样各色，却有一样千万年不变的，就是成家立业，传宗接代，因为不娶亲会断后的啊。

哥，我知道你的心，可我已习惯了，不觉起有何不妥。

要不然，我给你出钱或粮，你去官场谋个职，也是个正道。

从医之路就很正啊，我从没走一步邪路歪道啊。

伯厚给伯祖和自己各倒了半木碗酒，喝了几口，说：你说的是，哥只是提个醒，如你一心当医家，那就别在村上沤太久，你看陈家鸡肠狗肚的，叫他婆娘咒哩骂哩，不顾一点颜面。你看还缺啥，别把你嫂子当外人，言一声就中。

伯祖听出兄长是怕自己在家久了惹是非，他喝下半碗酒，说：这好办，我一走了事，干脆明天就起程，省得劳哥嫂操心。

伯厚又倒半木碗酒，自己先干了，说：老二也喝了吧，你理解哥也是出于无奈，才这样求到你门前。现在说你当医家，已经没有回转余地，我也没啥说了，可是张机那个毛头小子，一头钻到医简里百事不顾，这是啥光景啊。想想把个好好的后生带到独木桥上，往后路咋走哇，是当叫花子流浪汉，还是败家的光棍儿汉，如果有一条是好事，能叫人称颂，我就狗臭屁不放。

伯祖听出兄长话里的话了，他说：哥，我给你说，这娃天生的医家材料，把医简看得比命都重，不是谁带他走这路他就走，而是他自己的主见，非一般人能够左右。

他在你没回来之前，并没有现在的痴傻样，要不是在你这看简，他打哪儿知道世间有条医家路？

哥，对于仲景走官路，我平时也说过不少回，可他真是自愿从医，还盯准了这条路。我可以给你做个保证，他如果再到我门前，我不叫他看医简了，你看，中不？

伯厚忽然落下泪来，从怀里掏出一把铁钱，递给伯祖，枯皱着脸说：老二啊，你完全不必对哥保证啥，你走的路没错，压根儿没一点错，是大形势不对，哥跟着形势犯的错呀。你当是我承认陈家好，我从来没看好大仙那花哨点子，那是装神弄鬼哩。可我偏得跟他们一村过日子，低头不见抬头见的，咱玩又玩不转，斗又斗不过，不让个路，往下世代结了怨，又啥时是个头哇！

伯祖愣住了，像是被哥的话惊了魂。不知怎么，他也有一肚子的愧疚情绪，念着哥嫂对自家的好，也不能叫他们跟着背锅，他决定马上走人。

他想走时尽量不叫仲景知道，没想到刚出门就叫仲景看见了。他怕少年追过来，没完没了地纠缠，惹得心伤，就鞭着毛驴快走。刚走到拐弯处，听见仲景在后边大声呼喊。少时，仲景追上来了，红着脸，抓住毛驴脖子上的绳，拼着蛮力往后拽。

伯祖故作生气，说：侄儿你怎能这般任性，为叔我万言难尽，只一句相告，有志去当官，千万别学医，在歪脖树上活吊死。说罢猛鞭毛驴，村道上响起了迅疾的驴蹄声。

仲景拔腿奔过去，超到前头抱住毛驴头，带着哭腔说：二叔，你咋变了，你是去哪儿也留个话儿，日后我好去找你。再说，你给我说的方术那么少，还有切脉没教，求二叔留下教我。

伯祖心里热辣辣的，说：我先去穰城县，然后去北山采药，居无定所，不好找，你可别去找。

在家多住些天不中吗？为啥要躲巫汉？仲景带着哭腔在喊叫。

侄儿是不是忘了，我讲的扁鹊故事？

没忘。

他就是钻在蓬鹊山九仙洞里，多年精研，修得高超医术，达济天下。你看村里人声乱嚷，二叔心静不下来，也没人求医，住久了会把医术荒废掉。还有，《黄帝内经》里说的"余闻上古有真人""中古之时有至人"，你背一下。

仲景想了想，背诵起：中古之时，有至人者，淳德全道，和于阴阳，调于四时，去世离俗，积精全神，游行天地之间，视听八达之外，此盖益其寿命而强者也，亦归于真人。二叔就想当那个真人？

仲景还是不舍得放手，紧傍着毛驴一起走。

伯祖知道此时不该再劝，那会带来更多伤痛，他想岔开话题，放慢了毛驴，边走边说：穰城县是座名城啊，在六千多年前就有人，还有个大名叫邓国。楚国时代曾置名穰邑，秦昭王年间取穰为秦地，境内设穰县，山都县。到汉朝划属荆州境管辖，荆州南通长沙襄城，北接南阳豫州，地处中枢要塞，通运顺达，有湍河经新野汇白河，注入汉水。说土地吧，穰野平原，产五谷，被高祖刘邦命名穰城。

仲景爱听知识，又感上了兴趣，说：二叔学问这么大，是个天下通啊，那你知晓涅阳的学问吧，也讲来？

涅阳城原名不叫涅阳，叫穰东。是因春秋战国时期，在穰侯魏冉的封地以东而得名，后来划为汉代名将——涅阳侯吕胜的封地，改称涅阳。汉朝将穰东更名为涅阳县。

二叔，你讲的知识我在涅阳官学都没听过，你若常在家，叫我爹帮助建个医学堂，一边行医一边教人。我还想等老爹答应我学医了，跟你一起走，我一天都不想待在村里，我要出去大开眼界。

伯祖声音沙哑着说：侄儿心志是皇帝老子的事，咱一介百姓还小小年纪的，想达济天下，怕是麻雀头顶不起个被单子啊，为叔还是劝你去当官，得权得势，光耀门庭，才是好儿郎啊！

光耀门庭，无非一层浮华，一世虚名。救死扶伤泽被众生，千秋之功。

二叔不再回话，从战带里取出两把铁钥匙，递给仲景，小声说：屋里留有医典，你抽空去读，如果家人都拦挡你，你就听他们的，等到他们都同意，不拦挡了，我再回来带你走。说罢扬鞭毛驴，甩开了仲景。

仲景又去追毛驴，毛驴伸着脖子硬挣着前行。仲景沙哑着嗓子喊：二叔二叔听我说嘛，我才识得几种草药，知个皮毛，你得教我切脉呀！

毛驴与仲景并排走着，不时朝地上喷着鼻子，发出呼哧呼哧的暴响。

仲景急中生智，说：二叔，你这是扔下病秧子三婶不管了啊，她没你医病，终日睡榻多可怜啊！

毛驴慢了下来，伯祖说：以后别说你三婶儿了，你应记住穰城的桃红，有湍河边人说，她并没有死，不知为何人所救？现又在哪里？这才是二叔老往穰城跑的原因。

仲景听出二叔的故事，有多震撼人心。他的奇事比张寨哪家的事都有深意，他喊：二叔，我想听你讲桃红，以后写个烈女传，让天下人知道。

二叔再扬鞭一策，毛驴大幅度甩开了仲景，奋蹄疾奔。

仲景站在驴蹄腾起的黄灰里，被悲愤的情绪激着，泪水在眼里打转，视野模糊了，仍站在村头，看着官道上远去的身影。

第六章

申风水最近有个烦心事，闺女巧凤十三岁了，夜半在梦里尖叫，白天疯癫胡说，什么花郎、新婚、夫君之词，吓了申风水一大跳。有一回，巧凤的表姐来家，与巧凤钻闺阁里说私房话，表姐出来对申风水原话传出，小女子是想找婆家，还像害上了相思病。

申风水的老婆也信神，相思病都有个影，也没见闺女中意哪个儿郎，就叫申风水找巫师来治闺女的病，看是哪路风流鬼附了身，或中了花郎的邪。申风水碍着女儿闺私，说啥不肯找巫师，只是多了条为女儿找夫婿的心思。这天，申风水在涅阳城南看阴宅，那家有儿十五岁，长得周正端庄，体格健壮。谁知刚说到第二句话，那娃身子一歪，睡倒地上口吐白沫，两腿乱蹬。申风水看出他是犯了羊痫风，就打消了念头，开始从知根知底的亲戚熟人圈里，盘算门当户对的人家。

看完一家阳宅的风水布局，回到家，有亲戚来家说媒，是在穰城开麻行的赵姓后生。申风水先去看了人家，有房有马，街上还有旺铺门面房。回来叫巧凤去相亲，赵家老人以巧凤娇惯，不懂礼情为由，拒了亲事。过不了几天，又有个邻居说了个读过官学的后生，对方很满意，却没对上巧凤的眼。

再往下接二连三，来申家说媒的排了队，说了十来起，结果都是高不成低不就。正在惆怅时，有人报信说涅阳张寨陈大仙来了。申风水的心思忽然转到了张寨，第一念就想到了张仲景，难得的宅心仁厚的人家，打灯笼也难找的好儿郎。可他念头一冒出，就开始料想大仙这个鬼会不会从中作梗。

大仙身穿绸袍，捋着长须端坐正堂，鹰眼笑得炯光四射。门外槐树上拴着小毛驴，门口放了袋粮食，看样子是小麦。

大仙施礼，出口道：贤弟呀，愚兄前来看望喽。

申风水记得平时此人从不这样称呼自己，就知道来者有事，也还礼请坐，泡茶，问：老兄来有何事？

大仙说：张寨打网我没亲自来请贤弟，失礼了呀！

申风水有点诧异，不知失礼二字怎讲，但他很快猜到他说的没亲自来，定是委派别人来。可是，自己从没见谁来邀请，就顺葫芦打汤，说：是我忙于测术，没顾上去嘛。

我这回来请，是求贤弟测测家宅。

申风水捋捋胡子，说：风水旺衰依朝向地势，旺向偏向斜向，还有山颠水倒之格局，八卦之经你也略知二三，又有巫术之功，回家自看便知。

大仙头摇得跟拨浪鼓似的，说：哥，不中不中，比你差十万八千还拐个弯儿，贤弟得去宅上细测。我今来还想说的是，里魁张伯厚起心打井，这也没啥不好，就是我提醒他请你去看风水时，他不应，嘴里还吐出不恭之词，就差了，说明他不重视风水，眼不识术。咱得冲散他，贤弟当同盟共进。

申风水开始还认为大仙这次是真情实意，没防又露了尾巴，使出嫉贤妒能的心眼儿。他说：张家打井是大形势所趋，并非一村一寨，恐怕你我都不及伯厚恩惠民众的胸怀。

狗屁，老二伯祖就是拐骗表妹，害人致死，恶名远扬之徒。

桃红是绝代烈女，今世不会有二，后世定当著典，流传千古。不是你我闲磕牙，就能判词定论的。

就那偷鸡摸狗之辈，后人谁为他们著典，笑谈笑谈。

申风水起身添茶，在内心对大仙直呼乱世奸贼，不想与其多言。

大仙也知道刚才交锋的芒刺，刺到了申风水的斯文处，他无奈放低了声调，说：哥来这还有一事，那天打罢网的夜半，我梦见个银发老妪告知我，说我家要出天下英雄，不是皇帝也非达官显贵，我想请你测验虚实。

申风水猜着大仙自我标榜，捋着胡须笑了几声，问：你说子夜有仙家上门，可能家有女杰出世，你等着享福禄嘛。

大仙一听女杰之说，心里不高兴，现在妇家都操的内宅杂务，他悻悻地说：贤弟对陈家有怨还是有仇，一沾风水行，就有奉张贬陈之说，怎解？

申风水说：我只是相信《易经》八卦，也相信佛家的万事因果报应，种下瓜子，不会收到豆角，施了善举，也难收恶报，此谓天道。从这一科上说，我劝仁兄站到张寨大局，多与伯厚思齐，若两家能做到东家施巫，西家行医，张寨定会风调雨顺，兴隆发达。

大仙打手击掌地说：好，好，好，我就赞成风水先儿的主意，皆大欢喜。哥最后还有一条，请贤弟解个梦。我在此前还梦到一条黄龙，认为黄字金贵，与皇朝也沾亲带故，你看怎解。

申风水顺沟溜道：黄龙寓金，财富征象，你家会发达的。

大仙两手拍膝，高声说：解得好哇，我今儿对真人不说假话，给贤弟透个小密信儿，我家老二决定去当官了，黄龙会现身于他。

申风水双手打拱表示祝贺，大仙起身施礼道别。申风水送客至院门外，忽劝大仙留步，说：仁兄且慢，小弟也有一事拜托，只因家有令爱，年一十三岁，愿托仁兄为媒，说与张机，怎样？

大仙一听，愣住了，内心暗想，怪不得你说看张家风水样样都好，要出人物，原来早有图谋，若你两家成亲结缘，那得多少风光排场。他表面却笑嘻嘻说：好，好说，那娃过秋天刚开罢锁子，俗话说女大一哭啼啼。

申风水借掐须之时掩一下窘态，说：那娃读简入迷，不会有差，小弟凡事往正面看，朝阳之坡，少有阴霾。你只管牵上媒红之线，小弟后谢有期！

大仙看着申风水的眼，双手打拱道别。

转眼，到了仲春时季。河堤上柳林垂下绿丝，一双少女的眼睛在树荫深处忽闪。

黄义成的闺女，黄翠姑，十二岁的少女亭亭玉立，粉红嫩白的椭圆脸盘，鲜嫩得犹如掐一下会滴水儿。还有饱满的鼻，丰圆的嘴唇，左眉下有颗绿豆痣，为美脸画龙点睛。人长得花朵般可人，身上却穿的粗麻衣，麻布大襟没有盘扣，想合拢两襟，得把大襟裹到小襟上，勒条麻绳束着。麻绳下边扑闪开的地段，鼓了个包，是勒宽裤腰打的皱褶。正值天真无邪时，少女不管怎样穿，都有亮汪汪的大眼睛，看啥都是好，天天都在笑。

小时候大人都说，这妮眉头的痣长偏了，痣长在眼下是泪痣，长在嘴下是唠痣，长到眉心才是美人痣，翠姑的痣长在眉头下，说不上来哪里有怪气，就是看着不顺眼。谁知长大后，那张小脸越来越丰润饱满，眼里两汪清澈秋水，把一颗红痣衬得恰到妙处。

此时，翠姑躲在一片深林里，窥视张仲景割艾草。她与仲景同岁，年少时喜欢跑到官学窗外，为旁听先生讲课，也为偷看张仲景听课。平时仲景在河边背医文时，挖野菜的翠姑也躲到树后偷听。

她刚看见仲景送走了二叔，很失落地站在村口，孤身单影。她知道他心里会难过，却不知怎样去劝。后来张闻氏拿了镰刀叫仲景到河边割艾。她知道采艾时光是五月端午前后，现在还有个把月，割下来的嫩苗没有艾香味，也没有驱蚊效果。可她看见仲景手里镰刀甩得很开，好像带着气，割一把艾叶放到草绳上，然后捆起来。翠姑也在另一处用手掐艾，掐下尺把长的艾稍，放到麻绳上。仲景割了回来发现不对劲儿，艾捆堆大了，四下瞅瞅没人，又去割。

翠姑看着仲景的脸朝这瞅了一眼，应该能看见自己，他却没看见。是真的没顾及，还是没缘分？她心悬了起来，滋生一丝丝幽怨，河边林子里只有一对少男少女，只要你往这瞅一眼，就中。她靠在一棵槐树上，看仲景又割了一捆，再割就拿不动了。有蚂蚁爬到她手上，叮一下，她没觉起，腿站累了，换种姿势继续站，往事跟水一样流过心头。

她忆起从小跟仲景一起玩，为逮蚂蚱捉蝴蝶在树林里跑，被树根绊倒，头上磕个包，别的娃都站那拍手笑，只有仲景来扶她，一边呵护，一边嚷娃们。少女为了这甜蜜的待遇，多次故意倒地，劳仲景来扶，两人站近了，嗅着相互的气息，听着那沙哑男声，少女从此患上了单相思。封闭古老的张寨小村，还没有哪个姑娘敢在后生面前动情念，可她动了，还老在心底说：等我长大了，就要当你的娘子，为你洗衣做饭打扇子，吃苦耐劳一辈子。

这段心里话，怎样才能说出口呢，这成了她心头的纠结。从那时起，少女开始了若即若离，又不离不即的跟踪窥视，天天在想怎样叫他觉出自己的存在，或自己怎样冲到他面前直说出来。想来想去，还是不敢，听说涅阳县有个闺女上街赶集遇见如意郎，两人钻小巷里说话儿，回家就叫族人沉了河。翠姑内心顾虑重重，别家女到这年岁都有媒婆上门，三媒六证的相亲定亲娶亲，要多风光有多风光。可自家婚事谁会给操办，即使有人办，张家怎会要破落户的闺女？

河水依然流得鲜活生动，水里倒映的云彩，纷乱而飘悠。翠姑的脸又热又红，心有迷乱，还有莫名的羞涩与嗔怪。

正在此时，村里骂声又起，是九桂又骂村了。割艾的仲景站起来听，忽然变成一头暴怒的狮子，手掂镰把，冲到陈家的高粱地里，闪开镰刀，在尺把高的高粱苗里乱砍一通。不大一会儿，三亩地的高粱秆，被砍得一片狼藉。

翠姑不顾一切跑过去，从后边抓住仲景胳膊，拼命往后拽。

仲景被拽到地边，在垄埂上差点跌倒，待站好了，扭头看见是她，顿时愣住了。

少女的脸也羞成了一块红布。

七月的炎夏，刚下过一场暴雨，天上就出来了火辣辣的太阳。上边晒下边焖，地里热得像蒸笼。鸡娃扑散开翅膀，狗伸出舌头，村人把庄稼行里青草才锄掉，就晒蔫了。

下午天更闷热，村子像个大蒸笼，一丝风都没有，河边飞来成群的小燕子。再过一会儿，乌云密集起来，远处有火蛇似的闪电，天黑压压的，如要塌陷。稍倾，瓢泼碗倒的暴雨下了起来。

大雨直下了两天一夜，村里积水成池，在路上哗哗涌流，房后的菜地成了泽国，水面上只露出菜叶尖。仲景赶紧收拾砍好的木棍，这是二叔叫他砍来做木简的，淋了雨会上潮，木质泡了还会变色。

张仲景的妹妹小香，刚过五岁，也急慌慌地跑过来帮他捆。正捆着，听见西北方有人惊呼：老天爷呀，北山大洪水来啦——要发大水啦——

涅阳离北边八百里伏牛山，有百余里路，是马山口下游的大平原。伏牛山连着秦岭，聚集了千山万水，马山口是个出山口，地势与上边的山脉形成阶梯状。只要山洪发起，就如下山虎一样猛烈，要不了半天工夫，大水就会把村庄变成汪洋。大水冲到村里，房倒棚塌，猪叫羊咩，小树连根拔起。

涅河没有堤岸拦挡，只得洪灾泛滥。仲景站到土埝上看时，洪水刚才涌来，成群的蜻蜓乱飞，黑压压遮天盖地。人们乱蜂似的奔跑，边转告边商量逃命。仲景听见山洪的吼啸声，排山倒海，黄浪滔天。他顾不得地上的木棍，背起小香就往家跑。村路已漫在水里，冲塌的房屋草棚，被卷走漂远。洪水仍猛虎似的撕拽着村林，顷刻，汪洋白浪里，不时有人头或双手伸出水面呼救，落难者不计其数。

张家院坐落在村东头，地势较高，古树稠密，西边的几棵老树枝上挂了柴草，还有烂箱子、破门板和淹死的猪羊。大水从这绕过，高出来的张家庄院，成了出水的小岛。

仲景跑进院里，见堂屋小阁楼上挤了不少人。仲景拧着袍襟上的水，仲祥下来抱着小香往上爬。阁楼木梯太窄太陡，得半爬着上，才稳当。

这时听见水泊里有喊叫声。仲景弯腰往外看，见翠姑一家人手拉成串，涉在半腰深的水里。黄义成拉着妻子，背着铁柱，黄氏已经吓迷了，伸着两手在水里乱抓，浑身打着哆嗦，翠姑扶着母亲拉着父亲，蹚水往这来。

义成拽紧了黄氏，脱手的儿子铁柱，却倒在水里，呛了几口浑水，咳嗽起来。他去抱水里的铁柱时，手一松，翠姑与黄氏站水里叫唤起来。仲景噔噔噔跑下楼梯，到水里抱起铁柱，拉起翠姑，说：快到阁楼上！

黄义成慌不择路地跟着仲景走。仲景把黄家人一个个往阁楼上推。

小香钻进拥挤的人群，惊诧地喊：哥，哥，快上来！

伯厚焦急地喊：快上阁楼，不要小命啦？

外边仍是瓢泼大雨，仲景把黄家几口人拉到阁楼上，三间阁楼已挤了近百人，汗气和潮湿气混合起来，四处弥漫。热燥燥的人们脱下麻衣拧汗水，昏暗拥挤里，到处是唉唉的叹息和哭诉声。黄义成要边上的人让个空，跪下求神，一说求神，老年人都跪下了，泪流两行，哭号连天，哀求神灵保佑家人，保佑庄稼，保佑房棚。另有人在求皇帝老子万岁万万岁，保佑良民能活命，有房住有饭吃。

危难时辰，什么五花八门的求法都有，就是没有自救的信念。仲景只想大喝一声，唤醒昏庸的愚民，不应在求神中耽误时光，要坚强自我救助。可阁楼上的悲伤还在继续，有人放开了悲声，引得众人一片雁叫似的哭号。

仲景站到高处大声说：大叔大伯都别哭了，为人当自强，要是神灵和皇帝能保佑人，那就挡着洪水，别带灾祸来了，是吧。

正在这时，一块木板被踩断了，赵氏的腿卡到木板缝里，自己拽不出来，也低泣起来。仲景仲建挤过去抱住赵氏的腿，拽半天也没拽出来。仲景跑下阁楼，站水里用木棍顶住赵氏的脚，硬是顶了上去。正在此时，听到熟悉的叫骂声，陈家九桂站在水里朝这边骂：是哪个野鬼违背神灵，叫老天爷发大水报应咱村里？

大仙咬着牙骂道：你个半吊子货，不够使的活二尿，这么多人你在那喳啦①啥哩，丢人败迹？

九桂这才蹚水往张家阁楼上跑。大仙与九桂带着俩儿子上来阁楼，说：得感谢老张家，关键时辰救济村人。

这时，张家大黄狗忽然从墙角蹿了过来，对着九桂叫唤。吓得九桂爷呀娘呀地叫唤，直往大仙身后站。

---

① 喳啦：方言，指大声尖叫。

仲祥打跑了黄狗，说：这狗也有邪劲儿，咋就不咬好人。然后又大声喊：哥，我看见二爷淹着了。说着往楼下跑。

大仙也跟着跑下去，两人把二爷推扶上楼，衣服都湿透了，站在窗口拧水。接着来福背着哑巴女儿，一歪一倒地上来了。张家伙计拐三，抱着一棵歪脖槐树，大声呼喊。大仙看见拐三是吓迷了，招手仲祥快去救，一起下阁楼跳进水里，把失魂落魄的拐三扶了上来。往下是二郎神、赵氏、仲建、伯志家全家五口人，和二奶也聚过来了。再点人数，发现少了仙姑。有人笑着说人家是仙家，神会保佑。话刚落拍，听见呼啦呼啦的水里，传来尖叫声：救命啊，我叫乌鬼拽住腿，走不动了。

阁楼上的来福看看大仙，大仙看看来福，都没动静。倒是张闻氏喊仲景仲祥下去拉人。上来的仙姑一身湿水，直往下流，张闻氏赶紧跑下楼，到堂屋里拿几件干衣服，上来叫仙姑和黄氏钻到墙角，叫大伙堵成人墙，让她们换衣。

九桂在一边撇嘴。大仙甩打她一下，说：等会你也回去拿干衣过来，给年老者换上。

九桂说：那除非有人想叫我淹死。

大仙不知在暗中是拧还是掐了她，只听啊呀一声尖叫，唏溜唏溜地说：好好好，中中中嘛。

这边的小香尖声喊：哥光顾人，你的简呢？

伯厚拽过小香说：命都顾不上了，那竹简好吃好喝？

小香说：不嘛，那是俺哥的命。

仲景下来阁楼，钻进已倒塌的腰房里找竹简，他敏感地觉察到身后有股熟悉的气息，还没来得及回头看，就听水里轻喝一声。他扭过身来，见翠姑胳膊下夹着两卷竹简，裙子挂到一根树枝上了，人在水浪里，像一团摇曳的乱花。仲景心里一动，转来帮她拽下挂在树枝上的裙角，接过简，扶她往阁楼上走，问：你咋发现这东西的？

翠姑喘息着说：俺在楼下看到是你读的简，不是一般东西！

这声音带着还没脱尽的稚嫩，从沉寂愚昧的村庄深处传来。蹲在阁楼上的黄义成，老在大仙家混，对医术之事有反感，说：乡亲邻居们哪，是不是天神派的水灾呀？

没有人回应。仲景想反驳一句，但见翠姑投来求助的目光。这激得黄义成更怒了，他一脚踢在女儿腰上，嚷：叫你信医！翠姑倒地上了，捂着腰大声嚷道：我就信医家能治病，这有错吗？

张仲景听得心头一热，他知道在这混沌愚昧的村庄，自己并不是孤独的，有一个女子把医简看得那么重，跟他的心连得那么近。张家阁楼上虽有潮气弥漫，却有一抹阳光，暖了过来。

一夜过去，洪水退了，昨天的那片汪洋成了沼泽地。沼泽上堆着门板、树干、竹筐子、破麻袋、烂草墩和衣物，构成杂乱斑驳的一片。还有猪娃羊娃，泡得鼓饱饱的，落在泥滩上。偶尔有泡涨的人尸，比战后的疆场更惨。

有青壮劳力赤着脚，在淤泥里捞东西。偶尔捞到烂箱子，见里边装着淹死的小娃，就哭丧着脸唉唉地掩埋掉。见到漂下来的死人，谁也没想着叫上游人来辨认，也不顾姓什名谁，一律挖坑埋掉。也有去泥里坑里寻找亲人的幸存者，见谁都打听诉说，听者也跟着抹泪。

一个从安众方向走来的孤寡老汉，边走边呼号：我的儿啊——亲人哪，到哪儿去了呀——为啥不管我了呀——喊叫着走到稀泥坑边，一脚陷了进去，身子晃几下没拔出来，就在泥滩里歪着身子哭号，直到天气燥热难耐，他才挣扎爬出泥窝，到村里去讨要。

陈大仙家是砖泥混垒的墙，没被大水冲倒。村上人都知道，张寨只有两户人家有存粮，一户是张家，另一户是陈家。

九桂怕人来借粮，昨天夜里把小麦屯上面，盖了芝麻秆儿，高粱屯盖了芝麻叶包。看见村东头老张家蒸了馍烧了开水，在路边放舍饭，大仙也煮了一大锅麦仁汤，见门前有来人，就盛一黑瓦碗递过去。喝家慢慢多了，九桂不耐烦地说：东头张家有白馍，别等抢完了，快去。

人们见陈家锅里麦仁汤只剩锅底了，还清汤寡水地稀，就往东头跑。

九桂收了锅，村里有人来借粮了。大仙对九桂说，凡来者不论谁，都挖一碗高粱糁，有小娃的给白蒸馍。等九桂打发罢，大仙又给讨者说：以后多给神烧香磕头，少跟医家医家打交道，就会有好光景。世上的事都由神管，神叫发大水就发了，神叫下冰雹就下了，神叫谁穷谁死，谁就别想有好日子过！你瞅瞅不信神的户，哪家没遭灾。

这话传到了张家，仲祥小声嘀咕：神也太狠心了，谁不信他，他就坑人，这还叫神仙吗？

仲景说：你没问问他，假若神能管住大水，为什么不保佑咱寨里人？

张家兄弟的反驳又传到大仙耳朵里，那就不是反驳，而是咒骂：谁不信神，必遭报应，不是老也是少，谁都跑不了！

正在争辩，沾染一身稀泥的老人，爬过来了，伸手向九桂要吃的。

大仙问：你要啥，说出来我都给，可你得信神啊。

趴在门口的老汉，声音低哑：我是要饭的花子呀，快要饿死啦。

大仙示意九桂去拿馍，慈悲地说：可怜人哪，先吃点垫垫空肚子，再去东头张家那个冒尖户，那有你吃的住的，养活多少人都没事儿。

九桂给老人拿了个蒸馍，老人伸手刚接住，她就关上了门。老汉的手挤在门缝里，哎哟哎哟叫起来，好在柴门板缝不齐整，老汉拽出手来，唏嘘几声，边吃边走。

小香背在树边偷看到这一幕，她平时听人说陈家是神仙，医过不少病夫，此时见九桂关门时的脸色，幼小的心灵猝然动了一下，半天翻不过劲儿来。她抱着水葫芦快快跑上前，说：爷爷，喝点水！

老人说：哎，好妮儿，姓张吧，跟张医家一家的，都是善净人。

小香说：我是张仲景的小妹，名叫小香。

老汉说：好，好，张家祖祖辈辈没出过歹人，你哥可能是张医家的侄儿，也识文断字吧。

俺哥上过官学，只想当医家。

这世道医家不好混，神婆仙家倒是怪吃香。

小香愤愤地说：你说错了，他们不如医家好。

老汉瞅着陈家的方向，大声喊：神仙就是好，打发肚子饱。

小香撇着嘴想哭，忍住没哭出来，拎起葫芦回了家。

第七章

白烟缭绕到村林上，几只乌鸦在半空中缓慢盘旋，冷不防呱哇一声，送来一股惊悚感。这鸟不知嗅到什么气味，在村子上空旋几圈，飞走，又飞回来。

五岁的小香在坟园里数着坟头，数到了九十座，数不下去了，因为她刚学会百以内的数。

仲景过来帮她扳手指，把外乡漂来的也数上，一共一百七十座。

有老人说：后生这样数不对呀，有的一坟埋进去一家几口人，还有的老两口合葬一坟，应该有二三百人还多，一半死于洪灾，一半死于疫灾。

仲景站那不动了，脸上神色冷峻，表情怪异。他此时才知道，原来大水只淹死一半人，另一半死于灾后瘟疫，仅张寨遇难的一百多人里，就有五六十人死于大疫。在这片与阳世隔绝的坟园地下，他们每个死者都有生前故事，都有对这片土地的艰辛耕作。可他们都受到怎样的煎熬，在没人救助，没人安抚的临终时光，又有着怎样的痛苦挣扎。

想到此，仲景内心掀起了波澜，他感觉心里有撕裂开似的伤痛。人世间为什么如此悲惨，还不是因为没有医家救治，缺少良医扶助。他在心里低呼：二叔，你要是不走，会治好多少病伤，保存多少家庭啊。二叔你快回来吧，看看老家人有多惨啊！

他鼻子酸了，眼泪溢了出来。眼前重现了二叔骑毛驴离开村子的景况，二叔以镇定的表情掩着内里刻骨铭心的恨。那么好的人，偏要背井离乡去外地，这什么世道啊？

小香在路边掐了枝小花，喊他去看，他没兴趣迎合妹妹的童趣，背过脸去不让妹妹看见他脸上的泪。小香嘟着嘴站那闹别扭。

仲景发觉自己心事太沉了，只因懂得了生命之重，明白了医术的重要。河风吹过来，拂过他的脸，他临风而站，看着泥沼遍野的涅水滩，心潮久久不能平静。他记得二叔曾说过防大疫有几样药，可他此时抓耳挠腮地想了半天，也没想起来。

小香喊着喊着跌倒了，一只鞋陷在稀泥里。仲景跑过去从泥里拔出小香的鞋，给她穿上，背着回了家。到家后就拿着二叔留下的钥匙，打开西院堂屋门，进去看着条几上的简捆，想找到医治灾后疫病的方术。可他找半天也没找到，正站在那想事，听见后院赵氏唤鸡娃的声音，他忽来灵感，转身跑了过去。

仲景跑到赵氏家，问：三婶儿，你知道我二叔有医大疫的方术吗？

赵氏想了想，说：我记得很早时发过一场大水，那时你二叔用过治湿毒症的方术。

仲景如获至宝，说：三婶儿你赶紧说出来，我好施术。

赵氏到屋里找半天，摸出个褡裢，倒着口抖抖底，赧笑着说：可糟，我把方术弄不见了，可我能记得配方里有二花、陈皮、连翘、蝉蜕。

仲景赶紧记到简上，问：还有没有漏掉啥。

赵氏说：还有神农氏尝过的毒草，叫什么名，我忘了。

仲景说：断肠草，有毒的，能不能一起组方。

你二叔说，这药少量施用，能以毒攻毒，我想起来还有燕麦和枸杞。

仲景心花绽开了，高兴得跳了起来，大声呼叫：真是想瞌睡哩，遇到枕头了，三婶儿才是个神仙。

赵氏赶紧摆摆手，挤着眼说：侄儿小声点儿，叫陈家听见得了？

仲景怔了一下，兴致勃勃地跑到二叔屋里，找到这几种药，掐了大麻籽叶包好，回来对母亲说：大水过罢湿气重，人患湿毒会传染，我要煎个药汤，叫村人喝下防疫。

张闻氏看看儿子，说：从哪儿来的方术，对症不对呀，要是把人喝坏了，咱可担待不起。

仲景说：是二叔存的方术，你弄个大锅熬出来，放外头谁来谁喝。

张闻氏说：这么大的动静，得跟你爹说一声，别惹他生气。

仲景没理会母亲说的，转身跑到房后，叫三婶儿熬药。

赵氏满口答应，往头上蒙了条麻巾，钻进灶火就去熬。按平时煎药时辰，煎好一大锅，黑红带橙色的浓药汤，散发着甜酸微苦的味道。

仲景叫来仲祥仲建，把药盛到木桶里，抬到大关坑边，仲阁也拿着勺子和木碗，看见过来人了，就喊来喝治湿毒的药。来福先来了，他不问青红皂白，咕嘟咕嘟一气喝下大半碗，擦擦嘴说：怪好喝，给哑巴也捎一碗喝。仲景叫他回去拿个碗来，装半碗端了回去。接着是翠姑过来，见几个同龄伙伴扎了堆儿，端住碗就喝起来。喝了大声喊：都快来喝神药汤啊，喝了不患大疫。喊罢跑回家，拿来黄义成常用的铜锣，吭吭吭敲了一圈儿。正在锣声喧天时，黄义成跑了过来，不由分说夺下铜锣，别着头走了。

翠姑说：不让敲俺就喊，都来喝神药汤哦，来晚喝没了，得吃后悔药。

正说着，四发来了，也是不问个盘明①，端起碗就喝。往下是二奶和伯顺，端着葫芦瓢来闻闻味道，又夹着膀子走了。往下没人来了，还剩半桶汤。

仲景和仲建站那算算，来喝药汤的都是青年，说明他们接受新事物快。仲景说：咱把桶抬到村路口人多地方试试。几个毛小伙吭哧着把桶抬到去涅阳城的路口，外村人从这过，看看药汤，摆手不喝。翠姑出个主意，把药送到各家门前去。

几个小伙又端碗又拿勺，轮流着把桶拎进村里，往没喝的人家门口送。

张伯厚早就看见，听见了房后的动静，却不去掺和。等几个后生把药汤送到了门前，他摆手叫大家回去，把药汤留下。在外边高声大调的后生们，一看见张伯厚，声调就低了下来，屏神息气听罢吩咐，无奈走人。伯厚等到晚上，家人都回来了，叫每人多少喝几口，剩下的药汤不知下文。

药汤喝过一天，犯湿毒出过红疹的人，都有减轻，个别没好的，来找仲景问方术。仲景叫病家找槐条、艾叶、黄花苗根和二花，煮水擦洗湿疹处。病家弄了药方煮汁，洗三五回也好了，拿了鸡蛋烧饼前来感谢。仲景得到鼓舞，连着在赵氏家熬了三天药汤，几个后生又帮他抬到大关坑边上。

这同时，大仙也叫上仙姑、黄义成和来福，共组织五七人到椿树下求神。

张伯厚看到这一幕，把仲景叫了回来，问：你熬那药汤对症不对呀，要是喝坏了谁，还不得叫老子去擦屁股。你没看大仙也搅和了，你就赶紧收。

张闻氏在里屋窗下做针线活，听见当家的嚷嚷，出来说：娃也是好心，你想倒把汤倒了去，别吵娃了。

只想着母亲是劝架的，没料到来这一手，要倒药汤。仲景受到当头一棒，干脆别着头跑到三婶家，一屁股坐到门墩上，待那怄气。

---

① 盘明：方言，清楚，明白。

仲景从三婶家回来，发现家里的竹简不见了，可能被父亲收起了。他觉得父亲有点苛刻，不通情理，还感到莫名的压抑。就到二叔屋里看看，找到几卷散简，因潮湿侵袭，发了霉点。他拿到窗台上晾着，想去村外砍些木棍，回家锯板条制木简，把背过来的黄帝医文默写出来，一来加深记忆，二来也自存一份。

心里怅然，无以言表，就呆站到二叔堂屋里，想起背过来的医文：夫十二经脉者，人之所以生，病之所以成……学之所始，工之所止也。……所以能决死生处百病，调虚实，不可不通……然后还嗅出了草药香，恍然二叔还在家，教他学问。

仲景太想念二叔了，只想追上他，跟随他左右，可是不知二叔去哪儿了，什么时候能回来。想想又感无奈，逆反的情绪起了，他心一横，不由自语：张仲景，你纵是披荆斩棘，赴汤蹈火，也要效法神农氏尝百草，和神医扁鹊的医家精神，在医路上走出个名堂！

一阵心念闪过，他从家里拿出小木桶，把二叔地边上的麦冬浇了水，又去看院墙根下的二花，蹲下去把根下的杂草薅掉。把发大水时浮到门口的草渣，用锨铲到外边粪堆上。干妥了这些，又站那看看，低头自语：二叔早日回来吧，再回来别走了，我会帮你种药行医，还要照顾你到终老！

下午，他叫小香一起，来到河边树林里，想看看做木简的树。小香在树下拾蝉壳，半天拾一个，手提着葫芦不时往山冈上看。

他问：小香，看啥稀罕？

小香撇着嘴说：那个长得像二叔的叫花子爷爷，死了。

什么叫花子爷爷，像二叔？

在陈家讨馍吃的那个爷爷。

他可能到别的村要饭去了，说死，不吉利。

小香抹泪说：他真死了，在野地睡一夜，饿死了，他太像二叔了！

仲景这才认真地抱住小香，哄着说：小香不哭，二叔在北山采药、行医、修炼，是个活神仙。

哥知道他在哪，晚点去找他不，我也要去，有病喝他的药汤。

找二叔是哥的事，小香不会有病的。

我会有病，那么多人都死了，我也会得病。

有哥在，小香不怕，别说不吉利话了哦。

翠姑在河边洗衣裳，听见仲景与小香说的话，也走上来。因经历发洪水上阁楼的事，打破了少女对异性的敏感，她问：你的简泡坏没有？

仲景说：没有，你还记着哩，你懂得医简的重要？

翠姑见与仲景话语投合，心思相通，羞答答地扭过头去，说：那是你的命，当医家的命。

仲景心里激动，想说什么，看看翠姑飞到腮上的红晕，话到嘴边没说出，就爬上树去折槐树枝。半天才说：翠姑，你说当医家好不好？

天下第一好事，瞅瞅发大水死多少人，没淹死几个，都染上大疫死的，要是村上有个医家，会少死些人。

仲景站那不动了，隔着树叶的乱影看着翠姑，内心有一道光，透过树缝照过来，心里有一股暖流在涌。他又感觉村上有一个人，跟自己的心灵相通，他也想说些暖心话，却拙嘴笨舌起来。

翠姑见他的动作粗犷，心里笑他笨，问：折树枝好弄啥？

仲景说：治圪瘩，风疹，湿毒。

哎呀，我爹出了一身红疙瘩，痒得往树上蹭，还睡地上打滚。

是污水染的湿疹，拿几根槐枝、艾叶煮水，洗几遍就管用。

小香听到哥哥与翠姑的话，问：哥，村上死那么多人，咋不找你医病？

仲景说：哥还不行，学问太浅，他们又都信巫。

为啥大仙不看医书，都能医病？

翠姑抢着说：大仙肚里没医术，是装神弄鬼蒙骗人哩。

仲景吃惊地看着翠姑，说：你是个有心的妮啊。

翠姑羞涩地看看仲景，低头编起了发辫稍。

仲祥气喘吁吁跑来，说：哥，二爷快不行了。

在老张家，仲景的爷爷辈有弟兄二人，仲景的亲爷是老大，年过四十过世了。二爷快五十的人了，身体挺好，只是发水时三个儿子淹死了两个，老大还活着，是个老棍儿，名张伯俊。老二媳妇在男人死后就抱娃子回了娘家，老三不在世以后，他的儿女都在病疫中夭折，老三媳妇终日沿河奔跑呼号，现不知踪影。

仲景想，肯定二爷经不住打击，身心同时崩塌了，他拔腿就往村上跑。

仲景跑到二爷家，见二爷脸色蜡黄，胸部鼓起，睡在病榻上残喘，只有出的气没了进的气。仲景知是内里发病，伤及心肝，不管哪儿都对不上湿毒的症状，他急得抓耳挠腮。眼看二爷就要被死神拉走，他心有不甘，焦急地喊：二爷二爷，是仲景学医太晚，你千万甭走，我要想办法救你。可他怕自己一回家查医简，二爷就会走人，那就是有回天之术，也无法拽回二爷的命。他紧紧地握住二爷的手，呼喊着，急得满头大汗。

这时外边来了仙姑，二话不说就拿葫芦瓢，喝满一嘴水，往老人脸上猛喷，喷得二爷身子一怔，喘了起来。

仲景说：这不中，二爷身子虚，经不起冷水，别把他喷不中了。二奶赶紧过来拉住他，边往外推边说：小小娃家，会说话不，别在这耽搁正事儿。

仲景被推到门外，二奶就关了门。仲景扒门框往里看，想在仙姑的巫术里抱一丝侥幸。二爷经过这一喷，身子抽动几下，二奶上去掐住二爷鼻隔，巫婆继续喷。喷一下，老人身子抽一下，喷着喷着就不动了，张着嘴呵了几口气，就不动了。

二奶手搭他鼻子上拭拭，就放起了悲声。仙姑在二爷蜡黄的脸上盖了张火纸，说：寿限已到，神要招他去黄泉殿，谁也没招。说罢转身就走。

仲景大声嚷：你站住，这哪是救命的？分明是送命的。

仙姑瞅瞅他，并没站住。仲景忽然想起医简上写的，灵芝固本的功效。他撒开腿跑回家，进院里用扁担钩子，勾出一朵灵芝，正要往二爷家里跑，看见父亲板着脸站在对面，黑着脸说：你不准去！

仲景带着哭腔说：二爷快没命了啊。

神仙都没门儿，你行，治过来好说，治不过来咋交代？

我不管那，人命关天，我得尽最大努力。说着往外冲。

父亲一把拽住他，说：仙姑半神半鬼之身，有招数没？

仲景挣开父亲就跑。到了二爷家，二爷一家人堵在门口，二奶泼烦地说：这没你娃子的事儿，哪凉快上哪儿去吧，巫婆都断话了，你二爷寿限已到，要去阎王爷那了，神仙都没招，你中个屁用。任凭仲景说破嘴，一家人就是不让他进门，他往前挤得狠了，大伯上来抱住他，胳膊紧紧拘住，不让他动弹。

仲景挣了半天，刚掐开大伯的手，撞进屋里，二奶却泡好了辣汤，要众人扭住疯娃子，给他灌辣汤。众人七手八脚拥上来，揪着按着，捏住鼻子，正要灌辣汤，张伯厚来了，大声喊仲景回家。大家松开手把仲景推到门外。二奶说，瞅你娃子再敢来，不是灌辣汤，是拧断你腿儿。二奶说罢，就放起了悲声，哭几腔，说：人都不中了，还来胡闹。

仲景在门外喘了几口气，拉拉衣襟转过身来，没了焦虑，也没了激动，而是肃然站到门口，深深地朝屋里鞠了个躬，说：二爷，仲景有罪呀，望你在天之灵，知透人间愚昧，晓知愚孙苦心！

仲景再转身时，抬袖子拭泪，却没有跟父亲一起回家，而是站到河岸上，神色凝重地看着旷远的原野。

当张家把二爷卷进烂席卷儿里，抬西岗上埋葬时。有村人闲话说，二爷家丢了一枚铢钱，怀疑是张家娃偷去换了竹简。这娃变坏了，与陈家娃打架，毁陈家的高粱地，这又干起小偷小摸，这出的啥人物啊，叫人笑掉大牙。

这话传到仲景耳里，二爷去世的悲伤一直压在心里，比起生命的逝去，什么闲话到他这儿都不重要了。他头脑里日夜思考的事，就是担起村人预治瘟疫的责任，没有闲空去想村里的杂事。傍晚回到家，他不顾父亲的脸色，到屋里拿了医简看一会儿，到了背医文时，不顾一切地高调朗读：逆春气则少阳不生，肝气内变。逆夏气则太阳不长，心气内洞。逆秋气则太阴不收，肺气焦满。逆冬气则少阴不藏，肾气独沉。

伯厚没想到儿子为人医病遭阻挠，还被造谣偷铢钱，抹一身黑。看着儿子背医文时的专心，他没有打扰，第二天吃罢早饭，就反抄着手，跑到涅阳城打听官场消息，又到仲景的舅家打听到，汉王朝对贤才有新察举，推举孝廉为主，由三公九卿与地方郡守等级官吏，依据考核条件，把民间贤孝者举荐出来，再由皇帝面试，针对时政提问评测。还有童才，在十二岁至十六岁之间，读过典籍，优先选拔。最有效的消息是，要在县署门口设招贤台，由郡府派官主持，公开卖官，按级别明码标价，以钱粮换。伯厚巴不得儿子马上来到招贤台，拿粮袋做交易，官袍加身，从此改弦更张，离开是非之地，他料想儿子肯定是个前程似锦的清官。

伯厚从县城回来后，看着仲景的个头长的，正符合十二岁至十六岁之间的童才，报个十四五岁也没人看得出来。他想瞅准时机，让儿子进士。可他一提当官之事，仲景就扭棍别棒，从没听进去半句话。最近捧简苦读还更上心了，站到院子中央，朗朗有声地背医文，伯厚知道这小子在逆反。

他胸中梗着一股气，小声说：你个小儿郎，不赶紧去当官，看谁能洗白你在村上的臭名。

仲景对一村人说他偷东西，都不生气，偏对父亲的话，一下子火冒三丈，愤愤地说：你作为地方小吏，不管村风变成啥样，不管世道有多无耻，只管顺风来讹我，我不知这是在混世，还是在欺世。我相信天会晴朗，人会明白，世间一切病灾愚顽，都会因洞明真知而开化。到那时，二叔会回来坐于西院，静等病家上门求诊。

伯厚没给儿子抬杠，他觉得儿子虽用强词，也句句高论。他坐在堂屋太师椅上，胸有成竹地看着儿子，想等他背够了段落，发够了牢骚，再告知县城里具体消息。谁知此时，翠姑在外头喊仲景，仲景搁下竹简就往外跑。伯厚忽想起村人说的闲话，追到外头喊儿子，已不见人影。

仲景跟着翠姑来到黄家院里，见黄义成和儿子铁柱在抓身子。

九岁的铁柱一身红疹，结了好多片痂块，痒得在地上滚着哭。黄氏抱起他在痂面上抓搔，一抓一道黄水，再抓带出血丝。

黄义成痒得直往树上蹭，边蹭边火烧火燎地喊：他妈，快去喊大仙嘛。

黄氏看看他，见边上翠姑挤眼，上前帮着黄义成抓疹子。

黄家三间草房，一间草棚，院里一棵老槐树，一块捶布的青石板，屋里泥坯垒的床，铺的麻袋片。一家人吃饭坐草墩，睡铺摊麦秸，是村上穷户，也是最信巫的户。黄义成在陈家当过伙计，出半辈子牛马力，到年底能得几担粮的劳酬。黄氏拿这些粮换些麻布、麻籽，在村南头开荒地，秋后回娘家借织麻机，搭个高粱秆棚安放进去，终日教翠姑纺麻线。因为是大水漂来的人家，不知前辈人有没有出过读书人，这一代出了个闺女翠姑，从小跟张仲景读了几捆竹简，知道几条伦理纲常，处事比别人多了点主张。在信巫的事上，翠姑跟家人格格不入，一听人说症候，就说张家小医家有妙术。家人说她受了古简的害，一提张家娃，就来气。

此时，黄义成身上的疹疙瘩越抓越痒，痒到钻心时，身子跟着痉挛。

翠姑领仲景刚进院里，大仙也来了，两人一前一后进门。大仙穿黑长袍，头顶黑手巾，进来门目光扫一圈儿，吸溜一声，道：我来看看，是哪一路鬼敢来缠我老弟？

这话给黄义成带来了安慰，他心头一热，感激涕零，扬起虔诚的脸，像小娃看见亲娘一样，哭着向大仙诉说。大仙并不在意他的诉苦，在意的是征服的对象，投拜到何种程度，是否进入气场，听任摆布。他瞪着眼，在院里找鬼，找个地方呵斥一声：往哪跑？有种你站住，我挖你的心、放你的血、烧你的灰——说来也怪，没有一点医效，黄义成就平静下来了。

大仙忽扇着黑布衫，身子一收一放，嘴里念念有词，表演一阵，拿起火纸在铁柱身上拭几下，又用火纸夹在石棱上打着火，引燃一把麻秆，叫铁柱与义成前后跟着走火阵。义成才走一趟，被火燎得浑身哆嗦。

活人走火，比玩猴的把戏都稀罕，村人都围过来了，越聚越多。

信医如命的张仲景和黄翠姑，站到边上打愣。跟仲景不同的，是翠姑并没心思去看人场，只感觉与仲景并肩站着，感知到呼吸，才是激动人心的时刻。她自从萌起芳心，就钻屋里照铜镜，母亲把镜子收起，她又去河里照清水，不管怎样照，脸总是红。场上的活动对她像隔了道墙，没一点联系似的，心里只装着身边的人。而他与自己一起站着，有什么感受，她也在猜。

场面成了两台戏，仲景心里只一台，那就是怎样揭穿大仙蒙人的把戏。

过路的申风水在黄家门前停下了脚步。他长须过胸，棉袍过膝，月白麻线鞋，扎着蓝色腿带。儒雅的气度形象，凛然出众。背抄两手往那一站，便有一股仙风道骨之气飘来。

申风水今天没挑货担，是个过路客，专意停下来看神汉施巫。在他眼里，世上有木匠、石匠、泥瓦匠，锻磨与钉驴掌的，都是实业，高出这些匠人的是医家和风水师，走的通天大道。像这小地方的巫婆神汉，大都是小混混儿，装神弄鬼蒙愚人，还有不少风骚婆娘号称神婆，借施巫男女勾姘，行暗娼之事。现在南阳豫州才有真巫家，是懂行入道之师。他听说豫州有个巫师观天象，把黄河泛滥都预测出来，免了黄泛区民众的劫难。

可申风水为啥还要看大仙表演，只是想等大仙忙罢，一起商议托媒之事。这事过半月了，闺女在家闹得鸡飞狗跳，举家不得安宁，他想催催大仙及时提媒。申风水靠陈家说媒，并非内心意愿，把大仙推到媒人位子上，在古人计谋可谓：阴在阳之内，不在阳之对。

他进到人场时，铁柱刚从火堆里走一趟，哭喊着不走，转身往火堆外边跑。申风水想，人身上出湿疹是内热外湿，火烤会加重焦躁，使情志灼热，热气逼回身内。大仙施术怎么会如此拙劣。可他看大仙专注的样，和众目睽睽的期待，现场气氛是夺人的，连他也被卷了半个进去。

这时，黄氏上去拽铁柱，铁柱拉着屁股往后挣。待母亲来抱他，他反扭着母亲腿往下拖，黄氏抱不起来，在铁柱屁股上拍几下，铁柱挣开母亲就跑，几个大人跟在后边追，追上逮住，不由分说把人抱到火堆里。

大仙脸上有点不好看，便把眼眯成了细缝，去瞅人场看官，竟发现了申风水。他心里一惊，想这人从道上来，非一般看客，是为闺女的婚事来，还是别有事故，这台戏复杂起来了。按大仙的理解，人身上病症与风寒湿邪有些关系，但神鬼在暗中施法，是主要的，到底什么鬼，他也说不清，人心里有鬼，说鬼能说到人心上去，驱鬼便是顺应大势。以前也听有人提到医术，大仙以为医学虽是真知，却要读成捆的竹简，还得积累脉象、寒湿、虚实冷热的知识，简直是学问迷魂阵，太耗心力。施巫驱病，不过是一场表演，只需演出功夫就成。

此时，铁柱四处逃避，像见鬼一样躲避，身子还往黄氏后边钻，掐母亲的腿，抓母亲的衣襟。最后一口咬住母亲手腕，死死不松口。黄氏弯腰抱住儿子，又要往火堆里推，铁柱挨着火就尖叫起来。

张仲景忍不住了，却没有插言的时机。他转身回家取了蝉蜕、艾叶和槐条，叫母亲煮好取汁，端着送到黄家。他绕到申风水身边，说：申叔，我二叔有治湿毒方术，我备好叫他施。他的言外之意，想让申风水帮着说个开场白，他再施展医术。

可是申风水看看他，浅笑笑，没说话。

仲景不顾场面上的气氛，往前站一步，大声说：我二叔有方术，能润燥化湿解毒还止痒，我煮好了，不妨试试功效。

大仙理也不理，黄义成露出烦躁的神色，还想说句什么，申风水打个手势，示意他停下。仲景心火冒起，不顾一切冲上去，拽过铁柱，要拉上走。义成冲过来抢铁柱，你来我往的两下撕扯，铁柱竟不哭了，把头拱在仲景胸前，像抓到救命稻草似的，紧偎着他。

申风水指着黄义成，问：你身上还痒不？鬼叫烧跑了吗？

义成看着跳跃着的麻秆火，低声说：是有点儿。

大仙有点紧张，赧笑着说：贤弟是明眼人啊。

申风水感到大仙放他入了局，应和道：鬼怕火，是吧。

大仙说：不怕凡人的火，只怕神仙的火。

世上还有神方，你得有海纳百川之胸怀，叫张机也试一下身手。

大仙没回话，坐到边上看着义成。

义成仍在搔痒，还没来得及说话，翠姑插嘴说：爹，张机有神术，叫他试试吧。义成站那不动了。

仲景端着药汤走到义成面前，申风水笑眯眯地朝义成点头。义成接过药汤喝了。翠姑又拉父亲进屋里，把煮好的槐枝水擦到湿疹处。义成坐到床上，觉得身上的热辣轻了，泛起一丝丝凉意，心也不焦躁了。

翠姑出来门，朝仲景点头示意，仲景这才好好地看住申风水，感觉他处世的道行，才是有神仙气度。

申风水瞅着大仙，说：你也到我家院里烧烧，看能把鬼赶跑不？

一语救场。大仙对这话满意极了，赫赫有名的风水先生请求于他，他惊喜地问：你个风水大先生，家里也会有鬼？

申风水站近了，小声说：俺家闺女三更半夜哭，俗话说，当局者迷，旁观者清，我此番来意，你应知晓。

大仙小眼滋儿地亮了，说：是哩是哩，义成你过一天，得到我家还个愿。说着抬手请申风水，一起离场。

仲景在一边插嘴问：神长啥样，你见过吗？

义成出来了，正儿八经地站到仲景面前，腼腆地笑笑说：后生你的神方管用了，我身上病见轻了。

铁柱也出来了，在麻秆火上发疯的小娃，此时安静地低着头，像个小妮似的喊了声哥，就低下头去看脚尖。

翠姑说：张机都煎了三天药汤，放大关坑边叫过路人喝，喝家回去按方术熬药，治一个好一个，把小医家名声扬大了。

第八章

伯厚看着村上变化，大关坑边的闲人都在说张机方术好，他打心底认为儿子消疫有方，减少村人患病，杜绝了疫情传染。可他心里还有不平处，因为他看到大仙的脸色，先是九桂站大关坑边往这睐眼儿，后是来福说大仙又要打网，再后来是耀武扬言要喊仲景去河滩里摔跤论英雄。伯厚感觉这苗头，都是因儿子为黄家医病时，显山露水引起的。在伯厚的处世经验里，得罪一个坏人，会把一百件好事都抵消掉，愣头青儿子却恰恰相反。

这天，伯厚意外地上地里干活去了。他和伙计拐三一起去割早芝麻，割了几镰，就坐那厢唉声叹气，叫拐三回去喊张机来。

仲景不知父亲叫他弄啥，西坡是自家的主要地块，有多少亩地，种的啥，现在该收啥庄稼，他都不知道。往西坡走时，还边走路边看医简，直看到芝麻地边，看见父亲站到坡顶上朝他招手。仲景这才看见夕阳下的父亲，高大伟岸的身板，背后弯弯的地平线上，被斜阳镀了层金光，父亲的头上肩上也镶上了光边，看上去好神气。

仲景把目光投到地平线那边，忽觉灵感升腾，怎么长这么大都没看见这片原野，如此辽阔旷远的背景。深蓝色的天幕，日头正朝西山偏去，也许是热量与光的反应，惊得西天的彩霞由白变红，整个天空都发生了急剧变化，天不再蓝，云不再白，一任苍红色染透了半边西天。地上蒸腾起一股雾霭，应着晚风的走向，飘到村头的炊烟里。

仲景正在黄昏境里神思恍惚，听见父亲叫他一声，即缓步走过去。快到父亲跟前了，父亲转身往前走，仲景跟到父亲后边，像一头小毛驴跟在老驴后面，乖乖地低头走路。走着走着，他往后落下半步，与父亲留好间隔，再落下两步，就与父隔了一定的距离。就这般留下子与父的空间，好让他揣摩老爹今儿的葫芦里装的啥药。

伯厚走几步，见仲景迟疑着，眼到处瞅，就是步子跟不上来。他放慢了脚步，侧身等着仲景跟上来一起走。可仲景也往后边落下去，父子间的距离，保持得不远不近。他记得几年前父子俩还牵着手一起走，父亲谆谆言教，儿子言听计从。时光过去了几年，儿子就长大了，像地里茁壮的庄稼，呼啦啦的长势，有些陌生，他有点认不出自己亲生亲养的儿子。

伯厚回头笑笑，不管内里怎样苦涩，笑脸上尽显慈祥，又招招手。仲景才像看陌生人一样，递进上两步，父子终于并肩而行了。

伯厚开腔就是叹息，说：儿啊，你长这么大也没下过地，今儿专意领你来，是想告知一下，你看咱家门上挂的耕读世家，耕在前，读在后。所以，读典是耕好田之后才可为之。咱家这些年的发迹，主要在耕上，现咱家西坡已垦够五十多亩地，东坡有二十亩半。我和你妈又看好了西沟那边的草甸，还能开二三十亩，或更多。咱家发大水施舍过麦面和高粱糁，有上百斤，也算为众赈灾。所以我想以后多种庄稼，若能再开个几十亩，你猜猜咱家多少田产，每年要打多少粮，又要雇多少伙计？

仲景还是头一回听父亲说起田产庄稼，有点不太投入，又有点愧疚。作为长子，他还真没想到这类事，连十一岁的弟弟都比自己干得多。可如果自己投身到这里去，那得费多少心力和时光，才能操劳过来，他不愿再劳神费心往下去想。但他知道这话仅是父亲的开场白，把自己带到野地里来，心机复杂的老父，不会只说这些话。他扭头看看西天，在等父亲的下文。

伯厚又说：你已不是少年孩童了，是个青年后生，读过典籍，识文断字，该懂些世理。你看你是想去朝里当官，还是在家务农桑庄稼，你该拿个主张。如去当官，爹就是爬官跪府托人说情，再花钱粮，找人举你。如不去当官，就在家领着仲祥操持耕种，咱家还要建庄园，我跟你舅商量，庄园就取你的名字。还要建九间群房院，招长工、家丁、丫嫂，置下配套的牲口和农具，纺织间、磨面坊、豆腐坊，并且在涅阳开一个金货铺，这都需要有才艺能耐的管家，这个人选，爹认为唯你能担当。

仲景看看西天的太阳开始往下沉了，霞光红得有些狰狞。他把目光转到眼前草地上，呆呆地看着，不知怎样回话。怅然间，他甚至连父亲刚才说了啥，都记不清了，好像那一切繁荣都有点杂乱，都是与己无关的身外牵绊。他想纵是家事千斤重，哪有医术救济的人多。

伯厚等了一会儿，又说：你看西天日头，快落山时什么样，满天都在变，那是日头的前一世消逝，下一世待来。就像老爹已到日落西山之即，将牵涉你们兄弟，把日子往哪儿过，得有个想法或方向。这人啊，也不过是一头牛，小牛娃时无拘无束，长大了得穿牛鼻，上笼套，拉犁耕地。

仲景感觉父亲的话，语重心长起来，也有点凄苍老迈。是的，他曾听二叔说，本朝人均年岁不到四十，活过五十者稀少。这样来算，年过三十的父亲已进入中老年了，他内心有点酸楚，又看看西天，低头不语。

伯厚又说：爹想知道，我快入暮的时候，你们在干什么，这样大的家当，你们怎样担当，怎样延续，又怎么宏展。

仲景终是回避不了父亲的问题，说：爹，叫我想想。

这还用想吗？你生身哪儿？该何担当？简上会有教化。

可是，儿子要走的路，跟常人不一样。

哪儿不一样？都是父母生身，都有传世兴家之志！

爹，你没看大水过后，瘟疫流行，村人死伤，坟茔无数？

那是自然灾疫，你能挡住老天爷吗？

父亲的语气有点不耐烦了。仲景茫然地转开脸，去看别处。伯厚放低了声音，说：走哎，回家，给你三天时间，想好再回话，想不好继续想，爹等你。

仲景前边走了，伯厚迟走两步，落在后头。起步时，忍不住往西看了一眼，夕阳经历了千百变幻，终于落幕了，收尾时晚风起了。他忽然感觉脸上凉凉的，用手一摸，是泪水，却不知是何时流下来的。

这些天，由张闻氏操持着，张家不断来媒人，上门为仲景说亲。

有个说亲的媒婆，说的是涅阳城里一名门闺秀，年方十三，长得杨柳细腰，桃花容颜，还眉清目秀。媒人领小妮来张家相亲，在张家坐了一顿饭工夫，还不见儿郎露面。到了晌午偏，张家把饭菜摆上桌，仲景还未回来。张闻氏急了，叫仲祥去找，最后在赵氏家找到，强拉回来，手把着院门，死拉活拉不进屋。

张闻氏红着脸出来，装作拉儿子，小声说：娃呀你想把你妈活气死呀。

仲景顺从地坐下去，头抵到两腿间，双手捂头，打死不动一下。到这般地步，已不是僵局，而是死局了，也不是张家人不体面了，而是女方感到没面子。客人推开碗筷，起了座位，板脸走人。

第二家说亲的，是穰城县郊区农家妮，才过十二，在家还披的麻片，来相亲专意借了丝绸的长衫，大得像个知了壳。小妮身子还没发好，麻秆样的细腰，从肩膀到大腿一顺溜下来。脸小得还没长开，老在害羞，打进门后就没抬头看过人，小杏核眼儿只往脚尖上看。这边的张闻氏只看一眼，没再看第二眼，就在心里拍了板，不再找仲景回来相了。为照顾媒人面子，做了一桌好饭菜招待罢，就草草送客。

第三次相亲前，张闻氏苦口婆心对赵氏说，叫她劝仲景顾个面子，作个应酬。赵氏答应了。这天，来了个涅阳城东的姑娘，年已十五，长得人高马大，虎背熊腰。跟着媒婆进门来，看见地上有树叶，拿起扫把就扫，看见桌上物品不整齐，顺手打理起来。仲景经过赵氏劝说，耐着性子在家守候。一看姑娘家豁达得像后生，转身就走。

姑娘悬着扫把张着嘴，不知哪儿错了。屋里满座的主宾，也说不出话。相亲方吸溜着冷气，干气①地笑笑，就道了别。

张家老大张机为说亲闹出的笑话，很快随风传开。远近村庄人都知道张家出了怪物，终是现形了，连说三门亲都没成，把媒人和主家面子，丢得稀里哗啦，媒婆得在脸上扣个驴鞍颜，才能见人。

可就在三天后，张家院门口还是来了两个人，一进门来，院里就灌满了哈哈笑声。仲景转身去看，前边走的是大仙，后边跟着申风水，都是大风都吹不来的人物。他知道申风水学问大，《易经》八卦背得滚瓜烂熟，看阴阳宅相，预测前程官运，属高人一个。他怎会跟大仙扎堆儿上门来，定不会是鸡毛蒜皮类的小事由。

二人同来张家，是大仙的主意，他猜测张家前头三回说亲不成，会闹得举家不宁，张伯厚有可能正在出招，转移儿子求医的注意力。现在到他家提亲，一来解了张伯厚的围，二来了却申风水的忧烦，三来让张仲景从此有个管束。这三条隐在心底，外表却披着好看的面纱：成人之美，贤者心愿。

正好张伯厚从外边回来，一见客人就高喊贵宾光临，热呵迎上，还甩袖子轻拂大襟，双手打拱，摊手让座请茶。这番礼仪风度，简直是奉迎皇帝老子的规格。大仙也十分客气，言行招式礼上加礼。双方礼毕，大仙站院里四下瞅着，目光机警沉着。

伯厚在施礼中，没忘察言观色，他怀疑刚才张闻氏与儿子可能抬了杠，说

---

① 干气：方言，指不自然的表情和举止，多指木讷状态。

出什么丑话，被大仙听到。他说：人上了岁数脑子差劲，这些天娃他娘上火，嘴里老在胡言乱语。

大仙一听，猜着张家刚才可能说了什么透底话，怕自己听取，也顺水推舟说：我这些天耳朵也不好使，尽谁说啥我都听不清。

申风水听品两人对话，知其精明，更知其道行。只是拈发须浅笑不语，内里品着两人多年摩擦，仍送上笑脸媚色，值得玩味效法。

大仙还在看院里老椿树，抬脚撞一下，树上鸟儿突突惊飞。大仙掐着手指，说：院里邪气重，建议今夜午时三刻，挪树避邪。说了转个身看见一棵弯腰老树，看半天，说：这棵无花果树种院里不吉利，不如砍了。说罢取下挂在灶火墙上的大斧头，扭身一斧砍下去，无花果树干就断了。

这一断不咋的，却引来申风水、张伯厚与张闻氏，都瞪着眼过来惊看，唏嘘着问：这树咋流血了，是咋回事啊？

大仙也定睛看看，说，奇怪了，碰到鬼了？

申风水往后站一步，说：不是鬼，是你砍断了树洞里的蛇。

话刚落下，就从下边树洞里掉下来半截蛇身。张闻氏啊一声，拉伯厚到一边，小声说：我看大仙身上一股阴杀气，好吓人呢。

伯厚推一下张闻氏，乐呵呵地笑着说：没事儿没事儿，你看树心都空了，能活几日啊，砍得好！

申风水接着说：此话有理，就像医家遇到不绝症，必须如此。

大仙朝二位竖拇指，说：事好不如人好，人好不如运好，张家好运，指日可待。

申风水说：我家闺女夜里哭更，也是因灶伙门朝向不好，风向水脉都犯冲，后来一挪，好了。

大仙及时接过话头，说：说起他家闺女巧凤，那可是赛过西施气死貂蝉的美娇娃，纵是七仙女下凡来比，也没她的颜色鲜，如果配个好儿郎，真是玉女遇见了金童。

伯厚一听申风水之女，来了兴趣，问：闺女多大了，有没有中意儿郎？

大仙说：一十三岁，闺房里精织巧绣，出厅堂能说会道，百里挑一，与你家机儿相配，那真是天对地双。此吉祥红媒，我当仁不让了。

申风水脸上呈出不好意思，看见坐那读简的仲景，说：张相公有学识，是个英才，可不知怎展宏图啊。

此话正落到张伯厚的心槽里，他顺着话意往下说，忽听房后传来黄翠姑清亮的歌声：

八月里桂花香，
九月里菊花黄。
十月里相思花，
开呀开坡上。

伯厚正在埋怨一年到头就那几句词，翻来覆去有啥趣，可见仲景激灵灵扭头去听，听罢扔下竹简，旋风一样遛出院门。

一场好戏才开个头，就因仲景离开收了场。伯厚与客人干坐一会儿，为留客，开了新话题，谈起东汉的大世运，说：原来天下乱，仅只是皇宫里乱，以后恐怕要涉及朝野，谁都难得幸免。听说许都一带有抓兵役，十二岁到三十岁男丁，地里干活街上赶集，碰见荒兵抓起就走。

大仙说：那个曹操是干什么的，出师很是霸气。

申风水说：曹操跟汉高祖一样，虽不是善荐，也想定乾坤。

伯厚说：是啊，现在能闯能拼且能称霸的，都与善良仁义无关。

大仙说：项羽刘邦都是大英雄，刘邦有霸王命，斗得项羽坐不住江山，还江墟边自杀了。原因是项羽太自以为是，不听高人指点。刘邦赢在用人，把高人栋梁之材都收过来，就收了天下。

伯厚感觉大仙是在借刘项，暗指张陈两家，意在抬高陈家威望。可在伯厚心里，张家是传统耕读世家，陈家小混混儿出身，偏要相提并论，就是吹牛皮哩。但他嘴上却笑哈哈地说：你这是小地方英雄谈天下大英雄，其实我看，论英雄本是不自信，也只流于民间对高层的仰视而津津乐道。

申风水说：这论法不仅是呈现霸者心野，也说明心虚，谁是哪一代英雄，不用论，世人谁不知谁几斤几两。纵是眼前不知，到最后哪个不得被时光打回原形，平生那些虚诈不实的装扮表演，最后都得扫地。

你俩都说得是，就是我得回去花工夫弄点神药，好应明天的病家来求，就先告辞了。大仙说罢，把申风水和伯厚晾在一边，自顾走人。

这下轮到申风水窘了，忽想起张家的初愿，怎么到了实处，反而忘了儿女亲事，还让大仙生了嫌隙，真是言多有失。

伯厚似乎听出二人上门的来意，不知怎么话到半路改了道，抓住芝麻丢了西瓜。看看谈兴淡了，伯厚说了些家常日子，巫师与医家的事。申风水也东扯葫芦西扯瓢，侃一番大山，即起身道别。

伯厚送走客人，回来看看树，唤张闻氏出来，说：过去来人都说这树是福，大仙说有邪气儿，不知到底哪路神仙灵？

张闻氏说：陈家仁也算半仙之人，就信奉他吧，赶明儿有空就挪。

伯厚说：那么大的树是好挪的？古人说树大五年，挪活一半。这几十年的老树，肯定是挪死不挪活，只当耳旁风，听了就了。

仲景回来了，一脚门里一脚门外，说：爹说得对，别信大仙的话。

伯厚捣捣他，说：你娃子不知世故哇，人家是为你说亲的，你倒溜了。

仲景说：我不要说亲，谁想说跟谁说。说罢别着头往西院跑。

小香跟着来了，见仲景呆坐在二叔院里，她撩起大襟为哥擦了脸上汗，然后站那好好地看，看看再摸摸他头发。

仲景抓着小香的手，问：小香，你是哥的小知音。

小香神秘兮兮地说：那翠姑姐是哥的大知音啦。

仲景脸红了，不由想起二叔跟桃红的故事，不知到处漂泊的医家，能不能成家立业，自己跟翠姑会有什么结果，如果也是二叔与桃红故事的延续，那可是坑人家的。

秀娃又咳嗽了，都咳三四天了，张闻氏用薄荷炒鸡蛋，叫秀娃在睡前吃，连着吃了两晚，仍不见效。仲景拉着小香回来了，听听秀娃咳嗽，鼓足勇气说：爹，妈，我有治秀娃的药方，缺一味瓜蒌就够了。

伯厚半信半疑地看看他，说：古人有俗言，嘴上没毛，办事不牢。

仲景不理解读过诗文的父亲，为什么如此庸俗，他想辩两句，又觉得父子俩长期拉锯似的口齿战，有点无益，也伤感情。他镇静一下，郑重地说：爹，儿已把《黄帝内经》看得差不多了，也记下了扁鹊的"入虢之诊"和"望齐侯之色"，深叹古人灵秀聪慧，志向高远，我决意见贤思齐。

仲景说这话时，脸色十分严苛，他想以如此庄重的语气，亮出自己的宣言，父亲会理解他的志向，看重他的信念。

哪想到父亲一听又来了气，板着脸嘲讽：你可能是想学你二叔，骑个毛驴背个药褡子，过流浪汉的日子，难道你非要把老张家的脸丢尽，把你爹娘都气死，才算拉倒？

仲景不再顶嘴，转身跑到房后赵氏家，找半天也没找到瓜蒌，又跑到二奶家，找了个干瓜蒌，回来叫母亲兑了二花薄荷，煮汤叫秀娃喝。

伯厚正在一边静观儿子试施医术，看到果断和麻利动作，可他心里一点也高兴不起来，几次想上前夺下张闻氏的药坛，中断儿子施医术。

这时，门外有人来了，他堆出笑脸去迎客。

客人是仲景的大舅闻保有。此人在涅阳城是有名的闻铁嘴儿，凭着圆滑活套，在县城担着骡马行里的经纪，全凭一张嘴吃饭，是死蛤蟆能说出活尿的人。村里谁家夫妻打架、公婆吵闹、宅基地纠纷、养老事故，都来找他，从没撕掰不开的麻缠事儿。真遇到撕掰不开的愚货，抬手教训几巴掌就开了。

他今天来，是给仲景说媒的，说的也是申风水的闺女申巧凤。闻保有进屋后不等让座，扑通一声坐下，板着脸问：我来问问申家的亲事儿，你们掐不断拧不折的，叫中间人咋交代？

伯厚说：前几日申风水跟大仙来家里，只说为申家闺女配郎，并没说相中了谁。你来，来给你大舅说说，你求医之事，看他咋讲？

闻保有黑着脸，问：求医，跟巫家唱对台戏，你娃子吃老虎胆了？你是没长大呀，还是缺心眼儿啊？放着眼前的当官路不走，偏要拧到独木桥上，你这是图的啥呀你？

仲景硬顶着脸走到大舅跟前，郑重地说：大舅，当官只为一方，为医救济天下。

可是你连个芝麻官都不是，就想操救济天下的心，你缺调教哇，咋不知天高地厚哇。

仲景又要据理力争，父亲大喝一声：你给老子闭嘴，亲舅如父，你小子休得顶嘴！再敢顶，老子就家法伺候！

保有朝伯厚摆摆手，说：一个男儿家，已到立身之年，这样吧，不想当官报效国家，那就挑起家里担子，房宅田产，春耕夏种，成家立业，生儿育女吧，两条大路，你选哪条都中，反正不能当医家，当医家我一百个不答应！

舅，这都是世俗偏见，我不想随波逐流。

我看你才偏见，不光偏见还不孝，还想气死你爹娘，你有种啊你。

仲景勾着头看着地，紧绷住嘴，不说话。

伯厚站近了他，推搡一下，说：回你舅的话呀，哑巴了你？

仲景别着头，转身要走，伯厚一把拽住袖子，一只手握紧了拳头。

仲景站那不动了，伯厚举起拳头悬半天又放下，气急败坏地去找棍子。

张闻氏上来推仲景走，仲景仍不动。待仲祥上来拉仲景，伯厚一棍子打在仲祥背上。仲祥哎哟一声，捂着膀子蹲了下去。伯厚拿着棍子，失态地喊：都听着呀，老张家出不了人物了，出个怪物叫张机，都笑吧，笑掉大牙吧——

正在喊，有人顶一下他的腰窝。张闻氏咬着牙，说：你才是个老怪物，千遭万遍都忍了，偏跟亲生儿子过不去，一个老怪物，老怪物一个！

伯厚怔怔少时，回过神来，看见内弟还坐在那，他赧颜笑了笑，去添茶。

保有看到这出家的闹剧，感觉插不上嘴，就拉张闻氏到背场，小声说：这娃来硬的不行，得换个软的试试。临走又对伯厚耳语，不知支了什么招，伯厚忽然心念转弯儿，脸上气色当即缓和下来。事后，他坐到椅子上哀叹时，发现了心志如刚的儿子，绝不是动家法就能扭转过来的，自己训子无方，堵死了这条教子路。

他决定按闻保有出的招，试试。

过了两天，闻保有捎信过来，说县府门口的招贤台正式开张了，叫伯厚带仲景过去看看。

这两天仲景读典反而更痴了，吃饭睡觉都喊不动，张闻氏上前拉哩拽哩，一言不合，仲景就高腔吼叫，闹得家里鸡飞狗跳，不得安生。

伯厚只好压着火星子上前去，说：你舅说的话你想好了没，他好赖为你操了一番心，想好了去给他个交代。

仲景马上顶撞过去：没想好，我压根儿就没去想。

张闻氏摆摆手不叫伯厚说话了，自己也挠着气头，到下午喊仲景下地干活，再喊都不动，再喊，仲景拿竹简挡住脸，身子一抽溜，睡到麦秸垛边耍赖。张闻氏拉伯厚进到里间，摊开两手甩着，说：你看咱好好的娃，一读医简就活泛，一提别的就半死不活，总不会中邪了吧。

伯厚睐着眼儿说：不是有人老为他护短吗，叫我说棍棒底下出孝子，不打不成材。

张闻氏唉唉地说：以后我不护他了，交给你想咋就咋。

伯厚说：你先叫他上地出点苦力。

张闻氏又去喊仲景，一起上地摘南瓜，说南瓜能治病。仲景放下竹简，一骨碌翻起身，就跟着一起去了西坡。摘了半晌南瓜，汗水湿了脊梁，张闻氏叫仲景把南瓜装进麻袋，扛回去。仲景装好了，咬着牙吭哧了几回，吃奶的劲儿都使上了，也没把麻袋提起来，更不说扛上肩了。

伯厚本来想叫儿子受些重活磨难，尝到苦力的滋味，没想到仲景干活这么拼命，他反倒心疼起来。上前帮儿子弄到肩上，让他扛稳了才丢手。谁知仲景刚开步要走，腿就打颤，身子像风中的庄稼秆，晃悠半天，也迈不出半步。最后终是起了步，走一步晃三晃，走两步就扎住步子，再不动弹一下。伯厚大步冲过去，取下儿子肩上的麻袋，喊仲祥来扛。

仲祥来了，拎起麻袋往上一抢，就搁到了肩上，扛着走了。

地里半亩地南瓜还剩一半，下午再没人喊仲景下地了。他又半歪到麦秸垛边上读简。伯厚见儿子又窝那不动了，说：今儿在家帮你妈切南瓜干儿吧。

张闻氏接着说：这活我跟秀娃能干，叫他歇着吧。

伯厚说：再歇歇人都废了，咱家等着出废物吧。

仲景把竹简放地上，说：我有我自己的事，不想听谁乱支派。

伯厚知道领儿子去县城看招贤台，也是去摸老虎屁股的。他窝了一肚子火没处发，在院里转一圈儿，使眼色叫张闻氏到里间，说：去找个不粗不细的棍儿，你得好好教训他一顿。

张闻氏说：我找棍你打吧，我打不下去。

伯厚说：你打不下去，我就打，只怕要打毁他娃子。

那还是我打吧。

打也不能打偏了，往要紧处打，叫他疼得求救，我再上前拉架。

你说得美你打呀，我真不知打哪好。

如果你下不了手，就叫他舅来，打到他长记性。

谁不知他舅是个狠手，要过多少犯人的命，我怕他打失手，儿子吃亏。

他亲舅能把他怎样。

他爹，我只是想施个招，吓唬吓唬他，哪像你舍得动武刑。

算了，那我们一家人就整天受他的气，等着气死算了。

张闻氏眼泪流下来，坐那抽泣起来。

哭顶啥用，保有说县里支了招贤台，咱换个招吧，我明天领他去看看，你只要劝他跟我走，就成。

张闻氏撩起大襟拭了泪，说：好吧，我尽量劝动他。

次日早晨，张伯厚已穿戴齐毕，端坐于堂屋椅子上。张闻氏把仲景喊到东间，她前边先进去，待仲景撩开帘子进来，她扑通一声跪下了。

仲景没想到母亲有这么大的动作，乡下有俗言：儿跪老，孝道好，老跪儿，折罪儿。他如惊弓之鸟，慌里慌张去拉母亲，张闻氏双膝扎根了似的，咋拉都不起来。仲景急得喊仲祥来，仲祥进来喊了声妈，也陪着跪下了。

仲景架着母亲的胳膊，架不起来，急得带着哭腔喊：妈，儿错了。

哪儿错了？道来妈听。

妈我以后在家喂骡子，锄地薅草，剩下小空再背医文。

张闻氏起来了，一脸忧愁地说：你要是个孝子，就跟你爹进城去一趟。

仲景没应声，仲祥边哭边吵：哥你也太自私了，你把爹快气死了，这又来气妈，你不通人性啊你，你还叫这日子过不过呀！

仲景抱头蹲到地上，握住拳不时砸脑袋。直到小香来喊，摇着他的手不叫他打，他才起来了。

早饭桌上的仲景变得少言寡语，吃罢饭给骡子喂了料，再去扫院子。因为平常没干过活，干起来毛手毛脚，缺东少西的。干完院里活，又扛起锄把，要下地。仲祥拦住他，说：哥别下地了，爹叫你进县城有重要事，你去啵。

仲景把锄支到胸前，站院里呆呆看着堂屋门，父亲穿了带布扣的藏青长衫，戴了黑毡帽。仲景记得父亲只有在开会，或去正规场合才穿这样。正在发呆，张闻氏叫他也换上新大襟长袍。他进里间换了新袍，穿戴齐整了，待父亲打个手势，就木然跟上出了门。

第九章

父子俩一前一后出了张寨村，直往涅阳县城走。

父亲走走停停，想等着儿子跟上来，可儿子也走走停停，仍与父亲落着间距。一路上他两眼都在望坡上的草丛，辨着哪样是药材，哪样是杂草。

到了涅阳城西门，忽然听到了大舅闻保有的招呼声，于是三个人一起从主街道往县府方向去。街道是麻石路，街两边低矮的老瓦房，柴木铺板门连起老街坊，两旁有算命打卦的，有卖香褙的，有柴捆炭堆，卖芝麻高粱的，卖猪娃肉的，还有卖娃的，跪地讨要的。一里多长的街道，只有五六家有柜台的商店，里边摆着麻布、棉线、草墩、镰刀之类，还有一家卖布的铺，里边挂着靛青、墨绿、棕黄和月白色的棉布。

入街半里路，走过了地摊货铺，转个弯到了县衙门口，一眼就看见官府公开设置的招贤台，一扇楼门那么高，十分显赫的招牌上写："买县令者交粮六百担粮，一次交付优价，分期交付不换价。"

官价明码的招贤法，简单易懂。不懂的可以问台前三四个小吏，有问必答，态度和蔼。边上挤了不少人，里三圈外三圈的，闹哄哄，台后边有临时搭的棚，里边码了成垛的粮袋。挤在招贤台前的，是穿戴齐毕的青年小伙，大多十五六岁，有的在台前跟小吏对话，有的在后边小声议论。

伯厚一到台前就笑了，脸上细纹全调动起，笑容可掬地说：儿呀，你看这形势多好，官府公开招官，真是皇恩浩荡，来这么多人说明个啥，说明天下出路当千万条，只有当官是大道。

保有说：现在交了钱粮就能官袍加身，一步登天。

两人说罢，都歪头察看仲景脸色。

仲景的眼睛正在盯圈外路旁要饭的叫花子。一乘小轿边，有个叫花子在地上爬，快爬到轿跟前了，被人一脚踢翻。叫花子窝在地上颤抖着，半天不能动弹。

仲景正要上前去扶，伯厚拽他一下，说：俗话说可怜不拉，可怜不拉，你知他从哪儿来？是个啥人儿？快往官府门口看，到这儿选择前程的后生有多少哇，日后都是达官贵人，这才至关重要。

仲景激动地说：你咋不看看那些冻饿路旁的百姓，性命都难保，那些官宦子弟们只知道拿钱买官，谁也不肯为可怜人着想。

伯厚说：儿啊，你正好去当个清官，为民解忧难啊。

仲景不想跟父亲辩了，他指着路边一跪地喊冤的民女，说：你看看她再说话，好吧？

保有抢白道：那是她命相不好，你买个官造福于她不就成了？

仲景义愤地说：花粮买官何如买简学医？说罢扭头就走。

正在此时，人群里过来一个张寨人，骑毛驴，穿长衫。仲景一眼认出，这是大仙的弟弟二郎神，看样子是想上来打个招呼。仲景心想，这个阴司鬼都能来求官，这是招鬼台啊。他一赌气，拔腿跑开。

伯厚大声喊：机儿，你给我拐过来——

仲景一口气跑到河岸边，心如流水般，慢慢平缓下来。

伯厚气喘吁吁地追过来，拉住他，说：你连父命都违，怎喊济世救人，你这儿郎，虚诈不实啊你。

你就认得官官官，这叫踏实啊？

伯厚跺着脚，说：老子今儿死认住官了，你想为医，没门儿——

你认我不认，认也白认！

伯厚气急败坏地在他背上拍了一下。

仲景顿着脚，大声喊：我就要学医，海枯石烂，一生不变！喊罢发疯似的跑开了。

张伯厚又在儿子面前失败了，败得灰不溜秋的，败得无可奈何，败得伤心欲绝。他怔怔地站在河边，消受着在后生面前的惨淡，也品着人老岁暮的无力。他干洗了一把老脸，甩着手，委屈得只想坐河边放声大哭一场。这时，内心有另外的念头悄然升起，他好像转过一个身，站到了自己对面，反过来想，儿子确实长大了，自有主张，顶天立地了，儿大不由爷，何况一个爹？

他抬头看看天，早上还阴阳混沌的天幕，此时晴朗起来，蓝天白云，空阔无边。他内心也跟着开化起来，自语道：天地良心，我儿到底哪错了？为啥非要磨他逼他，叫他不得顺意啊？

张闻氏今天心情还算好，当家的带着儿子进城去，那久日聚在心头的愁结，一下子解散了。

可是小香却在里间哼唧，小香昨夜身上出了湿疹，只喊痒，痒得直抓，细皮嫩肉的，抓过去，就破了，又喊痛。平时温顺得跟小猫似的性格不见了，老在叫唤磨人。张闻氏进到屋里，见小香脖弯和胸前的红疹子，结成一块块红痂，有地方还聚起脓点。这才一会儿工夫，红疹结的脓疖，就流出了黄水。

张闻氏急得站村头扯开腔，喊地里干活的仲祥，回来背小香去找大仙。

仲祥从西坡跑回来说：妈，等我哥回来吧，用药汤不受罪。

小香不哼了，说：我不去，我要叫我哥医。

张闻氏说：再耽误毒气攻心，会要你小命的。说罢抱起小香，叫仲祥背上，赶紧往陈家走。

小香在仲祥背上喊：妈，我怕大仙的麻秆火，怕死了。

张闻氏说：烧也是神火，不怕。

到了陈家，大仙扒开小香的衣裳看身上疹子，说：这症候有点怪，你家机娃去哪儿了？

张闻氏说：上县城去了。

大仙鹰眼儿一睒，说：是看招贤台吧，好好学医嘛，咋又想改行？

小香说：不，我哥就要学医，不改行。

大仙的眼眯了一下，笑着说：不如叫你哥给你医吧。

小香说：我哥进城了嘛。

仲祥插嘴，说：陈叔你只管医病嘛，不说我哥。

张闻氏见仲祥烦躁，说：你还下地干活去吧。说着推仲祥往外走。

仲祥走了，大仙说：那我就医了，妮儿你忍着疼，忍下就好了。说着拿绳子把小香捆到椿树上，手使劲儿过大，勒狠了，小香尖声喊叫：妈，我不痒了，快回家吧。

大仙已把她捆好，扒开小香的衣领，进屋里喊九桂时，在里边咕哝一会儿。九桂手拿一把小铁刀出来了，从背后递给大仙，扭过脸去。大仙说：这挖耳勺里炒芝麻，少打油，你干吧。

九桂接住小刀，喘口气，定定神，用手捏住小香脖子上的疖头，拿刀去割。只听小香声音炸了样地尖号起来。九桂吓得放开手，后退一步，去看大仙。大仙已经进屋去了，九桂咬着牙，又捏起小香肩上的疖子，将钝刀片拉锯似的，来回拉半天，割掉了一块皮肉，眯着眼扔到地上。

张闻氏看着小香哭得跟杀羊一样惨烈，小身子拼命挣扎扭动。她心被揪住了，说：乖妮儿啊，你忍住哇，忍忍就好了呀我的乖乖。

九桂又从小香脖子里割下一块，扔到地上。此时的小香不是在哭，而是岔了腔似的尖叫：妈快救我呀妈，要疼死了——

张闻氏用胳膊挡住九桂，圈住小香，说：娃太小受不了，不医了吧。大仙站到堂屋门口，叫仙姑出去拉张闻氏。

仙姑出来，拽着张闻氏的胳膊，推开了几步。张闻氏把脸抵到墙根儿，对着墙跪下，嘴唇哆嗦着，求神保佑。

小香的身子剧烈挣扎，绳索挣松了。大仙出来把绳子拽紧绑好，叫九桂继续割。像一条被宰杀的小羊，小香挣不动身上绳索，也叫不应救命的母亲，不一会儿声音就哑了，挣扎的动作也软绵下来。叫着叫着，只剩伸着脖子喘气，瞪大的眼半闭起。再割几下，脸就背了过去，脖子软得像霜打的茄秧，身子偶尔惊悚抖动一下，又蔫了。

张闻氏身子抖得筛糠似的，缩到墙角，头抵着墙不敢回头看。发觉小香没了哭叫声，回头一看，小身子已软软地窝到树根儿下，不动了。

却说仲祥，上地后仍不放心，站地头愣半天，一点活没干，就转身往村里跑。刚进到陈家门里，就见母亲窝在墙角。他扶起母亲坐好，扭头去看捆在树上的小香，前胸的血流得一道道的，皮肉和衣衫都染花了，地上有不少带血的嫩皮，和驳驳血点子，像大雨打落的花瓣。陈家一条狗，头都不抬地在地上吃。仲祥放开了母亲，冲上去夺下九桂手里的刀，扔地上，把九桂推开。九桂见小香蔫得抬不起头来，也吓得心惊肉跳，张大嘴呆那儿不动了。

仲祥为小香解开绳子，抱起小香喊了声妈，边往家跑边喊：小香小香啊，哥来晚了——老天爷呀快救小香的命啊——

仲祥把小香抱回家里，张闻氏也跟着回来了，抱起小香又是摇又是掐鼻隔，半天听见小香吭出一声，眼仍白多黑少的，眯瞪着睁不开。张闻氏没了主张，叫秀娃去房后喊赵氏，赵氏进门来一看小香脸色，当即晕了过去，张闻氏把赵氏扶到椅子上，拍几下心口，赵氏出一脸大汗，缓过气来。

仲祥疯了似的往村东头跑，刚跑出村，见父亲和哥哥别着头回来了。他窜上前抓住仲景的手，就往家里跑，边跑边说：哥，快救小香！

仲景惊慌地问：小香咋了？

仲祥哭着说：九桂动刀割小香疹子。

仲景撒开仲祥的手，发疯似的往前冲。

仲景跟着仲祥回到家，见小香睡在床上，一脖子血水染红了床单，他搂着小香喊：小香小香，醒醒啊，小香——

小香半天才眯缝开眼，看了看仲景，嘴张了一下，没出声。仲景俯身细看，小香的嘴正做着喊哥的口形。

仲景眼泪流下来了，看看小香合上了眼。他抱住小香摇着喊着，又慢慢放下，叫母亲先烧水煮槐条给小香擦身，赶紧救人。他跑到二叔屋里找来一朵灵芝，几个黄精块儿，叫母亲煮水喂小香喝。张闻氏去煮，伯厚站到床前，把小香紧紧抱住，在外边千般磨难都打过去了，唯此时，他刚喊声小香妮呀，老泪就流得纵横交错。

仲景待母亲煮了药汤喂给小香，小香牙关已紧，灌进嘴里去的，没有流出来的多，灌了几口，就再也喂不进去了。张闻氏大声喊，小香啊我的乖呀，你可不能走哇，我的乖呀——

喊几声没见小香反应，把手指放到小香鼻孔前试试，已经没了呼吸。仲景啊了一声跳起来，疯狂地在院里转一圈，在院里找到一根树棍。仲祥拿起一把锄头，两人往村西头跑去。

兄弟俩蹿进陈家院，仲景破着嗓门吼：杀人犯，你赔我妹妹的命啊！

大仙听见嚷叫，从屋里出来，站到堂屋门后，惊看院里张家弟兄怒目金刚，犹如暴怒雄狮，势不可当。他后悔对小香施术有点过分，他开始只想把毒疖除掉，也在刀尖发泄一下对张家的仇恨，并没预料小妮会死。听到吼声起，他知道小香已小命难保，这下无法稳住阵脚了。他退到里间门口，招手叫九桂过来，如此这般一番，惹不过咱总躲得过，可别露面。

张家弟兄仍在院里吼，一句比一句难听。在大仙心目中，自己就是这一带巫界掌门人，老子天下第一，只差让人山呼千岁爷了。可现在得面对两个二火山娃，还没有辩理的时机，他急得直甩手，看形势无论怎样，都得出来清水治沸。他硬着头皮站出来，强作镇定，好声问：娃们上门来得好，叔在等着哩，小香是毒气攻心太深，拔不出来了，治的时辰她太害怕，吓惊心了。

仲景指着大仙，说：你懂医吗你，说你胡来都轻的，你是施术杀人！

大仙说：叔也是真心医病，病家多了，哪有不失误的？叫你爹来说句话中不，或是你们回去，叔去你家里说也中，反正我有错，悔不该那样。

仲祥哪里肯听辩解，抡起棍子冲上去打人。

大仙眼一睖，变了脸，朝后院喊：陈家儿郎哩，出来对阵，看看谁怕谁！

后院里蹿出来了两个小伙，大仙的大儿子耀武和仲景同岁，老二耀能小三岁，兄弟俩一个手掂柳木棍，一个手拎枣木棒，出来就扎起拼命的架势，虎视着仲景仲祥。这时仲建也拿着棍子冲了进来，后边还跟着四发，张家弟兄四人列了一排，也虎视对方。

大仙的眼瞪圆了看，虽都是后生，陈家娃明显不如张家娃的有气势，眼里还滋滋往外冒火。他身上鸡皮疙瘩出来了，强笑笑，说：娃们都别生气，来屋坐吧，有话好说。九桂也出来了，站到院里不知所措，脸强笑着，难看得还不如哭，还把大仙交代的话给忘了。大仙一巴掌扇过去，把九桂打得猛一趔趄，差点倒地，半天才捂着脸，转身钻进屋里。

大仙指着屋里嚷：叫你个妇人家下手没个轻重，看把人治的，快给人家赔不是啊。嚷罢转过身来，好声对仲景说：娃们听叔说，你家小香是疼过去的，咱都拐过去看看，说不定还来得及救命。

仲景指着大仙说：你休想推脱了事！说着抢起手里棍子，就打过去。

大仙弯腰躲闪开，钻灶火拿出菜刀，只见菜刀忽忽闪闪，花花哨哨地乱抡一气，没一刀砍到点子上，看样子是吓唬人。耀武动了真格，挥起柳木棍照仲景背上头上抡。仲景见来者出手狠，双手抱头往大仙后边藏。

大仙转过身，拽住仲景头发，揪到自己前头，一阵脚踢拳砸。

仲祥仲建正在对付耀能，忽见哥哥两手抱头，连还手的招儿都没有，他们大喊一声冲上来，把仲景拽到一边，夺下大仙手里菜刀，反朝大仙砍去。

耀武耀能也扑过来，仲建四发横起棍子挡住，仲建瞅住时机挥动棍子，密不透风地舞动，还红着眼喊：鳖孙们有种的上来。

有俗言：软的怕硬的，硬的怕愣的，愣的怕不要命的。陈家人看几个愣小伙，个个都是拼命的主，都傻了眼儿，吓得拎着棍子往后退，耀武耀能退到大仙身后，貌似卫护父亲，眼里却露出胆怯的光。又瘦又弱的大仙此时不仅没有战斗力，还两腿打战。

九桂和仙姑这时才出来了，问大仙伤着哪儿了。大仙哑着嗓子骂：遇事儿都是稀屎胆，这中屁用啊！

眼看没了对手，该煞戏了，谁知从陈家西墙头跳过来一个光膀子，赤巴脚，牛蛋眼圆睁，横吹络腮胡的汉子，愣愣地站在那儿，绷着脸说：小子，这儿不过瘾，有种下河坡，拼个红白刀子进出，死活见晓，咋样？

这就是大仙有名的弟弟二郎神。此人在北山当过盗墓贼，贩过大蟒蛇，吃过生人肉，可谓孟贼一个。自从娶了婆娘李氏，开始成家立业，在村外荒郊开垦闲地，种五六年成了富户。前些天也去县城招贤台了，不知是观阵还是想奔官，村人知道后不少取笑：这人能进府门，红毛野狼都能当县太爷。

此时，二郎神一脸杀气冲上前，趁不备朝仲祥扇去一耳光，接着举起铁锨要拍仲祥。仲建立马横起棍子，挡住了二郎神，二郎神因用力过猛，锨把咔嚓一声断了。仲祥机灵猫腰，闪出身来，拉上仲景跑出陈家。

到家里，伯厚仍紧紧抱着小香，眼看小身子都硬了，还在一声声地喊。

仲祥刚进到屋里，还没来得及对父亲说事故，大仙就领着九桂来了。大仙手里拎了个麻袋，进来院拉着长腔，喊：我的老哥老嫂子哎，愚弟对不住哇。

张闻氏看见大仙后边跟着九桂，来赔不是，就感觉大仙一介神仙前来抱歉，有点过意不去。可她内心还是接受不了小香的死，一时无法应场，一扭身进了里间。

伯厚板着脸指着大仙，愤愤地嚷：小香在你手里不中了，是见官还是私了，你说啵。

大仙进到屋里，腰弯得像个大虾，深鞠一躬，半天不肯直起。伯厚指着他，说：这回你戏演得再好，也难过这道坎，人命关天，这理你知晓。

大仙哭了，鼻涕流出，嘶哑着声音说：老哥呀，要杀要剐听你的，我是已经痛断肝肠了呀。说着吸溜着鼻涕，悲声抽泣。

伯厚说：少来这一套，谁家丢了条人命，不要个说法？

九桂在边上拉着伯厚袖子，哭得泪流满面的，喊：张哥呀张哥，你消消气。

大仙抹着鼻涕，说：我只想着把毒疔拔出来，谁知小妮疼掉了魂，毒气攻心了。真不该呀，咋会相信妇道婆娘的术。说着朝九桂捆去一巴掌，九桂倒了，干脆睡地上捂脸哭号几腔，坐起来说：是你叫我割的，我哪有术？

大仙还要扇九桂，张闻氏出来了，眼里通红，脸被泪水泡得明晃晃的，她一手护九桂一手拦大仙，说：都是有儿有女的人，各凭良心，各等报应吧。

大仙探着腰，一脸凄惶又乞怜地瞅瞅张闻氏和伯厚。伯厚别着头朝外摆摆手，示意走人。

第二天黄昏，北岗坡上又出现一座新坟，竟是半年前站在泥沼里数坟的小香。她的坟太小太低太不起眼，却是一个五岁小女孩葬身处，一个小生命永远的归宿。

夕阳的残光映红了西天，河廊很静，静静的涅河清波上，仍有小女孩奶声奶气的啼笑声。声音很像利器，深深地刺在仲景心上。仲景一次次拭着眼泪，抬头看天，他想在天上寻找什么，天上什么也没有，只是蓝得像刚染过的蓝布，又空又旷。他无奈叹道：小香妹妹哥有罪呀，哥学医迟没跟上救你啊！

仲景在小坟前坐到天黑，回到院里后，不读简也不说话了，家人跟他说话，也反应迟缓。仲祥见大哥有点癔症，就拿出菜刀在石头上磨，想把大仙杀了再杀九桂，为小香报仇。

伯厚也在回忆小香扶着他双膝，叫他讲《故经》的情景。痛定时刻，也往深里猜大仙，对小香动了什么心。根据他领九桂来家里痛哭流涕的伤心样，只是手下失误。即使猜到他起了歪心，又能怎样，也只能掩盖过去，表面装出冤家宜解不宜结的样子。也许，张家陈家以后就扯平了，相处的态度会有改变。他实在不愿与陈家结冤家，那样会挑起大仙真动歪心术，如此恶拼下去，弄不好会酿出血流如河的大祸。

伯厚看着磨刀的仲祥，一字一板地说：谁敢再出门半步，我打断他腿！

仲景仲祥塌蒙着眼，手里的刀磨得慢了。

伯厚放低了声音，说：陈家老二吃喝嫖赌，偷鸡摸狗，胆大包天，是你们能得罪起的主儿？

张闻氏在房屋门口靠了半天，说：小香是被叫花子老头阴魂缠了，先缠心，后缠身，才丢了小命。

仲景甩着手，说：妈，你愚呀，糊涂死啦！

伯厚说：你给我绑住嘴，你妈还伤得轻啊，想叫老子们早死，就吵吧。

仲景说：也不全怪我妈，不是你叫我进城，咋会出这祸事？

张闻氏赶紧把仲景拉到灶火，撩起衣襟拭泪，说：娃呀求你甭跟你爹顶嘴了，小香一把刀，已扎到他心尖上了，还得死撑硬挺的，他日子好过呀？

这边母亲在说，那边伯厚在嚷仲祥，嚷着嚷着扬起拳头去打仲祥，打得仲祥身子处到躲闪。伯厚追上再打，打得满院跑。仲景上前拉父亲。父亲不仅没停下，反而拿来驴槽上的搅食棍，照仲景背上打两下。边打边说：今儿不打残你，我就不是你亲爹！听声音，是爆发到失控的样，仲景眼一闭，硬着头皮站那儿，任他打。

伯厚打几下，见仲景没吭声，喊仲祥过来掀起仲景袍子，把背上肉露出来打，再打都没听仲景吭一声气，倒是从织房里传来张闻氏嘤嘤的哭声。仲祥从后边抱住父亲腰，哭着说：爹，饶了哥吧，妈心疼。

仲景也有了反应，把后襟再往上翻翻，露出更多皮肉，扎好了挨打到天亮的架儿，一动不动。

父亲这才看见仲景的背上五花六道，青紫难分，还有几道破皮处，浸出了血丝儿。从半下午到黄昏，仲景都扶着树露着背，趴在捶衣板上。秀娃来推他进屋，他说：我去喊小香回来吃饭，别叫她饿着了。说罢，跑出了院门。

伯厚感觉不对劲儿，这娃是不是怒火冲心，犯了傻病？

张闻氏哭声更大，放着长腔在号。

仲景冲出院子，走到大关坑这边的椿树下，猛一个跃身跳起，扳住一个低枝，咔嚓一声扳断，枝根残残地系着树，枝头垂到地上。他站那嘿嘿嘿笑起来，笑够了，撒开腿朝村外疯跑。

村人见了，先是站那愣怔，后是到大关坑人场上，唉唉叹息，看来这老张家出啥人物啊，连怪物都出不来，倒是能出个大废物。

天已昏苍下来，仲景刚来到小香坟前，翠姑也过来了，把一束山野花放在小坟边。仲景瞅了她一眼，没说话。翠姑默默站一会，转身走了。

仲景睡到草铺摊上，无精打采地念：肝藏血，血含魂……心之所忆，谓之意……意之所存，谓之志……小香啊我妹妹，哥对不住你呀，哥想跟你一起走哇！说着抽泣得哏儿哏儿的，换不上气来。

晚饭时辰，张闻氏站门口等仲景，没等着，叫仲祥去找。仲祥出去一袋烟工夫回来了，说没找着。张闻氏不想引起当家的注意，眨眼嘟嘴的，示意仲祥小声。然后拉起仲祥一起出院门，直到听见翠姑的歌声，顺声音跑过去，见仲景睡在小香坟边。

张闻氏上前拉住仲景的手，说：娃呀，你不怕扰得小香睡不好。

仲景仰脸看看天，面无表情，也不说话。

张闻氏又哭了，不知是哭小香还是哭什么，凄惨的声音在野坡上飘，暮色的原野也沉在悲伤里。她的泪眼一直看着小坟，心里憋得像癞蛤蟆的肚子，儿子的任性像棍子，不时捣着鼓圆的肚子，越捣越鼓，越鼓越捣，蛤蟆肚子快要鼓破了，她仍在百般隐忍。

记得青年时出嫁前，她的娘说过，男人再老都是儿，女人再小都是娘，这话一到婆家就验证了。按她心里的憋屈，也想站院里骂一通，或痛痛地把谁打一顿才解气，可她就是气死也不想对儿子说一句狠话，更不想招惹当家的生气，她只是默默哭泣，泪如雨下。

这时仲祥拔腿跑到翠姑跟前，说：黄姐，你去劝我哥回家。

翠姑见仲祥央求自己，感到莫名的自信，她走过来蹲下去，轻轻推推仲景，说：这地方前些天有狼，你先回去，明天再来，我也来陪你。

仲景一听坐起来了。张闻氏不哭了，拉住仲景叫回家。仲景把手抽回来，低着头不说回，也不说不回，拧不断掐不折地坐那不动。

翠姑又要说话，仲景打个手势说：别说了，叫我爹来，他不来我从今就在这跟小香一起过。接着开始背医文：夫十二经脉者，人之所以生，病之所以成，……学之所始，工之所止也。所以能决死生处百病，调虚实，不可不通……

张闻氏感觉儿子的心，已经铜墙铁壁，谁都打不进去了，只有医文才是他的命。她无奈地看着儿子，问：儿啊，你到底想咋样来，才好受？

仲景说：我想去北山找二叔，再在家待，我会疯掉。

张闻氏闷了半天，才叫仲祥去喊父亲。

仲祥枯皱起眉眼，脸都扭歪了，只摇头，不动弹。

张闻氏正在作难，看见一个高大的人影从村头过来了，是当家的来了。张伯厚背抄着手，撩着大步朝这来。张闻氏心里悬起无数猜测，无声求告神灵保佑张家和气顺意。

原来张伯厚等到吃罢晚饭，没见人回来，眼看风凉星辰现，还不见人回来。他猜今天的家法是重了，把驴脾气儿子的犟筋打出来了。但这也是穷途末路，自己实在没招了，那样的痛打，就是对一头驴也会拐弯。可这个二火山儿子，一头碰到南墙上，都不拐弯儿。

细想这些天来父子之间的博弈，为什么跟拉锯一样断不了头，只因为儿子想的说的都在理上，自己不过是循规蹈矩，沿俗套走。与其这样闹着，不如放手由他，一切苦乐让他去尝试，也许吃些苦才会回头，也许难死穷途也不回。不管怎样，对儿子的所有担忧，都在今宵，化为一舍之物。

伯厚并没看张闻氏忧虑的眼，大老远站在晚风里，呈着超然的气度，平静地说：叫你妈回去给你缝个药褡裢，明天由你去吧。只当我没养你这个儿，你也算从此没家没户，没有爹妈了。

仲景一听，一扫犯傻的愣劲儿，从草铺上站起，到父亲面前，弯下腰深鞠一躬，扭身拉上母亲回了家。

第十章

因与仙姑闹了别扭，来福一气之下去了县城，到醉春楼一带溜达。

涅阳城从古代已约定俗成了，双日子逢集，赶集的人来人往，特别年轻妇女上街买布买花线，大姑娘买头绳的。这都没有进入来福的眼，他喜欢蹲到街角墙根，看女人们胳膊挂着包袱，穿好看的大襟布衫儿，扭着腰在街上走。

来福看女人看得细，联想也很丰富，哪个女的是黄花闺女，这女子肯定一脸嫩白净板，腰窝浅浅，胸部平平，看见生人也羞答答的。生过娃的女人胸大，屁股圆，走路急慌，一溜小跑。还有空房守寡的女人，脸上不光鲜，愁眉展不开，走路老在四下瞅，不知是瞅货品，还是瞅男人。可来福内心向往的，在前三种女人之外，也很少在街上露面。孤坐街头的来福守候三五回，能见一回就不错了，他很难偷看一眼花容月貌。俗话说：妻不如妾，妾不如偷，偷着不如偷不着。来福想看的女人，就是最后一种。

这是街东头有名的红牡丹，长得肥白大胖，俏丽风骚，明里做着卖布生意，私下开了个小戏楼，取名醉春楼，招收五六个外地小妮，明里是唱班里的戏子，暗里从事接客生意。来了官老爷或有钱人逛楼，是由红牡丹亲自侍奉，小妮们只管迎送一般嫖客。来福一想到醉春楼的光景，内心犹如漫天花飞，咋也落不到槽里，人就忍不住往敏感里想，上醉春楼醉一回。

解决愁闷的另一去处，是吃喝铺，那里有胡辣汤、猪血汤、豆腐汤。胡辣汤里有粉皮面筋和羊肉片，稠糊糊的粉汤，满口的香辣味，才能让他把醉春楼搁到一边。来福有时候也喝猪血汤。涅阳街上流行一句话，羊肉膻，牛肉顽，想吃猪肉没有钱。猪血汤里掺粉条，辣酥酥地喝着，最过瘾。这时候，你再说张寨谁是神仙谁是贼，都与他无关了。

可是这天，来福遇到一个与己有关的人——二郎神。二郎神是从招贤台那边绕过来，到槐树下牵毛驴的。来福心里一惊，不亚于看见羊群里蹿进来个红毛狼。他心想这号人也想当官，当得上吗你，也不尿泡尿照照长那鳖样。

来福为啥对二郎神这般反感，原因是他婆娘有回从地里扛高粱秆回来，扔到门口就抹眼泪。来福问咋了，婆娘说二郎神在地里欺负她了。来福头都大了，赶紧问咋欺负的。婆娘哭得泪人儿一样，就是不说。来福知道吃大亏了，如果不替婆娘出气，头上的绿帽子就戴定了，如果去出气，那是鸡蛋碰石头的。来福内里窝一肚子火，开始瞪着眼磨刀，磨了半天，婆娘才告诉他，二郎神钻高粱地里把她撂倒，因她呼叫不停，张家拐三跑了过来，把二郎神吓跑了。来福说：要是他挨着你一指头，我就叫他头疙瘩落地。从那以后，来福再不叫婆娘单独下地干活了。

现在看见二郎神想当官，他心里最先想到的是，他若当上官，将会欺辱多少良家女，而且还是拿权谋色，再不用钻庄稼地里偷色了。

他出来胡辣汤店，见二郎神对面走过来，他想绕没绕开。二郎神惊讶地问：来福你也上街了？来福装着没听见。二郎神又问一句，来福拽拽耳朵，反问：啥呀，你想买麻？

二郎神说：走我请你吃好哩。

来福说：你想去个巷道哩，清去了吗？

二郎神指指胡辣汤店，把毛驴拴到街边树上，说：主儿家，来一碗肥大肠，一盘萝卜丝，两大碗胡辣汤。

主儿家挑着尖腔应道，好哇，请先坐，就来喽。

来福跟着二郎神进了店，心想这真是瞌睡哩遇见了枕头，这也叫不吃白不吃，还吃鳖喝鳖不谢鳖哩。店里边的单间有八仙桌、长板凳、光溜溜的泥坯墙，这是他活了快三十岁，初次进这么排场的客房，激动的心情自不必说。不大一会肥肠和萝卜丝端来了，他没顾二郎神在场，手抓起肥肠大口吃起来，两嘴角流出油，用手抿一下，再抹到舌尖上。吃到肚子饱才用袖子抹了嘴，起身要走。

二郎神说：你刚才看见我去哪里了？

来福摆摆手说：我又没有三只眼儿，怎能看见你行踪。

看你听话不装聋了，没有三只眼有心眼儿，也挺精的。

实话说，我看见你从招贤台过来，有好事吧。

你听着，我给你交代啊，你回村里可不要对人透这信儿。

来福一听这话，心里就不高兴，问：为啥，你是去做贼哩？

说出去对立面会上烂药，搅得他妈当不成官了。

你当官？走那路是想弄啥子哩？

花的本钱太多了，当官捞回来嘛，手里有权能管人，这你也不懂。

来福点了下头，走出了店门，心里说：就是没人上烂药，你舅子也当不上，你他妈要是当上官，这地方得黑天塌地呀。

来福回到村里就跟黄义成说了这事，黄义成说：那货做梦的吧，不信你瞅着，他要是能当上，这世道也去屎了。

黄义成又对张伯志传了，张伯志笑得跟被挠了胳肢窝似的，说：别说他拿粮食换，就是拿金条也不沾，他跟官爷不是一路货。

黄义成回到家对黄氏说了，黄氏说：可是，那主歪门道多，人家开地置家业，可比村上哪条汉子都强。

消息最后传到张家，张伯厚是听老四伯志来说的，他的意思是二郎神能当官，张机更应该当。

其实，张伯厚在领仲景去招贤台时，就见过二郎神的影子，只是一晃不见了。伯厚并没在意，认为二郎神人品名声狼藉，正事没一件，坏事成箩筐，可能只是来看热闹。此时听了四弟的话，他仍感觉不靠谱，好像大白天人伙里，忽然蹿进来个绿眼狼。

伯志认为那货坏是坏，有门道，说不定能成。

伯厚连连摆手说：咋可能哩，一个吃喝嫖赌的人渣，进衙门当官，真应了小娃唱的歌谣：沟里石头滚上山了。

四弟伯志走罢，伯厚内心起了波动，猜着传话的来福，是不是与二郎神结有怨恨，编排谣言。他想去找来福问个实信儿，如是真话，就得去找内弟闻保有，给官府投个实底，别让坏人混进官场。他从院里出来，看看村西头又犹豫起来，最后还是抱着相信官府的念头，打消了疑虑。

说也奇怪，自从父子关系宽松之后，仲景反而不窝到麦秸垛里读简了，变得眼里出活了，逢啥干啥，不拘粗细。在院里洒扫打杂，到牲口棚里拌料，有时还帮母亲打水烧饭，一下子腼腆得像个大姑娘，就连仲祥秀娃的吩咐，也百依百顺，不管干啥都顺溜溜的。

这一切，伯厚看得清楚，偏又心疼儿子，内心残留着促儿子奔官的念头，不时拾起，但又摇头否定。他和仲祥都不让仲景下地干重活，就在家干点轻活，还能抽空读简。

这天晌午，张闻氏把羊圈打开，叫仲景带羊群到北坡去放。仲景拉着头羊，后边跟了六七个，蹦蹦跳跳地出了村，他感觉十分新鲜。走到村里，玩耍的小娃当稀罕看，追着仲景跑一段，转身拐过去时，嚷：张寨怪物娃，不会种庄稼。仲景听了有点不好意思，快点赶着羊群跑出村子。

一到野外，羊群突然变成了猴儿，四下乱窜，埂上的草，树上的藤萝，凡是青叶都吃。仲景把这个羊拽下来，那个又蹿到树干上，一群山羊猴儿，把后生闹了一身汗，也管不好。好不容易到了村北草坡上，羊群才低头去吃青草，仲景坐在草坡上，又想起近来背诵的段：经脉者，能决死生，处百病，调虚实……

挖野菜的翠姑又窥视过来，看见第一眼就笑起来。在她印象中，仲景是与医简在一起的，出来村都是采草药的，此时放羊，惹得她笑个不停。正在笑，忽然看见一个移动的影子，从林丛里出来，顺一条沟，慢慢接近了羊群。翠姑看清那是一只狼，她立马喊：哥，狼来了啊——

羊群像是发现了意外，开始叫唤起来，都往仲景跟前挤。仲景听见翠姑尖叫，回头见狼已经扑了过来，他纵身跳起，拿起棍子去打。

狼转身钻进林子里藏了起来。等仲景闪过身往别处看，狼又蹿出来，叼住一只小羊脖子甩几下，羊身子软了下去。仲景抢着棍子追打，跑得猛了，脚绊住树根，摔倒了。狼把小羊扔到丛林边上，趁势返过来咬仲景，仲景腾地跳起，狼还是在他腿上咬一口，才跑开。

翠姑边往仲景这边跑，边可着嗓门大声喊：狼来了狼来了，快来救命啊——跑来扶住仲景，看他小腿上的血，流了一脚脖。她撕下一缕衣襟，包扎住仲景伤口，扶着人赶着羊回了村。

仲景问：狼怎么不怕我，怕一个妮儿家？

翠姑说：它不是怕我，是怕喊。俗话说，狗怕摸，狼怕说。碰见狗，一摸地上石头就跑了；看见狼，大声一喊，才能吓跑。

仲景不仅钦佩翠姑的勇敢，也赞赏她的能耐，是个有主见的妮。一路上他那么近地挨着她，胳膊蹭着她柔软的身子，脖子也紧靠着她，初次闻见少女的香味，身心为之一振，忽有荡秋千那种飘悠感，腿疼减轻了不少，一股热流在青春的肌体里生发。他情不自禁地扭头看看她，又红着脸去看别处。

张闻氏一看儿子被狼咬了，嗔怪地看着他，眼光转向翠姑时，立即变成了看狼那种敌意，极其泼烦地拨掉翠姑的手，自己扶儿子进到院里。翠姑看见张闻氏脸色，也放开了仲景，回头赶羊群进到圈里，红着脸走开。

张闻氏见翠姑前脚走出门，嗵地关了院门，说：人家羊倌放几年羊都没遇见狼，偏你才去一回，狼就来了？

仲景没回母亲的话，而是喊来仲祥，叫他去寨外河坡上，折些槐枝回来。仲祥很快折一小捆槐枝回来了。仲景让他把槐枝的一头放火上烧，另一头滋滋冒出汁液，他揩下汁液，和熬好的艾水搅到一起，涂擦伤处。

擦过三四天，伤口就结了痂。

伯厚像看陌生人一样，观察着儿子腿伤的变化，问他从哪学的方术，仲景说是二叔告诉他的。

伯厚叫来福和义成到各家门前告知，村里要打井了，义成把铜锣敲得吭吭吭响，敲了再高声喊，到张寨村椿树底下开大会。

这样的大会应是一年开一回，报报各家人数，开垦几亩田地，喂了多少牲口，还有家藏几样珍品宝物，不仅得如数报上去，还得进贡给皇帝。天下所有好物都不能私藏，谁藏谁犯欺君之罪，重者杀头。以上几项，都是地方小吏要的民间讯息，与民众生活牵系不大。有偏僻村野的穷户，连件像样的衣服都没有，母女俩谁出门谁穿短袍，父子俩合穿一双鞋，村头到处走着赤脚的，披头散发的穷家，上不到人前，去公众人场开会，都愧得不得了。

尽管锣鼓敲得山响，在家的人也应了，可到会者仍是稀稀拉拉，占不了半个会场。张伯厚先叫仲建四发几个后生搬桌椅，摆到椿树下，约莫人快到场时，伯厚才来了，大腿搭到二腿上，手拿着茶碗小口呷着，眼不时往村西头瞟。

陈大仙也出来了，一来就显得十分积极。在小香死后，大仙有半月时间没出村施巫，到打月网时也不打了，人变得悄声低气，高调闹村的形势完全收敛下去。他开始是屏住气在等张家发落，是告官还是私了，他想了不少对策，等着配合。可是干等不见张家动静，这反倒令他不安，不知怎样才能让悬着的心落地，所以得知开村会，就笑吟吟地提前来了。

大仙走到椿树底下，见张伯厚太师爷样地稳坐在那，他加快步子凑上前，喊声老哥来得早啊。喊了不等伯厚回答，大声问义成告知齐了没。义成说都够遍了，人正在上哩。

直等到半晌午，日头快升到头顶上了，才来一少半人，还都老人妇女，来了扑通通坐地上，抄着手喊饿。大仙回家拿来干馍，每人掰半块叫吃下。会场传出吧嗒吧嗒的咀嚼声，吃了就喊大仙好。

此时，张仲景也来了，他腿伤刚好，过去棱角分明的凛然个性不见了，入场就随和地朝大家点头，打个手势，把袍子角撩起，别到战带里，坐到父亲跟前待命。

开会时间到了，伯厚说了打井的必要，说不光是跟上时代脚步，也与村人的性命有关。台下村民相互交头议论，好像有点不解。仲景站起来，说：打了井都不喝大关坑里的水了，坑里有倒尿盆和猪打滚，脏得跟茅坑差不多，人喝了脏水会得痢疾，治不好会要命的，所以打井跟我们性命也有关。

大仙把手抬高了，激烈鼓掌，台下也响起掌声。

来福问：都吃一个大关坑里的水，你们咋会不拉肚子？

义成说：就是嘛，我也想不明白为啥有的拉，有的不拉。

大仙说：咱们得跟先进人学，看人家是咋办的。

伯厚对大仙的状态颇为满意，打井的事操了半年心，每回都是陈家在村里造谣，扯了后腿，已成老问题了，此时趁大仙理亏时，给他提供立功赎罪的机会。看大仙的表现，伯厚得意自己料事有准星，说：我家也吃大关坑里的水，是用麻布蒙到木盆上，把水过滤干净了才煮饭。我都给大家说过了，要喝过滤的净水。以后打了井，就不麻烦过滤了。

义成问：井有多深，咋能把水打上来呀？

伯厚说：你们到城里看看，我前些天在涅阳城看到地摊上有卖竹筷子的，没用上筷子的家户也学学人家，砍个竹竿自家做，别再用小树棍，或用手抓饭了。时代往前走得快，咱们也不能落后，是吧。

大仙说：是哩，里魁就是说得好，先进人过好生活，落后人会落耻笑。

伯厚说：说半天，言归正传，打井的事这就开工，村里男女老少齐上阵啊，争取早日吃上干净水，赞成这话的举手。

台下人都举起了手，来福没举，还惚乎乎地问：你们举手弄啥哩？

大仙说：来福是真聋，你不举手，总不会反对进步吧。

来福举起了手。

伯厚说：这井就打在村西头家仁院外边，也由家仁牵头干，富户出钱买砖石，穷户出劳力，人财都不出的，还喝坑里脏水，就这，散会。

村人散场时，村路上过来一个安众人。

九桂这些天心里老在发毛，不知道张家怎么发落小香的案，谁知大仙在会上表现好，落得张伯厚的好脸，看灾不是灾，灾气已溜开。此时她看见有生人上门来，心里高兴，就跟大仙一起去迎。

大仙热哈哈地叫来人进到堂屋，说说何事相求？

安众人说：我家接儿媳妇，想看个黄道吉日。

大仙问：你儿子儿媳都多大年岁？住哪个庄？得说清楚生辰八字儿。

安众人照着答复了。

大仙又问你儿子长得是否周正，两人般配否？

安众人说了儿子高大周正，儿媳娇美，赛过天仙。

大仙还要问，却听后院里咳嗽两下，过来了二郎神。二郎神想当官想得瞌睡都睡不好，耐不住等官的漫长时光，整天花天酒地，还老去涅阳城醉春楼里逛。他的婆娘李氏，跟他恰恰相反，干罢地里干屋里，里外打理得滴水不漏。两个人反贴门神不对脸儿，眼看男人有了钱，成了长头发迷①，却不敢说个不字。她只要过问一句，就会招来打骂，打怕了，就忍气吞声，自认命苦。

此时，二郎神一听说来者要娶个美娇娘儿媳，就开始了非分之想。他不顾头青脸肿凑过来，问：你儿媳妇容貌如何，真的赛过天仙？

俺儿媳妇花彩娥，是百里挑一的鲜花一朵，是众人说的赛过天仙。

二郎神眼滋儿地亮了，饶有兴趣地问：你儿子真有艳福哇。你们家住哪个庄？哪天接媳妇儿啊？

安众人说：我今儿就是来选喜日子的。

二郎神眼更亮了，说：你不用找人掐指算了，我对风水这门学问也学过几年，虽属于那半仙不仙一类，可算得灵验。我给你看个好时辰，肯定顺风顺水，因为我知道你们那地方有丘陵，贼多，你最好在五更前，寅时接人，那时辰有神保佑，歹人不敢打劫。

安众人听见这话，虔诚地说：你这么有学问啊，肯定料事如神，我再求个事儿，我家老爷忽然嘴歪眼斜，我半夜里噩梦不断，老梦见死人诈起身，哈哈大笑，家里小白鸡也往树上跳，不知是何征象。

二郎神说：你家灶火棚子，是不是往外冒白烟？

安众人说：是哩嘛，冒的白烟往北斜。

---

① 长头发迷：方言，指好色。

二郎神说：我晓得，是你家老祖宗怪你办喜事没告知，前来问罪，你应半夜三更对神说个话，保佑平安吉祥。

来人直竖大拇指，连连道谢，心服口服地走了。

大仙把客送到门外，想补充交代个话，也叫二郎神拦截了。

经常不露面的二郎神，最近忙了起来。

一是去涅阳城买新袍子，腰里战带换成了黄色绸条，脚上穿上李氏做的麻布鞋。打扮净板了，又招张寨四五个壮汉，黑布蒙面，四更天跑到花家接儿媳的路口，钻树林里守候。等大轱辘彩车咯咯吱吱呼呼隆隆走过来，进了丘陵地带，一帮子人就瞪大眼睛盯紧了。

花车走到野外时，快到五更天，是长夜最黑的时辰，天黑得像泼了黑漆，山林小道上夜雾弥漫，恐怖气氛笼罩着接亲的队伍，接亲送亲的都相互壮胆前行。走到林深处，忽见路边斜倒一棵树，横在路中间挡了花车。拉车人惊慌往山林里瞅，神经绷得紧紧的。

二郎神尖声吼叫一声：神仙爷借花车一用。吼罢带人冲下来，朝花车奔来。接亲送亲的队伍大惊，呼叫着鬼呀妖啊，放下花车抱头逃命。二郎神见花车孤零零落在路旁，蹿上去拉开帘子，掀起红盖头一看，果然是美娇娘一个。坐在车里的新媳妇花彩娥，见遭遇不测，吓得直尖叫，又是抓又是打的。二郎神躲过抓打，抱起人就跑。

接亲的人跑不远就回过神来，觉得不对劲儿，停那往后看看，听出来者不是什么神鬼，就折了树棍往回拐。二郎神已扛着彩娥钻进山林，新娘一路呼叫，二郎神撕破衣袍塞住她嘴，没命地往南奔跑。后边的人点火把追过来，劫贼已经不见了。

天将明，陈家院里的李氏，正在搅面疙瘩，听见院门口动静不一般，扭头一看，二郎神慌得跟逮鸡似的。她不敢上前看正面，也不敢问，就躲到黑影里偷看。二郎神扛着人回来，放到房屋床上，就往灶火里跑。李氏赶紧回到灶火边装着做饭。二郎神说，这是为哥物色个驱鬼的活物，你做碗好饭伺候着。

李氏想去看看活物，二郎神说：活物哪是谁都能看的？想犯咒身啊。李氏不吭声了，赶紧做饭。

被麻绳捆着的花彩娥，歪在床上一直流泪。二郎神哄了几回，都没哄住，叫李氏再去劝。李氏看见了彩娥胸前大襟绽开了，露出两乳间的肉沟，这才明白活物是个啥东西，哪有心情去劝。二郎神过来嚷她，叫她必须把新人劝笑。李氏为彩娥端了茶水，又递擦脸巾。二郎神进来摸摸彩娥的脸，说：你看你一脚踩到福窝里了，还哭个啥，真想走，我就送你。说罢气呼呼地出去了。

李氏忽然同情起新人来。问：妹子你咋落到他手里的，真是不情愿，就一哭二闹三上吊，逼他放人。

彩娥还是一个劲儿啼哭，不说话。

大仙早起，站院里听听，吵道：这是从哪儿说起呀？就是长得再鲜，能长久过日子生娃子嘛，搁着闹得一家人毛翻着？

二郎神平时很听老大的话，此时摆手叫大仙去忙，把李氏也推搡到外头，转身进屋里，呼的关了门。

大仙站在窗外，说：人家接这么俊俏媳妇儿，不会是小户人家，你小心人家找来，打架或吃官司啊。

二郎神说：我蒙头捂面的，又黑灯瞎火，他上天边儿找？

说话不及，见九桂跑过来，边跑边嚷：爷光神啊，北坡来人啦！

大仙烦躁地说：谁屙屎谁擦屁股，就说我不在屋。

九桂说：人家送过铢钱，我已说你在屋里，去支应吧。

大仙出来，看见安众人，赧着脸说：大哥接亲大喜，恭喜恭喜！

安众人说：你们看的好时辰，大五更天儿昏天黑地，俺家儿媳叫人抢亲啦。我不是怪怨你，我是来叫你算算是哪儿歹人干的？

大仙说：怪了？我二弟也是个半仙，算的时辰怎能出错？你是不是记错了生辰八字儿？

安众人拍拍头说：现在是上哪儿找人？你快给占个卜。

大仙一边掐手指，一边念念有词，念罢，拿筷子在水碗里立。筷子竖立不住，大仙说：是人是鬼你立住。筷子仍没立住，三番五次都倒了。大仙又问：是家鬼还是野鬼？筷子还没立住。大仙见这一招不成，解嘲说：这是家鬼不想立，立了得罪人。我给你看看她在哪个方向，是北山鬼你就立住，立稳。筷子悠悠晃动几下，立住了。大仙说：是北山歹人抢了亲，你快快往正北方向找，不能过正当午时，日头偏一点儿就找不到了。

安众人一溜烟跑出陈家院。

花彩娥被捆着，像包袱一样被扔在床里头，嘴塞得太满，发不出一点声音。见二郎神进来解战带，她不顾嘴里麻布，发出呃呃的叫声。不管她怎样惧怕惊恐，关闭的门窗里边，还是传出她的尖叫声，刺激着村寨。

床事过罢，二郎神拍拍彩娥的脸，说：以后你就是我娘子了，跟我过有吃有喝，享不完清福。说罢，勒好战带，拽出彩娥嘴里的布，就出去了。

彩娥大口大口喘着气，泪流满面地说：丧天良的，要把俺爹娘活活气死。

二郎神拐过来，摸摸她脸，说：气不死，他闺女嫁到福窝里了，以后也跟着享福吧。

彩娥拽着衣襟，恳求道：相公，你得对俺爹说一声，走个明路拜个堂。

睡都睡罢了，还拜堂，越说越走板了。二郎神又去拽彩娥的大襟。

陈家西院的窗下，露出一双阴郁的眼睛，李氏忆起了自己初进洞房的那晚，在那种透彻骨缝的痛感里，由少女变成了婆娘，娘家人说姑娘进洞房疼半夜，换来一辈子的滋润。可她从那以后，再没有幸福可言，半年前在床上瞅见小媳妇那一幕起，她就老了几十岁，心已经干枯了。

她对二郎神的声声诅咒，也从窗下开始。

第十一章

花彩娥被抢来的三更天，静静的张寨村沉在一片寂静里。鸡叫三遍时，村里突然传出尖叫声：救命啊——杀人啦——

叫声尖厉，把夜空划破一道口子，也惊醒了睡梦中的村人。仲景正在做梦，叫声也传到梦里，他惊坐起，一时分不清状况。因为刚才他梦见黄翠姑来找他，母亲不给开门，翠姑跑到独木桥上，掉到河里了。桥边的人不但没下水捞人，还用棍子把她往水深处顶。他认为是翠姑在尖叫。

张家离黄家隔有半里路，小路拐弯处是半人深的赶驴棍儿和野艾蒿，夜晚一人走有点怕，每次翠姑来，走时他都要送到她家小路上，站那看着她穿过艾蒿林，进到家门，他才转身回来。被吓醒后，他迅速辨析着事端，弄明白了叫声从哪里来。他似乎对夜间女人叫并不完全理解。但他想，可能是狠心的二郎神在打婆娘，那个三只眼儿，为啥在黑夜打女人。他定定神，细听叫声越来越惨，像个小动物在野兽大口里被撕咬着。他下来床，站院里紧张地瞅着陈家的方向。

张闻氏也出来了，仲景说：妈，陈家打人，是不是犯王法的？

张闻氏说：可别跟陈家较劲儿了，要是睡不着，你就去织房里看看，有的丫嫂干活学会磨蹭了。

仲景看着母亲，心想那婆子天闪明就起来干活，够苦的。

张闻氏说：那你去睡吧，睡好了明天读简记得清。说罢转身走开，好像世上并没发生什么。

仲景站那看着母亲的背影，心想读简是很重要，但想着村里弱小受欺凌，不能救助，心里不是个滋味。此时又听女人叫，嘶号声要把嗓子吼破的，太恐怖了，是不是要杀人了。更恐怖的还不是一个女人在受难，而是村人都在受难，却装着没听见。仲景感觉母亲有点陌生，她也是个女人，为什么没有一点对女人的同情？

仲景忽然转身往外跑。母亲站在门里头，稳稳地喝了一声，说：站住，大半夜上哪儿？

仲景怔了一下，说：去陈家看看到底咋了！

张闻氏一把拽住他，气呼呼地说：你认为那女子是受害人？

仲景吃惊地看看母亲，问：你说的哪个女子？

张闻氏拍拍他后背，推着哄着叫他一起进了织房。天才麻麻亮，织坊里的麻油灯随风扑闪，一间竹竿棚内，有嗡嗡的响声，里边的灰尘气息很浓。两个织婆正在纺麻，不时打呵欠，偶尔咳嗽两声，都不耽误埋头干活。

仲景感到这类人，对外界的事不管不问，只顾单调劳作。可她们太过辛苦，半夜三更就起来了，那样疲劳。他从中看到了另外一个现实，正道宽厚的父母亲，也不顾及用人的苦，叫她们没命地干活，这跟他们的名声不相配。

母亲催他去睡觉，他打个哈欠回房里了。

晨雾已经弥漫开来，陈家的哭叫声也停了。村里下地的人交头接耳，有人说昨黑听见鬼叫唤了，吓得一夜没合眼。有人说来福门前树上挂了道符：半夜鬼声，胆战心惊，问谁知晓，皇天神灵。

仲景听见了人们议论，却投入不进去，坐院门后小声背诵：善诊者，察色按脉，先别阴阳，悉清浊而知部分，视喘息，听声音，而知所苦……天地者，万物之上下也，阴阳者，血气之男女也……

纺麻婆小声说：哎，谁知道昨黑儿是哪路鬼，来庄上叫唤了？

仲景说：那不是鬼，是陈家的婆娘在叫。

听说陈家老二快要当官了，下手还那么狠。

仲景问纺麻婆：你们起这么早干活，身子受得了？

纺麻婆笑着，说：这不算早，在张家早起五更，在别家黑起三更。

仲景哦哦两声，若有所思地走了。

这时张闻氏过来了，问：今儿你想干啥活，吃了饭早些去。

仲景说：妈，给我做条药褡裤吧，我想去找二叔，找到他不只求医家学问，还有世事，求他教导。

张闻氏皱起眉头，说：儿啊，你再温习些医文，找到二叔好帮他医病。

可是村上的事，我老看不惯。

看不惯就慢慢看，你总有长大的时候。现在你有一件大事，就是把申家亲事定了，那妮心灵手巧，又能说会道，比黄家那个毛头妮，有几个强几个。定了亲在家住个年儿半载的，西坡三十亩旱烟，二十亩高粱，东坡二十亩绿豆，十来亩芝麻，还有北坡那片棉花地，院里十几只羊，几头大牲口。除下纺麻织布房，蒸煮烧炒的我管了，家里的其他事，你身为老大，该接手照管着，挑起大儿郎当家立户的担子。

仲景又听到家里这么多事，头上跟压了座小山似的。同时在内心想起翠姑，他抓抓后脑勺，说：申风水是个君子，可他闺女啥样，很难说。

申家名声好，家女不会有差，申家名声也高，咱得罪不起，这门亲事，我和你爹都看好了，都定下九成了。

仲景说：妈，这可不是打渣滓，婚姻大事注定一生，我得中意才好。

这个杠，晚点跟你爹去抬吧。

仲景气呼呼地往前走，忽然脚下打了滑，低头一看，踩了个癞蛤蟆，踩得半死不活的，在地上伸腿挣扎。仲景心生怜惜，蹲下去细看，忽想起这动物有个学名，叫癞毒，是种药材。他拎起癞毒小腿，拴个麻绳挂树枝上，想去医简里查找药用功效。

母亲从织房出来看见，眉毛眼睛都搬家似的，扭歪了脸，问：娃呀，你咋不去地里，弄这东西做啥哩。

仲景正想去找竹简，忽听大关坑方向传来翠姑的声音，他转身走到大关坑边，看见翠姑刚出村，走到西坡小路上了。仲景追过去，两人走了二里路，来到西坡烟地里，看见长工拐三在薅草打烟芽子。

仲景在地头发现一丛骨节草，蹲下采了，又发现了车前草，刚要采，翠姑手里掐了一大把草，喊他去看。他走近一看，是麦狼棵、灯笼棵、扫帚苗、赶驴棍儿、勾萝秧、马屎菜、白毛草、茵陈、白蒿、粘粘抓、狗尾巴、乱秧草、扁豆、燕麦。

仲景问：你刚来，咋就采这么多？

翠姑说：我刚采这么多，才回村里喊你来看看哪样是药？

仲景没想到翠姑对他钟爱的草药，这么上心。他拿来辨认，发现有的在二叔那见过，有的没见过。也顺着翠姑的指点采起来，边采边辨着叶形、花样，放嘴里尝味道，闻气息，张开胳膊噢噢叫唤几腔，接着放声呼喊起来。

翠姑嘎嘎嘎笑红了脸，说从没见过他这么兴势。可仲景正兴奋时，感到脖子被扎了，奇痒难忍，用手拍一下，是个花腿蚊子。刚拍死，胳膊上也被咬了，还有成群的蚊子乱飞。他拽起一把赶驴棍儿甩打起来，趁着节拍，竟像喝醉似的跳了起来。跳罢竟笑弯了腰，直起腰来又仰起脖子，展开双臂飞跑一段，转身再跑过来，嘴里发出哦呀呀的叫声。

翠姑爆笑着跑到他跟前，指着他，说：疯子哥，快采药当方术啊。

仲景愣住了，你怎么知道方术，我可从没对你说过呀？

翠姑说：你现在不开方，将来肯定开，不开方术咋医病？

仲景猛地张开怀，要去搂翠姑，到了跟前，只拉起她手，笑看着她。

在地里打烟芽子的拐三大声喊：快往蒿艾棵里去，那没蚊子。

仲景喊郭叔你忙，喊得拐三打了个愣。拐三本家姓郭，叔伯弟兄排行老三，取名郭三，因为有条拐腿，就被人讹成了拐三。此时听到少东家喊他郭叔，觉得陌生又亲近，他说：少东家，我老家人都用艾叶熏蚊子。

仲景四下看看，不远处有一大片艾蒿，他拉起翠姑，两人跟大鸟展翅一样，飞落到艾蒿丛里。仲景说：这里真没蚊子，原来艾叶还有此功效。张寨人都喊拐三，嬉皮笑脸的不正经，我觉得这是随大溜讹郭叔的，我偏要喊正了，对郭叔表个尊重。

翠姑有点奇怪地瞪着仲景，说：反正都那样叫了，拐叔也顺溜溜地应，没啥别扭，你读典多，小心读愚了哦。

仲景身子往边上趔一下，看看翠姑，说：尽你说吧，反正都踩着老俗套往下走，不管青红皂白，也不管前头是坑是崖。就跟水灾过罢死那么多人，还有陈家半夜哭叫，都认为是天塌压大家，都不问为什么，我真不理解。

这时，拐三举着一束艾大声喊，少东家来看看，这是家艾。仲景跑到拐三跟前去看。拐三说：这宽叶圆头叶是家艾，叶齿多又尖的是野艾，两种都是神草，人们每年五月端午，割艾挂门上，熏虫还避邪。

仲景曾见人们在端午节门头上别艾，此时才知是为啥。他看着漫山遍野的萋萋艾草，心想世上肯定还有很多不知名的草药，其药用知识需要求取。如果把各种草木的药性都研析出来，会增添多少好方术，又减轻多少人的疾苦。

翠姑在一边朝他招手，说：俺家爹娘经常采艾，晒干存起。

仲景吃了一惊，原来村人骨子里是信医药的，只是埋在内底不说出来。他想回村上找老人们打听，也许医简上没记叙的草木，村人心里存有。

他和翠姑又到河岸，沟边，地埂上，见不同花草都采，仔细观其草形、茎状，闻其味道。结果又采到了猫眼草、枸杞根、红花、荆芥、薄荷。可是，把药采来晒干，各有炮制法，他就拿不准了。此时想起二叔，情绪骤然低落。

仲景说：翠姑，这野坡简直是个大药库，我估摸平原上会有千百种草药，没被人发现医用，我们以后要采多种药，以备日后当医家用。

翠姑心起千种温柔，却缄口不语，只在心里说：那我就当医家的娘子。说罢用袖子搭了半边脸，害羞得只露半边脸，一只眼偷看仲景。仲景半天才问：翠姑你知道癞毒能治啥症候？

翠姑见他只研讨药方，没在意自己，一时红着眼圈儿说：治小娃烂头嘛。

仲景问：你在哪听说的？

我在外婆家亲眼见过，小娃连头发根都烂掉了，用油炸癞毒抹好了。

仲景看见翠姑眼红了，问：咋又哭了。

翠姑说：我知道你心里只有医方，也知道我没处托付的薄命。

仲景拽住她手，摇了几下，说：走，不准说心事，跟我采药去。

拐三见少东家领着黄家闺女采药，黄家妮红扑扑的脸，羞答答的样，他有点担心，从地那头跑过来，山里山气地溜小曲：

> 好儿郎，学医行，
> 采野草，伴姑娘。
> 要问医家他是谁，
> 张寨首户大儿郎。

仲景被这个拙实淳朴的长工感动了，这大字不识的种地人，都比父亲的见识高。他想起发大水时淹死的那个长工，是为了护瓜地草棚子，被大水冲走的。很早以前还有个长工，是在河坡里放牛，水浪子奔过来，他把牛牵到了高处，大水也淹了过来。仲景心有愧疚，正是这些人耕作着张家土地，使老张家的家业壮大，才有了自己饱读医简的环境。

他站到拐三身后，蹲下看他打烟芽的样子，想去帮他，说：郭叔，以后我下地跟你学活，也学辨识草药？

拐三说：不，地里粗活不用你干，你应去当名医。

仲景望着田野，怅然道：要是你是我爹，我会顺利当上名医。

拐三说：北山有好药，农闲时我带你去采。

仲景一把抱住了拐三，说：郭叔，与其跑远山，不如自家种。

拐三说：行，咱这儿土壤好，种麦冬、山药、血参都行。

三叔，咱先去野地采，再去北山采名贵的，我开方术医病就不缺啥了。

这时陈大仙的儿子陈耀武下地来了，哼着小曲：

> 小小子儿坐门墩儿，
> 哭着喊着要媳妇儿。
> 爹娘不给娶花媳儿，
> 瞪着红眼骂老子儿。

张陈两家的地块，隔了条蚰蜒沟，沟上是稀稀拉拉的毛构树。仲景隔着树缝，看见耀武在扯拉翠姑，眼看拽住袖子了，翠姑猛一挣往这边跑。耀武在后边追，仲景拔腿追过去，耀武返身来指着仲景，说：你跑也白跑，这又不是你媳妇儿，与你八竿子打不着。

翠姑站到仲景这边，转过身嚷：猪叫唤，不要脸。

耀武抓过来翠姑，叫站他这边，说：姓张的你听好，她以后就是我媳妇儿，说定了，我马上托三媒六证，娶进洞房摸金豆。

翠姑猛推耀武一把，跑到仲景这边，嚷：呸，谁听你胡沁乱叫唤！

耀武拉下脸，说：你打我也不中，我非娶你不可，不信骑驴看唱本，走着瞧。

仲景拉住翠姑的手要走。耀武一拳砸到仲景后背上，仲景仰脸倒地，后背陷在构树丛里，翠姑拉他起来拽到身后，冲到前边骂耀武：你连个狗都不如，是狗也是个没人管的野狗。说罢拉起仲景就跑。

耀武当着长工的面，哪里肯依。眼看仲景和翠姑走了，他站埂上嚷嚷，村上有个顺口溜：

> 圣人蛋，偷铜钱，
> 贼不成，被发现，
> 勾个闺女团团转，
> 混成张寨王八蛋。

仲景不跑了，站下来喝道：你又胡叫唤，看我俩打不死你鳖娃儿？

耀武高声嚷：想打架，拐过来呀！

拐三看见这一幕，头上火星冒起，他担心仲景拐过来不是耀武的对手。平时也为犁山沟地界，跟陈家掌鞭的斗嘴，内里窝着怨气，大声喊：陈家鳖娃真是个猪皮厚脸。

仲景说：你妈害了我妹妹的命，欠的血债也该还了。

耀武说：你妹子是个短命鬼，休得讹好人。拐三你先等着我整服了圣人蛋，再收拾你。

仲景说：有理走遍天下，无理寸步难行，我只说理，不想动武。

圣人蛋，架都不敢打，能混个狗屁医家，我今儿偏不跟你说理，真英雄是打出来的。说着冲上去要打仲景，仲景边往后退，边抬胳膊抵挡。

拐三冲上去挡到仲景前边，说：少东家是识字人，不跟你一般见识！

耀武打了拐三一拳。拐三捡起锄把挡着，耀武夺下锄把扔地上，捏住拐三脖子。拐三挣扎两下，脱出了耀武的手。仲景拉着耀武的后襟，不让他接近拐三，说：你再招惹他，我也动武了哦。

耀武又揪过拐三按地上，扭头对仲景说：那我就带你一起收拾，爷们顿顿吃肉，看你瘦那个猴精样，打一拳就得拉稀屎，信不信？

耀武三下两下把拐三窝成个疙瘩，用膝盖顶着肚子，说：给你弄个牛娃顶衣胞看看。

谁知干筋棒拐三猛地从地上翻起来，抓住耀武抢倒在地，骑身上左右来回扇耳光，闪得密不透风。耀武的脸挨着地，呼叫亲爷饶命。因为嘴张得大，里边啃了不少泥土，他边吐边叫唤。

仲景见拐三手狠，扛垛扛麻包的蛮力都使上了，就过来拉架。

拐三问：小秃驴，往后还坏不坏？

耀武带着哭腔，说：不坏了，亲爷呀。

拐三说：你喊三声爷，我饶你。

耀武连着喊：爷，爷，爷。

拐三也应了三声，从他身上起来了。耀武一起来就日亲咒娘的，挖出拐三十八辈祖宗来骂，边骂边跑。

仲景从小很少跟村娃们玩，也没跟谁打过架，此时完整地看了陈家少年如此痞赖，他虽想不通，却终是明白了二叔逃避村庄的原因。他想自己也得早日离开这个鬼地方。

陈家院里，大仙坐在柴木桌前喝茶。

九桂从外边进来，哭着述说张仲景领着拐三欺负耀武，要他去出气。大仙瞅瞅婆娘喳啦的样子，埋过脸去继续喝茶。九桂边哭边捏鼻涕，说：张家娃打了咱娃，长工下人也跟着打，你不去出气，以后咋往人前混，好好一户人家，老受人欺负，这日子还过不过啦？

大仙说：你先瞅瞅你那疙瘩蛋样，一个憨尿婆娘，不会教娃，就知道胡巴喳啦，你也不学学人家张闻氏咋教娃的。

此话刚落拍，仙姑嗑着瓜子进来了，瞟眼瞅瞅九桂，凑上前捋着大仙胸口，声音捏得细风一样，说：当家的消消气儿，别气坏身子啊。

九桂见仙姑当她的面耍风骚，她一蹦三尺高，把仙姑搭在大仙肩上的胳膊拽开，说：有本事也生个狗娃驴娃出来，啥戏都没有，还不靠边凉快去。

大仙见仙姑惹躁了九桂，缓了口气说：娃们打架，大人去出气，以老欺小，值当吗？嘴上这样说，心里窝的气仍没法消除，后生与后生对打还好说，可一个长工打人就说不过去了。他表面不动声色，暗中却在想怎样付出小成本，得到大报复。

九桂的半吊子性情上来了，见大仙在想招，她拿起葫芦瓢咕嘟咕嘟，喝了半瓢井里凉水，又拿半个豌豆扛子馍，就着大葱吃着，出了院门。她跑村路上先喊大家出来看哪，接着跳到土疙瘩上，骂了起来。

村上人都出来了，来福和义成跑到张家门前，叫张闻氏出来跟陈家对阵。张家没见动静，倒是从北坡冲过来六七条莽汉，手里拿着棍子锄把，还有菜刀，个个横着脸红着眼珠子，往陈家院里冲。

九桂手搭眼上细看过去，见冲在最前边的人，是半月前来看娶亲吉日的安众人，可能是抢亲的事发了。她赶紧往家里跑。

站在院墙里的大仙，正在招集陈家人上阵抵挡。刚好有两个打短工的劳力凑了过来，门口并排站了四五口人，拿了棍棒家伙，只等安众人一动手，就开始打。二郎神也出来，手拿棒槌背到山墙角。安众人到门口抢起棍子就打，陈家人就用棍子挡，打几来回双方棍子断的断、掉的掉。往下赤手空拳砸着拽着，撕抓着头发，掐住脖子，还有的互揪领口，抱住膀子撩跤，个个都陷入缠打中。

此时，就二郎神却不在群架当中，而是瞅准双方找好敌手，扎好架势，打得不可开交时，他拿个棒槌，猛自绕到敌手后边，照准背后猛砸个遍。对方有的当场倒地，有的软塌下去，大都摔地上号叫饶命。

不到一碗饭工夫，战事结束，安众人倒的倒、跑的跑，没跑的跪地求饶后，扶起摔地上哼唧着的人，往北逃去。

仲景和仲祥始终站在边上观看，仲景早看呆了。仲祥说：哥你不要看群架打得多热闹，也不要看二郎神怎样坏，要看他的手段有多狠、多投机、多刁钻。仲景仍在发呆。

转眼秋天到来，白露前，雨水多，蝉声凄寒。

经历了喧哗轰烈的夏天，时光在此时故意走慢了。慢得正下着的连阴雨也忘了打住，滴答答下五六天，又转淅淅沥沥零星小雨，下下停停，停停下下。高粱快到收获时，终日淋在雨地里。

张闻氏一直惦记着西坡的高粱，问了拐三，说现在地里泥大，下不了脚，等日头出来晒晒，才能掰。

这天晌午，太阳出来了，东西两边还有灰云彩，看样子到天黑还会下。张闻氏见拐三吃罢早饭下了地，也没提收高粱的事，她就拿了几个麻袋，慌里慌张往西坡跑。张闻氏处事跟村人不一样，在家里缝补浆洗、蒸煮炒炖，各样活路没有拿不起的，地里粗活也能舍下身苦干。就是一条，无论粗细活，都不叫张伯厚沾手，她把男人的时光全部腾出去，让他去干外边的事。

到了高粱地里，她一看高粱穗顶头都沤黑了，少数还发了霉。她站地头喊几声伙计，也没人应。

倒是来福正在地里听到了，跑来问张闻氏咋会亲自下地了，看你穿那么净板，下地干活可惜啦。

张闻氏说：天放晴了，趁天收高粱，却找不到拐三。

来福说：拐三上东坡干活去了，有事我帮你。

这人老庄稼筋了，不知趁天抢收庄稼。

你看高粱穗湿溜溜的，掰下来也存不住，不如等日头出来晒晒再收，地里也好下脚。

老祖宗说的农谚是，牛马年，广收田，就怕鸡狗那二年。今年是鸡年，这年光老天爷不会照顾人的。还有谚语说：白露收大秋，越早越丰收。别忘了老祖宗们的话。我看如果再下雨把高粱全沤了，收回去也不好吃。

张闻氏掰一会儿站地头看看，对邻地干活的人，大声喊：高粱熟了该收就收吧，别等出日头晒，还不知往下是阴是晴。如果再下连阴雨，把到手的庄稼泡雨肚里，那真是有产无收。

来福也顺着高粱行进来地，瞅着张闻氏麻利的动作，眼滋滋地泛光。

张闻氏说：你赶紧去收你家高粱，我这里人多，你别管。

来福仍目不转睛地看那年轻的身段，饱满的前胸，来回扭转的腰。他抓抓后脑勺，干笑笑走近了张闻氏，脸笑得开花了似的，小声说：这地里可剩咱俩了，一起干着美气。

张闻氏扭头看看来福，忽觉那连鬓胡子的模样，有点反常，眼太过晶亮，射着散乱的光，她说：去去去，就会胡巴扯是哦，要是实诚一点儿，哑巴她妈也不会走怎早。

来福的心被刺了一下，有点痛，并不是对故去的女人追怀，而是被另一个美妇人揭穿隐情的难堪。因为村人的闲话，来福才装聋，他曾一度感觉活着有点丢人，只是为了哑巴闺女，才没脸没皮地活了下来。此时，张闻氏的话把不堪的旧事捞出来，他有点无地自容，小声问：哑巴妈的事你知道些端底？

我不是说你女人病重那个原因，主要原因是二郎神的奸心。

来福被震惊了，张闻氏可是个省心婆娘，从来不说闲话不掺是非。可今日却说了惊心事，他头都蒙了，问：你是听谁说的？

张闻氏觉察出来福的惊异，忙改了方向，继续说：你一直怀疑大仙，也不想想大仙屋里俩婆娘，二郎神老往街上醉春楼跑，大仙才为他弟行了方便。

其实来福早就从仙姑那掏了些话，仙姑曾说二郎神，与大仙治病的女人都不清不楚。此时的怀疑，犹如惊雷，震得他脑壳发麻。他情愿是大仙趁施巫起了邪念，也能讹成神的旨意。如果是二郎神那个恶人，来福更受不了，而且被张闻氏当面揭开，像一只手扒开了伤痂，痂下边窝的血溢了出来。来福头上呼地冲起火苗，眼瞪得吃人似的，还要往下问，却发现高粱地里没人了，张闻氏已经到了高粱地那头，在阳光底下往麻袋里装高粱。

来福抹拉一下老脸，也跟到地那头，说：不提那陈谷子烂芝麻事了，我俩一起干活，最能解闷。

张闻氏已经对来福有点讨厌了，对以前来福好说那种笑话，她理解是胡捣哩，并没在意，此时，当看到来福钻进高粱行里的眼神儿，感觉没那么简单。她冷眼瞅瞅来福，想马上回村里才能摆脱掉。正好仲祥过来了，她连招手带大声喊：仲祥快来收高粱。

仲祥撒开腿跑过来，拐三也来了。拐三一看细皮嫩肉的东家婆娘在装麻袋，立即嚷道：哎呀东家你快搁那，我来干。

两个劳力进到高粱地里，呼呼啦啦收起来，日头快升到头顶时，二亩地高粱收完了。开始装麻袋，张闻氏抬头看看天，灰云彩不知啥时游了过来，本来透着蓝缝的天，被遮严了，三人刚把高粱扛回家，就下起了小雨，不大一会儿下稠了，雨雾笼罩了村庄。

下午，张家人聚到一起，赶紧把高粱摊到阁楼上去晾。过了两天，天又放晴，张家人把晾好的高粱挂到前檐，把太湿的高粱抠出来，晾到席上。远远看去，张家院里红棕一片。

人们赶紧下地去收高粱，到地里一看晚了，从高粱叶到高粱秆，都黑乎乎的。高粱米霉烂的、发芽的、沤朽的、虫蚀的，什么毛病都有。

村人眼启①张家晒的高粱，更服气张家人的板眼，种收庄稼都赶着点儿，真是能人多吃四两豆腐。

---

① 眼启：方言，指美慕。

第十二章

半下午时辰，一个外乡瘦小老婆走过了构树林，向西坡干活的人打听，张寨陈家在哪儿住。打听了往村里走去，找到了陈家宅院，抬手去拍门。

刚做好晚饭的九桂开了门，见是个外乡老婆，蓬头垢面，衣不遮体的，还背个烂包袱，她赶紧关门，没关上，老婆切着膀子挤了进来。九桂吃劲往外推，泼烦地说：哪里荒草野坡来的啊，敢黑灯瞎火地胡巴闯。

老婆堆一脸的笑，说：我不是外人，是亲家母呀。

堂屋里扭过来大仙的笑脸，好声说：是亲家，你稀客啊，快进来，快。

九桂放下把门的手，怪汪汪地瞅着外乡老婆往院里走。老婆进到院里，四下瞅瞅，脸上笑开了花。九桂捂着鼻子挡着怪味，不时用手扇着，一脸的厌烦。大仙叫九桂快打水，倒茶，还责怪说：老嫂子啊，你要是说清是谁，俺们敢不笑脸相迎？

老婆哪顾得说话，也不及时进屋门，而是这瞅瞅那看看。见院子宽大，房屋多，是大户人家，跟进到金銮殿一样稀奇。自家在深山犄角旮旯里，满村都是茅棚草庵，哪有这样的富华宅院，她不时啧嘴，把刚才的遭际忘到了一边。

九桂倒了茶，老婆起身笑去接。九桂并不理睬，也不看老婆，只是睃眼看着大仙的热情好客。大仙每说句话，老婆都躬身立起，卑怜萎缩的笑，一直挂在脸上，弄得大仙和九桂使眼色嘲笑，大仙不再礼待，只坐那扭头往外看。老婆说了话，也有一句没一句地应个声。

老婆说：亲家呀，俺来也没别的事，只想来看看你媳妇俺闺女。

大仙眼里透出冷光，问你在哪儿得信闺女在这。

老婆说：我在坡上干活人嘴里打听到的喜讯。大仙对她说的喜讯有点反感，继续木着脸，坐那陪客。

半天，二郎神才扶着彩娥出来了。彩娥一看是母亲，脸上露出了不高兴，冷冷地问：妈你来这弄啥哩呀，真是的。

母亲扑上去抱住她，哭着说：妈想你呀闺女，想得吃睡不下，快不中了呀！咱家也叫你婆家人给抢光了，一个粮食籽儿没留下，日子不好打发了。

彩娥推开母亲，责怪道：我在这好好的，你甭回去透信儿。

老婆说：为啥，我舍死拼命找着你，咋不给亲邻们个交代哩？

彩娥泼烦地说：我过得好着哩，不想叫人知道。

这时仙姑扭着腰出来了，穿戴光鲜，白亮圆满的脸一仰，惊得老婆啊呀一声，说：哎哟我的娘，这般阔气的娇美娘，像是皇后娘娘来了。

仙姑抽出大襟上别的巾子，轻甩一下，说：我是她妈。说罢见九桂在门后立着，仙姑吐了下舌头，说：我说你是她妈？

九桂脸拖长了，翻着眼，说：瞅瞅光知道浪骚，有啥意思啊？

仙姑和彩娥暗中商量了似的，呲溜一声钻进了里间。

大仙已吩咐家人杀鸡，仙姑出来帮着摘鸡毛，呼左唤右的，好像干起多大的事儿。大仙叫人把鸡血洒到院墙外边，说是为老嫂子压惊避邪。

吃罢饭，大仙说：老嫂子，有一事相商，我因算出你闺女婆家有血光之灾，为拉她出火海，我们半路救人，现在她在这吃香穿光，也躲了灾。你若想领走她，就一起回去，日后想起陈家好处，来走动一下，算一门亲戚，怎样？

花彩娥板起了脸，说：妈，你快走吧，我嫁这是命里注定，不想回去，也不想与你们来往了。

老婆简直不敢相信，在抢亲中失踪的闺女，竟然掉到福窝里，更不敢相信亲闺女对亲娘的脸色。看看陈家的房宅，真是打灯笼都找不来的富贵人家。她摆手说：不，我是来看看她的光景，认个亲家，以后好走动。然后转脸对彩娥说：闺女你在这好好过吧，等生个一男半女，我再来送月礼，嘿嘿，以后会把闺女家门槛踢豁的，嘿嘿嘿。

彩娥已看出陈家人对娘家妈的嫌弃，以后想来往，简直是犯陈家忌讳的，陈家也不会让世人知道自己的下落。可是母亲的话句句碰点子，越说越不靠谱了。她急了，在暗中又是顶母亲腰窝，又是捏母亲胳膊。

这一切都无济于事，大仙已不再说话，叫九桂挖一斗小米，两碗芝麻，趁天还没黑，马上送客。

老婆背着小米和芝麻两个小布袋，得意忘形地往陈家门外走。等陈家院门吱的一声响，她回头看时，正是闺女花彩娥瞪着凤眼窝着嘴，关的门。

老婆往前走到村外西岗坡上时，天已经黑麻麻了，夜幕从四周慢慢合围过来。她站那往前看看，每一条沟和梁都隐入黑暗，前边更黑，有一条踩光的小路往前伸，慢慢也看不清了。

老婆忽然有点紧张，这主家为啥这么晚送客，跟主家脸上的笑对不上点。她又为得到小米和芝麻，心里高兴。她站下来看看渐渐模糊的小路，犹豫不决。心想，是不是自己说错了话儿，犯了闺女的误，还是表现不雅道，叫陈家人看扁了。想想愠恼起来，不敢往前走，也不好往回拐。

转念一想就这啦，得了东西就中，想多了没用。就这样没心没肺的粗柴性子上来了，还山里山气地哼小曲壮胆：

世上有个活神仙，
他名字叫陈大仙。
一座福门朝南开，
叫俺闺女上了天。

正在唱，发现野地里有个人，她吓得妈呀一声想跑开，脚绊住个树根，倒了，摔地上哼哼起不来。

这天晚上是拐三在野地干活，一看过来个老婆倒地上呻吟，心想可能是有病，就飞跑回家喊仲景过来救人。仲景叫上仲祥一起跑来，拍拍老婆，喊：大娘你犯了啥症候？

老婆说：你是个啥鬼，黑更半夜在这转！说罢跟变戏法似的，啊哟一声爬起来，钻进野树丛里去了。

仲景看不懂是啥状况，拉着仲祥也往构树林里钻，可是天黑树密，摸半天也没找到老婆。只听构树林里有呜哇声响，好像有人呼叫了半腔，就捂了嘴。往下是嘈杂的脚步声蹚过树丛。他顺着声音，隐约可见两个身影，跑到构树林那边，开始直身奔跑。仲景一头雾水，待在那，直到两个人影消失，他又叫仲祥进林子里寻找，找到了刚才发声的地方，眼前有个血肉模糊的人身，窝在小沟里。他忍着惊悸上前细看，瘦小的身形，正是那个外乡老婆。他吓得不轻，喊了两声，又上前推推，老婆没一丝声息。

仲景看看天，四周黑如漆，怎么也辨不清事故的脉络。他连呼吸都要窒息了，突然跃起身来，惊魂未定地跑出了构树林。

仲祥喊：哥快走，还待这弄哪？

这时拐三过来了，小声说：两个蒙面人不会是好东西，快回家吧。

仲景仲祥跟拐三回到院里。拐三机警地转身关门，把仲景仲祥拉到院墙角旮旯处，小声说了他看到的情况。

这事很快传到伯厚和张闻氏耳朵，两人商议半天，把仲景叫过来，语重心长地说：儿啊，你应从这事上觉出，与鬼打交道的滋味，如果陈家拿过路老婆的死讹你，如果遇到昏官断案，你得搭一条小命进去呀！

张闻氏接着说：娃呀，为娘也有话说，你咋能在黑更半夜去野沟里医病，那不是掰屁股招风的嘛。不听老人言，吃亏在眼前！

两位老人的埋怨、责怪，加上语重心长的俗言，引起仲景思忖良久。心头的愁云密集。待忍心去看两个老人一脸的忧郁，他们是为谁心事重重？仲景回想自从二老同意他求医，家里的拉锯战就停了，可后来感觉事情并没那么简单，母亲多次对他说，要托人打听二叔的去处，才能让他走。这一打听就是几个月，也成了父母施展缓兵之计的时机。

此时，他有说不上来的愧疚，世间黑白，自己未能定论，如硬碰，不仅为自身惹是非，也连带家人不安宁。他还想得尽快去找二叔，跟他问病开方，采药行医，以此举摆脱村上麻烦，也消掉父母的担忧。

他说：儿又让爹妈担惊受怕，多有不顺不孝。边说边弯腰施礼。

张闻氏觉得这动作好像是告别仪式。仲景扶着母亲，说：但有古训忠孝不能两全。仲景愿解民众疾病之苦，求医路长，望父母大人谅解儿的远行！

伯厚说：你可别急，性急吃不了热稀饭，等我叫你舅打听到你二叔在哪儿，你可上路。

张伯厚与张闻氏转身进到里间，坐到床上唉唉地叹气。伯厚说：咱娃不是有了悔过心，而是更痴呆了。

张闻氏小声说：再拖些天磨磨他的性子，或许能回头是岸！

仲景再不想搁村上耗了，繁杂的村事一幕幕启开，又落下，都是鸡鸣狗盗之类。从他九岁上官学至今，除了父亲号召打井是件有益的事，其他的都是在扯。他想早日离开这片是非地，走上清爽的医家路。

他扳着指头算算，距离母亲答应他找二叔的时间，快半年了，父亲老在托人打听，也没个音信。他耐不住了，回到家百无聊赖地读一会儿简，冷不防放下简，往涅阳城里跑。

　　他想去找年少时上官学的人，打听二叔的去向。官学还是过去的院落，前后两座瓦房，却不是过去的人气景象了。正面三间瓦屋是过去的教室，里边能坐十几个学生娃，整天都有琅琅的念典声。后边是先生校长的居住区，三个先生，一个木匠管做木简，修桌凳；一个厨师，管种菜种麦；还有一个门管带打扫卫生。五六个人出出进进，忙忙碌碌的，组成了活泛热闹的学堂。可是现在却关着门，寂静得鸦雀无声。

　　仲景推门往里看看，土坯讲台上，一张低矮小木桌，桌上没有了成卷的竹简。后排三间教屋里有声音，他走近了细听，是听不懂的八卦词。他扒木窗往里一看，四五个巫师聚在里边，有弯刀竹签和扎了鸟翎的帽子，还有奇形怪状的瓦碗和盘子。

　　他心里咯噔一声，原来巫师们占领了官学的地盘，往后，说不定这里就成了培养小巫汉的学堂。他木然站那看着，好像这样能看回过去的岁月和故事。待他从后院转过来，见到一个过去的老先生，姓谢，坐在偏房里，一脸愚钝地望着门外。

　　仲景上前打了招呼，又报了名字。

　　先生皱眉想了半天，想起来了，问：有啥事？

　　仲景指指后院，说：学生想问先生，巫师们来学堂里干啥？

　　先生说：官府下令，叫巫术进学堂，把后院划给人家了。

　　哦，先生啊，你知道名医张伯祖去了哪里？

　　先生忽然提起了精神，说：张伯祖哇，好像在北山里，我有个远门亲戚去找他治过病，回来说他是个妙手回春的好医家。

　　北边有灵山杏花山，他在哪个山里？

　　可能是在八百里伏牛山，远得很，亲戚不常来往，音讯也不多。

　　八百里，那么大的山，你亲戚咋找到的？

　　骑毛驴找十来天，在一个山洞里找到的。

　　是哪个山洞？

　　我亲戚在当地百姓那打听，张伯祖到处跑，居无定所，不好找。

　　我想见见你的亲戚。

　　我亲戚后来摔跤了，睡榻上半年多，怕是行动不便。他是穰城人，等我托个朋友看能不能打听出来，给他传个信儿。

要不然学生跟先生一起去找他一趟。

我得管几个巫师的饭，现在去不了。

你说说他在哪条街哪道巷，我去找。

你先坐这等一下，这儿有个朋友知道，我现在去打听。

先生出去了，约莫一顿饭工夫拐过来，甩着手说：不中，我那个远门亲戚两个月前就不在了。

仲景出来官学，又去街道上的药铺。这里不是看方子抓药的，原是个搞批发的药行。现在种药的人家少了，药行没存几种药，变成了收芝麻绿豆的杂货铺。仲景进到铺里，见柜台里边坐了个戴眼镜的白胡子老先生，气质清朗，见有来人，抬头问：后生有啥事？

仲景施礼道：老先生，学生想打听一下，医家张伯祖来这买过药没有，买了他又去了哪里？

老先生嗵地站了起来，惊喜地说：嘿嘿，嘿，终是有人问起医药了，说明这昏庸世道有清气呀。我还为他留了几袋草药，等他来取，可他一去没影了，我也在打听他的下落。后生找他何事？

看到有人重视二叔，且为他留存药材，仲景紧接着问：学生是他侄儿张仲景，想追随二叔求医。

老人干脆从柜台里转过来，抓住仲景的手摇着，激动地说：好后生啊，这世道还有人求医济苍生啊。说着抬袖子拭泪。

仲景扶住他手，问：先生，学生的二叔到底去哪儿了？

他走时来我这取过药材，问及去向，言道：一去北山，再不回还。

这回轮到仲景激动了，他内里哗然卷起一股热潮，低头肃立在老人面前，有泪在眼里打转，没有流下来。

第二天，仲景把自己平时存的铁钱数点好，又叫仲祥凑了些，到街上老人药铺里取出草药，用干荷叶包起，麻线缠紧，像农人的谷种一样收拾好。就开始做去北山的准备。

而这些动作也叫伯厚和张闻氏看了个清楚明白。

仲景外表显得更老实了，在家读简，去野地里找药。二叔有一块坡地，菊花已经打了骨朵。仲景采了菊胎晾干，谁家小娃咳嗽了，他就送一小包，再加上薄荷叶，晚上一起炒鸡蛋，睡觉前吃下，开始几次见有转轻，吃两天病症就清了底。这鼓励了仲景，又采了成袋子的蒲公英、车前草，这些天除了在家读简，就到野地采药。

这天，仲景正在西坡采药，拐三拿来几包晒干的草药。仲景一看，有蜂巢、蝉壳、蛇皮，还有荆芥、菊胎、黄花苗根，都是贵重药材。前几种药他知道功效，却对蛇皮的药用不懂。他说拐叔真是个有心人，你啥时候开始采的药。

拐三说：我是干活中间在埂上闲溜，见着啥就采，还是你二叔在家交代我这样做的。我还想以后与仲祥种几样好药，采来晒干了存起，等他回来用。谁知你也要走你二叔的路，我就把药交给你。

两人坐地头拉起了家常，仲景感觉拐叔与自己对村事的看法，彼此差不多。拐叔特别对陈家作恶深恶痛绝。仲景感觉这个滚爬泥土的村野俗人，都比父亲有见识。

一天，他又在西沟边采药，见挑担的申风水领个大闺女过来了。

这荒村故道，野沟莽原，从天降下个披红挂绿的美少女，她头戴碧绿玛瑙卡，长发朝后绾起，额前散落几缕。上身穿粉红丝绸薄裙，大襟上绣着成簇的芙蓉牡丹和竹兰，穿飞着蝴蝶燕子。葱绿的宽腿裤角，不时露出小腿来。外搭是扒丝绸绣边的，鲜艳艳，软哄哄的随风起浪，亭亭玉立在路旁，映得旷野顿显光鲜。

仲景今生头一次看见这般惊艳的娇娃，觉得有点奇妙，恍若从天上飘下来，而非从人间尘世里来。那身上还带着朝露晨曦，脸上的妩媚云蒸霞蔚。仲景呆呆站那看，心有所动，终是知道了什么叫羞花闭月，什么叫倾城倾国。他眼直了，所有的精力都集中到女子身上，从头到脚，从颜色到气色，样样都是那么醒眼，那么入心。因看得痴，他还发现姑娘葱样的酥指，透红透红的长指甲，他由不住好奇，上前问：问声大姐，你的指甲，用什么花料染的？

申风水见闺女对生场不够圆滑，就上前来做了介绍，原来这就是他的女儿申巧凤。仲景知道了少女的来历，好奇心降下不少。申巧凤却眯起眼，嗲声说：包的指甲花呀，好看吧。

仲景说：这花活血，是种的还是野地采的？

申巧凤扭身四下瞅瞅，指着路边草丛里，说：那有一棵，花开过了。

仲景上前一看，这花在村里宅地上常见，他记得二叔说这叫穿骨草，顾名思义，能医除骨头里的湿寒。

巧凤说：你真有学问。说罢羞红了脸，颤抖着细腔喊：张郎——！

仲景听此称呼，有点惊讶，因为他小时候在涅阳上官学，曾听一妇人这样喊过他的老师，除此之外再没听到过。他有点不知所措，站那赧笑。这时翠姑从后边赶来了，爽朗地喊：仲，景，哥！声音像一股清水流了过来。

仲景激灵灵打了个战，扭头去看翠姑，见翠姑红着脸站在那。她头上没有戴花儿，身上没有飘带，脸上也没有粉脂，却真真切切的爽落纯净，自然得有点毛糙，与路旁女子一比，还是个泼辣蛮气的小村姑。她仍在喘息，面对陌生人不知怎样搭讪，只是嫣然一笑，就去编手指。

三人正在怔忡，巧凤往前走了两步，说：从哪来的妹子，穿这么烂的麻衣，头也不梳，瞅瞅脚上草鞋，包住脚指头了没，还到处疯跑。

翠姑拧起了眉头，说：我是张寨村的黄翠姑，你又是哪个？

我报个家门怕吓着你，堂堂申风水的千金申巧凤，我家已托大媒牵红线，你以后离他远点，再接近他，休怪我不客气。

翠姑红着脸，往一边退去。巧凤上来要拉仲景的手，拉半天没拉动，又去掸仲景袖子上的灰渣儿。仲景仍木人一样站那，没反应。

三个人都变成了木头，站路边僵持无语，空气凝固了似的沉闷。翠姑感觉快出不来气了。巧凤不时发出哼声，怪汪汪地看看打愣的翠姑，又看看懵乎的仲景，眼里含情脉脉，身段摇曳弄姿。她在猜，在仲景眼里，自己和翠姑的色相，哪个有戏，哪个没戏，猜罢，她得意起来。

翠姑扭过脸去，眯眼去看远处连绵不断的山影，没看懂，心更怅惘。

巧凤见仲景不吭一声，就想把翠姑赶走，她偏大的嘴撇了撇，凤眼变了形，因心起嫉妒，脸上最初的娇媚消失了。接着，她喊了一声爹，背过脸去。

站在边上的申风水弯着腰，一边看地里的庄稼，一边观阵。

来之前，他从涅阳县城闻保有那打听了仲景八字和属相，与巧凤掐算的结果是，一个属马，一个属牛。古简上有判词：从来白马怕青牛，羊鼠相逢一旦休。他心有顾虑，仲景刚过十三，闺女大他一岁，俗话说：女大一，哭啼啼。可是闺女对张仲景太痴心，闹着要他带去张寨相亲，申风水经不起闺女闹腾，就托人给张家打个招呼，伯厚正在对儿子外出求医头疼，便斩钉截铁地答应，尽快相亲，相了就成亲。申风水才编排了这出戏。

申风水亲自领闺女奔往张寨，一路上脸都浮了层说不上来的赧颜，谁知在路边尘埃里，竟碰见了张仲景，如此偶然巧合，是有缘分。

此时，他听闺女话中有话，脸带赧色，他上前一步，笑脸看着仲景，说：你舅可能提过这事，既然在此路遇，说明姻缘前定。

巧凤听见此话，怪汪汪地嗔道：爹，咱家门前哪样富家阔少，哪样达官贵人没有，为何要落于村野看人脸色？

翠姑上前揶揄：姐姐，要是不见外的话，到我家里喝碗鸡蛋茶？

巧凤撇撇嘴转过身来，对仲景，说：俺爹掐过八字了，你与小女是天配地成。说罢见仲景仍冷冷地站在那，又说：爹，为何那么多王孙贵族都不挑，偏要小女来求小医家啊？

仲景已看破了那层美人皮，见巧凤话里存有世故俗套，心想这么小小年纪就怀心计，以后成了妇人又该怎样刁钻古怪。若是用世故心看她，眼前分明站了个活妖精。

翠姑的脸红了，两潭秋水似明净的眼眸，因激动而闪着幽光。她头发上有个松松散散的小捆，由一根红绸条系着。长短不齐的刘海儿，遮不住明月般光洁的额头，细长浓黑的眉毛，是那么生动迷人。最打动仲景的是那一身质朴纯情，一脸天然真稚。这才是他中意的人。巧凤不过是天上飘下个美人皮。

申巧凤看到了仲景的冷眼，在家受宠惯了，无法耐住这份落寞。她狠狠甩一下袖子，揶揄道：爹爹，这算什么寨？离涅阳城还有好远，荒郊野坡的，值得待着不走吗？我怎能在这草芥尘埃中受冷落啊？说着拉起了哭腔，撩袖子掩面拭泪。

申风水佯装恍然回神，说：还没到他家庄院去呢，相亲哪有半路拐回的理儿，咱现在就去？

巧凤说：人都见了，再去有何用。说罢拂袖而去。

仲景像看了一场戏，此时该落幕了，他招手叫翠姑一起走。

哪知这一幕早被隐身丛林里的大仙看个清楚，他感觉申风水背着他领闺女半路相亲，有点掉价儿，还让小女凤凰落架不如鸡。按他的设计，应让张家设宴托媒，求到申家。可他看巧凤与仲景没对上眼儿，他算是站到干岸上，捡了个笑话儿。

昨晚张伯厚一夜未合眼，觉得申巧凤与仲景大路边遇见，是个意外，真有点扫帚顶门，圪杈多。他认为申风水不应领着闺女拐回去，这一拐以后再约相亲，有点隔夜凉茶的味道。

伯厚大清早一起来，就骑上毛驴去找申风水。

他想找申风水商量，好好来家一趟，相成了亲，好系住儿子的心。他还有一件重要心事，看见申风水，就说了出来：我想叫你全家也搬到张寨居住，我会划宅基地，帮助建院盖房，这样我们亲上加亲，成村里大户，你家离涅阳近了，上街行术，或有人找上门，都方便多了。

申风水知道张陈两家聚了一包脓，只看何时挤破了。这是件头痛事，他家巧凤天天喊着去张家，可两人在路边意外撞见，中间又插了个黄翠姑，把一桩好事搅了。他亲眼看到张仲景心中有人，并不看重自家妮，两家的亲事还八字没一撇呢，怎能论到搬迁住宅之事，他不知张伯厚是性太急，还是思虑不周，作为他这种身份的人，有点失度。

申风水沉吟半天，说：申风水嘛，家住申庄，听起来就顺风顺水，若迁去张寨，还姓申，怕是有点别扭，再说我家妮不是省油的灯，与她住近了，也有风水不顺之嫌。

你应知道我想与你牵连的原因，一是学问相长，二是共谋村事。

古话说，头上三尺神灵在，天地有大道，凡事正面看，即在道上。

伯厚小声说了陈家抢亲，托人暗杀过路老婆，这家人已经犯邪，还会继续作恶的。

申风水看见伯厚说这话时，脸色铁青，看得出他内心的不安。申风水也惊得吹起胡须，瞪起眼，指着伯厚，问：此案当真在陈家发生？

当真，桩桩都有人证，所以想叫你支着，并相助平乱除恶。

申风水被震慑了，唰地站了起来，抑着内心的激愤。他只知道陈家在民众中施巫有诈，不过是贪图名财，没料到还抢劫杀人。这就不是混世浑人的庸俗之为，而是违反天良心性的恶孽，苍天难饶之罪。这事就像一根刺，哽在他喉间，咽不下吐不出，徒生无可奈何之感。他摇摇头，长叹一声，低头坐下。

伯厚只想激出申风水的正义感，却没料到，陈家的极恶会把他吓着了，不吭声了。半天才捋捋胡须，转过来把住茶盏，呷一小口，慢慢咽下。这时，他的思路已跳过张陈两家故事，站到了局外不远处，想起古人有训：宁愿得罪十个好人，不得罪一个坏人。惹了好人是一过，惹了坏人是一祸。

他一改平时能说会道的习惯，以反复酌茶与沉默寡言相对，问：你想叫仲景早成亲，就是为这般？

伯厚说：这娃早就想找他二叔，要不是我推故拖延，早就走了，现在再没有可推的故了，只有婚事一桩。

我感觉这两娃缘分还不到，再说，巧凤比你儿子年岁大，俗话说，女大一，哭啼啼。你看他俩刚到一起，就说别腔话，针尖对麦芒的样，只差吵架，不是一路人，怕以后处家常过日子，冲突不会少。

伯厚说：你想想咱们这辈人成亲时，谁跟谁有缘？不都是凑到一个屋檐下，烟熏火燎过出来的情感嘛。

申风水说：给你交个底儿，我家妮心眼儿稠得很，会耽误你儿成材。

张伯厚已听出申风水的言外之意，心事沉落，起身要走。申风水送客到院门外，打手势相别时，脸上的笑，都很干气。

第十三章

腊八过罢，日子跟排队赶路似的，一天天加快。

眼看挨近二十了，涅阳城开了年集，小雪纷纷扬扬地下，慢慢大了，搓棉扯絮的雪花片，下了半晌，地上房上都白了，人身上也白了。

张闻氏身上披着龙须草编的蓑衣，赶集回来了，路上积雪经人踩踏，结了薄冰，走上去一出溜一滑的，不知滑倒几回，走到家人就变成了大白熊，一股憨态笨样。秀娃站在阁楼上看见了，笑嘎嘎地说：妈你变成大胖子喽。

张闻氏在街上买了几块棉布和秀娃扎头发的红头绳，买回来不能让她看见，看见了马上要扎小辫儿，到过年就旧了。可张闻氏刚走进屋，秀娃就上来扒筐子，翻到红头绳就拽出来要扎头上。

张闻氏说：秀娃听话，到过年那天再扎，是新的。秀娃听了心里不太高兴，嘟着嘴坐门墩儿上了。张闻氏心疼起来，叫秀娃出去玩一会，回来再扎。秀娃出去玩了一会回来，把扎头绳忘得一干二净。

张闻氏开始为家人缝新衣了，有的是袄子，有的是夹袄，还有缝单衣套旧袄子。每人一件，给伙计拐三也做了件夹袄，叫他带回家过年穿。二十三这天，节日歌谣里是炕火烧，这日子离年近，人称小年下。因为过年要驱邪、驱鬼，还要驱穷，这天起人们开始放爆竹。早在半月前就去河边砍下竹竿，晾干，劈开，三五个竹竿捆起来，燃放时响成连欢炮，响得闹吵吵的，才吉祥喜气。

村里已经散发出烘焙的麦香味了，过去真正能炕得起火烧的人家并不多，有张陈两家，再有就是二奶和赵氏家，现在黄家李家也能炕了，只是炕八九个，八为发，九为顺，够家人吃一顿就中。黄义成家炕出的，每人一个，吃个半饱尝个味儿就中。到了二奶家，花样出来了，炕了麦面与高粱面的，还有夹葱花或撒芝麻籽的。谁走到她家门前，二奶就用铁铲铲出一个，叫尝味道。这天从二奶门前过的人，变得络绎不绝。二奶忙着累着心里乐着，老年的寂寞也悄悄溜走。但是仲景就不往她家去，原因是在二爷死前，二奶不合常理的行为，至今仍梗在仲景心里。

陈家九桂会叫上仙姑一起干，炕几十个，尽着家人吃撑着，再给近邻亲戚送。送人时把火烧从中间切开，只送半块表个心意就成。

村里炕得最多的是张家，张闻氏今年发了两大盆面，遇着天寒地冻，发酵很慢，从二十二夜里发的面，把面盆搁到温水锅里，要等面团发大，裂了缝，挖开面皮，看到里边均匀的蜂窝眼，就知道面发了。张闻氏吃罢早饭就开始炕，火烧刚发黄，香味散发出来，秀娃和仲祥就围到锅台前，眼巴巴地看着母亲在锅里翻烧饼。张闻氏炕一个，仲祥秀娃吃一个，炕一个吃一个，烧饼跟变魔术似的，刚搁到锅台上就不见了，炕半天没存住一个。

张闻氏说：仲祥你肚子是无底洞啊，啥时能填饱？

仲祥想起来了，年年母亲都要给邻居送烧饼，下一个刚炕出来，秀娃又要拿，仲祥打一下秀娃手背，不叫她吃。

张闻氏说：喊你哥，叫他来给各家送火烧。

仲祥说：哥在读简，我送。

张闻氏打一下仲祥胳膊，边使眼色边说：必须他送。

仲祥说：妈，你事儿这么稠啊，哥不爱跟人交际，为啥为难他。

张闻氏小声说：不稠你哥早走了，我炕这么多，就为叫他到各家门前溜一趟，不认识的人也见个面，长点见识，或许混热了不走了。

仲祥这才去喊仲景来。

张闻氏在小竹篮里装了五六块火烧饼，说：先送你二奶家，到谁家门前见了长辈人，跪下磕个头，或弯腰鞠个躬，问候过年好，再问身体好。

仲景听说二奶就反感，不想去，更别说记下母亲交代的礼道。他说：我想先给三婶送。

张闻氏说：不中，先送辈分高的，你三婶排到第二家。

仲景没精打采地出了院子，就摆手叫秀娃出来。秀娃出来跟在他后边，到了院墙后边，他把一块烧饼放到秀娃手里，叫她送给二奶，他旋风似的转个弯儿，就进了三婶家。送罢三婶儿，该送村北四叔家，最后到黄家李家陈家，一晚上送了十几家。吃晚饭时辰，张闻氏问了仲景到客家都遇见谁、说的啥，仲景一一告诉。张闻氏说：过年时，你作为老大，应带着仲祥秀娃到各家拜个年去，就这村上人，不知哪个在你小时候都抱过逗过你，咱得报恩。仲景说中。

很快到了除夕晚上，又一场雪后初晴，照得雪地亮晶晶的。昨晚一家人围着桌子包了半夜饺子，边包边说话边熬年。白天再累，晚上再瞌睡也不中，都得团聚一起，是老传统的延续。外边有小娃在喊着玩，人们会认为是野娃，家里包不起饺子，才到处跑。

包饺子时辰，张闻氏边擀饺子皮，边唠。仲景问：为啥过年这天都得吃饺子？张闻氏说：因为天太冷，好点的饭食能暖热身子，好抗寒。如果饺子馅儿里有羊肉，抗寒力更强。

仲景问：咱这馅里是啥肉？

母亲说：一半羊肉一半鸡肉，这两样都抗寒。

仲景拍手说：妈，这食物上的医术，你也懂啊。

张闻氏说：这是你二叔的过年经，我也试过，羊肉是能抗寒减病的。

初一，张闻氏到灶火里煮好饺子，一家人都围桌而坐，就是没见仲景。张闻氏叫秀娃去喊。秀娃过来了，嘴噘得能挂油瓶，烦恼地说：我哥像是疯了。

张闻氏听罢吓了一跳，往西间跑去，走到门口听见里边说话声：二叔，都过年了你还不回来，快回来吧，回来带我一起走。二叔我要学把脉，不懂脉象就等于不懂症候，不懂症候就施不了方术。二叔，我太想你了，你到底在哪里呀，二叔？

张闻氏走进去，装聋作哑地说：儿子出来吃饺子喽。

仲景说：妈，我在给二叔发口信，叫他回来过年，我太想他了。

张闻氏笑容可掬地说：发吧，要是你俩都有神性，就收到了。

仲景眼里的泪在打转，说：妈你看看天下，哪个人有家不回，过年还在外流落，只有二叔这么可怜。可他是干什么的，是救治百姓病痛的医家啊。

张闻氏鼻子酸了，她忌讳着大年下不能悲戚，为儿子擦了泪，好言哄道：过罢年叫你爹去街上打听他在哪，叫他回来过个团聚元宵，你叔侄见个面。

仲景立即起身拉住母亲胳膊，说：妈，能打听到他在哪，就别叫他回来了，弄点好吃的我带上去找他。

张闻氏说：好，好，好，这大年下的，妈都听你的，快去吃饭啵。

过罢年，还未打春，屋檐上悬挂着半尺长的冰凌，天还冷着呢。

张伯志家在半夜烤火时，不小心燃着了棚子。一场大火，把个破落户的烂棚子烧毁了。张伯厚作为大哥，吃罢早饭拿着麦仁和萝卜干，装两个小麻包，叫仲祥抬着，去了四弟家。

老远就闻见煳焦味，走近看，老棚子成了黑乎乎的灰堆，棚子烧塌了。娃们坐在棚外边，手抓着邻居家送来的熟麦子抢着吃。伯志的老婆是个半语子女人，扑摊摊地盘腿坐地上，两手拍打着地，拉着长腔哭号。愁眉苦脸的伯志坐在一边吸烟，看见大哥来了，低头去揉眼。

伯厚问伯志：哭啥呀，说说咋着的火嘛。

伯志说：半语子点个竹竿火把上床，身子一歪倒了，先烧被子后烧棚，把麦子高粱也烧光了。刚才大仙家九桂送来一床被子，麦子是仲建送的。

伯厚叫仲祥四发，去找几块礓石支个土灶，把铁锅架好，又去棚后边取柴，说：下一顿饭熬上麦仁汤吧，人都有遇难的时候，要打起精神头儿，把一窝娃养成了，你功劳比天大。晚上叫五福和小六子先去前院住，我叫你嫂子收拾好床铺等着。你们生办法搭棚垒床，赶紧过上家常日子，别惹人笑话。

半语子不哭了，起来抓住伯厚的手，撇着嘴喊：大哥呀，他挣钱去醉春楼了，家里没吃没喝都不管。

伯厚一听醉春楼，上前问伯志：你婆娘说的是真是假？

伯志说：二屎女人不支事，破烂家，有啥过头？咱村上二郎神，来福都去过那，来福穷没沾上边，二郎神是玩实火的主。

伯厚抬手给了伯志一耳光，指着他嚷：女人不支事，仨娃从哪来？看在娃们的分上，你也不该去那个鬼地方，你那不是去作乐，是去作死。

伯志红着脸说：大哥我错了，以后不去了。

伯厚说：知错就改，快收拾家去呀，再去醉春楼一回我扇你一回。

大哥，就是日子头绪杂，顾不过来，就没心过了。

谁家头绪少，哪户人家容易呀，不都在勤苦劳累。你睁眼看看四发多大了，十三四岁快该说亲了，哪个媒人愿意登破落户的家门儿？再看看你东坡那半亩地，是草高还是庄稼高，都荒成啥样了，你不怕人耻笑，也不怕娃们跟着你丢人现眼。

我是打发不了穷日子，才去醉春楼寻个兴趣，找个活头。

三个儿子旺势势地往上长，你咋没有兴趣活头了？

再不去了，再去不是人。

说到做到，快起来收拾摊子，晚上咋吃咋睡，你一家之主得操个心。别死猪不怕开水烫，娃们正长身子。

伯志说：我就存那一垛高粱秆，够搭个猪窝还差不多，哪够搭棚？

伯厚说：仲祥四发，都去前院扛高粱秆，晚上把棚搭起先有个窝，睡地铺上。明儿再说别的。说罢领着仲祥，喊来了四发往南走。半语子眨着烂眼儿，哭撒撒地说：大哥俺没衣穿了天冷，想要大嫂家的好衣穿。

伯厚没正眼瞅半语子，大步流星走到前院，叫张闻氏找件大襟夹袄，又把仲祥的旧袍扒出来，再找个油灯，叫仲祥送去。

仲祥四发正在一趟一趟地扛高粱秆，扛够了一堆，头上出了汗，站那撩衣襟擦汗。伯志还窝在一堆烂被子上，塌蒙着眼，半死不活的没行动。仲祥回来喝水，伯厚交代他再领四发去沟上砍树棍，拿回来扎柱子，细的当顶棚，搭了，就别再去了。

张闻氏找了件旧夹袄，又把牲口棚里油灯台备好，放在院里石板上。

伯厚泼烦地说：带那好玩意，禁得住天黑风吹？还叫他点竹火把吧，看那日子是快没救了。

张闻氏把灯盏拿屋里，把两件夹袄搭仲祥肩上，说：送过去只喊小六子黑上来这住，别的不喊。

仲祥说：剩下的要拱猪窝睡可咋办？

张闻氏说：四发五福大了耐寒，管多了净指望外人帮助，也不是个事，老话说，扶起竹竿扶不起井绳。

仲景从西间出来了，说：妈，我看见北头李家老头都送了馍，人家还是个外姓人，你也去看看他们咋吃咋喝的？

张闻氏见两个儿子的表情，就拍拍大襟上的灰，跟仲祥一起出了门。

到了伯志家，来福也在那，刚送来了一葫芦瓢高粱糁，站在那跟伯志说话。张闻氏看见哑巴女儿站在边上，用脚踢灰堆，身子有点打战。来福看见张闻氏，脸笑得开花了似的，叫张闻氏去他家坐会儿。张闻氏看见哑巴女儿裹下身的麻片，后边红了一片儿，顺腿还有血道子，再上前细看，麻片上的血都凝结硬了。她唉唉地蹲下身，叫来福领哑巴女儿回去换条裤子。

来福溜溜地瞅着张闻氏，求她去家里坐会。

张闻氏抬眼看见他痴傻的样，叭的一巴掌，打到他肩膀上，说：快回去给哑巴找裤子吧你。

来福苦皱着脸，说：哑巴哪有裤子，她妈在时有，妈死后一直披麻片。

张闻氏说：如果我是哑巴女儿她爹，我任凭自己不穿，也要叫她穿齐正。

来福耸着膀子，说：要是你是哑巴她妈，该多好哇。

张闻氏说：去去去，去找块细麻布，我给她赶做一条。

来福说：俺的活菩萨呀，我上哪弄片细麻布哇？

你先不叫她出门，我家有布给她做好送去。你记着我的话，当爹的先得顾闺女，才是个正事，癞皮狗才胡巴扯。

来福在自己脸上扇了一下，说：听你的，听你的，再不扯了。

张闻氏这才来看伯志家的惨状，半语子靠在门外树干上，抄着手，眨着眼儿。伯志带着四发五福，正在立槐木柱子。她看看堆在地上的烂被子和粮袋子，说：赶紧盖起棚，把这东西护住，说不定哪天会下雨。

半语子眯着眼笑，说：下雨了，有大哥大嫂管哩嘛。

张闻氏泼烦地说：靠谁都隔只手，不如靠自己。说着把夹袄扔给半语子，甩手走人。

张闻氏刚踏进门，仲景就堵到面前，问：妈，啥时候叫我走哇。

张闻氏说：娃呀，看看你四叔一家老少，吃睡都没了地方，要是冻饿出病来，找谁去治啊，你在家照顾下他们，等状况好些再走。

仲景说：中中，这中。说罢到二叔那找来干枣、枸杞，熬成汤送了过去。张闻氏问他：熬那汤好弄啥？

仲景说：是滋补防病的，我在二叔那喝过。妈，我过了正月，再不搁屋里磨时光了，有不少医文都背下来了，还不太理解，得要二叔指教。

张闻氏回来就找细麻布，为哑女做裤子。

张伯厚回来了，问这是做啥。

张闻氏说了实情。

伯厚嚷道：俗话说救急不救穷。俗话还说：烂泥上不了墙面。这都老祖先留下的古训，像你这样缺啥送啥，穷坑何时能填平，他们啥时能争气？

张闻氏说：那也不能见死不救，眼看一个大闺女没裤子穿。

张伯厚看看张闻氏，忽然看见她眼角的褶皱，好像在一瞬间，她头上的青丝里有了白发。他弯腰摸摸细麻布，说：缝就缝吧，就这一条，如果叫老四家知道这事，以后不知得找多少事，拖累你。

仲景听见了，过来说：爹，我妈图的啥，还不是为你担个职务，比别人多了点责任心。

伯厚说：儿子这话中听，要不是你爹这一官半职，你妈咋能受恁多闲气。

那你以后少管妈，尽她去操办。

张闻氏站了起来，嗔道：娃别说了，你爹的事用不着你管。

仲景见母亲的心思转拐，有点惊异，刚才自己还站在母亲一边，这又扭了麻花，看不清两个老人到底演的啥戏。他悻悻地进到自己屋里，把竹简放好，又出门去找草药。出村后，他吸到一股野草的气味，一边走一边背《黄帝内经》：其次有圣人者，处天地之和，从八风之理，适嗜欲于世俗之间，无恚嗔之心，行不欲离于世，被服章，举不欲观于俗，外不劳形于事，内无思想之患，以恬愉为务，以自得为功，形体不敝，精神不散，亦可以百数……

仲景虽背下来了，却感到都是空头词，连前边所背文字，也是囫囵吞枣。他想如果与二叔在一起探讨，进步就会快。

张伯厚盘算着老四家的棚子盖好了，来福家的哑巴女儿有裤子穿了。最近村井也打好了，他派黄义成坐坑边上盯着，谁家再来打大关坑里脏水，就敲锣宣布，叫大家出来围观指责他。

黄义成坐到坑边，就见伯志家的半语子女人，拿个葫芦瓢来弄水。义成问她打坑里水弄啥。

半语子说：烧饭哩。说着弯腰打满一葫芦瓢，端上要走。

义成指着她嚷：你把污水倒掉，去井里打好水。

半语子跟没听见似的，只顾端着水瓢走。

黄义成把锣敲得咣咣咣咣，又急又响。村里出来好几个人，张伯厚也过来了，手里拿着木桶和井绳，扔到半语子脚下，夺过半语子手里葫芦瓢，扔到地上，说：叫老四教你去井里打水。

义成说：叫你当家的出来吧，憨不能的半语子，掉井里咋办？

张伯厚打手势叫半语子回家叫老四。半语子回去半天不见人影，伯厚气呼呼地追过来，进屋里见伯志在麦秸堆上睡觉，伯厚揪住伯志衣领，直拽到大关坑边，大声说：都来看啊，张伯志是张寨村最后一个喝脏水的户啊。

伯志软软地歪在地上，一脸怂相。伯厚看看更来气，一脚踢上去，把伯志踢得啊呀一声，身子滚到一边，窝在那不动了。

义成也冲过来，说：站起来，再不起我也踢你。

伯志上身支起来了，坐到地上，带着哭腔说：俺家从昨黑儿到这时都没吃东西了，饿得连气儿都出不来，我还不如死了算了。

伯厚说：邻居们送的高粱糁麦仁，你咋不煮哩，你少胳膊了还是少腿了，睡屋里指望人养活。没人管了就睡猪窝里装死，真不想活了，叫大伙把你扔坑里算了。

大伙你看看我，我瞅瞅你，没有行动。义成打个手势，说：上。

众人一窝蜂拥上来，七手八脚地揪住伯志，连拖带抬往大关坑边走。

此时伯志忽然奋起身来，三两下挣出了众人，跑到离坑几丈远的地方，瞪着红眼儿，嚷道：谁敢抬我，我跟谁拼了！

张伯厚又打手势，众人往伯志跟前走去。

伯志握起拳头，红着眼怒视来者。

伯厚说：知耻而后勇，好，不想挨打，就去井里打水。

这边话刚落拍，二奶手拎着小瓦盆走到坑边，把盆里的尿倒进坑里，又掐了大麻籽叶，走近水边，擦擦盆沿。

众人一看，哈哈哈哈笑出了眼泪。

伯志在取笑声里捡起木桶和麻绳，往新井方向跑，边跑边嚷：狗日的王八蛋才喝坑里尿汤子！

张伯厚在大关坑边插个木简，上写：倒尿洗屎大关坑，喝水做饭西头井。

井边除了打水回家吃喝的，还有年轻媳妇打上来清水，在井台边洗菜洗衣。井边充满了快活的笑声。张伯志从此也按时起居，井上打水，地里干活，再不当懒汉了。

过罢十五，仲景又痴痴地站院中间，一站半晌不说话，也不动弹，即使张闻氏喊了，也只应一声，回头看看，换个地方仍待那不动。

张伯厚怕儿子又犯气心疯，熬煎得唉声叹气的。张闻氏叹道：十五过罢，转眼可就正月底了，我再没办法推故拖儿子了。

张伯厚去一趟涅阳城，领回来一个小长工，名叫驴蛋。另托闻保有去申家一趟。闻保有次日找到申风水，催了两家定亲换大帖的事，还说大帖换罢就送日子成亲。

申风水一听就摆手，说闺女这几天情绪才稳住，夜里不闹了。定亲佳期可以，娶亲日子得按老规矩，不可操之过急。

闻保有马上跑到张寨，私下跟伯厚交代一番。

张闻氏听听也在理，点头说：要省心办，一是抢时间，二是瞒住他。

张闻氏开始打被套，织布缝被子，用麻布做床单，为仲景量衣做袍子时，仲景不解地问：才过罢年，为啥又做新衣？

张闻氏说：先做好备那，到用时不慌张。

仲景一头雾水，看着家人来往忙碌，好像要来贵客，或办大事。到了第三天，母亲在院里放了根竹扁担，两头担着竹筐，里边放了炸馍、萝卜干、芝麻烙饼和猪肉礼吊，共四色礼。叫仲祥挑上，跟仲建一起往外走，外边还有大仙骑在毛驴上等。

仲景追到门外问仲祥：这是上哪儿，弄啥哩？

仲祥说：妈没给你说呀，这是去跟申家送喜日子哩。

仲景问：申家跟谁家婚配，送啥喜日子？

这时，张闻氏从院里出来，摆摆手叫仲祥走，说：送的祝寿喜。

仲景问：大仙去弄啥？

张闻氏说：仲祥不知道路咋走，你陈叔领个路。

就这样瞒天过海，把仲景蒙在了鼓里。

直到晚上仲祥回来，仲景又追着问个不停，仲祥才说出实情。仲景大为震惊。一只公鸡站到柴垛上叫唤，仲景趴地上看着晒得半干的枸杞籽，不时别着头瞅瞅东间。他知道父母亲在干什么，西间的新房都铺盖好了，仲景在秀娃口中听到实情，给申家定亲的喜日子都送出去了，不知过几天就是娶申家女的日子。他认为去找二叔的日子也该提前了，想快速收拾采回的药，晾干好带上走。这一回慌忙出走，不是求医，而是逃婚的。

仲景摆弄了药，站院门口发呆。母亲大声叫他，他仍站那不动，张闻氏猜了个八九成，跑他跟前温存地说：娃呀，长大了理应成家，人人都那样。

仲景突然瞪着母亲，说：妈，我跟众人不一样，我求医没成功，成不了家的，你们别慌了。

张闻氏看看儿子，说：都是爹妈生的娃，哪儿不一样？你看人家驴娃才过十五岁，就接了亲。

仲景高声说：我从小上官学，别家娃上了没有？我读成捆的医简，别人有没有？我有治湿疹的方术，哪家娃有？再说我还没过十三岁，成不了亲的，成了亲我不认，也是害人家的。

张闻氏问：申家姑娘也不是嫁不出去，有官吏家求着结亲呢，你还蒙着头说憨话，那你说啥时候能成亲？

成不了名医，我八十岁也不成。

父亲从屋里出来，一把拉住他，推搡进屋，说：你还不如一百岁再成亲，看村上有哪个妮儿还活着等你？你是诚心跟父母过不去呀，看看你二叔一肚子学问，为啥不在近处行医？你以为我把大仙看成了善人，错啦，那是个鬼，纯属骗钱勒索，我压根儿没把他当人看。不叫你跟他作对，是因为咱惹不起，避得起。你从小上私塾读卷，有学有识，是张家一条顶梁柱，本该通明世理，及早当官达贵，彰显门庭。可惜可叹你对父命一违再违，一个不顺不孝不义之子！人家养儿为图孝顺，我家养的是个爷，我不是你爹是孙子，知道不？

伯厚一口气说了这么多，停下喘息几声，又歇斯底里地说：古人说子不教，父之过。可是父教了，子有逆，有何用。我还是那主张，如果你不从父母命，从今日起得挑起长子重担，或独家另过，父子之间从此瓜清水白。

仲景见父亲通红的脸，瞬时变成铁青，脖子上的筋都鼓起来了。他从来没见过父亲发这么大的火，他十分惊异，不为家事对与错，只是被父亲如雷的暴脾气震蒙了。他鼻子酸楚，憋屈了半天，终是忍着委屈，低声说：爹，孩儿从小受父母恩养，当以孝顺报之。可如今儿已成年，立志学医，不愿离弃，还望父亲解儿的良苦用心。

伯厚拍一下桌子，指着他说：你枉为读典之人，还讲良苦用心，说得出口啊你？

仲景说：孩儿是功是罪，非你一言可判定！

伯厚气急败坏地嚷：浑蛋小子，你功不成名不就，谁都能说你骂你笑你弃你，老子偏说不了你？边吵边找了棍子要打仲景。

仲景一动不动地站那，漠然看着失控的父亲。

张闻氏上去护仲景，被伯厚推开，又上来拉，伯厚暴跳如雷地吼：滚——！我不要你这个不孝之子，我没有你这个浑蛋小子！

张闻氏推着仲景叫他跑，仲景转身走到院门口，张闻氏追上来拽住他，哭着问：儿啊，为爹为娘哪儿得罪你了，为何要这般折磨人！

仲景一把抱住母亲，一句话不说，任泪水流下，抱了一会儿又推开，说：妈，儿不孝，我睡野棚里再不气你们了，可要我娶申家女，打死我也不从。

东间传来母亲呜呜的哭泣声，仲景猛一顿脚，跑出了院门。

第十四章

村子仍然平静如初，田野旷然悠远，涅水静悄悄地流过来，又静悄悄地流过去，还是那么漫不经心。

仲景在西坡高粱地的棚子里铺好床铺，盘腿面南而坐。远处的冈峦在灰蒙蒙的秋雾里，像流淌起伏的波浪，他的心也无法平静，为什么巫术那么兴盛？为什么求医路这么难走？他又想起二叔，忆起自己对二叔发的誓：

不怕世人嘲笑！不怕亲友白眼！不怕背井离乡！不怕冻饿路旁！不怕怪兽毒蛇！不怕吃人蟊贼！不怕独木桥断，不怕光棍一条。

可是那一切苦境都不怕，现在却惧怕父母亲的要挟了。二叔并没有问到这一条。他不知道怎样摆脱村俗和家人的拘束，怎样去寻找二叔。

他慢慢走到河岸陡峭处，望着空旷悠远的天幕和悠悠的流水，孤独的剪影投在水波上，显得飘离不定。下午，他又跑到涅阳，在街上到处转，碰到熟人就打听张伯祖，忽然想起前些天在官堂里见到的老先生，又找过去，却没见先生。仲景天快黑时回到草棚里，坐那郁郁寡欢。秀娃和拐三来了，拐三抱着被子，跟在秀娃后面。秀娃拿着衣物，喊了声哥，唧唧唧直掉眼泪。哭泣半天才拉着仲景的衣角，说：哥，为啥兴大仙施巫，不兴你行医？哥你扎上翅膀飞到远处吧，没有巫医神汉，去当个大英雄。

仲景看看秀娃，没说话。

秀娃又说：爹说申家女想叫你去求婚，闹着悬梁上吊，哥别求她。

拐三插了一句，说：那可不是腼腆妮儿。

仲景问：三叔也看出来了？

拐三说：她表面忸怩，我也能看到她骨子里，不像个正经姑子皮。

仲景独语：世俗难道非要让我心志付诸东流？让我也变得混混沌沌，糊糊涂涂吗？苍天哪——这都是为什么呀——

这时树林里传来一阵哈哈声，仲景听出是陈耀武在笑，笑罢了说：为你个头。

仲景脱口溜道：

> 我住村之东，你居村之西，
> 井水与河水，二者不相及，
> 地有厚道壤，天有宽阔气，
> 你我应放眼，心高行万里。

树林里又传来了哈哈哈。仲景反而不感叹了，转身看看河野，叫秀娃和拐三快回去。

黄昏，一缕残阳抹在村林上，灰蓝的天空，飞出几丝暗红，百鸟归林时分，大野苍茫，残阳狰狞，几只老鸦在村外的坟园上空，凄凉啼叫。

翠姑听秀娃说仲景出了家门，住在西坡的草棚里，别提心里有多高兴。就像一个人走到桃树下，嘴里正流涎水，忽见鲜桃掉了下来，还正好落到了手里。她激动得不得了，赶紧跑来找到棚里，天已黑了。她想晚上住这里遇到狼咋办呢，她扒开草棚的门，喊：仲景哥？

仲景抬头看看翠姑，心生暖意，却冷冰冰地问：你来干啥？

翠姑进来棚，见仲景取下了头上的幞巾，露出宽阔的额门和乌黑的长发，脸色凝重，脸上各棱角更威严了，这是她平时很少见到的样子。她感觉草棚子里有光，还有神秘的气息，在幽幽地闪射，强烈地吸引着她。少女的心房不由地怦然，脸热了，说：仲景哥，你走了条正路，就是怎叫大人理解支持？

仲景唉了一声，定睛看着她说：你跟秀娃三叔一样，知我。

翠姑的脸更红了，说，古代有扁鹊仓公用草药医病，这都汉朝了，人们还这么愚昧，我真不理解这是为什么？

仲景心里分明有很多话在涌，他却沉思着，低头不语。

翠姑挨近他坐下，柔声说：仲景哥，翠姑愿帮你采药，陪你读简，你遇到烦心事要对我说，我会像秀娃一样，知你，疼你。

仲景抓住她手，摇着说：翠姑，你要是我爹，该多好哇？

翠姑扑哧一声笑了，掩着嘴说：看看又呆了吧，我当你知音不好吗？

知音不是我爹，我爹是头上的天。

你又不跟你爹过一辈子的，总要成家过日子的。

不立业，成什么家？过什么日子？

翠姑掩口笑着，跑到棚子外边，偷笑了半天，又回来，问：仲景哥，你难道没想到成亲过日子？

我从没想过那事，我不理解我爹识文断字的人，为啥老拖我后腿。

你眼里就只有你爹，我陪在你身边，也没一点感受？

仲景的追思一直落在姑娘的后边，一心为医，半呆半痴。此时怔怔地看看翠姑，那双会说话的大眼睛里，汪了一层清波。他内心涌起一股春水，整个人软了下来，轻飘飘的，像要往上空升浮。稍倾，他塌蒙下眼皮，说不上来内心的滋味，把头扭向棚外，怅然看外边隐约的庄稼。

翠姑在短暂的对视里，感到异性的目光，带着磁力。她眩了一下，不相信这棚子是真的，更不知道少年儿郎的眼里，到底含的什么。她心有纠结，为情所累，耳热心跳地起身走人。到外边，偷偷擦起了眼泪。

仲景扒着草棚门往外看，天黑看不见人影，说：闲了还来给我打气啊。

你，真感觉不到我的心？

仲景早就看到了翠姑对他的心意，却不敢往深处想，更不敢表达出来。他怕自己会跟二叔一样，让翠姑变成桃红，在漫长艰难的学医时光里，耽误终身。他在心里为翠姑做多种设想，她完全可以找个有地有房的富家，一个知冷知热的相公，好好劳动生养，过天长地久的日子。如果跟了自己，难说是坑是崖。

不大一会儿，草棚外边又传来翠姑的声音。她进来后把馍掏出来，把水葫芦里的麦仁汤递过去，看着棚里的东西，说：夜里睡这儿冷不冷啊？

仲景说：这高粱秆挡风，再把麻片卷身上，夜里还发热呢？这么黑的天，你一个妮儿家敢来送饭，你敢不敢把我的医简取来？

敢！

看着仲景吃罢饭，翠姑收拾了东西，说：我拿来医简，咋谢我？

仲景怔了一下，半天才说：小心天黑就是，谢啥。

翠姑痴情地站到棚外，问：不敢说出口吗？

你家人有病叫我医，我随喊随到。

这对谁都一样，我要你对翠姑一人的。

我给你讲好听故经？

不稀罕。

那你想要什么呢，傻妮儿？

翠姑低下头，小声喃道：我啥都不想要，闲扯的。说着悻悻走开。

仲景追到棚外，说：翠姑，你可千万别叫我爹看见了啊！

张家院里的狗叫了起来，叫声使村子失去了沉静。

翠姑本来想从院门进去找到仲祥，让他取简，到院门口听见伯厚在吵仲祥，说叫他找出竹简来烧掉。翠姑想在这时进去，无疑是火上浇油。她跑到后角门，轻轻拨开柴门，钻进院里，摸着墙根往前走。

翠姑喊了两声秀娃，没人应。院里黑得伸手不见五指，张家宅院又深又大，她摸不着哪是厢房哪是堂屋，也忘了问仲景的医简放在哪间房里。她见狗叫声停了，就没了畏难情绪，发现自己是愿意为那个呆子，去受难遭罪的人，她为自己的行动感动着，觉得是干了件大事，他终会理解自己的。

此时，听见张伯厚和张闻氏的说话声，张闻氏说：那申家妮儿长得天仙一般，咱这厢昧了亲，人家会许配他人，咱娃脑子不够数哇。唉，也不知跑到外头野地里，住着咋样，我放不下，得去看看。

伯厚说：不去，叫他受点罪，早些知道以后漂流无所的境况。

我是怕他住时间长了，叫恶狼闻到人味。

你别把他当小娃看，给惯坏了。

反正住外边也不是常事，总得回来，吃住安生些。

回来有两个条件，一是别学医了，二是立马娶下申家妮。

这两条都是难为娃的呀，他爹，亲事成不成算了，咱娃得要。

不说了，再说说我也会离家出走，快活憋死人了！

好，不说了就不说了嘛，你消消气啊。

翠姑心跳起来，不是对张仲景住外边，而是申家的亲事。她感到内心像压了块石头，心跳得很用力，半天出不来一口长气。不知道是恨还是怨，也许两种交织一起，同时压抑过来。她站在黑影里，愤愤不平地瞅着张家院落，赌气地想，定要把仲景的用品都打理好，让他在村外小棚里好好待着别回来。

她见仲祥站在屋里，可能是挨了父亲训斥，也在赌气。她急切地朝仲祥摆手，仲祥看不见，翠姑只好拿小棍扔到仲祥脚下。

仲祥回头看见小棍儿，大叫：鬼——！

外边群狗狂叫。拐三也起来了，东家与伙计喊叫的喊叫、找鬼的找鬼，乱作一团。登上阁楼的秀娃趴窗口往下看,隐约看见了翠姑的影子。秀娃赶紧朝下招手。翠姑跑到阁楼上,小声说:秀娃你哥叫我来拿医简,换洗衣服,还有他的用品,都在哪儿?

秀娃说:他走罢我就把简收拾起来了,都在我这,衣服在他房里。

伯厚在院里听见楼上动静,问:秀娃说的啥?

秀娃惊慌地说:猫,花猫跑我这了。边说边小心往外瞅,等到院里无人时,她把竹简和衣用,包到单子里,出来塞给翠姑。

翠姑拐到后窗,麻利地跑开。

伯厚又喊:秀娃,你房后啥动静?秀娃说:哎呀是花猫跑了。

早春二月的上午,天气大晴,天空透蓝透蓝的,没有一丝云彩。西坡田野里,张家伙计拐三哼着小曲,身子一歪一歪地牵着牛到西坡去犁地。

三十出头的壮劳力,家有老母妻儿四口人,日子都靠他撑着。今年麦罢,张伯厚除了给他优厚的劳酬,在他回家过端午时,又送他两麻袋麦子,叫他骑上毛驴带回家。

最让拐三高兴的,是他想起自己儿子快过十二岁了,趁着上月张家又找驴蛋来干长工,他也提出明年叫自家儿子来张家干。张伯厚一口答应下来,并说等他婆娘把老人伺候过了百年,也来这干个洗浆纺织的活。拐三十分感动,如果能祖祖辈辈跟着老张家,那真是做梦都在笑的好事。张家让他感觉背后有了可靠的大树,也让他感到自身的存在,比以前价值高了。以前自己当的是寄人篱下的帮工,吃饭时端碗走到自家门口,把汤碗搁到门墩上,坐门槛上蹲那吃馍,吃完了送到灶火,就下地去。

而现在,他吃罢饭到灶火再不丢下碗就走,要看看案板底下的菜,问一声下顿做啥饭。从地里下工回来,顺路掐点苋菜,拴好了牲口,再把菜放到案板底下。最好得有人看见,没人的话,他会大声喊:当家的,我掐把嫩菜放案板底下喽。张闻氏出来了,夸他过日子仔细。在别家干活吃的是麦子蒸馍喝白水,谁见过面条里边丢青菜,还洒两滴小麻油,端出碗来香半村。张家东坡西坡北坡几十亩地,哪天浇地,啥时收获,连骡驴出工吃睡,都由他说了算。拐三心想,在张家当伙计真是掉福窝里了。

坡上的阳光很好,好得有点耀眼。拐三到了地里,嘴里还在哼小曲儿,想着天这么好,要犁到太阳当头,再去找苋菜或马屎菜,回家看到女主人春风样的笑脸。他愉快地哼着小曲，开始套犁举鞭。

这块地与陈家搭着界，中间有个一步宽的小垄埂地界，平时也能走个人或放个麻袋。他刚把犁扎到地头，抬眼往前看，见陈家长工麻五在犁地山沟，犁过地山沟，还往张家地里吃了半犁。拐三喝住牲口，问：哎，麻五哇，你咋犁到我东家地里了？

麻五直往前犁着，边犁边说：叫唤啥呀？我犁陈家的地，你犁张家的地，井水不犯河水。

你瞅瞅都犁到张家地里了，还说那话。

那道地山沟，当初留的时候我东家都不愿意，一道糊涂沟，当屁了。

你说糊涂沟就糊涂了，那得叫你我东家到一起，当面鼓对面锣才中啊。

我只管听我东家的，不听闲人胡吣。

你得停下，我回寨里告诉我东家，他说行了你再犁。

还得你东家跟我东家说，不见我东家的话，我照样犁。

我说麻五啊，人得讲理。

讲理也得给东家讲，别把自己当根葱了，也不掂个斤两，啥号东西。

你咋说我啥东西，会说人话不会？

我把话收回来，你拐三不是个东西，中了吧。

我啥东西都不是，那你是啥，胡屎扯骚，不说一句人话，想咋整。

麻五照样在犁，犁到这头拐过来，仍勾着头没完没了地犁。

拐三提高了嗓门，嚷：麻五你听着，你犁了好人家的地，没道理呀。

谁是好人家谁是坏人家，也不是你拐三说了算。

我说了不算，还有众人的眼，瞅瞅你东家，又抢人家媳妇又害外乡老婆，谁不知道狼心狗肺？你眼瞎了，替他们说话，你才不是个东西哩。

麻五四下瞅瞅，说：你你，你敢说东道西，你说我犁你家地了，抓把土搁你鼻子上沾沾，沾住了是张家的，沾不住就是陈家的。

拐三跑上去拽住牛头，说：你不讲理，我就要拦住你。

麻五甩起鞭子打牛头，打到拐三的手上，继续喊：犁，犁，犁，打！

拐三上去夺鞭子，麻五扔了犁把，朝拐三抢过来一拳。

拐三认为自己占理，哪里肯依，扭住麻五嚷着回村上找人论理。两人开始撕抓抢甩，然后抱住腰一骨碌摔翻了跤，打一阵累了，双方坐地上喘，拐三指着麻五，说：有理走遍天下，王八蛋才不敢到村里评理。

麻五也捣捣拐三，说：评就评，人血一般红谁怕谁？

拐三头里走，麻五后边跟，走着走着，麻五抓住拐三后襟抡甩一下，差点把拐三抡倒。两人又撕抓起来，从田野打到村里，扎鞭杆打断了，烟袋包扯掉了，牛也跑坡上吃草去了，两人都打成了花脸。到村头陈家房后，麻五站住了，刚才的硬汉忽然变成了软蛋，说：拐三兄弟，我一晌犁地的活干不完，东家不会有好脸色，这理不评了，你把山沟那一犁再扳过去吧。

拐三说：那行，把犁毁的地界犁回来，就扯平了。

麻五低声说：中，咱俩私了，叫东家知道只能挨嚷。

犁到晌午，麻五回到陈家院，见大仙跟九桂在掀箱子看绸缎、财宝，看得嘿嘿笑。仙姑在偏房窗前哼小曲，正月里来新春好，家院前头开红桃。桃花开起谁人看，隔天落地红颜俏。大仙往外瞅一眼，感觉仙姑有怨气，要出去，被九桂抱住不放手。麻五泼烦地踢开院门，沮丧着脸，一屁股坐到石板上，闷了一会儿，委屈地说：张家拐三狗仗人势，还打我，快欺负到东家头上了！

大仙关了院门，转身指着麻五，说：你进屋，仔细道来。

麻五说：我的犁拉到地山沟，拐三就吵着犁了他东家的地，还上来扳牛头，恶得像祖老子，我们吵架时，他揭出陈家抢媳妇害外乡老婆。

大仙倒抽一口气，他倒不在意麻五挨了骂还是打，也不在意一山沟土地，在乎的是拐三揭告的事儿。他摆手叫麻五回偏房院里，他返回来板着黑脸，对西院喊：家义，过来过来快过来。

二郎神刚喝过酒，醉醺醺地在隔院跟彩娥寻欢，过来时嘴里喷着酒气，问：哥，啥事儿？

大仙鹰眼儿睖起：别老缠婆娘了，跟泥一样软，你的官何时能当上啊？

二郎神脚还没站稳，说：我进城打听了，我报了打井和查案两件功劳，但官府说，得有个人举荐！

你再多拿些粮钱试试，看看你嫂子藏的家底，有没有值钱的，挑个贵重货送去。你看张家拐三揭露抢亲和岗坡上害过路老婆的事，这话传开了可不得了，咱不拿权压住风声，得了啊？

二郎神吃了一惊，问：蒙面人干的事，拐三咋知道？

他跟麻五吵架吵出来的，前不久黄家妮也露出这话，我还认为她在胡诌，看来事出有因。

这拐三是活够了。二郎神说罢对着大仙耳朵，耳语一番，又喊耀武过来。

耀武刚才露面，大仙的手就摆得跟鸡爪疯一样，叫耀武拐过去。

二郎神问为啥。大仙鹰眼瞪得炯炯的，说：这黑活，别叫娃们瞅见。

自从麻五说了拐三的话，大仙心里就安宁不住了。翌日，天仍然晴明空朗，田野里的晴雾不见了，远处有几朵灰云，慢慢往头顶移来。大仙骑着毛驴去申庄召来了申风水。

申风水一进陈家门，问：陈兄能掐会算的，何必找我来添忙？

大仙脸笑得跟一朵花似的，鹰眼儿都挤不见了，面上皱起的沟坎更深了。他搬椅子挨着申风水坐好，塞过来一包沉甸甸东西，笑着说：请贤弟来，是老哥有私事相求哇。

申风水听罢内心咣的一声，好像知道大仙葫芦里卖的药了，问：何事，直讲，别客气。

大仙说：没别的事，因我家近日老出怪事，怀疑张家拐三行风作浪。

申风水问：那个老实巴交的伙计，会兴风作浪？

贤弟风水之术众所周知，你得帮哥助善除恶。再说，贤弟你本来就是是非中人，跳不出去的。

怎讲？

不知贤弟何时得罪了张伯厚，他有不少场合说你坏话，儿女之事，他早就想昧亲。不信你看，你两家换了订帖，定了日子也难成亲，张伯厚玩那昧亲术，是玩你老脸难看的。

申风水看看大仙的鹰眼儿，问：真有此事？莫非他心存嫌弃，可是，我家妮也是百家求，说媒家都快挤破门了。

他娃压根就不愿，定亲是想管住那娃，哪管你家面子，结果最后一场空，看谁脸上难看。所以，叫老哥说，张寨事你撇不开，不掺和都不中。

申风水就想，自打与张家定亲后，从没听说反悔，你张家想昧亲还不告知一声，这哪个狗国的理儿。又转念想，或许张伯厚忙公事晕了头，没顾及过来。可不管咋说，他心起埋怨，不再细想，说：哥想叫小弟咋掺和？

大仙更近地凑过来，对着耳朵低语几句。说的什么，天知地知，只见申风水低头思忖稍许，便起了身，捋着胡须瞪着眼，说：哥高看小弟了，小弟只能为阴阳宅看个盘位方向，从未看过活人身上怪气，还真掺和不了，告辞了。说罢甩袖而去，尽九桂出来好说歹说，也不回头。

大仙在后边说：如有不妥，也请贤弟回来，哥多加好处怎样？

申风水边走边说：知不妥，即不做，风水术哪有钱财交易的？再说我回去要忙闺女的事了。

你家妮这么快就重找人家了，诓谁哩？

不诓谁，这些天有好人家托媒，等着妮儿选郎。

大仙提高了声音说：那你为何站在张家宅上说胡话，诚助恶人？

善恶之分，神灵有应，我只凭天地良心！不是我预测，看看张机抱医简读的上心样，如不是世俗阻碍，那娃长大成名医当大人物，错不了。

可村上没人阻碍呀，无非是他爹妈想把歪路扭直嘛。

申风水站下了，问：咱凭良心说，黄家父子的湿毒是谁治好的？

别跟我抢大话，谁不知你申家老根儿，你爹手上沾有人血。

申风水一听这话，拐过来两步，捋着胡须，一字一板地说：既然哥扯到我家史，那我就论论这个理，我老父是杀过人，但他杀的何人？是灭他家族的仇敌，如不灭，他就留不下后辈根苗。纵是这一切都随时而逝，但他的后代申风水，一心感恩乡邻扶持关照，对所有人不计前嫌、不计利，一切从善出发，感恩、仗义、施善、积德。难道你，就没看见人世间的好处，只论作恶作怪，且混淆视听。你请听小弟一言，俗话说得好：人在干，天在看，头上三尺有神灵，善恶终会有报应！

大仙说：贤弟说得头头是道，真是好，我句句都信。刚才是心急话稠，说过了。可是哥也是施术救济苍生无数，只在无奈之时犯过糊涂，并非混淆视听。不信贤弟往后看，哥还会积累功德。

申风水捋捋胡子，也堆出一脸笑容，说：这就好，但愿如此，小弟有失敬处，望哥谅解！然后拂袖走人。

大仙追到门口说：再告知贤弟一声，拐三乌鸦嘴胡言，万不可信。

申风水说：那不是拐三胡言，他是最后说话的人，甭冤枉好人。

大仙大张着嘴，啊了一声，身子钉在门口，连申风水挥手都没反应。半天回过神来了，头摇得拨浪鼓似的自语：却原来，贤弟是知情人。

第十五章

这天，拐三在高粱地里薅草，忽然看见不远处，飞来一块半截砖。

他走上前看看砖吃进土里的方向，辨着是从陈家高粱地扔出来的。他正在猜是咋回事，又见一条大蚯蚓飞了过来，掉到他脚下，他惊乍地四下张望。

一个犁地的人，见到松土的蚯蚓，很平常的事。可因为前边有半截砖，拐三心生疑惑，抬脚踩死了蚯蚓，还低声骂了句：狗日的王八蛋。骂罢想再干活，忽见岗上一石洞内冒出了白烟，还发出滋滋声响，拐三喊：谁在那烧火？

大仙朝洞口走，边走边喊：拐三，坡上有邪气，刚才有条小龙从天降落，你瞅见没有？

哎呀哪是龙啊？一条蚯蚓，就是王莽追刘秀时，藏在马屎菜底下说根儿犁犁，根儿犁犁，日头出来晒死你，那个软虫。

大仙猛喝一声：大胆胡说，那是龙王派小龙王下凡，别咒了。你瞅瞅石洞冒的白烟，今儿不出子时，你会犯咒身的。

拐三啊了一声，像被点了穴位，张着嘴打个愣，像惊弓之鸟似的，问：你再说一遍，我要咋着呀？

大仙说：今夜不出子时，你定会犯咒身。

拐三慌了，苦皱起脸，语无伦次地问：你，你是不是对我跟麻五打架，存了气儿，故意咒我？

大仙放声哈哈大笑，说：亏你说得出口，鸡毛蒜皮的小事，何足挂齿，挂齿也不会跟你这个老实人执劲儿。你可能忘了发大水那年，是谁救你一命？

我哪敢忘啊？一直在感你的大恩。

我也是真心为你好，你倒拿小人之心度君子之腹，你不犯咒身谁犯啊？

拐三扑通一声跪到地上，双手抱拳连连求告：大仙神大仙爷呀，求你给小的消消灾，小的家里妻儿老小，靠一人养活！

大仙沮丧地摆手，说：你咒身犯那么大，我有啥招救你呀？

拐三几乎要哭了，跪着往大仙跟前蹭，痛哭流涕地乞求：大仙神，你再发发慈悲救我呀！

大仙摇头说：我就是好心救了你，也不会落好，因为你跟麻五打过架，扎下了仇根儿，你又吃着张家的粮，住着张家的房。

大仙神哪，张家老门老户人家，不会操坏心，你救我他们会知恩的。

大仙嗯了一声，说：你犯的咒身就是张家带来的，那个外乡老婆是张仲景追逼，栽沟里死的，为你带了血灾。

不不不，那外乡老婆不是张家娃所害，是两个蒙面人。

大仙阴沉沉嗯了一声，说：蒙面人也是神派来察事的。

拐三低下头，说：小的还没明白，那晚黑不溜秋，昏里麻唧的。

天黑看不清，不要胡巴蒙。

小的知罪，老婆是栽沟里死的。

真相是张仲景想叫老婆喝药汤，追逼到沟里了。

拐三声音极低地重复着：是张仲景追逼，小的知道了。

好，只要承认这就好，心正之人，我必救你。那你可不能告知张家任何人，告诉了会坏事。想好了，今黑喝罢汤悄悄去找我，破咒身，保性命。

晴朗的夜晚，天上云彩稀薄，月亮朗照着村野。村上两棵弯腰老槐树，遮在月光下的黑影里，显得有点阴森。几声狗叫传来，并没打破村庄的宁静，反而使人感到原野更加空寂、神秘。远处的村林在夜色里显出模糊的影，一种神秘莫测的感觉。

拐三吃罢饭，心里仍有惊乍，只怕有鬼拽着他，耽误往陈家去。正在疑神疑鬼，偏走到门口碰见了东家。

张伯厚今儿得到闻保有送来的信，说有个大学士何永大人，回到涅阳问起名医张伯祖。他想抽空去拜见一下，听听上层官府的消息，打听一下天下局势，忽见拐三神秘兮兮地往外走，即问：这么晚了，去干啥？

拐三慌里慌张地嗯了一声，随机编个事由：烟袋忘在地里了，去找找。

伯厚抬头看看天，说：咋不拿个火把，照个亮？

拐三说：我知道掉的地儿，去就捡着了。

伯厚说：前不久听说有狼，叫仲祥或驴蛋跟你一起去？

不用不用，我到村头弄个树棍儿，掂着防身。

要不明早再去找，反正是忘在自家地块上。

我夜里老发烟瘾，不吸睡不着。

你看这天黑麻麻的，得喊个人一起去放心。

不用不用，我一个人怕啥啦。

那你早点回来哦。

两人擦肩过去，拐三拐个弯，脚底就抹了油，哧溜一声溜到了陈家。

这边张伯厚要关大门的念头顿了一下，两手把着门扇，看看往外走快了的拐三，在内心感觉有点不一样，哪里不一样，一时辨不出。就怅然看着拐三的背影想，自己不该对一个老实人多心，他放心地关上了院门。

拐三与东家仅仅几句对话，就像费了九牛二虎之力，翻过一座山似的，走出张家宅院，就长出一口气，急慌慌走到大关坑边，脊梁上冷汗都出来了。好不容易走开，又碰见仲祥这个少东家，仲祥怎么跟个活鬼样溜到这了。他吓得一愣，头都大了，想闪身错开路，却听仲祥问：是三叔啊，摸黑儿上哪儿哩？

拐三短暂的紧张过去，竭力屏神息气，又用编好的词儿支应：烟袋忘到地里，怕瞌睡时烟瘾上来，现去找哩。

仲祥说：地是咱家的，又没外人去，这黑灯瞎火的，明早找吧。

拐三只怕误了大仙说的时辰，支吾道：我烟瘾大，不吸睡不着。刚说完，就惶然溜掉，影子很快消失了。

仲祥虽有担心，又见拐三那五短三粗的身板儿，谁能把他怎样？想想，就转身回了家。

拐三回头瞅瞅背后，才放松下来。他心想我对东家再忠心，也没有对神这么敬奉，因为张家只能给我血汗钱，神能为我保性命啊，我没错。他激动地走到陈家院门口，推开虚掩的门，进去了。

大仙正在院里等他，撑开两胳臂，把宽大的黑衬衫撑得像蝙蝠翅膀，小声问：你出来张家人问你没有？你咋交代的？路上碰见人没有？

拐三悄声说：连个人影儿都没碰见。然后对着大仙耳朵说几句，得意地笑出声来。大仙对拐三的守时十分满意，关了院门，又扒着门把缝往外瞅瞅，才把拐三领到后院，叫钻到一个半人深的瓦缸里，避邪。

拐三窝曲着身子往缸里钻时，问：钻这里头是啥术？

大仙答非所问，说：张家人真没看见你往这走？

拐三说：没有，我推故上坡地找烟袋，没人怀疑啥。

大仙放心地喊：麻五，拿东西来镇缸，别叫龙王来要拐三的命。

拐三一听麻五的名，嗵地从缸里站起来，连连摆手说：大仙神，我不想钻缸里了，龙王喜欢水，会来缸里找我。

大仙说：不对，下午找你的那个，是旱地龙王，你犯的咒身必须钻缸里清洗，才能消灾，这是神缸，龙王一看就走了。

拐三说：那我也不叫麻五来盖缸，他是个凡人，我俩还有仇！

大仙说：麻五没心没肺的，早就忘了那一桩。

拐三犹豫着蹲下去，缩起身子窝到缸里。

这麻五一看大仙趁天黑把拐三叫来，就知道不对劲儿。他又惊又悔又怕，感觉事要闹大，大仙要动拐三的身家性命。他虽然恨拐三，恨得咬牙切齿，也只限于在犁地时发牛脾气，他骂拐三打拐三，甚至想藏拐三的工具，把他的草鞋扔沟里，施多种小坑泄愤，从没想对拐三下黑手，灭性命，那是犯王法坏天良的。现在他啥都不恨了，只有同情和怜悯。他自语：野地里犁个小山沟儿，一个芝麻籽儿事由，自己活得不耐烦了，告知大仙这个鬼。

麻五在灶火里迟疑着，一心想救拐三，却不知怎样救。又听大仙喊他，他惊慌地拿起蒸馍的锅盖跑过来，哭丧着脸看着窝在缸里的拐三，喊：拐三啊你别钻缸里，快点出来吧？

拐三连连摆手说：麻五你算老几，非神非鬼一凡人，还是个坏事精，你盖缸中个屁用，到一边儿凉快吧！

大仙见麻五犹豫不决，推一下麻五，示意离开。

麻五唉唉地拍着胸口走了。

大仙又喊二郎神，二郎神没来，倒是耀武耀能出来了。大仙咬着牙齿，说：又来俩凡人，不中用货。连推带搡嚷走了耀武耀能，大声喊出了二郎神。

二郎神过来了，两人合力抬起一个石磨扇，吭哧吭哧盖到缸上。

麻五并没有走开，站在门外阴影里窥视，眼看那么重的石磨扇，盖到拐三头上去了，会捂死人的。他忍不住带着哭腔嚷：不行啊，要捂死人哩呀！拐三你快出来吧，再不出来就没命啦！二郎神朝他踢来一脚，他闪到一边，疯了似的冲到院里，岔着腔大喊：救命啊，快来救啊，陈家要杀人啦——

二郎神射箭一样冲出去，照麻五肚子上猛踢，麻五捂着肚子站起来，他又扑上去，准准地捂着麻五的嘴，同时扳倒了身子，顺地拖到屋里。麻五本来就吓掉了魂，一经捂嘴摺倒，身子就软成了稀泥。

窝在缸里的拐三也在吵：麻五你滚一边去，别在这操歪心。

麻五摆着头要说话，二郎神把他嘴捂得更紧。一时没捂好，麻五错开嘴，就拼命大叫。二郎神把他窝到地上，全身压上去，用胳膊肘堵压麻五的嘴。即使这般凶悍，他稍一扭动错位，麻五又喊出了声。

大仙见一个人拿不住麻五，也上来用两手掐麻五的脖子，十万火急地说：得灭掉，不留活口。说了，把手换出来，用一个膝盖顶到麻五的脖子上。直到麻五的身子不动了，放开手试试没了气息，才又去顾瓦缸。

盖在磨扇底下的拐三，大概听见了麻五的动静，似有惊觉，也因缸里憋闷，呜呜啦啦叫了几声，就开始扑腾，用蛮力扑腾得缸根都摇晃起来了。大仙赶紧把身子扑到缸盖上，两脚往后抬起。缸被稳住不晃了，缸里人也没了声息。

陈家弟兄二人把拐三拖出缸，又把麻五拖到一起，都装进大麻袋，找麻绳扎死了袋口。趁天黑，把这对冤家拖出了门。

子夜时辰，星稀云淡，天穹悠悠。

伯厚夜里睡觉前，习惯打着灯笼到各处看一圈儿。前院大门插好了，又到耳院里看看织布房也熄了灯，最后到牲口棚里，却见棚里的麻籽灯，小拇指大小的蓝色火苗，在风里摇晃。他问睡了吗，没人应。他又喊声拐三你咋没吹灯，还没人应。他正准备往棚里进，见有个人立在耳院月门口，清虚的月光照在那，投了一道阴影。他惊异地问：谁？

那人说：东家，我是驴蛋，拐三去地里找烟袋，还没回来？

伯厚脑袋里忽地想起拐三出去的情景，问：他真是把烟袋忘在地里了？

驴蛋儿回头往耳院里走，说：去他榻上看看再说。

两人到拐三铺上一看，烟袋压在豆糠枕头下边。伯厚慌了，问：他白天都遇到什么人了？到底去哪了？

驴蛋儿说：他回来苦愁着脸说犯了咒身，不知寿限还剩多长。

他是从哪儿听说的这？

他没说，可能叫鬼缠了身，神魂颠倒的样子。

这个山晕子，遇到啥邪门儿了，今黑会不会遭灾啊？

拐三一身蛮劲儿，恶狼是叼不跑的，鬼能缠住他？

伯厚倒吸了一口气，去喊醒仲祥，叫与驴蛋一起去找人。三人披着衣裳打着灯笼，把西坡各个垄埂沟坎都找着喊着，都没见拐三的人影。仲祥急得下到沟底，看见沟里的荒草，被夏天的大水冲倒伏了。他又上来，跑到构树林里，河坡里找，都没找着。他忽然喊：爹，我想起来了，晚上我在大关坑边上碰见过他，使急慌忙去找烟袋。

伯厚头上汗都出来了，他问驴蛋，拐三最近干活都遇到什么人。驴蛋说他俩不在一道坡上干，不知他遇到的事。伯厚唉唉地取下灯笼，又到村里各家牲口棚、茅屋、柴垛都找找，哪儿都没见。

眼看鸡叫三遍了，天越发黑了。三人找到村西头蒿草丛时，驴蛋从后边碰碰伯厚，说：你看陈家院门口站了个人？

伯厚转过身去看，人影不见了。

驴蛋大声嚷着有鬼，转身往回跑。手里灯笼抵在树上，燃起了边上麦秸垛，火很快蔓延开去。接着是狗叫声，连台狂吠不止。陈家院门里打出一个火把，通亮的火光一照出来，就大声喊：有贼啦——快抓贼呀——

陈家老老少少都出来了，拿的锨把磨杠和树棍子，喊着抓贼。人群乱哄哄的，火光刺着人眼。不大一会儿，大仙站到院门外高喊：哎呀，麻五哩，咋会麻五不见了，去抓贼哩半路没影儿了，快点找我家麻五啊。

接着是找麻五的陈家人，打出的火把映红半个村庄，贼亮的光影下隐着看不见面孔的人，不时走动，把亮光移到村西，又转到村东，刚吵嚷到一起，又分成几路，一片嘈杂混乱，打破了宁静。

伯厚不知灯光火影为啥分来合去的，也跟拐三的失踪合到了一起。他心有悬念，拐三和麻五会不会是一回事，同去一个地方，遭同一桩案子。他一边猜一边自语，不会不会，心眼实诚的拐三说去找烟袋，不会骗人。伯厚想上陈家人伙里问问，又觉得乱哄哄的，辨不清错闪的人影谁是谁。只好站那不动，像戏台下的看客，因看不清戏的演法，而蒙在边上。

伯厚回到屋里仍睡不着，念起拐三上有老母下有妻儿，一家几口人都靠他养活。况且人命关天，他家人找来，该咋交代？

这样熬煎过五更，天一闪明，就叫仲建和驴蛋儿带上谷子芝麻，去拐三家交代，再撒些铁钱，作为善后。安排了，坐到太师椅上闭目想事，他忆着外边黝黑的村野，跳闪的火把，撩到内心黝黑的底里，就想，是不是那个日夜怀疑的，让人心惊胆战的事故发生了。梦魇般的惊悚感，震慑过来，他无法阻挡，也不敢往深里细想。

他又把仲祥喊起来，催得十万火急：快去岗坡上，把你哥接回来。

清晨，东方刚显出一抹橙红，太阳仿佛还在犹豫不决，到底该怎样露出脸来。田野上游着淡薄的雾，晨风很细，徐徐吹来。

仲景在野地里的状况，与村里完全是另外一个世界。他已早早起来，跨两大步跑到了棚子外边。登到个缓坡上，伸开胳膊，深深地吸着新晨的空气。他忽然想起昨天背的医文：天地者，万物之上下也，阴阳者，血气之男女也……善诊者，察色按脉，先别阴阳，悉清浊而知部分，视喘息，听声音，而知所苦。

他把心停在了天地者，万物之上下，又想起二叔在家时讲的药名，都是从万物中来。阴阳者，血气之男女，更是自然之物，连二叔搞的药物方术，也是从天地间取其精华，调治人的症候，都是天地万物的自然属性。

仲景的联想一下子展开，像鸟儿展翅飞起，随着晨风和日出，一起往远处升腾。眼里好像一下子呈现了万亩良田，块块都种的药材，按季该采哪样药，由二叔说了算，二叔站在坡上一发话，大家都去收药秆、挖药根，然后摆开晾晒。再然后，便是打捆、切段、炮制、组方，用于病家症候。

仲景想到美妙处，头脑里还出现了翠姑在地头抹汗，打理棚里衣物，为他送可口饭菜的情景。仲景一直跟在二叔的后边，亲眼看二叔为病家诊病、治病，治一个好一个。治好了就来家里答谢，带来二叔喜欢的竹简木简。治好的病人越来越多，接着来了个年轻美貌的寡妇，胳膊上挂着花包袱，羞答答地靠在门框边，等着二叔唤她进来。二叔娶了美貌寡妇后，叫她骑在毛驴上，二叔打了下毛驴的屁股，毛驴飞奔而去。寡妇笑得哏儿哏儿嘎嘎的，沿着开满菊花的田埂往前跑，一直消失在花海尽头。

前边已是天边地沿了，他还在往前想，他想再往前就是二叔在的地方。二叔自打离开张寨，就把他的心带走了，留在老家的只是一个空壳，在这里寄居，到处碰壁，没有心志，没有医术，也没有了自由。

他记起自己在野地棚里，已过三天了。这三天，把他与原有的生活隔断，让他跳出了家庭那个囚笼，来到自己的天地，想读简就专心读，想跑就随意跑，想喊什么就亮开嗓子喊出来。他把这坡上的小埂小沟都跑遍了，辨认出十几种草药，和知道了适宜这些草药生长的水土。

为什么要按着头进入世道的樊篱，在众人缝隙里，犹如石头下边压着的秧苗，歪扭弯曲地活着。想到此，他张开双臂，对着清新的田野啊了一声。

啊声刚落，仲祥跑了过来，急切地喊：哥，哥，快跟我回家啵！

仲景仍沉浸在联想的状态里，兴致勃勃地说：仲祥，明年我要在这种草药，种得到处都是，把二叔也找回来。

赶紧回家啵哥，家里出事了，你个呆子，还在发癔症。

我在野棚里好清净，想事情豁达多了，好多美梦都冒了出来。我要在坡上种草药，二叔在家说过不少汤头，配上名贵药。二叔为啥往老北山跑，就是采药的，家里能种药，二叔就能回来，诊治病家症候。再说，我们也能学到种药制药的技术活啊，一举两得是吧！

仲祥看见仲景还陶醉在好梦里，弟兄俩的心隔山隔水，不知怎样才能沟通。他急红了脸，咬着牙猛拍一下仲景的肩膀，嚷道：哥，你个癔症蛋，咱家出大事啦你知道啵——

仲景扶着被打疼的肩头，盯着仲祥问：出啥事了，说呀？

三叔昨黑不见了，找遍地里村里都没见个影，你昨晚听见啥动静没？

我半夜好像梦见村里唱大戏了，好多人头上插着野鸡翎。

甭扯了，爹担心你在野地里不安生，叫你速回，一家人都急死了。

仲景惊惊乍乍地进棚里收拾东西，收了跟着仲祥往村上走。走到家门前时，好几家房子上冒起了炊烟，袅袅往村林上升。树上的鸟巢更大了，可能又多了雏鸟，它们在窝里安宁吗？进到院里，他本来想径直钻自己屋里去，一抬眼，看见父亲坐在堂屋里太师椅上。灯笼仍亮着，昏黄惨淡的灯被门外天光反了光，射出的光晕，把父亲罩在一片明暗难分的混沌里。

这时他突然感到，父亲老了，老得像个古人。仲景衣服没穿齐整，怀里还抱着竹简，背上背了几捆草药，站在父亲面前，干气地看一眼父亲，却对母亲说：妈，我回来了。

张闻氏说：儿啊，知道你三叔去哪里了？

仲景说：我不知道，他咋了？

他昨黑上西坡找烟袋，到现在没见回来。

一个大活人，能走丢了？

伯厚皱着眉头说：那皇帝刘秀还被人追杀过，别说一个草民百姓？

仲景说：三叔整天干重活，一身蛮劲儿，谁敢惹他呀？

张闻氏站到中间，说：你爹的意思是说，你年幼，不知人心有多恶。

伯厚降低了声音说：爹老了，油尽灯枯年岁，多有糊涂时辰，你回来就好。现在汉朝已到大乱时期，北方匈奴又闯过界来，抢汉民的财宝食物，激起了边关打仗，会牵连到内地官吏，殃及百姓。大官们都在闹割据，称霸业，烽烟连天起，世道人心乱如麻，你还未成人，应步步小心仇家暗算。

仲景听了父亲的话，觉得有道理，起码不再拘泥于家庭小节，拧着他的医事不放过。他说：我不信正义战胜不了邪恶，不信妖魔鬼怪能占领大汉天下。

世运都到哪一步了？还不领教，难道你要等到血流成河才能长大？

空气沉闷下来，轮到仲景无语了，头脑也空白着。

父亲又缓了语气，说：看看你的手，长这么大除了采药，一天粗活都没干过。要不然你去学磨豆腐、木工活啥的，或去穰城县叫你舅爷找个私学去教学。我想起来了，你舅说涅阳回来了个大学士——何永大人，晚点爹领你去拜会于他，见见圣贤高人。

仲景看看父亲两眼的慈祥温存，又听说大学士，眼亮了，晨雾全部散净，天地到处阳光。他拉一把椅子挨着父亲坐下，说：早晚去都行，我太喜欢见高人了。

伯厚说：不愿意也算了，爹不逼你，再不逼了。

仲景从来没见过父亲这样肯定过自己，平时都高高在上，哪有认错的理儿。仲景有点愧疚，低着头说：爹，是我不好。

伯厚鼻音重了，长长地唉了一声：儿啊，你没错，是爹错了呀。

张闻氏在一边撩起大襟，边拭泪边说：村上祖祖辈辈都那样，你爹有啥办法？要错也是汉朝的世道错了。

仲景说：妈你别难过，其实我在野地住这些天，收益也不小，锄一大块地，以后种啥药材都有了数，用医药改变世道的梦也起了。

伯厚无奈地说：儿啊，俗话说离了是非地，便是无事人。领你去找何大人，是叫高人看个前途指个道，你好尽快离开这小地方，去奔远大前程。

好哇，咱们尽早去啵爹。

爹事先告诉你一声，高人说叫你干啥，你都得遵命。

仲景兴奋得张开双臂飞奔到院里，抱住秀娃转个圈儿，哈哈地笑，可又一想不对呀，何大人若是不让我求医，可咋办呢？

伯厚说：他有圣贤之心，会明辨世事，不会亏你材料的。

那好吧。

话刚落拍，秀娃喊来人啦。伯厚扭头往院门口一看，是二郎神进了院门。

伯厚有点惊讶，这人有些天没来了，此时登门有何事，定是不一般的。伯厚起身招呼：是家义来了呀，哪股风吹来的稀客，快来快来。说着笑容可掬地摊手，请二郎神屋里坐。

二郎神跨进院门，就不往前走了，说：我大哥叫我禀报你，一起去西沟上找找麻五和拐三，把沟里头茅窝也找找，好对人家家里有个交代。

伯厚当即问：他知道拐三和麻五是一起走的？

二郎神说：你想都是在黑天不见的，是不是俩冤家又去打架了？

那还真不好说，中，喊上仲祥一起去。

张闻氏出去找仲祥，把仲建也找来了。

伯厚看看二郎神的脸，人发福了，过去身子细得像麻秆，蔫耷耷地探着腰，像一条撑不起身的软藤。现在有了门板样的脊梁，浑实多了，马上就会变成虎背圆腰的大汉。伯厚平时跟二郎神合作不少事务，虽也听到二郎神的劣迹传闻，却没亲眼见过他犯错。自从外地老婆的案后，才开始有了防心。

一起走到陈家院门前时，二郎神高声喊耀武出来一起去。

耀武掮着大肚皮出来了，还懒洋洋地揉着眼。十四岁的后生，胖得像个大面团，走路腰和屁股连在一起，不分段地扭，看那没精打采的样，像个空了心的大萝卜。人好像不是走过来的，而是个滚圆的包袱轱辘过来的。过来了也不看面前站的人，只是跟到二郎神的屁股后走。正走哩，一脚踩过了，踩掉了二郎神的鞋。

二郎神转过身要踢他，耀武挪到一边，抓抓后脑勺，开始正经走路。

第十六章

一行人走到西沟，各自钻进构树林里，各自勾头往地上看。忽听仲祥啊呀一声，说：看哪，这谁的鞋呀？

大家都朝仲祥这边来了，见干枯的沟底，倒披着厚厚的干草。仲祥手里拿根树棍儿，挑一下草堆，把鞋抖搂出来，挑起叫大家看。

伯厚心里咯噔一声，这正是拐三的麻编草鞋。

这时，仲建也大声叫：都来看这还有一只。

二郎神走过去，弯腰盯了半天，大声惊呼：爷光神哪！这是我家麻五的鞋呀，可怜麻五你去哪了呀？是叫狼吃还是叫蝱贼劫了呀！？打手击掌地呜呼几声，就坐地上抹起泪来。

伯厚说：家义先别伤心，再看看前边。

大家往前一看，草上有一片驳杂血迹。二郎神蹲地上认真地看，又含泪抬头看着伯厚，泣不成声地说：哥呀，他俩肯定是叫蝱贼打劫又吃了肉哇，这也太惨啦。老天爷真是不长眼哪，麻五干得好好的，他走了我哥家谁干重活呀。哥呀，你家还有驴蛋接个手，我哥家连个狗蛋羊蛋都没哇。可怜麻五走得太早，也不留个只言片语，我们好给你报仇哇！

仲祥皱着眉头说：吃了肉咋没见衣衫骨头哩？

仲建说：二哥，奇怪了，这咋有几根鸡毛，你看哪儿还有一撮儿？

仲祥转过去看，草堆上真有几撮长短不齐的鸡毛，他拿起一根看看。二郎神也过来了，说：是不是蝱贼偷吃鸡，麻五追上来，倒贴了人肉？

伯厚仔细查看了地上踪迹，仍沉默不语。

二郎神说：哥呀，能定案了，是蝱贼打劫，吃鸡又吃人。

伯厚拿过仲祥手里的树棍儿，在荒草堆里虚土处，这捣捣，那拨拨，还是不说一句话。

二郎神又说：走吧哥，这有证物，长工家里来人有个交代，也不怕村上谁说咱两家的闲话了，是哝。

伯厚看看二郎神，低声说：中，走吧。

伯厚回来就问仲祥和驴蛋，拐三那天晚上出去的迹象。

仲祥说：我碰见三叔时，他走到大关坑边儿，不像是往西坡走的。

伯厚问：你问他上哪儿了吗？他咋说？

他说烟瘾发了想吸烟，去西坡找烟袋哩。

他跟我也是这样说的。

伯厚又问驴蛋：这些天拐三都说了啥话？

驴蛋边想边说，说得零零星星的。伯厚偏要问到过去忽略的底细。在听驴蛋说的时候，他在心里拼凑着，听了打手势叫驴蛋去忙。

他忽然想起去年一件事，有天晚上拐三说烟袋忘地里了，吃罢饭烟瘾一来想去找，结果出去不大一会儿就拐了过来，吓得抵到门后喘气。伯厚问他怎么了。拐三拍拍心口说他走到村头，看见两道绿光扫过来，接着啊喔一声，绿光从坡上扫到了村里。他见是野狼来了，一口气跑了回来。最后还说一个人有天大的胆，也不敢黑天去野地了。

这条线索，一下子证实了他对老实人拐三去向的误判，他断定拐三趁黑天去西坡找烟袋，是个谎言。那么拐三到底去了哪里，为什么去的，遇到了什么。又联想起二郎神领他去西沟的情形，那星点血迹，真说不了是人血还是鸡血，如果是人血，为什么会有鸡毛，如果是鸡血，为什么没听人说贼娃偷鸡。看来村里不只发生了人命案，而是比人命案更险象环生的套案。

他心跳起来，后怕连连，把村庄看得像个大坑。嗵地站了起来，连声自语，得赶早带儿子去找何大人指路，叫他早日离开这个鬼窝子。

仲景昨天夜里做了个梦，梦见小香变成一只小鸟，在路边草丛里找食吃。刚好仙姑也路过那，一脚把小鸟踢翻。仲景走到跟前时，小鸟断了一条腿，脸上却蒙了块黄布。

仲景吓出了一身冷汗，清晨起来披着袍子到秀娃的屋里，叫秀娃掐掐他胳膊上的肉，生疼，证实刚才是个梦。但那个怪梦到底有啥兆头，他心里疑惑，想去找申风水解一下，忽想起自己一贯说道的不信鬼神八卦，再说与申家定亲的事也没个下文。

吃罢早饭，母亲就拿来新衣袍叫他换。他见父亲早就穿上了青布棉袍，将头发绾起，戴了幞巾，扎了腿带。收拾得干净利落，看上去很有地方官的气派。仲景也快快换齐了衣袍，背上褡裢准备上路。

伯厚套上了毛驴，叫仲景坐到后边，上路了。出了张寨村，过了涅阳城，往东是一条弯弯的慢坡路，路边长满了野毛槐，偶尔有棵老柳，像个躬身而立的老人。空中飞过一两只乌鸦，咕呱长叫一声，不知落到了哪棵树上，原野宁静如初。

仲景正在看乌鸦飞逝的方向，父亲扬开皮鞭，叭声扯得山响，驴蹄以清亮的嘚嘚声，朝着南阳郡方向奔去。仲景正在对陌生境地感觉新鲜，听见父亲问：机儿，按你的眼力看，拐三那晚到底去了哪里？

仲景心里没底，却知道这是张寨村最大的悬念，也是老父亲心里解不开的结。他说：我知道他跟麻五打过架，麻五是个二愣子。

伯厚说：麻五即使有害人之心，也没那个胆，若是麻五所害，他为何也失踪了呢？这个连环案，水太深了。

就是啊，麻五为啥也跑了？还在同一时间。

张伯厚想叫毛驴歇歇，人下来牵着走，父子俩也并肩走着，伯厚又说：你在简上读过鸡血与人血，有啥区别没有？

仲景莫名其妙地看看父亲，说：没有，但我听人说鸡血稀，人血稠。

要是两种都干了，有啥不一样？

这我不知道了？爹你咋问这稀奇古怪的事？

儿啊，你都快成人了，家里出这么大的事，也不问个根起来源，分析个青红皂白。麻五拐三都是可怜人出身，家有妻儿老小，顾上吃穿都不错了，哪会有杀人之心？他们担不起这样大的人命案。

爹，我都听蒙了。

你要是把读医简的心力，拿出来一点思考村事，也不会蒙。你爷当初活着时，常念一句话：看破世事惊破胆，识透人情冷透心。

仲景惊诧地抽了口长气，半天没吭声。腿却走得呼呼生风，落下父亲一段。等父亲赶上了，他说：爹，也别把事看复杂了，你说拐三的事与你领我来见何大人有啥相关？

我把这事与你的前程联系一起了，是看你在村上这个鬼窝子里，别说有出头之日了，就是混个人模狗样都难。如果你把申家闺女娶过来，有了申风水这个贵人相助，再去为官，那是锦上添花。可这都达不到了，你的前景，为父得把心操碎，才能送你上正路。

这叫何大人判明吧，不知他真能看出我的未来前程？

能，他学问大，眼光高，能给人测世运前程。

要是他预测我能当官咋办呢？

伯厚拍大腿说：那是咱张家积大德了，有人为张家光耀门庭了。

要是预测我能从医呢？

他不会叫你从医的，谁会把个好儿郎指到医路上，背个褡裢串个房檐儿？

仲景站住了，问：爹，如果他要是叫我从医呢？

伯厚愣怔一下，自言自语地说：不会不会，绝对不会的！

仲景站下了，固执地问：要是会呢，爹？

伯厚别着头走几步，冷不防朝后摆摆手，说：爹就从他。

爹，咱可一言为定，定了就叫我早日去找二叔，再不腻磨了。

伯厚低声说：那是后话。

坐落在黄河与长江之间的南阳郡，是一个人杰地灵的大盆地。

出涅阳一地东北六十里，有八百里连绵的伏牛山，像一条天然屏障，挡了西部秦岭的苍莽。东南方又毗着逶迤的桐柏山，西南方紧邻荆襄，据汉江之上游，处秦楚之要塞。还因距南阳五十里的新野，是光武帝刘秀和皇后阴丽华的老家，这里又是汉朝的帝乡。

街有三四条，主街道十来步宽，正街有金货铺、布匹行、古玩当铺。街上走着挑担的、拉车的、背麻布包袱的。背街小道上有卖扁担、桑叉、牛笼嘴、竹筐、背篓和围锅麻辫的小铺，门前有江湖客或武艺人，当街杂耍。还有沿街叫卖花线香药的，卖香裱财神的，抽签算卦的，为街市平添热闹。

人们看罢算命的，又来看杂耍。因杂耍要收钱，看客们只能在边上装着过路的，看几眼，见后边有人端着木碗过来了，就溜掉。前边有瞎子老头拉着小女在街头卖唱，另有年轻的婆娘，坐在街边求为富人娃子做奶娘的。更有卖儿卖女的老人，在儿女脖子上挂个木牌，抄着手愁惨惨地坐等买主。街市最热闹的地方是算命摊子和贴官府告示的地方。常常围一圈子人，不少人对官府告示怀有好奇，期待揭告示的人，往往在告示揭掉之时，一个故事就开始了。

人们在农闲时季上街没别的事，不是找人算命，就是给人算命。那神仙见众人聚一起听他说话，有登台演戏的角色感。先询问生辰八字，再掐指，从金木水火土说到太极，凡世仙间，天上地下，太白金星，太上老君，连《周易》与河洛图，也扯到一起。听者云里雾里，从迷津听到迷惘，最后进入迷魂，算命的就成功了。

仲景跟父亲晚上在南阳郡住了干店，干店只有一床、一桌，连洗脚盆都没有，更不说早上的洗脸盆。父子俩凑合了一夜，第二天早上起来，到街边找了家小饭棚，要了洗脸水，抹一把脸，每人喝一碗猪血汤，吃两个麦仁菜饼，才开始去找何大人。

走到正街，才看到南阳郡的街道，有多宽，还有阁楼亭台，弯腰榆树遒劲苍老，一派古风。这时，有骑高头大马的达官贵人，后边跟着四抬小轿，有走在轿子前后的簇拥者，个个甩开大襟，横着脸瞅着当街游客，一见拥堵当道，就吭吭吭敲大锣，啸啸地呵斥开道。

仲景在琳琅满目的街市上，小心寻觅着，他想找到神仙摊上卖草药的，或遇上个医家。转过一条街，他终于看见个卖草药的，摆了灵芝、何首乌、天麻、黄精。仲景找到了兴趣点，欲上前打听价格，父亲拉着他叫快走。他边走边回头问，这药在哪里采的，卖药人说在灵山。他理解的是北山北边，还有更大的山，说不定二叔就在那里行医。

又拐三四道弯，伯厚在一家烧饼店前，打听到了何府。来到一条偏僻小巷，伯厚停下脚步，拉仲景并排站好，拍拍身上灰尘，又拢拢发巾，这才抬手叩门。先叩三下停住，等会儿再叩三下，开始喊：谁在家，请开门。

里边有人应声：哎，来了。

红漆大门内有拉门闩的声音，同时问过来：谁呀？

伯厚回说：是名医张伯祖的家里人。

仲景看了看父亲的脸，不由想起二叔在家时，父亲生冷的态度。

大门迟缓地开了道缝，开家手扶门扇看过来，身子对着来客，脸却朝后边堂屋，大声说：这是张伯祖的家人来了？

院里有人朗声回道：是名医家的贵客呀，有失远迎，快请进！

大门全部打开，开门人后退一步到门左侧。何大人已到门前摊手迎客。院里有两篷小轿，后边堂屋有偌大的厅堂，里边高朋都是穿丝绸长衫的体面人，未见民间白丁。父子俩跟着何大人进了厅堂门，才看清里边的人，有的掀竹简，有的研墨，有人抄简，成摞成堆的木简卷捆，在长条案上码放。

何永说：都别动，我们到后边去。说罢领着客人穿过前厅，绕过转堂，走过后院甬道，登上三级石阶，进到另一厅里，示意客人落座，又亲自取杯泡茶，落座后先问起张伯祖怎么没来？

张伯厚脸带赧笑，说：我是伯祖的大哥，二弟这两年为采名贵药材，老往北山跑，忙得顾不上回家。何大人这次回来是省亲，还是为别的公差，能见一面不容易呀。

何永说：回来看看，也没什么事。

伯厚说：何大人，你可是京城太学人士，周旋于公卿，游艺学问，至今不肯为官，有何机密？

何永笑道：汉朝的官非贤人为之，像我这等性情中人，不谙套路，为官何用，有一诗可表：

> 道为貌分天与形，默授阴阳禀性情。
> 阴阳正气天地真，化出尘寰几样人。
> 五岳四湖皆有神，金木水火土为分。
> 君须识取造化理，相逢始可论人伦？

伯厚说：好诗，好意！

仲景插嘴说：爹，我明白何大人的寓意，何永，何用？

何大人哈哈哈笑起来，看着仲景，说：倒是后生说到点上了，能解此意，方可了得呀。

伯厚奉和道：是哩是哩，后生巧合巧合。

何大人朝仲景注意过去，端详少许，说：好清朗的后生，你觉得这汉朝文化神秘吧，话里有话，弯里绕弯，都通着谶纬之学。故，擅长神仙巫术者，玩透这些弯绕，大都嘴上清道，内心鬼魔。

仲景感觉亲近无比，随着前厅的墨香气息弥散过来，自感与何大人神交心通。抬头看时，又见对面二楼栏边，倚了位俊秀女子，在静赏丝绢。他在乡下从没见过读绢的女子，如此出落凡尘的清雅。如果黄翠姑也能如此读文，那该添多少深情。少年一时惊诧兴奋，情怀纷涌，想表达却感觉不适时，不表达又心驰意飘，他下意识地咳了一声。

女子因听见楼下有少年声音，才出来站阳台寻找。此时低头看见一俊朗少年于厅堂往这看，一张粉脸腾地红了，搭起袖子半遮住脸，进了绣房，却从裙带边飘落一缕幽香气息，在院里弥漫久久。

张仲景顿感何府之贵之雅，犹如云中，顿升冥妙非想。

伯厚并没发现儿子瞬变的微妙，也没有发现微妙之中的异样，趁何永添茶的空间，指着院里的轿，对儿子说：你看，那都是官人所乘。

何永添了茶，问：张伯祖常在哪儿行医？

伯厚说：好像在伏牛山一带，那里药种多。

噢，伯祖救过我老父的命，要不是老人服他的汤药，怕是大水过后，身家性命难保，真得多谢名医呀！

二弟还是走乡串村，无固定住所。若回家来，会前来拜见大人。

哪里，哪里，我当去拜谢他。哎，这后生是谁呀？

伯厚感觉礼数有缺，脸红了，说：这是我家犬子，张仲景，今领他来，一是拜见高人，二是想叫大人看看他的材料，指明前程方向。

仲景起身站到何大人对面，鞠躬施礼道：见过何大人，学生这厢有礼了！

何永仔细看过去，见仲景头披藏青色幞巾，穿细棉长袍，一脸斯文气，言行有修养，又问：好个清朗俊才，多大年纪了？

学生到今年七月，满一十三岁。

平时读什么简，爱哪门儿学问？

学生在官学读过《春秋》《论语》，爱读医典《黄帝内经》，每览越人"入虢之治"和"观齐侯之色"，无不叹其才秀。

伯厚补充说：他在涅阳上过三年官学，平时看医简，学问不成体统。这世道巫术兴盛，医家难为，他二叔伯祖为此离家背井。故，我想请何大人从上层形势，天下局面，看看这娃是为官好，还是求医好。

何永看这衣着简朴的乡下娃，竟读那么多经典，且一提到医药，就见精神高涨，他笑着说：老兄你且用茶，我倒要好好跟这位小俊才论个道理。

伯厚认为何大人要教训儿子，以仕途为重，就打手势说：你可别客气，想咋说就咋说，该咋调教就咋调教。

仲景看何大人摊手请他，一起去了厢房，何大人没顾得入座，就站那问：你是想为官，还是想从医？

仲景兴致勃勃地说：学生之见，当今世道混乱，百姓愚顽落后，巫婆神汉横行，只有良医灼见，可以唤醒世人。

何大人满脸欣喜地问：以你之见，当今世道开明贤达之举，只有名医所为？你，继续讲。

仲景就像从来没说过话似的，把内里窝存已久的一肚子话，哗地倾倒出来：是，大人，名医在医学的起点上，晓达自然生命实象，精研病症医理，以医术救济苍生，并警醒庸世，世有真知灼见者，力克神鬼迷信。此逆境医业，应贤者为。学生听人讲过韩康避官，解其惑，受启迪。既然清高之人都隐居深山，说明官场那个舞台，都挤了什么角色。如学生带着满脑子学问去跻身，只会荒废学识，壅塞灵窍，摧其心志，受其委苦，哪有在民间行医术之道，通向学知生命之明境的好？

仲景道出了数年积聚的心里话，倒完感觉身心轻松爽朗，好好地站那，眼巴巴地期待何大人发落。

何大人也来了精神，眼里露出慈父般的神情，问：以你之见呢？

学生还认为，当今之世，妖医庸医风行，坑蒙拐骗者如麻。民众缺识少知，"神主天命"的邪说妇孺皆知。学生不愿随波逐流，沽名钓誉，只愿求索医术。

何永忍不住拍拍仲景的肩，郑重地说：好，人物小，道理大，尽见仁志也。我出洛阳半月余，行程数百里，还是初次遇你这般思辨严密的少年，有你在，汉朝有希望啊！

何大人，你看好学生从医？

可是啊，你知道现在天下朝野都极力兴巫，这巫祝八卦时代，学医是逆水行舟，吃尽千万苦，方有成功期。

仲景动作很大地从大裤腰里取出几根木简，展开捧到何永的面前，说：这是二叔在家教我盟誓，学生念给您听：

不怕世人嘲笑！不怕亲友白眼！不怕背井离乡！不怕冻饿路旁！不怕怪兽毒蛇！不怕吃人蟊贼！不怕独木桥断！不怕光棍一条！

听完仲景庄严的誓词，何永拍拍仲景肩膀，说：好，后生心志高远，干什么前景都会看好。

何大人，你支持我从医了？

但后生之言也有磋商处，韩康避官是名士清雅隐逸之举，并非逃世。若天下仁志者都跟他一样隐避，哪还有参政变法的改良者，愿意担当与旧势力博弈的重任。我在京城十多年，与官宦交道，多有博学仁志者抱着"学成文武艺，货与帝王家"的志向，跻身官场，不落贪官污吏之框套，只把良知存于内心，再说挟学为官，自古都是进取者所求，他们博功名，献良策出奇谋，挟术求进，参朝谋事，不少成为国家栋梁之材，青史留名。我意思是，你可不能借精研医术，而仿韩康的逃世隐逸之行。

大人所言极是，学生知道天下有高洁者，在上层显学达贤。可那得内耗精气，外损时光。行医者只守本技之长，落寞何村哪店，不忘施术布道？

何永又怔住，说：你有一条贤达心，为良医可做栋梁材，如为官也会造福一方。

可是我对官吏深恶痛绝，从无奔官之兴。

好，我知道了，你心在医道，不愿旁思，定会成就大功。

仲景激动地抓何永的手，摇着，不由泪泉涌流，挥泪说：多谢何大人，救学生于水火！

此话怎讲？

学生为学医株连家人遭难，会跟二叔一样逆行横流，一言难尽……

别灰心，看准进取路，青天也能上，以后有难处，你就来找我。我虽搭不了梯子铺不了路，却有上层知交，为你励志鼓劲儿！

何大人你是学生的导师，更是知音，请接受后生五体跪拜！说着要跪下，何大人赶紧扶他站好，面对面看着眼睛，说：走，去见你令尊大人。

伯厚在另一厅里，先是猜着何大人要问仲景些问题，指出当官的诸多好处，摆出大道理说服仲景，那真是老张家的吉星、贵人。可是等了半天，还没见两人出来，他觉得有点不对劲儿，怀疑两人是在密谋什么。就坐不住了，出了客厅门，走到厢房门口，听见何大人与儿子谈得那么投机，一贯在家扭棍别棒的仲景，竟侃得滔滔不绝，何大人更是一脸春风。他不由跨过门槛，吃惊地看着何永，又看看儿子，说：你看他以后人生道路，肯定是当官吧？

何永打个手势说：不，仲景才思精锐清朗，无一丝媚颜。若为官，会有独见不群；若为名医，则会前途无量！

仲景惊喜地喊：爹，你听听何大人说的！

伯厚怔怔地看着何永，摊手问：一小小儿郎，未涉世故人缘，老抱着医简痴读，还惹不清是非，如再助他，继续与巫师神婆们唱对台戏，老张家啥时候才能有个安生太平光景啊？

何永看出伯厚潜着的主张，笑着说：医学之路，学问浩瀚，得道不易，得味更难。我们扶持不了，只能鼓励他前行，会有无量前程。

伯厚又问：何大人，他给你说的啥，把你也蒙了？

老哥呀，张家出名医，得从长计，这娃有良医圣贤才，我没看错。

哎呀，我是来叫你扭转他求医的邪路，奔官吏的！

他当官太屈才，为医可济苍生，建千秋功德。

仲景九十度鞠躬，向何大人道了别，要拉父亲走。

伯厚甩手不睬儿子，还想驳辩，见何大人神色笃定，才悻悻地施礼告辞。

何大人最后一句话，是从门里头扔出来，嗵地掉到地上，又蹦了起来：千古名医出涅阳啊。

伯厚停了一下，想回话，见何大人转身进屋去了。

父子俩回家的路，是拉着距离走的，且再也骑不到一头驴背上了。就像去年到涅阳城招贤台的走法一样，父亲垂头丧气地牵着毛驴，仲景若有所思地紧跟其后，一前一后，走走停停，各怀心事。

不一样的是，仲景开始心疼父亲路途劳累，他要扶父亲骑上毛驴。

伯厚别着头，背起手，撩开大步独自走。

仲景做梦都没想到，何永一句话定了前程命运。父亲回来后低头不语，母亲问了何大人的指引，仲景如实说了，母亲转身去做家务。仲景走近母亲，怯生生地说：妈，我该去找二叔了，再别拖延了。

母亲听了不惊也不奇，停住手里的活，想半天，进东间去了。

仲景知道母亲是去给父亲传话，或安慰的，就坐那等。

父亲出来了，说：你把竹简都找出来，看有没有区分鸡血人血的说辞。

仲景赶紧起来，到自己房里把竹简抱出来，放到堂屋里，喊来仲祥一起找。仲祥不识字，只把各卷展开，摊到桌上便于阅读，仲景读一卷，他收起一卷。伯厚也在读，有点不耐烦。仲景其实知道这堆卷里没有父亲要的东西，但他还在耐心找，看看父亲忧虑地坐那了，他才不读了。

张闻氏委婉地说：这简都看散架了，哪有鸡血人血的字儿？

仲景看着仲祥一卷卷地收拢起，说：爹，简是读过了，有的背得滚瓜烂熟，我明天可以去涅阳城打听个人，说不定能得到明辨。

伯厚长叹一口气，说：不去了，说说你往下的行动吧。

我想去找二叔，赶紧进入正宗的医术研进。

家里那么多医简，为啥非得离家去外乡？

爹，我现在学的都是空头典文，对病症药理还没入门儿，更大的隔膜是，我还没学到把脉诊病之术，诊断不了病情，谈何救治，只能干着急。

叫你妈打包袱，瞅空送你走。

仲景一听这话，心咯噔一声，这是他多少天来日思夜想，经历多少磨难和眼泪，都不起作用的，今日终于来到眼前。他心里聚积多天的委屈，像开闸的水一样喷出来，在心里激荡。

秀娃在院里喂鸡娃，大声喊：不，我不叫大哥走。

第十七章

世上好事，都是磨出来的，成功是一件雕品，得经过千万次的精雕细琢。

张仲景要离家去找二叔了，是他夜里梦里都在想的事，可是二叔到底在哪里，他还得在家耐心地等。张闻氏瞅准这个机会，又借故软磨硬缠，叫仲景安心等着找到二叔音讯再出门，要不然去北山几千里，遇到老虎狼巴子，没有大人照顾，那不是送小命去哩。

仲景听听都烦，这都多大岁数了还要大人照顾。他还怕待在家夜长梦多，遇到事情耽误行程，就坚定地说：二叔在北山为人医病，找到个病家就成了。

伯厚对儿子的走，没有张闻氏那么眷依，已经答应的事，就不想改主意。他叫张闻氏为仲景收拾行李，张闻氏一找儿子的衣物，就掉眼泪。老两口私下商量了，张闻氏要给仲景一头毛驴，带上被窝棉衣和干粮。

伯厚说：叫他净身出去吧，一来试试外边流离的滋味，二来磨炼一下意志，如果过不去难关，回头是岸才好。你把他弄得严丝合缝的，样样安置得溜美儿，是叫他一去不复返哩。

张闻氏听听转过脸去，头脑里只显现儿子在他乡衣衫破烂，冻饿道旁的样子，想想又心酸起来，泪流了一脸，尽伯厚说啥，都没心听。

伯厚发现张闻氏的肩膀在微妙颤抖，低声说：能离家远行也说明儿子长大了，由着你想备啥就备啥吧，只要尽娘心就好。

张闻氏本来习惯了抑制内心的悲苦，听这一劝，反而更伤了，转身过去，把头抵在伯厚胸前，说：他爹，还是听你的吧，他娃子愿意舍下爹妈，我也舍得下他。说话得硬朗，临扭头收拾东西时，手还在撩大襟抹泪。

晚上，张闻氏在厨房里蒸馍，仲景溜进来了，捋起袖子要帮母亲和面。他不来还好，一来干活，张闻氏心里的伤又裂开了，难受得不敢看儿子，嘴上却连连唠叨：去去去，快收拾你东西去吧，别在这儿越帮越忙。

仲景说：我等着烧锅。说着出去拿柴，抱了满怀的硬柴过来，放到锅门前，坐下等母亲打火烧锅。

张闻氏看见儿子顺溜得好像变了个人，反而陌生起来，心里更不是滋味了，说：快去打点行李，该带的简都卷好扎住，我把药褡裢做好了，你去装药材。离了家大人不在跟前，作难时候自己扛，也好磨磨性子。还有，路上干粮吃完了，看见野地有果就摘了吃，野地没有果，该去讨要就去讨要，面子事小，身体事大，妈不图你学多大本领，只图你平安去平安回，就中。

说着说着，鼻音又重了，却发现儿子没回一声，去看时，见仲景勾着头在栽盹儿，头快要抵到灶门上了。张闻氏心疼，没喊他，擦了手到屋里拿夹袄披儿子肩上，又抓把麦秸放到灶台上，防着栽盹儿时碰着头。做完这一切，张闻氏站到院里黑影里，成把成把地抓着脸上的泪，抓了又流出来，抓不完的泪水，在儿子流落异乡之后，有谁知要流到何年何月。

正肝肠寸断时，听见灶火喊了声妈。她赶紧拭了泪进去灶火，问：咋才睡一会儿可醒了，快去屋里睡吧，发的面还没开哩。说罢又喊秀娃来，叫她来等着烧锅，把仲景推出了灶火。

仲景回到屋里，见仲祥靠墙歪在他的床上。原本小时候弟兄俩同住一床，母亲为了他读简清静，把仲祥支到另一间去睡。此时仲祥过来，仲景心里猜到弟弟的心情。他交代仲祥要多替父母操心，他们年纪慢慢大了，干不动粗重活，你带着驴娃多干，干不过来再找劳力。

仲祥听着听着，把头和脸都抽溜到被窝里。仲景扒开他脸，见他满脸泪流，用手背抹，抹着抹着，就泣出了声。

仲景说：哥去北山找二叔，又不是去边关打仗哩，一去回不来了。你以后想去找我，就往老北山跑，到那见着当地人就打听，只要遇到病夫，估计不难找，穰城人都是这样找到二叔的。

仲祥抹抹泪，说：哥，我不懂你为啥要离家找二叔，那到底有多重要，就搁着不顾爹妈的心。

仲景说：这怪哥没给你说清底细，你看哥现在光知道读简、采药，遇到病家不会把脉，也不会开方，连个医家都没入门，活的啥呀。

仲祥还有不解，问：你光说去找，到底知道二叔在哪里呀？去了找不着咋办呀？山里有绿眼恶狼，有吃人蛮贼，你身单力薄的打得过吗？谁救你呀？你走了，那不得把爹妈心操碎呀？

我走前砍个枣木棍子，带上防身，进山以后哥就练飞毛腿，叫四条腿儿的虎狼都追不上。

那不中，吃人贼比狼还恶，拿个棍儿中屁用，哥我得跟你一起去。

不中，家里缺劳力。

仲祥把头拱在仲景怀里，哽咽着说：哥，我跟爹妈都不放心，可咋办？

仲景犯难了，他甚至猜到母亲的心有多伤痛，俗话说，儿走千里母担忧。他心里也如刀割似的，一转念，横下心把明天上路的计划，临时改了。

第二天，天明后，仲景扛着锄头下地了。

张闻氏惊得一愣一愣的，问他去弄啥。

仲景说：妈我不急走了，下地干几天活再走。

张闻氏急不可待地喊仲祥：老二快起来，领你哥上西坡干活哦。

秀娃从门里一蹦出来了，揉揉眼，喊：俺哥不走了，在家干活喽！

这个阳光灿烂的早晨，全家人紧皱的愁眉，都豁然展开了。

黄家院里忽然冷漠起来，只有房后大槐树上，有鹧鸪在叫。

黄氏拿着铁锨在出灶火门前的渣土，这是家用垃圾堆，平时倒个涮锅水，扔个菜帮子，与扫地的灰尘，都倒在这儿，聚起来个大粪堆。下雨天一沤，施到庄稼地或菜园里，是上好的家肥。会过日子的黄氏，还要把锅底下的草木灰，掏出来兑上，用锨头挖起刨虚了，搅拌均匀，再一担担挑到庄稼地里。粪堆挖起时，臭气散发开来，翠姑在家织麻布，嗅到刺鼻的气味，喊：妈你别挖了中不中，臭死了。

黄氏说：我不挖谁挖，你干细的妈干粗的还不中。

翠姑说：你看谁家挖粪堆这么臭，张家是咋弄的，都没见臭气，庄稼也长得老旺势。

黄氏平时有点嫉妒张闻氏，很少到张家去，去年在张闻氏那借了二指宽的黑布，她还过去的是四指宽的布。张闻氏过意不去，又送来一块羊肉，她说啥都不要。她知道张家院里干净利落，灶火山墙边的粪堆，是用石头烂砖圈起来了，边上码了齐整的小埂。张家的光景曾是她内心的向往，只能在暗中追赶，却不愿去张家串门，去了叹自家命苦，找了黄义成本事不大，脾气大，整天在陈家混油了，老没心思下地干庄稼活。

她说：我知道张家的粪堆是摊开晾干，才撒到地里的。

翠姑说：要不我去问问？

黄氏说：你一天到晚想着张家，巴不得天天往那跑，还有脸说？

翠姑涨红了脸，一时沉寂下来，闷着头只顾织布，也没忘拿眼往窗外瞅。

黄氏不是听外人说闺女的闲话，而是自己细心察觉出来的。最早是翠姑拿她箱里的铜镜，频繁地去照脸，她把铜镜收起后，翠姑又到涅河水边去照脸。尽管翠姑每一步都是偷着来的，也没瞒过黄氏的眼。就连翠姑去搅申巧凤的局，黑天去张家为仲景拿医简，黄氏也滴水不漏地窥见了。这东汉天下还没有哪家妮自找女婿的规矩，从这事儿上，她算是知道闺女的胆了。这闺女既有黄义成的莽撞，也有自己的精细。可村上别家妮儿都不出三门四户，在家纺织，唯有她敢一人去树林里采草药，还敢上树逮麻雀，帮张仲景打狼，分明是个野蛮泼辣的假小伙。黄氏有隐在内心的担忧，张家娃精读一肚子医简，通达古今，那眼光还不得高过天去，能看上个土不拉叽的穷家妮儿。她认为这婚姻拼到最后，也是杨花满天飞，结不出个疙瘩果来的。黄氏曾找大仙测过，大仙说：张黄两家的亲事就像猪娃找羊娃，门不当户不对，谈到狗国也成不了。追到底落个竹篮打水一场空，你黄家还搁村上混不混。

为这事她内心又愁又烦，熬煎得吃不好睡不下的，又问大仙：你有啥招数断了她的疯癫之念。

大仙的眼吊成了三角形，陷进去更深，故意抬抬眉头，说：我说了原委你别听不进去，你家翠姑实底儿是个鬼，身带妖气，不见凡人状况，早晚都是个祸事精。

黄氏问：那可咋办哩？

大仙说：别叫她到处乱跑，钻屋里织一万尺麻布，缠到她嫁人。

黄氏回家就把闺女锁到织房里，叫她织布，织够一万尺。还得为家人做鞋，一共做七七四十九双，才能出门去晒太阳。她说这是神仙下的消灾术。

家里的织布机，放在灶火边的高粱秆棚里，母亲关她入织房并不保险，又用麻绳绕两圈儿，把高粱秆墙捆起来。她听到母亲说要做到四十九双鞋，心里惊觉了，这是母亲在关禁闭。偏在这些天，她听秀娃说仲景去南阳郡找大人物，回来说要去北山。她像一只孤鸟，被异样动静惊到了，一时呆在那，脸不再红，内心却在激流暗涌，她不知道仲景走前会告知自己一声不，不告知从此分手，此生怎么办。她急不可待地想知道他的想法，他的去向和归期，他的一切。

有天下午，翠姑看见秀娃在外边玩，她招手叫来秀娃，问：你哥啥时走？

秀娃摆手，说：不知道。

你去叫他来这，我有话跟他说。

俺哥说过，不叫你知道他要走。

什么，他说过这话，为什么不叫我知道哇？你把他叫来我问问。

俺哥不想叫你知道嘛。

翠姑的心被剜了一下，疼到了深处，她急得落了泪，抽泣着叫秀娃去喊仲阁来。

秀娃嘟着嘴顿着脚走了。翠姑觉得秀娃没指望了，大声喊：秀娃，那你叫仲建来一下，他有胆帮我。

秀娃头也没回地走了。翠姑如钻囹圄似的，再没心织麻了，也不思吃睡，掉魂了一样坐立不安，嘴里嘟嘟囔囔：我要见到他，必须见到他，见不到誓不罢休！忽然想起刚才扒开的高粱秆缝，又到高粱秆墙边看看，盘算着天黑前，能扒个洞跑出去。

风吹着高粱叶沙沙作响。黄氏在偷偷窥视闺女，看见翠姑热锅蚂蚁似的，就喊：看啥哩妮儿？

翠姑说：看小雀黄鹂飞。

黄氏说：妮家织布纺花是好规矩，到处跑会坏名声，连个婆家都找不来。如果找个拐子麻子瞎子，叫人笑话还活受罪。

妈，梭子坏了，我去坡上砍个木棍做新的。

黄氏进屋里看梭子，说：等你爹回来了去砍。

他不知道砍多粗的。

他还不知道哪道坡上有草药，哪条河边有小医家？

妈——！

专心织吧，这匹麻布织下来，我去城里换绸子，给你缝裙袍。

妈，你知道张家父子去南阳干啥了？

看看，看看，贼不打自招了吧。

妈，张机是有学问的人，会学成医术当上医家的。

他家跟陈家有生涩，料他学不成医术，也出不了大息。

翠姑不吭了，在母亲的眼皮底下专心织麻。直到母亲走后，她把高粱秆撕开个缝，弓着身子钻出去。跑到涅水边，目不转睛地往张家宅院张望，看半天也不敢冒昧去叩门，就心灰意懒地唱：

涅阳水那个清悠悠，

清水流自那个山里头。

水边花儿开满坡，

心上的人儿……

仲景干了三天地里活，饭量增加了，脸黑了，个子好像猛一蹿高。张闻氏别提心里有多高兴，还幻想着儿子能在庄稼地里找到兴趣，长久拖延下去不走了。可是这天仲景从地里回来，就拉住她的手，小声说：妈，我可该走了吧。

这些天，家里人各干活路，忙碌中呈现的和睦气象，直回到了多年前儿子少小时的光景。这期盼已久的和睦，刚开始可又到头了。她忆起过去每次说叫儿子走，说说只是说说，能拖多少天就拖多少天。此时听到儿子说走，就知道再没拖的理由了。可她的内心又像敲锣一样，咣的一声，惊到了心里，马上又勾出不少猜想，比如儿子在荒草野坡里遇到恶狼，沟坎山洞前碰见妖怪野鬼，夜晚里找不到干店住，吃完了干粮饿肚子，渴了没水喝，一连串问题，都出来了，还都揪心动肝的，她不知怎么办。

张闻氏进了里间，看看几天前就已收拾好的包袱和褡裢，泪水又掉下来，沉溺到伤痛里，无法自拔。她抬头看看屋顶，自语：老天爷呀，有办法留住我娃没，只要有，我拿老命换都行啊。

正在这时，她听见儿子在院里与父亲对话，她拭了泪，站窗下听。

伯厚说：收拾好行李，叫仲祥送你到见着你二叔。

爹，不用送了，反正就在老北山，边走边打听，不怕找不到。

送还是要送，叫仲祥知道你们在哪儿，家里遇事好去找。

那中。

张闻氏听到这里，心稍微放下了些。她从里间出来，见仲景笑嘻嘻地把扫把放到墙角，把锨靠到巷道里，又为父亲沏茶。看到父子间的亲热，张闻氏知道伯厚又犯了一根筋的毛病，她却不愿这样容易放儿子走，便又在内心打主意。她出来院子就往大关坑北边跑，跑到黄家急切地喊：翠姑，翠姑，妮在家没？没见应声，她转身要走。黄氏出来了，撩起细嗓，喊：是大嫂来了，可是个稀客哦，咋不进屋哩呀，快进来坐啊。

张闻氏见黄氏跟唱戏一样撩腔弄调的，有点不实在，说：我不进屋了，来叫翠姑看看秀娃眼里眯了灰糁儿，她眼色好，给吹吹。说罢转身走了。

满怀狐疑的黄氏解下围裙，悄悄跟踪过去。临走丢给翠姑一句话，你张娘找你不知有啥事，我去河边看看她那弄啥。

翠姑刚在小床上睡着了，听到母亲的话，马上揉眼坐起，见母亲往河边跑去了，她也跑了出去。

张闻氏跑到涅河坡上的树林里，大声喊翠姑来这。

翠姑如听天外之音，穿林渡水地飞奔过来，激动地红着脸，喊：张娘张娘，我来了你有啥事儿啊？

张闻氏等翠姑走近了，一看发红的脸，不由心生嫌隙，马上冷下脸来，说：我长话短说，仲景快要走了，妮该拿个招留住他，如果能留住，娘给你好处。

翠姑低声问：张娘不想叫仲景走，说成了给俺啥好处？

娘会给你好绸缎，认你当干闺女。

张娘，俺不要绸缎，啥都不想要。

你想要啥？

俺要的东西你知底，也能给。

别想多了，我只托你干这一样。

你想叫俺咋办，才能留住他？

尽你的招数挽留，只要他不走就中。

张娘，你去叫他来见我吧，我在这里等。

张闻氏一溜烟走出树林。可是翠姑直等到天黑，都没见张仲景过来。倒是秀娃来了，说：翠姐别等了，俺哥说啥也不来。

翠姑泪水唰地流下来，头抵着树哭了一会儿，才悻悻地回家去。

仲景决定明天走，已经是板上钉钉的事。伯厚又有吩咐，要他在走之前，到各家近门亲邻去道个别。

仲景要离开了，忽然感到村庄亲近起来，老在想过去，小时玩耍的旮旯狭缝，晒暖老人讲的故经，与小伙伴在河滩上的滚爬，那些伴随童年的游戏，都一幕幕呈现出来。他想，除了今日去看他们，往后还要用好医术报答他们。

按父亲的指点，先去了辈分最高的二奶家。仲景内心虽有不快，但想起二奶那么大年纪，他马上就愿意了。二奶的门前草木很稠，只一条小路，细得鸡肠一般，他走过小路就喊二奶。

二奶哎哎地出现在门口，身子靠在门框上，腰深度弯躬下去，人瘦小多了。

二爷死去一年多，她都经历什么，变化这么大。二奶弯着腰看仲景时，把头尽量抬起，很吃力地撑起脸来看。她让仲景坐到屋里草墩上，拉着手说：你二爷给我托过梦，说你能当好医家，有你这好脑瓜子，去跟申风水学几手，再读些简，哪还不得吃遍涅阳城？

仲景记得二奶是最反对医术的，曾阻挡过他为二爷治病。他有些不解，却笑笑说：我要找二叔去学医，从把脉辨证到术方，那里边学问大着哩，等我学成了，先保二奶百岁安康。

二奶可不定能活到那光景，就得找你二爷去，他在阎罗殿里老给我托梦。

二奶说到这，忽然拉住仲景的手，抵到眼上，流着泪，说：你二爷还没忘你二叔，当年你二爷犯瘟疫，是你二叔医好的，所以他到死都不信巫。

仲景大吃一惊，眼前现出了一年前二爷临终时的情境，他有点不相信二奶的话，问：二奶，你当时咋不叫我给二爷治症候？

二奶两手捂脸，抽溜了一会鼻涕，竟呜咽起来，稍时抑住自己，说：娃呀，那年发罢水，家里只剩半斗谷子，只够三口人稀溜溜喝几天，喝完就没个粮食籽儿了。如是我留世上，还能出去讨个一碗半碗，你二爷饭量大，他要活着，只能叫家人都饿死得快。

仲景恍然大悟，明白了当初自己拿灵芝过来，二奶要给自己灌辣汤，力拒救治二爷的原因，原来是因家里断粮，放弃了二爷的老命。

他同时也回忆起，在村上以贤惠出名的二奶，每年宅地上桃子红了，摘下来送给各家邻居尝个鲜。平时做个发面酵子，也要送给七邻八舍都用，年底杀了羊，把最好的肉块送到自家。谁不说二奶是村上最贤惠的人。可她竟能在人命关天时辰，看着二爷离世都不让人救治。如此顿悟，促他成长，原来世上并不是所有的好人一直都好，坏人也一直坏到底。

再看二奶脸上纵横的老泪，显然是愧疚和悔过。仲景从多面的二奶，想到了父亲和大仙，父亲是村里公认的好人，可他从来不顾及自家亲弟弟，对二叔的冷漠，对四叔的无情，使仲景一想起来就耿耿于怀。而陈大仙却对他弟弟二郎神，关照得像大儿子，陈家弟兄关系和好，成了村人嘴上的榜样。还有在四叔家遭火灾后，第一家送去粮食的，也是陈大仙。可父亲只是板着青脸，逼四叔去井上打水，叫众人欺凌四叔，还说是逼他知耻而后勇。

从这两个人物，仲景看到了人，都有沉入世俗里的混沌。这让村上许多事呈现麻花理，扭歪缠结在一起的纷杂，让他看不透，也进不去，只能做个局外人。他更有不解，为什么放着医术那么好的学问，村人都不去钻研，偏要搅在刺笆架里去找磨难，耗心力呢。看来离开张寨找二叔，是解救自己不陷进村俗的唯一路径。

二奶还在哭。他拍拍她手背，心头木木的，说了句保重，就走了。

仲景从二奶家出来，又去了三婶儿家。

他一进院子就闻到扑鼻的香气，不由看见院墙上爬满了金银花的枝条，蔓缠的、斜依的、倒垂的，披披洒洒盖严墙壁。仲景觉得这花跟二叔院墙边种的，好有一比。可这并非开花季节，香气从哪儿来的，他四下看看，发现房檐下挂了两布袋东西，走近前抵到鼻子上闻闻，是风干的二花。

三婶儿赵氏在床上歪着，瓦房里木窗太小，透气不好，屋里弥漫着草药味儿。简陋的旧瓦房里，有一个红漆箱子，仲景记得母亲说过，三婶儿是大家闺秀，就是福薄命苦，才到中年，就过起了孤儿寡母的日子。母亲虽然同情三婶的不幸，却对三婶儿处世说话，有不少看不惯的地方。仲景从青蛇偷吃鸡蛋的事儿，看到了母亲的强势，三婶虽不是脾胃厚的那种，也能含能忍的。

仲景再看看三婶床前土坯垒的台桌，放着小木碗，碗底留着黑黑的药渣，仲景眼滋儿地亮了，拿起木碗好好看着，问：三婶儿，你的药方谁开的？

三婶苦笑笑，说：是你二叔走前留的，是神方，才喝半月心不跳了，能出来一口长气儿了，也能下床干活了。

仲景问：三婶儿，能记得是啥症候，用的啥方术吗？

我记得有五味子、枸杞、山楂，别的记不得了，是治气血虚亏的。我听说你要去找他，真是大好事。我早说呀，你啥时候找到你二叔，就啥时候成，找不到就只能当个半吊子医家。你知道你二叔为医术下了多少功夫，那比你爹当里魁操心多了。你成功以后，叔侄俩定要一起回来，人们会排成队拥住门去求医，你们就是涅阳的救星。

仲景没想到终日睡于病榻，不出门户的家庭妇女，这么有眼界，他像在河滩乱石里，发现一块表面蒙着沙尘的玉，擦掉沙尘，即见温润鲜灵的光。他真后悔平时卷在杂事中，没深入人心里，看到她们的光。他说：三婶儿说得极是，我找到二叔学成了，一起回村上施术，也叫巫家消停一下。

三婶儿摆下手，说：巫术也没啥不好，老祖先最早是拿巫术医病的，后来巫师们看到百姓推崇又能挣钱，就耍起了花招，把巫术带邪路上了。你看申风水卜卦算术都很准，不管啥行当，都有好坏人。不过呀，医术是玩真的，实打实地不知宣扬，只知看症候，把戏场让出去了，人家才兴旺发达。还有个理儿，你二叔是个一根筋，玩不转巫婆神汉，只想逃。他要是有你爹的能耐，就不会到处漂了。可惜你爹一点都不顾及他，连点儿同情心都没有。我看以后就指望你了，只有你能顾他，叫他尽早叶落归根。

仲景听听，三婶儿把世事说得头头是道。从这里又验证了好事坏事的辨识，有角度不同，也有看法不同。这道理好像与医病也有关。此时，他心生无限的学识欲望，只想马上见到二叔，探讨医术，也探讨人情人心。

仲景想等三婶说完即走。谁知三婶儿的话，像扒开堤口的水，哗哗往外涌，涌得收不住口了，言辞里句句不离你二叔你二叔的。仲景忽然悟了出来，原来三婶心里的二叔，是存藏在心里的，是日思夜想着的，是盼着早日回来的。仲景感觉暖心，也有愁的滋味。他认为三婶儿患的是心念，也是心愁。如果二叔能回来，两方孤寡相处，或合成一家，真是件大好事。他感觉心里少有的宽慰，想以此事把二叔叫回来，是最好的理由。他说：三婶，我找到二叔，一定禀报你的心愿，让他早回。

说罢要走。三婶忽然流了泪，抓住他手，说：可是你二叔被桃红的事伤过头了，心都死了，唤不回来了。

仲景无奈地说：那我就劝他叶落归根。

三婶说：你可别在他面前提我，你想啊，他回不回来与我何干，我只是腊月萝卜闲操心罢了。

仲景听见这话，觉得把那个心领神会的好故事，打断了，他懵乎半天，觉得独自清净的三婶房里，也存着复杂的世故。他道了别，起身走人。

出来三婶家，碰见仲阁妹妹站在路口，羞得交叉起两手扭着衣角，看见仲景局促得红着脸，有点喘不匀气了。刚过十二岁的仲阁，是三婶的闺女，又瘦又弱的身腰像柳条，好看的瓜子儿脸，柳眉清秀，杏眼澄澈，人腼腆得不敢抬头看人。父亲在几年前发大水去世了，因为孤儿寡母的小户人家，赵氏老怕外人欺负，从不让仲阁出门，地里活都交给仲建去干，仲阁更加封闭怯弱了。

直等仲景要擦身过去，仲阁声音像蝇子嗡：大哥，秀娃说翠姐她想见你一面，还有话跟你说。

仲景也敏感起来，在父亲提出去见村邻时，他在内心列了人家，就把黄家撇开了。他想黄翠姑，就像早晨东天的霞光，看一眼会眩目，再看会入迷津，陷进去不好脱身。他决定这次走，谁都可以道别，就是不去黄家。省得伤着她，也省得惹起丝丝连连的纠结。

他正想绕一步走过去，仲阁又低声说：大哥，翠姐老说学医好。

你都听谁说过学医好？

大关坑边的人都这样说。

仲景听到这话，心头轰的一声，原来村人都看好学医，可为什么还跟着巫汉闹打网，到底什么时辰是真，什么时辰是假。

仲景说：哥不见翠姑自有道理。

往下仲景去了四叔家和李家，七姓八别的，到门前只怕拽住后脚不让走，说句话就走开。眼看天色昏黄，鸡狗归家，牛羊上圈。仲景最后来的是陈家，走近陈家宅院，他想起上次来是讨小香命的，那伤心割肝的时候，很难忘掉。他硬着头皮站在院门外，冷冷地问：谁在家？

他想如果没人应声，转身就走。

可是大仙尖声应道：谁呀？是张机呀，娃快进来吧。

仲景站在门外说：陈叔，我要走了，来道个别。

陈大仙明显被门外的消息惊到了，赶紧问：娃上哪儿哩？去干啥呀？快进来细述。

仲景并没打算进门一步，他手扶门框，像一滴油浮在水面上，看是连到一起了，却难以交融。他说：我想去外地学医。

啊哟，那真是件大好事，娃想上哪儿去发达啊？

先去外乡找熟人，熟人再帮助找医家先生。

大仙知道仲景去学医肯定要找张伯祖，但他不在意仲景撒了谎，反觉一颗吊起的心放了下来，稳稳地落在糟里。他说：好吧，学医比当官好，娃学成可得回来，不用说，全村人都在等你的音讯。

仲景说：陈叔，那我走了，日后见！

大仙问：去的地方远不远，多少天再回来，可别把叔想疯了。

仲景感到言不由衷、夸大其词不仅没有意思，而且会把人教虚荣，他没回话，就转身走了。

大仙还在热情洋溢地放美言，仲景只当耳旁风。

第十八章

仲景刚转过院侧面，张闻氏慌里慌张跑过来，拉住他袖子，说：娃呀，你不用串门看谁了，快去见个要紧人，也不枉你们两小无猜地，相好一场。我还得给你说个事，那个申家妮儿已经嫁人了。

仲景被母亲没头没脑的话说蒙了，还被母亲跟跄拉到河边树林里，不由分说地推进去，说：去吧，我先前叫她在里头等着你，积个福去见见。

仲景已猜到母亲说的是谁，他想问母亲，见翠姑有啥事，母亲已飞快跑到村路上了。仲景感觉有点窘，人是钻进林子里了，脚却扎根了似的不动一下。正犹豫不决，忽听树林里的歌声，清脆得像啃黄瓜样的歌声：八月里桂花香，九月里菊花黄。仲景不由自主地徘徊两步，转身就走。

翠姑抄到离仲景几步远的前头，隔了两棵槐树，红着脸，说：上哪儿去？我等的就是你。

仲景怕她吐出敏感的话，说：我来找个草药，没找到，想回家哩。

是啵，要是不找药咱们就碰不见了，就远走高飞到天边了。

是啊，我要去北山找二叔。

正好，我在这等你，是张娘托我说句话，她想叫你留在家，绞尽脑汁没招数，才来托我，老人好可怜呢。

仲景吃惊地问：原来我妈找你，叫你跟我说这话？

我只是转她的话，并不想叫你留村上，我当面承许她，心里又违背，是我懂了老人的心，但我的心有谁懂啊。翠姑眼里噙着泪，哽咽着说：大仙说我有邪病，叫我妈关我，关我进织布房几天了，为了你，这才偷偷逃了出来。

仲景见她哭了，有点着急说：你有话说嘛，我在听。

你妈怕我跑出来找你。

不对，是她叫我来这的，为啥怕找我，我俩瓜清水白的。

村上鬼多闲话多，我都不怕，就怕你说这话，难道你的心，是个冰疙瘩。

我知道你受了不少委屈，可我得离开这，就得放弃很多，顾及不了别的。

翠姑冷不防扑上来，把脸抵在他脖弯里，说：你会解我心中意！

仲景没张开臂膀，身子直直地站在那，感觉她的气息那么热，他推一下她，后退半步。

这一退，翠姑身子也往前倾半步，仲景再往后蹭半步，步步留着间距。翠姑无能为力地看看他，双手捂着脸，蹲下去靠着树根儿边捏鼻涕，边哭诉：你走了我可咋办呢？你想过没有啊你？

你，怎么咋办？再长大些，找个婆家嘛。

翠姑说：你都走了，我上哪儿找婆家呀？

我这一去就没了根儿，到处采药医病，游村串乡的，你还是找个好人家，过安稳日子吧。

翠姑站起身，咂地推了他一把，说：你还给我指路啊，你走吧快走吧，管我的死活干吗呀？

仲景为难地说：真对不住，我真是不想叫你受一辈子苦。

自打心里有了你，我就知道有苦受，可我情愿，不后悔！

也许我得十来年都回不来，有我二叔跟桃红的故经在那证着。

那我等你十来年。

要是三十年五十年，或一百年都回不来哩？

我愿等你一百年。

仲景心酸了，暗暗庆幸自己遇到了生死相许、忠贞不渝的奇女子。面对这个好妮儿，他更不能为一己私情，拖累她一生。仲景忽然笑着说：开玩笑哩吧，谁能活过一百，你情我领了，且祝你好运！

仲景边说边退，然后转身出来树林，逃也似的跑了半里路，听见树林里传来呜咽哭声。他猝然站住，抬手抓抓后脑勺，又摇摇头，大步走开。

仲景晚上睡到床上，老有事搁在心里，好像与村人相处时，引起的思考，难啃得像古简一样，虽读过了，却没咽下去。特别对三婶的话：巫术也没啥不好，老祖先最早就是拿巫术医病，后来巫师们看到百姓崇巫，就耍起花招捞钱粮，把巫术的路走偏了。三婶儿的说法跟二叔是一样的，古代是先有巫术，后有医术。

他瞅着房屋顶棚，心想，得亏听了父亲的话，到各家道别，还真见识了不少世理。回想自己平时只顾读简，大关坑边上多少人场，说的天南地北，前朝古代，自己都跟局外人一样不理睬。现在想来，也是偏见。

次日清早，太阳刚照进半个院落，大仙来了，送了一张荷叶大的锅盔馍，焦黄晕团，散发着麦香味。把锅盔递给张闻氏后，上来抓住仲景的手，热呵呵地说：娃到北山找到你二叔，代我问个安！如果他能回来，我举双手欢迎！

大仙能在这时来，伯厚就够感动，听到此话，全场的人都很震惊。仲景更惊讶，见大仙一脸的虔诚，他心动了。忽想起昨天三婶儿的话，他也感谢了大仙，一笑抵消过去的怨恨。

接着是申风水跟涅阳官学边药材铺里的老先生一起来了。老先生拄着拐杖，进来也不坐，也不顾场面，站到屋中间抓住仲景的手，要告诉张伯祖所在的地方。伯厚打个手势，使眼色叫仲景请老先生上座，他这边把大仙送走了，才拐回来叫老先生慢慢说。

老先生小声说：伯祖现在杏花山，从张寨出去往北走，七八十里就到。

仲景如获至宝，躬身施礼，问他有啥事交代。

老先生说没事，代我问伯祖个好，等你学成了一起归来，我积存好药等着用。为啥我交代后生学成一定要回来，原因是光用医术施治，还有偏差，咱老祖先在古代就兴巫，巫是医的前身，你学了医回来后，我给你找个巫师，修炼两年，医巫共施，定会妙手回春。说罢拱手离去。

伯厚送走老人回来时，仲景已泡好了茶，一碗递给申风水，一碗端到父亲跟前。伯厚知道申家妮已出嫁，也没跟这边说一声，内心有点隔膜，缄口不语。申风水没顾及儿女婚事的嫌隙，说：我不多坐，只想对后生送两句话，我记得早期听人说过《黄帝内经》。你跟着伯祖学医，真得把巫术也兼修一番，不能让这门好学问断了头。另外，你外出时还要切记几点：一不要靠近破庙野井；二不要进无人的山洞；三不要搭理孤寡婆妇；四不要吃路旁弃食；五不要理荒兵乱役。另有重要一条，你还不能诊脉辨证，不要给病者施医，免招讹诈。还有一条叔最担忧的，你无论走到哪儿，都不要对老家人透露你的居所。

张伯厚听得脊梁发凉，惊心动魄，也心服口服，说：还不谢过你申叔，他是当自家亲儿子关照你的。

仲景一直肃立在那，低头聆听，此时后退半步要跪谢。

申风水赶紧起身阻止，扶他站好，说：你得处处多长心眼儿，观世识人。

只因你担当着涅阳的医术，在昏世里独自举炬，照亮人心，日后回还，将是父老乡亲的救星，也是申叔预言要出人物的见证。

仲景听到此时，忽来灵感，认为这是与何大人一级的宏论。原来申风水也有这样的高度，像突起的崎峭峰顶，诠释了高山仰止的涵盖。没想到世上有这么清雅的典范，给人启迪，策人奋发。他大为震惊，体内的血流顿时涌动，直冲头顶，他抱拳道：申叔的教导，晚辈句句铭怀，也望申叔大人保重！

仲景这就要走，却没见母亲露面，进到屋里，见母亲泪流满面地坐在床前，身子止不住抽泣与震颤，摇动得东倒西歪的。他忽然走上前，扑通跪到地上，两手扶着母亲的膝盖，说：妈，我不会像二叔那样长时在外流落，我家有高堂和弟妹，还有亲邻牵挂，儿学成即回。

伯厚送走了申风水，仍担心张闻氏过不了与儿别离的关，冲进来拽住仲景，说：东西都收拾好了，快上路吧。

仲景会意，出来院门见仲祥已牵好毛驴，说：哥，走吧。

仲景跟着弟弟走出村子，回头看看相送的人，那么多高高低低的老人小娃，站在村口。他不由内心眷恋，走几步回头挥下手，说：都回去吧，我去些日子就回来了。

出来村，仲景转个弯感到一身轻，弟兄俩相视一笑，就要挥鞭策驴，忽听女子呼声。他扭头一看，见翠姑在槐树斜枝上，挂了条半尺宽的白麻布带子，还打了个环。

仲景不解地问：这是玩的哪一出哇？

仲祥说：像是有人要上吊。

仲景赶紧下来毛驴，问：翠姑你，为啥要这样胡闹啊？

翠姑耷拉着眉眼，说：你走了，我还有啥活头？

仲祥说：我哥又没咋着，你好意思这样闹？

仲景赶紧插话，说：我真是给不了你什么，只能叫你遭罪受难。

我压根就没想要享福，只愿意跟着你受一辈子苦。

仲祥又说：想受苦你去受嘛，缠我哥弄啥？哥咱们走，叫她任性去吧。

仲景迟疑一下，走了几步，听见扑通一声，回头看时，翠姑一头扎到河里，掀起一圈水花，身子在水里扑腾着，发出呜啊呜啊的声音。

仲景喊了声：翠姑，你个傻妮儿快上来啊。说着，折个树棍递过去，叫她抓住。翠姑抓几下没抓住。仲景把棍子挑住翠姑的后襟，喊仲祥来帮着往上拽。仲祥来了，翠姑又被水浪卷走。

仲祥说：我想起来了，黄姐会个狗刨，你自己上来，我哥有话说。

翠姑扑腾几下，浮到岸边，两手抓着树根爬上来，坐那抹脸上的水。

仲景泼烦地说：翠姑你明理不明啊，求你别闹了，中不？

翠姑说：我不明理，是仲祥说你有话说，我才上来的，我要你说话。

仲景说：憨妮你没长大呀，我话都重复多少遍了，俗话说：好话说三遍，鸡狗不耐烦。

翠姑高声嚷：那你编，说一句叫我等，不说我还跳。

仲景说：那你就等吧。

仲祥连推带搡把仲景推到毛驴上，喊了声驾，毛驴扬蹄前行。

翠姑嚷：你就是骗我，我也认了，你可得记住，我会等你到白头。

仲景心有点乱，低声说：百磨千难都经完，还有这团乱麻缠。

仲祥大声喊驾，驾，驾！毛驴飞奔而去。

吃罢早饭，天起雾了，迷茫茫的大雾罩着门外，大树只剩一根棍子，篱笆墙影影绰绰。往远处望，啥也看不见。

黄义成揉揉眼再睁开，还是看不清那片迷津。他听黄氏说闺女一大早没见了，他知道张家娃这天要走，门前不知多少人去送，明里是送小医家的，暗里是巴结他爹的。张家院门内外喧哗声很响，好像河水涨了潮。义成站到大关坑边上看了几回，想过去看看热闹，又不愿妄动，一是因为张家对翠姑的事不理睬，明显看不起黄家；二是叫陈家看见了，也有不方便。可他看着看着，见大仙也去了，还拿了礼物。黄义成像被人点了穴，当即蹲下去，又抱头又搓脸，完全蒙糊了。他感觉奇怪，彼时结那么深的怨，此时又上前讨好，这村事越来越像大雾了。

他认为张家对翠姑是在装迷糊，好像从没发现儿女之事，逼得自家妮瞎张狂，整天朝张家望，人都望憨了，张家也没个反应，莫非老张家铁了心。黄义成为顾个脸面，干脆不跟张家接近了。听着张家院里人声消停下去，义成估摸张仲景该走了。他回来钻屋里跟黄氏嘀咕半天，叫黄氏去找翠姑，她不在人群里出现，肯定会私下拦路。

黄氏正要出门，看见翠姑一身湿衣出现在门口，披头散发，直瞪着眼，一脸沮丧。

黄义成冲过去，指着她问：疯哪儿去了？弄成个落汤鸡儿。

翠姑经历了生死别离，好像也脱出了生命的拘禁，觉得以后这世上再没有什么可怕的了，自己对什么也不在乎了，红着眼说：我送张机走了，他说叫我等他。她认为这才是最大的事，关乎一生一世，说出来家人会认可。

谁知黄义成窝了一肚子闷气，猛吼一声，蹿上去搡她一把，嚷道：你把黄家的脸都丢尽了！

黄氏怕男人爆发的呼叫声，惊动邻居，更怕他出手打人，就把翠姑搂着拽着拉到屋里，关上门，拿出干衣叫她换上，说：这一身湿从哪儿来的，是不是张机推你落了水？

翠姑抱着膀子坐床帮上执气，就是不回话。黄氏拧住她胳膊上的肉，咬着牙说：没长心是吧，等着你憨爹动家法是呗？

拧得翠姑哎哟一声，才拿起干衣服去换。

这时，黄义成跑到了陈家。平时，他心里有了疑虑就找陈家，已经习惯了。可是此时他内心还有疑虑，那就是大仙去张家送礼的事，与他有点生分。义成一进门就跪下求道：神哪，去给我家驱邪吧，我家妮儿变活鬼了！

大仙最近一直在为仲景临走来他家，感到得劲儿，他还发现内心拐了弯，觉得过去对张家有误解，做得也有些过头。他想寻找个思路，好好想想张陈两家的事，到底有多了不起，值得结仇。此时，他正在打量黄义成，忽听后院有尖叫声，他跑过去一看，是小儿子耀能坐在磨扇边上哭，小腿正在流血。他不用问就知道，是耀能跑得快绊倒了磨扇，压到小腿上。

他上前看看，耀能的小腿有一半被压着，可能是断了，可着嗓子哭号。大仙去扶耀能，扶半天那条腿仍跟棉捻子一样，站不起来。他问磨扇是咋压到腿上了，耀能哭着说，是辘轳过来压到他的。大仙奇怪了，这磨扇怎会自己辘轳过来呢，莫非有鬼。他内心忽然开了个洞，想起，这正是捂死拐三的那个磨扇，急忙算算，事出才一个月，怎么就回报到儿子身上了。大仙喊二郎神过来，背上耀能去涅阳找对骨的医家。

看着耀能腿上的血，直从院里到门外，鲜红的血滴了一路。大仙内心惊异，认为耀能的腿伤，是神在暗中报应的结果。他爷呀一声呼叫，扑散开胳膊腿，软软地坐到椅子上，闭起眼，不看义成。

黄义成也慌了一阵，等二郎神背着耀能走开，他又开始絮叨翠姑的事：俺家妮像是疯了，你得去镇捂住她。

大仙心乱如麻，闭着的眼还是睁开了，低沉地说：你家妮儿头脑有毛病，可是，娃们自己的事儿，与鬼有啥相干。

你行行法术镇捂一下，我们管不住。

其实，黄义成的言行也是在表演，他已经把大仙这当成舞台，自己犹如当戏子，他想拉拢大仙别跟张家好，要看重他的忠诚。他的潜台词是，我不支持闺女跟张家娃，这是我对大仙你的厚诚，也是对巫术的信奉，你给张家送礼的怪事，我并不在乎。

大仙把手里的仙棍朝地上捣一下，说：不说那话，法术是镇妖降怪的，好好的妮儿，搁着惊动法术？再说了，管闺女不是当爹的事，是婆娘的活。

义成听得有点蒙，他想要在平时，大仙早披上黑布去镇鬼了，他也会跟到大仙后头，装神弄鬼地乱比画，引人观看。义成不安地说：妮是跟张家娃学坏的，身沾妖怪之气，你给她得降下去呀。

大仙心里跟刀绞一样，说：不要诽谤张家了，人家娃立志求医，日后说不定成名医。

义成听见这话，又想起大仙去张家的事，头更蒙了。

大仙说：家务小事，回去自处吧，我不想把年轻人扯到邪门歪道上。

义成一拍屁股回家了，进门来叫黄氏帮着把翠姑捆好，举到肩上扛起，往陈家跑。到了陈家，把翠姑扔到院里地上。翠姑在地上踢腾，义成见管制不住，喊人来往树上捆。

大仙摆摆手，嚷道：慢着，你快把妮扛回去，叫你婆娘劝，俗话说，看看闺女的衣裳襟儿，就知道母亲有几分儿。

义成别着头瞅瞅大仙，仍不懂发生了什么，只得把翠姑又扛回去。

黄氏见义成回来了，上前接着翠姑，把身上麻绳解开，拉到里间。然后出来问义成：大仙到底咋镇捂妮儿的？

义成的脖子别着，说：他家二娃叫磨扇压断了腿，只顾心疼哩。

黄氏一听站那不动了，眼看着大关坑前的张家宅院，问：那个张家娃走前，去看望不少家户，就是没来咱家，这里头有啥套搅。

黄义成一拍大腿，说：我想起来了，张家娃去了陈家，可能送东西收买人心，大仙变了卦。

黄氏说：这都是你的运势，临了叫张陈两家合伙算计了，以我看，妮的事不行，咱就赶紧把脑袋拐个弯儿。

义成进到屋里，指着翠姑说：妮啊，张家娃叫你等着他，你就等，等他回来了，叫他托大媒来提亲，咱家就有面子了。

翠姑在低头看地，内心闷得像黑箱子，此时猛自抬头，惊讶地喊：爹，你想通啦？

黄氏不紧不慢地说：妮儿你可千万得稳住劲儿甭慌张，叫张家娃回来亲自上门来求婚，你就成了。

黄翠姑一下子变乖巧了，她揉着被绳子勒的胳膊，不时嗯嗯回应。

次日，黄氏在院里晒谷子，忽听铁柱大声喊：妈，好事来了。

黄氏扭头往门外看，见铁柱红着脸跑进院来，说：皇帝派人来涅阳城选妃，只要十三岁到十六岁女子，张里魁报了我姐的名。

黄氏一听，犹如晴天惊雷响，张大嘴巴，半天没合上。等合上后，赶紧问铁柱：在哪儿验人？咋去验？

铁柱拽住她手，说：妈你出去看看。

黄氏侧耳听听，听见村外边人声喧嚷，她上到大关坑岸上往南看，见寨东头围一群人，搭了高台棚子，张了两面大旗。黄氏双手一击，大声喊：娃呀，那就是选妃的台子吧？

铁柱说：是哩，就在那选。

咱家有出头之日了呀，你快去坡上喊你姐回来打扮打扮，去看看！

翠姑去坡上摘豆子。大秋庄稼快收割完了，地里只剩下爬秧的豆子，一眼望去，北边起伏的山影隐绰可见。天上有大雁飞过，是往南的。翠姑听老人说过，这些雁是知冷热的灵物，秋后入冬前往南飞，到了春暖季节又飞回来。翠姑就想，如果张仲景是一只雁就好了，去去就回，也不过半年几个月。如果是，应该在明年春夏交接时，好后生就回来做新郎。可现实是，北山太远，茫茫然没有里程，东去的涅河水，悠悠绵绵地流淌，说不尽的相思与依恋。边想着心事，边找草药，她想采些药晒干存好，等他回来用。

此时，铁柱撒腿跑过来，喊：姐，姐，快回家。喊罢上前拉起翠姑就走。回到家，翠姑把豆筐搁到门口，把筐里草药取出来，散到窗口下边。

黄氏出来拉她进屋。刚才铁柱前脚走，黄氏就开始用细箩过面，把麦皮筛掉，剩下隔箩面，如细粉。黄氏叫翠姑往脸上搽下，试试。

翠姑莫名其妙，问：妈，搽这弄啥呀？

黄氏说：妮啊，你好运来了，天降洪福啦。

翠姑说：啥运，啥福，莫非张机这么早就回来了？

别提他，以后没他的戏了，咱要往高处走了。铁柱快来说说啥喜事。

铁柱说：姐，皇帝来招妃子，咱村里报你名了。

黄氏说：你听听，你听听，天降好运啦！

翠姑一时感觉新奇，不知那皇帝宫殿里边是啥样，是不是金银珠宝眼花缭乱，是不是整天唱歌跳舞？刚想到这里，心就拐了弯儿，脚下这块地方，是张仲景承诺叫等的地方，皇宫的事虽新鲜，却与己无关。她反问：这是啥好运，又与我啥相干？

黄氏拉住翠姑手，摇着说：憨妮，咋不相干，如果你选进皇宫，就一步登天啦，以后张家人就是你眼角里的眼屎。

翠姑甩掉母亲的手，顿着脚进到屋里，说：想哩美，我已经许过张仲景了，一言为定，一百年不变心。

妮你说啥呀？你不是在梦里吧？难道说嫁皇帝爷，还不如个小医家？我给你说，赶紧去搽脸。可别顶个豆面脸，跟吊死鬼一样，到场叫官爷嚷死你，说不定还会杀你的头。

翠姑对这件事感到意外，她不仅厌恶母亲的势利眼光，还对她的无常多变，感到别扭。昨天说的话，今就翻了盘，有老话说反复无常是小人，这等人能持守什么。

黄氏跑出来看看，见翠姑呆着的脸，真跟吊死鬼差不多，她吓得往后一退，说：妮啊，快去梳梳洗洗搽搽，明天我去找桂花油，抹你头上。你要是能招上皇帝的娘娘，咱一家人可掉到福窝里啦，连鸡娃都变凤凰了啊。

翠姑曾听老人说，前朝有个王昭君，长得美貌出众，被选入宫，画师把她画得嘴歪眼斜的，无缘幸遇皇帝，最后不得已出塞，在红毛野人那国里，熬到老死，最后埋于匈奴国沙坡上，再没能回到老家。她还听说汉朝很多闺女因进宫，把全家带进福门，也遭受满门抄斩。最主要原因是，世上有个好儿郎张仲景，在心里扎了深根，谁也拔不出来了。如果自己被招走，张仲景回来了见不到自己可怎么办，会说黄翠姑是个负心人。

母亲又上来抓她的手，说：世上有多少妮都挤破头，想当皇帝的娘娘啊。

翠姑甩一下膀子，抽出手来，说：皇帝的奶奶我也不去，谁想去谁去。

除非你是个没心眼的，我跟你把话说了哦，你还必须给我去。

我去了，张仲景回来咋办？找谁呀？

他比到皇帝爷那，他连个屁都不是。你个憨妮，你知道招上娘娘后全家人个个有封禄，小铁柱能成国舅，咱家就是皇亲。咱仓库马棚比张家的高，丫嫂伙计满院走，享不尽的荣华富贵呀！每年坐八抬大轿回来，穿红绣袍帽插金花，管他张家陈家李家都来巴结咱！妮啊，妈给你跪下中不，你答应去，你就是妈的祖奶奶。

尽母亲说得天花乱坠，说一嘴白沫，翠姑钻屋里就是不搭理。她可以理解母亲的趋炎附势，却不能原谅她对自己终身大事的戏弄。她坐床帮上听了半天，站起来，白着脸去梳头。

黄氏认为闺女明白了，可翠姑梳了头又钻到被窝里了。

这时外边有来福在嚷：张里魁宣，皇帝招妃在涅阳是最后一天。

黄氏心急火燎地去拉闺女，拉半天拉不起来，叫铁柱来帮她。铁柱来帮着母亲撕拽，翠姑还是不起来。黄氏又是撕翠姑头发，又是拧翠姑的胳膊，又找来一段麻绳，叫铁柱帮她往房梁上挂，说要上吊。

翠姑连看都不看，一股死猪不怕开水烫的样。黄氏气急败坏，要喊义成。

翠姑猛地振作起来，把头发往上一抹，白着眼啊呜一声，就张大了嘴巴。

吓得黄氏后退半步，身子贴到门框上不敢动了。

翠姑又把头发弄到脸上，手往前抓着，慢慢朝黄氏扑去。

黄氏惊恐地喊：妮啊，你到底是人是鬼呀？要把娘吓掉魂啦！

第十九章

晚秋十月，莽莽原野，荒无人烟。去年洪水冲决的沟壑和坑洼，斑驳的水泽，淹没了大片庄稼地，遇到村庄，又是房屋倒塌，人影稀少。

仲景与仲祥兄弟俩并肩往前走了两天，见前边像是座村庄，有两处棚子，门前草木齐腰，墙角苔藓密布。仲景自语：这景况有可能是瘟疫夺走了不少性命，幸存者挑儿担女逃荒要饭去了，真是可怜了！不知道那些当官的都在干什么，为啥不下来看看实情，顾及一下老百姓的死活。

仲祥不耐烦地说：哥你到现在还不知道自己是干啥吃的，一介小民还顾及百姓死活，那人家朝廷命官们该管的事，与你何干啊？

仲景说：快出去这片荒野地，找有人烟处，咱下来喝点水。

仲祥加鞭猛抽过去，毛驴疾步奔跑。走过荒草滩慢了下来，仲祥埋怨道：哥你现在不是渴了，而是劳饥变为渴，从早饭吃罢到现在都只喝水，这样可怜的日子，真不知道你以后怎样熬。

仲景唉了一声，可是民众之苦更深，还没人顾怜。

仲祥嗵地跳下毛驴，红着脸说：哥，你真想顾及民众，为啥不去当官，偏要站在荒郊野坡里自个儿叹息？

仲景也下来毛驴，看着仲祥，没想到终于走出张寨。他说：弟弟，你送我找到二叔回家后，应去上官学，要么跟着老爹或申风水求点学问，你就理解哥了。

那爹读的典还少吗？为啥不理解你？

仲景把布袋里的烧饼拿出来，递给仲祥一个，自己也站那吃。仲祥背过脸去吃，吃几口转脸来喝水，仲景看见弟弟愁着眉，他没有劝，只是站那吃完了烧饼，喝足了水，才说：我去找二叔，一为求医，二为学成早回，你不必牵挂哥在外乡怎样。

仲祥不再埋怨了。弟兄俩又骑上毛驴前行，过去马山口，下来山，看见小路边还有个披麻片的樵夫，身边搁一捆山木柴和一个水葫芦，人跪在古树下烧香。边烧边小声念：保佑我九亩庄稼收成好，保佑我老婆娃子活命好，保佑我老爹身体好！

仲景站下来，喊：大爷。

樵夫拢一下乱草似的披散头发，扭头一看，起来就跑，边跑边说：荒无人烟的，是贼还是鬼呀？

大爷别怕，我是个学生，跟您老问个路。

樵夫站住了，摆摆手说：你别过来，就站在那儿问吧。

仲景问：往杏花山有近路没有，怎么走？

樵夫手指前方说：往西南拐一慢弯儿，过一条河，还有三十多里。

老人家你去过杏花山没？

去过，砍柴到处跑，有时想解馋还得打兔子逮羊娃。

你碰到过一个医家，名叫张伯祖吗？

没有，但我知道那一带有个名医，老家是在涅阳。

仲景喜出望外，要走近去问，樵夫吓得扭头就跑，再喊也不回头了。

仲景从这一举动想到了世道，别看山清伴水秀，应是良民好家园，却被盗贼践踏，吓得百姓失魂丧胆。如果世道平安，老人哪有这般惊慌？

仲祥不耐烦地说：哥，那是皇帝老爷操的心，你只管吃饱肚子就中了。

仲景看看仲祥，又看看天，晴朗的蓝天、白云，色彩鲜明。再往下走，一路都不再说话。

出来荒草滩，弟兄俩继续前行，在一片齐腰深的野草甸里，忽听女人的呻吟声，草丛也乱摇晃。走近几步，见一个穿戴鲜艳的女子歪在地上，沾一身草渣，一副又可怜又吓人的病态。

仲景吓出一身鸡皮疙瘩，想赶紧绕道跑开。刚跑到个拐弯处，又听见女子高声叫唤。他回头看时，仲祥焦急地说：如此荒野非妖即怪，哥快跑。

仲景把水葫芦背好，把背上的干粮褡裢带拴紧，扒开乱草找了过去，在龙须草丛中，发现了个穿红戴绿的少妇，头发蓬乱，衣裙也乱七八糟地挂在野树枝上，像一团乱花。仲景动起了怜惜之情，上前喊：大姐，你怎么了？

村妇不过十四五岁，却老气横秋地呻吟：哎哟，我要见阎王爷啦！

仲景上前扶起她，仲祥上来阻止，可仲景已伸手去摸村妇的额头，试查体温。村妇撑起面来，把头靠紧他怀里，挑起眉眼儿瞟他。

仲景看这张脸有些面熟，好像在哪儿见过，一时想不起来。把她推开一些，说：大姐，你没有大症候，只是气血两虚，先喝点水，歇歇就会见轻。说着从水葫芦里往手心里倒了水，把随身带的蜂蜜加了几滴，叫村妇喝。

村妇喝了，坐那拢拢头发，又把头靠他身上紧贴了，拿眼儿乱瞟。

仲景紧张起来，想脱身又碍着面子，不好冷不丁推开她。正在为难，仲祥说：哥走吧，天快黑了有狼巴子。

仲景见少妇一双丹凤眼，两腮桃红云，为何如此面熟，却怎么也想不起是谁？他与她稍有对视，就忌讳妇人大胆挑逗的目光，赶紧收起视线，身子往后倾着，慢慢扶正了少妇，站起身要走。

少妇笑了起来，嘎嘎的，没有一点妇人家的分寸。

仲景用眼的余光扫一下妇人的腰身，裙带勒得过紧，领口太低，高鼓的胸部，一点不像庄户良家妇女。仲景连连摆手走人。少妇挑起小嗓，说：哎你是张寨的小医家，张仲景是啵？

仲景回头问：小弟见礼，大姐如何认得？

村妇问：你忘了那天傍晚大路上相亲，那个美貌惊艳的申家小女？

仲景这才认真看过去，慢慢看清了那双凤眼，浓粉的脸盘和偏大的嘴巴。此人原来是申巧凤，真是天不转地转，地不转路转，转着转着又转到了一起，如此阴差阳错的际遇，真有见鬼的感觉。

看她头上的发型，是出过嫁的媳妇了，这使他稍微放下心来，赧笑着说：大姐，你怎么一人来这荒郊野坡，快回去吧？

巧凤荡着眼中秋波，不加掩饰地朝他送，送着送着，突然伤起心来，两弯秀眉瞬间起了变化，一脸悲愁地说：你好狠心啊，自打你村头冷落过我，我就无脸活在世上，后依了爹娘媒妁之言，嫁给了府中小吏。他跟我拜堂之后，才知是个出苦力的小车夫，还是个病秧子。我本名门闺秀，饭来张口衣来伸手一娇媛，哪受得了柴门重负？哎呀，我命好苦啊！

仲景哪里有心听她诉说，看看仲祥老在边上使眼色，他摆手说：大姐，你没重要事，我走了哦。

难道你看不出来我的心事，非逼我说出来？

已是有夫之妇，大姐当自重。

我不在乎那，我要你去我家给病秧子开个药方。

你没犯病吧，你听谁说我会开方术。我们赶路去了，你也快回去吧。

你当初在张寨村相过亲，不知看我看了几眼，看到眼里拔不出去了，只因招你看那一回，我跟车夫过日子就专不了心，我不会放你走的。

仲祥不耐烦了，大声嚷：哥快走！

仲景转过来走到毛驴跟前，因杂草树木纷乱交织，仲祥怕毛驴踩空摔跤，慢慢拉着走。两人没走多远，忽听身后快步蹚草的声音，还没顾上转头去看，后边一双胳膊扒到仲景肩上。

仲祥上来踢了巧凤一脚，说：挡路没好狗。

可是仲景站住了，从那悲切的哀声里，知道申风水并没给闺女找到好婆家，巧凤的命运并非她自己想的那样好。正是这般境遇，才造成了这个蛮妇，他掰开她的手，站开两步，说：你自重点好不？

仲祥抓住仲景的手，推他上驴，自己也麻利跳上去，扬鞭奔跑。

野林里的傍晚，山野空寂，暮霭沉沉。

仲景仲祥沿路打听，来到了一条浅山峡。往前去山林渐深，林间杂草灌丛，各色野花，像是刚从晨光中醒来，各自舒展身子，婀娜摇曳起舞。有百年老藤发出青枝，从山崖高处倒垂下来，披下千丝万缕。藤条下一条清幽的涧水，听得见水声潺潺，却看不到水自何处来。

仲景小心地看过每一景物，心里早被这山景征服了。此时，有小松鼠哧溜一声蹿出来，又溜到树枝间，不见了踪影，山林越显神秘了。远处有不知名的鸟拉着长腔啼鸣两声又飞起，不知在哪一条树枝上落定，另换新韵，再叫一声，另一座山上就会有鸟应答过来。万物万类在大自然中尽展活力。仲景与仲祥都沉在新鲜里，也不知走到哪座山哪道坡上了，只觉得肚子饿得咕咕叫，嗓子干渴，就下来毛驴去找山泉，掬水喝足了，继续走。

仲祥说：哥，不对呀，我看日头在那边，咱摸错路了吧。

仲景忽想起在马山打问路边人。往前看，拐弯处有片山坪，杂树环围着几户人家的小村。仲景仲祥走近小村，下来毛驴进去。村子很小，七八间茅屋和草棚，坐落在山窝里，仲景向一个村妇问：从这往杏花山怎么走？

茅屋前的村妇，说：这是马山，离杏花山远着哩，有五十多里路。

仲景知道是走了绕弯路，却不知是在哪道岔口走错的。看看日头快落了，就说要快些赶路。

村妇说：两个小娃家的，人生地不熟，别赶了，就在这住下吧。要是不想住这，拐回去十来里到马山街，有一家干店。

仲景仲祥牵着毛驴拐回头，紧赶慢赶天黑回到马山街，找了家干店住下。弟兄俩进到店里，刚吃了烧饼喝了水，要睡下，村妇站院里喊两声小兄弟，扒着门缝说：小兄弟，山里有吃人蛊贼，前几天还吃了个小伙，你们夜里得小心，别睡太死。

仲景一听头发竖起了，看看窗棂留着半尺宽的缝，手拽一下就会断，再看柴门，也是树棍拼成。他担心起来，仲祥睡着了，鼻子里发出嘶嘶的声音。仲景打个哈欠，打算坐一夜以提防意外。

谁知仲祥也起来揉眼，问：哥咱们换个地方吧？

仲景说：她说街上只有一家干店，睡吧。

仲祥从包袱里掏出闪着寒光的菜刀，放到枕头边，又睡了。仲景直坐到三更天，推醒了仲祥，又掏出烧饼来吃。正吃哩，听见外边有老人哭叫：有蛊贼来啦，吃我孙娃的肉，我的金宝蛋没命啦！

仲景出来看院里站了几个人，在议论，原来这老婆从山里来街上卖山货，带着四岁的孙娃，怕赶几十里远山路遇见老虎恶狼，就住了干店，她三更出去找茅厕，回来不见了小娃。

仲景吓得赶紧回来，催仲祥吃饱了上路。可他们出来要走的时候，见昨晚拴毛驴的树下空了，仲景一看不好，赶紧去喊老板。

老板是个不到三十岁的瘦男人，他出来到处寻找，把房前屋后，旮旯缝都找了，过来摊着两手说：没办法，毛驴也遭蛊贼了。

仲景说：可我们住你的店，你没办法找毛驴，我们咋走路啊？

仲祥也出来了，一手拎着菜刀，一手紧握拳头，瞪着眼，分开两脚，扎着预备砍杀的架子，静等老板回话。

老板见仲祥带二杆子的生猛样，内里虚惊，说：真是对不住后生们，这蛊贼偷牲口又吃人，恨得我牙根儿痒，可又没招对付。这，我家有头瘦驴，膘水不强，百而八十里路也能赶，你们骑去吧。

仲景仲祥到后院看了那头驴，又小又瘦，毛色不亮，身上还有癣斑，咋看都是一头病驴，别说走山路，就是平路也走不了多远，腿就会打战。

仲祥说：哥，不要，就要咱家的好驴。

仲景说：可是毛驴是谁偷的，也没人破案，瘦驴不要白不要。

弟兄俩正在说话，老板已把瘦驴绳解开，递到仲景手里，点头哈腰地笑着，摊手示意送客。

仲景不太情愿地接过绳来，看看天已闪明，小声对仲祥说：咱们走吧。

弟兄俩骑上毛驴，心里忐忑不安地走到后街，忽听那家干店房后传来毛驴叫唤。仲祥听听那洪亮的叫声，激灵灵地说：哥，那是咱家的毛驴在叫。

仲景也听见了熟悉的声音，可是毛驴叫两声就不叫了。

仲祥要拐回去认毛驴，仲景说：看那人老奸巨猾的，拐回去怕要吃亏。

仲祥跳下瘦驴，牵着驴绳往回拐，从腰里掏出菜刀，掂手里。跑到干店房后，在一高粱秆棚门口，朝仲景竖来拇指。然后在棚外边耍了几下刀，看那老辣的打斗武艺，像个江湖蛮子，显摆了，才进去棚子。

仲景吓得心里咚咚跳，怕弟弟进去遇到吃人蛮贼，也奔了过去。刚走到门口，正好与仲祥碰个满怀，仲祥已牵着自家毛驴出来了，十分麻利地把瘦驴身上的包袱拽过来，然后抓住仲景胳膊拉上驴来，只听喊驾声起，毛驴扬蹄狂奔，一阵疾风似的，奔出了马山街。

马山只剩远影，前边是一片开阔地，仲景为仲祥擦了脸上汗，说：哎呀仲祥，要是没有你，哥真不知咋整，说不定也是蛮贼的一块肉。

仲祥说：哥，爹说你是个人物，叫我好好卫护你。

仲景拍一下仲祥肩膀，惊异地说：我对不住爹的地方很多。

地里恁多活，能放我出来护送你，说明爹有多看重你。爹还说想把拐叔的儿子叫来当伙计，叫拐婶儿也来家干个洗浆洒扫的活。

爹肩上的担子太重了，你回去帮着担些。

爹说光干活没出息，想叫我也学认字，以后家业大了管个账。

是啊，爹想建庄园，得有个账房先生，送我找到二叔，你就回去。

那得看二叔那咋样，你能不能落住脚，再说。

没事儿，我找到二叔就算回家了。

弟兄俩又走了半晌，看看前边的山路细了，山也浅了。

仲景下来驴去问路，才得知已到了杏花山一带。看看半下午的天，两人不敢耽搁时间。这时，听见两个放羊老头在说话，说的是有家媳妇生娃，母子全死，主家把医家打了个半死。

仲景听说医家，走近前打问：老人家，是哪村人找的哪个医家啊？

一个结巴老头说：是一官家媳妇，这官爷前头娶的媳妇只生女娃，连生了四个，算命的说是犯了五女星，必须生到六胎才有可能生男娃。在生下四女时，媳妇大出血死了。官爷又娶了个快三十的老女子，人家的婆家在外乡，曾生过两男娃。可是进到这家门却三年不生，到第四年生个女娃，第五年又生个女娃。官爷气了，女娃生下来就塞进了尿罐。可是到第六年又怀身孕，还是与上一胎同月同日生下，又是个女婴，还怀胎十一个月，生不出来。找了姓张的名医，不知用的啥奇药，媳妇吃下去一盏茶工夫就喊肚子疼，干喊还是生不出来。官爷支开张医家，等一顿饭工夫再看妇人，一个女婴掉地了，却与母亲一起断了气。

老人家，那张医家叫啥名，现在何处？

不知，只知道他钻到山里搭个草棚，住半月就走了。

他平时都在哪个村串得多？

他是哪有病夫就往哪儿跑，哪有草药也往哪去，没个定数。

仲景仲祥又骑上毛驴往前走。往西不到半里路，一条小蚂蚱路拐个弯，往山里伸去。天快黑时辰，有个挑担的老头走了过来。仲景赶紧下来毛驴，问：老人家好，我打听个人，就是在杏花山这一带行医的张医家，你知不知道？

你问的医家叫啥名？

他叫张伯祖，三十多岁，老家涅阳城边的。

老人放下担子，说：你说的张医家，他好在山里草药多的地方。后生你从哪儿来？找他有啥事？

仲景说了来处和来意。老者赶紧叫他一起往前走，仲景仲祥跟着老人走到几间茅屋前，老人叫弟兄俩一起进屋坐下。他把一个花格棉布做的，里边塞着硬东西的麻布包，递到仲景手里后。仲景打开看看，是两双新布鞋。老人说：张医家治好了我老伴的病，一个高粱籽都没收，我老伴才起明熬夜为他做鞋，后生你进山找到他，一定把这心意送上，俺们忘不了他的救命之恩。

仲景问：他是我二叔，他在这是咋医病的？

老者说：我老伴胃疼一年多，一吃饭就酸得烧心，医家开了山楂、木香、砂仁、陈皮，加到炒面里熬汤喝，我老伴才喝三天，胃不酸了。现在除了医家交代的生冷酸食不能吃，别的吃啥都没事儿。

老人家，你知道他现在哪里？

老人说：在这最少有一百条人命，叫他从阎王爷那里救活了。我家小弟中风一年多，下不了床，半身都木了，是他治得能下床做饭干活了，按我推断，他可能在杏花山高处。

仲景谢了老者，鞠躬告辞。

弟兄俩满心欢喜地往北走去，走了约莫三里路，野林草丛里有怪叫声，两人疑是野狼或獾子，仲祥把菜刀掭好。穿过前边一片荫蘙，林荫细径通到一条小沟边，仲祥下来毛驴大步跨过去，再牵着绳子让毛驴过沟。

仲景说：这不好跨，我也下来。说着下来往后退几步，手在嘴边呸呸吐两口唾沫，往前冲去，一个跑跳跨过了沟，说：你看哥的能耐，啥难处都扛得起。

仲祥说：碰不见恶人时，你处处顺风顺水，遇到恶人你屁招都没有。

仲景说：哥就是不跟他们一般见识罢了。

仲祥说：爹说你天生不是落野的料，只能坐于府堂，爹还说如路上遇危险太多，我就不回去了，也搭在你求医的路上。

仲祥，经这一路，我想往后还要练功夫，得到抗险本领。

再翻过一道山岭，前边有一座丈把远的小桥，独木桥板有点朽，像个弯腰弓背的老人。仲景脚踩上去试试，有点悬。他正想找个窄处跨过去，忽听一声尖叫，他一惊，扭头一看，是一只小老虎在追赶山猫，是猫叫声。

因为山猫上了树，小老虎抓着树干想往上爬，上一半步就出溜下来，在树根下往上看。就在仲景跨沟时，老虎把脸扭了过来，发现了新猎物，即放弃了山猫，慢慢滑着步子往这边移。

仲祥叫仲景快上毛驴，又把菜刀掭到手里，小声说：哥拽紧我，千万别摔掉了。说着催得毛驴长腔嘶啸，狂奔起来。小老虎也纵身吼叫一声，以震山的气势扑了过来。眼看老虎就要追上，仲祥从毛驴背上跳下来，掭刀要砍过去。老虎不时扭动身子，躲闪着刀，抽时机掉头反扑。

灵性的山猫爬到了树上，喵呜了一声，试着用前爪往前空抓。小老虎反冲过去几步，朝树上示威，想把山猫吓退。山猫立马抓着树皮，把渣屑抓掉下来，洒在小老虎头上。

仲祥拽着驴绳往前走几步，把一棵锄把粗的小树踩倒，正要折断当防身武器。老虎又冲过来了，吓坏了的毛驴四蹄乱跳，朝天嘶叫。仲祥举刀砍老虎，手起刀落，老虎的脊梁流血了，歪着头叫唤着跑开。仲祥胳膊上划了道小伤口，他从地上薅一棵马屁菜，搁手心里揉成泥，按到伤处，嘴里念着：马屁菜，你姓张，你给好人治治疮。然后上驴赶路。

山里安静下来，山猫又喵呜一声，扭头看看弟兄俩。眼里有感谢，有愧疚，也有依恋。仲景不由心生灵感，就想，那老虎本来是追山猫的，却半路弃了本意，最后两头不得一头，还挨了一刀。这世间万事都是在微妙变化中，看表面是故事，看深了是辨证，犹如《难经》上说的"辨证"一词，一样深意。

不知不觉又转了半天，看山的高度，接天摸云的，往下看，路断人稀的。仲景却闻到了有草药味，还见前边有一股白烟，袅袅升出林带，往天上飘散。仲景激动地喊：仲祥你看前边有人烟了。

弟兄俩往前走到一户人家，四五间房，一进院落。喊开门进到院里，见灶火里有个铁鼎，底下存了半鼎药渣。上前一打听，主人说张伯祖几天前从这儿路过，为家人医了病就上山了，现在煎的药汤，就是他开的。

仲景问：他在这医的啥病？

主人说：我老爹疯傻，老母亲眼红。

仲景来了兴趣，问：他都是咋医的？

主人说：我爹因家里小娃叫狼吃掉，就呆坐不动，一句话都不说。医家说他是闭心症，叫我把家里高粱糁和麦仁蒸成箩筐大的馍，说是天下大药丸，吃了就好。老爹一看笑了起来，从那开始下地干活，见人有说有笑。我妈的眼红，是想孙子哭红了，医家在房后拽了一样青草，叫泡水里洗眼，洗几回就好了，医两宗顽症，没花我家一个铢钱。

仲景视这番话如获至宝，还要问山里人都能得啥症候，仲祥就催他快走。仲景看看门外峰峦叠嶂，山雾朦胧，问主人：这杏花山有多大呀，跟八百里地伏牛山连不连着，这里好药不少吧？

主人比画着说：这头伏牛是吃豫州屙山西，大到了天边地沿，没人能走到边。山里头有个高角尖岭，叫老界岭，那住了个神仙，不吃不喝不变老，只管往外散云彩。这山上也有不少名贵药材，张伯祖常在山里采药。人都说伏牛山老界岭住有神仙，俺们说张伯祖是杏花山里神仙。为啥医家能在这常住，就是到深山上采好药。

仲景感觉遇到了同道之人，心生暖意，恨不能马上就见着二叔。经主人指点又走了半晌，来到一座山坡上，见满山的野菊花开得黄灿灿的，猛看像一座金山。他站到山巅，大声喊：二叔——你在哪儿——

不知多少呼唤里其中的一声被人听见了，宁静的群山不远处，有人长长地回过来：哎——是侄儿来了呀，我在坡上石洞里！

仲景高兴得蹦了起来，顺着声音跑了过去。跟跄着从一块石垛上，纵身飞跳下来，抱住二叔，喊：二叔哇，可找到你了呀二叔！

伯祖说：侄儿几时上的山，找多久了呀？

我找了十几年，找了一生一世啊二叔。

说着眼泪涌了出来，边用袖子拭着泪，边朝后喊：仲祥快来见二叔，终于找着啦，说罢，人已跪到地上，举双手朝天长喊一声。

张伯祖却激动不起来，见仲祥过来，他有点惊奇地问：仲祥啊，你们来，是不是家中出啥事儿啦？

仲景泣不成声地说：没事，二叔，家父同意我跟你学医啦！他领我去南阳郡见了何大人，就不拦我了。

真的？伯祖这才喜出望外，拍拍仲景肩膀，说：咱老张家真要出名医了，侄儿有灵性，比老叔强百倍不止。

二叔，你就是名医，何大人都知道你。

伯祖说：好小子，叫仲祥做证，二叔今儿正式收下你这个门生。

伯祖领着仲景仲祥往前走，下了一段盘山路，前边有个洞。伯祖叫仲祥把毛驴拴到树上，叔侄仨进了洞。

伯祖不时问他们路上吃的啥，说着支起铜锅，在锅里添水，在锅下添树棍，拿住火纸夹手指缝里，打起火镰燃着，叫仲祥坐那添柴烧锅。他往水里加了麦仁、红枣、枸杞籽，大火煮滚了，再焖一会，就散发出了香粥味，最后完全住火，把硬柴拉出来，放到洞外浇水熄火。又耐着性子捂一会，闻到锅巴的香味，才揭开锅盖。仲祥说：哥，在咱家从没见过这么香的粥。

伯祖说：这是山泉水好，锅里的山货也纯。

仲景说：二叔我说找到你，劝你一起回家，看到你这神仙日子，别回了。

第二十章

伯祖讲了住山洞的好处，这地方好几里没人烟，只有花木杂草，闻的气息都是甜香味。这里鸟种也多得很，早起叽喳得你想睡大觉都睡不成，一觉起来，太阳正好照出山坳，万道金光一下子把这里映成了天堂。这时候，我到清泉溪里喝几口水，然后伸伸胳膊腿，跑几步操练，那真是万能之药，百病全消。仲祥，你该知道我为啥跑到这，就不思归家了。

仲祥说：二叔，我算服了，你在这还不用下地种庄稼，锄地浇水打秧的，你就是个活神仙。回到家我要告诉我爹，叫他晚点来这看看。

伯祖又问仲景，你爹娘是怎么同意你出来的，他们叫你出来多少天就得回去。仲景把临走前的经过叙述一遍，说到找何大人指路时，伯祖问起何大人在哪，他老父身子扎实不。仲景回了话。往下说到了三婶赵氏，伯祖打住问话，半天没有言语。

与二叔正在说话，洞门外过来了个挽扶着村妇的中年男人，山里山气地喊：神医呀，给我媳妇儿看症候吧。

伯祖叫仲景仲祥先吃粥，又叫中年男人把村妇扶进到洞里来，先给村妇喝点热水，坐那歇息一会儿。开始看她的舌苔，翻看眼皮，到了切脉时，伯祖温声问道：你多大年岁、吃饭怎样、睡觉怎样、心慌不慌、啥时出汗、最近吃的啥饭食、有没有生冷、生过气没有？

仲景终于见到了日思夜想的时辰，哪还顾得吃饭，他推开饭碗，麻利地用袖子拭了嘴角，凑过来看二叔切脉的部位、手指的状态和问病事项。

伯祖切了脉，说：侄儿，这叫望闻问切，是医家四诊之法，不经此法不能断症候，开方术。必须结合致病的内外原因，吃喝拉撒睡，冷暖喜忧，时令季候，还得顾及地方水土，生活习惯，性情好恶，体质阴阳，都与症候息息相关。

二叔，《素问·疏通过论》中"圣人之治病也，必知天地阴阳，四时经纪，五脏六腑……"是这意思吧？

你现读到《黄帝内经》哪部分了？

我啃骨头似的，啃完也背完了，我发现家里的不是个全本，中间缺有章节，读了也消化不掉，就反复背，慢慢嚼，我最想学的就是切脉这项，迫切得很。

伯祖捋捋胡子说：简年代久了，中间有散掉的，你能背过来是下了功夫。

仲景说：以后我得从实际学，慢慢把空文与实症联系到一起。

记着，切脉的部位一为寸口，二在人迎，另有三部九候。从这点上说，你还得学点人体穴位经络，人跟一棵树一样，脉管从根到枝到梢发散开，形成脉络，还条条相通。再说切脉——诊病的最主要手段，脉有不同显相，比如急脉，属弦脉，紧脉之类。还有滑脉，为阳气盛，往来流利，如珠走盘，你能听懂吧。也有涩脉，涩者多血少气，伤于湿寒。此脉即属后者，你来试试。

说着，伯祖起来蹲到一边，叫仲景为村妇切脉。

仲景细品脉相，边切边回味二叔的话，仍诊得稀里糊涂：二叔，我还得琢磨些日子。

伯祖说：她的症候是肾亏头晕，腰膝酸软，潮热盗汗。方术应开六味药：熟地黄、山茱萸、牡丹皮、山药、茯苓、泽泻。

这六味好像个歌文。

伯祖激动地说：侄儿，药方有个词叫汤头歌。二叔今生有知音兮，侄儿相遇见真金兮！说罢，开了药方挑出药材，用干荷叶包好，递给中年男人，交代怎样煎熬过滤喝药汤。送走了两口子，伯祖拐回洞里，说：你先把粥吃了，咱往后有的是时间研讨。

仲景问：二叔，我还要问个事，为什么古人赋诗时，老用稀（兮）不用稠啊？

二叔说：古代屈原的《离骚》诗里，用兮处多，后来汉高祖刘邦也曾有诗：大风起兮云飞扬，威加四海兮回故乡。可能用兮字，从那时就时兴开了。

仲景一字一板地说：有一天我学赋诗，改掉这个兮字，就如大学士何永，世人都说当官好，他偏指我求医道。

伯祖说：原来是得高人指点啊！

仲景端起碗扒了几口，就把半温的粥喝完了，擦了嘴又问：二叔还讲切脉，这一课对我重要得很。

伯祖说：好，你听着，医家医家有二十八脉象，切诊时用三指，同时切，用力要均，慢慢由轻到重，分为浮、中、沉三种指力。寸关尺三部有脉，脉不浮不沉，和缓有力，尺脉沉取应有力。

常见病脉有浮脉、沉脉、迟脉、数脉、虚脉、实脉、滑脉、洪脉、细脉、弦脉等。我先说前边几种常见的。浮脉，浮在皮毛，如水漂木；举之有余，按之不足。浮脉为阳，其病在表。寸浮伤风，头疼鼻塞；左关浮者，风在中焦；右关浮者，风痰在膈；尺脉得之，下焦风客，小便不利，大便秘涩。

再一种是沉脉，沉行筋骨，如水投石；按之有余，举之不足。沉脉为阴，其病在里。寸沉短气，胸痛引胁；或为痰饮，或水与血。关主中寒，因而痛结；或为满闷，吞酸筋急。尺主背痛，亦主腰膝；阴下湿痒，淋浊痢泄。

二叔，你等一下，我记记，浮脉，浮在皮毛，如水漂木。我只记得这一句。好你再说，我听完有个整体印象，就好记了。

伯祖继续说：第三种是迟脉，迟脉属阴虚体质，迟脉主脏，其病为寒。寸迟上寒，心痛停凝；关迟中寒，症结挛筋；尺迟火衰，溲便不禁，或病腰足，疝痛牵阴。好，这条不好记，你消化一下再讲。

仲景说：二叔继续讲，我想先笼统听一遍。

伯祖说：好，往下是数脉，此脉属阳，其病为热，浮数表热，沉数里热。阳数君火，阴数相火。右数火亢，左数阴戕。寸数喘咳，口疮肺痈，关数胃热，邪火上攻；尺数相火，遗浊淋癃。

二叔等等，你说数脉是否是连跳，阳数阴数又怎解？

此时听见仲祥的呼噜声响起来，二叔说随后再讲吧，你也歇歇。

仲景说：二叔我不累，你请讲了。

仲祥忽然醒过来，说：哥，跟我一起回家吧，光那个脉，都把我听蒙了，往下再学，还不得把人治憨尿了？

仲景这才挤到仲祥边上，睡下了，打手势叫二叔也睡。

伯祖掰着手指，小声嘟囔：往下还有滑脉、涩脉、虚脉、实脉。你想想二十八脉，还有多少？一时也学不过来，随后慢慢来吧。

第二天早上，仲祥吃罢饭就要下山，临走时问二叔：我哥学医得多少天，我爹说过年得叫他回去，最好你也一起回去过年。

伯祖说：中，学医得天长地久慢慢来，他啥时想回就回。

仲祥说：哥，你在这可美气，不知家里爹妈有多苦。

仲景说：我过年肯定回，也许半路想家了也回去，叫他们放心。

仲景牵出毛驴送仲祥。伯祖已把里边装满干粮和药材的包袱，放到老毛驴身上，说：这头驴跟我时间长了，走山路腿脚不中用，你骑回去拉个磨犁个地，把那头好驴留这，我跟你哥好上山。

仲祥说：中，二叔这驮的啥东西，好沉。

伯祖说：捎点山货给你爹妈，里边有个小麻布包，是给你三婶儿的。你路上只吃干粮，别开包袱，到家亲手交给你三婶儿。

仲景说：趁着爹认可医术了，叫他腾出地块种些药材，二叔说种啥？

伯祖说：张寨土质好，种啥都成，蒲公英、麦冬、生地、二花。老家种了药材，我跟你哥会赶早回去。

仲祥说：我记住了，二叔。说着抓住二叔的手，拉个背场，小声说：二叔，我哥读简读愚了，在家差点得了气心疯，要不是这，我爹妈说啥也不会放他走。他这一走，跟割我妈心肝一样，还不知得哭多少回眼泪才能流够。你可多操他的心，他在家里没锄过一垄地，没跟一个人打过交道，就是个呆子，可别叫他一人去生处。

伯祖说：他能出来就好，我这把年纪了，正发愁物色个传承医术的后生。你哥不来，我就想到仲建，可他没认多少字就下地耕种，学医老费工夫。

二叔我回去要也学个手艺，你说学啥好？

你回去了先学认字，认字多能读简了，再去涅阳城找个用场，记着叔的话，艺多不压身。

我爹想发家建庄园，说叫我学管账。我还没学，就想到一件事，我哥学成了你们一起回去，想种啥药材都行，我雇人帮着种收。我爹在我哥临走前，说我哥是个人物，能成大事，叫我护卫他来，必须找到你，才返回家。

伯祖说：你爹算跟上时代了，你回去代我问候他。

仲祥还要说什么，仲景跑过来了，说：仲祥叫二叔说说下山路咋走，别绕弯又走绕到马山了。

伯祖说：我送他下山，不绕一道闲弯儿。

仲祥说：不送不送，我记得路。

伯祖交代了路上经过的村庄，叫仲祥一路勤打听，记着俗言话：砍柴砍小头儿，问路问老头儿。

仲祥牵着毛驴走了。仲景鼻子一酸，说：回去问爹娘好，仲景不孝，家里重活指望你了。说着双手抱拳。

仲祥头也不回地寻路下山，一路小健步溜过几道弯，猛然回头，在望不见亲人处，靠石头上哭了起来。

伯祖对仲祥不太放心，钻在野茅丛里，暗送仲祥。见仲祥站那哭，他也抹起了老泪。

转眼到了四月，张寨西坡上那片野草滩，疯长了一季的艾蒿、狗尾草、赶驴棍儿，从西沟上漫到了天涯。

张闻氏心里仍积着想念儿子的愁苦。仲景刚走时，她一闲下来就落泪，夜晚睡不好，白天头晕眼花。可当她看到当家的吃饭没胃口，唉声叹气时，她不敢再愁了，生着方子扯闲话，转移他牵挂儿子的忧思。

这天，来福从房后过来了，说起想找哑药的事，原因是大关坑边上坐一起闲扯的人，九桂又凑上去说闲话，说张家老二回来的路上，摸迷了路，不知转到哪道岭下，说不定就当了绿眼狼嘴里的嫩肉。说得跟咒人一样，人们听罢都撇嘴，我恨得牙根儿痒痒，只想找点哑巴药，把这恶婆娘的嘴封住。

张闻氏说：她骂她的，挨骂家没听见，都返给她了。

来福说：我就是个正经人，看不习惯邪门歪道。

张闻氏泼烦地说：去去去，把哑女儿寻个好户嫁出门，才是正经人干的事。

来福抄着手夹着膀子走了。

张闻氏嗵地把门关上，等伯厚回来，她说了九桂在大关坑边说的闲话。

伯厚本来为儿子的分离，闷闷不乐，闻得此讯，竟打起了精神。他在想怎样拆解大关坑聚的人堆。每到农闲时，就聚懒汉吹牛，这场合还被九桂利用了。得让他们干点正事，带领他们到西坡去开荒。

人们看见张伯厚高调喊开荒，就想起西坡那片荒地，是张伯厚去年就看好的，他想等来年再找几个劳力挖个十天半月，开个二三十亩的沟边沙壤地。因拐三失踪，就把这块荒地让给大家来开。好处是谁家挖，就算谁家的。可就这样，也只动员到了来福、仲建、四发、黄义成，还有大部分人家没动。不管怎样，终是把坑边的闲话场拆散了。

伯厚趁着歇工，坐到坡上说：都听着哦，凡是勤恳劳动之家，都是好人，都有好处。

来福问：啥好处？

伯厚说：过罢寒露，凡是挖够一亩地的户，我送好麦种。

来福说：给了麦种，有人不知怎么种，咋办？

伯厚说：把土坷垃打碎，借个耧，播得行是行垄是垄的，明年好割。

义成把腰里战带用力勒紧。仲建把布衫脱下，甩到一边，干得热火朝天。大仙家里没来人，半晌时辰，仙姑送来一瓦坛开水，叫大家喝。

仙姑从瓦坛里倒出了第一碗水，脸带羞答答的笑靥，端到伯厚面前。干活的劳力都穿着灰青色，她一身橘红色，在田野里燃火苗似的，特别站到伯厚跟前，显得更抢眼。

伯厚知道仙姑的底细，能在大仙家错综复杂的人境里混下去，外边还招引来福，虽是本事人，却非良家妇。他接过水来，咕嘟咕嘟一气喝了，面无表情地递过去碗。

仙姑没接。

伯厚把碗搁到地上，大大咧咧地说：谁渴了快来喝吧。

仙姑撩起媚眼儿，说：哎哟，大哥替我喊了，都来吧。

众人拥过来喝水，只有来福皱着脸，低头挖地，再喊都不过来。

伯厚看到这麻烦，说了句回家有点事，扛起镢头就走。

谁知仙姑连瓦坛都不要了，要跟他一起回。

来福喊了一声：晌午头了，咱也回家吧。说着扛起镢头跟了上去。

伯厚只是想破一下仙姑的局，结果又造成提前下工的境况。眼看仙姑快追上来了，他突然转了过去，落到仙姑后边，跟来福并肩走起，问：你要是不想种麦，可留着春地，过罢年种上早芝麻、绿豆或高粱。

来福还在为仙姑先给伯厚端水喝，心里发蒙，见仙姑想紧追着伯厚，心火顿生，没想伯厚退过来跟自己一起走，反得了面子，也冷落了女人。他说：大哥叫我种啥我种啥，种啥叫花嫂来送水喝。

仙姑木着脸拐回来，把瓦坛里剩下的水倒掉，拎手里走了。

下工的人群走到村西头，黄义成发现陈家墙外有一堆新土。他指着新土叫大家看。伯厚不看不知道，一看当时怔住，心想这不明来源的渣土，是啥时候堆成的。再往边上看，路上撒有碎土痕迹，顺着痕迹找下去，连到了陈家院外。

伯厚想，可能是挖地窖挑过来的？又一看并非红薯窑，洞口盖了树枝和豆秧。感觉不平常，就叫大家回家。

来福回家后对仙姑往人伙里钻，感觉别扭，就想到自己可能近来对她冷了，才招她起外心。他上城里买了两块烧饼，要给仙姑讨个好。来到后院，他听见仙姑嘤嘤的哭声，进到屋里，扳住仙姑一问，仙姑说：九桂闹着说宅子里有鬼，她侄女金兰来走亲戚，当晚住在二郎神偏房里，第二天早上不见了。不知是妖怪招走了魂，还是鬼捂了命，九桂还老对着我的门骂，好像是我把金兰害了，只差叫我抵命。我感到陈家宅院里真是有鬼，晚上有女人哭声，起来看看又没见人影，不是鬼是啥？

来福正要说话，又听哭声传来，来福打手势不叫仙姑说话，循声往前，把脸贴到西墙上细听。感觉墙角有动静，吓得仙姑妈呀一声，往来福怀里钻。来福往墙角一看，是个大老鼠从洞口露个头，晃着脑袋四顾几下，又溜回洞里了。

来福心起惊悚，不敢动弹，偏又听到哭声，这回辨清了，是个女孩在哭，声音不是来自地面，是被捂着嘴，或在床下箱子里哭。来福好奇心大发，又把脸贴到地上听，终于听出来，声音是从地底下发出来的。

他心头跟惊雷般的轰了一声，忽想起白天村西边坑里的新土和洞口。他跑到院西边土堆边，找到树枝和豆秧掩盖的洞口，往里探头看看，对着里头喊：有人没，谁在里头？

里边有尖声叫嚷：我在，地洞里。

你是人是鬼？

我是来大姑家走亲戚的金兰，快救我呀！

来福更吃惊了，前两天他就知道九桂娘家侄女来了，谁会把她弄到洞里藏起？他身上起了一层鸡皮疙瘩，觉得那个土洞幽深黑暗，像个红眼绿鼻的妖怪。他又趴下去，对着洞里说：金兰你大声喊吧，把村人都喊来，就得救了。

来福说罢就溜进陈家院墙，正好听见大仙跟二郎神在说话，大仙说：我前天给许营一老人医病，几天没见好转，看来光施巫不中，得有医术帮助。

二郎神说：不如你也学医术，等我当了官，举你去府里当医家。

大仙说：三十多岁的小老头儿了，黄土都埋到肩膀头了，还能扑腾几年？

二郎神说：你只要学医，弄成个半巫半医的神仙，张家娃再回来就没针扎之地了。

人家学医是门里出身，我这半路出家，谁信咱哩。

他就是门里出身，到我跟前也得比官级，也敌不过我从官职上压他，叫他起不来，以后这片江山我说了算。

来福听得心惊肉跳，不由想起仲景走时大仙送干粮的事，真是人心隔肚皮。他赶紧溜走，站到大关坑边儿上想想，心疼那个金兰小妮在洞里可怜，在内心抱起了不平，心一横摸黑去了张家。到张家他不敲门也不喊开门，只摇晃门镣吊，晃半天觉察门虚掩着，就推开溜进院里找到伯厚，把刚才在陈家听到的话，述说一遍。

张伯厚之前听伯志说来福也去逛醉春楼，就打内心起嫌，心想来福这人很多行为都围着陈家转，不知是为混个名堂，还是有利可图。此时来报信，会不会是陈家暗地支派。他半信半疑，一时心事沉重，儿子走后，他内心犹如放下一块石头，却另压上一块石头，怕儿子路途艰险，遭遇不测。此时听来福报信，事态复杂，真假难辨，又一块石头砸了过来，沉重得难以释怀。

来福报了信，仍坐那不走，伯厚问：你说了，还有啥事？

来福说：我在陈家是混江湖，内心一直忠诚张家，你信我吧，那妮真可怜，我看的真洞真人。再说，我与仙姑有私通，终会被大仙发现，遭杀身之祸是早晚的事，这你该信我了吧。

张伯厚大为吃惊，平时听人说仙姑跟来福的闲话，还认为是捕风捉影，没想到来福自招了。更让他惊惶的是，来福为求得自己信任，把私底都晒出来了，真够诚意。可是，这个没根的人，在张家说出的是非，会不会到别处也说，那就是一祸，俗话说：劝酒不劝色，劝色要带祸。人，进了是非圈，必有是非嫌。

伯厚沉吟半天，像转迷魂阵似的，说：仙姑是个贪图名利的婆娘，就你家那光景，能给人家啥好处，我不信你说的。再说陈家的渣土可能是挖地窑，世上哪有那么多鬼？疑心大了人会变鬼的。

装了几年聋子的来福，见伯厚装聋作哑起来，他转身就走。

一阵狗叫声落，张寨的夜晚，重归宁静。

快到清明节，农谚说：清明草发芽，麦子漫老鸹。"漫老鸹"的意思是说，小麦的高度漫过老鸹了。麦苗往下就该养花了，得提前进麦地里薅杂草，晚了麦养花就进不去地里了。可是还不见仲祥回来，伯厚估摸他应在这两天回来，干等不见影，就熬煎起来。俩娃去北山一个多月了，不知摸到北山哪儿了，生脚踏生地的，能找到伯祖不能，找到了有存身落脚之地没有。他思前想后的，心头焦虑，叫仲建去把拐三的儿子郭川，先叫来干活。

吃罢早饭，伯厚走到大关坑边，听有人在那闲说，说北山有个小伙碰上个偷羊贼，喊人捉贼，被打烂了头。他吓了一跳，想找申风水卜一卦，测算下仲祥的运气。想想也有不妥，就转回家对张闻氏说，他想去北山接仲祥。

张闻氏问：咋又上火了，山路走得慢，说不定一天半天就回来了。

伯厚没把刚才听到的闲话说出来：我怕祥娃带的干粮不够，一个人回来路上不放心，想去接一程。

张闻氏马上到灶火里拿了几个蒸馍，用干布包好塞给伯厚，说：你可别走岔道了，娃回来再返过去找你，就麻烦了。

伯厚与仲建刚走出村，戏剧般的一幕呈现了，前头有人喊：爹我回来啦。

伯厚如听天外之音，惊得站那往前看，前边一丛杂树林遮蔽着，能看见树枝摇晃处，走过来了又黑又瘦的小儿子，骑在一摇三晃的毛驴背上，憨笑着。

伯厚惊喜得有些失态，像个孩子似的脱口大叫：娃呀你可回来啦！

细看仲祥，人瘦了一圈儿，头发蓬乱，嘴唇干裂，白娃成了黑娃。他还发现毛驴也瘦成了骨架，还有脱毛和癣斑，他问：找到你二叔了？

找到了，二叔住在山洞里，有吃有喝，我哥能落脚过日子。

路上干粮够不够吃，挨饿没有？

没有，走到杏花山就遇见好人，走哪吃喝哪儿，还有人给我二叔做鞋。

那就好，毛驴咋瘦变样了。

这不是咱家那头，是二叔的。二叔还送咱家不少东西，不叫我路上看，回去才能打开。说着一起往家里走。

仲祥回到家见到母亲，说：娘，我二叔让带好些东西，叫我到家再看。说着从肩上取下包袱，进屋里放小桌上解开，里边有一小布袋铢钱，伯厚拎起来看看，掂掂重量，问：是不是你二叔治病开始收钱了，这长进不小哇。

张闻氏急着问：你哥他到那咋样？

仲祥说：好，路上有我护着哥，样样都逢凶化吉。二叔还说，哥是吉人，天会佑之。

你们是在哪个山上找到他的？他在那咋住咋吃？咋医病人的？

二叔住在山洞里，半间房那么大的洞，有床铺锅灶，山里人有病就去上门找二叔求医。

伯厚拎着小布袋晃着，问：这里边是啥东西呀？

仲祥说：二叔说这是送三婶儿的，我现就去。

张闻氏打开了自家的小包，里边装的药材，有干红果皮，有切片的，有成串儿的，好多种，看样子都是名贵货。她说：娃先歇歇，给你做碗面条吃着，我给你三婶儿送吧。

仲祥冷不防地小声说：娘，要是我二叔跟三婶一家过，该多好哇？

张闻氏一听愣住了，见仲祥赧着脸干气地笑，她嗔怪一句，勒上围裙，麻利地和面擀面，切葱花、姜丝，往锅里倒了猪油炝锅，爆炒得葱花满院飘香。不大一会儿加水煮面，一大碗青菜面条加两个鸡蛋，三滴小麻油，热腾腾地端到仲祥面前。张闻氏接着解下围裙，就往后院赵氏那送东西。

第二十一章

张闻氏拿着仲祥带回来的小布袋，一路隔着布袋摸来摸去，也没摸出个啥名堂，怀着莫名的好奇，走进赵氏院里。

院里几只鸡在觅食，一股苦香的草药味儿在弥漫。仲阁站在院里喂鸡娃，张闻氏喊：妮儿，你妈哩？

仲阁转身迎面对她，瘦柳条似的细腰像被风吹弯了，怯生生的脸，想笑不知怎么笑，只是抿着嘴唇，不知所措地编手指，问：大娘来有事儿？

张闻氏问：你妈哩，还在榻上睡着？我来送你二伯捎回的东西。

仲阁还没回话，就听屋里传来赵氏的声音：大嫂，你进来呦。其实张闻氏刚进院问仲阁，赵氏就听见了，因为前边有偷鸡蛋的生涩，她对张闻氏有点敏感，正在猜测来意，听见说伯祖捎了东西，才主动搭腔。

张闻氏进到里间，见赵氏歪在床上，还是黄瘦泛白的脸，长脖细梗削肩的身条，看半身就知病体柔弱。赵氏起身坐正了，张闻氏摆手叫她还歪那，她顺势坐到床帮上，拿出小布袋儿，说：仲祥回来了，这他二叔捎给你的。

赵氏病蔫的黄白脸色，泛起了几丝红云，伸手接过布袋，在外边摸着捏着，说：哦，可能是草药吧。

张闻氏说：是稀缺的名贵药，看布袋扎多紧，还交代不让娃路上看。

赵氏的脸又红了一层，说：他走前给我诊过脉，是按症候开的方术。

张闻氏忽然想到流落北山的儿子，如果能让伯祖回来，儿子也会归家。她问：你看老二常年在外，跑三奔四的没个家室，如遇上中意人，就会在外头落脚，还真回不来了哩。

赵氏浅笑笑，低着眉说：那也得由人家去，家里又没啥牵挂，地也不种了，只有到哪就在哪安家了。

关键是伯祖人品好过了头，若是便宜了外人，可不是咱的心意。

可谁有办法留人家哩,自己没个家室暖窝,村里巫医吵哄哄的,捞不着个清静,还没人找他医病,那么高的品性,自然要寻个清静处去过,这谁也拦不住的。

他走的时候也没留个话,到底啥时候才能叶落归根,可千万别等年岁过了头,打一辈子光棍,直到老境。

他没留话,我跟人家也没多的交际,有症候叫仲建喊来,诊完就走,没一点儿瓜葛丝连,他应该对大哥大嫂交代一声才是。

哦,原来你们只是瓜清水白的医家病家,这人真是的,抬起脚就走,也没念起你以后再犯症候找谁医,也不可怜你孤儿寡母。

赵氏眼潮了,眨眨眼把泪水眨回去,鼻音还是重了,说:大嫂不说这了,人各有志是呗,你把张机送那么远,在那过得惯不?要不然叫仲建仲祥去把他们接回来,在家过个团圆年。

张闻氏已从赵氏的话里,品出赵氏的涵养,非一般婆娘的毛乱心性。但她又为赵氏对情感的遮掩,感到不够交心,也做出世故俗常态,说:只为过个年就回来,那么远的路也不容易。

赵氏说:我也只是闲说,其实回不回对我也没啥,我是觉得张机还小。

话题被赵氏一扯再扯,这又陡然掉头,终是在两妯娌之间,横了条沟。张闻氏有点看不穿眼前的忧郁人,透也透不到底,激也激不出火星,绕也绕不进去,她无可奈何地站起身,说:你收好药,有话咱姐妹们随后叙,我这回去做饭了,还有祥娃的脏衣服得洗。

分手时一句不痛不痒的话,在一条沟里虚放了杂枝,掩住沟壑的深底,也同时挡了往前的去路。

赵氏分明还有话说,却欲言又止。眼看大嫂麻利爽直的,没一丝拖泥带水。她心有愧疚,把小布袋捂到心口上,掂斤摸两地揣摩着嫂子的话,忧思更重了。

在杏花山,伯祖领着仲景走到山下边的小溪旁,交代每天得打两回山泉水,用来做饭泡茶。又说哪座山上有老虎、狼、獾子、野猪,哪道沟有水蛇和毒蛇,哪是通往山村人家的路,哪是出山去大官道的路。

仲景说都记住了。

伯祖说:你一个人不要乱跑,别看山道盘弯儿走着怪美,山里有吃人蟊贼,遇上就被连皮带骨头嘎嘣吃了,跟虎狼一样凶。

仲景说：我哪敢乱跑，光老虎就把我吓抽溜了，我以后想练功夫。

还有，不该采的蘑菇，有色相鲜的，底下是平板的毒菇，吃了中毒。不认识的草药，与草药长得相似的，也不能采。草地上或石缝里爬出的虫子别摸，见着花纹鲜艳的蛤蟆，浑身鲜红的蚂蚁，还有不认识的爬虫，也得赶紧走开。辨毒蛇要看头，宽头的或三角头的，都是毒蛇，不能近前，也不能快跑，得扔个石头转移它的注意力，再悄悄跑开。高树上挂的圆葫芦包，是剧毒蜂窝。还有一种叫雷子的，蜂巢筑在树根或石壁头底下，也不能招惹。看见地洞、树洞、石洞，都不要近前，里边说不定有怪物。

仲景吓得凑近二叔，说：二叔，咱们往后下山找人家多的地方住吧。

伯祖说：山上空气好，水质也好，我一天吃面食不多，靠阳光空气的补给就够用。山下是安全，可咱种药的地块都在山上，在这安营扎寨，有收成。从这你看出个啥道理？

仲景说：事情都有两个面，山里空气好，清静，却存有危险。

其实人生也是这样，虽然医家路难走，走通了却很有乐趣。一般人过俗常生活，却过不出啥名堂。

这番话让仲景陷入了沉思，不由想到二叔超凡脱俗的人生路，为生活平添了意义，很值得他寻味与效仿。

晚上，山林沉寂下来，仲景觉得日子单纯起来，少了村庄小娃老人的吵嚷，没了纷扰，也没了烟火之气，山里的冷清与沉寂也来了。石洞里的油灯火苗太小，风吹来摇晃几下就灭了。洞口没有门，用几捆高粱秆拼在门口，小油灯一灭黑咕隆咚的。刚来时满山的新鲜感都消失了，只剩惊恐，他问：二叔洞口咋不弄个门？明天得弄。

伯祖说：这是我住得如意的地方，过去在穰城西边红岩洞住，只搭了个高粱秆棚，住半年棚漏雨，就搬走了，在这住几年都不想搬。

正说着，外边传来一声吼叫：嗷——

伯祖说：是狼，别吭气。说罢点着灯，往外扔了半块馍，进来又吹了灯。

仲景吓得连气都不敢出，屏了半天呼吸，憋不住了，一头拱到二叔怀里，打起颤来。

伯祖拍拍仲景肩膀，说：不怕不怕，这是喂熟的家狼，不伤人。

说话不及，门口射进来一道绿光，接着又叫一声：嗷——再接着，绿光从洞口扫了进来。

伯祖心想，这狼可能是闻到生人气。他有点把握不了狼性，走到洞口，又把半块馍扔到外边。狼拐过去吃馍，他赶紧把仲景捂到被窝里，自己拿一把干艾枝在洞外点火烧，又用树棍敲响了铜锅。不大一会，听见狼叫声转到后山去了。狼走了，伯祖进洞来，扒开被子一看，仲景吓了一身汗。

伯祖想，生在平地的富家娃，哪经过这些。他说：在山里过就得像个山里娃，啥都不怕才行。

为了缓解仲景的紧张，他歪在石壁上拉起了家常。从村里打井带来的生活变化，问到陈家、黄家，绕了个圈儿，最后问到仲建家。仍是仲建干活咋样，扛包搭垛都拿得下不，仲阁又长高没有，能去井上挑水不能。

仲景马上想起三婶儿院墙上的金银花，心里升起暖意。正好伯祖也问到了这，说：他家院墙上的二花长得咋样，有人浇水没。我还在仲建院里种了棵槐树，那物祛湿避邪，树下人都不会得风罚①，可不知长得咋样了？

仲景说：我走前去了三婶家，闻见二花香，没注意到槐树。

你没问是谁浇的水，你三婶儿能下床干活了吧？

我没问，三婶还是病秧子，睡于榻上。

她没说药吃完了没，我交代她吃完了自采草药，不知采了没？

我看木碗里还有药渣底，可能还在吃，她很感谢二叔，老在问你。

她没说晌午到院里晒太阳没有，不晒太阳身上阳气不足，会体寒阴虚。

仲景见二叔连连追问不休，仿佛心里有条河，正在往外涌流。仲景感觉二叔前边问仲建仲阁的话，都是绕道，终点是往三婶那里奔的，他似乎明白了什么，就想说：二叔我已经懂了你们大人的事，你们为啥不在一起过日子呢？可他没敢说出来。

伯祖又说：她手有点抖，你去她家没？看好了没有？

仲景说：我没看那，像是好了吧，二叔走时也忘告诉我，关照一下她。

不需要，她有儿有女，与咱们外人没啥相干，是哦。

仲景听出，这话跟三婶儿说的一个模样，两个大人心思像是通着的，却又隔着什么，打不开说不透的。他还是没忍住，问：二叔，我三婶老埋怨你走得远，回得少，不知是啥意思。

仲景说罢，脸先红了，屏着气低头绕过二叔的眼。

---

① 风罚：方言，指感冒。

伯祖说：人一晌得喝三回水，才能保住血脉顺畅流动。

一句无关紧要的话，把仲景从窘态里解救出来，心里的悬念继续悬着，就像山间的烟雾，飘浮在那。二叔起身倒开水，在热水里泡了荞麦、红枣、黄精、车前草，约莫泡一顿饭工夫，叫仲景喝。

仲景喝了一口，看看碗里，问了荞麦和车前草的药性功效。

伯祖说：这几样药都是清热的，车前草治小肠上火，荞麦治血热。

仲景突然问：二叔，我听说你医山下老人的心病，是用高粱糁和麦仁蒸了个大馍，把发呆老人看笑了，病也好了，这是不是巫术。

不是的，这是医心病的妙术，犯了心病，药材医不好才用那个方。

我走时申风水说，巫术比医术早，我爹还说巫术是朝廷崇尚的官术，我就想问问你，是咋看的。

是啊，巫术比医术早得多，是从老祖先那儿传过来的，可是走到现在，叫神汉神婆为捞钱粮，装神弄鬼地变花招，把巫术毁了，没人精研，也没人信了。

那么好的巫术，为啥没典籍记载，也没流传下好经验？

伯祖说：现在新兴了医术，一上来就直逼症候真相，把八卦巫术那一套全部打乱了，原来的真正巫术都毁了，世人愚者众多醒者少，才不认医术。

二叔，你说我还得读啥典才能把医术识透，如能找来更好的典籍，我定要通读精研。

侄儿有志，现在典少，我们可在实际中研究发现。

仲景站了起来，张开双臂嗷地转圈，动作仿的大鸟展翅滑翔。

伯祖笑了，笑罢自语：有你这样的后生，医界有希望啊。

次日吃罢早饭，伯祖叫仲景一起去后山收草药。

仲景问是啥草药。伯祖收拾了碗筷，带上锄头、镢、镰刀、麻袋和麻绳，拎一葫芦温开水，喊仲景一起去后山。

走出石洞，过一缓坡，见一片半亩大的山坪。坪边垒有堰垱，撒了流水沟，护着山坪土壤不流走。仲景一看，这块亩把地的小坪地上，种了一半蒲公英，一半艾草，边上有刺苍、鬼圪针儿围着。

仲景问：这两样草药山上到处都是，还用栽种？

伯祖说：种到地边上长出刺苍，防着动物来糟蹋。

正在此时，听见不远处有呻吟声，沉闷的声音，像是个老人，伯祖叫上仲景一起去看。他们顺着声音转过这座山包，下去拐个弯儿，看见一柴夫背着柴捆，人歪在一块石头上，脸色蜡黄，嘴角有一道血渍。

二人跑过去，把药褡裢放下来，仲景把身上披的袍衫铺地上，叫柴夫躺到上边，问他是哪儿不得劲儿？

伯祖见柴夫不言语，一边为其切脉，一边对仲景，说：遇有出血者，先看鼻口，排除口鼻之血，再看腹内。

仲景按了按柴夫的肚子，说：他肚里又鼓又硬，是吃生冷食物了吧。说罢打开柴汉背的馍袋，见里边装着麦糠馍。

伯祖说：左胃右肝，你摸下他腹内是哪边硬？

仲景又摸，说：是右边发硬。

伯祖说：是得了肝病，肝主藏血，病因是身体长时缺乏营养，饥饿时肝里没有养分供应，会晕倒。另有原因是善怒、善恐，过分悲愤造成。此症脉中急，如琴瑟之弦，色青白，面失泽。

仲景说：二叔回去后再细述，叫我记到简上，这症候如何施术？

伯祖说：你来切一遍脉，细品脉象，以后会记得清。

仲景切了脉，细品二叔说的，脉中急，如琴瑟之弦，可是我从没弹过琴，还一窍不通啊，二叔。

伯祖对柴夫说：大哥，你气血亏虚，身子不扎实，以后要多吃饭，营卫身骨，不能吃生冷辛辣食物，也不要再出苦力了。说罢把药递给老汉，谁知老汉却摇头不接。

仲景问：大叔，你为啥不接药啊？

柴汉苦皱着脸，说：我没钱没粮给你。

大叔，这是送你的，不要钱粮。

那咋行，把这捆柴抵药钱吧。

伯祖说：不用不用，药从山里采的，就跟你这柴一样不花钱。再说，我们遇到财东富家，多收一点就是了。

老汉说：真是良医，菩萨心肠啊。说着犹犹豫豫接过药来。也许是受到安慰温暖，柴汉脸色慢慢转过来，背上柴捆走了。

伯祖与仲景继续走，仲景忽然抄到伯祖前边，说：二叔，我到何大人那，我爹言及当官，何大人还用一诗答：

道为貌分天与形，默授阴阳禀性情。

阴阳正气山水真，化出尘寰几样人。

五岳四湖皆有神，金木水火土为分。

君须识取造化理，相逢始可论人伦？

伯祖说：何大人可能早已看透，也可能受到党锢的祸连。

二叔，什么是党锢啊？

就是对犯错人的禁止，不让自由说话了。他的那两句，阴阳正气山水真，化出尘寰几样人。极妙，并非说为官，而是说人应持自然禀性，活阴阳正气，也指你为医的本因，或说天地真心。

二叔，是不是大致世上圣贤，都是同源的。

伯祖与仲景拐回到小坪地上，他抢起镢头在前边挖蒲公英，叫仲景在后面捡根，捡起摘掉泥沙，掐断根叶，白津冒出来，沾到手上，又黏又黑。仲景问：山里黄花苗根这么黏，弄到手上就搓不掉了。

伯祖说：那黏东西可是好物，你看黄精、山药，都有黏津，是养命的名贵货。

仲景干一会儿，跑到堰垱湾儿看看，见下边有绽开的野菊花，就喊：二叔，我老闻到香气，原来这有菊花，咱又多一样药材。说着要下去采。

伯祖说：先不采，今儿把这活干完，明天去别的地方挖药。

仲景赶紧跑过来，蹲下去摘蒲公英的根。

伯祖撩着衣襟擦汗，仲景接过镢头挖，叫二叔蹲地上捡。谁知才挖一袋烟工夫，手磨泡了，身上汗流浃背，直起腰喘得缓不过气。伯祖在地上铺了麻袋，叫他坐那择。

大半晌时间，挖完了蒲公英，整理好装进麻袋，又开始割艾草，伯祖只拿一把镰，割一会儿后叫仲景割。仲景干活呼呼啦啦，一会儿就割到地那头，刚要呼呼啦啦拐过来，忽然叫着腿痒。

伯祖叫他过来看看，原来是一层鬼圪针儿细刺，扎到裤腿上了。伯祖为他摘着刺儿，说：鬼圪针儿是草中的鬼，长个倒钩刺，扎到哪不好拔出，必须手摘，厉害吧，他还有个好听的名字，叫千里光，用了不生疮。

说罢再翻开仲景裤腿看看，见腿上出了一层红疹子，手抓过的地方，红疹连成了片。伯祖麻利地收起工具，装好药，把地上摘掉的蒲公英叶也拿上要走。

仲景问：要叶子弄啥。

伯祖说：中午下面条吃，拿回去放到阴凉处，省得晒蔫了有筋。

仲景更新鲜了，在家从没听人说这叶还能下面条。

叔侄俩走到石洞门前，伯祖找到洞里挂着的陈年艾叶和千里光叶，浸入锅中水里，点火煮好了，盛碗里晾一会儿，叫仲景过来坐榻上，翻开裤子洗腿。

刚才还痒得心慌，洗了不大一会儿就不痒了，还有凉丝丝的感觉。仲景问：二叔，千里光的功效可不错。

伯祖说：千里光，好治疮。艾叶去湿毒，活血脉，抑癣疥。

仲景说：咱家河边到处都长这物，忘了跟仲祥说叫他采些存那。

伯祖说：艾草采收季是五月，端午节前后最佳，采迟了功效大减。采药有季节，有产地，有炮制法，还有施术时的组方配伍，对药物功效都会发生影响。这之后遇到实况，我会逐条告诉你，你也得细察记取。

仲景说：哦，我跟二叔一起，一天胜过十年。

嘿，以前不也一天天过去了。

那都白过了。

伯祖想起村上的事，问：你来时，你爹没说叫你啥时候回去？

没有，我临走时没顾上跟他说话，怕他阻拦我，因为他和我妈年里头就同意我走，一直拖延着，不放我走。

他没说叫你回，我心里就有了底。我们得去伏牛山看看，那山高路远，药材多，品性好，过去我老怕遇到老虎恶狼，一个人不敢去。

仲景一听说去伏牛山，就问：咱啥时候走，我可想去了。

不急，等你适应了杏花山，咱把草药存够了再去。可是往深山去，是越走离家越远，过了老界岭就是北方，天边地沿地远，你想不想家呀？

二叔，我只要跟你在一起，到天边儿都中，走到哪哪就是家。

那就好，到老界岭能采到黄精、天麻、灵芝、山萸肉，比金子都贵的药，都长在深山里。也就跟世上的隐士仙家一样，往深山里钻，一样追求自然天性。再说那些药，有病治病，没病养生，不管啥症状都能用。可是侄儿，我再问你，你已到说亲的年岁，家里有没有媒人上门，你咋想的？

仲景怔了一下，有点扭捏地说：我已放下黄翠姑、申巧凤了，那妮儿们只差缠死个人，我早看透了。

伯祖说：黄义成那个人，人来疯，他家妮儿肯定不稳重，村上像你三婶儿家的仲阁受过家教，就不会疯张。

我三婶儿在发大水后，帮我煎药，别看妇道人家，识事体比我爹都强。我忘了告诉二叔，治疫病的方是个老人送的，是我在三婶家煮的汤，放大关坑边喊人喝，最后叫我爹阻止了。

你爹干事多，顾大局面。

他干啥大事了，村里信巫成风不爱见医家，村风都毁了，他管过吗？

他的圆滑是做出来叫人看的，也必须那样才能维持下去，你再长大些，慢慢理解他吧，他本质上是个好人。

二叔，我不想提村上事了，提得头疼，我只想跟你去看病家。

但你得耐住冷清寂寞，磨着性子熬，有病家看时多用心，没有时就在家晒药读简。对了，明天有个事，得带你一同去复诊个病夫。

仲景虽然对山里的事物，感觉新鲜有趣，可他内心渴望的，是诊断病家，可以察看二叔切脉施术的过程。一听二叔说明天去病家复诊，他高兴得半夜都没睡着。

第二天，伯祖拿了蒸馍和水葫芦，挑了几小袋药材，装到褡裢里，带仲景出了门。二人出了山洞直往后山走，上到山顶又下去，又绕道，再盘山，小路扭扭弯弯，又峰回路转，遇到悬崖峭壁，根本就没有路径可走，有时得爬着走，有时得蹲地上，伸腿往前探着挪步。每段路的走法都不一样，但跋涉的难度都差不多。

叔侄俩走了半晌，仲景的脚就痛得走不动了。下坡的小径上有砂石，脚一踩就滑，一滑就疼。他手拽树枝，让脚踏到稳妥处，防止跌倒。十来里路走下来，身上沾满了沙土，脏手在额头上抹几把汗，就成了大花脸儿。

伯祖心想，千阻万劝都说不回这后生，也许恶劣的山路能起到作用。可仲景一会儿拽着树枝，荡着秋千往前跃，一会儿站到歪树干上，笑得跟在家里场坊玩耍一样开心。

伯祖又想，后生现在笑，是新鲜山路好玩，有你不笑的时候。

又走一节，仲景的身子就歪着走，走一步吸溜一声。伯祖说要看看他的脚，拉他坐到一块石头上，叫他解开扎腿带子，脱掉鞋看看。仲景不叫看，也不解带脱鞋，说出家时母亲缠了长带子，千层底鞋也从后跟到脚面捆着麻绳，出门这么多天了，老嫌麻烦，就没解开过。伯祖说：你这娃看着鬼机灵，遇事却这么愚蠢。

说罢费了一袋烟工夫，才脱掉仲景的腿带和鞋，发现他左脚两个指头磨烂了，流着血，鞋里边都红了。伯祖为他上了药粉，说：这儿有蟊贼流窜，见钱抢钱，还吃人肉，不可久停。如果你脚疼走不动，我送你拐回去。

仲景说：二叔，这比起神农氏在深山尝百草的苦，不值一提。

伯祖拿出水葫芦叫他喝水，仲景正在喝，忽然跳起来，喊：有蛇。

伯祖往石缝里一看，一条蟒蛇正在石头底下抽溜，看样子这是蛇的领地，伯祖一看不是毒蛇，就拿起东西起来走。可仲景却跑在两丈开外大声喊他逃命。伯祖刚走过石头，仲景就扑过来，身子紧贴着他喊：二叔咋跑恁慢，我怕蛇把你咬死了。

伯祖搂着仲景哭笑不得地说：那又不是毒蛇，咬不死人。

仲景啊了一声，问：你怎么看出来的？

我前几天对你说过，三角头的？宽扁头的？能打盘的蛇有毒。我讲得多了，你可能漏掉了这条。我提个醒啊，在读典时可得一条条记清。

二叔，我知错了。

伯祖拍拍仲景的背，像安抚小孩一样，挽起他胳膊往前走。

仲景这才看看深山间野树种繁杂，古藤蟠虬，不远处有潺潺涧溪声。偶尔一声怪鸟鸣滑过，更见阴森气。他有点惊悚，忍着脚疼迈开了步。

伯祖为了分散仲景注意力，讲了个故事，说今天去看的病夫是个五十多岁的孤寡老汉，为啥孤寡，因为他老婆上山摘果，摔下悬崖死了，他儿子九岁时被老虎吃了，有个闺女嫁到街上，现剩下孤身一人。

老汉很有进取心，继续开荒种庄稼，病了知道找医家。山里人愚昧无知者多，为啥山沟里会有拐子、麻子、聋哑人，都是发了高烧不知找医家医病，只会求神灵保佑，落下的残疾。

我刚来时，老汉知道我是医家，打个喷嚏就找来了，我诊了症候要给他找药，他说他家有草药，我跟他去看看，嘿，半间房全挂的干药捆。我交给他切段炮制，他还都送我了，后来成了好友。

仲景的脚伤还在，听罢故事，不吸溜了。问：二叔，那老汉得的啥症候，施的啥医术？

老汉肚里有硬块，已经吃半月药了。

仲景问：硬块是什么症候？怎么得上身的？

他就是儿子不在后，整天后悔自家没照护好，闷出的病。

217

块长在哪里？有多大？怎么诊出来的？

长在肚子左边，有鸡蛋大小，我切了脉时看他脸泛青黄、无润泽感，然后，用手一摸，感觉内里有块。

二叔，往下你只管讲诊病医病的事，我会跟读经典一样喜欢。

第二十二章

　　伯祖和仲景两人马不停蹄地往前走。走到一面背阴坡上，荒茅丛的深处，隐约呈现一座小院，山木桩拼起一面篱笆墙，另两面都是土坯垒起，院里三间茅草屋，龙须草盖起的房坡。两人正在纷乱荆蒿中辨识路径，坡下边传来了吼声。

　　伯祖绕两步往院后边去看，见两个赤臂光脚的蛮汉，披着麻片，一脸脏垢，赤眉瞪眼地朝这边瞅。伯祖身上顿生鸡皮疙瘩，他知道这是吃人的蟊贼。他迅速折一根树干，抓住仲景的手，狠捏一把，暗示小心。从小富生富长的仲景，怎知这草莽绿林里的危境，他奋力往前跑，方向正好朝着蟊贼。

　　伯祖上前抓住他，把他推到院墙边，叫他进院里。

　　仲景像一只迷路羊，平时的敏锐灵犀吓没了，手忙脚乱地往前跑几步，见前仍没见门。忙中无计又退过来，连声喊二叔二叔，包里有刀。

　　伯祖赶紧从包袱里取出刀，掭手里，可手里的刀只是乱砍，刀刀不见血。蟊贼却生猛野蛮，一看耍刀人面容善净，直管往前冲，两者很快短兵相接。这时仲景扭头看见菜刀掉了，他退后几步弯腰捡起刀来举手里，可着嗓门吼。对方看见个傻二愣，吓得停下了脚步。伯祖用蛮劲猛推一把，把两个蟊贼推开。

　　伯祖拉起仲景就去跳墙，两人爬墙都欠功夫，这动作又让蟊贼看到了弱点。伯祖刚把仲景推上墙头，褡裢掉到地上，他拾起塞给仲景。仲景跳墙后站在石头上，紧拉着二叔的手用力拽。伯祖刚爬上墙，蟊贼又返过来，眼看就要抓住，仲景用树枝扑打，又举菜刀乱抡，这才喝住了蟊贼。伯祖得时机爬上墙，跃身翻了过去。谁知人落到了院，袍子角却挂到树枝上了，哧啦一声，烂掉一片袍角。再看看包袱和褡裢都在，便抓住仲景的手，低声说：这就是病夫的家，快找藏身处。

　　刚说罢，从草棚出来了个花白胡子老头，认出来者是谁，同时还听见后边有追喊声，就推他俩赶紧钻柴垛里。

219

不一会儿，俩蝨贼追了过来，四处寻找猎物。一个披发蝨贼走前头，另一个用草秧扎辫的，走到老汉跟前问：有一老一少钻哪儿了？

老汉又摇头又摆手，说：没见啊，我啥也没看见。

老子可要找了，找不到就吃你，老了瘦肉多，香！

老汉嚷道：后生相公啊，你们知道那是谁呀？

谁？一肥一瘦两块好肉，反正找不着就吃你。边说边进屋里翻。

老汉把菜刀握到手里，咬着牙准备反抗。

扎辫蝨贼在屋里没翻到啥，出来看看柴垛，说：可能藏这里边了。说着，进灶火拿出老汉的打火石，要打火烧柴垛。披发蝨贼还流着口水，说：烧焦的肉香，快烧。

老汉骂道：放屁，那是圣贤名医张伯祖，谁敢烧他，天理不容！

扎辫蝨贼说：啊，医家，有巫医神通？

披发蝨贼打着了火石，将柴垛点着。火见干柴，轰一声滋滋溜溜燃了起来，大火与浓烟很快爆出云朵状，黑烟直往天上升。

仲景从柴垛里钻出来，择着头上草渣，咳嗽着喊：你们讲不讲理？

扎辫蝨贼笑着说：啥叫理，真新鲜，你还没烧焦，可出来了。说着扑上去抓住仲景后襟往火堆里推。

伯祖也从柴垛里冲了出来，掂住菜刀耍起来。这次刀刀都对准目标，吓得蝨贼不敢近身。仲景也抓起一根扁担，密不透风地抡甩，只见闪影，不见棍子。扎辫蝨贼明显敌不过，从柴垛边上抽出一根棍子，红着眼砸了过来。

老汉见叔侄俩都下不了狠手，而蝨贼手里棍子每一起落，都带着夺命的凶险。老汉扔下菜刀，抄起了砍柴的斧头，先砍断了扁担，又照着扎辫蝨贼的腿，猛砍过去。纷乱混打中，只听啊呀一声大叫，扎辫蝨贼倒下了，坐地上抱着腿，身子抽成个疙瘩，哇哇直叫救命。

那披头蝨贼成了一对三，见自个儿寡不敌众，就夺路逃跑。

扎辫蝨贼坐地求道：大爷饶命，大爷救命啊！说着不顾腿痛，跪地磕头。

老汉对伯祖仲景说：你们快往有人烟的坡上跑，跑出山直奔大官道，千万别住深山老林里了。说罢，砍了根枣木棍，叫伯祖带上防身。伯祖拉着仲景对老汉施了一礼，就往外走。

断腿蝨贼可着嗓门叫唤：哎哟大爷，我腿疼死了快救命啊！

仲景停下脚步回头一看，见蝨贼倒地处流了一摊血。

伯祖拽他一下，叫他走开。

可仲景看见蟊贼的小腿血流不止，院里弥漫着血腥气，他说：人流血过多会要命的吧，给他上点止血药。说着扒开药褡裤去找药。

伯祖不耐烦地说：侄儿，你治好狼心狗肺的恶人，再叫他吃人？

仲景站那看着二叔，说：医家应该只管伤痛吧，《黄帝内经·素问》里有：其次有贤人者，法则天地，象似日月。二叔这话怎讲？

医救好人图干好事，救坏人又干坏事，划不来呀。

可他也是一条性命，咱能见死不救？

那老汉站在高处，频频打手势叫他们快走。可院里的惨吼，像杀猪样的号啕，仲景还是拐了回去，把刚才二叔为他治脚伤的药，找出来上到蟊贼的伤口，又要给他掏药丸。伯祖上前按住他的手。

蟊贼叫道：好人哪，你是我亲爷，救命啊亲爷！

老汉过去照蟊贼脸上扇两个巴掌，又捣着他额头，咬牙切齿地说：医好也是吃人魔王，叫你这黑心烂肝的货，痛死才美！

蟊贼说：小的保证，再不吃人了。

仲景问：你对天发个毒誓？

谁再吃人肉，叫老虎囫囵个儿活吃了，还不吐骨头渣。

你还得改邪归正，好好挖片地种上庄稼，搭棚过日子。

中中中，小的听爷的话！

仲景看看二叔，见二叔点了头，仲景才把药丸递了过去。蟊贼接住，就往嘴里塞。

老汉转身顿脚摊手，直叫苍天大地，我刚才咋不把他砍死哩！叫他有了活路，伤好了我可咋活呀！伯祖从扯烂的袍子角撕一缕布，包扎了蟊贼的伤腿，说：你幸存于世，定当重新做人！

老汉苦皱着脸，说：要不，你俩把他送回去吧，弄走了我才能安生。

伯祖仲景扶起蟊贼，两边挽好了胳膊，一步挪四指地走出院子。

出来院门，伯祖回头问：大哥你症候咋样，我本是来看你的，结果插过来这出戏。

老汉说：你上回开的药方，我吃好了，忘了去告诉你别来了。你送走他，拐过来把家搬这来。我砍他结下血仇，他伤好了拐回来，我孤寡一人哪是对手，咱们住一起，好有个照应。

伯祖高声喊：张伯祖——圣贤降世了呀——

喊声震到山谷里，从对面山屏上返回来，悠悠荡荡。

张伯厚正在问仲祥，路上经过和找到伯祖的情况。当仲祥说起二叔住在山洞时，伯厚就想象出二弟过日子的清苦，担心仲景长住那会吃不消。就安排仲祥等割罢麦跟仲建一起，去北山送粮送物。

仲祥述说了马山街住店里遇到的吃人蟊贼，和山路遇到的老虎，伯厚吓得不轻，仲祥说：二叔说了叫家里种些草药，他们就会早日回来。

伯厚想这也成，问啥时候种都中？正在这时，听见房后传来锣鼓声，他站院墙里往外看，是大关坑边上又过来一队民众，听声是在进行打天狗运动。奇怪的是，这回运动不是大仙在搞，是二郎神头上插了野鸡翎，身披黑布，高腔大调地嚷：

> 各位老少听清楚，村上有个小怪物。
> 皇帝下诏要捉拿，怪物闻声逃远处。

接着是九桂大声嚷嚷：谁家挖洞藏妖女，把洞挖到我家里，谁家编造我家谣，污我清白不是人。嚷嚷罢还猛地一跳，声音变得抑扬顿挫，挖洞的鬼家出来呀，限你三天把洞里事说清，否则看我陈家怎样对付于你——你家鬼娃就是跑到天边，也跑不出陈家的手心——

张伯厚已听清二郎神嚷的词，知道陈家又要找麻烦了，这麻烦不是喊村骂街说闲话，而是充满了邪恶。

接着嚷声里夹进了来福的声音：哎，我没听清，谁家鬼在你家挖个洞，明白人就说明白话嘛，别叫人听得稀里糊涂！

黄义成也混在人堆里，听来福一说，也站出来，问：就是嘛，应该说清楚，叫大家都知道是谁，当面鼓对面锣多好哩。

来福又说：自家心里没鬼，就说出来嘛。

二郎神和仙姑站在敲鼓打锣的队伍前排，都不回话，只是锣鼓声敲得更响，山摇地动，震耳欲聋。正敲哩，猛自停住，二郎神哈哈笑了一阵，说：锣鼓震地，鬼怪没戏，谁还多嘴，自找无趣。

站在张家院墙内的伯厚，正在注意村路上的戏路，忽然看见陈家院墙头上，也露出大仙的脸，闪一下又缩进去了。伯厚跟见鬼了一样，忽一个冷战，赶紧从院墙边撤下来，站院里甩着手说：差矣差矣。

张闻氏问：哪里差了？

伯厚说：大仙也在他家院头上往这看，如果他不看见我，我便是个迷瞪僧[①]，叫他看见了便是罪过，这才是真鬼。

他转身到棚里拉出毛驴骑上，往涅阳城里跑去。到那找到闻保有，喝几口茶，就把陈家挖地窖私藏民女，二郎神为转移掩盖罪名的事说了一遍。说罢还强调说：从大仙家婆娘治死小香，到杀死外乡老婆，再到拐三失踪，陈家的人命案接连发生，我都忍了，这次仲景走，还去他家瞧过，我一直都在想缓和关系，可陈家就是装聋作哑，这次明明是自己犯事，又想嫁祸于人。

闻保有听了，绷着脸不说话，倒了茶叫伯厚喝着，他就出去了。约莫吸一袋烟工夫拐回来，后边跟了三四个戴官帽的差役，个个牵着毛驴，手拿棍棒。

伯厚惊讶地问：他舅，你这是去动武，还是咋整？

保有说：必须惊动一下陈家，再不动武，他会屙到你头上。

伯厚说：咱再商量商量，用个文招教训一下，以后收敛住就中了。

就是因为你这股斯文劲儿，才助长坏人横行，村风歪邪。我的主意是不破不立，破而后立。你站边上看戏吧，我得按官府条例行事。

伯厚摆摆手，说：你去执行公务也中，可别说是我报的案。

保有嘲笑道：我进村就敲锣打鼓，说是张伯厚叫我来的。

伯厚听出保有是戏语逗弄，内心忐忑得轻了，又怕差役进村影响村里，陈家鱼死网破，导致结仇更深。但事到眼前，也只有借内弟的势力，杀杀陈家气焰。看着一队差役往张寨奔去，他也落下半里路跟着，一路心念高悬。眼看一队毛驴出了涅阳城，伯厚忽然猛追上去，对保有说：你可找来福或黄义成，带路去找陈家黑洞。说了就钻到河边树林里去了。

闻保有带着几个差役，一路驴蹄疾奋，黄尘飞扬，到了张寨村，往大关坑边上扎好了阵势。一差役骑在驴背上吭吭吭敲铜锣，见村里人都出来观阵，闻保有带差役朝陈家走去。

陈家院门没关，院里没人，枣树枝上挂着毡帽和黑衣，看上去十分阴森。闻保有叫差役再敲锣惊动。大仙这才从屋里出来，看见保有，鹰眼滋地亮了，

---

① 迷瞪僧：方言，指能人故意装糊涂。

笑颜大开，亲得跟没出五服的兄弟似的，说：哎呀闻贤弟来了，快进堂屋喝茶。

保有也堆出笑脸，皮笑肉不笑的，又立马板起脸，说：有多人报你家挖地洞私藏民女，半夜哭叫。陈兄是想自己坦白招供，还是叫我们费力搜索？

大仙笑不出来了，皮肉扭歪了似的，脸上各部位搬了家，找不到原点，只有那双鹰眼深陷着。他稳了稳自己，也绷起面孔，问：贤弟不是开玩笑吧，我家有两房婆娘，哪还用得着私藏民女？

保有叫人喊来福和黄义成来带路，保有喊来福，叫他请上前。来福瞪着眼往前看，好像什么事都没发生。保有又喊一遍，来福拽拽耳朵，待在那不动。

保有叫差役到来福跟前举起锣，对着来福耳朵咣咣敲。

来福拽着耳朵说：俺是个聋子，打雷都听不见。

这时张闻氏慢慢走过来，到来福面前，对着耳朵不知说了什么。来福跟被点穴位一样，忽然机灵了，走到保有跟前，问：官爷有啥事吩咐？

保有说：你带路找陈家地洞，找到赏钱。

来福低声说：你们应去后院俩人，别叫二郎神跑了，那是真贼。

保有命两个差役到后院去把守，其余三人跟着来福去了院西边。来福临走到乱树枝遮掩的洞前，忽然抬一下头，糟了，他看见仙姑站在院墙里头，隔着树影往这看，那眼神里有恨怨也有诅咒。来福心跳起来，啊哟一声，忽然蹲下去嚷着脚痛，不走了。

保有叫他指指洞的方向，来福呃呃哭起来，说我啥也听不清，只当你们憋了屎尿，叫我找茅坑的。谁知来这绊住脚，要疼死人啦。

保有又叫黄义成前边去找洞，黄义成站那直发抖。保有小声告诉了事由。黄义成头摇得拨浪鼓似的，连说不知道不知道，我前几天风罚发烧，烧迷怔了，下地干活回来找不到家门，我不中用了啊。

保有推他一把，黄义成顺势倒于地上，双手抱头躺那哭起来。

保有打算亲自察看，正好有一差役看见新土旁边，有树枝掩起的洞，顺势拽开一条大枝，接着拽走了纵横小枝，洞边还有一排木桩，拉开木桩，洞口便暴露无遗。

保有带两个差役往洞里看看，问：官府来了，里头有人吗？

喊声刚落，里边传出了尖声叫唤：有人，我在洞里，救命啊！

闻保有又叫差役敲一阵响锣，喊：你出来吧，出洞来我们搭救你。

里边说：我被绑了，捆着身子出不去呀。洞里的叫声停了，外边再喊就没有应声了。

保有觉得不妙，马上命两个强壮差役，进洞里救人。下去的俩差役摸着洞壁往里进，约莫一碗饭工夫，把披头散发的女孩拽了出来。女孩在黑暗里关了几天，一见阳光就坐那抿眼。仲祥仲建连忙跑到二郎神住的院里，把花彩娥叫了出来。

两个差役又下到洞里，不大一会儿拖上来个婆娘，人已死去，身体都僵硬了，叫围观的村人辨认，是二郎神的大老婆李氏。

闻保有问金兰咋进洞的，金兰坐在虚土上，哭诉道：二郎神把我拖进去的，还糟蹋了好几天，一天只吃个馍，喝一碗凉水。

他大老婆是咋死到洞里的？

金兰说：她进来送饭，好大声嚷我，就叫二郎神活活掐死了。

花彩娥听罢扑了上去，去撕金兰的头发，说：你个小妖精勾引我家郎君。

保有拦住花彩娥，说：你不埋怨你男人，还欺负人家小妮，过不了多久你也会跟大老婆一样下场。

花彩娥哭声更高了，抱着脚脖张着嘴，双泪长流。

保有又问金兰：除了二郎神，还有哪个男人进过洞？

金兰摇头说：没有了。

这时九桂也跑过来了，一看侄女金兰坐在洞口，就搂着肩膀哭起来。哭着说：金兰啊，是谁把你拽进洞里，反过来讹陈家人？这会污陈家的清白名声。

保有一听，知道这婆娘想耍赖，还想嫁祸他人。他看看左右，一眼看见院门外的铁铡，大喝一声来人，把这泼妇推上铡，断其头。

两个差役上前架住九桂胳膊，拖几步推到铡前，把九桂的头捺到铡槽上，就去按铡刀。只听九桂天哩爷哩哇哇号叫，院门里也蹿出了耀武耀能，扑到铡上抱住九桂的头，哭叫救命。

保有问：不铡头只有一个条件，你得当众说出是谁挖洞藏人。

大仙扑通跪到地上，头磕得山响，只喊饶命，她一妇道人家不知情理，万望饶命。

闻保有知道大仙是在搅场，他打手势说：老兄先停下，必须叫她说出是谁犯的罪，说不出铡下无情。

九桂说：俺这是个家务事，为啥告诉你？

保有大声喊：开铡——

九桂可着嗓门喊：官爷我说呀，是我家老二看，看上金兰了。

保有当众重复：各位看官都听好，金九桂说，是陈家老二在挖洞藏妖。这案就此定了，官府现下令通缉陈家义二郎神，如有人举报者奖铢钱一串，如有当场抓获送官者，奖三串铢钱。如知情不报者，罚粮五担。如有包庇窝藏，抄家灭族。然后面对大仙，低声说：这最后一条是对你的，老兄你可小心着哦。

那一句落下，彩娥又哇一声哭了起来。

保有对彩娥说：民女彩娥，快去传二郎神来。

彩娥捂着脸往院里跑，进去后再没有出来。

保有叫随役进院里找二郎神，去者前前后后找一圈儿，也没见个影。出来报了情况，保有叫大仙去找。

大仙板着脸，冷冷地站在那，一字一板地说：闻贤弟你听我言，我本来在反悔过去行为，想痛改前非，没想到你带衙役上门来了。这乱世人境，犯王法的事四起，涅阳北山有吃人蟊贼，吃老人小娃不吐骨头，有盗窃大贼，先抢后杀，灭口毁尸。怎么没见官府抓捕，今儿偏为一家务事，操动武装？

闻保有凑近大仙，说：你当我不知花家老婆死，拐三失踪的根底，我接到村人连续报案，只因张伯厚数次说情，我才没来惊动，只想等你们罪孽到头，回头是岸。谁知你又纵容二郎神洞里奸嫖良家女，还嫁祸他人，该当何罪，说？

大仙说：这在你姐夫管辖境里，屡犯罪恶，应去问他。

这是本官职责，与他何干？

闻保有说罢，转过脸对院外差役，说，缉捕二郎神是铁令，跑到天边也得缉拿归案，新旧账目一起算！说罢，打手势走开。

村里安生了几天，陈家关门闭户的，除了九桂送金兰走，开了一次门，往下再没见一人出门。

伯厚终于瞅好时间，去了一趟郭庄，把拐三的儿子郭川叫来了。家里新添了劳力，又把仲祥送到了官学，他是从内心看到权之力。把仲祥领到涅阳县官学里，进到学堂见五六个娃，大的十八九，小的十来岁，都趴在木桌上写简。伯厚暗笑，这学堂办得不景气，也不分岁数大小，管他爷的爷孙的孙，都聚于一堂。

伯厚走近了看看，学生们正照着竹简写生字。另一个学堂里坐了十来个巫生，正在念经文，里边有很多施巫的工具，老师脸上画了黑道道，头上别着野鸡翎，像是个表演的戏子，不知怎么为人师表。

伯厚一回到张寨，家里就有人上门来给仲祥提媒。仲祥早在平晋县城里看中一女子，年过二七，长得娇小玲珑，正是仲祥看中的小女子。家里媒人不断上门，相了两个亲，女方都长得水灵俊秀，仲祥都是没相完亲就走人。弄得媒人很难为情。

张闻氏认为仲祥年纪小，不懂儿女之事。可有一天，她趁仲祥回来过假，问了他，仲祥对母亲说了街上遇到的平晋县女子。张闻氏当天去涅阳城赶集，找熟人打听了，那女子不是平晋县人，是穰城人，也不是个闺女，是个成婚一年多的小媳妇，因夫家被招兵去了边关，至今未见音讯，就想改嫁。

张闻氏回来一说，仲祥才断了情念。接着又有亲戚来提媒，女方家见仲祥人拙实能干，家底也厚，不挑不拣地允下了。那闺女姓冯名梅花，仲祥喜欢这名字，也喜欢人长得好看，说好亲事，就催着换大帖。还说等过了十三岁就娶梅花进门。

张闻氏笑得合不拢嘴，只说老二跟老大不像亲弟兄。可是，当地风俗不兴老二先成家，那叫大麦不熟小麦熟，会惹人笑话。张闻氏想跟当家的商量这事，谁知一进堂屋，见伯厚端坐太师椅上，摆摆手叫她坐边上，说：那次对陈家打击太大，大仙一病不起了。

不会吧，干那么多黑事，心跟铁板一样，硬着哩。

话是那样说，可咱内心有愧呀，现不知大仙是否猜出是我报案。咱就等吧，是祸也躲不过，但咱有一条是问心无愧的，既是陈家知道报案之人，也说明他知晓张家要直起腰杆，要玩个人血一般红了。

当家的，我说你放宽心吧，俗话说，人杀人杀不死，老天爷杀人不用刀。

老两口正在说话，门外传来吵嚷声。伯厚听着陌生，赶紧走到院门口，意料不到的是，门外来人是金兰的父亲和大哥。二人报了家门，也不施礼，也不寒暄，站到门口嚷道：张伯厚你给我出来——

在方圆十来里内或更远，张伯厚的名声田产家业都是有名的，还从没人敢如此直呼。伯厚震惊不小，细听听，再看来者脸色焦躁，口吐狂言，不是善茬儿，就问：你们有啥事，先进屋来说？

金兰父亲说：非礼之客不上堂，有啥事在这儿也能辩。

伯厚对站院门外吵闹很反感，他很不情愿地退到院里，勉强摊手叫来者进屋。金兰父亲进屋里坐下，说：你老张家真中啊，不声不响地把俺家闺女名声给毁了。她在洞里与你何干，你喊官府来扒洞，宣扬俺丑闻，你咋赔俺妮儿的名声，说吧！

金兰的大哥站那没坐，捋着袖子握着拳，吼道：俺们今儿必须讨个公道，你看这烂摊子，咋来收场，说！

伯厚打手势叫金兰大哥坐下，对方没坐。伯厚稍加沉思，稳着声调说：你说你家妮儿出了洞，就坏了名声，如果现在再把妮儿塞进洞里，你们看怎样？

金兰大哥满脸通红地跳起来，抄住扁担高高举起，跨到院门外，只听嗵一声爆响，门楣上的耕读世家的牌匾，被砸烂了。

张伯厚就像看见一头恶狼闯进家门，一时不知如何对付，反正辩理是没门了，他意识到自己再不能再斯文下去了，他站起来大喝一声：暴贼上门，去见官府，仲祥速去涅阳报官来捉贼！

仲祥仲建一起上去揪抓住金兰大哥，推哩拽哩往门外走。金兰大哥又用扁担抡起来，谁知遇上驴蛋郭川下工回来，不要命地从后边抱住金兰大哥的腰，驴蛋举起手里镢头，往金兰大哥的肩上砸去，金兰大哥被郭川撂到地上，实塌塌地捺住不让动弹。

伯厚喊：不用打死他，快送活物下牢里坐班房。

金兰大哥浑身颤抖，呼喊老父解救。金父哪敢上前半步，只是跪地求饶。

伯厚厉声说：你私闯民宅，打砸家财，犯了王法，今天必须送去见官。

仲祥说：坐牢都轻的，得砍掉头疙瘩。

这时，大仙也来了，站门外大声嚷：真是二杆子货，你们是不要脸了还是不要命了？敢私闯人家民宅，弄这烂摊子，还不快点滚远远的去！

说着走到伯厚跟前，堆出笑脸说：大人不计小人过，放他一马，如敢再来，我都不依他。

伯厚说：你去看看门牌，看这事咋了结。现在还有个理儿，他们得把金兰送过来，再塞进洞里，才算摆平。

大仙退到门外看看，上前把金兰大哥的头捣捣，说：看看你们干这事啊，还是人吗你们？以后咱两家亲戚断了，再不兴走动了，真是丢人丧德。

金兰大哥从地上爬起来，小声咕哝：还不是你家老二叫俺们来？

大仙提高声调嚷道：别讹老二了，他人都没影了。说着转过来求伯厚放人。谁知仲祥仲建临放人时，又伙同郭川驴蛋一起出手，对金兰大哥好一顿痛打。打得金兰大哥哇哇大叫，嘴唷着地叫不成了，叫金父快求饶命。

　　伯厚打个手势，金家父子夺门逃走。伯厚对着村人大声宣布：不出三天，必须把你家妮再塞进洞里，才算扯平。

　　三天后，大仙和耀武笑吟吟地抬一块匾牌，来到张家。

　　伯厚出来一看，牌面上写"耕读世家"，其形状大小和木质色相，与原牌匾一模一样。伯厚接过牌匾，说：那你们再给安到门上吧。

第二十三章

门牌安上去，送走了大仙父子，张伯厚一屁股坐到大圈椅里，长叹一声，散了架似的瘫软在那。

张闻氏关了院门，上前去喊驴蛋郭川，声声唤着好儿郎，我没白疼你们呀，我今后认你俩都当义子，中不？

仲建立马退开半步，对驴蛋躬身施礼。

张闻氏说：驴蛋这名得改一下，起个好听的。

伯厚在堂屋听见了，说：人家驴蛋姓吕，这么胆大心细，咱改字不改音，就叫吕胆，仲祥你们喊吕哥。

吕胆与郭川一起进屋，朝伯厚躬身礼拜，喊：谢过东家义父！

伯厚说：你们把东家两字省掉，只喊义父就中。

吕胆喊了声义父，竟站那捂着脸，泪水从指缝里流出。

原来吕胆是个孤儿，三年前刚过十二岁，发大水从北山流落过来，遇到在西坡干活的拐三，就上前讨吃的。拐三知道东家人善，把他领了回来。张闻氏见他一身泥水，饿得黄皮寡瘦，不仅做了碗葱姜面条叫吃个饱，还找了身干衣服叫换上。晚上安排拐三照顾吕胆睡下，明天骑毛驴送他回老家。谁知次日吃罢早饭，拐三要送吕胆走，吕胆哭得泪人儿一样，说不想回。因为他家老人不在了，姐姐已出嫁，自家房子也冲塌了，剩下孤苦一人，回去没个过头。

张闻氏听说了吕胆的家事，心生怜悯，撩起大襟拭泪，去跟伯厚商量收留下这孤儿，一来让沦落人有个家，二来张家多个干活的劳力。伯厚看看吕胆个头壮实，长得浓眉大眼，当即答应收留，并交代拐三带着他学喂牲口，耕种收获的各种活路。

此时，张闻氏拉伯厚进里间，说：我真没想到你这个爷们儿，有种。

伯厚说：迫不得已时，必须来横哩，现在呆子张机走了，我还怕谁？

两人坐里间说事，张伯厚说从这事上看，陈家还在捣鬼，他还没跳出冤冤相报的死环扣，这世仇，咱也逃不脱了。我想去找大仙谈一回，如果他不改争斗习气，张家要招家丁了。

张闻氏说：我全听当家的，该出手时就出手嘛。

伯厚一听这话，大步流星地跑到陈家，推开院门，喊：家仁在吗？

大仙患了头疼头晕，半歪着的头，跟闷葫芦一样。听啥都像蚊子嗡嗡响，叫九桂熬了姜艾枣汤喝了也不中。正在愁眉不展，听见伯厚喊声，反而脱出了多日的郁闷，忽来了精神，欠身坐起来，觉得头晕也轻了。他热哈哈地喊：嘿，老哥来了，快进屋坐。

伯厚进屋坐那了，说：我来看看你病，也问句话，怎样？

讲，讲，咱弟兄们从小穿开裆裤一起玩屎泥，长大一起上学堂，谁跟谁呀，就像竹筒倒豆子，哥只管痛快倒，就是有不中听的，小弟也当接，谁叫我是你兄弟哩？

我说金兰的事，保有是据村人报案执行公务，没想到把二弟的私密揭晓了，你先分析一下，保有他是为救金兰，还是坑金兰的？

大仙说：明摆着为救金兰啊，谁说是坑，我都不依他。

可是金兰他大哥闯私宅这理，咱弟兄们先论个盘明。

咋论才能见盘明，这世上凡为人都想干正事，当好人。可你看看，好人能当成不，咋当哩，哥指个路教教我？

村上是有本糊涂账，只因老门老户的，才不拘恩怨，识相识大局。

啥是大局，咋个识相，哥说弟听。

伯厚感觉两人的对话方向不太对路，本来自己是提问题的，反被大仙质问个不停。好像大仙才是个委屈者，单等诉说不公。

伯厚说：咱先不论别的，我只问你，二弟窝藏民女金兰，犯不犯王法？

二弟能专宠金兰，说明他不愿去翠春楼了，不知犯了哪条王法。

伯厚又被问住了，他的每句话都没得到回答，又遭反问，他觉得这趟来得有些别扭，落了个热哈的开头，生涩的尾。

伯厚起身要走，大仙说：老哥还没说完哩，咋就要走。伯厚一句多余的话都不想唠，起身就走。回家后仍咽不下金兰家人砸牌之气，想着要不是郭川吕胆回得及时，帮助抗暴，说不定会被砸多惨，人被打成什么样。他想不通，睡床上唉声叹气了半晌，头也疼了起来。

张闻氏到赵氏家里找了几味草药，按赵氏的嘱咐煎了，叫伯厚喝了几回，也不见轻。张闻氏又到涅阳找了个姑家老表，学过半吊子巫术，叫来施了念咒驱鬼，送神，煞邪，三样巫术，伯厚的头还照样疼，抬头时还加了眩晕症，晕得天旋地转的，头上虚汗直冒。张闻氏看看当家的脸色泛青，茶饭不进，再跑赵氏那诉说时，就哭得泪人儿一般。

赵氏连连叹息，又想了想，说：嫂子，我看只有一招可医哥的症候。

张闻氏急忙问：啥招，妹说出来我立马照办。

这病，只有二哥回来能治。

一句话点醒了张闻氏，她转身回到家，也没跟伯厚商量，就喊仲祥，马上去山里，叫他们叔侄俩不由分说，赶紧回来。

天晴了，早晨的阳光从树缝里筛出一条光线，把山林掩饰的小路，映出一条神秘荫蓊通道。

仲景与二叔昨天搬到了老汉家里。老汉家有几亩山坪地，还有春夏秋各季可以吃的果树，更有满山的桦栗树。老汉住东间，伯祖与仲景住西间。老汉比伯祖大一岁，姓孟，伯祖搬过来后，喊他老孟，仲景喊孟伯。

一切都是新的，清新的空气，清静的山林，清澈的泉水，房前屋后，林间坳上，清得跟洗过一样鲜。

仲景每日帮着老孟砍树劈柴，劈好的硬柴码到灶火里，码成长形的大垛，垛上还能放东西。眼看没处存放了，老孟还要去砍。仲景有点奇怪，没问老孟，去问了二叔。

伯祖说：你想想人世上能有多少病，一个医家却得积存超出病种的学识，才能揽下来各种病，老孟砍柴是为冬天下雪，秋天下阴雨时备用的，有句话叫有备无患。

仲景恍然大悟，感到过日子与医术也有相同道理，正应了处处洞明皆学问。等一切稳妥下来，他就跟老孟唠起家常，原来这老孟也是为避战乱，逃进山里的，在这住好几代人了。他老婆摘果时摔死悬崖，留了一儿一女，儿子叫狼吃了，闺女长大嫁到涅阳城，想接他下山一起住，他就是舍不得山里的老窝。

伯祖叔侄俩，搬过来后，老孟不叫他另起灶，要三顿饭一起吃，一个锅里搅勺把，显出一家亲，房后种的菜畦瓜果，再来三五口人，也够吃了。

仲景看看瓦房屋顶，是杉木杆担着的高粱秆顶棚，他记得老家的偏房也是这样的。院中间有两棵山茱萸树，结的小果跟绿豆那么大，树枝上落几只不安分的楝巴鸽，一飞一蹬，有果掉下来。仲景算是见到这药长啥样了，伸手捡几颗青果抚摩着，想吃一颗。

老孟说：这果味不好吃，也没长熟。

仲景问：啥时候能长熟，熟了好吃不好吃？

得过了九九重阳节，下霜染红了，再过寒露，果红透了，才能摘下晒药。你看，我在院里搭那个竹竿棚，是为晒药用的，棚上还晒了癞蛤蟆、干蛇、薄荷、栝楼，树枝上墙上都挂了成捆子草药，都是为你二叔备的。

伯祖要领仲景到院外看看。老孟睐着眼，问：你们去哪儿，是不是去给恶人治伤，那是倒上桥的事，跟引狼入室差不多。

伯祖说：孟哥，我们是看看后山可开的荒地，挖几片多种粮种菜，剩下的种药材。

老孟说：去吧，早回来吃饭。

伯祖说：我又忘了件大事，那次来是诊你病的，结果叫蟊贼冲了，搬来后又忙忘了，孟哥你前些日子症候咋样。

老孟说：还是肚里寒，吃罢饭撑胀，夜里作酸，你开那几包药，我吃五六天好了。

伯祖说，我一会儿回来了，再开个方。

仲景出来院门，说：二叔，我路上跟仲祥说，到山里要练功夫，在深山老林里串，不遇虎狼也碰歹人，没功夫不中。

伯祖说：你认为我是带你出来练腿功的，那是以后的事。今儿出来是去找那个伤腿的贼。

哎呀二叔，我没猜着你也会说谎，还认为你都忘了那个人。

不说谎你孟叔能依，有时候得脑筋得转弯儿，不转就碰南墙了。我忘不了那个人，既然医了他，就担起了名声，医不好他腿，会背名誉的。

仲景在内心默语，这又学了个能①。

两人走到山坡上，看见二里外的棚子，就是那天叔侄俩扶伤腿汉来的地方。眼看快到了，伯祖停下脚步，说：不知这人又引蟊贼来这不，手里得拿个东西。说着，折了个胳膊粗的树棍儿掂手里。

———

① 学了个能：方言，指学了个本事。

仲景说：我估计不会，他都走不成路了。

伯祖说：你赶紧练出飞崖走壁的功夫，咱就不怕啥了。

二叔，练练功夫成了大侠，给你当保镖，遇见孟贼或老虎恶狼，我挡在前不叫近身。

伯祖笑笑说：二叔不是打不过孟贼，而是下不得狠手。

那孟贼也是个有心有肝的，说过要重新做人的，走去看看吧。

伯祖跟仲景往前走，见坡上有一片新垦的荒地，有个汉子坐地上薅草。

仲景括着嘴，喊：喂，大叔，你见过山上有个伤腿汉？

汉子停下手里活，往这边张望，呼叫：哎呀神仙大人，你们可来了。说着挪了下身子，半爬着，问：你看小的是不是你们找的那个人？

仲景走近一看，此人正是那个伤腿汉，说：你腿咋样，能挖地了？

拐汉拍拍腿说：也想勤于农桑，烧香求神，反正再不伤天害理了。

仲景激动地抓住拐汉的手，摇着，说：大叔，归田耕作是正道，要是天下人都这样，东汉祥瑞，世人太平啊。

伯祖听着二人对话，从褡裢里取出几样药给了拐汉，交代伤筋动骨一百天，现不宜干重活，腿好了再甩开干。

拐汉说，叫二位神医进棚里坐。

仲景进到拐汉屋里，就闻见一股腐霉气，看见棚里有个麻叶，上边放两个馍，都生了绿毛。仲景喊二叔过来，叫他看看这馍还能吃不？

伯祖进屋里就捂鼻子，退两步站棚门外，问：后生你这馍多长时间了？

拐汉说：才几天，是后山一个大叔送的。

伯祖说：这都有毒了，千万不能吃。

正在说话，坡上传来老孟的声音，咋偷跑到这来了，不守信是不是？

伯祖拐过去拉老孟进到棚里，说：我们走到他这，看见他在薅草，进棚里看见他吃的长绿毛的馍，才进来说他，你看这也是一条命，吃坏了肚子还得给他医，所以就进来了。

老孟把馍拿起来，撩起衣襟擦掉皮上的绿毛，说：这不就成了嘛。

伯祖夺过馍来，说：孟哥，这馍已经有毒性了，连猪狗都不能吃了。

老孟说：这可咋办哩，俺家也没多少粮食。

正说着，门前跑过一只兔子，仲景追上去，在沟埂上转了几圈，把兔子打死了，拎进来，说：大叔你有吃的了，给。

伤腿汉摆摆手说：天上飞鸽地上走兔，都是富家人吃的，我不配吃这，你们拿回去吧，我把馍上的毒烤掉，再吃没事儿，我以前吃过。

老孟一听感动了，蹲下去，说：年轻人心眼不错啊，我把兔子熬了送你汤喝，再给你拿好馍吃中不。

伤腿汉低下头，脸变得通红，半天才擦着泪，点点头。

伯祖走在路上说：咱不是医了伤腿汉，而是救过来一个人。

仲景说：二叔，我现最想学切脉，那是行医的第一道关。

伯祖说：你先读内经，边读边遇，见到病家就切，在实践中易消化，也记得牢。因为你看《内经》里，包括藏象经络，阴阳五行，病因病机，诊法治则。不仅讲症候学、病理学，还有历算、生物、心理，是包容万象的学问。

仲景如听天外音，怔怔地看着二叔。

伯祖又说：你孟叔是个直杠子，在家里不要读简，他听不懂。

说罢，伯祖站到一小坪场上，叫仲景仿着他一起，举胳膊，踢腿，深呼吸，反复操练十来遍，才抬上柴捆往回走。

两人走到院门口，见一个披麻片的村夫来了。伯祖上前问：这位老弟，你找谁？

村夫说：找个神医。

伯祖问：你家有病人？

村夫说：你们是神仙巫师，还是医家？

我是医家，用汤药医病。

村汉扭头就走，说：我找的是神仙巫师。

这时老孟出来了，说：上哪儿找？神医就在眼前。

村夫认得老孟，说：这神医能治啥病。

老孟说：啥疑难杂症都行，能治百病。

村夫说：我家小娃发烧，身子抽成个疙瘩。

老孟说：有病也与神妖无关。

村汉问：我不懂你的大道理，我只问他，能医好我娃的症候不能？

伯祖问：小娃抽多久了？

村夫说：他才两岁，抽了一夜，还直哭不歇，你快去救他。

伯祖说：我先说到前头，我只是一般医家，并非治百病的神医。

村夫说：中啊，你快去看看嘛。

伯祖仲景跟着村夫来到山下一缓坡上，两间茅房里，伯祖进屋就看小娃，见两岁的小娃红脸、惊厥、抽风、左右巡视、哭叫声尖锐。伯祖问了大人，小娃都看过什么怪物，或摔过、吃过什么。然后手插小娃后脖子处，往上抬抬。又从小娃食指虎口处看到指端，细看小娃行为。然后开了银翘、蝉蜕两样药，叫煎了喝下。伯祖则坐到院里喝茶。

仲景的心都提了起来，也没看出个明白，就坐近了二叔，问：为啥小娃只看手，不切脉，就可以诊断？

伯祖说：这是小儿惊风症，原因是食滞，积热太盛，又见异怪之物，或跌倒惊吓，过分惊恐，热极生风患之。你看见我抬一下小娃的头了吧，见他脖子僵硬才下的诊断。药味不可以多，清热、祛风、解惊即可。

这症候都是多大的小娃好发的。

在一岁到七岁间，年岁越小越多发，症状越重。还有重者呕吐拉肚，到那时身体虚弱，不好医治。

正说着，小娃父亲已煎好药喂小娃喝下。小娃还在哭，伯祖上前按小娃虎口，按几下小娃不抽了。再等一顿饭工夫，小娃睡着了。伯祖又留下药，交代按时煎服，就告辞了。

路上仲景又问：二叔，你走的时候为啥要往里间瞅？

伯祖说：那家大人找咱时说得牛哄哄，我想看看他家穷富，下回再来收点谷粮。一看穷得前墙到后墙，只见泥瓦缸，就免了。

可是二叔在砍孟贼的时候，手里刀跟玩花样似的胡巴抢，咋都抢不到人身上，我就不同，只想一刀砍死他，逃出魔掌。

那是我急慌时刻，辨不清他们是劫财盗，还是吃人贼。但在病家求诊时，我都要看清穷富与好赖，知道怎样公平相待。

仲景小声咕哝：跟着二叔就是中，我又学了个小招。

伯祖仲景回到家，还没进门，伯祖就喊了声孟哥，俺们回来了，兔肉炖好没有。屋里没人应，伯祖感觉不对劲儿，进到院里见老孟闷闷不乐地坐在院里，别着头不理人。

伯祖蹲那问：孟哥咋了？我今天用两味药医了小娃的症候。

老孟别着头，嗔道：你们背着我去治有罪之人，我老想不明白这是为啥。

若你们哪天不来，他定会把我吃掉。他腿一好又到处跑，谁知道会不会再吃人，不吃人吃啥，没地没粮的，喝西北风啊。

仲景明白了，说：孟叔，他开始挖地了，以后要当良民，种庄稼。

伯祖说：眼看是一条性命，当医家的忍不住，你看他连兔肉都不愿吃。

老孟说：伤腿汉治了算了。可是那个小娃家的爷和爹，都坏透顶了，小偷小摸干过，杀人抢劫也干过，跑上门给他娃医病，想当帮凶啊。

伯祖这才明白老孟窝气的原因，他走到床边去看，老孟翻个脸朝墙，闷葫芦一样不吭声。中午饭是伯祖做的芝麻叶面条，做好端到老孟床边，老孟看都不看，只是长叹气。伯祖说：孟哥不吃，我也吃不下去，都饿肚子吧。

老孟扭过身子，脸朝上看着房顶，说：我不是怕那个坏货日后作恶，我是怕你俩好人，好得不包底儿，以后不知要吃多少亏，才会长进。

伯祖说：哦，原来孟哥是操我们的心，我们以后不这样了。

你们为啥从平地跑到这，就是跟坏人玩不转，就那一根筋样，能玩转谁。

仲景情绪低落下来，说：孟叔，我就想不通，当医家是指望医术，要玩转谁干啥？

老孟呼地翻过身，嚷道：你再不长进，遇到蝎贼就当块肉吧，别的有啥能耐？

仲景还要辩驳，伯祖按按他胳膊，说：你孟叔说得对，先吃饭啵，吃了再说，我俩得听你孟叔的道理。

老孟这才起身端住饭碗看着，吃了起来。

伯祖与仲景在灶火吃罢饭，进到老孟屋里来拿碗，见满满一碗饭才吃半碗，还放在床头泥墩儿上，人却在床上哼唧：我胸闷、头晕，我叫你俩来气冲心了，寿限快到了。

伯祖说：哥你起来坐日头底下，我给你医症候。

老孟火爆地说：医你个狗蛋吧，没你来发气，我咋会到这地步？

伯祖回到灶火，在木盆里倒了高粱糁，把木香、陈皮、砂仁捣碎拌入面中，和成大面团放锅里蒸。蒸好放了热气，等晾干了皮，再拿出来，用麻绳子捆住拎到老孟床前，说：孟哥，我给你开个奇术，你吃了百病消。

老孟从床上扭脸一看，先打个愣，接着就笑起来，笑得哈哈哈不断头，笑了披麻衣坐起来，指着伯祖说：肯定是小愣娃开的吧，真是嘴上没毛办事不牢哇，这药丸神仙见了都吓跑了，为啥，碰见个二火山医家。

可不管老孟怎样嗔，他起来床，走出房门还在笑，到灶火里找吃的，看见锅里还有两小馍，小得像核桃，他说：老弟，你看看蒸这一锅馍里头，大的大小的小，爷哩爷孙哩孙儿，真是个怪样子啊，哈哈哈哈，哈哈哈。

叔侄俩刚涮了锅碗，要坐下来与老孟闲说，门前又来了个村妇，说她家小娃也有症候，叫医家快去看看。

伯祖问了哪庄上，有多远，想喝会茶再走。仲景就躁得坐不住，往水葫芦里装了热水，催二叔路上再喝。叔侄俩跟着村妇走进一座小村，再进到两间薄瓦房里，见一个三四岁的小娃，拱在老妇怀里哭，村人焦虑围观。

一个神汉跪在石榴树下求神：

石榴爹，石榴娘，生个娃子叫二郎。
二郎长大把官当，拿钱拿宝谢爹娘。
石榴爹，石榴娘，求你快快把鬼降。

接着出来了一队五六个男女，闹哄哄地聚过来，有披黑手巾的、有舞刀的、有跳舞的、有烧草纸的、有敲盆子的，还有口喷鸡血的、大吼大叫的、一队跳大神的，把小村闹得热火朝天，村里老少倾巷来看。

有个神婆舞一会儿刀，跳了一段舞，撇着长腔问：听说皇上要招神仙巫师，去预测朝政大事，点你大名了没？

神汉扳着手指说：现帝王将相，朝里大事，都是巫师预测卜算。人世上家家有神，人人信神，天下谁不信神，谁就倒霉。这正是：九州朝野皆信神，谁想从医不是人。

众人拍巴掌叫好。神汉手捋稀疏胡须，扎好架子，说：有个故经说，古代秦始皇常到天上玉皇大帝那儿听吩咐，有一回半夜带马夫去天上，把马拴在冰棱柱上，冰棱柱倒塌，把江山都砸烂了。秦始皇生气地脱下蟒袍玉带朝靴，叫马夫穿上回去坐江山，他却留到天上。先讲到此，快给我端杯茶来。

观众们如听天书，正津津有味，快端来茶让神汉喝几口润润嗓，赶紧往下说说秦始皇留天上咋办，那有妃子没？

神汉慢腾腾地说：且慢，一个凡人这么大声说天上事，这还得了？再说他到天上还要妃子做什么，天上有仙女呀。却说秦始皇并没在天上停留多久，为了察看民情，扮个算卦先生私访，住一酒栈里。半夜时分，店里住的两个进京赶考人走到外头，一个抬头说："南星朝北斗，朝廷天下走。"秦始皇忙用两手支着头睡。另个学子说："南星朝北斗，朝廷枕个手。"秦始皇大惊，读书的儒生竟如此神灵，这样神机妙算，天下可得了哇？他赶紧抽出手，拿个粗柳木棍枕到头下，耳朵支棱着偷听。一学子又说："南星朝北斗，朝廷枕个柳。"秦始皇忽地起身上路，连叫儒生如妖，怎么得了！回朝即下诏，叫天下儒生交出竹简，全部烧毁，反抗者，当场活埋。诸位看看，天下读简人，谁有好下场啊？

众人齐喝：噫，帝王从来恨儒生。

秦始皇还有一回得了咳嗽病，咳得半夜睡不着，正好有个妃子是个仙姑，明眼见鬼神，看病入三分，用一把桃木梳子在皇帝头上梳三下，又口喷鸡血，洒皇帝的脸。更鼓敲三下时辰，皇帝睡着了，再没咳一声。秦始皇第二天早晨起床上朝，将妃子封为神仙。

仲景站那听完了故事，环顾一下小村庄，有六七户人家，草庵茅棚破烂，蒿草半腰多深，到处荆棘毛构，没一条正经小路，却有好几个水坑，水上漂着烂麻鞋。村头一棵弯腰老柳，半腰处挂了柴草干秧。在没有草的地方，坐了几个不是瞎就是聋的老婆。

愚昧、贫穷与落后，与神汉讲的故事相去十万八千里。仲景心潮涨起，惆怅满怀。

抱小娃的老妇弯腰拱手，问：神医来了，你看这娃是哪路神缠了，把石榴神尊为干爹干娘都不灵，娃的小命怎保啊？

仲景说：大娘，那是一棵没心没肝的树，没啥灵性医病。

伯祖摆摆手不让仲景说，他开始蹲下去看小娃，先看食指虎口处，又看眼皮、舌苔，再按按肚子，说：小娃是肚里有虫，南瓜子、石榴皮各两撮煎汤服下。

仲景去包袱里掏出药，交给村妇去煎。

有人惊乍地问：我不信隔着肚皮，神虫是怎么钻到娃肚里的？

仲景说：是小娃吃了脏物，病从口入。

老人惊讶地指着他，问：你说不是神虫入肚？

围观众人惶惑地看着仲景，问：你这后生，敢说神的闲话？

仲景见众人迷惑，叹息着退下来，去帮着煎药，煎了滤罢凉温了，叫小娃喝下。

伯祖小声说：小娃喝了咱就走，不要再分辩一句。

伯祖边揉小娃肚子，边说：石榴皮涩肠止泻驱虫，南瓜子杀虫。

老妇问：这是神术不是？

伯祖无奈地看看老人，说：你先叫娃喝了药，看着拉屎，如拉不出虫子，再喝两回。说罢听小娃哭声小了，连忙收拾东西走人。

两人走出村，年轻的村妇追上来，说：小娃喝了药不哭了，拉的屎没见虫。

伯祖说：耐心等着嘛，下回再拉虫就出来了。

第二十四章

叔侄两个一路小跑，快走到老孟家时，忽听高处有人喊：二叔，哥，你们在哪儿啊？

仲景猛自站住，侧起耳朵细听，辨出是仲祥的声音，赶紧绕过孟家院门，朝石洞的方向喊：仲祥，我跟二叔在这，你往西南走，顺坡下来，或你就站那，我就去找你。说着顾不得与二叔交代，就一出溜一跳地下去小路，跑到能看见仲祥的地方，招着手叫仲祥过来。

仲祥顺着仲景的方向下来山，又过一山坳头，就到了仲景跟前。

弟兄俩往孟家院子里走，正好伯祖也追来了，问仲祥：家里有事了吧？

仲祥说：二叔你们啥时候搬的家，我才到石洞口，吓得心里咯噔一下，只怕找不着你们了。哥，有个喜信儿，我去涅阳上官学了。

仲景喜出望外地问：上官学了好，学会认字就能读简。

仲祥说：是，爹叫我以后管账房事务，可这几天爹有病了，患的心病，睡榻上起不来，娘说叫你快些回去，他就会好。

仲景说：哥才来不到两年，还没学个盘明，回去能诊治爹的病？可别回去又拖住腿不让我走了。

仲祥说：半月前咱舅带差役进村镇武了陈家，把二郎神吓跑了。陈家现在安生多了，娘说叫二叔也回去。

仲景看看伯祖，伯祖也看看仲景，说：我看你爹得的是心病，侄儿一人回去就中。

进到新家里，仲祥感觉新鲜，站到院门外，往山下看，隔了几座山包，影影绰绰看见田畴阡陌和稀落草房。仲祥小声问：哥，你们搬到这，是想常住下来，还是临时的？

仲景说：二叔说过罢年想去伏牛山，那里药材又多又好。

仲祥说：哥，你走后爹妈熬煎得吃睡不下，我看你赶紧跟二叔学几招，就回去吧。

回不去，我连个皮毛都没学到呢。

哥，娘在三婶儿那找的药，治不住爹的症候，得叫二叔也回去才中。

仲景心动了，惊喜地问：是谁叫二叔回去，是老爹承认了医家医术？

是娘，听三婶支的招。你看呗，爹一脸疙瘩，一身紫癜，吃不下饭，睡不着觉，上不来气，一天到晚就喊你名字，离寿限只差一线丝儿了。

仲景不知老实巴交的弟弟耍了小九九，心里咯噔一下，愧疚得脸通红，问：爹是为啥病的？

仲祥说：是气上所得，为陈家私藏九桂侄女，叫舅来揭穿了，金兰家人返来上咱家门胡闹，爹就气倒了。整日闷闷不乐，夏天活路又多，可闷燥人了。

仲景想起二叔为老孟治病的方法，心里有了数，说：二叔不回也没问题，咱们赶紧上路。

吃罢饭，伯祖说：你回去带些柴胡、川芎、白蒺藜、当归、芍药。如病人有心悸心慌，失睡嗳气，可加白术、山药、党参、酸枣仁。里边有几样药味苦，可添加蜂蜜，或多兑高粱糁，压压苦味。如果你爹叫你切脉，这种郁闷头疼病，一般都是脉弦。

仲景问：如果吃了药还不好，该咋办？

伯祖说：吃了药还不好就用言语逗乐，逗到开心大笑就成。

仲景又说：这完全可以制成丸药，随身带着遇到病家，就对症下药。

不中，药丸揉进了谷粮会撑大的，不好晒干，放过两天就坏了。

这时老孟从山上掐野菜回来了，仲祥露出陌生表情，没有理睬。

仲景说：仲祥，这是孟叔的家，是他叫我们搬来一起住。

老孟接着说：我叫你们搬来住，并没叫你给蛊贼治病。你家里人是来接你回的吧？回去就别来了，省得叫蛊贼打主意，你走了他会自生自灭掉。

仲祥吓了一跳，问：哥，蛊贼是咋回事？你遇见过？

老孟说：啥是遇见，本来是要吃他的肉了，要不是我打断蛊贼的腿，怕是你今儿来都找不到人了。

仲景原先是想隐起这件事，省得回家叫父母操心，见孟叔说出来了，就说：反正贼都伤了，睡那养伤也够遭罪了。

老孟泼烦地指着他，说：愣子娃你回家别来了，眼不见为净。

伯祖见老孟话里迸着火星子，就说：你孟叔也是好意。

仲景若有所悟，忽想起临走时看过的人，二奶和三婶儿。有些事情是分辨不出谁对谁错的，在成人眼里，更没有对了错了的简单判明。也许，正是在看似简单里，寄寓着复杂，更包涵世间纷纭。

他忽然顿悟，不仅医学里有浩瀚真知，人生在世的多样变化，也在呼唤自己去体悟，去成长。

交八月，高粱收完了，村庄人家终于能暂时歇息一下。

仲景跟仲祥一块走到涅河边，忽然想起父母兄妹，想起埋在地角的小香坟茔，不由一阵酸涩。扳指一算已出门快两年了。看着流淌的河水，仲景想起发大水时死去的村人，说：仲祥，以后你也学点医术，方便为家人医个小症候。

仲祥说：听这话，哥以后要远走天边，不回来了。

仲景说：我往下要学的医术多得很，哪有工夫在路上来回跑。

两人进来院子，见院里地面铺了新砖，石榴树枝扩散得更大了。因惦着父亲的病，顾不得细看，进来院门就大声喊：爹，我回来了，你病咋样啊？

伯厚坐在门里头圈椅里吸烟，欠身应道：我儿回转了，爹在等你呢，嘿，长高了半头，快超过爹的个头了。

仲景看见父亲一副没病没灾的神态，有点吃惊。

张闻氏看见儿子，眼里噙着泪，喊：娃呀，你可回来了。往下想哭，只是隐忍力太强，眨眨眼咽了泪，接过仲景的包袱，拿到屋里去收拾。

仲景应了声娘，又听见秀娃在里间嘤嘤地哭，哭诉狠心的哥，把家忘到九霄云外了。哭几声，红着眼拿出几双布鞋来，递给仲景，又捂了脸哭。

张闻氏说：秀娃才九岁，就学会给你做鞋了，怕你走山路磨烂脚，桐油抹了底。说着，低头看仲景脚上穿的鞋，一看他的大拇指头露在外边。张闻氏叫他脱下烂鞋，穿新的试试。仲景换鞋时，内心仍惦着仲祥讲述的父亲重病，可是眼前并非那回事。

仲祥说：爹，你是不是一看我哥回来，病就轻了？我走时看你病多重啊，是不是？

伯厚听话音明白了老二的心眼儿，连声应着：是哩是哩。

张闻氏拉仲景进到里间，小声说：你爹是怕你操心，装着病轻了，昨晚仍睡不着，醒了又说头疼。我先去做碗面条，你跟仲祥吃了，再去顾你爹的病。

这么多天见不着面，他把心都操碎了，娃可别顶嘴惹他生气。

仲景还没有回话，听见小芬嚷着出来了，小芬一岁半了，走路还不稳当。秀娃说小芬八个月会走路，刚过十个月就会说话了。仲景觉得天上掉下来个小妹妹，蹲下去拉住小芬的手，说：你知道我是大哥呀。

小芬正要回答，秀娃又神秘兮兮地讲起小芬的故事。秀娃说，小芬像是小香托生的，她脸上奶膘瘦下去后，脸型也是宽额脸、大眼睛，鼻子小嘴都跟小香一个模样。长大一点儿会说话了，小腔跟小香也一样。有一回秀娃脱口喊出小香。小芬脆生生地答了声哎。秀娃说姐喊错了。小芬说不错呀，俺就是小香嘛。那次连妈也吃了一惊，抱住小芬说：小香是你二姐，小芬别弄错了。再长大一点儿，有人喊错了，马上纠正过来。小芬又嘟起嘴来说俺就是小香嘛。

仲景听蒙了，趁母亲出去，他抱起小芬细看起来。小芬揉揉眼说：我爱大哥的竹简，我是大哥的小知音。

午后，仲景和仲祥扶着小芬两肩，问：小芬几岁了？

小芬用手指比画着，说：俺七岁，俺是你的小知音，翠姐也是。

仲景吃了一惊，问：你是不是还有个名字？

小芬说：是啊，我叫小香。

仲景叫仲祥也来问了小芬，得到了同样的回答。

仲景更蒙了，小芬颠覆了他对神鬼的观念，他沉思下来，觉得小香可能在另一个世界非常寂寞，才托小芬替她说话。这只能说明人是有魂灵的，死后魂灵没有消失。他跑到北坡看小香的坟，小土堆上已长出萋萋杂草，跟别的坟茔一样，静静地落寞在河野上。

仲景小声说：小香，哥来看你了，你有话就对哥说，小芬太小了，以后别让她乱说了。

一阵南风吹过，小香坟上的草一律朝北斜去，像是要倒了似的，半天又随风直起，接着就再没歪斜一下。

仲景回来后，拉住小芬的手问刚才的话，小芬头摇得跟拨浪鼓似的，不回答，再问一遍，小芬嘴就撇歪了，歪半天哇一声哭了起来。

从那以后，再没见小芬提及小香，也没再说胡话了。

为这事，仲景开始反思，首先那么小的妮儿不会作假，也不会受人教唆，更不会有啥动机。

趁着仙姑在大关坑边，仲景也去问了有关鬼魂附身的事。仙姑说：我小时候听大人说世上有鬼，可从来没见过，直到那年清明倒在闺女坟前，确实是迷糊了，眼前啥事都记不起了，只想哭，后来知道是鬼附身，造成的身不由己。我还见过一个外乡人走迷了路，问他从哪儿来，他指指野地的坟。还有一回我清早起来往外走，不知往哪，急得直掉眼泪，哭一会儿竟然又瞌睡了，进屋里倒头就睡，直睡到天黑才醒来。这都是我亲自经见的，后来我才信了鬼神。

仲景问：你们施巫的时候，有没有变神变鬼。

仙姑说：那是装的，造个势叫人信服，你不装没人看，就会冷场。我想起来了，若说是小香托生的，她既然有魂存世，为啥不给亲哥托话。

仲景不再言语，仙姑走人。

晚饭前，仲景问小芬：你认识小香姐姐吗？

小芬还不会拿筷子，用手抓着饭菜往嘴里塞，说：小香是谁？

仲景不问了，对鬼神开始有了疑问，疑云茫茫蒙在心里，思路也不清了。他觉得自己还需要更多学问，来解除对巫术和神灵的茫然。

次日上午，仲景正在读简，听见院门外传来喊声：听说侄儿回来了，我来看看你，要想敬老好小嘛，是啵？

伯厚听出是大仙，也赶紧应酬：是啊，他陈叔来屋里坐吧。

大仙往里瞅一圈儿，过来院门，走进堂屋。

伯厚让他坐另一圈椅里，叫秀娃来泡茶。秀娃去拿装着春桑叶的小瓦坛，伯厚使了个眼色，秀娃又去拿柳叶来泡。因为春桑叶是伯祖清明前采的，伯厚不想叫大仙知道春桑叶的妙用。

精明的大仙用眼的余光，窥见了伯厚的眼色，说：这是柳叶茶吧，我正好喜欢这清热的物，省得热气上升，头又疼。

伯厚说：刚才那瓦坛是陈年货，这一坛是今年新采的柳尖儿。

大仙说：可是，据我所知，构叶榆叶桑叶都不错，仙姑到我家后就采了不少，你瞅空去我家品尝一番，咱弟兄俩好好说说心里话。

伯厚听见大仙提到桑叶，还列出几样，脑筋转得够活泛，处事的精明熟练，他心里小有钦佩，说：贤弟今儿有空来，咱可多喝一会儿。

我早就想进山找找仲景，讨个好方术，治治我头疼症。

伯厚听出来，大仙是来打听仲景去的地方。他立马设起防来，说：他到穰城转一圈子，想找他二叔，结果没找到，就转回来了。

245

大仙说：是不是伯祖转到北山了，他去北山找了没有？

伯厚忽想起二郎神好些天没见影，不知钻到哪个阴司洞里了，想到这提心吊胆起来，说：没去，北山太远，还有恶狼老虎，没敢去。

娃回来，现在哪里？我想问个医术。

伯厚喊：仲景来堂屋里，你陈叔来想问句话。

仲景从灶火出来，进到堂屋说：陈叔来了，有事儿？你喝茶，说着去添茶，一看茶碗里泛起柳叶，说：陈叔你喝点桑叶茶。

伯厚想使眼色，已经晚了。仲景也没往他脸上看。伯厚任着仲景去弄，谁知找了一圈，没找到，桑叶茶早就叫秀娃收起了。伯厚长吐一口气，打手势叫仲景别忙了，坐那。

大仙说：我问下侄儿，心里憋闷，头晕，吃睡不下，身上无力，你诊下脉，看叔是犯的啥症候？

伯厚怕仲景在对这番话时，露出端倪来，起身钻进屋间，喊仲景：你看这屋有没有陈桑叶。仲景没进里间，回说道：陈叔，我出去也没找到二叔，还不会开方呢，断不了你的症候。

伯厚正在心跳，听见儿子的回话，这才拭去额上的汗，出来了。

这一切都没有绕过大仙的注意，他说：你按我说的症候，说几样草药，我去采回来就煎上。

仲景说：你去采些艾叶、桑叶、荷叶、荆棘、甘草几味。

大仙问：这方不错不错，侄儿是在哪学来的？

仲景说：我在穰城舅爷家遇到个老医家，那医家不爱存药，老去坡上沟上采能采到的草药，大病治不了，小病都灵验。

大仙走了。伯厚送走大仙，就啪地靠在圈椅里，自语：陈大仙你啥时候能放下冤家对头的念啊，既然已经冤家路窄，为啥还笑眯眯上门来打听是非，真是一个老鬼，老鬼一个。

说罢闭上眼，唉声叹气起来。

大关坑边又传来吵嚷声，是九桂与翠姑在对阵。

九桂说：这嗑瓜子儿嗑出来个跳蚤——啥仁（人）啊，连个头疼都医不好，还当医家，吃屎去吧。

翠姑说：你贬低哪个医家哩啊。

九桂说：一个黄毛丫头管恁宽弄啥，医家给你啥好处了？

咱只凭理不兴骂人，你说，人为什么能患病？

神罚鬼缠，连这都不知啊。

众人笑，十一岁的陈耀能拍手大吼，在地上翻跟斗，喝倒彩。

翠姑说：我知道耀能在学巫术，还想当巫医，你那条腿是咋弄拐了，先把拐腿施巫术治好，再管别人。

九桂窝着嘴咬着牙，说：你个小鬼，想整我娃，巴结张家娃，还气疯你爹妈，活埋了你都不解恨，一条一条割你的肉，再丢油锅里炸才行。

翠姑说：你们装神弄鬼，欺骗众人，最该千刀万剐，再下油锅！

九桂不等翠姑说完，拍着腿嚷：鬼就在众人眼前，都来打鬼，打死她个野鬼，叫她反天！

九桂、仙姑、耀能都蹿到翠姑面前指手画脚。大仙从陈家出来，走到人中间，照九桂脸上捆了巴掌，拽上就走。九桂哪里肯依，打手击掌连哭带嚷地喳啦几声，忽然浑身晃荡几下，就睡到地上哆嗦起来，眼还往上翻，嘴喷白沫。仙姑吓得尖声喊叫：哎呀鬼附身儿了，是哪路鬼，我来降治了啊。说着，弯腰在九桂脸上左右猛扇，把九桂扇得捂住脸，不喳啦了。

这时，耀能跑来了，拿着寒光闪闪的大刀，朝天绕几下，又横过来，在翠姑脸前耍起来。眼看大刀快要挨住翠姑了，众人吓得背过脸去，翠姑往后躲着，一步步后退，直退到椿树底下，猛自绕过树，跑了。

九桂忽然不哆嗦了，伸出五指，指着义成，问：你家鬼还活在人世，乱叫嚷，你不怕祸害人？

义成转身去追翠姑。

翠珠站得老远，嚷：谁是混淆黑白的鬼，谁是坑蒙拐骗的鬼，都心里清楚，骗人的鬼变成人，把好人说成鬼，这才叫反天。

义成捏住翠姑咽喉，翠姑说不出话了，声如野鸡鸣。

站在院墙里头的仲景，终于看不下去，冲出院门，飞奔上去推倒黄义成，夺过翠姑来护着。

义成捣着翠姑，红脖子涨脸地乱吼一通，却不知吼的啥。

仲祥仲建也奔过来了，上去扭住义成，扪地上捶打。黄铁柱拿菜刀出来拼，比画几招，见打不过，又退回去。陈家冲出了耀武耀能，手持短棍，张牙舞爪地站那对峙。张家又冲出了郭川吕胆，出来对阵。

双方人马两阵排开，先破口相骂，边骂边冲，仲祥抢棍子扪了耀武一下。耀能噢噢出手，拐腿也不耽误把棍子抢得呼呼生风。眨眼间两阵就已打乱，只听乱棍散棒一齐砰叭帮当哪啷，还夹着嗨呵嘿哈的板眼，接着有人妈呀爷呀地叫唤。有逃到椿树那边的，有放下棍棒投降的，当然也有挂彩者，血溅花椒树上，头发丝飞上了篱笆桩，鞋子踢到了蒿丛里，仍在激战。

众人想在乱阵中看个根底，就去骑墙头、爬树干、蹬土丘。尽管如此，仍有明眼人细察秋毫，发现了变化，就是过去那个下不了狠手的张仲景，这次每一棒都带着蛮劲儿，打得稳准有力，勇猛过人。可是不管怎样强横，弟兄俩回来后，仲祥脸上流一条血道子，仲景衣袍前襟裂了几道口子，袍角烂了几缕。

伯厚一直站在院墙里往外看，他知道今儿张家人手之多，陈家不敌。看到最后，发现在陈家院墙头上，也有一张脸在那瞅。他倒抽一口冷气，从墙头撤了下来。看着人都拎着家伙回来了，伯厚一眼看见了仲景。不知为什么，仲祥就是身上衣袍烂完，他都不会心疼，但见文弱的仲景袍子绽个小缝，都会伤到他心尖。另外还有蛛丝马迹，仲景的前所未有的勇猛善战，会不会叫大仙辨识出，那是跋山涉水练下的功夫。

夜半，张家麦秸垛着了火。一朵蘑菇状火团，熊熊燃烧，把张寨村半边天空都映红了。到后半夜，张家的驴棚里被掀了顶，院墙根被打了洞，两头毛驴一齐被盗。天麻亮时，有起早下地的人，在西沟边发现两个驴头。

怪事连连，张伯厚静观鬼局，估摸是隐身多日的二郎神，根本没跑远，在近处潜着，夜里带黑手进村作恶。他知道这都是闻保有带武装进村落下的祸根，这祸根以后会发多大的芽，结多大的果，他呼呼抽着冷气，心里压了座山一样沉。他的头疼又犯了，比过去更重，睡床上半闭着眼，不说一句话。

上张家门前报驴头信的人，不少于十起，张伯厚始终不去现场查看。最后一个来报信的是仙姑。她在张寨与大仙姘居几年了，为合伙诽谤张家做过不少事，但她内心却存藏一个天大的秘事，在张寨，她其实最崇拜的男人是张伯厚。只是张伯厚不管下地或上街，路上碰见妇人婆娘，一律扭过脸去，从不拿正眼去瞅，这让她很感失落。此时趁张家失意倒霉，她想上门来送些柔情。

张伯厚打开院门，看见打扮鲜艳的仙姑，他手扶着门心想，只要放这个鬼进来，就是招是惹非惹麻烦的。

仙姑挑起了媚眼儿，眼皮眨得连头发都跟着动。看看一条大汉拦着大门，没一点反应，她四下瞅着院里树木，说：哎呀看看毛驴死于野沟，真是叫人心疼，你咋不去看看。

没人理睬，院里秋水一样静。

仙姑又说：你家婆娘哩，也没帮你驱个鬼。看看这老门老户人家过得呀，像一潭死水。

仍没人应声，一条大青蛇探着头爬了出来，吓得仙姑转身就跑。

伯厚像木偶一样，顺手关门，进到偏房院，吩咐吕胆和郭川去把毛驴头埋了。接着，他又去了趟涅阳城，见到闻保有，就说：老弟呀，你给我找几个家丁，为老张家壮个威武吧。

闻保有问：又出啥事儿了？是不是陈家又抬头了？

伯厚说：不是村仇家恨，是过路蟊贼把咱家两只毛驴整死了，暴尸西沟上，没王法了呀。

保有说：你可甭瞒人，到底是过路贼还是陈家捣蛋？

是过路贼从北山过来，我怕以后再来扰乱，想招几个家丁壮个胆。

保有说：你家不是有俩劳力了，还不够使？

我要的是能临阵冲锋的家丁，农忙时又能下苦力的仆役。

这我留个心，得找年轻力壮的，有点小武艺，还忠诚主家，你准确说，需要几个？

先招三个吧，事先交代清，黑上轮流守更。另外哦，你大外甥从山里回来了，随后叫他来看你。

你再问问他，还有最后时机，如果不想当官，别来看我了。

伯厚回到张寨后，几乎天天夜里叫吕胆郭川守门。外边稍有动静，就报与他。有天夜里三更，郭川忽然敲窗喊：东家义父，有个大路神来了。伯祖喊醒了吕胆仲祥，一起各拿棍棒菜刀，到郭川指的院墙外看，看见一个阁楼那么高的人形，在东院墙边立着。

仲祥扔个小瓦片过去，只听哧溜一声，瓦块掉地，人形动了一下。

伯厚一手掂菜刀，一手拿大棍往前走，棍子都捣到人形上了，还没见反应。再往前走，棍子又捅又捣又扒，都没见动静，大家走到跟前一看，是几张大麻布拼的人形，挂在树上，远看真像是传说的大路神。

可是当大家笑着往回走时，忽然从黑暗里抛来一块半截砖，正好砸到仲祥的头上，砖棱砸烂的小口子，血流如注。

伯厚紧张起来，叫吕胆郭川扶仲祥回家，自己边退边往后看，直退到院门口，关了门背靠那，镇定一下，才进屋里喊张闻氏给仲祥包伤。

仲景被惊醒了，起来一看，仲祥捂着头，血从手缝里往外冒。仲景马上去包袱里找毛辣子粉，洒到仲祥伤口上。然后问起事由。

伯厚看到仲祥脸上颜色都落了，一脸蜡黄。他想不通自家干了什么对不起世人之事，常遭背运。老天爷都在天上干啥呀，也不睁眼看看人世都啥样子，给个因果报应。我几辈天性纯良，与魔鬼同代，这公平吗？

伯厚感到泰山压顶，心里窝屈，头昏脑涨，又加上惊吓失眠，睡到床上一晌，又加了咳嗽的症候。

第二十五章

夜晚，张寨村仍不平静，铁柱被陈家吊在树上殴打，黑暗里不时传出惨叫声。月亮底下，从陈家房前的椿树顶上，悬起一块铜镜，正对照着张家而来，铜镜下边还坠块木板，上写：照妖镜。

伯厚一见镜子，心里就瓷，陈家的用心，在镜子里反成光，不怀好意地射过来。更不安的是，自打仲景回来后，家里就没安生过一会，往下的事是否到了顶端，人心到底有多深，他看不透，压力陡增，在头疼头晕又加上咳嗽，直牵涉胸口发痒、发喘。咳罢吐了痰，躺下去就唉声叹气。

仲景回来几天了，还认为父亲的病被仲祥夸大了。此时听见了父亲咳声，跑到父亲床前，扳起父亲身子听他的背后，听罢找了蜂蜜、瓜蒌，水煮几个滚儿，就过滤了叫秀娃端去。晚上，仲景又弄了梨，炒了荆棘鸡蛋送到床前。几服清肺解热的草药一同服下，伯厚咳得轻了，头还在疼。

仲景看着父亲咳嗽见轻了，一抬头就喊头疼。他想去二叔屋里找点药，刚出来东院，见翠姑站在西院门外，低腔小调地说：你回来了。翠姑说这话时，一脸忧伤。

仲景站在几丈远的树丛里，眼看着别处。翠姑转过脸来，怔怔看了他一会，走到他跟前，红着脸背转过去。仲景这时才看见，翠姑长大了，腰节曲线更分明，充满了青春魅力。仲景看她身后有几样草药，正是他到处找的。他问：翠姑，你又采药了。

翠姑没回他话，也没扭过脸来。他转到她面前一看，翠姑一脸的泪，打湿了前襟。她的眼扭到一边，任着泪水潸然，也不顾及。半天，才低声说：你的心，难道是铁打的？

仲景想起过去她给自己送饭偷简的事，心有愧疚，低下头，说：翠姑，真对不起，我只顾家里的事，你都采了啥草药，方便回去拿来不？

好，你在这等。翠姑说罢走开了，约莫一顿饭工夫，翠姑手拎着好几个荷叶包跑来了，递到仲景手里。

仲景语气沉重地说：你越是这样，我越是过意不去，得说实话，从我走上这条路，就有个准备，打算一生独来独往，了无牵挂。

翠姑瞪了他一眼，说：放心当你的名医吧，没人叫你牵挂。说罢转身走开。

仲景见凑齐了草药，回忆二叔为老孟医病的奇术，也准备给父亲调药了。

刚立了秋，挨近下雨季节。天昏苍苍的，阴了两天，也没下来一滴雨。田地里早秋庄稼该收了，伯厚心里有点焦急，见轻了的咳嗽又重了。好在，村里近来平静了，没有吵嚷咒骂，也没有事故发生。

这天，仲景叫父亲起来，坐到院里晒晒日头。谁知刚坐下，村头忽然传来锣鼓班子与吹打的响声。

仲景出来一看，是二郎神穿一身官服，得意扬扬地骑着高头大马，回来了。这是他距闻保有发出通缉后的半月时光，就从私藏民女的黑洞里，一下成了骑上高头大马的地方官。

黄义成拿个锣鼓咣咣敲着，高声喊：村里老少都出来看，陈家义当上了涅阳县官了，出来有话的说话，有钱的送钱，没话没钱的看看人家的风光排场。铜锣咣咣咣猛敲一阵，沉闷着的村人都倾巷而出，有抄着手站在坑边观看的，有绕过大关坑拦路跪呼千岁爷的，马上开场了一台大戏。

大仙穿着靛青色长袍，外套短马褂，雪白的带子缠腿，显得精神焕发。他迎上前，拱手道：陈家老二真是中，果然马到即成功！

黄义成跑到前头扶着马脖子，喊：老二是天下大英雄啊！张寨要出真龙天子啦！

二郎神说：老二是你喊的？

黄义成马上改口：官爷到——小的有礼了——看见二郎神要下马，黄义成赶紧跑到马肚下边，弓着腰，叫二郎神踩住他脊梁下马来。二郎神下马后，即昂首挺胸，迈起方步，还朝众人招手致意，往陈家走去。

晌午陈家摆了几桌酒席。远近乡绅听说陈家老二当上官，都来祝贺送礼，村路上不时有车马往来，络绎不绝。来者是有头脸身份的，还带重礼而来。彩娥打扮光鲜，喜笑颜开地站在院里，接受礼品。

大仙专意去请伯厚来捧场，伯厚叫着头疼，没去。

陈家来了谁都是寻常事，唯有一个人，彩娥的妹子彩莺穿得花里胡哨的，还站到门口傻笑，进来院门就抢了众人眼。彩娥嫌乡巴佬妹妹有点土气，推她到里间，叫她坐床边别出来。

彩莺一进姐姐屋里，就看见花绿软缎，农家女的眼，滋地亮了，稀罕得贴脸上蹭蹭，再抖开一块往身子上比试。

这时，二郎神恰好进来了，看见了年轻美丽的少女，眼都没顾上眨，就凑上去，说：妹子喜欢，拿一块去做裙子。

彩娥见姐夫官人也进来了，还对妹子示出好感，说：官人，快到外边照应贵客去吧。

二郎神泼烦地说：娘子快去取块汗巾来，我脊梁出汗了。

彩娥前脚出去，二郎神见缝插针抱住了彩莺，闪电般地搂摸带亲嘴。彩娥进来时，两人玩花似的分开了。彩娥见彩莺慌得脸红耳赤的，头发毛乱，内心就爷呀妈呀惊叫不止，站那呆呆地看看妹子，好像不认识似的。

彩莺也愣住了，不知是被突然的激情镇蒙，还是被姐姐的眼睛吓傻了，怔怔地看着姐姐，愣那不动弹了。

彩娥阴沉着脸，说：对我说，是他先花哨，还是你先发轻？

彩莺一听低下头来，脸红了个净，聚得喘不过气来。

彩娥这才看清妹妹两手紧紧捂到胸前，胸襟是开的，彩娥拉一下，彩莺一个奶就跳出了衣领，白嫩丰满。彩娥嫉妒得哇哇乱叫，扑上去狠狠捏几下，又塞到衣襟里头。咬着牙说：看那一脸骚样，就知道你贱了没贱！你听着，要是他起邪心，你就脚底抹油，快走，再不要登陈家门了。要是你对他发贱，看我不割掉你奶包喂狗吃。你走吧，这儿不要你帮忙。

彩莺急了，低眉弄眼地说：姐，是姐夫花心挑逗，你当小心灯火，更要小心你男人，何苦怪怨小妹。

说完低着头，眼神复杂地看了姐姐一眼，拂袖而去。

彩娥眼见彩莺快出门了，又怕二郎神看见拦挡，狠狠上前拽住妹子裙子，指着后门说：甭丢人现眼了，有脸走前门啊？

彩莺晕头转向地拐了过来，从后门走了。

陈家酒席桌上正热闹非常。一扎小辫青年来了，客人都转过头来惊看。那青年颇有侠义风度，抱拳打拱施了一圈礼，问：请问谁是堂堂有名的陈大仙？

大仙起身问：你，有事，还是有病找我？

青年说：小的一没事二没病，只为拜见大师。

好，好后生，看你非俗凡之人，姓啥名谁呀？

小的姓李，名宝山，是花营人，闻听大仙高名，请收下弟子。

大仙见李宝山一下子把宴席推到了高潮，也拉起架子，指着村南问：你往那边看，天边是不是有一片红彩云，飞马样奔跑？

宝山扭头看，似是而非地说：有，马蹄声都有，一漫西北而去。

你再看看陈家房脊上那只兽眼，是不是会转动？

在转，滴溜溜转，眼珠子黑白分明。

哈哈哈哈，后生心诚。诚则灵，灵则妙，妙则神，神则通啊。好，我当着各位贵人的面，收你为徒。

宝山扑通跪地，说：小的拜过大师！

这宝山在陈家拜了师，回山里就炫耀开了。话传到了花家，花彩莺一听心里就发蒙，昨天她是第一回走姐家。因姐姐是被陈家抢去的，老母去找姐姐没见归还，家里只有老父与哥嫂侄儿，她已到许配婚嫁之年，却没人做主，就整天想念姐姐。可是姐姐嫁到陈家几年了，也没回过娘家，她打听多日，费尽周折才找到了张寨，没想到被姐姐赶走了。

彩莺早已过够了穷乡僻壤的日子，对山外边的世界充满憧憬。走姐家见到宽敞的宅院，屋里摆设，床上铺盖，果真与穷家小户不一样。遇到姐夫轻佻与亲爱，那是一眼就看上了自己，也让她动心。回家以后，老在埋怨姐姐小气，更没断掉对姐夫的暧昧念想。

这时听宝山夸耀陈家，她恨不能扎翅膀飞过去。她问宝山，啥时候还上张寨，去了喊一声作个伴儿。

宝山正在收拾东西，说下午就走。

二郎神送走客人，就跟大仙在一块密谋。弟兄俩都很激动，要说的话太多了，坐那头对头嘀咕个没完。二郎神认为这一步登天，可把张家镇住了，看我往后咋收拾他们。你知道不知道哇，这些天我为花老婆和拐三的死，吓得没有一晚不做噩梦，要是闻保有利用金兰把别的案都挖出来，村人跟着举报揭发，我的头得铡三五回都不解民愤。所以我必须爬上官位，得利用手中权，把那些黑暗都移到张伯厚头上去。

大仙马上嗔道：可别这样整，那次把金兰报官的不是张家，是村里人。

二郎神说：哥你别听张伯厚忽悠了，村人报案闻保有会跑那么快来？

大仙说：反正你别任性，我从巫术的学问上说，凡事都有因果报应。你看捂死拐三的磨扇，最后自己轱辘到耀能跟前，把他腿碰断了。这事儿太鬼了，也刺到哥心上，所以咱们不到万不得已，还是要与人为善，把那些罪消掉。

二郎神说：哥这话我能听进去，却做不到，当官不谋己利，那就白当了。

大仙站起来，走了两步，说：前头的话你记不记都没啥，后边的凡事有报应，那就是天道，你得记心间。

二郎神见话不投机，也站起来走了，转身看见彩娥抱着娃子在瞅他，又不想进院里了。

彩娥感觉男人跑这么多天回来，应该跟自己说说话儿。她抱着才过两岁的耀贵，往前院跑几趟，二郎神都没注意到她。她看贵娃瞌睡了，哄睡放到床上，就想上街买些打扮的东西。此时见男人过来了，她稀罕得不得了，笑着说：客们送的东西咋分哩，不能全归老大家。

二郎神说：那你知道这次买官，老大花了多少钱粮，足够盖五六间瓦房，我才花七八斗小麦，没有老大，咋有我今天。我说你是山旮旯里的见识吧，以后少说句闲话，别惹我烦心。

奴家不说这，光说你高兴的。哎，咱北坡还有半亩萝卜，你一会儿催催伙计去挖，再留个心瞅着床上的贵娃，我瞅个空赶紧上街买花线去哩。

二郎神瞅她一眼，摆手叫她走。彩娥说：听说北山有灰狼，红眼绿珠的，专吃小娃，你小心咱贵娃醒了乱跑。

彩娥前脚走罢，后脚就来了彩莺。进门来往床上扑通一坐，贵娃就醒了，坐起来就喊：爹，小姨儿来了。

二郎神一阵风似跑进来，啪地关了门，拽住彩莺的手，直往床上拥，还说：心疙瘩可来了，上回咋不吭声走了？

彩莺软在突发的激情里，红着脸问：我姐哩？

二郎神：上街了，正好给你腾个空，来。说着从箱子取出一块葱绿缎子，说：这料拿去做新衣，以后别穿麻衣了。

彩莺迟疑地说：我姐会生气的。

二郎神抱紧了彩莺，说：不管她，以后我接你到涅阳城里住，不跟她缠事。

耀贵坐在院里，懵懂一会儿，继续去听。彩莺扭捏地说：姐夫，看贵娃那双小眼儿。

二郎神早被欲火烧得情不自禁，浑身火热，眼珠都红了，火急火燎地扑上去。那彩莺还在四下瞅，生怕姐姐从黑影里钻出来，骂她撕她打她。二郎神见她疑神疑鬼，也到处看着，正好看见贵娃投过来小眼，骨碌碌转。他放下彩莺，拉开门叫贵娃去找小娃玩。说罢砰地关上门，拐回来就宽衣解带。

彩娥在涅阳城买了花线，又给贵娃买一串花喜蛋。在街上遇见了熟人，因男人当官，彩娥到哪里都有人大老远搭腔说话，明显跟过去不一样。她买花线也大方起来，红绿色的绣花，撩边的粗线，一买就好几股，买了几根铁针，又买了搽脸的粉。出来街，就兴致勃勃地唱：正月里有个正月正，小大姐儿上街看花灯，一看有个小表哥呀，二人哧溜钻了黑影。

彩娥回到陈家院里，见贵娃独坐在院里门墩上，跟个木人儿样的发呆。她到跟前喊了声贵娃，咋剩一个娃儿了？

喊声惊动了里间，二郎神与彩莺刚才了却一场兴趣，还丝丝连连地磨拧在温柔乡里。一听喊声，如闻惊雷似的从帐里出来，二郎神整理衣衫，彩莺拢头发，慌慌张张走到门口，与彩娥碰个照面。

二郎神平静得跟没事人一样，却还是看见彩娥眼里的阴影，有点不耐烦地问：咋回来这么早？

那言外之意，不是他犯了什么错，而是女人回的不是时候。

彩娥跟这男人过了快四年了，床上的花哨事，并不陌生，男人的好色，也表现了个够。她不用转脑筋，就知道屋里发生了什么。但她还是从男人阴暗的目光里，看到一种不妙。看来才过几年好光景就要到头了，这场灾难是妹妹带来的。她联想到二郎神对大老婆的冷落，曾让大老婆当她的面端洗脚水伺候。稍有粗心，便破口大骂。有了新人送笑，就一定要让旧人哭吗？自己在床上的游戏还没被耍够，就旧了。她心里跟插进了利器一样，断肝扭肠地痛。

不大一会儿，敏感的她又在床单上看到了证据，单子上有血，乱七八糟的桃花点子，还弥散着血腥气。枕头边有一块葱绿的软缎，可能是换取妹子贞节的情物。一股怒火自骨缝蹿起，烧到心上。她想扑上去撕抓这对狗男女，想大声呼叫捉奸。但她没有，她慢慢绕过男人的目光，堆一脸笑，打开了刚买的花线叫妹子看。

二郎神见彩娥没什么异常，就出去了。屋里剩下姐妹俩，一个亲妈生养，一块屋顶长大的血脉手足，此时成了争夺一个男人的敌手。彩娥听院外脚步声远了，阴着脸关起门，哇一声冲上去，啪地扇去一耳光，接着抓住妹妹的头发又撕又打。没头没脑痛打一阵，又把妹妹推搡出后角门，拽到河边草地上踢打。直把那张粉脸儿打肿，嘴角流血，披头散发，一个鲜丽少女变成了吊死鬼。

打到没了力气，打得妹子窝地上抱头求饶，彩娥哭得泪人一样，嚷：贱人——你花红叶绿的大闺女，找不来男人了，来占你亲姐的窝？你可知道陈家是啥人儿，咱娘是咋死的，你认为这是金窝窝呀，这是火坑。你瞪着两眼儿往坑里跳。我今儿把话跟你说清，你快给我滚开，能滚多远滚多远。如再来这，我活剥你皮，不信，你试试！

彩莺知道了姐姐的毒辣，只是闭着眼一挨到底。此时起来踉跄走几步，身子靠在树上，还在回忆姐夫的宠爱，与姐的暴打，咋就天上地下哩。

月牙的弦影偏斜，二郎神吃罢饭就坐在院中间，表面是望月，眼却不时往房门口看。看了一会儿，就不见了人影。

这是彩娥最敏感的时辰。她备好了睡前洗漱，艾熏房里蚊虫，换掉了床单和新枕套，就开始站到窗口往外瞅，小心翼翼地等着男人来上床。过惯了养尊处优日子的她，没想到在一夜之间，会跌落到这般地步。而这一切都是因为妹妹的出现，妹妹这个活妖精，已经生生地卡在她和男人之间，是一道墙。她想回到妹妹没来之前的光景，可能有难度。此时，她脸上的热辣，不是把脸面扫到了地上，而是刷掉了一层脸皮。

家里来了远客，不声不响就走了，二郎神连问也不问。倒是彩娥沉不住气，端来茶盏，拿着扇子为男人打蚊子。

月亮当空照着宅院，彩娥心里却跟连阴天似的低沉。她安顿了贵娃睡觉，就对二郎神察言观色。心想，只要官人不过问妹子的走，就算平安无事。院里空气紧张得要凝固了，半天，二郎神才阴阳怪气地问：咋不叫他小姨儿出来看月亮？

彩娥的心猛一惊乍，垂手立于男人侧边，低声说：她说，回去有要紧事儿，过些天再来。

二郎神问：啥事儿，这么不懂礼道，不告一声就走了？

又不是外人，不必礼道。

你中邪了，还是嗓子卡套子了，说话声音不对劲儿啊？

彩娥心跳更烈，又不敢粗喘，她倒退一步，长出一口气，说：奴家好好的，只要官人心里没事儿，奴家就是百般好。

二郎神阴着脸，说：要是有病就去医，别恶心人，我都没眼儿瞅你。

彩娥用手按摩捶打二郎神的肩，说：官人，奴家真是好好的。不信一会儿床第间侍奉，即看分明。说到这，她眼含泪水，不敢流出，又说：奴家真为官人的高升，感激万分，我会让你欢心。

二郎神斩钉截铁地说：少给我演戏。

彩娥大惊失色地问：官人，此话怎讲？

二郎神的手像是要打蚊子，甩过来一下，正好碰在彩娥胳膊上。彩娥品着男人甩手时用的力，愕然呆坐，阴郁地看着二郎神，颤声说：官人，你消消气儿，奴家伺候不到，你多指教。

二郎神咬着牙，低声嚷：去去去站远点儿，别叫我看见那张黄病脸儿。

是夜，涅阳的更鼓敲了三下，又过鸡鸣五遍时，二郎神都没有进房。

彩娥坐在麻油灯前，把灯芯挑长了，任夜风吹来，灯影摇曳晃动。窗前似有人影，悠悠地游过去又游过来，伴有小动静。她紧张起来，怕是鬼，又心生好奇，会不会是二郎神捣乱。她走近窗前，眼对准窗棂缝一看，见一张女人脸，阴阴地定格在那。吓得她心跳不止，呼呼喘气。

她压抑着自己，低声问：谁？

女人说：我。

是人是鬼？

是仙姑。

是你，为啥吓唬我？

我知你妹子在哪里藏身。

在哪儿？

你出来跟我走。

彩娥吓出了一身鸡皮疙瘩，因怀疑情况诡异，不敢开门出去。她端着灯走过来，说：你把手伸进来叫我看看是人是鬼？

窗棂口伸进来两个手指，彩娥掐掐那手，又低头看看，红指甲鲜冷妖艳。她想起前几天仙姑坐院里包指甲花的情景，才放下麻油灯去开门。彩娥跟着仙姑一前一后来到院西边的树枝堆边，仙姑扒开树枝，正要进去，彩娥说：这是地窖，里边没多深。

仙姑说：我开始也这样认为，可有人探过这洞，才知里边有人。可能是你家小妹在里边。

彩娥隐约有个感觉，二郎神把妹妹窝藏到洞里了，可她说：我不信，我家相公不是花心人。说罢转身就走。

陈家的风流韵事，很快在村里传开，在大关坑边当故事讲。

人们还听说，二郎神要把花彩莺接城里金屋藏娇。大关坑边聚了来福、义成与伯志，还有二奶和伯顺。

黄义成说：看来看去，还是陈家人有本事，干那么多坏事，最后还能当上官，有的好人咋不当哩，本事没人家大。

来福说：你说的也对也不对，对的是坏人当官也改不了坏人的名声。好人当不上官，还是个好人，因为他施不出歪招，钻不了黑洞。

伯顺说：要是干坏事的人能当官，也没啥意思，世人都看透了。

伯志说：要说坏人能当官，陈家也不算鲜精，前朝古代高祖刘邦，要是不耍无赖不施阴招，能打败楚霸王不能？这歪理早就扎根了。

二奶没牙的嘴窝了几下，说：有钱能使鬼推磨，咋不能买官？

义成说：你说哩美，你也掏钱买一下试试。

来福说：义成你咋不试哩，你先试试再说别人。

义成说：我不试，我没钱又没粮，我就佩服陈家。

来福问：做人要感恩，你可别忘了，你被人捞出水时，是谁给你干衣服换，给你面条吃。你要是不忘恩负义，就不会口口声声陈家有本事。

伯顺说：我赞成聋子的话，耳聋眼不瞎，是个明白人。

义成小声说：来福对张家大嫂可有意思了，说那边的好话另有意思。

来福眼又瞪成了牛蛋，络腮胡格外浓黑，说：你胡屎扯，我是感激大嫂给哑巴女儿做衣，我最瞧不起那过河拆桥的货。

黄义成嗖地站了起来，问：都说你是个聋子，我小声说话都听见了，你们看看这装聋卖哑的货，你就是变个鳖孙，也排场不了。

来福起来别着头瞪瞪义成，背抄手走了。

正在这时，二郎神过来了，手里拿着拇指粗的金黄卷烟，每人递一根。这里边有三个人抽烟，加上二郎神四根烟筒，一会儿就狼烟冒起。来福走出几步又拐回来，因为二郎神敬大家的卷烟，他从没见过，平时吸的是随手卷烟叶，吸到半截会散开。二郎神拿的烟卷也是烟叶卷成，卷得光溜溜的，细致好看，当了官连吸的烟都变了，真想不到。二郎神见来福转过来，也递上一根。来福吸一口就叫着得劲儿！

二郎神说：福哥以后有啥事就找我，只要在涅阳境内，没有我办不了的事。说着拉个小背场，往来福怀里塞了几个铁钱，叫他上街买好吃的。

来福脸笑成了一朵花。黄义成看不过眼，说：刚才还在说人家坏话，这又巴结上了，真是个两面三刀。

二郎神扭脸看看义成，说：福哥说我坏话，那是看起我哩，我不在乎，你们没看张家说我多少坏话，证明他们在乎我，是吧。

来福刚才吓了一跳，见二郎神这样一说，反而感到愧疚，连连点头说：老弟是有本事，是官爷胚子！

人堆儿散了，伯志走时唱了句小曲儿，二奶撇歪了嘴，伯顺哼着鼻子。大关坑边只剩义成和来福，紧凑在二郎神面前，说不完的讨好话，送不尽的媚笑颜。二郎神拍拍两人肩膀，就往陈家去了。义成陪着二郎神进到院里，牵出高头大马，弯腰让二郎神上了马，这才走开。

来福离开大关坑，走到艾蒿围满的小路上，看见了伯志，就瞪起眼，说：当上官还霸占小姨子，就是爬到皇帝位上，那脏屁股也擦不净。我刚才那是演戏哩，你没看二郎神下马那样，也是在演。他就是再收买人心，人们还是当面笑背后骂。

伯厚虽然睡于病榻，对外边的事一件也没少听。是二奶把大关坑边的闲话传来的，二奶说：别看人们当面奉承，当面越风光，背后越招损。

伯厚说：只能尽他去，人在干，天在看，这理谁也违不过去。

二奶说：就眼下跟他小姨子的事，名声就扫了地，再收不起了。

二奶走罢，伯厚起身送到门口，又受了风寒，晚上头痛重了些。

仲景见父亲的病，时轻时重，喝了几天药汤，这又重了，他要换方术。

伯厚泼烦地说：你不用医，村里祸事一平，我就好了。

张闻氏赶紧拉仲景出来，问他能不能医好这病。

仲景说：我爹是为二郎神当官憋的气，你别怕，我能医好。

说着，他开始仿二叔治老孟的方，在灶火门口垒了个小锅台，搁上小鼎锅，添了水，在锅里放了六七种草药，又加了两碗麦仁，一碗高粱糁。抱了好几堆硬柴，用火石打着火，先燃起干蚂蚁草，等火大了再添硬柴，当灶门里大火旺起来，他坐到灶台前，正儿八经地煎起药来。

鼎里的草药开始咕嘟咕嘟滚沸，张闻氏闻到味儿了，过来问：好了吧。

仲景摆手说：还不中，烧过了武火，还得文火煨。

张闻氏站那看看，文火煎了两个时辰，压住火焖焖，又开始添柴了。她捂着嘴钻进里屋，对伯厚说：当家的，你看看这娃，学半天学成二憨蛋儿了，一剂药煎了半晌，火都压了，这又添上柴。

伯厚也对儿子的行为奇怪了，自语：是伯祖没教成，还是这娃心眼儿实，哪有草药当肉炖的，你再去看看，不中了就教训，也出出心里气。

张闻氏又出去了，过了好大一会儿，又捂着嘴哏哏儿地笑着进来了，说：还真当肉炖哩，这都半晌了，还在添柴，怕是要煎到天黑了。

伯厚坐了起来，大声说：院里是啥煳了？

外边仲景说：爹，我在煎药。

煎多长时间了，还没好哇？

这药煎不到时辰，功效不中。

伯厚坐不住了，下来床披好衣服，站到门里往外看，一看仲景正弯着腰撅着屁股在添柴，脸上揉了几团黑灰，成了花脸儿。伯厚在内心发笑，笑儿子笨，又心疼儿子憨厚。

张闻氏扶伯厚坐堂屋大椅子里，她问：娃呀，可别煎煳了呀。

仲景摆摆手，仍往灶门里塞柴。院里早已烧得狼烟四起，村里人都认为张家着火了呢，跑来看看是煎药，又听张闻氏说话，才走了。出去院门像胳肢窝被胳肢了似的，笑得前仰后合：我的妈呀，这二尿娃，要把人笑死。

仲景仍埋头烧锅，秀娃也来帮忙，从半上午烧到中午，再到半下午，眼看太阳一竿子高了，院里煳味散开，张闻氏又来催他。

仲景揉着眼说：快了，快好了。

伯厚在圈椅里说：你娃子，是跑到狗国里，学的狗屁医术啊？刚才我还说是炖肉，现在看你是煮铁哩吧？

张闻氏拽一下他衣襟，进到屋里，老两口头对头，说说笑笑，笑笑再偷看看，看看又笑笑。

第二十六章

放羊人回家了，干活人也收工了，人们路过大关坑闻到煳味，顺着气味到张家院门前看。正是傍晚吃饭时辰，七邻八舍也端着饭碗来看煎药，听了聚到大关坑边的闲话。

张闻氏再也忍不住了，皱着眉头过来问：儿啊，日头落了月亮出了，你就是煎的铁药，也该好了吧。

仲景说：妈，快好了。

张闻氏揭开锅盖看看，锅里的豆米软塌塌地捂在锅底，好像下边还有煳味。她说：娃呀娃，这不发酵蒸出个瓷疙瘩儿，打贼蛋儿一样硬，咋吃啊。

仲景说：这是大药丸，又不是蒸馍。

可锅底都蒸煳了，皮焦骨头生也吃不成啊。

仲景不再理睬，又去续柴挑火。

伯厚坐在圈椅里，跟观世音一样，静静地看着院里动静，内心暗想，你娃子终是草包露馅儿，你个憨头巴脑的二杆子，可该认识到你自己几斤几两了吧，九九归一，最后你还得回到官路上。他哼哼笑了两声，一脸得意地说：儿啊，当初不听大人言，就得受艰难，受点艰难长得快呀。

天黑了，仲景终于把灶门里的柴压灭，摆手打散烟气，掀开锅盖，把锅里东西捞出来凉到案板上。凉到伸手试试不烫手了，才把药揉成筐子那么大一个馍片。锅盔不像锅盔，烧饼不像烧饼，眼看一个四不像，仲景捧出锅，用了蛮劲儿抱到怀里，往堂屋走。

张闻氏一看那么大的药丸，就打手击掌地嘎嘎笑着说：我哩乖乖呀，你弄这是啥呀。接着是秀娃指着大药丸，咯咯咯笑得像摇铃。仲祥拍了下桌子，笑得眼泪都流出来，说：哥呀你疯了，蒸个大面锣，把人大牙笑掉哩。

伯厚听见外边爆笑一片，往门口一看，见仲景手捧面团叫他看，当时就想笑，却极力忍住，说：嘿，这是馍呀，还是布罗啊？我儿从狗国学来的鲜招，把面团当药丸，这要是能医病，天下的巫师医家都得饿死。说罢忍不住冷笑一声，接着哼着鼻子笑，再后来不知想到哪里了，竟哈哈哈大笑起来。笑罢擦着泪水，说：老天爷呀，张家要出啥人物啊，我看怪物是出定了。说着又笑，笑得又摇头又摆手，然后还撩袖子拭眼。

待一家人上桌吃饭时，伯厚又坐到上位，一眼看见了面布罗，着说：今晚上我胃口不错，要喝两碗豆稀饭，再吃个花卷馍，只因为你这大药丸我吃不下，挂那当个玩意儿，省得村里没笑话时，人们闷得慌。另外，我告诉你，学医这条路你甭走了，老老实实给我回来，找你舅去走别的路。

仲景也坐下吃饭，晚饭是豆稀饭煮萝卜块，炒了萝卜缨，还有母亲蒸的花卷馍。仲景见父亲大口吃着，喝一碗粥又喝一碗粥，一个花卷馍吃完，又拿一个，掰那么大的块往嘴里塞。仲景暗自高兴，他知道药效已出来了。

张闻氏说：别因为看你娃的笑话，就兴势成这样，吃多了当心不消化。

伯厚说：我不是兴势，是看到他学医无用啊。照这样学下去，老子出门去脸上得戴个驴鞍颜，才能走到人前。

仲景慢腾腾地说：爹，你的头不痛了吧？

一桌人都不说话了，你看看我，我瞅瞅你，想笑，又绷住嘴。

伯厚又抬头看门上大面团，看看笑笑，笑笑看看说：别把你胳肢了。

仲景说：爹，你症候已经好了。

伯厚正笑得合不拢嘴，猝然停下了，忽然恍然大悟地说：你个小医家，施招儿治办爹呀。

张闻氏也呆了少顷，才笑着说：娃，吃饭吧，跟你二叔就是长进大，你爹药都不吃就好了，看看为你爹能得开心，娃累得皮吊嘴歪的。

仲景说：医病有多种方术，有的病不与四时相关，未受寒邪所伤，是心病，施奇术偏方，准好。

伯厚哪肯在儿子面前服输，他离开饭桌，却不像以往闷头睡于病榻，而是想出去走走。他走到老椿树下，忽然感觉大关坑的水清澈多了，还把蓝天白云照了进去。他不由想起，这是儿子小时候拿树棍儿来画字的地方，也是村里人聚堆嘲讽张家出怪物的地方。

多少往事去矣，他忽然心生一股少有的抚慰，不为自己康复，只为儿子长进。有儿子那般超凡的耐性和灵性，怎愁张家不出人物哇？

仲景拆掉了煎药的锅台，扫了地上柴灰，给母亲说了起程时间。

张闻氏说：娃抽个空去看看你三婶儿，看她给你二叔捎啥东西。

仲景说：不知三婶儿患的啥病，一年四季都病蔫蔫的。

此时二奶来了，脚踏进门里，刚好听见仲景的话，小声说：二奶不该说，你三婶害的不是一般症候，是相思病。

仲景一脸懵懂，问：啥叫相思病？

二奶说：打个比方，你二爷在阴间想我，想得害了病，就是相思病。

张闻氏不喜欢老人给儿子说这话，说：也许你三婶儿是老想你三叔。

仲景叫二奶跟母亲说话，他转到房后，见三婶家院里挂了三双布鞋，白底黑帮，抹罢桐油挂着晾风的，散开一院子的桐油气，仲景喊了声三婶。

赵氏及时答应了，说：小医家快快进来吧。

仲景进去了，三婶说：你走时把鞋捎给你二叔，他给我药，我是还情的。

仲景说：我是想看看三婶儿，捎什么给二叔，还要什么药？

赵氏说：看我这藕断丝连的病，料知不会有多少时日，你二叔若回不来，我想去山里看看他。

山路不好走，还有老虎狼巴子，我怕三婶儿经不起折腾，我去了告诉二叔，叫他早日回还就是。

赵氏拉着仲景的手，紧紧攥住，说：他再回来晚，怕是见不到人了。

我叫二叔再弄些药，生办法捎回来医你。

不用了，药吃再多也治不了心病，也许是寿限将至，别再费好药了。

仲景说：你知道治我爹的药丸有多大吗，三婶看了也会大笑。

赵氏苦笑笑说：我听说你用奇方医好了你爹的心病，你长进不小哇。

仲景两手比画着，布罗大的蒸馍，是扁的，我去拿来你看看。

赵氏笑起来，说：不拿了，我听仲建说了。你可是出了个大丑。

那是偏方，我从二叔那学来的，硬笑都把病笑跑了，三婶可以试试。

我的病不是一般心病，你小小年纪，懂不了的。

仲景看着三婶愁惨的样子，在内心自语，同是患的心病，有人起效，有人无效，也许只有二叔回来，三婶儿才能好。

仲景要走，赵氏叫仲阁包好新鞋，递给他，又小声说：我只是报答你二叔医病之恩，这鞋别叫外人知晓哦。

仲景回来了，犹犹豫豫地跟张闻氏说了三婶状况。张闻氏说：你要是有孝心，就催你二叔早回来。

仲景觉得自己与这件事隔着什么，掺不进去，勉强答应母亲交代的话。

张闻氏把儿子的衣裤看个遍，这儿补补，哪儿裰裰，又打了个大包袱，加了棉衣，添了一床被褥，好像这次一去，得好长时间不回来似的。

伯厚吃过中饭也不睡觉了，坐那喊仲景过来，一副拉家常或道别的样子。父子俩从未有过这样的温存和睦，他问了仲景这次去，几时能回，问了伯祖在山里的景况。仲景说：爹，你叫仲祥在官学里识些字，去当官怎样？

伯厚说：这娃有点莽撞，不是当官的料。

仲景说：二郎神都当了，仲祥有啥不中？

你没听说楚霸王项羽是怎样败给刘邦的，官场就这理，不论好坏人，只论心黑脸厚。我叫他先上一年再说，咱家业要扩大，西坡有二十多亩荒地要开，北头的荒郊也能开，我已托你舅帮助招家丁，庄园壮大起来，人家也会强大。

爹，以后家里地多了，也养几笼蜂放河边，我在山里见过人养，把蜂箱搁到高处，酿够了蜜取出来。然后再种点草药，我给仲祥说的几种，再到地里坡上见到黄花苗、车轮草、枸杞、菊花、老婆丁、毛草根、荆芥、蝉蜕，都采回来晒干存起。还有家里吃过的南瓜子、冬瓜皮、葱胡子、杏仁，都晒干收好，早晚我回来了，有现成的药材。

伯厚听一句嗯一声，句句言听计从，他又问：可说说你，也老大不小了，终身大事儿，你心里有底没有？前些日子来给仲祥提亲的媒人都上门了，当哥的还没娶亲，弟弟咋能抢到前头，俗话说，大麦不熟小麦熟，是个笑话。

仲景摇头说：这事，我还从来没想过。

伯厚心里不滋润了，张嘴打个呵欠，还要说什么，张闻氏催他去歇着。

仲景说：爹，我还有件事，我看三婶跟二叔都有意，能过成一家人，如果二叔能回来跟三婶过，我在家门口跟着他学，就不用跑那么远了。

伯厚与张闻氏交换了下眼色，张闻氏说：这得看你三婶有没有决心，她跟白日做梦一样，整天胡思乱想一阵，外人只是腊月萝卜闲操心。她心里有病，都能理解，却掏不出她半句真心话，既是你想往这事儿上扭，她也很利索地往边上撇，谁知道遮来掩去的，要蔽到何时才有个分晓。

伯厚说：叫你二叔过年回来一下，我问问他再说。可不能听句闲话就当真，跟着闲人胡巴扯。

仲景说：我看三婶儿是做不了主，才整天流泪，也怪可怜的。

张闻氏说：是怪可怜，俗话说可怜不拉可怜事拉①，就这意思。如果你要替她操这心，她又装得正儿八经，叫人摸门当窗户的。先搁那吧，你爹该睡去了。说着，扶起伯厚进了里间。

午后，仲景拿出在二叔家找到的竹简，读了一会儿，站起伸个懒腰，舞一下拳脚，要进屋里收拾东西，想明天走。忽听秀娃和小六子在院外叽喳，不知是玩游戏还是胡闹，不时爆出哏嘎与尖叫声，有点不寻常。仲景忍不住到门口去看，原来几个小娃在逮蚂蚱，天上还有蚂蚱正突突地飞。奇怪的是，过去蚂蚱都在庄稼地里，今儿飞到院门口了。

秀娃逮几个，用狗尾巴草秆穿起来，眼看穿满了，蚂蚱挣扎扑腾，秀娃大声喊：哥，你看又飞来好多，也来逮呀。

仲景感觉不对劲儿，抬头看看，眨眼工夫就见黑麻麻的蚂蚱，成群成堆地飞过来，往树上院墙上蹦，更多的飞到树上吃叶子。几个小娃逮着逮着，就抬手挡眼睛，不让蚂蚱扑到眼上。仲祥从地里跑回来了，进门打开袍子大襟，里边有一大包蚂蚱蹦了出来，说：哥，有香肉吃了。

仲景惊讶地说：哪来这么多蚂蚱呀，好像是神仙轰过来的。

秀娃指着高处，喊：哥——你看天都快黑啦——

仲景惊叫起来：爹，娘，你们出来看看咋了，这么多蚂蚱乱飞。

张闻氏和伯厚一起出来了。二奶也跑了过来，一边扑打头和脸，一边哭丧着脸，说：娃呀，是要过蚂蚱了，天降蝗灾啊。

伯厚马上站到高处，朝村里喊：大家出来看，要过蚂蚱了，俗话说，涝生蛙，旱生蝗，蝗祸来了，各家做个防备吧。

村里人都出来了，站各家门前抬头看天。蚂蚱群更大了，铺天盖地地飞过来，天上黑压压一片，树上房上到处都落满了。村里人一出门，就得伸手扑打，只听大闺女小媳妇，啊呀啊呀地尖叫，老人们顶个小布衫，捂着头脸，露出个缝往外看。

黄义成扑通一声跪到地上，喊：神啊，咋又降大灾啦！

---

① 可怜不拉可怜事拉：方言，指为防止被可怜人牵涉，而不去帮扶。

接着有人呼叫：过蝗虫啦，天灾要来了呀——人们跟着大吼大叫，夹杂着老人小娃的哭声，瞬时乱作一团。

仲景忽想起，小时候听二爷说过，从前涅阳遭蚂蚱，把庄稼吃成了光秆，树都啃干了。他说：爹，怎样灭蝗，叫二奶出个招。

伯厚拍拍仲景肩膀说：你可别急走了，爹也没经见过这，还身为里魁之职，应带领民众灭蝗。说罢就往陈家跑，正好看见二郎神在家，伯厚问：家义你重职在身，咱村要遭蝗虫之灾，你看怎么对付？

二郎神一脸疲乏，眼神无光，显然对来人说的话，没投入心神听进去，也没感上兴趣。就像一个外行人进赌场，一脸懵糊。他张大嘴，打个长长的呵欠，指指椅子叫伯厚坐。

伯厚哪里坐得住，说：蝗虫乱飞，灾情十万火急，你说话呀。

你说什么，蝗虫飞来了，有多少，从哪儿来的？

谁顾得数蚂蚱呀，它从哪里来，跟抗灾也不相干。现在得有人带领民众灭蝗，抗灾！

对，我要的也是这，你肩职在身，还真不能坐这，速去抗灾。

你看看村外天都黑了，蝗虫并非祸害一村，而是涅阳大局势，你手下有人，应下令召集治办。

你说的不错，可我刚上任，又没经见过蝗灾，你说咋办，支个招。

伯厚冷着脸，瞪了二郎神一眼，转身走到陈家院外，说：还说你有三只眼哩，瞎搭了。

张家房前屋后已围满了人。仲景得到父亲鼓励，站院门前土坡上，大声喊：叔伯兄弟姐妹们，咱们要齐心灭蝗，把蝗虫赶走，减少灾情！

这时，蝗虫已经蒙住了村庄，树叶很快剩下枝梗，青草地一片光秃。妇女小娃大哭小叫，羊咩猪叫，鸡飞狗跳。伯志、仲建、来福、二奶、三婶，还有李家人都出来了，连老弱病残者都倾村而出，却无计可施，哀叹着拐回家收拾包袱，找好扁担，准备挑儿担女去要饭。此时听到仲景大声喊：大家都不要乱，小小蝗虫，奈张寨何？

有人冲着仲景，问：你跑远路的人，知道是哪路神报应过来了？

仲景说：这是天旱造成，不与神鬼相干。蝗灾也不只来张寨，谁逃出门也不一定逃出蝗灾，还是别逃了，这有我们的房屋宅院，还有牛羊庄稼，都得保护。我听老人说，大灾过后必有大疫，咱们要齐心协力战胜蝗灾，守住家宅！

想往外逃的人家停住了，站那听半天，感觉迷惘时，有出来拿主张的人，就有了信心，凑到仲景面前，问这问那。

仲景一边帮他们解谜破惑，一边交代大家照料好老人小娃钻屋里，留下成人开始灭蝗。

伯厚也从陈家回来了，见仲景已收拢住了人心，也站到高处说：我们一定能战败小蚂蚱，现在都听医家张仲景的，开始干！

仲景走到伯厚跟前，小声问：爹，咋打蚂蚱呀？

伯厚边招手边喊，吕胆郭川都拿上镰刀，出来到房后割黄蒿和赶驴棍儿，每人手拿一把扑打。没拿到手的，先拿小筐和锅拍出来打，或找麻衣扑打。

可是蚂蚱飞得很快，突突突连飞带蹦，人们刚打过去，蚂蚱闪开了。好像还教会了蚂蚱飞得更快，躲得更疾，还冲着人身上脸上扑。有人拿出木锨来拍，拍一下大喝一声，蛮劲使过了头，木锨拍断了板，也没拍住几个。眼看蚂蚱把人围得立站不住了，有人扔下手里家伙，撩起布衫大襟抱头逃窜。有的用大麻籽叶遮住脸，不顾头青脸肿在那打。可是，不管怎样奋战，各种招数齐上阵，蚂蚱还是有增无减，有人滚到地上大哭起来。

仲景一看这样扑打不济事，捂着脸站那想想，转身跑到二奶家，问从前过蝗虫，人们是咋办的。

二奶吓得钻到屋里直打哆嗦，半掩着门，露出半张脸来，说：用火烧，最好把树条艾草掺湿了烧，沤得大冒烟，蚂蚱就昏了。

仲景拐过来对伯厚说了，伯厚喊仲祥拿柴草来，把家里的麦秸，高粱秆都抱出来，放到各家房前空地上，点火燃烧。火势烧到熊熊烈燃，起了狼烟，仲景又叫仲祥拿柴去坑沾水，捞出来扔到火头上，压住了火苗，湿烟沤了出来。

有人大声喊：哎呀，蚂蚱都落地了。

仲景低头看看地上，马上跳起来，喊：熏死啦呀，好招哇！躲在家里的人出来收蚂蚱吧，炒了吃香肉。

这一喊，前边是烧家，后边跟着捡蚂蚱的，伸出两手往地上一拢，就是一堆，装筐里或大襟里，刚才还哭天抹泪的婆娘，此时笑嘻嘻地往家跑。

张伯厚说：村里蚂蚱不中了，现都去庄稼地里熏吧。

人起散开，各家回去背起柴捆往坡上跑，不大一会张寨村四周都燃起火，冒出烟。别村里人也模仿烟熏的方法熏蚂蚱。

一时间，田野里响起大吼大叫声，烧焦的蚂蚱肉香，也散发开了。人们呼叫着，背着柴捆拥向涅阳城。从涅阳城再到周边村落，到处点火熏烧。

就在伯厚和仲景带着张寨村人回到村里，看到再飞的蚂蚱不如头两批多，稀啦啦的，飞得也不猛。细看看，是刚才落在树上或在房坡上，没被熏个半死又醒过来了。伯厚到处看看各家门前状况，放了心。

就在伯厚与仲景到河边扑打烟熏蚂蚱之时，村里有人看见，二郎神头上包个麻布，骑马进涅阳城去，大仙却从家里出来了。

大仙先跑到河边，人们都想着他也是来打蚂蚱的，可他说：蚂蚱是神虫，只因世人得罪神灵，才派来报应，神虫从天而降，启有熏打之理？万万不成，只应求神保佑才是。说罢，就先跪下来求神。跟他一起的仙姑、九桂、耀武、耀能、黄义成、来福，也齐刷刷跪到河边磕头。黄义成为表示心诚，竟跪到浅水滩里，两手拍水求神。

蝗虫仍在飞，反而如卷土重来，更加猛烈。小六站那看，蚂蚱飞他到头上，他抱头叫喊着往河里跑，伯志脱了衣裳包住小六的头。看见大仙后边站了一排人，伯志赶紧推小六叫他回家，自己也站到了大仙这边。

大仙大声喊：都不准打神虫了。

可村头还有一起人在扑打熏烧，尽大仙怎样喊，都不理睬，站在大仙这边的人也帮着吵。两群人形成了对立。正在此时，大官道上传来一声高喊：打蝗灭灾，医家有理！

众人一看是申风水，扔下担子跑过来。原来前几天申风水在涅阳城见到闻保有，说叫他来看看伯厚的病，他趁着路过来看看。他到场后，两手比画着说：我昨黑儿做梦，梦见天上出了扫帚星，就知天降灾祸，涅阳生乱，专意跑了过来。

伯厚喊仲景过来礼见申风水，仲景叫大伙把火继续燃着，他跑到申风水跟前，激动地说：申叔有学问，听你的没错。

申风水站到高处，说：这几天涅阳天气干旱，造成蝗虫汇聚，本与天意神灵无关，大家只要齐心协力熏烧，就会消灾。我再传一方，用沙土掩埋。

仲景看看河边白沙成滩，就自己蹲那用手挖沙，朝蚂蚱撒去，每一把沙撒开，都会砸落几个蚂蚱，在场的众人也仿做起来。约莫半晌工夫，河滩里的蚂蚱渐渐少了。来福站到仲景这边，竖起大拇指，说顺口溜道：

张仲景兮灭蝗虫，

妙招高分救灾情。

年轻人开始深信仲景所言，对灭蝗的信心坚定起来。申风水挑担走人。

大仙躲在苇丛里看了半天，见申风水来帮仲景说话，心里发蒙。等申风水走后，他才站起身来，呼叫：后生们，我给神发话了，蝗虫会走，不需要熏埋！

有人停了下来，迷惑地看着仲景。仲景说：风水先生也说，这是干旱造成的，神能救啥呀？有人天天给神烧香磕头，神连小蚂蚱都管不住，能救什么？如果天上有神，就会管住蝗虫不来闹灾。

众人齐声说：是啊，后生说得句句在理。

大仙叫道：再打蝗，会招灾的，灾年灾年，绝粮赤田，这事连朝廷爷都没办法，几个凡人能灭蝗，简直信口雌黄。

一群信神的老人又跪了下来，雁叫似的求告：信神要心诚，天下会太平。

天终于晴朗起来。

地角房后种的白菜没了，落下一片断梗赤地。河边草地成了蝗尸场，晒在麻绳上的萝卜缨，只剩叶梗。还好，没伤着老人小娃和牲畜家禽。看看家园立等收拾，有人开始找到乱跑的猪羊。

自灭蝗事罢，仲景在人们心目中的地位，发生了变化。涅阳城有人来拜师，请愿为他打网颂功。还有平晋县里的老人，要为张仲景画像，供到家里当神敬。面对门庭若市的来者，仲景觉得又是巫婆神汉们那一俗套，他忧虑的是，门前来谁都中，千万别来病家，如有疑难杂证病家来求诊，自己半瓶子咣当的医术，会耽误多少症候啊。他感慨地说：人与神的较量贯穿始终，我总算看到了民众开启慧眼，见到了希望。

蝗虫灭后第三天，仲景说该走了，母亲看他累瘦了，要再住两天吃点好东西，养养身体再走。

仲景一脸腼腆地笑着说：那我再等三天吧，正好看看灾后有没有瘟疫。

这时，仲建跑来了，双手抱拳道：大哥，我也要学医，跟你一起去。

仲景问：你走了家里重活谁干，三婶同意不？

是我娘指派我学的，我农闲时走，到农忙时再回来。

三婶儿需要照顾，仲阁弱小，我怕你去了老往家跑，耽搁事。你先学识字，等我和二叔回来了。

大哥，我妈老催我相亲，我怕再耽误下去，这辈子一事无成。

中，我知道了，我跟二叔会尽早回来。

这边正在说话，村头传来了锣鼓声。村人不知何方贵人路过，大路上一团黄灰浪腾起，滚滚尘浪间，有骑马者带着三四个人，直奔陈家而去。

不大一会儿仲祥回来说，是二郎神回来查验灭蝗事件。原来他在涅阳县衙里是副县令，听人报蝗虫被治理，他说这样惊天动地的大事，只有陈大仙的神通之功，才能办到。

大仙叫来黄义成、仙姑、来福，一一交代了咋说咋说。他先把自己带领民众灭蝗的经过，叙述得有鼻子有眼儿，头头是道。黄义成红了脸，举手说大仙是张寨求神灭蝗，千真万确。

来福坐边上听听，觉得言辞有假，也不好当面揭露。当二郎神问他灭蝗时你到场没有，来福张大嘴巴，伸着头问：嗯，你刚说哩啥呀，我听不清。

二郎神说：我叫你说说，灭蝗是不是我哥的功劳？

啊，你说谁把蚂蚱炒焦？

你是装的，还是耳朵真聋？

你说蚂蚱肉吃之前得蒸蒸？

二郎神气得啊呀一声，手摸摸腰里的刀柄。

来福说：我耳朵打阵儿聋，一急就聋，不急不聋。

大仙对着来福耳朵大声说：这次灭蝗，功劳到底是谁的？

来福猛地指住大仙，说：计他一半，也计张家一半。

二郎神大声嚷：聋家伙，到底计多少？

来福说：天地良心，你说计多少就多少。

二郎神抓起来福，拿刀想割他的耳朵，刀悬了半天没落下去。

来福彻底聋了，也憨了，走到大关坑边，听见九桂在说话，他连瞅都不瞅一眼，小声嘟哝：蚂蚱蚂蚱本姓陈，张寨村里一坏人。

快嘴九桂出来传话了，先到黄家串门儿，再到李家。村上走一圈回来，大仙灭蝗之功，受到官府称赞，已传扬开。正在说，看见来福嘴里嘟哝，九桂走上前问：来福你咋不把仙姑娶过去，别恶心我了。

来福看看九桂，继续嘟囔他嘴边的谗言。九桂拽一下他袖子，说：如果你没钱，我借给你，快娶仙姑吧，要不然，她会在张伯厚那浪摆成的。

来福呸地吐了一口，半闭着眼继续嘟囔。九桂的闲话却无意扎到心里，生了根似的，往上长。他想起那次西沟开荒，仙姑送茶水，先送给伯厚的情景。

这时九桂又追上来，说：俺家老二是牛脾气，都是花婆娘惯的，当了官又百依百顺，只差把老二举到天上。

来福忽然又不声了，还想起过去自己想买哑药的事，心里愧疚，说：张伯厚的婆娘赛天仙，仙姑到人家那不沾闲。

那妖精勾男人有的是本事，如果你能娶她，给管住就好了。

来福说：你甭宣传二郎神了，老天爷有睁眼的时辰，他不会有好下场。

九桂撇撇嘴说：你当俺想宣传，俺恨陈老大跟仙姑亲近，也恶心老二抢来花彩娥，看看陈家都啥人儿啊，一窝流痞货嘛，现在就是把陈大仙剁成肉泥都中。可是啥事儿都有另一说，俺已经跟陈家生两娃子，绳子绑到一起了，不宣传陈家功劳，窝那等着叫张家宣传。

九桂正说着，觉得言多有失，她干气地摆摆手，说：你看我气极了胡说八道起来，你听了只当耳旁风吧。

第二十七章

张寨村对蝗虫的来路和去向，并未追究，对庄稼损失也不在意，大人小娃却都在说灭蝗的功劳。这边有人说灭蝗是陈家功劳，人们就随口称赞陈家是英雄，那厢有人说张家出力最大，人们就跟着说张家才是灭蝗功臣，不少人成了墙头草，东风来了向西倒，西风来了向东歪。

众说纷纭，也为谎言提供了可乘之机。陈家院里正在进行另一番密谋。二郎神听到当地民众在嚷嚷张仲景灭蝗有功，就召集当地头脸人物来聚会，庆贺大仙求神灭蝗之功。大仙也打了一场网，轰轰烈烈地宣传，远近十里八乡的巫婆神汉都来了，敲锣打鼓，狮子旱船，加上高跷队，在村路上招摇显摆。

有一姓刘的乡绅来参加打网。他自称是汉高祖一脉的，说话声音特别大。在捧场时，不仅看明白了卯窍，还计上心来，走近前，说：吾有一计，不仅能宣扬陈家灭蝗，还能推二弟升官。

陈大仙的野心，也不只让二弟当个县城副官儿，他想在一方土地上发号施令，盖压乡绅，结党兴邦，排除异类。此时一听，亲自敬上茶，问：贤弟有何高见，请讲？

刘乡绅抬袖子捋长须，道：在小蚂蚱上做篇大文章，把灭蝗之功归于二弟，报与南阳郡府，领功请赏，再要些赈粮收得众人心，岂不两全其美？

大仙立马叫道：高哉，妙哉，绝招兮。

二郎神一听，更是喜出望外。在庆功会将要结束时，宣布免去张伯厚的里魁之职，由陈家仁接任。送走各路神仙，二郎神气都没喘一下，就站到大关坑岸的高处，大声喊乡亲们听着，他说：大家不知道，我哥灭蝗的行动是听我指挥的，灭蝗功应归于谁，大伙该明白了吧。大家记好了，以后听人再提此事，都按我说的说。再有人随便胡咧，小心我碰见了不客气。话刚落拍，就骑上高头大马往南阳郡疾奔。

到了南阳，二郎神入城便看见一棵树下围了不少人，走近一看，有人在树上贴告示。告示是郡府与百姓之间的传媒，比如郡府要招巫师神医，车夫差役，作画写字的，还有捉拿叛贼，通缉犯科之人等。可是，今天街头告示却是另一样文字：谁能医好太守令爱的症候，重赏！

二郎神一看告示，就咕哝，不知家兄能不能医好太守女儿，要是能医，自己官运会更通达。他心里虽没把握，眼睛还是亮了，想上前撕下告示，抬手时又犹豫下来。看着围观者都好奇地看他，另有照看告示的差役，瞅这个小吏行动怪异，也充满疑虑地紧盯着他。

二郎神轻轻抬手，撕下告示，转身跃上马背，并吩咐道：带路去郡府啊！

郡府的差役细看二郎神骑的高头大马，身穿官服，非一般来路，就摊手请他先行。二郎神得意地想，只要见到太守，宣传一下大哥的神医妙术，就行了。

可是城市街道人稠车多，二郎神见前边有车马堵路，还有个挑筐卖儿的老汉在挤。二郎神伸手拽一下老汉挑的勾担系带，给拽断了。筐里小娃掉了下来，趴在地上哭了起来。路边正好过来几条汉子，一个高个汉子站出来抓住二郎神衣襟，叫他去抱起小娃。二郎神哪里肯吃这一套，指着汉子问：你算老几呀你？

高个汉子二话不说，一拳打到二郎神腰上，说：到京城问问，就知道老子是你几爷了。

二郎神见这主儿穿戴不错，一脸霸气，猜着是郡城里哪个财东纨绔子弟，或江湖豪侠。想自己到了人生地不熟处，强龙不压地头蛇，不敢招惹，抹拉一下脸皮，说：相公这么面熟，好像在哪儿见过，叫我想想。这时路当中挑担的走过去了，路也畅通起来。

二郎神借机说：再会老弟，我涅阳县县令，晚点选上等酒楼请你喝酒啊。说着招手叫随从快走，刚逃过江湖是非，忽听前边嘚嘚的马蹄声，响雷一样敲着石板地，眨眼间，一队兵马穿着铁甲战袍，肩扛长矛大刀过来了。

二郎神不知是哪路兵马，官场曾风传有个曹操在闹事，常有北方兵马往新野奔，路过这儿。他吓得缩到街边一小店门前，谁知兵马到这儿打住不走了，下来两个人，在店里买了东西才又打马走起。二郎神看马队过去了，一路走得郡府差役也不见了，就去打听小店主，小店主扬着头说：他是刘备的表兄弟。

二郎神摇头离去时自语：有一天老子当上皇帝，全天下人都得变鳖孙。

二郎神沿白河往东走二里路，看见河水一眼望不到边，白茫茫的水泊里，有杂树丛，芦苇荡，还有草汀，有打鱼船从远处漂来。二郎神扭头看看，这简直不是一条河，而是个大湖泊。他想这大地方就是不一样，水面都比村庄大，沿河往东走一里多，拐个弯儿又朝北走，就看见了郡府的衙门。他把领口拉好，把帽子扶正，心想这次报功关乎官运，得一炮打响。内心的底气，来自在家里背诵的见官词儿，那是大仙和好友共同创编的台词儿。见到太守时还得临场发挥，用三寸不烂之舌，巧言请功。

二郎神自从当官以后，改了过去吊儿郎当的痞赖习性，比过去活络了，遇事转弯儿也快了。半月就看清了官人的职责和担当，也明白了这池深水里，人都咋混的，咋蒙的，隐在深水下的规则，又是咋潜的。他很快有了自己的见识，认为上司所有的布置，都是下官要过的关，基层小吏在任，就是专为过上司的关而存在的。遇事全靠糊弄，如果没这个能耐，你得有装的本事，把局面看成一出戏，得有演戏的能处。俗话说，干得美不如混得美，混得美不如蒙得美。只有蒙得美，才能混得美。而对民众，尽管你千方百计敲诈勒索，坑蒙拐骗，只要捂得住，糊弄得平，就风平浪静。

这次谎报灭蝗功，就是极有风险性的权术操练，也是过关斩将的利器。

南阳郡府到了，二郎神下马来，拿出礼箱往里进。

守门的差役顾不得盘问，边叫哎哎哎边摊手拦住他，问：这位官人找谁？

二郎神叫随从给守门衙役塞一把铢钱，差役笔直的身姿低了下去，一边前头引领，一边挑高腔喊：涅阳县陈县官拜见太守大人——

喊声才落，就见太守已在仪门前站好。二郎神认为太守可能听到了什么，一脸笑意和从内心涌出的、说不上来的自信。差役对二郎神耳语了一句，他拎起长袍，拾级而上。与此同时，从大堂出来几个同僚，与他相向而来，吊诡地瞅他一眼，擦肩而过。那眼中的猜度与复杂，使二郎神心里发蒙。太守也转回来坐下了，二郎神甩袖拂尘完毕，稳妥落座，见太守冷眼看他。他这才明白，原来太守站在门口是送客的，不为迎接自己，他不过是空喜一场。此时他对府衙的深不可测，心生畏惧。

太守两手自然摊开坐好，问：你是为街上告示，还是另有他事？

二郎神眼一亮，端袍起身，拱手施礼，把声韵拿捏得平和沉稳，道：禀太守，下官陈家义，因涅阳县令有公务无法前来，由我呈报涅阳县灭蝗之事。

太守打手势，说：平身，禀明！

二郎神平身，道：大人，今仲秋八月下旬，龙王只在江南连续落雨，却不给涅阳境下一场小雨。无奈天旱如火，沟干河枯，地生裂缝，庄稼枯黄。俗言道祸不单行，从西北方过来一群蝗虫，开初飞进庄稼地、草坡、树丛，一盏茶工夫漫了村庄。一时间天上不见云彩，地上不见草禾，乡民不能出户，牛羊不能出圈……下官看到灾情严重，民生危急，势必造成庄稼减产，民心惶恐，社会动乱。下官以大汉江山为重，以百姓性命为上，火速带一干衙役，冒着蝗群劈头盖脸之险，不顾个人安危，来到涅河边查看。因见蝗虫量多，势猛，空前绝后，一时不可根治。

好像话到此时，太过动情，气喘急促，稍停片刻，才又急切叙述：

下官叫差役们分头到乡间村寨发动百姓起来灭蝗，下官亲自坐镇涅河水岸，临场指挥。一时间，张寨村出动神汉陈家仁，领众巫师到村头登高一呼，民众百应出户，一边求神收虫，一边挖沟填埋，熏蒿，扑打。乡民万众一心，奋力灭蝗……

整整一天工夫，夜以继日地艰苦奋战，百年不遇的恶蝗猛虫，被扑打熏埋，天晴气爽之时，涅阳万民高呼，大汉江山稳固。

说完大口喘息，一脸悲壮。

太守听罢二郎神生动感人的故事，先是被二郎神诚挚的倾诉感动，继而又被灭蝗的过程震撼。他简单想象着千载难逢的蝗灾入境，县官带领民众迅速迎战的激烈场面，才避免了蝗灾。他脸上露出了满意的笑容，挺腰起来，离了太守座位，饶有兴趣地问：涅阳县庄稼现今如何？有没有祸及百姓性命？

这句话正好问到二郎神心里去了，他感慨地说：因蝗群浩大，劫难深重，田里庄稼经旱蝗两灾，千里赤地，民生实在危难啊。仅下官老家的张寨村，就有好几户人家刮了打狗棍，挑儿担女，流落江南去讨饭。

太守欠身问：谁不知江南荆州刺史刘表，是皇家本族，叫他看到南阳叫花子遍布街头，那可得了？说罢沉重地落座，感叹道：多亏陈县令及时有效地治蝗，惊动官府，理当加封。然，涅阳县旱蝗并劫，正急需安抚百姓。你须等涅阳县归复正常，本府再议。

二郎神说：谢过大人，下官另有呈奏。说着拿出公文呈上说：要阻止外逃的饿夫，稳定局势，下官请求郡府适量发放赈粮，需拨一千六担，万望恩准。

太守接公文看看，摇头说：一县就要一千多担赈粮，多矣。这次灾县占南阳境一少半，我只能批你六百担。你回去之后，可发动有粮的乡绅开仓捐粮、施粥，廉洁高效施赈。

太守大人放心，下官任职至今，深知父母官的责任，涅阳境内乡民都以清官廉吏称颂下官。这次蝗灾之后，我家兄长陈家仁已开仓放粮。远近乡绅还要为他立活人碑，而他却想以名医自居，不重政绩。

那个求神收走蝗虫的神汉名医，是你胞兄？

是，大人，他是巫师，人称神医。

你们那里是不是有个名医姓张？叫啥名字，住哪个庄？

啊大人，姓张的医家，只因行医中品行不端，恶名四扬，叫乡民起哄赶出了涅阳，不知流落何处，是死是活。

哦，那张家在当地是积善人家，我听过不少人颂扬。和你说的好像不是一个人儿，莫非你与他有过节，出言谤毁？你的神仙大哥，会医病吗？

会，大人，他才是当地方圆百里的神医，人称陈大仙。

哦，那你请他来府上，为小女儿施医如何？

是，大人，我捎封信叫他火速赶来。

那我就给涅阳县拨赈粮八百担，只是内情不可露出，因为别的灾县都是百把几十担。

二郎神马上拱手施礼：谢过太守大人！

陈大仙早上一起来，就听见房坡上有喜鹊喳喳叫个不停。天很晴，几道阳光照到院里槐树上，透下来的光点洒在地上，明晃晃得耀眼。

大仙勒好腰里战带，捋几下稀胡须，背抄着手，往树上看。这几天陈家真有喜事临门，一是耀武刚相罢了亲，只等换大帖了。未过门的儿媳是涅阳城边李家大闺女，名叫李香莲，人长得好，温柔会事儿，还有双做针线活的巧手。

陈大仙对九桂最不如意的，就是心粗性直，嘴里装不住一个屁，处事毛手毛脚，比起张闻氏和黄氏都不在一级。大仙相信未来的儿媳妇，是来改门风、撑门面的。

第二件，是他已筹备好建祠堂的钱物，只等风水先生测了向，就可以大兴土木。

两件事合一起，他专意请来了申风水，一是掐算儿子接亲的时日，二是为祠堂的宅基定位。

申风水听说陈家要建家庙祠堂，心里就觉得别扭，想张寨村咋说也不该是他家建，老张家这些年干了多少益事，积了多少德行，先不说张仲景去学医家，也不说张伯祖医病救伤，就说张闻氏一年到头施舍了多少恩惠，扶助照顾了多少贫困人家。要建也是张家建，他陈家何功何德何能，就一厢情愿建祠堂了，真有点不知天高地厚。

申风水发觉大仙这次来请，内心也有小九九，一来想炫耀大儿子的如意亲事，二来宣告陈氏建家庙之事。他只推有事，不肯前去。大仙连请两回，第一回拿了两袋小麦，第二回送了一包铢钱。申风水再也推不过去了，走进村就往张家宅院看，既想叫张伯厚知道陈家要建家庙，又怕伯厚知道他来陈家看风水，有点纠结，老觉得别扭。

申风水进门，看见陈家屋里坐着出招抢灭蝗功的刘乡绅，就格外小心行事。大仙把耀武的八字说出，申风水掐着手指，说：当以四柱推命来测。

大仙问：是哪四柱，怎讲？

申风水没想到大仙常年施巫医病，竟不知四柱是啥。他说：四柱即年柱、月柱、日柱、时柱，每一柱两字，共八字，就是八字算命法。古人以甲子排头，癸亥排尾，一共六十组合，即六十一甲子。

大仙好奇地说：贤弟慢述，让愚兄也学个能。

申风水缓了下口气，说：你儿即日柱，有上进心，与配偶至少有一位是桃花旺运，生女儿概率高，不易得儿。与母亲近，会受母干涉，对象却是排尾之卦，两者有不般配处，但这闺女可以旺夫，会压败八字不合之卦，两人相处土生金，日子向上欣欣，渐进美满之境，引带门庭福禄。

申风水讲罢喝了一口茶，心也落了地，因为他在看耀武和香莲八字时，发现是严重相克的，他又知那耀武好吃懒做，不思进取，娶到能耐超强的女人，必是克星入门。可他知道遇到这种八字，也会有败运来临，如没有好的说辞，把两家亲事撮合一起，几乎会棒打鸳鸯。俗话说：宁拆十座庙，不破一门婚。

他呷了半口茶，擦擦头上沁出的冷汗，为快些把这桩糊涂案忽悠过去，干脆站起身，冷不防说：走，去看宅基吧，那是一桩大事。

大仙领着申风水和巫师，一起往院西边走。这地方有地窖、茅厕，还有柴棚子、秸秆垛。另外还有潜在树枝下边的隐洞。大仙路上说：我想建陈家祠堂，把求神兴巫医病与灭蝗功绩和二弟做官之事，编入家谱卷里，列入宗祠，让后人知道先祖之功名荣耀。

申风水说：你说的祠堂，还用来供奉和祭祀祖先，是祠堂族长行使族权之地，凡族人违反族规，被教育或惩治，都要在宗祠里示威严。

巫师说：祠堂还应有家族附设的私学，应建得比民宅气派讲究，成为光宗耀祖的标志，让族人子弟在此念典。

申风水说：还得供奉祖先灵位，祈求赐福添寿，延续一脉香火，这你都想好了没有。如果没这个准备，建个空祠，意思不大，还会消福。

大仙指着地窖西北方向，那有一块草木闲地，他用脚步量着走了一趟，又走了一圈儿，说有三亩地，够建两套院落。

申风水看见荒地处低洼，问：这里会存水的，得垫多高的地基？

大仙说：只在发洪水时存过水，别的时候是个干坑。

申风水说：建祠堂要显露出来，让人大老远看到，若建在低洼处，不起眼，还潮湿背风，还要讲究龙脉和生气来源，背山面水，明堂方正，左右互衬，四势匀和，水口收藏。还有阴阳相济，虚实相生，刚柔互补等讲究。

因第一块地被申风水否定掉了，大仙又往前走了一段，来到一块高粱地里。大仙又用脚步量了，说这也有三亩多地。

申风水往远处看看，说：这地四方溜平，前无水塘，后无山坡，是风水的关键所在，俗话说遇水则发，背山有靠。想要子孙满堂，财运连连，必须有山水依靠。

大仙说：听你说刚才的低洼地不好，这块地可不低，却没有山水。

刘乡绅开了言，道：是他不想叫你占庄稼地，再找一块可好？

大仙领着两位转到房后，有一块毛构和榆槐杂交树林，长得很稠密，却没有成材的料，地中间有两座坟。大仙说：这算是陈家的祖坟园，前头是我爷奶的，后边是我爹娘的，祠堂可绕过此处，选偏北边儿那块。

刘乡绅说：祠堂挨近祖坟，会有和合之象，可是祠宅前后有阴森树林，会不会阻遏阴气散场，阳气不顺。

申风水说：与祖坟紧靠，会加重阴气，杀散阳气。靠山面水好，因为前低后高，世出英豪，前高后低，晚辈不吉。以我看祠堂应建在房宅偏前一点，有先辈引领后辈进取之意。

大仙说：这是高见，打哪儿来的经，我咋都没听说过。

巫师说：我倒是听说过，我想与房屋平列或偏后为宜，让古今相辅相成。

大仙拍拍脑袋，说：我头有点蒙，咱们还是坐堂屋歇歇再说。

申风水说：不了，都晌午了，我家还有客人等着，我再补一句，房宅风水不仅要看地形地势，主要看村宅毗邻，非一般测查，况你建的是祠堂，更难独立说事，你想好了，随后再酌定。

说罢，拱手告别。不管大仙怎样在后边追喊，留他吃饭。申风水径直向前，不予理睬。

大仙正在悻然打愣，忽听院外马蹄声，二郎神已满脸春风地推开了院门。

下了一场大雨，地上一层水洼，没有下脚的地方。

杏花山里的张伯祖，自从仲景走后，就接到南阳独山附近一病家托人求诊，那里有个厅级小吏的母亲有症候，且久病卧床。

杏花山离南阳七十多里，毛驴被仲景骑走了，他想等仲景来了再去。可是左等右等，耽搁半月还没来，他打算徒步往南阳赶。因怕去了南阳，一时拐不回来，干脆背上行李，诊罢病找个地方住下，好观察病况，持续医治。临走时，他跟老孟说：我可能在南阳住些天，侄儿来了别去南阳接我，我会托病家送我回来的，就是时间定不下。

伯祖路上走了一天，到了南阳独山，在郊外五六里路处，十几家人的小村庄停下。找到病家后，见到一道篱笆院墙上，有葛花枝条肆意搭成了棚架，架下边几只小鸡在叽啾。村巷边的麻石路上，铺了一层淡绿的苔藓。伯祖进到病家院里，四下看看，问：张医家到此了，病家在哪儿啊？

屋里没人回话，却听见院外巷道里有人喊：二叔——你在哪儿——

伯祖一听是仲景的声音，马上转身退到院门口，惊讶地说：侄儿，我在此。

仲景在院门外巷道里，下来毛驴，因一路赶得急匆，脸红扑扑的，风风火火地说：二叔，我到孟叔家，他说你刚去南阳，我就追了过来。谁知走到村巷边，在坡上遇到一个病家，脸可黄了，咱能不能拐过去看看他？

伯祖后退几步，看看院里没动静，说中，就一起往回拐。雨后的山林被夏雨洗得十分清明，山坡上彩云飘浮。伯祖见仲景肩膀上湿了，把自己的袍子脱下来，叫他披上。仲景带着二叔走到有病夫的地方看看，没见人了，往前找找也没见，伯祖不让他找了。

仲景说：二叔，我刚才想，要是见不到你，我就为他诊治，我先想到，中风之脉，阳浮而滑，阴濡而弱。湿温之脉，阳濡而弱，阴小而急。伤寒之脉，阴阳俱盛。对他的症候，我会依典施治，可我又觉得心里没有底。

伯祖说：你还记得在杏花山挖蒲公英时，遇到的那个柴夫，这类人大多是老年体弱，劳累过度，伤于湿寒，又缺少营卫，导致阳气降落，不是肝就是胃上的症候。虽然看表面两者都属伤于湿寒，但还要看是否积劳成疾，是否营卫不足，下药应辨证。

仲景说：二叔我记下了，可是他们为什么都是伤于湿寒？

两人正在说，从对面过来一个骑灰马的中年人，看穿戴是个小吏。斜着眼往路边看看，说：闪下路中不，没长眼儿啊？

伯祖赶紧拉仲景往路边撤，骑马人过去了，灰马反蹄往后踢，溅起一层泥水。湿了仲景袍角，他想说什么，伯祖抓住他手，不让计较。两人一起又骑上毛驴往病家走。到了院门口，看见刚才那匹灰马，拴在院里椿树上。伯祖怔忡一下，喊：有人吗？

从屋里出来一人，正是刚才的骑马人。见两个穿着粗布衣服的人来，好像看见叫花子一样，惊讶地说：喊啥哩，这还不到吃饭的时辰。

伯祖双手打拱，说：我们是你几天前约来医病的医家。

骑马人一听是医家，绷着的脸松开了，露出笑容，说：来屋里吧，我娘睡在里间榻上。

伯祖与仲景进到了里间，就闻到一股怪味，看看房子没后窗，屋里通风不好，也照不进阳光，阴气很重。伯祖先问：老人家有几天没晒过日头了？

老人声音跟小猫叫一样，说：有半年没出屋门了，吹了风头就晕。

伯祖先伸手搭她额头上试试，低烧，再叫伸舌头看舌苔，问她咳嗽回数多不，有没有下午低烧，一顿吃多少饭，吃下去胃里消化怎样，晚上睡得怎样，平时出汗不，边问边切脉。见仲景站得近，伯祖随手推一下，说：你去外边，褡裢里备了些药，我喊你了再进来。

仲景出去了，找半天没见褡裢，隔窗问他搁哪儿了，仔细一看褡裢在二叔背上。仲景正要进去，伯祖出来了，说：屋里黑，我来掏药。说罢打开褡裢，从里边掏了十来味药，然后出来门，叫刚才骑马人放到锅里去煎，接着拱手施礼，道：主家，我们还得赶个病家，老人的病，我先留六服药，吃完了你去山上自采。我留的药嘛，值两瓢谷子，三瓢面。

骑马人问：这药吃完病能好不能，你可别用不值钱的草药换好粮！

伯祖说：会见轻的，如继续吃，病会好转。如果你采药不方便，可托人捎封信，我再送来。

骑马人进到屋里一小会儿，再出来拎两个小麻袋，递给了伯祖。

第二十八章

出了独山，仲景仍不解刚才病家的状况，问：二叔，那家老人是啥病，你咋没让我进去看你切脉呢？

伯祖惊诧地说：可不敢进去，那是一种瘟病，会传人。我先试了她额头，体温低热，说是半下午身上无力。她还脸上盗汗，咳嗽多痰，身子虚弱无力，食欲不好，样子消瘦枯干，驼背，有这几种症状，就可以断定是肺痨病。

你应让我也切一下脉，认识个新病材！

你传染上咋办，你没看我诊了，就赶紧跑出来了？她是从出气里传染的，你呼进肚里，就染上了，这病还不好医治。

哎哟二叔，那个骑马人知道这不？他在一个屋里，会传上的。

那是他亲娘，他躲不开。

二叔，人家可给了咱不少谷粮，吃半月没问题吧。

就算劫富济贫了，我秋天在山里治好那么多病人，没收过一个高粱籽儿。

二叔，我明白了，对该收的人就收，为不收者拉平。

知道就中，可千万不要对人说出去哦。再者，肺痨病还有个身体症状，前勾身后驼背，因为长时间咳，肺里都空了，造成体型变异。以后看到这种体态，脸色泛青，能绕尽量绕开。

仲景说：这病是咋得上的？

也是长时间伤于湿寒，阳气降落，正气虚损，染了痨虫。这病脉浮弱，一般外表辨认出来，尽量不切脉，赶紧离开病榻去开方。

伤于湿寒，二叔已经说多次了，看来好多病都属伤寒而得。

是的，可以用伤寒两个字概括，这个寒字，有风邪湿邪寒邪，也有暑邪燥邪热邪，只要伤一样，阳气降低，即造成体质虚损而染病。

仲景听了一路沉思不语。

　　叔侄二人走出山，遇到个路人，问这是啥地方，回说是独山，也叫少室山。伯祖说：真快呀，我几年前来过这里，现在变得认不出路了。

　　又走了半里路，天下雨了，淅淅沥沥的小雨下一阵，开始下稠了，正是能淋湿衣裳那样的中雨。伯祖见仲景带那么大个包袱，知道里边塞的是什么，他说不如咱拐回去，在独山住下，等雨停了再走。

　　仲景牵着毛驴掉了头，跟着二叔顺着大官道往回走。走到一个缓坡上，伯祖说：我过去在这行医时，搭过个小棚子，不知现在怎样，咱去看看，能住就再住些天。杏花山老孟有点失常，老站门外骂蟊贼，骂够了回家摔东西，我到街上对他儿子说了，不知他儿子回去照料他没有，我们暂不回去跟他一起住。

　　仲景问：那病不是心病吗，好不好治？

　　伯祖说：可能是老年心因病，我给他开过方术，药都煎好了，他不喝。只说蟊贼在咒他，应该跟他儿女一起过，好有个照护。

　　二叔，那个伤腿的蟊贼后来怎样了？

　　我最后走的时候去看他，腿还有点拐，都开了二亩荒地，坐在地里拽草根。说开春种高粱，还说是咱们救了他命，说打了粮食也叫咱吃。

　　二叔，我应感谢他。

　　为啥？

　　他叫我明白行善的好处，行善看着是对外人好，其实是对自己好。

　　侄儿，你长大了。

　　二人往北又走了二里，在独山半腰的山坪处，找到一间旧草棚。伯祖很是吃惊，心想这么多天了，棚子还在那。

　　高粱秆围的墙，龙须草盖的棚顶，里边的麦秸秆茬还铺在那，石头堆起的锅灶，也好好地支着，只是落了一层灰。最醒目的是，有人在棚前种了片青菜，还用礓石码起埂子，埂那边有一行冬青树，树上爬了丝瓜和冷豆秧，丝瓜已半枯萎，冷豆结得大串小串的。乍一看，这荒无人烟的山坡上，像是有人住在这精心建起的小家园。

　　伯祖站在棚门前，左右看看，感叹着说：人走人情在呀。

　　仲景也很喜欢这片清静田园，问：二叔，这地方不错，我带有被褥，可咱们咋吃饭哩。

　　伯祖说：我从杏花山走前，想到路程远，怕耽搁时间回不去，也带了铜锅和麦仁，支起锅就可以生火做饭。

说着，二人进到棚里，仲景把包袱里的被褥拿出来，伯祖也掏出来虎皮毯和棉被，都搁到床上。仲景看见虎皮很惊奇，问这从哪来的，二叔敢打老虎？

伯祖说：这是灵山一个山民送的，我治好了他爹的腹胀病。

说话不及，从山北边过来一对中年男女，男的肩上扛着粮袋子，女的胳膊里抱着被子枕头，进来就喊神医，可来啦。然后把东西放下。

伯祖问：你们怎么知道我来这儿了？

男的说：我听邻居说，看见医家又来了，就朝旧棚找过来了。

女的说：俺们原来想叫你们去家里住，看家里几个娃大哭小叫地闹，又看这也能生灶火，就送了东西过来。你们可别着急走，多住些天，村里有不少病家在等着救命。

却说陈大仙，听二郎神说了诊治太守闺女的病，内心就有些纠结，先是感到遇见好时机，自己巫术能展示到大世面上了，说不定治好了太守闺女的病，自己声名大振，以后会招来源源不断的财路。另一纠结是，他怕自家那点巫术花招，到了太守那就草包露馅儿，不但治不好人家的病，还招来欺世盗名之嫌，那可是自寻其辱的事。

他一清早就在村头转悠，虽然心思沉重，就想到仙姑房里，叫她卜一卦，指点迷津。进了仙姑的房，他喊了一声，没人应，室内空得有点异常。他看见床上有三块烧饼，心生疑点：这是别人送的，还是想送别人的？不管怎样，灶火里的食物，都不该放到床上。他想起来福说的，仙姑往地里送茶水，先到伯厚面前的情景，想起仙姑那次打扮半天才出的门。九桂也多次说仙姑往张家跑。据这些传闻来判，这女人身沾风尘不薄，可能会走那一步。但怀疑是虚，证据才是实，他细心观察，又在床里边发现一件烂肩的背心，很眼熟，应是来福家的哑巴女儿穿的。

大仙把烧饼收了起来，出来仙姑房，往灶火走。把烧饼放到灶火案板上，出来院门往西走，见一条花蛇，而且是三角头的毒蛇，他吓得赶紧退回来。

正好来福过来了，后边跟着仙姑，两人眼里都透着诡怪。来福一脚踩到树枝上，只听嘎咔一声响，树枝断了，下边露出了土洞口。来福差点没掉下去，他转身回看，说：这咋还有个洞？

仙姑尖叫：妈呀，这洞还没填上啊，像个阴死洞，里头有鬼没有啊？

从村西边过来了黄义成和仲建，也停下来看。

大仙说：噢，不用嚷，这才挖的地窖，还没修好沿儿，又怕小娃或牲口掉下去，才用树枝盖着。

来福弯腰歪头往里听，忽然大声说：不对呀，洞里有声音，快听听是不是活物掉下去了！

众人都来听，真听见里头有人声，是个女的。

大仙说：都走吧走吧。说着狠狠捏住来福胳膊，吃了暗劲儿，说：你个聋家伙，又灵醒了是不是，搞啥鬼哩？

来福说：我没有扭腿呀？

大仙哈哈哈大笑几声，说：你这家伙，不一般。

来福张张嘴想说什么。仙姑在后边啊呀一声，说扭了脚脖。来福看过去，仙姑给他使了眼色。来福不吭了，扭头走人。

这时，二郎神又回来了，下来马就说：南阳太守在催你去郡府施术，明日上路怎样？

大仙激动得尖叫一声，问：他还当真了哩？

二郎神说：千真万确！

太守爷真请我去郡府？

太守爷真请你去郡府！

中午，大仙与二郎神一起吃了饭，弟兄俩啃了七八个猪蹄，喝了两坛黄酒。喝罢一起站到大关坑边，二郎神说：弟兄们给我听好啊，只因兴巫施术救人性命，泽济苍生，现已惊官动府，成就张寨村百年盛事，当千古留名！

到场的邻居一听此言，齐刷刷跪地上，高呼：大仙千岁千岁，千千岁！

大仙感激众人敬仰，走下土堆，摸摸跪者们的头，然后拖长腔喊：平身！众人起身去干活。说罢，酒劲儿上来了，大仙醉得出溜到树根。家人把他弄回去，放到床上，吐一阵秽物，顺嘴胡诌好一阵，直闹到天黑，才安生睡下。

三更时，人醒来，见妻子九桂睡得正香，他踢踢女人屁股，嚷：憨蛋子婆娘，你睡得着啊？男人要去郡府，说不定与公主艳遇，寻花问柳一番，再不然交上官运，一步登天，富移妻贵移友，憨蛋子货，你睡得着吗你？

九桂遭男人闹腾大半夜，并且胡言乱语，还得为他擦呕物，人都累瘫了，刚才睡着，又被叫醒，可是一听男人的词儿，少不了动了浅薄轻浮的情根，把头抵在大仙怀里，摸着他胸前的排骨，哼哼唧唧擦了起来。

大仙平时见惯了女人河东狮吼的火暴性子，这个泼妇或红颜金刚，女人味儿已经扫地，没想到还有温柔时辰，像只发情的母狗。大仙一直在联想去见南阳郡太守的情景，有激动也有担忧，喊醒她，是想找个诉说对象，明知道这女人也排解不了心事，用胡说八道绕过些纠结，也解解闷儿。没想到九桂竟然呈现出了色眯眯的骚样，他有些反感，泼烦地支她去烧鸡蛋茶。

九桂抱紧了他，头拱在他怀里死拧活缠不放手。大仙说要出去小解，披上衣袍走到院里，听见外边有人叫唤。他迟疑地站在院墙根下，辨着声音是从土洞口那边传来。他吃惊不小，不知这洞里又窝了哪只鬼。他出去院门，猫着腰头对着洞口往里听。谁知洞口有土坷垃垮落，他一脚踩空，咪溜一声，顺着洞里斜坡出溜了下去，身子被一道栅子门挡住。

他呆愣在栅门外，听见里边嗯嗯啊啊的声音，细听，是男女床笫间的，大仙惊得不敢动弹。呆了半天，大仙听见二郎神的荡笑，呵呵呵狂笑罢，说：你白天可别动，我会送来三顿好吃的。

然后是女声：我啥时候能去你县衙里，这不透气儿，把我闷死咋办啊？

宝贝疙瘩，不会死，过去金兰都窝了半月。

洞里对话像是结束了，人要出洞了。大仙赶紧往后爬，爬到洞外，躲到构树丛里，等二郎神出来，进到西院嗵地关了门。大仙估摸万无一失，才又小心摸进洞里。这回又是乘着虚土滑一个出溜，就看见了洞深处有麻油灯，一张地铺床，大花的棉被，红铺单，上边睡了花彩莺。他内心鼓憋起来，一时喘不出一口长气，背到拐弯的阴影里，思来想去，如果把彩莺的事揭开来，那彩娥也不是省油的灯。如果不把洞里秘密揭穿，二郎神手里早晚会出人命。

大仙再也不想让陈家出事儿了，就眼前的家境局势，他已经知足。他认为留着洞，就是留麻烦的，他跑回屋里，装着在外解手，边勒裤带边打着酒嗝，睡下无事。

次日，大仙清早叫起九桂，叫她去约彩娥上街去赶集。看着九桂喊上彩娥一起走了，大仙才拿出铁锨来，扎着架子站到土洞口，大声小气地嚷：都来填洞，耀武耀能也来填，留着个阴司鬼屋，夜里光做噩梦，不是妖怪进洞里，就是阴鬼探出头，想让陈家走背运，还是倒霉哩？

二郎神听见了，赶快跑出来，小声说：哥别慌填，我在里边存有贵重物，等有空取出来再填，中吧。

大仙瞪着眼，说：不能等，再等家运败落，谁兜底呀？你顾过这个家吗？光顾你家里那张床是吧！

二郎神四下瞅瞅，对着大仙耳语。大仙忽然扇过去一巴掌，捆在二郎神左脸上，指控道：我说天天夜里听妖怪叫唤，原来是你兴的妖，我问你，现在啥身份了啊，你像个父母官不像啊，你对得起那个官职吗？

二郎神摸着脸进了洞，不到一个时辰，拉出了花彩莺，拍拍身上土渣，打手势叫她赶紧走。

从黑暗里出来的彩莺，捂着眼走几步，就撒腿跑开了。

九桂和彩娥从街上回来，大仙正在填洞，站那撩袍襟边擦汗边问：都买的啥？赶回的时辰溜美儿，正好跟上做饭。

二郎神出来院门，骑马甩个响鞭，往涅阳城奔去。

彩娥回来不到一盏茶工夫，忽然端了盆水出来，朝院门外泼去，嘴里还咕哝着骂词儿，大仙叫耀武继续填洞，他走过来，叫声说：都听见啥了，发这恶气，你不知道大婆李氏是咋死的吗？彩娥板着脸一声没回，转身进了院子。

不大一会儿，陈家传出了悲痛的哭声。

大仙起个大早，天麻麻亮就骑上毛驴走，走到日头正当午时，到了南阳。

初进南阳城，问了不知多少人，又找了两条街，才找到了。他探头探脑站门前这瞅瞅那看看，不敢问门吏。门吏见他的穿戴不是官吏，又不像平头麻衣，就招手问他有何公干。

他报了家门，说是太守大人请的医家。衙役马上转身进去，报到大堂上。太守想半天才想起来，一边在大堂上理案，一边叫人带他从角门绕进来。

大仙本来想排排场场走正门，看看郡府的仪门和转堂，看看行使生死判决的大堂。没想到太守叫他走后门，心里虽不快，也顺溜从命。进来府院，大仙被领到最后一座砖墙院里。院中有花带、假山、曲径，还有一座爬满青藤的小拱桥。景物秀巧，清幽安静。他心境有了改观，只顾看稀罕，留恋得不思前行。这时有人拉他一把，指着前边曲径，示意往前走。又穿过一道小月门，掀一层珠帘，绕一个转堂，才到了太守女儿的闺房前。

先闻见桂花香，再是粉香，接着是一张红帷帐。帐前站着端庄俊秀的太守夫人，一身华丽的锦丝绸缎，动一下就行云流水得好看，连裙带还都镶边绣花的，没有哪处不显绮丽堂皇。就连那一脸的忧虑，都带着富贵，遇陌生人那分寸适度的点头微笑，直把大仙给征服了，就一心在想九桂那个村野泼妇，咋就没一点儿贵妇人气质呢。

太守这一级的闺女，在当地称为金枝，这地方可是金屋银帐，自己一土包子怎么可以进来。他有点缩手缩脚，不敢往前。可是他看到带他来的人，摊手示意他坐到帐前，太守夫人也对他指指帐边。他这才发现帐外，有一只葱细白嫩的手，伸出来，摊在床帮上。从雪白的手上可看到金枝的娇嫩，病弱。此等闺阁，定是患了富贵症候，是他从未见过的，想都想不起来的金贵病，更别说诊治了。但大仙已身临其境，知无退路，便横下心来，今儿就是装，也要装出会切脉的样子。

切脉时他神情专注，鹰眼却有迷惘。因为他不时被金枝粉帐的花边吸引，还有旁边站着个贵妇人，一身的诱人之气，直扑过来，卷压着他。因不懂脉象，手切的地方对不对，他都不太自信。切着切着，他心里发慌，忽然想起张伯祖和张仲景，那才是有真知的医家。如果是他们坐在这里，还会发慌吗？

大仙切了半天脉，也没诊出个盘明，就问：金枝姑娘病了多久？

金枝咕哝一声：又来了个问先儿，老问，号的啥脉呀？

太守夫人说：这是灭蝗功臣，涅阳神医陈大仙。

金枝问：妈，你都请了多少大仙小仙了，啥法术巫术没用过啊，医好了没？有人帮咱打听一位姓张的名医，你们咋不去找啊。

大仙惊讶地对夫人说：这病重啊，都胡言乱语起来了。

夫人站门口对大仙使眼色。大仙出来了，夫人在背地小声说：自打她未婚相公去荆州任官，她哭了几天，就一病不起了。那姓张的医家是差役们传说的，听说也是涅阳县人，现住在这北山，你知道不知道这人？

不知道不知道，我从来没听说过这个医家，我们那地方的人有症候都去找我。夫人，你不要再找外人了，小的不瞒你说，我已看到金枝病根上了。这是邪气冲心，心内积郁，正不压邪而患。现在叫差役们都出城，捉一百只白鸽子，血洒府宅一圈儿，冲了邪气，金枝玉体自然好转。

夫人谢过大仙，叫家人领大仙到另间喝茶，就出来吩咐差役去逮白鸽。那大仙则在一边暗自发笑，明知道南阳境旱灾多日，人们吃的都缺，谁家还养得起鸽子，就是养也不会只养白鸽。要捉到一百只白鸽，那比上青天都难。如果逮不了那么多，金枝的病就好推托了。

却说南阳府内众差役，出动大队人马，到城郊乡下逮白鸽。所到之处村塘底青泥都干焦了，大夏天树下落一层黄叶，村上人家连鸡都不养，有的小村连烟火都没有，都倾村要饭去了，十村九空。

没有鸽子的影，差役下去跑跑看看，都说遇到了大难题。他们好不容易在城边一家大富户院外看到飞鸽，就跟看见救星一样，瞄准了目标，翻篱笆入院。那会飞之物，一有动静就飞起。家丁又撒网罩鸽笼，一时间，把农家院搞得鸡飞狗跳地，不得安宁。

村人气得把逮鸽子的差役当蟊贼咒骂，双方发生冲突，撕打起来。有差役说出这是为太守闺女医病用，村里人仍不信，只是不敢骂了。差役好不容易逮着几只，都是灰鸽子。差役气得抓着鸽子摔到地上，谁知鸽子被摔时，掉了不少毛，家丁一看哎哎惊叫两声，眼吱儿地亮了，拾起鸽子连揪带抓，鸽子身上就赤裸下来，差役亢奋地叫着：你说这是白鸽还是灰鸽啊，哈哈！

大家一听，灵机一动，见着灰鸽花鸽一律逮，拔掉羽毛，拿回家充数。有的差役为抵数量，竟逮住小鸡娃弄掉毛，以鸡充鸽。真是气力没有方法大，差役们很快逮到了五六十只鸽子。

一时间府衙后院里，传来未死的鸽子惨叫声。

金枝听见了，从床上坐起，撩起窗帘往外看，一看那么多掉毛的鸽子在惨叫，金枝哇一声大哭起来。

夫人赶紧跑过来，问闺女哭啥？

金枝哭着说：这信物没捎信回来，反叫杀了，真是伤天害理，我不许你们杀信物，我要它给我捎信——

金枝话刚落下，从鸽子堆里蹦出一只打鸣的小鸡，抻着脖子打起鸣来了。

大仙听见，身上汗都吓出来了。

夫人只顾闺女，摸着金枝额头说：哎呀，闺女又发烧了呀。

金枝手拍着床帮喊：别再杀鸽子了，再杀还不如先杀我，那捎信的善物，杀完了我还有啥活头，不如早死，落个一了百了！

夫人愕然，转目去看大仙，大仙闭着眼，面无表情。

金枝的叫声惊动了大堂上的太守。他甩手踱步回来，问：神医怎么还医不好小女的病？是没上心诊病，还是医术有限？

只听金枝尖叫：我不叫医了，我头痛，痛死算了，快把大仙赶走。

夫人急得满头大汗，在门外乱转。

眼看太守就要出来过问，大仙转身就跑。

大仙急惶惶地跑出南阳城，千辛万苦拐弯抹角，打问好几个村庄，才找到独山伯祖的草棚。

独山上草青水绿，林间花香鸟语，大仙恍然大悟，脱口哦了一声，好像一下子明白了张伯祖在此行医的心境。而自己却居于尘埃草芥里，整天深陷凡人纷纭，人生累赘拖及身心，从未想世上还有如此宁静处。这也许是张伯祖的高明，自己的不及之处。

但稍时转念，他又在内心窃笑了，清水怎能养大鱼？还是自己混迹众生，蒙昧民心，捞取名利，可谓尘世正道也。正得意时，他伸手去叩门。

张伯祖做梦也想不到，为排挤张家施尽损招的陈大仙，能大老远地跑来找他，这真是日头打西边出来了。他有些吃惊，还不知福祸，但俗话说伸手不打笑面人，况且大仙还一脸凄惶，两眼憔悴，看来遇到难处，有求而来。他出于乡亲老邻的感情，客客气气地向大仙施了一礼，问有何事儿。

大仙还了礼，说：伯祖贤弟呀，我今登门造访，是为求医之心，哥想用草药医人症候，这门徒，你是收还是拒呀？

伯祖听到这话，那日头简直又从北边出来了，他信少疑多，笑笑说：学医，可不是一朝一晚之功，要用很多时光年代，或耗费终生。吾怕你家事太忙，没心思执着下去，只是空谈而已。

大仙说：说得极是。可我眼前遇到一个难症，想求教于你。

伯祖听出，这才是此人来意，他说：请讲。

有个妮儿，因离开女婿多日，患了相思症，一天到晚头痛心闷，吃了七七四十九个医家的神药，不见好转，你有啥妙方赐我？

张伯祖，问：多大年岁，哪里人？

离这老远，我都走两天才找到，岁数，可能是二八黄花闺女。

你断定她只是相思病？

是，她娘说得千真万确，是想外乡的女婿。

哦，属于心病之类，叫仲景来说方术吧，他前些天医过患心病的人，都很见成效。

仲景正在后院晒药，已听出大仙的声音，也很吃惊，不知来者何意，怕生是非，才隐身不出。二叔叫他出来后，见大仙堆了一脸笑，正在感觉人心难测，伯祖说了大仙的来意。仲景才施礼寒暄，问：你是神仙，怎好来此寻方术，陈叔开玩笑的吧？

大仙说：神仙也不能包治天下百病，再说那个黄花闺女，隔帐诊脉，又不便深问。侄儿你不必计较，应对病人尽医家慈善之心，赐给良方。

仲景见大仙求术心切，旧嫌一时化掉，还为他跑大老远求方术而感动了。他问了姑娘气色，吃睡，活动，说：她是患了相思病，凡心病之类，少服药，多调整心态。你可以备些绸缎，叫她处于鸟语花香之境刺绣，排解郁结，散开心病，即会好转。

大仙听罢，得了荆州似的，拍一下大腿，说：妙方啊，真是后生可畏。可他只顾高兴，转眼就忘掉了，叫仲景写到木简上。

仲景说：不用写，我给你赋成词，顺口又好记：

备好一块缎，买来二斤线。

三四绣花针，五六朵牡丹。

七八十来日，金枝笑开颜。

陈大仙手击拍节，跟着背了两遍，囫囵吞枣记下了，拱手朝仲景施礼道谢，转身就走。走出门，又回过头来说：这方也是巫术行里常用的，我很久前施过，只是没你记得清楚。

伯祖说：这真是巫术正方，古代巫师常用的，后来的巫师只施花招，才失传了。但作为医家，应利用所有方术，不管是巫还是医，都拿来施用，就是医家能在昏暗世境里，执火照亮人心之贤。

仲景说：二叔，我想起炎帝神农氏尝百草，直到献出身家性命。那得要多大的能耐和勇气呀，他是什么都不图，只有担当。

伯祖拍拍仲景肩膀，神色庄重地点点头。

第二十九章

大仙回到南阳府后院，直进到后院，见过太守夫人，甩着两手说没交代就跑出去找名医求妙方，找遍名医巫师都没好方术，正在着急哩，想出了过去用过的回春妙方，包准金枝病除。

夫人惊喜地问：有何妙方，快快施出。

大仙浑身耸动，打着节拍，把伯祖编的顺口溜背了一遍。

夫人一听这方不喝药，不施术，简直妙到天上去了。她抬头一看大晴天，马上叫人找来绸缎针线，领金枝来到后花园，在月季盛开的小池边，把砖地打扫干净，拎来画眉鸟笼挂树上，还找人专意撩逗换韵。丫鬟也都穿红挂绿，簇拥着金枝出来绣花。

金枝有半月没出门了，猛一出来嫌日头刺眼，抬手捂一会儿眼，轻喝一声哦，撩起裙角坐到日头底下。先是闻到花香，接着又看哪朵月季开得妍，树枝上鸟儿叫得好听。看了一遍，感觉十分新鲜，心情稍有好转，就坐下来绣花。

谁知她往小椅上一坐，边上呼呼啦啦出来好几个小丫鬟，穿得花绿抢眼，还嘻哈哈得笑意吟吟，一出来就追蝴蝶，或戏闹着玩的，还有折了花朵放到绣台边上叫金枝看的。金枝笑着看她们一眼，开始拿针刺绣。因为身边景致不一样，金枝绣几针抬头看看，又打个呵欠伸伸懒腰，看看眼前花影横斜，鸟叫清爽，就完全投入了刺绣状态，绣到绘图里的一少半，还哼起小曲来了。

半晌时间，金枝绣出一朵牡丹花，吃罢饭午睡一会儿，自己下床出来，见绣布还在那，只是人少了。她自顾坐那绣，半下午又绣了半朵花和几片叶子，眼看布上的花叶成了景，她高兴得喊母亲过来看。

就这样绣到第二天，金枝就和丫鬟们一起追逐嬉闹起来。母亲故意催她干活，金枝偏任性贪玩儿，推说等会嘛，母亲越是嗔她，她偏要满园跑着看花，跑过曲径，跳过拱桥，又坐到假山石上，对着清水照脸，叫丫鬟们过来，为她插花于发间。

这郡府里出来的丫鬟们，个个机灵精致，见金枝喜欢插花，就小跑步进园来，把各种颜色各种花样，都采来拼搭一起，尽往金枝头上别，不大一会就插满了头。拉着金枝对池水照看，不由主仆神往，舞兴大发，在园中跳起舞，唱起歌来。眼看玩得不思绣花，母亲表面招手叫她坐下干活，暗中察看女儿心情开朗，脸泛出红白二色，内心巴不得由着闺女的性子，玩到天黑。

正唱间见母亲朝这儿看，金枝拎起裙角转身就往绣台前跑。夫人见闺女两腮粉红，衬着双眸明丽秋水，心想女儿的病不是见轻，而是大有好转。她喊：金枝，明儿我给你一块好缎子，你开始绣嫁妆吧，绣了择个佳期，妈就打发你上花轿啊？

金枝听见这话，脸羞得像块红布，她捂着眼喊一声妈——就钻到柳荫间逮蝴蝶去了。稍倾，柳荫里传出女孩哼出的小曲声。

大堂上太守一听说小女的病情好转，就备了一桌宴席，请大仙坐于上位，说：多谢神医医好了小女的病，请问大仙除了医治，还习哪些妙术？

大仙扳着手指说：在下习过相术、风水、观天象、占卜卦，样样都习，只精通巫术。平日还结交术士巫师，隐者仙家，善男信女，乡绅名士，门帮会派，武术气功，三教九流，一起切磋技艺，谋图精进……太守大人如有吩咐，在下在所不辞。

太守见他说得头头是道，肚里学问不浅，称赞道：现南阳境内遭遇蝗虫灾后，少有安定，等过些时日，我看形势招你来郡府，如何？

大仙激动得扑通跪地，亮出小尖腔，山呼：谢过太守大人，千岁千千岁！

太守打手势让他平身落座，问：你在京城洛阳，有无官亲？

大仙说：有，有，老陈家祖上四代前有个封侯的，小的没记住他尊姓大名。多谢太守大人指点。小的现在一心学医，不思外界，不知南阳郡之上还有高府，更不知洛阳皇家局势。

太守说：汉朝各府分层细腻，九五之尊为皇帝，以下从州刺史开始，往下置郡，再往下封侯国、县、乡、亭、邑、道，诸层等级分明。

大仙正在思虑怎样投机对话，大堂外忽传来击鼓喊冤声。接着有小吏来报，穰城县民夫杀妻案，受害人娘家哥前来状告妹夫。

太守打个手势说：先带出等明日开堂再审。说罢，把脸转到大仙这边，却见大仙脸色有变。

大仙想起自己在涅阳城见过或经历的命案，他感到惊恐的，是怕二弟为藏纳小姨子杀人灭口，被彩娥发现。他感到太守坐于官位，真是高高在上，不知民间多少水深火热，生灵涂炭。如果自己有一天能坐到太守位上，定要明察世情，荫庇百姓。今日荣幸登上太守府，就是时机，说不定混好了，也能上官场。他那鹰眼儿吱儿吱儿地放起亮光，问：刚才报的是涅阳哪里杀人案？

太守说：不是涅阳，是穰城命案。

大仙这才吐一口气，紧张的心情缓和下来。

太守说：这也是乱世滥人所为，汉朝末日近也。

那儒家啦，法家啦，是什么官儿？

太守只把大仙当成饱读诗书的儒才，顺口道来：儒家虽不在级别，但朝中亦有学问硕重者任官，我问你九流中的儒家，占什么地位？

大仙说：儒应在九流之首吧。

是的，九流中儒家为首，道家、法家、名家、墨家、纵横家、杂家、农家，均为后也。我再问，你看南阳境内的蝗灾，是何缘故？

大仙见太守学深过人，也故作高深地讲：在下人微言轻，蝗灾久旱而生，草民齐心抗灾，功劳不足道矣。

国家将兴，必有祥瑞现，其言极是，请讲，我洗耳恭听。

王者身居九重，养尊处优，且顺天命行天道，则河出龙图。

太守见他扯远了，在掉书袋子卖学问，打断他的话，问：吾听说涅阳境有个医家姓张，年纪轻轻，饱读医经，为人医病分文不收，你可认识此人？

大仙听了此话，一脸的喜气荡然无存，表情来了个晴转阴，心里也灌了阴风一样，暗中吸溜一声，打个手势说：没听说，没听说，小的在当地管了方圆百里乡民医务，上至知县、乡吏、亭长，三教九流诸家，从没听说有什么张姓的医家。

不对呀，你弟说此人流落外乡了，你们怎么没有保护好良医，让他走了？

哦，小的想起来了，早年有个医家，识得几个症候方术，因人品不好，在行医中坑蒙拐骗，被逼流落他乡，至今下落不明，且生死难卜。

涅阳是出医家的地方，早年有个张伯祖也是那里人，说的就是他吧。

那厮人品才差哩，还没入行就遭人唾骂，叫民众轰滚蛋了。

可他为啥在外乡享得大声誉啊？

咦——那是恶名四扬！我们那医家多得很，跟雨一样稠，原因是，当初盘古爷开天地，王母娘娘一气生了七个玉女。可玉帝想要个金童继承帝位，他在灵霄宝殿议事，玉女来报说娘娘生了个金童。玉帝到后院看时，金童正大哭不止，娘娘说金童有病，玉帝下令叫人找医家，找了七七四十九天，才在伏牛山里找到个医家，把金童的病医好了，玉帝封给医家了个官。从那后，人们看到医家的好处，纷纷耍骗人把戏，没有真正医术可施。

太守听着大仙云天雾地地聊，马上想到同行间的是非纷争，不再议论。

大仙不依不饶地说：大人不说他，我倒忘了一宗，听说大人当太守没召见与他，他在背地几个场合骂你，挖出祖宗几十代损骂，我气得跟他争辩，为此得罪了张家，至今来往稀少。

哦，有这等事儿？从医是积福行善，他不至如此吧。太守说着，把目光从大仙这转开，看一眼别处，又把视线收回到案角的竹简上。

大仙看见太守的表情淡漠下去，仍不想放弃对张家的贬毁，他卑微地讪笑着，挤到太守跟前，说：张医家确属小肚鸡肠之人，一身邪气，医术不端，万望大人明辨啊。

太守见大仙说得两嘴角白沫，还在说，像是患了强迫之症，他打手势切断大仙的话，目光又朝案头卷宗上扫一眼。大仙察觉太守有送客意，惊惶地说：我是怕大人在意低层下流之辈的谎言，提醒你明辨。

太守神色已见复杂，说：你不必多言，民间混淆是非黑白是家常事，我不管你们同行间怎样争端，万事虽在红尘纷攘中，到头都会归到实底原相上。

大仙连珠炮般地插嘴说：是是是，大人不计小人过，我也是任他们百般恶斗，从不在乎，我相信正义总会战胜邪恶。

太守声音提高了几度，说：现为感谢你医好小女症候，送你一匾牌，荣耀乡里。有朝一日皇上修志书，到人物列传一榜，我定让你的大名存留青史。再者，现涅阳县大灾过后，大疫流行，你赶紧回去为人医病，还要团结同行，齐心奋战。

大仙听对话都结了尾，有点儿沉不住气了，问：以大人之见，小的何日来郡府？

太守声调沉下来，像对过路人说话：现时辰不济，国无宁日，你还是守好涅阳一方水土，救济乡民才是。

大仙不知是哪一段话不投机，错失了良机，让太守食掉了召他进郡府之言。

他把失落感也转到张伯祖身上，在内心诅咒张家。当他正想用好听话改变被动局面时，听见太守高声喊：来人，送客！

南阳城为一件事开始轰动：涅阳县有个姓陈的县官，灭蝗抗灾立大功，胞兄施术治好了太守闺女的病，两项大功，其兄将被列入医家列榜，其弟得到南阳郡太守提拔为县令。

张伯祖是在为一亭吏家医病时，听到了此话。亭吏还说：那人真有本事，来府衙上报灭蝗功时，推介他哥是神医，结果还真治好了太守闺女的相思病。我不知那太守知道你在南阳不，为啥不找你。

仲景马上回说：那个方术是他来找我们求的方，医好病成他的功劳了。

伯祖说：是啊，陈家老大来找我们讨的方，我侄儿怕他记不住，还编成顺口溜。

亭吏说：嘿，有这事儿啊，你们咋不多个心眼儿亲自送方，看他怎样剽窃。

伯祖问：县令有多大的权力？

亭吏说：如地盘不足万户的，置县长一人，另配县丞、县尉各一人。县令是万户之侯，涅阳才可配置，县令班子就大多了，左右副职也多。

伯祖一时对官级懵懂，心里只为大仙剽窃方术，纳着闷。一气之下，他把陈家诸项劣迹，端了底细。

那亭吏一听，不由大惊，捋着胡子说：现在满朝文武各县官吏，都在学涅阳县的灭蝗经，谁知此人是个骗子，无耻之徒施了瞒天过海的招，抢名夺利。

伯祖又把陈家抢亲、杀长工、坑过路人老婆的事，从头到尾说了一遍。他想奋力冲出多年的压抑，让内心的愤慨爆发出来，只有揭开陈家发迹的真相，才能还原给世人一个清明透亮的事底。说完这些，他抬头看天，天很蓝，白云像棉垛一样，码在蓝天上，如此万里长天，怎容人间罪恶横行。

这位亭吏说：我知道南阳太守在朝里有根，与一个大司马是表兄弟关系，也不是靠本事干上去的官，还经常勒索钱财。他当太守这些年，爬上来不少不学无术的小混混儿，靠几担粮买官上来，得权后浑水摸鱼。像我这种人，虽忠守职属，却无机升迁。

伯祖在内心浩叹：世风日下，民不聊生，苍天无眼啊！

临走时，那亭吏愤慨地说：汉朝皇帝无才，朝野混乱，听说京城大学士都受到党锢之祸，正四处避难。你们与陈家有染，身陷是非圈里，行医当多加小心，防备坏人坑害。

伯祖更惊诧了，问：不知何大人是否在列？他游学四方，所到之处都有人保。再说他不担官职，只是与李膺、郭林宗有交情。

亭吏说：他正是受到李膺的株连。党锢就是那群大学士犯了言语之罪，受到禁锢，不能升迁，不可布学，后代人也株连受禁。

如果朝政就这样黑白不辨，那我张伯祖只好远离红尘，不与浊世相交。

亭吏闻言，劝他不必跟恶吏一般见识，亦是自然道。再说，世间还有良师益友同在，并非孤身前行。

南阳独山坡上的早晨，伯祖与仲景在成片的鸟叫声里醒来，太阳还没出来。门前就有一山民请伯祖去诊病。

仲景这天在家炮制药材，原想着二叔中午会回来吃饭，谁知去了一大晌，吃罢午饭才回来。仲景为二叔沏了碗枸杞胎菊茶，端过来搁到石板上，问：二叔，你今儿医到什么症候？教与侄儿记存。

伯祖叹息一声，说：侄儿啊，咱以后不能光记着病。

仲景愣了，低声问：难道二叔遇到了疑难杂症，或寻常故事？

伯祖半天不言语。他在想自从与侄儿相聚，两人一块研习医病，仲景学会了切脉诊病，还精研不少奇方妙术，比自己摸索十年都长进快。他知道，尽管汉朝民间流传不少经方，自己在实际中掌握不少，也仍存有偏缺，又因巫婆神汉造成的混乱，医家祖传的经方多有讹传、失传。真正拥有家传秘方的医家，都视为家珍，秘而不宣。只有自己想把所有积累经方，悉数传给仲景。现仲景正在超越自己，将成为南阳最年少、最优秀的名医圣贤。可是，他要用在医术上的时光和精力，该有多少？而道路不平，又将给他带来多少磨难困扰？他还想起了神医扁鹊名扬天下，最后被一个太医妒忌害命。伯祖看着外边的蓝天，再看看仲景，这少年的浩然鸿志，是否有世风相济，助医道闯雄关？他不知怎样对纯净的少年侄儿，道出那些纷纭心事，那将是把滚腾的人世嘈杂，染给一片净土，扰动潜心求医的少年好梦。

下雨了，棚檐滴答的雨点大而响，点点打在树叶上，如鼓如琴。后生已把门前晒的药材收回来，晾到地铺上，又一根一棵地仔细摆开。

难道他也只能跟我一样，隐蔽山野，与药材病材相交，与孤独冷清相伴？

仲景感到二叔心事太重了，说：二叔，别跟世故一般见识，那等红尘纷攘，多是累赘。相信世上万事都有澄清明白之时，任何烟遮雾障，也终会散去。

伯祖：你在家看到的打蝗虫，到底是咋回事儿？

仲景这才想起，他来时给二叔讲过蝗灾，却没细致讲他和父亲怎样灭蝗的过程。此时开始讲起，从父亲去求二郎神，到大家一起扑打烟熏掩埋，中间与大仙求神对抗的情景，一五一十讲清了。

二叔噌地站起来，说：原来是这样啊，我还认为二郎神在灭蝗中出过力，陈家都骗到南阳官府了，他这是讹报灭蝗功劳。大仙又剽窃咱家治心病的方术。我不解的是，这些偷鸡摸狗之辈，如何能混到排场风光的，我们辛苦为医，却流落荒郊，两袖清风。

雨点仍有一声没一声地滴在棚上，发出空洞寂寥的滴答声。几只鸟在树荫里躲雨，不时叽啾两声。

仲景眼里射出一道冷峻的光，说：二叔，要不然我去找我舅，到张寨跟他们恶拼一场，出一口气。

伯祖赶紧按按手，说：侄儿这不中，可使不得，狗咬咱咱不能去咬狗。

仲景说：那这样忍着，二叔心里平不平？

伯祖沉吟一声，说：咳，我相信这些坏人欺了一时，欺不了一世，欺了现在，欺不了往后，欺了一些人，欺不了所有人……谁是谁非，千秋功过，老天爷自会评说。

仲景一听，惊喜得跳了起来，习惯性地跑到棚外边伸开胳膊，仿着大鸟滑翔了一圈儿，说：哦，二叔转弯喽，云开日出喽。

伯祖一听，心里开朗许多，原来仲景啥都知道，啥都想得开。他说：听说何大人受党锢之祸，被迫流落外地。这是龙入浅水遭虾戏，虎落平川被犬欺呀，朗朗乾坤也有无眼之时啊。

二叔，古人有句话：种瓜得瓜，种豆得豆。一个种豆的想得瓜，去偷别人的瓜，终会被人识破。咱现在管不了太多，只有趁乱世逆境，别人瞎闹哄之机，潜心研习，读典积术，韬光养晦，为日后著典立传打基础。

伯祖拍拍仲景肩膀，激动地说：侄儿，你心地如此宽展，终会达鸿鹄之志。

仲景拿出他记医经的木简，叫伯祖看。

伯祖看看，连《黄帝内经》上没有的经方理法，自己平日口授的零星话语，都记在上边。伯祖亢奋地说：后生啊，你是想把所有经方，都编进医典里吧。

《黄帝内经》里可用的方术还有待补进，神农氏只在药味药性，我想著一部群方集成，不知何日能实现。

哎呀，二叔好有一比，这是在漫漫长夜推出扶桑日，尘世愚昧兮，圣贤登高呼，汉朝医典兮，万世得福音！

仲景看着门外山野，说：不是只对汉朝，而是润泽后世千秋万代。

可是，伯祖欲言又止。

二叔可是什么？讲。

伯祖终于憋不住了，说：在这乱世，如何著成典籍，著典的过程得费多少竹简、笔墨、心血。这且不说，医典著好后谁给彰显出去，如不能面世，岂不是赤金埋于泥土？

仲景看着岗坡上含烟抹雾的林梢，说：二叔，纵是我无能力推介医典出世，我心也算作了表达，无论前路归宿何处，图个无怨无悔！

伯祖看见仲景脸上神色凝重，气质严峻，有一股坚如磐石的定力。

他走到棚门口，仰天高啸：苍天哪，你若有眼，就叫张仲景成功吧——是医术功业，也是天地良心哪——

连阴雨断断续续下了三四天，终于停住了。

晌午，阳光在浅蓝色的天幕上，布着彩霞。独山的空气清新得跟洗过一样，百鸟在林间争鸣。

张伯祖因受到仲景著医典壮志鼓舞，沮丧的心理慢慢扭转过来。现正是采药的好时节。两人吃过早饭就上了山，不仅采到了柴胡、金柴、狗牙草和野葫芦，也采到了平菇。就把药材扎成捆，平菇装进麻袋里背回来，待抖掉泥沙晾晒。

采药回来，在家炮制药材，湿的摆开晒干，干的切段制剂，每一味都写上药名。把装常用药的小布袋，塞进药褡裢里，待出门行医时用。

仲景比二叔更用心，还带着几捆木简，备着在病人服药后观察时，记录下来。

自从他说出著医典后，伯祖就把他当神仙待。可仲景心里还没有底，著典是他人生的远大设计，至于著于何年何月，他还在积累准备中。

这天，伯祖拿出了《难经》，叫仲景去读，并说：我才听说这典是扁鹊写的，他是个真神医，写了这卷简文，把自己认为的难点和疑点提出，逐一解释阐发，有的还作了自己的阐解。你从一难二难，一直到八十一难，细读下来，视野会更开阔。

仲景说：我读过了，啃不太细，他问了八十一难，都是何种难？

伯祖说：是对人体脏腑功能形态、诊法脉象、经脉针法，该典以问难的形式，是假以设问，自答疑难。

二叔，扁鹊是怎样诊病的，神医怎样得来？我听你讲他的故事不多。

就是此人，在巫术混乱时期，站出来说出巫术的邪气，让巫医二者分了家，医家也开始站了出来，开始了正宗的施行医术，救死扶伤。扁鹊还是发明望闻问切四诊法的鼻祖。从他之后，医家不再像巫术那样找鬼追魂念咒，而是以四诊中的切脉为主，把病家症状看透，对症下药。

外边来了个求医的，站门口喊：相公，我家小娃有症候。喊了没听到应声，又走到棚门口，喊：相公，我家小娃有症候。

这时仲景正在读第三十难。他闭眼读出了声：病有虚邪、实邪、贼邪、微邪、正邪，何以区别之……

那求医的乡民从未见过读典人，更没见过读呆的人，在心里笑，又觉得年少医家不如老的，少不得绕到后院去找张伯祖。伯祖见仲景读得入神，也不忍打扰于他，他跟着求医人去了村庄。

病家是一对龙凤胎的双生娃，前几天经仲景医过。伯祖询问乡民，上回服的啥药，求医人说：双生娃是同时淋雨受凉，一样拉肚，发烧，吃不下饭，小医家开了同一样汤药，叫喂服，可两天后一个好了，一个又发了烧。

伯祖叫双生娃的父亲在家等着，他回去喊仲景也来。一里多的路，一顿饭工夫打个来回。伯祖问仲景上回用药情况。仲景说：热人淋雨，头痛发热，病在表，为三阳证。先祛邪后祛痛，当归蝉蜕加防风，加苍耳止泻，在被中捂汗散热。

伯祖问双生娃父亲：两娃是不是一个淋雨后出过汗，一个没出汗？

双生娃父亲说：我不知晓。

伯祖问仲景：拉过肚，出过汗，又给发汗，岂不造成体虚？

仲景哦了一声，方才恍然大悟，低声说：两娃体质有差异，不能同施一方？

对，为啥要辨证施治，就这道理。辨证者，运用四诊所获证候，用三因、四诊、六经、八纲、脏腑、气血、风水等，合一起分析辨证，找到病因，施治是在辨证之后，施方用药。同一症候，同一药物，还要看体质、识老幼、辨男女，分时节，内外结合，整体诊断，方达辨证施治。

仲景说：二叔，你针对这两个病娃，再往实里细说，叫我吃透。

伯祖说：二者阴阳不同，治法也就各异。《黄帝内经》上说阴阳，就是《素问·阴阳应象大论》中讲的，阴阳者，天地之道也，万物之纲纪，变化之父母，生杀之本始，神明之府也，治病求之本。

仲景想起背过的《黄帝内经·素问》，更钦佩二叔积累的医经量大。他已将二叔的话牢记内心。

伯祖又比喻了泻火的经方，说他曾给人治过头疼，大胆施了泻方，医好了顽固多日的头痛。因为头痛是积火引起，病根儿在上火，表在头疼，如不泻火，光治头疼，就像是在一锅滚水时，加瓢冷水，火未灭，加了冷水又会煮沸。所以要找到病根儿上，才能药到根除。

仲景说：是奇方，那人头疼可能是长期积火，攻到了头上。

伯祖满意地点头，捋捋胡须，说：还要注意的是，在诊病前定要辨人体抗病力的强弱，症候进退缓急，将阳表在演变过程中的表现，件件综合归纳。如在表，可证盛邪实三阳证，当以祛邪为主。凡寒邪入里，正虚阳衰，抗病力弱之三阴证，当以扶正为主，慎重施泻。

二叔，说这么多，辨证的主要头绪是什么？

辨证的基本方法是八纲辨证，阴、阳、表、里、寒、热、虚、实。运用此八纲，通过四诊所掌握的症候，进行分析综合，从而归纳为表证、里证、寒证、热证、虚证、实证、阴证、阳证。

二叔，我还有点蒙。

再说实际点，治任何病，如头疼不能光看头，肚疼不能只看肚子，都要以辨证学，全面分析，达到准确。

仲景虽囫囵吞枣地听着，对应小娃症候去理解，虽觉得心里亮堂了些，又感到更多茫然。他并不急于求二叔解惑，他想让二叔歇会儿，自己也捋个清晰思路，抽空再精细探究。

第三十章

却说涅阳县县令二郎神，索得南阳郡赈粮八百担，又因大仙用奇术医好了太守女儿的病，享誉乡里，且得官运亨通之势。

二郎神一边派车夫到南阳郡运粮，一边暗中与湖南长沙郡府勾通，私卖赈粮六百担，只留二百担为涅阳百姓施赈。

大仙知道二弟私卖赈粮，就担心起来，怕日后事情败出，二弟掉官。可二郎神私下打听过，湖南姓董的官吏，与洛阳京城沾着皇亲，别说事情不会败露，就是会，也有皇亲国戚罩着。大仙这才放下心来，随二郎神去操作，但他还是郑重地告诉二郎神，事局到此为止，从今以后再不能干损人毁誉之事，想把官路走好，须得重新做人。

二郎神低声说：哥，你当我想干这狗屁生意？我是下不来台才这样的。

二郎神在秘议卖粮时，只有弟兄两个知道，却不知怎的，当天夜里有运粮车夫透出了信。运粮队刚去粮仓，就有差役跑进来告诉他，路上有车夫撕开小麦麻袋，为饿夫放粮。

二郎神听后，问：这个活够的鬼，是谁？

差役说：大人，我只是听路人闲话，不知底细。

二郎神嘴上说：那不过是油缸里的一滴油，不用管他。可是，待卖出的赈粮运走，余下的赈粮入仓后，他将设庆功酒宴。这场运粮，一共参与了八名车夫，三名车夫去送湖南商客，余下五名上了酒楼。二郎神提前弄了砒霜下到了酒坛里。五个车夫喝下毒酒，就昏了过去，歪的歪，倒的倒，个个翻起白眼。酒店主看出了卯窍，为毒酒掉了包。正在上饭时辰，楼下三名送客车夫回来了，店主拦下他们，叫火速逃命，三人从后门连夜逃跑。不知夜里经历了什么，第二天听说有个车夫死在涅阳城外。另两个车夫逃掉了。

这两个车夫，一个是张伯祖为其母医过病的差役，另一个是申巧凤的丈夫。

两个人半夜逃跑后，开始想到南阳郡府找人透信，告知太守。可听说二郎神在太守面前混成了红人，怕事端惹大引火烧身，就藏身不出。

二郎神在收死尸时，见到四个断气的车夫，一个虽有出的气，却没进的气了。他又听说逃跑的两个车夫，大为震惊，当时杀了店主和伙计，血洗酒店后，又一把火烧了店。他想，若私卖赈粮的事被告发，那就不是掉官，而是杀头抄家，诛灭亲族之灾。所以，不想透露一丝风声，有车夫活着逃跑，让他惊出了一身冷汗，连夜派人以叛贼的罪名，到处追杀。

涅阳县倾城出动差役，通知各乡亭下属，满城搜查追捕，只差挖地三尺，均无果。城里搜不出来，又到乡间排查，撒网一样搜索了，一时间火把熊熊，村野间到处充满荒兵吵嚷，鸡犬不宁。人们见官兵追杀叛贼，声势如此浩大，也引起了注意，不仅不帮助告密车夫窝藏处，还对贪官私卖赈粮怀起怨恨，公愤满城。乡间村野虽消息不太灵通，也有算命打卦者、挑货郎担者、卖花线与葫芦瓢者，到处游窜叫唱，私卖赈粮的赃官奸贼，成了人人咒骂的公敌。人们也顺带把涅阳知县谎报灭蝗之功、剽窃医家方术与追杀车夫绑到一起，所有的恶名，都长腿了似的到处传扬，家喻户晓。骂官的同时，又勾出张仲景这个对立面，来做比较。比来比去，张仲景少年医家求医研方，也声名大振。

陈大仙还在到处说他弟是南阳太守亲自点兵挑将，找到头上封的官，陈家的发迹是水到渠成，要不了多久就会进入郡侯列榜。

大仙说这话时，陈家宗祠才刚建好。他是按立五氏九庙①的高度建的，祠堂方四十八丈，高十七丈，要在原野上建起一座辉煌的殿宇。宗祠建了半年竣工，是离张寨村十里外都能看见的大楼台。大老远一看，像一座钻云入雾的通天门，又显赫又霸气。

大仙认为涅阳县就是陈家的天下了，弟弟成了这里的皇帝，他就是二皇帝。却不想在这块地盘上，敢有人评说医家张仲景的好处，并把医太守女儿的事，端了底，直往陈家脸上抹灰，激得他恼羞成怒。他还听说二郎神抢亲、谎报灭蝗功、私卖赈粮的事，都有败露。吓得他一阵惊呼，心里倒抽凉气。当时就认定是张家人暗中传播，怕有一天伯祖仲景一块回来，把实底晒了日头，陈家所有的努力都算泡汤了，他的威名和老脸，将无处搁放。

---

① 五氏九庙：方言，指黄帝的宗庙。

大仙忧虑得茶饭不思，当晚亲自跑到县城，对二郎神如此这般了一番。

二郎神倒是不怕抢亲和报功之事，怕就怕私卖赈粮，和杀人灭口之事，如传到太守耳朵里，那是既掉官也丧命的事。他眼里射着幽光，四下瞅了一圈儿，黑丧着脸，说：哥，你要是听人明说这事，就问个水落石出，弄清了报来，我要整，就整他个斩草除根。

大仙睐着眼，说：二弟，你不能再作恶了，再做做不得了哇。

你看自古以来，大丈夫哪个不毒，不狠夺不来权力啊。

你看看刘邦王莽的丑闻，蒙蔽过谁了，最后还不得暴露天下，臭名远扬。

二郎神觉得近来跟大仙总像隔了道墙，老说不到一起。他已是走出张寨的野毛林了，再不会干收拾过路婆子，闷死长工拐三的黑事了，他手里有权，要干也得有光明正大的理由。可此时，私卖赈粮所得，让他内心的阴暗比过去更深重。因为他的谎言，得有更多欺骗去掩盖。他深知传闻的来源，是从知情人嘴里发出，另一层道听途说者，再添枝加叶，然后再到对立面那里，就成了暗箭难防的利器。他清楚张伯祖在民间的声望，也清楚他带出的后生会有多大的前景，那才是他的眼中钉、肉中刺。他摆手叫大仙回去，一切都不在话下，只捂好赈粮和车夫之事。

大仙忧心如焚地说：有老人说：善到头仍有路，恶到头逢绝路。

不管谁怎样说，如有败露，咱就嫁祸，别让一块小石头绊倒了。我已跟小吏说了，那天庆功宴倒酒的支客是黄义成，一旦事情败露，就是他酒中下毒。

那得有动机，他动机是啥，能编出来不能？别把人当傻子了。

他想杀掉我，点得赈粮去私卖。

这啥二杆子招儿哇，一个下三烂货有那野心？狗猫兔子才相信。

再想想，再想想，咋整个严齐的。

哥把吃奶的劲儿都施上，也擦不净你的脏屁股，哥明说了，只管你这一回，往后再捅娄子，哥就脚底抹油，溜。

黄氏今春种了十来棵葫芦瓜，秋季摘下来切成瓢，去街上卖。

把葫芦瓢卖完，就开始盘麻线，准备织新布。这两年黄氏种了不少麻，自从张伯厚号召村民种赚钱的作物，黄氏就开始响应，在多块地上种麻，比如别家都在房前屋后，菜园边上。她上北坡开了半亩荒地，全种成了麻。这样沤麻批线，织麻布，整天忙得披头散发的，却能换来钱补贴家用。

黄义成自从二郎神到南阳郡府报灭蝗功，大仙剽窃仲景医方为人治病，就很少去陈家了。以前他说陈家好，只是溜沟子讨欢心，并没想太多，现在看看陈家都骗到官府了，眼看就要盖压一方，这个恶人再骗下去，说不定会杀人如麻，血流成河的。

黄义成有点怕了，怕坏人得势，好人落难，更怕自己再跟着陈家做坏良心事，会有报应，他想从是非窝里撤出来，过个清净日子。

人们说大仙不仅不是神医，且是个阴险的骗家。黄义成想起自己顺着大水冲过来，从张寨上岸时辰，村上只有张闻氏送衣送饭，后来又收留他干活、盖房、娶亲，姓黄的家都是张家给的。张仲景才是仁义道德的榜样，自家闺女看上他，真是好眼力。黄义成暗自打主意，等张仲景再回来，定要托人说成这桩亲事。

这天，陈家又要打月网，三桌客人到席，还不见黄义成来。大仙心生疑虑，之前说过叫他当支客，干等不来，就叫人去找。回说黄义成在帮着张家割麻，忙得脱不开身。

张伯厚见大仙差人来叫，可能是叫他到饭场上，搬凳子刷碗扫地的，没想到是上场当支客的，伯厚不等割完麻，就催义成下水塘沤麻。义成把麻捆拖到大关坑边，跳下水去，往深处按按麻捆，又在麻捆上压了坑底青泥，准备压好了就去。

不大一会儿，九桂来了，喳啦得像挤疮一样，喊：义成快走，上回在酒店里的庆功酒，瞅你弄得多严齐，今儿必须出山当支客。

义成说：哟呵，你摸门当窗户了吧，我啥时候去过庆功的酒店，还当支客呢，我呸——

九桂横起了眉毛，问：当支客就是当支客，好汉做事好汉当嘛。

还卖赈粮，还下毒灭口，这都想扣到我头上？

你从哪听人造谣，血口喷人的吧，今儿得弄个青红皂白。

义成站到水浅处，露出裆里秽物，一脸流气地拍拍前裆，说：啥叫造谣，爷们有种的，句句有出处，有证据。

九桂咳嗽起来，脸涨得通红，咳半天停下，又嚷：你个鳖孙，穷光蛋，穷得胡咬人是吧，陈家还不是念你酒水安排得好，才请你，不去算了，谁嚼舌根，叫他死到大腊月，最好大年三十，过不上新年！

黄义成撩起水往九桂身上溅，不解恨，又嘿嘿儿笑着，弓起身子朝九桂的方向浇尿。

伯厚十分讨厌义成的顽劣，大声制止他：上回酒水出灾，人命关天，你是不是也掺和了，咋不分辩？

义成说：像我这无用之人，哪能到那场面啊，听她个坏婆娘胡吣！

九桂看见男人撒尿，气得破口大骂，拿起土坷垃往义成身上砸。

这时过来两个上地干活的邻居，九桂高腔大调说：姓黄的，那场酒你跑前跑后，前台后台当支客，还在酒里下毒，吃狗屎忘了记不起？

黄义成抓一把青泥甩到九桂头上，骂：我日你陈家十八辈，这号讹人精啊，我连边儿都没沾上！

九桂边跑边嚷：鳖孙造反，不得好死！明年腊月年三十儿是你周年！

义成要追打九桂，被伯厚拽住。义成委屈得坐到岸边草地上，呼呼喘气，并求伯厚为他撑腰。

伯厚忽想起一句俗话：乱世之人不如狗。这人心性骚乱，反复无常，每与旧友生怨，必与新友勾结。伯厚没说话，只是劝其多劳作庄稼过好日子。

当晚，大仙让长工抬了两缸酒送到黄家，说今日酒场少了义成，只差倒了台柱子，九桂头发长，见识短，不必计较。

义成见大仙和颜悦色，又送东西又说好话，一时感动，硬说是张伯厚死活留他沤麻，耽搁得去不了。要不然，他怎能给脸不要脸。

大仙摆手叫义成过来，耳语让义成明天去张家如此这般一番，说完拍拍义成的肩膀，亲得跟弟兄一般。

七月的独山，天又阴又闷，树林里一丝风也不透，蒸笼一样沤燥。

仲景与二叔仍在棚子里研讨医经。这天早饭喝的是麦仁汤，加凉拌萝卜丝，没有蒸馍，多喝一碗汤就吃饱了。叔侄俩围着小石板吃饭时，仲景发现伯祖脸色不佳，吃饭伴着叹气声，他想起陈家生出烦心事，劝二叔想开些。吃罢早饭，就喊二叔去采药。

两人走到一片大树林里，采到半晌午，见天上云彩跟马队一样往南涌，伯祖想起农谚：云彩往南，下满潭。伯祖催仲景快捆起草药，往回转。两人正在捆草药，忽听天上雷声响，两人把药捆子运到毛驴背上，赶紧往家跑，走出树林，见一下坡处，蹿出来几骑兵马，狂吼滥叫着，好像在搜人。

两人正在愣怔，前头几骑跳下马来，冲上来抓人。仲景一边挣，一边大喝：

休得无理！正好有个柴夫对面过来，放下柴担，撩起袍子蒙住头，冲过来，喊：他们是良医不是叛贼，刚才还给我看过病啊，抓他们会遭雷劈。说着抱头跪地上，问：大老爷，你们到底想打狼哩，还是抓人哩呀？

差役说：抓叛贼。

柴夫指着一条密林掩蔽的山路，说：刚才有两个逃窜的，往那跑过去一袋烟工夫了。

差役打手势喊了声追，几骑人马追赶而去。

官兵走开后，柴夫说：名医呀，这世道混乱，不可与鸡狗辈论理，快跑吧。

仲景从未受过官府的打扰，攥着两拳，别着头，说：什么官府差役，简直一群孟贼！我手里若是有刀，定会追去杀掉。

柴夫说：这才是官差哩，他们就这样啊，你还认为是好人！

伯祖唉唉地叹气，低头捡起地上抛撒的草药，说：医家是救人性命的，杀人性命那是造罪结业的，不是一条道儿。

柴夫说：相公，此处不可久留，你们快回家吧。你们近日可不能贸然出门行医了，官府把差役逼急了会抓闲人顶包，那是冤死人不偿命的。再说，陈县令的哥是个神汉，见良医如同卖米的见了卖面的，落到他手上，灾祸更大。

仲景看此人说话与众人不一样，问：大叔是哪里人？

柴夫扭过头说：唉，我因体弱多病，近日又得了咳嗽症，二十五六就衰弱朽暮。只因当了运赈粮的车夫，就没好日子过了。说着双手抱拳打拱，一脸凄凉地告辞了。

仲景施礼道：大叔，你留步，说说咳嗽病，我们给你施方。柴夫朝后摆摆手，头也不回地走了。

深秋，青山隐隐，绿水长长，雨过天晴的独山，宁静如初，阳光在翠嫩的叶枝上泛光，悠悠的细藤蔓之上，有黄花紫花嫣然相间。

因为经历连天阴雨，门前很少有人来，凡来者，伯祖都嘱咐来家就诊，在这煎服汤药，观察半天再走。如遇到穷家，伯祖留着病夫在此煎药吃饭，这样多了不少拖累，仲景却感到十分得意，对来者做了登记，姓名、住址、病况，分表填于木简。这正是他广泛积累归宗，在成熟的基础上趋于精进的阶段，伯祖这样说他：再掘一寸，就见黄金。

如没人来，叔侄两人就窝在棚里。此时看见天晴，心里也豁朗起来。仲景把《黄帝内经》上不懂的段落词条，一句句让二叔从实际医病中解释出来。伯祖说，有些过于含糊的文字，经过研讨才会清晰，现在与其是在教侄儿，不如说在相互研习。

可是，伯祖的内心总有排解不掉的郁闷，急得站在棚外听鸟声、看流水，心情才会缓和一些。只要有连着几天门前没病家来，仲景就会感到失落，窝到小棚里太久了，还会患上风乏，鼻子堵塞，头沉闷，胳膊腿发软。伯祖试试他的额头，有低烧，用小柴胡、蝉蜕、葱花、半夏、姜片、萝卜，煮了一碗汤，叫他趁热喝下，再捂到被子里，发出一身大汗来，身上表症状才会缓解。因觉得嗓子发涩，稍有咳嗽，伯祖又加了甘草、薄荷、瓜蒌。

药汤喝了四五回，病好了，仲景根据二叔的用药配伍，编了一首小柴胡汤口诀——

小柴胡汤和解供，
半夏人参甘草从。
更用黄芪加姜枣，
少阳为病此方宗。

伯祖听了，说：这一编，方术很快会在民间流传开。
仲景说：是，我还编了加芒硝的方术。

柴胡运在少阳枢，
芩半参甘姜枣具。
寒热往来聋口苦，
煎好去滓再饮服。

伯祖说：嘿，没白上那两年学，这等于咱们自研的秘方公之于世了，这方便老百姓记取施用，也为大仙这种不学无术者，提供剽窃的方便。
仲景说：可是二叔，如果民众能利用这口诀，就免了医家的麻烦。
容我再想想把这汤头宣出去，对咱有啥作用。可是自古医家对秘方都是家藏不露，有的甚至传儿不传女。
伯景说：这样对好方秘而不宣，咱们也看不到《黄帝内经》了。

是啊，关键是咱这儿有妖医，不想叫他们剽去欺世盗名。

仲景说：二叔你想太多了，会拖累身体。

这天，仲景跟着二叔来到这片杂树林采药，高处有草木杂乱疯长，底下是丰富的植被菌类。仲景在一片杂草丛中看见一朵灵芝，圆形、朱红色，有小碗口那么大。

他拿起镰刀去割，见一个花东西蹿了起来，与他相对。一看，是一条黑黄间杂色的大头蛇，有小胳膊粗。他赶紧后退过来，那蛇也扬起头追过来。他想起小时候听老人说的，蛇没眼，只能觉察动静。还记得刚进山时二叔交代过的，转移方向。他从地上捡块石头扔到另一边去，蛇头马上改了方向，去注意别处，仲景趁机悄悄溜走。

刚走了几步，觉得身后还有动静，扭身一看蛇仍跟在后边。他怕引蛇进家门，又捡起个小石头扔得很远，趁蛇头扭过去时，他大声喊走到别处的二叔。

伯祖看清了状况，退过去几步弄断一根槐树杈，扔到山坡上，引开了蛇。

仲景刚进棚门，还没完全镇定下来，见一个打扮艳丽的少妇，笑嘻嘻地站在门口。

仲景一惊，这少妇穿得花里胡哨，咋看都像一条蛇。再细看过去，头戴八丝攒珠髻，绾着五凤挂珠钗，一头玛瑙翡翠珠，明闪闪耀眼夺目，像初淋过大雨，挂满头的明珠往下流。脖子还戴了长命百岁的项圈，上身穿黄底洒黑花夹袄，腰系绣着富贵不断头的金黄飘带，走一步，飘带随即摇曳，就是停下，飘带也随风摇摆。细看那张脸，眼角眉梢里，风骚涌动。再看明月般的额头前，一层流海，轻掩一双顾盼转动的眼，虚透一弯柳叶眉，不是昭君，也赛西施。

张仲景忽然想起草丛中的那条花蛇，也是这般花里胡哨的一团。他冥冥中感觉这女子与蛇似有些关联。可他经常沉浸在竹简字行里，只有山林曲径，鸟声水声相伴，满脑子装着甘草、二花、麦冬，跟出家遁入空门者一样静虚，早忘了世间儿女的闲情杂绪。此时突见美颜少妇，带蛇妖之气而来，即心生别扭。

谁知少妇见仲景发呆，认为是着迷她的美貌，被胳肢了似的笑起来，连招呼也不打，与仲景脸对脸站好，含情脉脉地看过去。

仲景只是觉得山野间来了个美娇娘，色彩反差鲜明，站那看稀罕，见少妇站近了，快要挨着他，才回过神来，一看觉得少妇好生面熟，却忘了是何人，在哪儿见过，也不知到此何干？他意识到自己失态，身子本能地后退一步，转眼往别处瞅去，问：大姐你有何事，讲。

少妇更唐突了，一把抓住仲景的手，撒起小嗓说：哎呀呀大兄弟，才这几天你可把俺忘了，俺来找你给俺男人医症候的。

仲景抽出手来，又往后退开半步，不亢不卑地摊手让座，想用这分寸的礼貌，暗示对方自重。

少妇见仲景没认出她来，挤眉弄眼地说：相公，你忘了两年前，我回娘家走半路昏倒荒草里，你用蜂糖医我，在半路草丛里嘛，还没想起来呀愣头青！

仲景看看那双凤眼，忽然想起是申巧凤，却不知她这几年遇到了什么，脸上多皱，扁豆嘴更大了，眼也吊成了三角，他说：哦，是巧凤啊，你跑这山野里有啥事？

巧凤说：我听那口子说，有医家在南阳成名医了，跑到独山当游医，我来找你帮忙的。

仲景警戒起来，问：你那口子是谁？

巧凤的嘴跟炸爆竹一般，说：穿灰袍子，瘦长脸儿，山坡上砍柴的病夫，遇见乱兵的那个，想起来没有哇医呆子，你吃狗屎忘啦？

仲景其实想起来了，却留个心眼儿，抓抓后脑勺，说：想不起来了，在山里遇到不少柴夫，忘了是哪个，你怎么跟柴夫是一家子，你那口子不是个车夫吗？

是个车夫，在运赈粮中成了叛贼，窝在家里榻上犯病。要不是你那天救这个倒霉蛋，早叫人抓走处死了。那我可了却一个心病。

你说那个碰见官兵的柴夫，是你家那个逃命的车夫？

是我逼他上山砍柴的，大劳力睡榻上养病，闷燥死人！

想起来了，那天是他救的我们，不是我救他，一个好人。

不是，人家就是去抓他的，要不是他瘦脱了相，头包了衣袍，又遇到你们吸引过去差役，他插翅也逃不出人家的手心。

仲景跟听瞎话儿一样，恍然大悟过来。他想起车夫撩起袍襟包住头，上前说话，人又瘦又衰，像个老人。可他对眼前巧凤的话感到别扭，问：那柴夫很是义勇，值得敬重，跟你说的不一样，你有啥事，请讲。

巧凤吊起凤眼，眼里白多黑少，露出吊诡的神情，说：因官府风声紧，他不敢出来，我找你是叫你医他病的，也念念咱俩的旧情。

仲景闪开身子，在离巧凤几步外站住，冷峻地瞅着她，像看一条蛇。

巧凤身子往前扑了一下，嗔道：都长胡子了，还不解风情啊。

仲景泼烦地说：他啥病你说清了，不要扯嘛。

他老风乏，还一直咳嗽，不知离死有多远？

仲景说：我可以开个方术，配好药你拿回去，不用去你家看。

巧凤又上来拉仲景的袖子，说：哎呀，我给你说说底细，你也不是走话人，我命苦哇。说着撩起袖子拭泪，捂了脸抽搭几下，说：我那口子是个脑子不够使的，为官府拉赈粮反叛县官旨意，撕开粮袋给饥民放赈粮。他送赈粮过去襄樊回来，别的车夫都不中了，他被店主救下来后，钻屋里跟条死长虫似的窝着，四门不出。那天出门砍柴是化了装，想去探个风声，谁知回来又添了咳嗽，我想求你给他开个奇方，不是医病方，是绝命方。

仲景真的吃惊了，比看到平地门前爬来条毒蛇，或来只下山虎都惊异得多，他说：你的心机太出格了，我们这里也没药，世上都没有这样的药，我是达不到你心愿的。

巧凤又凑近仲景耳语：我那口子是个死鳖，窝囊废，他在外犯科，在家得痨病，饭都吃不下去，更不用说以后升官发财养活我了，他活着就是个废物，只会恶心我。好兄弟如果还念旧情，就帮我把这废物除了。

仲景听清了巧凤，如看一条抬头的大花蛇，说：你叫医家开毒方害命，亏你想得出，快走吧你。

巧凤转眸四下瞅瞅，小声说：你开个毒方，把他弄死，省我一个心病，也省他活受罪，这一举两得呀。

别说我一个救扶病伤的医家干不了这，你婆娘家也不该有此恶念。

我想毒死他，省得我受拖累，也有美意在其中，我成了寡妇，也许情根一移，就是另一条好汉的娇妻。新夫妻恩爱，美满幸福多好啊。

巧凤边说边摇裙角，呈出脸上风骚。

仲景感觉那妖艳外表，只是披在她身上的表皮。他被戏弄的感觉更强了，怒从中生，正要愤怒斥责。伯祖回来了，喊了声仲景。仲景瞪一眼巧凤，如释重负地走到二叔跟前，说出了事由。

伯祖小声说：这是个母夜叉嘛，可不敢沾惹。说着，转脸对巧凤说：大妹子，医家以慈善为本，从不开毒方，再说，你那口子拉赈粮，慰饥民，是民众拥戴之人，遭官府追杀逃命，你应加以保护才是良举啊。

巧凤的脸垮了下来，长吁短叹几声，说：我说出心里话，也不怕你脸红，我其实从张寨见你一面之后，天下男人都不在我眼角里了。可谁知我是黄连苦胆的命，听说你要跟你二叔医病，不收分文，我才嫁了个百无一用的穷汉，落得我要搽没搽，要穿没穿，要喝没喝呀。巧凤说罢，呜呜咽咽哭了起来。

可仲景看她时，她的手却从袖子下边伸出来，偷偷在舌头上弄湿，再抹到眼圈上。仲景扭过脸，不再看她。

伯祖说：大妹子，都对你说了，你要的我们办不了，你该回家了。

巧凤抹着泪，说：哎呀我好话说了千千遍，你还不开，我就诬你私通叛贼，把他扭去交官府，叫官家斩头或活埋掉！

伯祖赶紧摆手说：使不得，交了官府，害人害己呀。

巧凤撒泼说：害着我算了，我早就活够了，到官府你们一世的英名得毁掉，我说不定还能领个小赏。

仲景紧张起来，嘴里唠唠几句，忽然结巴起来了，结巴半天说不出话，忽然想出一计，回过身打个手势说：你，你休得去官官府惹惹惹祸，我我我给你开方吧，你须去城边买些蜂糖，回家叫他蘸馍吃，再煎了川贝瓜蒌琵琶叶汤，一天三回喝下。

巧凤惊喜地说：此方真能让他哏儿一声咽气儿？

仲景说：医医典上没写这条，你你试试看吧。

伯祖听见仲景说出的方子，知道是治咳嗽的良方。为了摆脱泼妇纠缠，他还帮仲景取了川贝、瓜蒌、琵琶叶包好，递给巧凤，叫她快回。巧凤接了药，一阵风似的走了。她前脚走罢，伯祖接着说：侄儿啊，咱在此地不可久留了呀。

仲景说：那剂药没事，车夫吃了只会好转。

如见车夫不死，那刁妇能依你？如她再生另法害他，诬于你，咱可扯不起人命案啊。俗话说：最毒不过妇人心，这刁妇心比蛇蝎还毒。

仲景在棚里转了一圈儿，然后坐到草墩上，说：真真真是人心莫测，世事无常了呀。

伯祖说：侄儿你咋结巴起来了，先别急，咱得想个脱身之计。退一步说，这也是你爹娘不叫你从医的原因，真不知以后还会遇到什么稀奇古怪的事，这也会促使侄儿你快些长大成人，沉着起来。

第三十一章

伯祖与仲景虽没搬家，但为躲开巧凤的骚扰，每天清晨天不明吃罢早饭，就带了干粮和水葫芦，隐进十里外的树林，采草药、挖药根。

两人都脱下了袍子，披着柴夫的麻衣，扮成砍柴樵夫。采到中午，找几块石头拼个烧柴的锅灶，烤热了馍，喝几口泉水打发中饭。直采到日头落下山，在村头待到天黑了，才回家。

这日子约莫过了半月，仲景觉得树林里阴冷潮湿，怕二叔身体支撑不住，去捡干树枝点着烧火，二叔偏又怕烟气冒出林子，惹人注意，不让燃火了。天阴有雨找不到干柴，烤不成馍时，仲景就到村里讨一碗热面条，端来叫二叔吃。伯祖看着饭不吃，仲景装得精神焕发，说我都吃饱了。伯祖这才开始吃。

有一回，二人走到一个小村，听见小娃哭闹。仲景没拐几步路，走到这家篱笆院门口，问小娃是啥症状。

院里有个中年人认出是医家，叫他们进屋来。仲景进去一看，两岁多的小娃跟瘦猴一样，眼窝深塌，肚子很大。伸手摸摸肚皮，又涩又硬，里边像是塞了东西。他喊来二叔，说：二叔，小娃肚里好像有虫，你看是啥虫。

伯祖也进院里，叫大人哄住小娃不哭，他手绕脐按过，问小娃这疼不疼，啥时候疼？然后对仲景说：小娃肚里虫有几种，蛔虫、绦虫、勾虫，蛔虫食量大，所以活动量也大，一动肚子就疼。为什么断定是蛔虫？你看小娃是绕脐疼，且在饥饿时疼，因为蛔虫饿了没吃的，在肚里乱拱。侄儿记着这症候，现按蛔虫下药，你施方吧。

仲景从褡裢里取出木香、鹤芽草、南瓜子、苦楝皮，问：这几味中不？

伯祖说：你细看这娃肚皮，能摸到虫动，说明蛔虫很大，按正常施药打不死虫，药劲儿过去，虫醒来重闹，病会加重。故，施药应加重剂量，一次杀灭不复发。为防小娃嫌药苦，可在药里加点高粱糁。

仲景问：再加半成的药量，怎样？

伯祖说：小娃服药抛洒得多，应把药量加倍。

仲景配了药，到灶房煎了，滤渣，端到小娃面前，哄着说：这是半碗稀饭汤，一喝肚子就不疼了。

小娃看看药碗，显出好奇的样，许是闻见药味，又往母亲怀里钻去。小娃的奶奶用手挡着碗，问：你还没说是啥鬼缠了娃，就叫喝，这又不是神药，喝了有用处没？

伯祖说：我忘了说，这是房后楝树鬼缠的，你看药里有楝树皮，是前朝神医扁鹊的神方，小娃喝到肚里，虫就出来了。

小娃奶奶半信半疑地给小娃喂药，小娃喝下去几口，又钻到母亲怀里，瞪着大眼看人。奶奶又上前强喂几口，看看碗底只剩药渣，小娃再也不喝了。约莫两个时辰过去，小娃在母亲怀里扭动。伯祖对小娃母亲说：他可能是想拉肚了，你叫他去拉。

小娃母亲抱起小娃，转过脸把着大腿，刚分开屁股，只听呼啦一声，小娃已拉了一摊稀屎，有三四条蒜薹粗的蛔虫，拧在一起蠕动。接着又拉，还是虫多屎少，直到拉得肚子扁下去。再问肚子疼不，小娃从母亲怀里出溜下来，跑去玩了。

小娃奶奶赶紧进灶火烧鸡蛋茶，招待医家，边弄柴边说：神医啊俺这还有小娃拉肚，你积个福也治治吧。

伯祖也跟到灶火里，说：小娃肚里空了，你应先给他烧碗面汤。说完了，见这家人吃的水缸里浑得像稀泥汤。他一问，主家说这水是从坑里打来的，渴了也喝，做饭也用，洗萝卜洗菜都在坑里。伯祖看看锅底还沉有细沙，菜板上湿漉漉的，有苍蝇在爬，刷锅的小扫帚疙瘩上，也有几只蛆虫在拱。

伯祖说：你家小娃就是喝了不干净的水，把虫卵喝肚里了。你在竹筐上摊个麻布，把水倒上去过滤一下灰污，再做饭烧茶。菜板应隔天拿日头底下晒干，锅碗要刷净，人吃了肚里才不生虫。

小娃奶奶把面糊端来吹着，喂小娃喝了几口。站那听不懂过滤是啥意思，仲景在院里找来竹筐，又找个麻布衣折成双层铺到竹筐上，再把竹筐绷到瓦盆上，把桶里水倒上去，滤到盆里的水清了，麻布上留一层泥沙与草渣。仲景说：病从口入，以后就用这水做吃喝，大人小娃少生病。

　　这时有几个邻居来看，仲景对人们说过滤水的事，又按刚才的动作过滤一遍。人们都说这好学，回去就照做。这时村北头有个年轻婆娘，背了个五六岁的娃来，说：俺娃肚子疼了半月，找神婆施术也不中，瘦得脖梗都软了。

　　仲景要把刚才的药渣再煎汤，让这个瘦猴似的娃喝。

　　伯祖打个手势，说：你先细诊小娃的病症，看是否同一种病，有了辨别，也得重新下药，就连大疫流行也应如此，万不可同用一方。

　　仲景又感觉自己莽撞，叫孩童母亲扒开衣襟，绕脐触摸了肚子，问了发病和肚子疼的时间。然后跟二叔私语几句，才去热刚才的药，叫小孩童喝下。仲景见病娃喝完了药，就收拾东西。

　　伯祖说：医家要等病家服了药细察一顿饭工夫，重症候的要等半晌一晌，才能放心离开，因为有的药有毒性，我给你讲过的神农氏就是尝到断肠草，中毒死亡，说明某些药性有多重，可不能忘了。

　　仲景收拾了半截，安生坐那等。两个时辰过去了，并没见小娃想拉肚。仲景有点着急，伯祖打手势叫他再等等。眼看村里人家房坡后冒起炊烟，仲景仍没见小娃动静，他问二叔是咋回事？

　　伯祖说：因为这小娃年岁稍大，应在药里加量，才见成效。另外，喝打虫药汤应在饭前，空腹时肚里虫子饿，正好把药物全吃下。如果肚里装满食物，你再用药，虫子就不想吃。所以开药时，应先问病家离吃饭时有多远，好应时下药，达到事半功倍的效果。

　　仲景嗯嗯地应着，把二叔的话好好记下了，在药渣里添了剂量，又煎一遍，让小娃喝下。不到盏茶时光，小娃也要拉肚，拉出不少虫子。村民见了，皆大惊喜，哪家老人腰腿疼，谁家有咳嗽哮喘，都来请医家去治。

　　伯祖说：我们今儿带药不多，晚点再来细诊。然后又讲了怎样刷净锅碗，怎样吃熟食喝开水。讲得嗓子干渴，小娃奶奶把烧好的鸡蛋茶端来。伯祖看看碗边的饭痂，没了胃口，说：你把刚才没喝完的面汤，叫这娃也喝几口，喝了他也能去玩了。另，你们都记住了，我们施的是医家的医术，不是神药。

　　小娃奶奶说：医家的药这么神，就是神药啊。

　　仲景说：二叔，咱把这单方留到村里，再有病家，他们可以传着用。

　　伯祖说：这方法好，可就是他们采到的药带泥沾土，不干不净的，煎了喝下又会染病。

　　仲景站到高处喊来村人，大声说：我们把药方告诉大家，谁家小娃肚里有虫病，就照方用，别村有这样的病家也可以用。但是你们去采药得洗干净了再煎，相信大家都能做到。还有一件事告知，以后不要求巫了，有的巫汉是耍花招骗人捞钱的，不能对症治疗，还会延误病情。

小娃奶奶说：天下有好医家，俺们就不求神巫了，可你们是哪里人，叫啥名，留个信儿，往后俺们好去找。

仲景正要说话，伯祖抢着说：俺们是外乡人路过这儿，不久留。

说了收拾好褡裢，背上要走。有个中年人背着个老汉来了，说：医家啊你看我爹是不是中风，睡床半月了，现又嘴歪眼斜，半身瘫痪，憋得不认人了。

伯祖一看病夫症状，就放下东西，手搭病夫手腕上，专心切脉。切了一顿饭工夫，又切另只手腕，然后问中年人，刚开始症候怎样，现症状多长时间。

中年人说：半身瘫痪有半月了，刚才忽然变憨了。

伯祖对紧围身边的仲景说：这比中风还重，是要命之症，如晚来茶盏工夫，命就难保了，因这是脑袋里犯事了，快去找根针来。

仲景赶紧叫小娃奶奶找针，拿来递给二叔。伯祖拿针刺了病夫每个指尖，刺了挤血，挤了不到说一板话时间，病夫哼一声，又长叹一腔，斜眼归正了，睁得好好地看着众人。伯祖坐下等了一会儿，见嘴也不歪了，伯祖问：你坐起试试，看能不能喝点啥？

中年人把病夫扶起，扛着背坐好。伯祖说：你可以叫他吃喝东西了。仲景赶紧上前招手叫中年人起来，他两手推着病夫的后背，待中年人起来后，他妥妥地扛到病夫背后，一手拿过病夫的手，在手心里揉搓。中年人从小娃家灶火里端出半碗开水，叫病夫喝两口。伯祖送了三四味草药，交代中年人怎样煎药，怎样照料病夫晒太阳，吃喝睡，然后才背起药褡裢要走。

倾村的民众，站到村口送医家，一边挥手，一边撩袖子抹泪。

回到草棚里，仲景坐那不动，表面是在歇息，内里却在想事，想一会儿，说：二叔，你为啥不给那个老年病夫开药，而是先针刺？

伯祖说：他患的是急症，医救时光有限，开药来不及，针刺挤血争得了先机，是为抢夺救命时辰，你记着，只要年老病夫，脸潮润，嘴歪眼斜，意识昏迷不认人，吃喝难理，切诊见脉宏大、频快、升沉无定，就是血冲脉堵，冲到头脑里溢了血，挤住脑子了，造成昏迷。此症必须在半响时光内医救，晚了会要命。

仲景拿笔写到木简上，又问了不懂的事项，跟二叔探讨一会儿。从切脉到看表证到辨病开药，完全弄明白了，方才搁下这板。他说：我感觉咱们到处给人治病，不如对他们宣传些防病真知，把常见病方术写于木简上，送到村里。

伯祖说：送去是行，可一村不识字的莽汉愚妇，送也白送，再说，不管啥病都得辨证施方，体质强弱，阴阳虚实，寒热燥湿，吃喝不同，营养各异，年岁有别，都应各自方术，若统一施方，会延误差异者。

仲景恍然顿悟，感觉自己又犯了头脑简单症，他抓抓后脑勺，红着脸说：二叔，我记住了，看来仅用数载学医只学个皮毛，得多年磨炼才能学成。那咱们去各村里讲防症候的真知，提醒他们少患病，可以吧。

后生啊，天下人都不害病了，还要医家干啥？

仲景打了个愣，说：可咱居无定所，还得回杏花山，咱走了这一带病夫可咋办。要不咱常住独山，这里人烟稠，病家也多。

侄儿说得是，可这里药材少，回到杏花山把后山种的药收了，晒好，然后去伏牛山采些名贵药材，找个地方卖些价钱再回来，选个偏僻处建个小瓦房久住。

二叔，看你这打算是不想再回张寨了？我三婶儿可要把眼哭瞎。

侄儿不知叔的心，我此生只为桃红一人，可我时至今日都不知她下落何在，我发誓除她不娶，一诺终生！

可是，二叔，时光在变，你会负另一个痴情人。

我心已死，复活不了，能让我活下去的，就是诊病施术，还有一件心事，就是把你带到正路上，今世便无牵挂。

二叔，我认为，医家也不能只惦着病家，还要效法神农氏和扁鹊的圣贤精神，布医道，著医典。

侄儿说得是，只是我们流落深山老林，跟讨荒要饭差不多，混得灰头土脸的，哪有心情做那么好。

二叔，历史虽然长如夜，但神农氏与扁鹊都从暗夜里显出了，这说明什么？

说明人家心志如天，二叔庸才一个，有愧呀！

二叔，你说去伏牛山计划何时走，我老想见见那座名山大川的风光，练练体力，也见识些名贵药材。

在这里快待不下去了，申巧凤不是良家妇，也不是盏省油灯。咱们在病家游串，民众无心，会把信儿透出去的。往下不敢施医了，先回杏花山收药，再说下步打算。

两人正在说话，棚外边有人喊医家。

仲景到门口一看，是小娃奶奶和中年人，领着五六个村民来了，有的手拎着麻布包，有的手拿鸡蛋，还有的拿了包干芝麻叶，虔诚地站在门口。

仲景接过东西，拉拉每个人的手，叫进棚里来喝茶。

棚里哪能挤得下，小娃奶奶说：俺们是来看看医家咋过日子的，如果不嫌弃俺村穷，就搬去一起住，俺家里有间闲房子，或再给你们盖间小瓦房住。

伯祖出来施礼，说：谢过父老乡亲，谢过婶子大娘积福行善，可我们经常跑着采药，等把药采够了回来，到村里再去看望大家。

小娃奶奶说：可是你们治好小娃病，分文没收就走了呀。以前请巫婆来治病，又要钱又要粮，还要棉花布匹，花里胡哨比画半天不管病，还卷走好几包东西。你们这俩医家，才是俺们想求的神医啊！

又遇梅雨季节，雾蒙蒙的连阴雨弥漫了山林。

仲景从外边回来，正要收拾药材，看见前不久晒好的药发霉了，长出一层灰毛。做的散剂也泛潮，生出怪味儿，药到这成色效果减低不说，还会生毒性，他把药扔到了外头。

药刚落地上，就听见女人尖叫声：哎哟嘿，小医家扔的啥呀，差点打到我身上啦。

仲景抬头一看，跟见鬼了似的，说：巧凤，你咋又来啦？

巧凤走进来，抽出大襟上别的绣巾，撩起媚眼儿说：哎呀相公，我都找你们好几回没找着，我想对你说，咱大功告成了！

仲景不解地问：什么大功告成？

你开的毒方，把我家那货吃断气了。

仲景猝然愣住，脊梁上汗都出来了，半天才惊恐地喊：二叔你快来！

伯祖在外边收拾菜园，早已听见棚里说话，感觉心凉，进来看见巧凤，绷着脸问：这位女子，你在哪儿买的蜂糖，在蜂糖里又添了什么？

巧凤欣然道：在街上买了蜂糖，我不敢走大路，能添什么呀？

你走的什么路？

我钻野麻地里走，在野麻地边还采了把野韭菜，又找巫婆问了蜂糖加韭菜的功效，回到家又添一味大黄，煮开叫他喝，他喝罢猛拉肚子，过两天就不中了。

伯祖一听，麻毛兑蜂糖是毒物，再加韭菜大黄，即使毒性不发作，光拉稀也能杀人，这妇人心够狠。

仲景心跳起来，急忙去翻竹简，翻半天无果，说：二叔，仲景有罪呀！

伯祖说：这不怨你，怪她在蜂蜜里加东西。我忘了提醒她，麻毛误入气道粘在上边，咳者如服砒霜，加之韭菜大黄导泄，是她害了她家相公的命。

仲景顿足叫着：申巧凤，你心黑了呀你。

巧凤见叔侄两人都慌了，已猜出其中缘故，她把大襟上别的手巾抽出，朝前甩一下，脸拖落下来，说：不管我又添了什么，你别忘了，车夫是吃了你的毒方亡命的，你是杀人犯。

伯祖看着焦虑的仲景，一把把他拽到后边，强堆着笑脸说：你家相公也许是寿限到，离开人世并不与药方有关，仲景开的方术是治咳嗽症候的，一点没错。你一妇道之人，积点德，别诬好人，更别忘了头上三尺有神灵。

仲景还要解释什么，又被伯祖拦到了身后。

巧凤睐起三角眼儿，说：好你个小医家，半天开的方是戏弄人的？再说神灵在哪儿，我咋没看见，有神灵我家那货一百成的老好人，命跟兔子尾巴那么长？说罢笑眯眯地撇一下嘴，对伯祖说：你先出去，我跟他有话说。

伯祖猜着刁妇另有手段，仲景不是她对手，抬手挡一下说：你说吧，我在这也是聋子耳朵听不见。

巧凤硬推着伯祖叫他出去。伯祖怎见过如此泼妇辣婆母夜叉，料定仲景一个人会吃亏，说：这是我的家，要走也是你走，叫我往哪走呀，妇道人家单处一后生，脸皮有多厚啊？

巧凤说：张仲景你发个话，咱二人说事，他好意思在场。

仲景的脸涨得通红，泼烦地说：咱二人有啥好说，二叔你就在这别走。

巧凤嘤嘤哭起来，说：你欺负俺寡妇半边，没人做主是吧。张仲景，我申巧凤此时求到你门前了，你与我早年的思恋此时还没了断，可要给俺做主啊！说着，把伯祖拽到一边去，就往仲景身上扑。

仲景红着脸闪到一边，伯祖上前拽住她袖子，说：你要是再胡闹，我就把你的黑事宣扬出去，看世人即使不咒死你，也把你骂成个烂白菜。

仲景愤愤地插嘴说：烂白菜都不是，是臭狗屎。

巧凤一听此话，不哭了，尖声嚷道：好啊，想坑老娘是啵，老娘有的是粗腿儿，惹恼了咱骑毛驴看唱本——走着瞧。说罢，又捏细了声调问仲景：我已经在看你面子了，往下你说翻脸我就不认人，你想装鬼我就当妖魔！

仲景说：你走吧，我不认识你是谁，你干的事你去担当。

巧凤扭歪了脸，指着他，问：好你个张仲景，此话可是出自你口？

是啊，我又没做亏心事，不怕老天报应。

巧凤高声大叫：好哇，那你就等着瞧吧！说罢扭头走了。

巧凤走了，留下叔侄俩，天塌了似的，一个低声叹息，一个垂头丧气。伯祖无论如何都想不通，一个救死扶伤的医家，半路会错杀了救过自己命的好人。他愤愤地说：侄儿啊，你中了申家妮的圈套，咱现在已经顾不及什么了，官府骚扰终无宁日，申家妮很可能去找二郎神。你也应去京城求高人指点相助，再不能流落荒山了。

仲景说：就东汉这世道，京城也会有巫婆神汉横行，医家的路难走。

伯祖说：这方圆百里，也少有精研方术者，没有知音，哪有同道相助。你去京城找到何大人，结识学士名流或名医大家，遇到开明君子，会推举你为栋梁之材。千万别等到我去世后，撒手丢下你，你一人回到涅阳遭诬陷。那鬼地方永无好人立足之地，你不能不顾后路啊！

二叔已到老境，我怎好撇下你老，一人走开？

对于车夫之死，张仲景内心的愧疚，一直无法抹掉，明知不是自己所为，却为自己中了坏人圈套，感到懊悔。他有个不祥预感，申巧凤可能利用此事，把自己搅进刺架里，让自己背上有嘴说不清的黑锅，而且还株连到二叔。更不祥的是，他总在半夜听见二叔叹气，深夜山村公鸡叫更，二叔还在翻身，直到天明，才传出呼噜声。

仲景怕二叔压力大，想不开，自己也窝了不少心事，从不敢说出一字。这是他懂得隐忍的一段时光，唯有读简学医时，可以斩断忧愁，忘掉是非。他偶尔坐下来读一半卷，发现《黄帝内经》里的医学之说，提纲较多，多述养生营卫，没有诊病施术的实际论述。他又跟二叔探讨，认为二叔的组方有不少自创之明，在二叔之前，民间流传的单方偏方，只是一两味药，而不是几药配伍，共同治病。

这个发现让仲景欣喜起来，他终于找到了二叔不同于前人的地方，也确定了自己以后著典的立意。他把古人总结的药物优化配伍，把相宜相克的禁忌药也捋了一遍，对二叔说：扁鹊早就把食用的动物指出了禁忌，鱼目合者不可食，鸟自死口不闭，翅不合者不可食，五月死马六月死羊，食者生疮，蜂糖不可多食之。

伯祖说：这经验在民间也有，还说春日食鱼者，易得风乏，秋天食瓜果易拉痢。民众在过日子中积累不少偏方，只是没人列进典里。

仲景亢奋地说：二叔我就是想做这件事，一为表达灼见，二为医家立言。

你从民众中总结提取出来，加上你长期观察搜索，动用你的心智凝练，著出的典籍，是你的心血结晶。

仲景笑着说：二叔，我这是老公鸡叼花包——谦虚一下嘛。

伯祖说：傻小子啊，这鬼怪乱世，医家连命都难保，谈何著典？

二叔，若不著医典，就咱叔侄二人行医，能救几个病夫啊？

我不敢想那太多，我早就有个心愿，想买几根好石针，我用的旧针早断了尖，磨了再用，扎下去病夫疼得嗷嗷叫，你想想那针还有尖吗？

那咱可以再买。

可那上好的医针，涅阳南阳都没有，咱连去豫州城的能力都不具有。另，我还想把多个配方做成丸剂，方便随身带，也没条件实现，你说的著典，简直是个梦，我想想都头疼。

五六天过去，门前冷冷清清，没有病家的人影儿。伯祖因雨天染上湿寒，风乏打喷嚏，流眼泪，还有低烧，他用了二花、茅根加黄花苗根熬汤，喝了睡到草铺上，盖被子捂汗。

仲景见二叔不打喷嚏了，就想这老汉真是怪，为人诊病上瘾似的，脑洞到处开，点子门道多得是，可是一天病家不来，就像秋后的茄子，枯皱着脸，蔫耷得没活路似的。

仲景暗自发笑，正想怎样跟他逗个乐，门外传来仲祥的喊声。

仲祥蓬头垢面，一脸灰土，衣襟零乱，肩上沾一层草渣树叶，裤角还绽线开了口子，脚上鞋破了，底子和帮子分了家，人像深山老柴夫，这样出现在棚门口，仲景很是惊讶。

仲祥鼻音很重地喊了声：二叔，哥，你摊上大事儿了。

仲景赶紧把仲祥拉进棚里，问：咱爹娘都好吧，我有啥事啊？

仲祥抓住他的手，说：哥，家里没事儿，是巧凤回娘家路过咱村，诬陷你下毒药害死她丈夫，要霸占她。哥，我来是给你捎急信儿的，申家女还告到二郎神那了，涅阳有人传信说，二郎神要派人捉拿你。爹叫我火速找你透个信，叫你们快逃，逃得越远越好。哥，你跟二叔一刻也别耽误，这就走！

仲祥说得快，有些气喘，嘴唇泛白，冰凉的手在哆嗦。

仲景手抓着仲祥胳膊，用力握着暖着，脸色却冷得跟冰霜一样，心往下沉去，眼看着外边灰苍的天空，没有一点表情。

伯祖沉思片刻，说：仲祥先坐那歇歇。

仲祥说：二叔，我心都焦死了，咋能坐住哇？叫我说哥这回如能回家的话，就窝在家别动，也再别说个医字。

仲景说：二叔，是不是快要改朝换代了，天不会一直阴着吧？

比起申巧凤的诬陷案，仲景更担心的是二叔身体，认为是自己为他带灾了。就心想，二叔治了多少顽疾，救了多少死伤，保全多少家庭，此时却保不住自身安危，甚至连辩护都无能为力，他感到无比孤独。要不是二叔和仲祥在场，他会对天高呼一声，把青天喊破，把老天爷喊出来。他大声问：二叔，这到底是世道黑暗，还是咱们窝囊啊。

伯祖倒是清醒过来了，镇定地说：侄儿别急，先捋个思路，想想陈家追的人命案，有多大起势？

仲祥说：是申家女在村里喊叫，说我哥给他男人下了毒方。那个有名的母夜叉，在车夫没死前就跟涅阳一差役鬼混，早有害夫之心，现又跟二郎神勾结上了，等于去递了刀子，叫二郎神终于抓到你的辫子。咱就是身上长出一百个嘴，也说不清了。

仲景忽想起父亲有句话，乱世之人不如狗。多么简单的事，有两句话就可以辩驳清楚，却沦到有口难辩的地步，说：不中，我得回去据理争辩。

伯祖说：先别急，我看咱已回不到张寨了，要回，只有仲祥带着你，三更半夜到涅阳城你舅家存身，叫你舅出面应酬，这等于窝到二郎神眼皮子底下，他都没法咋着你。再一条路是，仲景你火速赴京城去找何大人，找到他才有分辩时机，找不到就流落京城，专为权贵医病，等着遇到仁志贤达者，也会得救。这两条路不去走，就只能一起躲避，隐姓埋名流落山野，盼着出头之日。

仲景听了直叹气，说：二叔，我去京城不中，你年纪大了，我俩一起好照应。再说我舅当初就反对我从医，现在倒了霉去求他，他若是羞辱耻笑于我，那忍气吞声的日子更难过。我们一起逃吧。

伯祖说：还有一招，仲祥回去叫你爹去找申风水，他会阻止巧凤。

仲祥说：二郎神现升到涅阳县头儿的位上了，权大得一手遮天，四平八稳的，申风水不一定敢出面。

仲景说：这都不中，我还是与二叔一起逃走。

伯祖说：你不离开我，往下无路可走，我可怎么跟你爹娘交代呀？

仲景说：二叔，天有绝人之路吗？咱暂时躲一阵，等二郎神的气焰消耗过去，再回杏花山种药行医。

伯祖唉唉地说：那就别迟疑了，赶紧收拾东西上路。

仲祥说：去住杏花山也不中，那里百姓认得者多，我到那一打听，就打听出你们来南阳了。

伯祖说：要不然奔穰城过些日子，然后去伏牛山，反正早就想去一趟。

说罢，三人开始卷床上铺盖，收拾药材，该带的东西都打理好，装进药褡裢或包袱里，用麻绳捆在毛驴背上放妥。两头毛驴，还是弟兄俩一骑，二叔一骑，可是二叔背后驮的东西重。仲祥背上还背着铁锅、竹简、被卷，仲景身上背着装药的包袱，骑上毛驴即起了程。

三人刚走到棚外边的小路上，迎面过来一个背小娃的老人，枯着脸拦到路中间说：神医上哪儿啊，我家小娃脸肿了，来求你医。

仲祥说：你绕开路吧，我们有急事出山。

伯祖说：你看药都装好了，不便翻找，你娃是肿疖腮，回去掐些麻屎菜、黄花苗，一起捣成泥兑点香油，糊于肿处三四回就好了。

背娃的老人转身前边走两步，又拐过来，说：不对呀，小娃还发烧，夜里哭闹，哭好几回才能睡一会儿，像是鬼缠住了。

伯祖说：就我说那偏方没错，俺们出门有事，得赶紧走。

仲景从后边上前来，说：二叔，我们常见的病娃都是拉肚咳嗽，少有肿疖腮的，我想见识一下新病材。

仲祥泼烦地说：哥你疯了，知道轻重缓急不，还有个紧慢拍儿吗？

伯祖从毛驴上下来，拿起小娃的手，分开捻捻食指看看，又叫小娃张开嘴看看，说：侄儿，他食指上有重红色，轻烧，舌红，苔薄，是热毒生火引起。施治应以疏风清热，散结消肿，可用金银花、夏枯草、竹菇、陈皮几味喝下。

仲景要打开药褡裢找药。仲祥急红了眼，打得毛驴直哼鼻子。伯祖赶紧帮仲景找到几样药，递给背娃的老人，重新上路。谁知，从侧边又过来个中年汉子，说他家老人腰里长疮，一层水痘，疼得彻夜喊叫。

伯祖坐在毛驴背上，说：是不是疮疙瘩缠腰快够一圈了，刀割火燎一样疼，身上还没力气，低烧，头疼？

中年汉子说：是啊，那红疙瘩快缠对头圈了。

这是蛇盘疮，我给你个方子：生甘草、柴胡、车前草、龙胆草、黄芩，煎药汤喝。用艾草熏了，再找火纸烧水疱。

中年汉子说：我上哪儿弄药啊，还从没见过啥是火纸。

仲景要解药褡裢。伯祖赶紧说：我们这也没有火纸，你去南阳买嘛。说着鞭打毛驴前行。仲祥也不容仲景插言，刻不容缓地策打毛驴，疾驰而去。

伯祖说：我约莫方向应往正西走，绕过杏花山，直奔穰城。

路上，仲祥骑的毛驴瘦得只剩一副骨头架子，走路乱晃，又驮了沉重的竹简和行李，走走停停，上山爬坡时，往地上一歪，卧那不动了。仲景只得换到二叔的毛驴上，仲祥用树枝抽打瘦驴，它也不愿走，仲祥只好把东西取下来，都码到二叔骑的毛驴上，他牵着毛驴走。

仲祥说：哥你看，驴都泄气了，学医家有啥意思啊。

仲景说：这比起神农氏尝百草，食毒绝命，要好多了。

仲祥说：谁是神农氏啊，咋那么憨蛋？哥你要是不求医，哪来这掰屁股招风的事？

仲景说：古代圣贤，都是为后世造福的英雄。

仲祥把头扭到别处，看看又是一段山路，问：二叔这是到哪儿了。

伯祖抬头看看日头，辨辨方向，说：这可能与杏花山一脉。

下来山，仲祥找到水叫瘦驴饮了，毛驴摆摆头，他才又骑上走。叔侄三人不走官道，只选岗坡上的荒草灌丛中，披荆斩棘地走。不知又走了多少路程，绕了多少弯，直走了三天两夜，才借着星月之光，看见了前边的山影。

仲景问：二叔，你不是说去穰城县吗，前边咋有座山啊。

仲祥说：是不是灵山头啊？你看那有个石头，上面写的临湍县。

伯祖说：哦，这县离灵山还有十来里路吧，隔了条湍河，沙滩都好几里。咱们原来想去穰城避些日子，再往北山里拐。

第三十二章

张寨的黄义成，在张家喝了酒回来，就发生了呕吐拉肚的症状，被大仙讹说是伯厚在酒里下毒。义成在家睡了两天，症状减轻后，吃了半碗面疙瘩，到村后草沟上去放羊，蔫耷耷地坐到草埂上。

同时放羊的来福，见他软瘫的样儿，知道这人最近陷在是非里，就想离得远远的。义成心里装不住事儿，忍不住小声说了张家在酒里下毒的事。

来福嫌弃黄义成在两家之间串，沾着两家的光，也受着两家的气，他早看花了眼，不想钻那个是非圈。特别是申巧凤闹出毒方事故后，来福觉得张陈两家这回梁子可结死了，是非也要闹到天上去了，他有点怕。此时听义成说话，他摆摆手问：你说的谷子酒？

黄义成说：现在好酒、毒酒都不在话下了，申家女一闹，戏法儿大变。

来福拉拉耳朵，懵乎乎地问：说的啥酒换啦？

黄义成一听聋子打岔，说：你这人心窟窿眼儿多，又装聋子了，那申巧凤在大关坑说一嘴白沫，你真没听见？

来福起身就走，嘴里哼着小曲儿哪。唱着唱着，抬头一看，仙姑站在路当中挡了道，一把抓住他手，说：来得早不如来得巧，你听申家女说的事没？这回张家可完了，咱俩成家的好时机就在眼前了。

来福一头雾水，问：张家完了，与咱俩成家有啥关系？

仙姑小声说：你没听说朝里大臣都是趁天下大乱，谋财利，这回咱以投机之心，借张家落魄时，去要点细粮。

来福这几年，种葫芦卖的钱，和沤麻换的粮，都叫仙姑管去了。眼看哑巴女儿年过二十，来福想招个养老女婿倒插门儿，托媒说几家，都没成，不是哑巴嫌人家穷，就是人家嫌哑巴憨。最后闻氏出面做媒，说了个会竹编手艺的后生，人家都答应了，第二天又变了卦。那娃骑毛驴来到棚前，说：不是我家不愿意，是哑女她妈找巫师算命，哑女命里妨夫，这门孽亲，万不能成。

来福心里算把仙姑看透了，问她操的啥心？仙姑又恶人先告状，说竹编后生不愿这门亲，是九桂的主意，九桂说来福家是破落户，棚子像猪窝。

来福没信仙姑的话，却在内心为仙姑划了一道。别说去张家讹粮食，就连一起去都不愿意。仙姑老大不高兴，说来福是个狗子揪，是上不了台面干不了大事的骡子。

仙姑对来福诉苦，说她近来不尽如人意太多，原因是新上任里魁的大仙，跟伯厚商量想干个大事，响应南阳郡倡导的新事体，组织村里有能耐的婆娘集中织棉布，带动各家自种棉花纺线，上机织布。这事早在五年前张闻氏和黄氏已经在做，大仙这又专意挑出九桂、张闻氏、黄氏三个婆娘为新业组。为这事仙姑眼都红了，仇视大仙组三个婆娘，会合伙坑自己。她去问大仙，大仙说是伯厚挑的人。仙姑就想把聚压多日的烦恼，转移到张家。

来福说：你们婆娘行活里的事，我听不进去。人家张闻氏可是个好婆娘。

仙姑一听来福夸别人家婆娘，心生嫉妒，因想与来福一起去张家，就忍下来，先走人。第二天又找来福，说：你若不与我一起去张家，我起了外心，天下可没有后悔药。

来福又扯扯耳朵说：你说的啥呀，我这几天聋得一字都听不见。

仙姑说：你真聋了，我就跟大仙做小婆，看你家底薄的，也娶不起我。

那不中不中，你说咋去张家。

仙姑这才对着来福耳朵咕哝，如此这般一番。来福说：我不敢到张家门前干那下三烂事儿。

仙姑说：我怕张伯厚那眼儿，老往我身上瞟，不知多早就打上我的主意了，要不你跟我一起去，装个哑巴也中。然后又是撒娇，又是撒泼，死拧活缠地磨。

来福无奈，耸着膀子说：中，我跟上当个配角，你咋说我都不插言。

两人走到张家房后，他一脚踩到树干上，身子摔个仰八叉，手捂着腰直喊断了断了。仙姑见他歪在地上，拉也不拉一把，走时剜过来一眼，说：瞅瞅你那窝囊样，枉披一张男人皮，死吧你，还想娶老娘！

来福深知这婆娘的恶毒，一时愣住不吭，坐地上瞅着仙姑背影，半天没动弹一下。仙姑走几步又拐回来，叫他快拍拍灰，一起走，如要来粮都算你哩，等你家底厚了，咱俩就成家，过恩恩爱爱的小日子儿。

说到这，来福从地上起来，拍拍灰，跟仙姑一起走到张家门前。

张伯厚近日心头也压了座山，他见二郎神为私卖赈粮杀人灭口，就异常惊惶，这个不好的兆头，只要开个口子，以后会杀人成性。过去穰城县有个小亭官，为意见不合当场杀了副职。当张伯厚闻听申巧凤讹仲景杀车夫之事，二郎神正好把私卖赈粮杀车夫带来的滚滚骂声，找到了转嫁对象。伯厚对此恶闻好不惶恐。他已托闻保有到南阳太守那申诉仲景冤情，并把大仙医治金枝的真相揭露出来。可是诉申简传过去半月，仍没见回音，叫仲祥赶去捎信儿，至今未回。他如热锅上的蚂蚁似的，坐立不安。

昨晚听保有回话，说杀人命案必须得民告官究，仅二郎神嘴上说说，不能定案，也不能处决。不管怎样，总算天上开了条缝，露出青天了。伯厚猜想二弟伯祖在外游医多年，会有藏身之处，仲景为民积德行善，也会有人保护。

伯厚不愿叫人看到老张家有丝毫倒霉迹象，那样会让二郎神捞到更大的胜利感，让民众误入不稳定局面。他到涅阳县找有名的刘铁匠，特地打了一把大镰，长一尺多，人可直立砍草，揽得很宽，采药效率更高。伯厚拿回来，特意叫仲建去河里割几捆艾蒿，言说是为仲景留着回来施方术用。

可不管外表怎样不在乎，怎样恃强，他还是感到村里邻居发生的微妙变化，这几天李家来门前讨粮，言说地里庄稼收成不好，来要过冬的小麦和高粱。表面像是讨要的，站门前自定了数量种类，明显是乘人之危，落井下石的。还有邻村一家要棉花做袍，要麻布做衣。伯厚把索要的东西都减半打发了。又叫闻保速招家丁数名，从外部加强了家宅安全的意识。

半晌午，张家门前忽然出现了穿着妖艳的仙姑，后边还跟着来福。

伯厚平时瞧不起这个婆娘家装神弄鬼，跟大仙公然姘居，这伤尽风化之事就够脸厚了，又跟来福胡混，还敢明目张胆进张家门，简直是在挑战村俗。他虽心里反感，表面还是让座请茶，内心赶忙猜测此人上门的动机。

仙姑是尖酸溜能之人，那稠密心眼儿里，早把张伯厚两口子看透了。她进门时，伯厚都没有正眼瞅她一下，这让仙姑一时动了逆反心。她其实想先透个信儿，说二郎神要起兵抓捕张仲景，然后再说要粮之事。此时内心翻了个个，顿起恶念，说：你家娃藏的地方有人知道，你给我三十担粮，我可救他。

前头话刚落拍，后头又讨好卖乖，说：陈家九桂是个捣磨拐，我是体谅老张家不容易，只要这么多粮，就能救你家娃。

伯厚板着脸说：我听说伯祖下落不明，你若知道他在哪儿，领我去看看？

仙姑说：二郎神把坏事都做尽了，你老张家也没对他咋一点儿，他还反咬人命案，把人往死里坑。我在陈家已经待不下去了，想以二郎神与巧凤通奸一事，威胁他，看他放不放张仲景。

伯厚摆摆手说，晚了晚了，张仲景早就远走高飞，谁都找不到了，连亲爹都不知去向，外人上天边地沿儿能找着？再说，我家施粮太多，仓都快空了，只剩一家人过冬的口粮。

仙姑没想到，有陈家那个强敌作梗，张家还敢得罪自己？她憋一肚子气，看看来福，想叫他帮腔说话。谁知来福抄着手别着头，老往别处看，眼里还有看笑话的意思。仙姑说：来福你这货真是的，我说不想来，你偏要叫我来，结果咋样啊，你装王八孙子，也看个时辰啊？

来福"嗵"地跳起来，瞪着眼说：你这婆娘咋说话是猪叫唤哩，到底是谁叫我来，你得当面鼓对面锣说清楚！

仙姑说：我对张哥的爱，村人谁不知啊，我会起心要他家的粮吗？

来福气得顿着脚往外走，边走边说：往后你再说得天花乱坠，我都不理你。

二人出来张家，来福拐弯往家里走。仙姑要回陈家，拐弯时喊了来福两声，没见回应，她捡了土坷垃扔过去，没打着来福，气得骂骂咧咧地走了。

就在仙姑与来福说话的同时，九桂正在花椒树那边摘花椒叶，赶仙姑与来福进到张家院里，她也溜到了张家后墙根儿，虽没听清里边说的啥，却见仙姑一盏茶工夫出来了，就猜了个八九成。

九桂暗笑仙姑要粮落了长脸，谁知张闻氏刚好来房后浇园，一眼看见她，像见鬼似的，问：你在这弄啥？

却说张闻氏，与九桂黄氏一起上机织出不到半月，说组不到一起。三个婆娘的合作起初还不错，张闻氏做事细致、负责。九桂虽然好咋呼，但做事有热情、麻利。黄氏虽然做惯粗活了，打下手却跑得快，也知道虚心学艺。三个女人能唱起一台戏的原因，是因为她们内心都有共同的异类，就是仙姑，终因这场村庄公务，把骚女人划到了圈外。可是，三个女人结成团以后，也未能顺利地走下去。张闻氏在染花线上精研不少技艺，九桂对此显得力不从心，觉得张闻氏是在显山露水。九桂还看出黄氏对张闻氏言听计从，两人配合得滴水不漏。张闻氏也因同情黄氏家穷，把自家旧衣陈粮送给黄氏，黄氏逢人就说张闻氏的好。为此，九桂觉得不安了，心生嫌隙。

一个下雨天，她问张闻氏借花线，拿到线后，问：你家娃咋不娶黄家妮哩，那妮儿为找婆家寻死觅活，气得黄家人把你家往死里咒。

张闻氏说：都怪我家娃行医耽搁事，她骂几声，出出气也好。

九桂说：咒你全家人都死光，好不好？

张闻氏要关门，说：院里青蛇烦人说是非，听见会出来咬人。

吓得九桂转身就跑，差点栽到门槛上。往下见张闻氏继续跟黄氏好，就又来借绣花针，刚好看见黄氏在张家，断定是在嚼舌根，编排自己。还因她平时说黄家坏话太多了，只怕张闻氏传给黄氏，就先从中挑拨，弄断两者相交。可她已试过，知道这张闻氏防心过重，不信闲言。九桂等黄氏出来张家，走到房后，她紧追上去，说：你咋得罪张家婆娘了，她背后骂你，还咒你一家人，损得很。

黄氏一听这话，站那怔了怔，想想自家是外来户，黄义成脑子简单，老混不出个名堂来，等于是女人在顶门户。为这般家境，黄氏压抑得心里像搁了块大石头，总是抬不起头。眼前，黄义成随着年岁增长，也明白勤苦持家，挣实了家底，不再借东家求西家了。可再看看张家光景，你娃都成逃犯了，还敢背后骂我。黄氏想半天咽不下这口气，转身拐到张家，把门敲得山响，质问张闻氏为啥骂人。

张闻氏在门里，虽然一头雾水，但心是出落的，还能镇静下来。她明知是谁挑拨，却不知该怎样挑明。她想人情再险恶，黑白曲直终有澄清时，不必强争硬辩。她愣在门后一句话没说出来，外边的黄氏在哭诉：不知是你没良心骂我，还是编闲话的坏良心捣磨，我现在鬼都不怕，就怕是非缠身，可最后还是叫缠住了。

张闻氏听见门外气消了，这才隔着门缝说：我还是那句话，出来是非圈，便是无事人。你听谁编排闲话，只当耳旁风吹散就是，各掏良心去做事，互不掺搅。我相信真的假的都有底板，都会回到原样。

黄氏仍在哭，说：我招谁惹谁了，这样编排我。

张闻氏仍认为黄氏是犯了头脑简单症，受蒙蔽乱了心性。她好言劝了几句，直到黄氏擦干眼泪回了家，一场婆娘纠纷才偃旗息鼓。三人建的纺织组，也变成这个来那个不来，来了也是板着脸，很快散了伙。

张闻氏对黄氏来门前哭闹，不用动脑筋就知道是九桂在编排。这天，她在房后烧菜园，九桂过来了，张闻氏想问问她为啥翻黑打白。谁知她还没开口，九桂就睐着眼儿反问过来：我听说仙姑到你门儿上讨粮落了长脸，这就对了，骚寡妇指望卖可怜相求人，真不是个东西。

张闻氏听见九桂对有过节的人，都没遮没拦地说闲话，真不知能翻腾多大的是非，她闪身绕过九桂，转身进到院里。

九桂也转到张家门前，说：她上辈子哑巴出身，这辈子生来就是说是非的。

张闻氏有点烦了，说：老南风刮这么大，我听不见谁说闲话。

九桂说了一嘴白沫，只恨张闻氏装正经，不搭腔，仍站那提高声调说：那货跟来福胡混，不是净板人儿，俗话说：行娼者不善。她脏事儿多了，老怀疑别人背后说她坏话，揭她脏底儿，就提前把人都说得坏蛋一般，特别说你的坏话最多，把你说得一无是处。

张闻氏不管九桂咋说，就是不凑腔。九桂见张闻氏一直不接话茬儿，认为自己与张家婆娘存过节重，心如墙。她拐弯走的时候，猛顿一脚，狠狠自语：不怕你心隔墙，就怕你不防。回到陈家院门前，九桂见仙姑在门口站着瞅她，板着脸喊声她，就睐着眼窝着嘴，把张家谤得十分不堪。

九桂说：人家张家根本瞧不上你，张闻氏编排你一篓子坏话，还破口骂你是个骚寡妇，老不正经的烂货。

仙姑尖叫一声，赶紧打听：张家女人还说啥了？

九桂说：说你跟来福不清白，还有脸一起串门儿。

仙姑说：怪不得他娃杀人逃命，叫我说他一家人都该杀光，再不就下阴府里，叫阎王爷接着炮制她。

九桂顺葫芦打汤，说：对，她还说你在他家说三道四，他家就是能打发全天下人，也不会给个长舌妇一粒麦子儿。

仙姑气坏了，决意与九桂结为同盟，共同敌对张家。心一横，扎好架势极力编排搬弄张家，对九桂说，张闻氏大骂陈家坏良心，说二郎神抢亲，还跟小姨子胡混，大仙奸害过来福妻，一番番、一条条对我说。巴不得一下子把张家塞进烟筒，再用棍子捣捣，一次性黑掉，再没有说话机会。

九桂明白，仙姑出了诈粮之招，就与张闻氏永远不再有和好之日了。

晌午的闲话，在鸡上宿儿时辰，就传到了张闻氏的耳朵里。跟仙姑与九桂不一样的是，张闻氏再怎样辩解，怎样说出真相，但所有的想法都泡汤了。当她看到是非黑白被搅浑了，没有分辩的可能，也就没有分辩的必要了，再分辩只会越描越黑，会把自己搅到刺笆窝里。她悻悻地和伯厚一起钻在家里，以静制动。

张寨三个婆娘的矛盾，像一块石头投入水中，把平静的生活完全打破。

不仅婆娘们到处传闲话，来福与黄义成也跟着掺和，把往年的陈谷子烂芝麻也揭出来，有的怕招惹闲事染上麻烦，便不说闲话，只说自家清白。有捣罢东家捣西家，有人前后翻烧饼，也有坐干岸上看戏的。不下地干活的婆娘，都在背后咕哝，这个猜疑那个，那个窥探这个，没有背后不说人的，没有背后无人说的。更多人追着利益在张陈两派站队，跟着编排是非或折白话，村庄乱成了一窝蜂。

半月时间过去，人际在不知不觉中骤变，像一锅粥，糊得什么都分不清。除了二奶和赵氏深宅家居不出门，听不到闲话，其余的都沾灰带泥腥，没几个净板人存在了。

来福再不敢往大关坑边聚了，怕在那话赶话地说一半句，就被婆娘们翻腾开，闹出是非来。他吃罢饭拉上两只羊，勾着头出村来，像木桩子一样坐地上发呆。

黄义成也是听黄氏老说是非，一天到晚烦得不得了，就跑出村子图清闲。看见来福跟木桩子一样坐那，问：你个聋子啥都听不见，为啥也枯皱着脸儿。

来福说：你看我家哑巴女儿，长得红白二色，又能做饭洗衣，找个婆家那么难，总不能在娘家扎座老女儿坟？

义成说：你看陈家老二咋样，前不久说的女子昧亲了。

来福撩起褂子大襟擦脸，说：俺跟陈家门户不当，人家会要俺哑巴女儿？就是要了也是去受气的。

陈耀能是个拐娃，相几十家都没人相中，只能找个说得过去的，生个娃就中。

来福瞪着两眼看看天，说：啥呀，想说你就说，事成我谢你就是。

咋谢哩？

来福凑近义成，对着耳朵说：把仙姑引到我棚里，给你睡一回。

就那个烂婆娘，你不想要了吧，倒找块金砖我都不沾她。

别嘴硬，人家也不是一般汉子能沾的。

你这个假聋子，心窟眼儿稠着哩，啥烂骚事都搅，是吧。

那我外头聋，里头再不多点小九九，咋在寨上混哩？

张伯祖那么干板棱正都混不成，你咋混，往后张寨出不了好人了。就像天上的云彩无声游聚。

来福说：都是因张陈两家的犯冲，带了个坏头，牵出这么个毛乱的婆娘群儿，人祸起，天灾也会降。

说话不及，刚入春时节，大秋作物刚种到地里，青苗才扎根，叶片还没伸展开，天下了场冰雹。冰雹大的像鸡蛋，小的像青枣儿，呼啦啦砸了一顿饭工夫，地里庄稼就毁了一多半。村民刚种的高粱、茄子，搭起的葫芦架、豆角架，都被打得七零八落，没发芽的倒是躲过一劫。

无情的冰雹，看似冷酷，却改变了民众心思的方向。有种大秋的户，焦急地跑到地里，弯腰看地埂间的秧苗，开始熬煎恢复耕种，收拾残园，并巴望官府拨赈粮，帮补饥荒。既如说去年存的高粱小麦还有一升半斗，能凑合糠菜半年粮，可这片赤地上颗粒不收，下半年就得喝西北风啊。

于是，有关赈粮的话题，就此开始聊起。

村人各扫门前的冰雹，各护地里的庄稼，灾后慌乱暂时稳定。

这天，村里又响起锣鼓声，是涅阳县府来了差役，召开村会，把张仲景的命案告知到各家各户。然后说拉下天罗地网，把罪犯收入法网，以平民愤。

来福经常上街喝胡辣汤，他前些天在饭铺里，听人说南阳郡给涅阳县蝗灾拨过赈粮，赈粮被二郎神私卖给南方官吏，因怕知情人透信儿，怀疑运粮车夫，设宴下毒酒灭口。张寨对赈粮的议论，从此拐了个弯儿，不厌其烦地往下扒，终是把故事定在蒙冤的张仲景身上，怀疑二郎神以转移赈粮为话题，以巧风谤词，借刀坑害张仲景。

二郎神站那大声嚷：我以涅阳县府名义，宣扬张仲景以前在村上做过的坏事，偷铁钱，砍河边树木作木简，勾引黄家妮儿。更大的罪，是行医中敲诈勒索民众钱财，数罪合并，该千刀万剐，以泄民愤。乡亲们说说，张仲景还有什么罪，该不该杀头，大家都说说。

台下传来弱小的声气：是。说罢还扭头看看场上有没有张家人。

二郎神站起，擂擂桌子，厉声嚷：都没吃饭，喝的西北风啊？

台下声音提高了点：是哩，肚子饿，等发赈粮哩。

二郎神说：俗话说，群众的眼睛是雪亮的，俗话还说，百姓心里有杆秤。这回可验证了嘛。

来福在会场边上，他看见张闻氏站在花椒树下，低着头揪着胸。来福溜出会场，扬起胳膊对天长呼：天是爷，地是奶，小的求你把眼开。县太爷你不是三只眼嘛，赶紧查个水落石头出，还人家张仲景个清白！

来福话刚落拍，天空降下倾盆大雨，刹那，雷声大作。

二郎神从会台上抱头窜逃，全场官民作鸟兽散状。

冰雹打过的村庄，下一季绝收者有七八户，都开始喊饿。有的还刮好了打狗棍，准备挑儿担女，外出讨荒要饭。

张家的施粮已近百担。张伯厚叫张闻氏在院外大路上摆出馍摊，大布罗里装五六筐子花卷馍，上边盖了白棉布，张闻氏勒了围裙站到边上。有人过来喊饿，就递过去一两个馍。有人说家人饿得走不到这，张闻氏就让多拿几个馍回去。

村西头陈家也摆出了馍摊，大块麻布盖着的箩头里，装了热馍，大仙亲自站在摊前招呼过路人吃馍。如有人到门前讨粮，都尽量打发满意。大仙想在这次冰雹灾难里，为村人施一百五十担细粮。

路过的人听了，都说陈家是积善人家，比张家还厚道。

从这事上，人们想起过去张仲景的灭蝗之举，闲话更多，说仲景跟他母亲一样慈善，不知招谁惹谁了，竟遭人诬陷。二郎神把张仲景谤得那么损，会遭天打五雷轰的。

二郎神从会场上回来，一屁股坐到大仙堂屋里，仙姑和九桂早就炒好了下酒菜。二郎神与大仙喝酒时，说：哥，我当官以来干过不少坏事，从来没有像收拾老张家这么得劲儿，这么过瘾。

大仙说：我听到的，是有人在背后替张家鸣冤，尽管张家没出来辩驳，可那娃跟着伯祖留有好名声，百姓皆有口碑，咱陈家诬陷好人，会招来罪业。

二郎神是不允许大哥在船到江心时，动摇心思的。他说：现在已当众宣明张仲景的罪，如果半路变卦，会让百姓看透咱的计谋，以后失信。

大仙塌蒙着眼，不说话，酒还是一杯杯地喝，半醉时辰，忽想起早死的老母亲，竟流下两行老泪。

二郎神见哥哭了，继续劝他硬下心肠与张家干，不干，就是容忍张家揭穿虚报灭蝗功，剽窃方术，私卖赈粮的黑底。也就是等着丢官，威信扫地，或者进班房坐大牢。

大仙抹了把老泪，说：我不是叫你不跟张家斗，而是叫你斗斯文点，跟张家一样不露声色，赢得民心。我这些年一直在看张伯厚，只想思齐于他，在张寨形成两大望族。如果你要杀张仲景，那得招惹多少人怨恨，有古训：失民心者失天下。

这就是你们读典人的悲哀，心眼稠，手脖软，耽搁事。

可你正是因为不读典，才造成无法无天的局面，弄些遭报应的事。

哥，我的事我做主，不叫你跟着受牵连。说了抿嘴推碗，骑马而去。

往下的事情，再没有跟大仙商议过。

二郎神回县府支使的差役，开始往杏花山奔。可差役们下乡进山，到了天高皇帝远的地方，明里搜捕犯科者，暗中横行乡里，假公济私，见鸡抓鸡见狗打狗，猪娃羊娃也打死扛走，打不死的装麻袋里拖走，全成了荒兵乱马。

在街上的差役，见店铺有值钱的金银货，也往怀里揣，见到富商身上的绸袍，也拽掉抢跑。闹得涅阳县境四周跟过狼群似的，乡下人不敢锄地，城里人不敢摆摊，大姑娘小媳妇不敢出门。人心惶惶，街市车马冷清。

这是二郎神没料到的。好几路强将分头去抓人，不但没收效，反而引起民众怨声四起，有被众汉聚群殴打的挂彩者，抬回到陈家，一天到晚呻吟不止。这可惹恼了二郎神，他想去滋事的村里抓出打手。大仙极力反对，说不想在张家之外再树第二个敌手，更不愿把坏事干透。

又花了三天工夫，搜遍杏花山和独山上的旮旯狭缝，见实在抓不到人，就另生门道，把所有神汉巫婆医家都抓到县城来，把占卜算命的风水先生也招过来，从他们身上搜查线索。

第三十三章

转眼间，刘氏汉朝轰轰烈烈的形势，日近西山。

东汉末年，汉朝似乎已走到了十字路口。眼看前路迷茫不知何去何从，年轻的皇帝并没有意识到汉朝已近昏暮色，还在朝里养不计其数的贪官，并在各路敛财的运动中，被不同的私党勾连里削弱着心志。朝政没落，民怨加剧，万里江山之外，残阳正在沉落。

当幼帝得知北方有个起义军，将在烽烟滚滚里揭竿而起，他才恍然大悟，可他的觉醒，为时已晚。原野还是无边的原野，天空阴暗，孤鸦盘旋；河流还是那样的河流，十里涅河，一片滩涂。民间有诉：家家有僵尸之痛，室室有号泣之哀。可惜这样的怨词，上层是听不到的。

不管水灾蝗祸冰雹，不管苛税之猛，老百姓都相信这是不可改变的天命，靠命存活，求神保佑，仍风靡朝野。人的头脑像上了大锁一样，固定在千篇一律的框子里，对所有朝政极权都听天由命。

他们相信世界只由神灵和皇帝主宰沉浮，掌控生杀，自认百姓不过是小蚂蚁。即使南阳有小部分被逼，走投无路，欲喊造反者，但也很快因官府镇压而溃散。乱世红尘，二郎神这类污吏却如鱼得水般地逢遇了天机。

有从外地回来的人，知道起义军是以兴医传教的名义，人们还从未听说过兴医之人能占上风，称霸主。因对这种新鲜事极有好奇心，就到处宣扬，世上有这样的队伍，说明江山可移，朝代要换，民众长期受到沉闷压抑，也要喘口气，见到朗朗青天了。

但这讯息都传几个月了，还没见起义的动静。再往深处打听，有人说现军队小得只有弟兄几个在暗中操纵，还没有正式拉杆子招兵买马。不管怎样，人们都把黄巾军当成了大泽乡的陈胜、吴广，从中看到了希望，盼着早日打到中原来。

过了几天，人们又传，说黄巾军是个神军，在天上行马飞过，不落脚人世。此传言让人们的想象更多，说是医家在号召世人崛起，因为他们老受打压，要起来造反。这传言激得涅阳县又支派差役去抓医家，二郎神说医家就是谋反和叛逆之徒，是恶匪，必须消灭掉。

对医家与巫师的逮捕行动进行了七天，涅城县府门前空场上，扎起竹栅栏，围成小空场，专门关押医家与巫师。人们隔栅栏往里看看，哪有巫师的影，只有一个神婆，和一个风水仙儿，其他的十来个都是医家，有个老医家五十多岁，银发霜须，两手扶着竹棍，脸朝外看着，不知凶吉各多少，只有两眼双泪流。外边有人认出，这是曾为自家老人医过病的医家，就隔栅栏塞过去一块馍，一葫芦水，招来差役一顿臭骂。外人看看这状况，猜着这会不会把医家杀光，灭种，东汉天再黑，也黑不过涅阳。

看客特别不解的是，世上那么多污吏，多吃多占，私藏美娘，还都混得风光体面。有流窜荒野的吃人蟊贼，不种地不务业，专意拦路抢劫，抢到钱粮去街上换好吃喝，抢不到就生吃人肉。街上醉春楼里女子，有几个是自愿来当妓的，又有哪个嫖客不是官权豪强，楼里每年折磨死三五个女子，死了没人掩埋。眼看世上坏人都坏到了头，再坏就坏到天上去了，官府都不管，偏要抓医病的医家，这样欺善兴恶之举，不怕遭雷轰啊。

逢集这天，街上空落落的，扔个棍子都打不着人。唯有那些与官府有牵连的门面货摊，才敢探头往外瞅瞅，开一扇铺板门，凑合着营业。

张伯厚看到官府抓医家，心里惊悸，看样子二郎神为个仲景，动真格打压整个医界。他想找讼师，当然首先想到闻保有，一来他是娃的舅，二来他是刑部一将。可是，闻保有听了姐夫之言，摆摆手，说：没那个必要，现在二郎神像条饿狼，无处下口，你找讼师岂不是把案子当真了。现在有一时机，就是通过涅阳县亲友，到处诉说张仲景行医积善的事迹，让民众起哄翻案，叫二郎神找不到证据，栽不上罪名，立不起命案。

张伯厚说：陈家会因成不起案，图谋虚拟罪名，暗杀仲景。

闻保有说：从这点说起，咱只需报信叫仲景隐藏好，叫二郎神雷声大雨点小，慌来慌去耗个半死，也抓不着人，活气死他。伯厚很认可保有之见，心里有了谱，回到张寨跟张闻氏说了，老两口悬在内心的担忧，最终落了地。

伯厚傍晚时出门去看菜园，碰见来福披着麻衣在叹气。伯厚问他怎么了。来福说：为哑巴女儿找婆家一事，我跟仙姑翻脸了，这婆娘是个捣磨精，红尘女子不可交，面似桃花心似刀。我也跟九桂吵了一架，发誓从此跟陈家的狗猫都断绝来往。可我也有心病难表，念着闻氏嫂子帮哑巴女儿说亲，我都没顾上谢恩，反跟着仙姑那贱货一起上门要粮，真是没脸见你。说着自扇两个嘴巴，悔不欲生。

伯厚说：来福是好人，那天明知是仙姑逼你来的，我怎能怪罪于你。再说眼下张机之案，冤情如天，我会记些鸡毛蒜皮儿。

来福见伯厚不计前嫌，大为感动，说：张家到了难处，我心有不平，又不知怎样才能帮到你？

伯厚说：现在是浑水之局，有轻信者在讹传，这边只需摆实事，透真相，让民众知道仲景到底什么人，避免卷进去做假证，陷好人。

来福猛击一掌，大喝了一声，说：我明白了怎么干，这难不倒我。

来福当晚找了竹简，自溜了一首打油诗：

天降圣贤张仲景，
南阳境里好名声。
灭蝗治疫为大家，
苍天保佑好后生。

编了托张伯厚，连夜写几十条木简，由他背着，见路口就扔，见街市就撒。他感觉心念向了正义，是在干一件大事，大到什么程度，跟天地一样广大。他也以此给老张家表了一回忠心，内心踏实下来。

撒完了木简，他抬头看看布满星星的天空，不由浩然长叹：苍天睁眼吧，叫好人有安生，咒坏人有恶报！

夜深人静时辰，张伯厚扛一袋小麦，和一卷细麻布，送给了来福。

第二天，从涅阳到张寨都起了沸扬传闻，说有颂扬小医家的木简从天而降，是神灵夜间传旨，让民众知道张仲景好，民众当保佑良医。还有人把木简上的撰文顺口溜下来，见人就背，三天不到，涅阳人都知道了这事，相互传告，不要帮陈家做证，那会得罪神灵，遭报应的。

没见过张仲景的人，都把木简放神台上，当神来敬。

二郎神知道了这事，尖叫一声，从座椅上跃起，下令不出三天，必须抓到散布反动言论的人，抓到了先割掉头疙瘩，再拦腰铡断。他又有新思路，还要大会小会宣扬张仲景的罪状，渗透民心。他有怀疑，并非张仲景跑得远，躲得巧，而是抓捕者听信传闻，涣散斗志，没用心搜捕，也会有另一种情况，众人念着张家好处，在暗中庇护或窝藏张仲景。

二郎神最怀疑医家界的人，都有窝藏张仲景的可能。便把所有行过医卖过药者，全部抓过来。差役照这指令下乡，因抓不来医家，就抓了十几个巫医过来。没抓巫医时不知道，一抓捕了马蜂窝似的，原来乡间巫家多如牛毛。每个村寨，都有两三个巫婆神汉，有的一小村子五六户人家，每户都有施巫者。这些人不干农活，只坐篱笆院里唱符、念术、捞钱粮。县府门前的空场上站满了医家和巫家，差役将他们用绳子捆着，穿成串儿游街示众。他们勾着头从大街上走过，私下低头议论，抓这么多医家，就为逮一个张仲景，太过分了。

游街的队伍里有个叫程多的医家，家住杏花山下，亲眼见过伯祖和仲景为人医病。三年前，他父亲患了热证，嘴角生疮，大便干结，牙痛得直往墙上碰。他找遍巫师都没治好，听说南阳独山有个医家，就去求医。伯祖说病人积热过盛，邪火内炽，开了泻火汤：由大黄、黄连、黄芩与槐角组成，并叫病人每顿饭前先喝青菜汤一碗，少吃干馍。

程多觉得费解，老父亲五十多岁，嘴角又肿又烂，每顿只能吃半碗饭，身体那么虚弱。医家用大泻之药，再喝青菜汤，老父亲顶得住吗？他问：这泻药对虚弱老人中吗？

仲景诊治病人亲自煎药，耐心地说：证在三焦热盛，必用寒苦之味泻火，喝菜汤是稀湿肠燥，增加饭量，好赶食排便。

果然，老父亲服了药，喝了青菜汤，当天下午泻了两回，第二天嘴角的疮泡就收成了干痂，牙也不痛了。程多扛出一袋麦面，要报答，仲景也没收，交代程多给老父煮汤喝，吃发面馍，每日多干活或走路。

程多问：为啥？

仲景说：发面馍会帮肠内活动，助消化，干活增加全身活力。

程多问他为啥不收药钱。

只用几味小药，都野地采的，不值钱。

可我们并不知道此药值多少钱，你要多少都无妨啊？

天地良心，知道。

可是现在巫医成风，捞钱粮无数，天地良心分得清吗？

早在上古时代就有伏羲制九针，神农氏尝百草。夏朝人发明人工酿酒术，商代有汤药医病，春秋战国出现了著名医典《黄帝内经》。从此把一知半解，以偏概全的巫师，和真知灼见的医者分了家。我想以后的医家应精研医术，决不能因巫师作怪，行医发财，随俗毁术。

程多听了十分钦佩，当时躬身施礼，望着医家的背影在太阳光影里走远。他忽然感到一轮落日在旷远的陌野上，显得苍茫浩然。他不由心旷神怡，豪情激发，一个人站在高坡上唱：

> 苍苍天兮世有医，
> 圣贤气兮神鬼泣。
> 此情思兮心意暖，
> 医有源兮道有迹。

从那以后，程多认定自己遇到了圣贤，老放不下仲景之语，也开始找简学医，因求师无门，就追踪张伯祖医过的村庄，打听诊脉、说病、施方，并用谷粮换来两本医简，反复攻读，积累些经方，既能为常见小病施治，也能在巫汉群里布医道，这才当上半吊子医家，就叫抓来了。

此刻，当程多听到此行动是为追杀张仲景，他胸中愤慨万千，心想一个医家怎么能斗得过恶霸强官，而民众有谁能保得了心中圣贤？无奈之下抬头看苍天，天上堆着厚厚的乌云，正朝南半天奔涌。远处村庄的草棚不时有小娃啼哭，不知哪个庄上又发大疫，因找不到医家而死于非命。东汉大疫流行太多，名医的地位应该是人上人，宝中宝，才天经地义。而张仲景却被人追得落荒而逃，并背着人命重案。

程多正走间，忽然停住，愤愤地问后边的巫医说：恶人要杀贤良，天下良人该怎么办？

后边的人说：官人貌不与虎狼同，而弱肉强食的天性却是一样。

程多说：人心不与虎狼同，却比虎狼更凶猛。人心若比虎狼狠，我们活着有何益？依我看，咱们到县府与狗官辩论，要他放过张仲景。如不放过，我们就碰壁而死，血溅当场，也算为东汉尽了匹夫之责。

后边有人说：此计万万使不得，张仲景是独身一人，生死无挂无牵，咱们哪个不是家口老小拖累啊。

程多听罢"哎呀"一声，看着人们麻木不仁的样子，他一路直想抬头怆呼：苍天有眼，搭救贤良啊——

这时，后边有巫医朝他投土坷垃，骂他是叛党。

程多本来心中愤慨，此时一股怒火冲上来，怒不可遏地跳到一高坡上，瞪着喷火的红眼珠子，嚷：你们知道你们骂的人是谁吗？那是千古圣贤，万世师表，你们就不怕犯咒身，丧天良吗，啊？！

众巫不吭声了，翻着白眼暗嘲程多，有人报告给了差役，差役来了，揪住程多推搡几下，并照头上没头没脑地砸拳，咬着牙说：叫你吃老虎胆，叫你不怕丢小命！

程多头懵了，晕得天旋地转，等稳住脚步，绷着嘴别着头往前走着，内心的愤怒仍在积攒，感觉眼前火星乱冒，突然振臂高呼：朗朗乾坤，青天何在呀——喊罢把头撞到青砖墙棱上，当场断了气。

程多的刚烈义勇，为大伙鼓起了斗志，有几个医家私下议论，要为程多讨个公道，可当他们被赶到县衙院内，就忘了程多的话。坐院里听二郎神说追杀之事，又个个积极上前占卜推算，有在地方上画圆圈儿的，有找筷子往水碗里立柱的，各路神仙尽显神通。

算来算去，有一个医家突然举一张黄表纸，闭上眼说：刚才天上菩萨给我托来一梦，说张仲景已死于荒郊野坡，被恶狼吃掉了。

二郎神焦急地问：菩萨可知他死于何时何地？

医家说：三天前，在独山北隅。

我立马派人去对证，那现在涅阳境内，谁是医病最好的？

巫医当属陈大仙，良医该认张伯祖。

二郎神又说：不错，陈大仙是半仙之人，早已名扬南阳。

这时有人拽拽医家袍角，小声说：你快说出张仲景死亡的日子，叫他放手。

正好二郎神急问：你可知张仲景死于何处？

医家兴致勃勃地站到高处说：他死于百锯峰下一深谷，已入虎狼之口。

二郎神塌蒙下眼皮，问：你不会胡言乱语吧，莫非鬼附了身儿？

医家正要回话，恰遇门口来个俏丽风骚女子，到门前并不下跪，也不喊官老爷，只是笑嘻嘻地施个礼，站那将头上脖上插戴的金银环佩，晃得玲珑闪烁。一时间，大堂因这位香粉丽人的到来，增添了不少风流。

二郎神的眼滋儿地亮了，眼前所有的景象都倒立过去，他半天才立正了。好不容易回过神来，立马堆出笑脸，问：小美娘何事来见老爷呀？

那女子微露石榴牙，笑得一脸怀春，嗲气说：申巧凤有言禀报，你吃狗屎忘了？俺剥皮认你骨头，你却把我忘到九霄，我今正式状告医家张仲景！巧凤说着往四下探视，撩眉眼儿示意。

二郎神没解媚眼之意，往前欠欠身，追问：民女申巧凤，快快讲来。

巧凤又撩眉儿，嗔道：俺偏要私下给老爷一人说嘛。

二郎神紧接着问：大胆民女，大堂之上，一花容月貌娘们儿敢与爷一人说话，到底何意？

申巧凤早已把张仲景开毒方毒死车夫的经过，打过腹稿，想找个单独的场面一五一十讲出，虽然二郎神求之不得，但他却不想单独听申诉。巧凤立即解了其中意，当众道出了张仲景杀夫的经过。

二郎神故意问：你说的可是张寨村的张仲景，十八九，瘦高个，靛青袍，头系幞巾，在南阳独山给二叔行医的那个？

是是是，民女说的正是他。巧凤掉了泪，拭着眼泪撇着嘴，说，说来话长，张仲景不仅想毒杀夫君，而是想杀夫霸妻！我好可怜哪，大老爷要为民女申冤哪——哭几声，拉袖子拭拭泪，又转了口气说：别看小女子是女流之辈，可心里天天都怀着报国之志，我愿帮着官府抓到罪人张仲景，千刀万剐！

二郎神饶有兴趣地问：小美娘面若桃花，身如杨柳，张仲景会起杀夫夺妻之意的，你得慢诉实场真相，叫大家信服，我也好立案。

巧凤羞答答白过去一眼，似笑非笑地挑着小嗓说：哎呀大老爷，说心里话你也不是走话人，小女子在当闺女时有人提媒于他，只是小女子嫌他是个圣人蛋，嫁给他得喝西北风啊。也许，他一直没放下小女子，做梦都在打俺的主意。

二郎神见这场戏快该结尾了，巧凤还没有说出开毒方杀夫过程，他最想要的就是能为张仲景定罪的那一段。他拍了下惊堂木，道：提醒民女，快说开方杀夫实际过程。

巧凤这才把她找仲景开方，透露想药杀病夫，谁知仲景开了个治咳嗽的良方，车夫喝药后不明原因亡命，她就不分青红皂白，懵着头讹上了张仲景的事说了。

二郎神越听越感到离谱，怎么说着说着扯出了懵着头讹人的话，反而自揭了实底，好像是为张仲景翻案的。他倒抽一口冷气，吩咐人把巧凤带到后院。

巧凤由两丫鬟领着来到后花园，不大一会儿，二郎神也来了。刚才的官袍换下了，穿了月白宽松的衣裤，官帽也没戴，长发披肩，胡须过胸，完全换了个人似的。他见四下无人，用手捏住巧凤下颔，端过脸来，好好看着，问：对后花园感受咋样，留下陪我度良宵，如何？

巧凤扭一下脸，挣开二郎神的控制，嗔怪：你个死官，跟小女子捉迷藏咋的，我宣出那么多秘闻，你竟叫人把我带出来凉着，叫人们怎样看我？

二郎神脸上笑得像一朵花似的，说：怎会把话说走板，什么愣了讹人，按规程我断你个讹诈罪都不为过。

巧凤哪是好惹的主，当时挑尖了小嗓：唉，你不守信啊，你叫我报杀夫原委，我还没报完，你就喝我下堂，你什么意思啊你？

二郎神说：好好，不计较这了，我得奖你有功。说罢迫不及待地搂住巧凤，拥到花带那边的柳荫下，酝酿着风月兴趣。

站在不远处的两个丫鬟，回头一瞅，转身拂袖而去。

是夜，月亮一直没有出来，漆黑的夜空只有几个孤星，在天边冷冷地眨眼。深秋的风凉了，阴阴地吹进院来，吹得后院里的石榴树瑟瑟作响。

就在二郎神跟巧凤钻进帐帏，宽衣解带，兴味盎然之时，差役把说张仲景死讯的医家叫来了，到一个细巷子小屋里，叫他坐好别动。至夜间鸡狗不叫之时，又把他扭到院里，点了天灯。

在涅阳县衙火光闪闪，院里弥散着肉脂的煳焦气，二郎神跟巧凤正沉沉迷醉于温柔乡。二郎神了却一场兴趣，正好听见院里有人喊他。他一听是陈家伙计来了，跟跄跄跑着找他。见他从榻房里出来，说：老爷，你家祠堂着火了！

二郎神往北边一看，映红半边天的火光正在跳闪。刹那间，有不祥之感顿生，他认为这火不一定与张家有联系，或许与被烧死的医家、撞墙的程多、追杀的车夫，都有干系。他脊背发凉，心意惶然间，打个手势，叫伙计退到一墙角，小声问：你估摸是谁干的黑活？

伙计说：村人都说是阎王爷派的小鬼，更夜闯村为医家报仇。

胡说！天上哪有阎王爷？

小的没胡说，是村人看见有蒙头捂脸者，非鬼即妖。

别咋呼了，快退下，我改天回去查办。

大人，听说朝廷给咱县发的赈灾粮，一粒都没施出去，积有民愤。

二郎神敏感地说：上级拨发赈粮一事捂那么严，村人怎知底细，听谁说的？

伙计跪地上说：小的在街上赶集听说，小的多嘴了。

二郎神抓住伙计领口，问：到底听谁说的赈粮，从实招来。

伙计摆着两手说：小的听说大仙为太守爷治病，太守爷开恩放赈粮，赈粮却被倒卖南方，小的就知道这些。

二郎神说：你听说太守发了多少赈粮？

小的听说运粮车都排几里。

走吧，看你大半夜跑来报信，喝杯酒再走？

伙计感激涕零，说：谢大人！

二郎神把酒杯递过来，伙计端杯喝下，边拭嘴角边弯腰道谢。

差役送伙计到城外林丛无人处，见伙计走路开始歪三倒四，走着走着，倒了下去。差役举刀杀之，拖到远离村庄的涅河野岸，投到深水里。

第二天，二郎神一大早骑马回来，低声喊：哥，你咋还用古旧的做派，叫个小伙计去报信，还站院当大声喊我，宣出家里背运？

大仙问：我还想问你哩，伙计半夜出门找你，到现在还没见回还？

二郎神说：我哪知道这事，可能路上遇孟贼了。

大仙指着他，说：你可小点心哦，我叫你当官是为陈家带好运的，不是叫你带灾的，你看看自从你当上芝麻籽儿小官，为家里带哩啥，全村人都跟着翻闲话，挑是非，张村变成了捣磨国了。家里新建的祠堂着了火，说不定啥时候会把院子也烧掉，难道，这就是你当官的好处？

二郎神说：哥你别说了，我跟张家有啥过节啊，还不是你施巫跟张伯祖对着干，闹成的仇，还带出百姓们跟风站队，都有了乱世贼心，人人像是在坑边走，谁还有安全感，哪个不起来挑事儿？

大仙一听更恼火，一心推助弟弟上进，结果换成了埋怨，他黑着脸，说：我告诉你啊，追杀张仲景的恶念你就此打住吧，从今后再不能作恶了。前朝祖先有句古训：从善如登，从恶如崩。作恶多了，就是仇家不报，天地神灵也不会放过。祠堂烧了，仇家出了气，咱陈家扎人眼的事物也算摆平了，只要你能平下来，村上就太平了。

你光说我的坏事多，你没想汉高祖刘邦是咋当上皇帝的，还不是靠骗术把楚霸王骗懵，逼死乌江，夺得了江山。可你算算，我当县官至今，一共才杀几个人？在你眼里，好像我就是个祸事精，你要这样看我，你猜我会不会听你的，我早就想把仲祥先抓起来，吊打刑逼他哥的下落，结果有你拦着，放不开手脚，导致他去给仲景通风报信。

以后我不会管你了，走你的路吧，谁屙屎谁擦屁股。

我多想回来看你脸色，你倒像跟蚂虾鱼鳖在玩哩，也不看看是谁叫你去南阳郡捞大名。上边官场的龙虎斗你见过没，你就记着张寨这个小窝子是吧？我陈家义独当一个县，还会在乎个小村庄？真是有眼不识金镶玉，我算把你看透了。

看透就看透，我就是因为在南阳捞名，才要做得更符合名望，不负天下人心。哪像你，都爬到县官位上了，还跟底下人过不去，到处抓人，你把人家张仲景抓了，小心日后落骂名。

落啥骂名，谁敢骂官？吃老虎胆了？

现在的乱世，人们连皇帝爷都骂了，还不能说你个芝麻籽儿小官儿。

芝麻籽儿在涅阳一带也是土皇帝，谁敢骂，我毁他。

别整日冒大话，你现在追杀良医不关紧，关紧的是把灭蝗假案与私卖赈粮两件事摆平了，以后不再作恶，保一方平安就不错了。

可你别忘了，张仲景的命案收不住场，就会有翻赈粮陈案之嫌。

去吧去吧，你就死拼活斗下去，最后血流成河吧。

第三十四章

正当此时，伯祖与仲景，在不同的境地，摸索进了深山。

如水华年里，蒙上罪辱，被逼逃生，是仲景从未料到的。他和二叔仲祥三人走了两三天，内心仍在为冤家路窄震惊。世态炎凉如火冰，他来不及把这反复想透，来不及为之感叹，一张黑网就罩到了头上，他只有逃出黑暗现实。

叔侄三人是从杏花山拐弯，连夜奔到穰城县。因伯祖记着，几年前在这行医时结识过一个乡绅，住在穰北城隍庙附近，他想找到了暂住几日。

穰城县不大，一条十字街，东西南北排开，各自通往四街四门。城北三里外有条湍江，是从北山流过来，冲开了一条河道。十来里宽的河边，没有堤岸，没有埠口船只，远看有野柳桃林。水沙交界处，起伏的沙坡一片茫茫，成群的鹭鸟在水上徘徊，时而往青天飞旋。

三人刚进到穰城，见三两个荒兵出溜，城门时关时开，只为官兵而备。伯祖怕是二郎神派的差役到此，打算绕过城门，到城隍庙一打听，说那位乡绅到外地做官去了。伯祖不敢久留，在穰城北郊草地上住了一晚，就往北走去。走时他叫仲祥从这回涅阳，免得父母担心。

仲祥说：我回不成，必须等你们到个安生处，我知道在哪里才回，要是往后来传个信送个东西啥的，也好找。

伯祖想想是哩。三人继续走。沿村打听一砍柴老人，这是往哪儿的。回说是往前是灵山。这灵山是八百里伏牛山余脉，坐落于穰城北七十里处，与湍江紧依，像个卧在原野上的牛头。当地人有一好比，说伏牛山这头牛大得很，吃豫州，屙山西。

三人赶了一天，又在灵山脚下露宿一晚，醒来已逢清晨，白色大雾弥漫了山顶，高低山峦与深浅树林，全部隐进了茫茫雾障里。不大一会儿，昏黄的太阳出来了，雾慢慢散去，山下景物能见了。

伯祖曾想来这里采药，因这人烟稀少，怕遭遇蟊贼，没敢到此。没想到被一场灾难给逼来了。早饭是煮麦子手抓着吃，饭后进了山，站在山脊上往下看，人烟房棚落远了，有庄稼人在山下劳作。说明山不够深，林不算密，是藏不住人的。如果在山上点火煮饭，山下肯定能看见冒烟。他决定继续往深山老林里头赶。

天又黑了，叔侄三人摸着山路，一道山壁一程水，一路云天雾地，惊险和恐怖兼程。沿着山路又走了三天两夜，看看云彩低了，飘到山下边了，抬头有林密遮天，低头是厚草掩地，再看不到种庄稼的人了。这才是伏牛山深处，伯祖决定找一段山坪，停下来安营扎寨。

可前边有万丈峭壁，高耸入云。深不见底的山谷里，有一条小溪潺潺流动。有关人世间的一切迹象都没有了，只有密林，鸟叫，溪流，潮湿清新的气息。仲祥刚止住步，就把手做喇叭状放在嘴边高声喊叫，回音从对面山屏上传过来，仲景觉得好玩，也如此对着山屏高喊，回音也传过来。伯祖却傻眼了，真是后生啊，这都到啥境地了，娃孩溜气地淘。

等到百鸟齐鸣时辰，太阳迫不及待地射出一束白光，透过树缝洒下来斑驳的光点，仲祥就站到光点里，风吹光点移离，他追着光顿着脚玩。

仲景只知道是逃出村落人烟，进到深山老林，离二郎神隔如天壤了，并没想到这是到了哪里。他们在山坪上凑合住宿下来，天明开始找树棍搭棚。叔侄三个都去找，仲祥拿着菜刀，仲景拿了麻绳，准备找合适的树砍下当棚柱，再找龙须草搭棚。找着找着，发现有一片石堰垱湾，湾里小片地里有垄埂，好像上一季还种过庄稼，伯祖一看，摇头说这不中，不远处住有人家。

叔侄三个继续往前走，伯祖一路讲着怎样辨别有人迹，凡是有堰子垱湾的地方，种了庄稼菜园的，都不会离人家远。

约莫又走了半晌，眼看前边奇峰列阵，峰尖像锯齿一样，虽然在这难找一片山坪，却说明这里没人家。他们朝一座大山走过去，再慢慢下到坡间，终是找到了一片半亩地大的坪地，坪下边有泉水，顺山沟流淌着小溪，淙淙潺潺的声音，十分好听。

伯祖叫弟兄俩都放下行李，拴好毛驴，先歇着。他又前后左右看了一圈儿，拐过来打手势说，就这儿了。简单弄了午饭吃罢，就开始找树棍建棚子，并打算在天黑之前搭好，晚上不再露宿。

栽好了柱子，该盖棚顶，没有货怎么办？伯祖想找龙须草，可这季节草还是青的，一晒一包水儿，挡不住雨。他只好叫仲景与弟弟去折叶子稠的树枝，盖成棚顶。然后抻开铺盖拾掇好，叫仲祥去打山泉水，仲景去找山野菜。两样都弄回来了，伯祖把柳木小案板拿出来，切了菜，又把麦面倒进木盆里，和成面团，中午要做青菜面条吃。

临睡前，伯祖到棚子门口看看外边，一眼看见对面那座怪峰，衬着灰黑的天幕，像巨兽那样狰狞，太惊悚了。跑到这人见人怕的鬼地方，二郎神再精，也想不到谁会到这里落脚，还能长期住下去。这样想，十来天的山路奔波没白走，今晚终于可以睡个好觉了。

一夜大睡，赶走疲累，仲景一大早醒来就跑出棚子，找泉水洗了脸，面对原始的莽野森林，对面那座怪峰，昨晚明明看着像个怪兽，今早变成了个美人抱鲜花挺立在那。山顶有花树，随山风送来了芳香。他站到山腰一座悬崖边，看树缝里朝阳喷薄出，脚下彩云缭绕，山间绿树深浅叠翠，天哪，这简直身处人间仙境了。他张开两胳膊伸了个痛快的懒腰，继续往前踱步，想去看更奇的山景。

淡蓝深青的众山头，被一眼扫过，仲景视野开阔，举目无垠。要是幼年时父母亲能把他降生到这座高山上，他不仅可以早学医，还可以在这里采药，悟道，追求清静的境界。可他不是生在这里，而是被人逼到了这里。被逼来更有意思，因为是个意外，平时二叔想了一百回都过不来，这一逼倒实现了，看到了从未有过的美景。

稍时，他走到一座恰似老者钓鱼的山峰前，看见那个像人的石头，一脸笑容，就想，如果把这人弄到官府里，争东夺西，欺上压下，他还能有此静心吗？

世上万般事物都有反过去的一面，并非世人都能看透。这良辰美景，是官场之人做梦也想不到的地方，谁能奔到此山来。

仲祥和二叔还在蒙头大睡。早饭是仲景煮的高粱糁。伯祖起来后，到清泉边洗了脸，仲景认为他会去看山景，回来大发兴致。谁知二叔洗了脸回来，还在叹气，说是山风太凉，夜间受了点风寒。

仲景为他切了脉，说：二叔，正是夜间湿寒所伤，你看我开桂芝、芍药、干草、附子、生姜，怎样？如是，我取来叫仲祥生火煎上。

仲祥说：哥，我肚子发胀，胃口不好，吃饭也不见香味。

山景这么好，还有新鲜气息养人，你们怎么会染上症候？

伯祖打个手势，说：可能是水土不服，过两天会好。

仲景说：仲祥你知道这是啥地方，这是伏牛山腹地，最高峰顶上是名贵药材最多的地方。要不是二郎神逼，咱咋能来这新鲜处啊，得谢那人。

伯祖脸上仍有惆怅，一看棚子外边的重重山峦，眉宇紧紧锁起。在途中，任何一件不愉快的事都可能触发他内心的忧虑，现在是这深山密林的孤独，沉寂，还有对陌生环境的恐惧，还不知这里有没有猛虎恶狼，蟊贼荒兵，几个赤手空拳的人，遇到意外能否抗得过。这都是没有谜底的谜呀，侄儿只知道山景好，却不想好景背面是什么。他只好由着仲景愣头巴脑地开心。

伯祖为仲祥诊了脉，又试了额头温热，叫仲景也切一遍脉。仲景切了说：仲祥也是为风寒所伤，我又阅了太阳病的根底，都是风寒所致，噢！我将来著的医典，有名字了，就叫《伤寒论》。说罢跳起来，跑到外边一块大石头上，举起双手高呼：噢，明日之世兮，医者有圣典，辨伤寒病兮，终要成大集。

伯祖歪头往棚外看看，说：这娃真是日头心，把二叔都照亮了。不管怎样著，都要求古训，博采众方，以四诊为主，是不是啊后生？

仲祥插嘴问：啥叫四诊啊，二叔？

伯祖说：即望诊、闻诊、问诊和切脉，从多征象了解病情，总起分析，归纳为六经。往下叫你哥说吧，他早已超过我了。

仲景说：二叔，我想著典的主要思路是方术，你不是说在东汉之前，都是以单方治病，很少有几味药组方的，这是你开创的医术，最值得写。

仲祥说：哥，二叔叫你给我说的，是啥学问？

仲景的状态比任何时辰都好，正儿八经地说：你听好，六经者，即三阳：太阳、少阳、阳明；三阴：太阴、少阴、厥阴。凡抗病力强、病势也亢奋的，谓三阳；抗病力弱，病势虚衰的，谓三阴。治三阳以驱邪为主，以期速除病灶。治三阴以挟正为主，以增病者抗力，调动人体正气。在具体施医时，还以阴、阳、表、里、寒、热、虚、实为辨证提纲，先要分析病情，是阳证或阴证。

仲祥打了个大大的哈欠，还流出了泪水，说：妈呀，这医经云天雾地，我都听瞌睡了还没懂，哥你咋学呀。

伯祖听得津津有味，也理解仲景一沉进去，就如痴如醉。但伯祖歪头看看棚外满山遍野的雾，正奔马走象般地涌围着群山，他又皱着眉头叹息起来。

仲祥听得一头雾水，懵了半天才醒过劲来，说：这都到啥时候了，哥还在傻瓜似的背医经，真是举世少有的呆子。哥你也不看看官府在弄啥哩，还顾得念医经啊，真是没救了。

仲景说：那只是二郎神搞的鬼把戏，不是官府所为。

可二郎神现在把民众都迷住了，没人知道真假。

仲景不想理会仲祥的话，说：二叔，这是天意，山障庇佑，就是官兵能上山来，也到不了这，从这儿说，咱算幸运极了。

伯祖想到以后不能行医了，逃到深山受苦不说，后生这般年华，医业如日中天，却蒙受冤屈，逃隐深山，还不知何时才有出头之日？在他眼里，天是黑的，地是昏的。他后悔自己第一次被陈大仙排挤时，没当众揭穿他的鬼把戏，没有拿一把火烧了陈家。他过去也像仲景一样，相信天地良心，不屑与大仙相斗，可正是这忍辱负重，培养了陈家的霸气，最后弄得是非颠倒，黑白难分。

他终于明白为何不少地方起义，更理解了历史上造反和叛乱的勇士，那都是耐不了屈辱和悲愤，揭竿而起。就现在的憋屈，如果自己能回去也会干那等事。现在只有推翻陈家的压制迫害，让官府知道真正的灭蝗功臣和毒死车夫真相，才能拨云见日。

在窝棚里过了几天，日子完全妥善了，仲祥说：二叔，你们已经安身，我想早些回家报个平安。

伯祖说：先不急走，山深林密，你一人上路出个事不好办，还摸不出山路，再住几天熟悉了山路，再走吧。

仲祥说：我瞅着日头和树影，一直往南走，朝灵山穰城方向，摸不迷的。

仲景说：要是遇到拐弯绕道时，你要问清路再走。天黑了，尽量找个村庄，在村边上睡觉。

伯祖说：仲景你再交代他回去多打听信，及时来传，你想在深山里住到胡子白啊？

仲景说：这里挺好，一半天我就去采名贵药材，找山果吃。仲祥，你回去不要以鸡鸣狗盗之举对付陈家，现最好的办法是找官府，最好跟舅一起找到南阳太守，把信传给他，把黑幕揭穿，咱才能走出厄运。

仲祥点头说是，看着哥的眼睛，一下子长大了似的，上前抓住哥的手，郑重地说：哥，你放心，我和爹都会想办法的，咱舅还是个主意包。二叔你跟我哥要多保重，我们定能救你们出山。说罢，眼里噙着泪水到棚外去解毛驴。

仲景也出了棚子，叫仲祥稍等。仲祥又把毛驴拴好，说留下不骑了。仲景到山坡上折了干树枝，回来煮了麦子，叫仲祥带着路上吃。

山雾又大了，太阳仍锁在半空中，恍恍惚惚地照不出光线来。仲景一边看天，一边送仲祥走，交代路上遇到虎狼咋办，遇到蟊贼咋办，不要在山间久留，到了平地才可以讨吃喝。说了一板又一板，走了一程又一程，眼看翻过两座山头了，仲景还不愿分手。

仲祥还从未见过哥这般磨叽，唠叨得像个婆娘，在家时父亲总说仲景没心肝，不食人间烟火，没想到哥也会这样。走到一座山下，太阳渐渐从树叶间露出微弱的光。仲祥看着哥一脸愁苦的样子，叫他快回去。

仲景刚才停下步子，听山间一声怪鸟啼叫。不知是从那座山滑到这里的，少顷就落到谷底了。仲景惊乍地看着万丈深谷，只见一团白雾从谷底移上来，慢慢往上弥散。他奔过去拉着弟弟的手，又开始默无声息地送，只这回，他一句话也不说了。

直到翻过一座高山，仲祥三番五次地催他拐回去，他才站那，吭吭哧哧半天，鼻音浓重地说：仲祥，哥对不住你和爹妈呀。

仲祥见仲景脸都憋红了，说：哥，你想哪儿去了，我回去叫爹想办法救你们，你照看好二叔就中，我走了。

仲祥说罢正要扭头走开，却听仲景扑通一声跪到地上，神情悲壮地说：仲祥弟啊，你把我磕的头捎给爹娘吧，我这个当老大的，不能堂前行孝，没有娶妻生子，还给家人带来惊吓，我有愧于二老呀！

仲祥内心一直在为哥逃隐山中感到委屈，此刻又承受着离别之痛，鼻子也酸了，强含泪水拐过去扶起仲景，破喉咙哑嗓子地哭喊：哥——爹娘有我哩，你顾住自身，就是顾他们了！

仲景这才停下脚步，站到石头上，一声声交代：仲祥，记住哥的话，遇到老虎你就上树，遇到蟊贼往人家跑，遇到蟒蛇绕道过，到了开阔地你就点火冒烟，叫哥知道你到哪儿了。

仲祥说：中中中。当青山密林掩蔽了仲祥的背影，仲景恍然有个预感，这有可能是弟兄骨肉最后一次相见，自己很有可能再也回不到张寨了。

他忍不住内心的剧烈悲痛，坐到一块大石头上，抹起泪来。

二郎神趁着黄昏，又到烧毁的祠堂废墟上看看。

陈家原来老院北边有二亩荒地，地势低老积水洼。新建的祠堂着火后，在旧址上建了座院子，新盖三间堂屋，腰房院供大仙施巫待客使用。后院住人，设仓库，其他偏房耳房，可供伙计丫嫂拴马织布使用。

庄院建好后，把原有的两个家丁增到六个，并配了十把大马刀和枣木棒。陈家的发迹，已超过张家了。大仙仍在埋怨弟弟治张仲景的罪过太大，世人接受不了，凡事都得有个分寸，一过分就偏，一偏就招祸。

二郎神就想不通陈家祠堂被烧，当哥的为什么不仅不追究，连点怨恨都未表露。二郎神说：在对敌的危难中，家人应保持一致，俗话说：上阵亲兄弟，打仗父子兵。哥应查办烧祠堂者，不然会留后患。

大仙认为不妥，陈家在一年半载里，再不能杀生，欺弱，如不然，百姓可忍，上天有眼。

二郎神一听这话就头疼，转身往西院走两步，又拐到大仙堂屋里。

西院里的彩娥看见高头大马栓在东院门外枣树上，知道男人回来了。这倒是她一桩心病，男人回来不进自家的门，她就成了怨妇。她站窗前想了半天，跑出去用棍子划划马肚，那马踢一下后蹄，吐一口粗气，并没叫唤出声。

院里很静，风吹树叶的沙沙声，都显得惊人。不知陈家兄弟俩在嘀咕啥，门窗关得那么严。八年前以抢亲入门，走进陈家新房的花彩娥，今年已是二十三岁的徐老半娘了。额头有了横纹，两眼细眯，鼻孔翻起，嘴跟着多皱的脸变大了。身子也发胖，腰变粗，最损色韵的是，胸前两个乳包，如掏空的布袋一样往下甩，浑身上下没有不变形的地方。

八年前连哭声都如歌韵的新人，被岁月带走了所有的好色彩，却留下守着空房盼望夫君，以泪洗面的幽怨。

扳指算起，二郎神从她房里已走一年多了，凭着床笫的经验，她知道这男人是不会离开女人那么多天的，除非他患上大病，不能上床。男人在外闲云野游，女人的猜测就多起来，肯定有风流故事在官府里绕，只是所有的风流都与己无关。她的憔悴摧毁了好梦，却无法对世人说出。她认为，世上没有比守活寡的女人更惨了。彩娥决心冲出郁闷的笼罩，施尽心计，拽回男人的心。

她用长棍搔马脸，马扭头看看，终是叫唤了一声，也没惊动到二郎神。彩娥隔门缝看见村路上两个抱娃的婆娘，大老远看着马，眼里充满讥嘲。她内心敏感，猜想，两婆娘肯定是在说自己的闲话。

她急得打贵娃，打得贵娃直哭，对着东院喊爹。

二郎神早就察觉到西院女人的不安，本来是想在大仙这坐坐，说点事儿就去看儿子贵娃，谁知一见花彩娥发贱，他故意赖这儿不回去了。

自打彩娥赶走彩莺后，他就很少去她房里了，他想把这讨厌的女人扔进农家冷宫。他听说皇宫里治死罪妃的招，是在冷宫房前种夹竹桃或杜鹃，让毒花发出的毒气，慢慢把女人熏死，要不，就让她冷寂里绝望。他选择了后者，因为他还有幼小的儿子，离不开娘。

那天，人们把彩莺拽出土洞，他就追到西坡构树林里，把彩莺带到穰城住了下来，直到跑官成功，才把彩莺接到县府里。从那时起，他就再没打算往彩娥的房屋瞅一眼，叫她当一件旧摆设，闲搁在那。他每次回来都先到大仙屋里，商量了家事，出来东院就上马走人。家连个过路店都不如，过路店还可以进去歇歇脚，这房婆娘，他连看一眼都嫌多余。

陈家西院的故事很快引起了婆娘们的注意。

二郎神的大婆李氏，就是因为抢来的女人，一夜间变成了旧人，没想到三十年河东转河西，这才几年过去，新人可就变成了旧人。村里婆娘别提心里多高兴，就说彩娥扒着二郎神进房，脸都刷掉一层皮又一层皮，还没盼来。婆娘们开始时同情这个抢来的女人，后来听说娘家妈被整死，还能在仇家过美满日子，才知道这婆娘压根就不是个善茬儿。在人们眼里，她与二郎神根本不算是夫妻，两人只是姘头，世有俗言：宿娼者不善，行娼者不良。有人说，当二郎神与小姨子同居县府时，是对彩娥最好的报应。

低眉弄眼的彩娥，不想往人场上走，不敢大腔说话，只怕招来耻笑。此刻听见贵娃哭着喊爹，二郎神仍不理睬，悲情之水一时涌起，就抱着贵娃在院里流起泪来。

二郎神要走了，到门外去骑马，贵娃喊：爹爹，回家来。

二郎神招手叫贵娃过来。贵娃跑来了，二郎神摸摸他的头，就叫他回去。贵娃抱着二郎神的腿哭起来，那马突然低啸一声，扬起后蹄，把贵娃踢倒地上，花彩娥飞跑过来，抱起贵娃，问：他爹，难道他不是你亲生的啊？

二郎神想策马走人，大仙走到马前，说：赈粮之事，应设些粥点施馍饭，好遮世人眼。

二郎神说：中，我走了。

贵娃又扑上去，不是抱他的腿，而是往马前跑。二郎神无奈下了马，蹲下去搂了贵娃，问：你是没吃饱，还是想怎样？

贵娃撇着嘴说：我想叫爹看看娘，娘哭了。

大仙插了一句：家义，进屋看看你婆娘，到啥境地，糟糠之妻不下堂。

妻儿哭啼，兄长劝，终是暖化了坚硬的心。二郎神心里热辣起来，抹一把贵娃脸上的泪，拉着他往西院走。进到自家院里，彩娥就扑上来抱住他，激动地说：官人，你想喝辣还是吃香，想更衣还是洗脚，尽管吩咐，奴家会上心上意侍候。彩娥想以此情真意切，打动男人的心。

二郎神没说话，一直在哄贵娃。彩娥苦皱着脸说：官人，奴家对你一片痴心，要是不信，奴家情愿剖腹掏心叫你看。

彩娥说着去灶火拿菜刀，二郎神夺下菜刀，说：我信你中了吧，你伤了，谁带娃呀？

彩娥拉住他衣襟，说：你信我为啥不见奴家面，为何不务夫妻之事？难道你不知道青春婆娘独守空房的滋味。你真认为奴家没有了春情芳心？夫君，我为嫁你，失去父母，得罪妹妹。尽管有妖精钻空混进府门，可我并没计较，因为我想为你养娃，想跟你往常久远过下去。我一切不计，不怨，只盼你成全奴家一回，像当初你抢我来时那样。

彩娥边说边解着衣襟，边往里间走。

二郎神怔那了，这婆娘原来肚里存这么多货，那话说得一套一套的。更不知此时她从哪儿来的勇气，敢这样出格。他倒是被一种陌生感逗醒了，激起了复杂情感，连自己也说不清楚。

他有点好奇地摆摆手，说：哎好好好，男人要上床，不过一条狼，婆娘要上床，敌过三条狼。你叫我把马拴好，再来吧。说着到门口拴了马，把贵娃支到外边去玩，转过身进来屋，就关了门。撩开帐子，往床上一看，见彩娥脱得赤条条一丝不挂，仰躺在那。

女人的笑怎么那么贱，当初的心肝宝贝，与妇道节操，同时都扫了地，在床上躺得太像个荡妇，半个野妓，没有一丝羞涩感。

二郎神心升一股怒气，没有及时上床，而是站那往外看看。把女人的下体扳到床帮上，临着床帮子干了一件猪狗事。

贵娃隔门缝偷看里间，忽然大声嚷起来：爹娘压架了，娘不哭了——

二郎神赶紧出门去捂贵娃的嘴。那彩娥巴不得全村人都听得见，她的空房不空了。她掩口想笑，又赶紧装得正儿八经。二郎神气呼呼地拧拧她的脸，咬着牙，说：贱人，贱到骨头里了你呀！说罢上马走人。

花彩娥从屋里出来，仰起脸，水蛇腰摆着浪头，直往坑边人场上走。

第三十五章

一切都归于平静，山林清幽，深谷沉寂，翠鸟啾叫。

在这与世隔绝的地方，初来的新鲜感还在仲景心里延续，伯祖却叹息起来。他想的跟仲景不一样，转眼间，居山已半年多了，来时仲祥带的糁面，都快吃完了，他开始熬煎往后叔侄俩吃的东西。

伯祖还是感觉日常秩序给打乱了，没人来求医了，没有施术机会，也没有寻找高山药材的兴趣，日子像缺了个口子，顺着口子只往里灌凉风。这时辰，山里只有林涛风响和鸟叫声，偶尔哪道沟里有响动，他会受到惊吓，只怕二郎神的人追过来。

临时搭的棚子，是树干拼起的墙，树叶草秆盖的顶，雨天外边大下，棚里小下，被窝泛了潮，砍的硬柴都长了小菇，随带的高粱糁和麦仁，也有了霉味。如阴天再继续下去，如何吃东西填饱肚子，就成了难题。

好则，仲景经常到外边去摘山果，采菇。七月底，山里猕猴桃熟了，仲景摘下来尝尝，酸酸甜甜的，却不知有毒否，就拿回家问二叔。伯祖也没见过这东西，吃了几回，风寒流鼻涕好了，识得这果能饱人，还是一味药材。叔侄俩细研起猕猴桃的药性，认为这果能在高山生长，说明性能强，适应能力好。

八月有毛栗子炸开了，掉到地上。仲景从地上捡一些回来，用小石头砸开取核，煮熟了吃。伯祖又发现了新药材，本来胃寒，吃东西老存肚里不消化，自从吃了栗子，消化好了。他叫仲景继续去找，仲景又找到了红枣、山梨，都拿回来，二叔说可以吃，他才吃，如是不认得的果子，他只摘一两个拿回来。

很快，九月重阳过罢，柿子熟了，像灯笼一样挂在落叶枝上，引来成群的鸟来觅食。仲景上树摘柿子，拿回来咬一口，却涩得吃不下去。伯祖把柿子包起来，捂几天，柿子又软又面。伯祖说：这往后不怕饿肚子了。

仲景兴致极高，说：二叔，山里货多着哩，除了野果，还有肉哩，我遇见过兔子和野羊，逮回来吃个鲜，饿不了肚子，还有养分。

有一天，仲景又找到长柿树的坡上，正要上树摘柿子，从一山垭口过来个扛竹竿的人，看胡发长短是个中年人。他看见仲景就骂，说是偷果贼。仲景说：大叔这是你家种的柿子树？

中年人说：不是我种的，长在我地里就是我的树。

仲景这才看见柿树是长在半亩地的山坪上，地边上有堰子挡湾，他弯腰施了一礼，说：对不起大叔，我当这是野树哩。谁知那中年人横起竹竿就抢过来，嘴里喊着妖怪。如不是仲景躲得疾，就实闷闷抢到腰上了。

仲景跑过一道坡，回头看看，中年人还在追。他怕陌生人发现棚子，就掉头拐弯往反方向跑，直跑到连自己都摸不着路的坡上，停下来，再回头看，发现隔了两座山的地方有白烟，他想可能是二叔在生火做饭。仲景装着继续往前走，走到一处陡峰底下，才拐弯朝白烟方向跑。

仲景回来，跟二叔说了柿树下遇到的事，问：二叔，你看我像个偷果贼吗？

伯祖正面看看仲景，说：你今年十几岁了。

仲景说：十九了。

怪不得个子都超过我，也长了胡子了，还乱得跟薄地荒草样的，我给你割短些。说着拿来切菜刀，叫仲景拽住胡子根，摊到案板上，他拿住胡子梢，一撮一撮地割。把稀胡子割短了，又割长头发。菜刀有点钝，割得仲景咬着牙，不时喊疼。伯祖叫仲景也把头搁到菜板上，把头发摊开垫案板上，再用刀剁。修理完了胡须，伯祖叫仲景到沟里找个涧水滩去照样子。

往后的日子，仲景不去那片柿树林了，往相反方向去找柿树，隔天去摘些回来。再往后，在石缝里挖山药、百荷、天麻、枸杞。凡能挖出来的都挖，挖不出来的，就拽掉秧株拿回来，晾晒着熬茶喝。

就这样，快断粮的日子以吃山果为主，每天只煮一顿有麦子的饭。山果慢慢落地了，霜雾漫天的季节，只有柿子还红红地挂在高处。仲景动了脑子，他摘下个柿子看看，柿盖都黑了，往里看看柿肉还好好的。二叔说：说明柿盖性能好，也是可医病的药材，收存住晾晒起，等我试试看医啥症候。

仅山里柿子，二叔俩都吃了三个多月，待山果完全落尽，吃的问题又来了。每天到山坡上去找野菜，山里有野辣菜，有干红萝卜缨。仲景收回来叫二叔看，伯祖看见干萝卜缨，吃了一惊，问：你是不是走到庄稼地里了，碰见人没有？

仲景说没见人，只有山坪上码了一堆萝卜缨。

伯祖说：萝卜缨不会是野生，这不是个好信儿，只要不远处有人住，就能发现咱们，山下官兵来了，也能打听到咱。

仲景为了不让二叔担忧，说：那萝卜地离这有十来里，没人往这跑，不会发现咱的。

伯祖虽略有放心，却担心仲景跑得远会迷路，要跟他一起去，仲景想起翻山越岭的，难走，就不叫二叔跟着。

往下还是仲景每天出门找吃的，天阴初晴去采蘑菇，回来叫二叔烧开水焯焯，再将少量的丢锅里煮。伯祖对陌生的菜种，怀疑有毒，每回只煮几棵，吃一顿，把其他的晾起来，等试过两回再加量吃。

眼看山里霜重了，早起，见树枝和石头都白了，跟下雪了一样成了粉玉世界。晌午大雾散开，太阳花杂杂地透过树林，照到棚子门口。仲景心里惦着仲祥该送东西来了，后悔没让他骑一头毛驴，也心意惶惶地站高处往山下看。他转回棚里，又听见二叔的叹气声，看见那愁眉不展的脸，眼珠子直瞪着棚外的山。仲景喊他也没反应，就觉得这样闷久了，会犯病的。他心机一动，说：二叔哇，仲祥这回走，你也没给我三婶儿捎点东西？

沉闷得有些木讷的伯祖，对这话起了兴趣，说：我看这次张寨的局，如果你爹不叫仲祥去当官，以后老张家的背运，是扳不过来了。

这也是张仲景哽在心头的结，他只是平时不愿往深处想，更不愿说出来，他说：仲祥回去找我舅，会有招对付的，咱们跑这么远，就管不了了。

官大一级泰山压顶，不知你舅能翻得了县官定的案不能。

二叔，天有阴晴，山有峰谷，这世上从黎民百姓到朝廷天子，哪个没有失意挫折时，就连光武帝刘秀，也叫王莽追逼得流落四野，钻过山洞上过房坡，比咱窘多了。咱个小百姓被恶官追捕，放到以后史册上，算个芝麻籽事儿啊。

可你别忘了，你当医家还没列上榜，就叫人堵了路。

二郎神一介稗官草吏，能堵住啥路，不过是阴霾遮天。

说起二郎神，不知这货怎么变得那么坏，那人起根儿也不是个坏种，陈家老母睡于病榻上后，弟兄俩轮着照看，全村属陈家老太寿命最长，死后，二郎神三七上坟烧纸，从半下午跪到天黑，惊得十里八乡都赞颂大孝子。可这个孝子竟然要杀贤良，他老母九泉之下能否知晓？

二郎神坏过了头，把孝名也给毁了。

大仙是站到医家敌对面，欺行霸市，完全变坏了。

这也好，可以教训民众，慢慢擦亮眼睛。

可是，侄儿已到了娶亲生子年纪，却为医术耽搁下来。既然不能争取贤良功名，那就返回老家过日子。难道侄儿真没一点世故心，对糟糕处境毫不在乎？

我在乎，可我认为，人生在世最有益的，不是得利谋名，而是学到真知灼见，于世有益。

可世人取名得利者多，你一人品行清高，不入俗，还会吃亏。

那些图虚名，追浮华，目光短浅者在混场，不会有成。如果像大仙的巫医骗术能成功，我会去杀了他，反正被逼到绝路，我也血染医场。可他不中，他只是演戏叫人看看，浪得虚名罢了。

仲景说了，撒腿往外跑，说外头有个兔子。跑半晌回来了，手里拎了个灰兔，说：二叔，我说能逮到小动物吧，今儿咱要改善生活了。

伯祖看看兔子腿还在动，拎起后腿往地上一摔，兔子不动了。他剥了兔皮，用水冲掉兔毛，就往锅里按。中午就喝到了香喷喷的肉汤。

仲景说：二叔，我下回想逮个野猪，杀了肉多吃些天。

伯祖说：不行，野猪有灵性，逮到一个，别的会来报复。别犯傻吧，那是拿鸡蛋碰石头哩！

你说我已经吃了亏嘛，鸡蛋碰烂了，也溅它一身黄汤子。

我说呀，不管结多少仇家，人生不过走一遭，黄泉路都得一路走。再说了，名利之根应植于实绩，没有实绩，一切名利热闹都是过眼烟云。待到时过境迁就不复存在。就像农人种庄稼，种麦收麦，种谷收谷，你不可能不撒种子就收粮食。再如陈家索得的名利，不过一堆沙，沙散了，一切落空，还落人笑谈。

仲景在内心暗笑，二叔怎么把我的话说出来了，二叔有这思路，也能从忧郁叹息里跳出来。

伯祖出来草棚，坐到了门外阳光下，摆弄着草药，似有释怀。

却说涅阳县官二郎神，布下了天罗地网，搜捕张仲景。隔几天收网时，仍是无果而终。他有点想相信那个医家说的，张仲景已死于深山，便了却心头之患。但他怕，就怕死讯有假，还怕张仲景日后偷跑到上级官府告他。这是很难防范的，大仙多次催他分发赈粮，或立即组建粥点儿场地，向百姓施赈，为南阳郡赈粮演一出大戏。

他正在想如何施行，听说南阳太守近期要来涅阳视察赈粮施舍情况。二郎神一听这话，从椅子上跳了起来，身子痉挛一下，嗓子里发出雏鸡打鸣那种叫唤。接着在屋里背朝手转了一圈儿，最后落座椅子上，叫下属一虎尽快打听太守的来期。一虎打听了，说不仅太守来是真的，还说两日内即到，二郎神如闻惊雷。

二郎神知道太守出身书香人家，在跑官时也花过钱财，得位后一直两袖清风，平坐官位，少有谋权营私，就这样一个上级，实在不敢忽悠。二郎神马上开会调兵遣将，布置粥点场地。要连夜搭起三个大棚，修十多个锅台。任务如此紧迫，他担心下属不解燃眉形势，便手持长刀，迈起方步，亲自布置指导，强调说：太守爷一到，定要呈出繁忙施赈的好形势，大家小点心，疏忽失职者杖三十棍，渎职者斩，抗令者抄家灭门！

如此虎狼令，振聋发聩。平时懒散者，也火速行动起来。搭台过程中，个个提心吊胆。半夜时间，圈地运动初告成，工地上插了彩旗，树干上挂了标语：汉朝官府大青天，打开粮仓设粥点，乡村民众有吃喝，感恩南阳父母官。

一时间众人担的担，背的背，大小筐篓，轻重挑担，吱吱呀呀，呼呼啦啦，干得热火朝天。县署门外正街上，人们搬运东西穿梭来回，大吼大叫，加上围观喝彩的，涅阳城一时热闹非凡。昨日子夜开建，一夜间建成了三个大粥棚，设在正街前边的空场上，每个粥棚内设锅台九个，大布箩六具，小筐子不计其数，生铁盆、黑瓦碗装了十几抬筐，面盆子、麦仁袋、高粱糁、各种粮袋码成大垛。

二郎神为扩大声势，还打出一个"涅"字大旗，用红花绿叶被面张挂到另一树干上。为了显示民众富裕，还叫各家门店打扫卫生，挂出红灯笼。市民出门须穿干净囫囵衣，凡披麻片的，没穿裤子的，赤脚露足的，一律不准进粥棚，逮住就打。逛街的人都穿戴光鲜，一派太平盛世气象。二郎神显出了决胜千里的自信。他骑在高头大马上，一手勒缰绳，一手叉腰，在哪儿喝一声，下官就躬背弯腰，小箭步跑来汇报进度。

二郎神刚听完差役述说大好形势，转眼又看见另一境，饥民脸带菜色，靠在树上等施粥充饥，有饿得伸脖子的破落户，见人就喊：饿呀——有饿得走不动路的，勉强出来门晃了几步，就倒下了，爬到棚前拉长腔喊饿。一筐高粱糁刚弄过来，就有人抓过来往嘴里塞。过路人看见了，也疯了似的扑上去抓。一筐高粱糁不大一会儿就没了，连地上撒的糁屑也有人舔。真是不建粥棚，不知饥民惨状。

有人饿得歪着脖梗，抬一筐南瓜没走几步，就坐地上叫唤：饿呀——

二郎神白着脸，说：这不中，太守来看到这一幕，定说咱没施过赈。

差役跑过去用鞭子抽着喊饿的人，嚷道：等太守爷下来查粥点儿，谁再说饿，当场砍头。

挨打的乡民瞅着差役，点头说：中啊，官爷，俺们光说撑。

粥点儿的大棚子里浓烟冒出来了。乡民们都激动地围拢上来，黑压压的人山人海，水泄不通。城外的荒道上，经常有老人、小娃、挂棍的往粥棚里涌。他们去讨饭时脸上还有血色，回来时一脸菜色，还落一身病症。有的老人爬也要爬回来，只图最后能死于家中。

当地有货郎担算命瞎子，讲起了民谣：官相诈，民相食，东汉无天日。

二郎神瞪着眼往粥锅上盯，交代一锅粥只准下多少米，多一点都不中。他见人们乱七八糟地吵，把勺子从炊食差役手里夺过来，在锅边上梆梆敲几下，说：排队，排队，都给我排好队，你们这些无赖草民不排队，就滚回家挨饿。

眼看饭快煮好了，米香气飘了出来，百姓拥得一窝蜂似的，谁也不愿退两步排到后头。一虎见有个中年汉子挤在前头，就用勺子砍一下他头，嚷：退下去排队。说了对旁边一小娃喊：来，先给老的小的打粥。

一虎为小娃盛一勺，小娃喝一下，烫红了嘴圈儿，哭着喊还要喝。又喝几口，就倒于地上，捂着肚子滚起来。一虎大声喊：人堆里有医家没有哇，快来给小娃医急症啊？

后边没人应，有个老头喊：这么急的症候只有张伯祖能医呀！

二郎神对一虎说：先别打饭，等太守大人到来再打。然后冷不防嗯了一声，往后边看看，指着刚才说话的老头，说：老头儿你上来细说。

老头说：这里没有张医家给医病，细说有何用啊？

二郎神径直走到人群中，微笑着抓住老头衣领，把老头揪到棚边的土坡上，搡到地上，说：给爷听着，张医家是东汉叛贼——不仅有人命案，还有霸占民女，叛乱朝政的嫌疑，是千刀万剐都不解民愤的大罪人。现官府正追杀他，想不到还有人提他的恶名，大家说他该不该以叛贼论处？

人群中顿时鸦雀无声，半天才传来一声弱弱地叫唤：饿呀——

二郎神朝老头踢了一脚，把老头踢滚到虚土堆下边，捂着腰叫唤救命，脸上也落了颜色。二郎神咆哮：快对众人说，张医家是个杀人犯，大奸贼。

老头嘴里流着血，脸色泛青，痛楚地看着他，说：你才是个奸贼！

二郎神歇斯底里地咆哮：你诬陷好人是不，我要你的老命！

有人低声哭叫：苍天哪——睁睁眼吧——说罢跪到地上。接着有不少人跪下，双手合十，仰面朝天呼号。

老头仍闭着眼，嘴里的血，慢慢溢出嘴角。

二郎神拔出刀子要捅。

老头闭上了眼，仰面朝天躺那等死。有个青年差役过来了，手抵到老头鼻前试试，摆手说：大老爷，他已经死了。说罢，上来招手叫两个差役架起老头胳膊，顺地拖走了。老头被拖到街角拐弯处，差役扶起他，低声说：大爷你快跑吧。老头擦擦嘴角的血，拱手谢了差役，转身就跑。

两个差役回到粥棚前，二郎神问：那老贼啥状况。

差役摆手示意不行了。这时一虎跑到他跟前，小声说：太守爷快来了。

这一提醒，二郎神放开了笑脸，喊：粥熬好了，大家也准备好，好百姓喊声千岁，就来吃爷的饭。

众人齐声喊：饿呀——

一虎大声说：一会太守爷来了，大家万万不能喊饿了！

一个白发老人爬地上递碗，一差役跑过去，接了碗，刚盛了饭就被一痞子夺走了。差役夺过碗来，又为老人盛。老人说：大人，这稀饭不顶饥呀，能不能给我挖点稠哩？

二郎神睃着眼，说：这么大岁数了还死皮赖脸地活，有脸要稠粥？都听着哦，四十岁以上的老不死货，离咽气没几天，都别来挤粥了。打到碗里的，先停住别喝，等太守大人来了再喝。

后边又有人喊：饿呀——

一虎又站到高处说：我都说几遍了，不准说饿，再说不打发你们了。

众人敲着碗说：不说饿也中，粥这么稀，官府批的粮都弄哪儿啦？

一虎瞪着红眼珠子说：敢再胡说，小心老命。

众人说：不是胡说，是谁把我们的救命粮吞了，叫俺们挨饿啊？

官民正在争吵，有差役来告：南阳太守驾到——

众人不知太守爷的官儿有多大，都排好了队。一虎急得满脸是汗，重新站到锅台前，看粥也滚稠了，抢起勺把喊：爷们千万别再说饿了呀——

话刚落拍，就有人拉着长腔喊：撑哦——

张仲景在一次上高山找野果的途中，看到山坡上有一头野猪在林子里钻。他走在一座山梁的高处，很窄的梁上小道旁，两人多高，还长了个人形的大石头，底座和石顶小，中间是个大肚子。仲景一看见就站那笑，哈哈哈笑半天，发现石头边上长了棵果树，还没看清结的啥果，就听野猪斥鼻子的哼哼声。他撒腿就跑，蹬掉了一块小石头，正好砸在野猪身上。

野猪被砸，还发现了人，马上哼叫着往这蹿，好像这是它的地盘，发现异类行踪，就不能放过。好则仲景在高处，林深草密，钻几下就绕过了野猪，还瞅时机折断个树棍掂在手里。野猪不见了，仲景认为是被甩掉了，谁知走到平坦处，野猪又扑了上来。仲景拿好树棍，跑几步朝后抢一下，然后钻进密林。野猪走直路快，树林里不时拐弯，长嘴撞着树或碰到石头上，追一会儿，撞得哼哼唧唧地叫唤，又追几步，就掉头下了山。

就在仲景站下歇息，回头去看时，见刚才走过的那块大石头轰地倒了，正好砸在路上，如果野猪不追，他没跑开，准会砸成肉泥。仲景一口气跑回来，看见二叔在发呆，他把刚才遇到野猪追，和大石头倒地的事说了一遍。

二叔吃惊地说：这么巧合，侄儿心正，老天在保佑你啊！

仲景：我有回刚跑出树林，发现一条花蛇，错两三步爬走了，你说奇不奇？

伯祖说：如果老天再睁大眼看清点，把你救出山，才是奇迹呀。

我现在还不想出去哩，你没看我进山来这两三年，腿脚练得快成飞毛腿了，野猪都追不上。还有身板也壮实了，爬再高跑再远都不怕。晚点二叔也跑出去练练，二郎神就是找来，气死他也抓不住咱。

伯祖问：有老天保佑，二郎神永远找不到这。侄儿啊，你说说著典之事吧，我最挂心这事，一想起这，就觉得有希望。

仲景听二叔提医学，触及内心的情结，就兴味盎然地说：二叔，我想见病材再多些，就开始著，听说世上已有人造纸，我们可以买纸写典。我想先把咱们行医中的经方集起来，再慢慢往深细中编章辑条。

是的，著典可不像我们叔侄闲说话，要条分缕析。就像医术六法，要不然你背来二叔听听。

精研的六法是汗、吐、下、清、温、消，可这在实际医术中，已包括不了，我想再加上两法——补、和，一共八法为之大成，揽得更宽。

你仔细说来。

补，多用于太阴病证，如妇人产后，老人久病，正气不足，阴血亏虚，当以益气血为本。补，应为阴虚之证益本扶阳，固护正气。

所言极是，我也在想，咱们精研的脉相，有浮、沉、迟、数、滑、涩、实、洪、大、小、微、紧，共十多种，这能不能包括实用中的各类脉相？

不能不能，现有缓者、扎者、弦者、短者、弱者、细者、促者等，各脉之间兼有者，将从实证辨识，亦因脉相而析证，证因脉明，脉以证著。这样即出来古人的陈旧因袭，又有了灵活宽泛的实用，更好。

好，好，好，侄儿思路清楚，比我学几十年都长进大，你再论论实际运用中的辨证。

仲景见二叔脸上表情开了，笑得很喜相，他开心地说：以我看，古人辨证的太阳主表，阳明主里热，如再加上少阳主半表半里，太阳主脾胃虚寒，少阴主心肾阳衰，厥阴主寒热错杂。可作六经辨证，岂不妙哉高哉？仲景说得一脸红光，兴高采烈的，还手舞足蹈起来。

侄儿也说说八纲辨证。

二叔，侄儿觉得古人医术有待完备，原因是归类笼统、简单。八纲辨证，即为阴阳总体辨证，辨阴、辨阳、辨表、辨里、辨寒、辨热、辨实、辨虚。各自命名方便后人沿用，如果再加上辨湿这一法，打破八纲总称，却有创新之意，如何呀二叔？

伯祖在仲景肩上拍一巴掌，说：这样不好，有一天会得到天下共知。我侄儿要成精了，汉天空要出大星辰了！

仲景见二叔心情好转，高兴得哼起小曲，还爆出感染力极强的嘿嘿憨笑，惹得伯祖随之欢喜。正在此时忽听山间怪鸟啼，他随着学了几声，引来一群鸟，在棚外的树上对鸣互答。

伯祖说：出去看看，山荫无尘是非少，修得侄儿心灵了，没想到汉朝名医是出在深山老林里。世事难料定，万宗有因果，如是这般，也不枉在深山受一场卷腾。

仲景撒腿跑到棚子外边，伸着脖子张着胳臂学鸟飞。天真活泼的童稚气，十分感染人，二叔看着外边照进来的明媚阳光，看看这大男孩天真的样子，不由笑了起来。

仲景找了半天没找着鸟儿，又跑了回来，坐下来放好竹简写方术。写半天，发现有些方术不好记，就想怎样能使方术简单扼要，顺口好记。忽想起古人诗词，如果仿着诗歌押韵，把方术药味和医病功效加到一起，就容易记取了。他忽来灵感，一跃而起，脚踏着拍子，自编起口歌来：

> 麻子仁九治便难，枳朴大黄杏芍餐，
>
> 土燥律枯兼热结，润肠通便自平安。

伯祖说：可是侄儿，自古秘方不传人，你看灾年乱世，传与巫医庸医只会欺世盗名，何益？你著好了典，也得到太平世道再传扬。

仲景说：如果方术不传人，哪有扁鹊仓公的名典？哪有东汉新方术？

传人要看好恶远近，秘方传儿媳不传闺女的，就是例子。

凡方术都当广布民间，叫人识正邪得实用，是为医德。

你的风节品格我自叹不如，但你看看如今的地步，这是辽天地烤火哩。

二叔，你意思是？

这侃子的意思是辽天地烤火——一面热嘛。我想党祸之乱不过一时乱政，不会长期黑暗下去。哪时何大人有了出头之日，你去找他，用你的医术为他们治病，广交上流，日后好奔官道，借权势为自己正名。到那时名医学士或御医，指日可待，青史留名也有指望。待你成功之日，我也辞别荒山野林，进京展示拙才。

我不去，半路出家当官，六根不净矣，二叔身边不可无人。

伯祖焦虑地拍腿，泼烦地说：这事关你前途命运，当断必断，不断则乱！

仲景忽然想起在老家与父亲拉锯似的争论，只为一件事。他没与二叔再往下辩论，只想读医简，著医典，别的什么都不想论及。

伯祖也不说了，帮他把披散的头发盘起，绾起扎撮。嘴里念道：二叔老了，不知啥时会撒手人寰，你也该顾及自己了。

仲景说：二叔咱这有医有药，山里空气也清，你定能活过百岁。

人过七十古来稀，活到那时可把你拖累惨了。

二叔，我情愿！

张天敏 著

张仲景传

·下

中国文史出版社
CHINA CULTURAL AND HISTORICAL PRESS

图书在版编目（ＣＩＰ）数据

张仲景传：上、下册 / 张天敏著 . -- 北京 ： 中国
文史出版社，2024.3
ISBN 978-7-5205-4669-0

Ⅰ．①张… Ⅱ．①张… Ⅲ．①张仲景（150-219）—
传记 Ⅳ．① K826.2

中国国家版本馆 CIP 数据核字（2024）第 092605 号

责任编辑：徐玉霞

出版发行：**中国文史出版社**
网　　址：**www.chinawenshi.net**
社　　址：北京市海淀区西八里庄路 69 号院　　邮编：100142
电　　话：010-81136606　81136602　81136603（发行部）
传　　真：010-81136655
印　　装：廊坊市海涛印刷有限公司
经　　销：全国新华书店
开　　本：787mm×1092mm　1/16
印　　张：46
字　　数：600 千字
版　　次：2025 年 1 月第 1 版
印　　次：2025 年 1 月第 1 次印刷
定　　价：118.00 元（上、下册）

目录 / CONTENTS

（下册）

第三十六章

深山的生活平稳下来了，因为仲景学会逮野兔和野鸡，隔三岔五有肉吃，有骨汤喝，伯祖的身体也健壮起来了。

两人有时间找山坪开一小片荒，把野瓜子豆子都种上，半月时光出了苗，伯祖又找树棍搭起瓜棚、豆架、菜园，也捡了石块码成埂，需要剔苗薅草浇水，都能踩着石埂过去，别提心里有多高兴了。

仲景说：二叔，咱这可过上神仙生活了。

伯祖说：是暂时的，你小小年纪，人生路长，成家生养的日子不在这儿。

仲景说：我还不想回到世人的套路上，不想过那种日子，才出来的。

伯祖说：好好好，反正咱在这儿也能过，能住多久住多久，等着仲祥的信儿。

两人正在说，忽听门外一阵大吼声，还拉着长腔。伯祖站到棚外一看，在半里外石头上有只狼，站在那吼叫，可能是在呼唤同类合伙出动。伯祖拉上仲景跑回棚子里，两人把毛驴先解下拉到棚里，伯祖拿出一根桦栗木棍，急切地说：你赶紧去掂菜刀，顺手再拿个棍子，狼来了不要出门，背靠棚子在门口打。

话刚落拍，就听到群狼吼起，接着冲下来三只灰狼。仲景忽然想起在涅阳遇到狼时翠姑的做法，他说：狼怕说，狗怕摸，咱们喊吧二叔。

伯祖紧接着大吼起来，仲景也跟着号，两人的声音传遍了山野，像是有一群人在喊叫。这招不错，头狼停了下来，背到石头后边往这看，另外两只小狼也站那往这瞅着，都不敢妄动了。可吼叫有点费力，伯祖喊几嗓子就岔了腔，再喊声音有点沙哑。仲景还能喊出来，就可着嗓门号叫。

这时狼大约看清了对方状况，并成一排慢慢朝这走来，外表装着作不慌不忙的样子，眼睛却机警地往这瞅。

伯祖喝口水继续吼叫，心里仍在惊悚，反正狼已发现了猎物，如果在近处隐起来，挨到天黑来攻，会更糟。不如现在攻过来，好对付，他干脆不吼了，趁着对方攻势缓慢，两人到门外捡了一堆拳头大小的石头，堆到门口，还把辣椒粉小包挂到门棚柱上，然后备好手里家伙，站在棚门口观察动静。

这边没了动静，三只狼并排往这跑，还不断加快动作。快到棚门前时，突然停下，头狼发出一声低吼。伯祖认为这是宣战的信号，他交代仲景不能出户半步，只能背靠棚子打狼。很快，狼见这边没反应，又往前冲。先是头狼冲向站在前边的伯祖，伯祖抢起长棍，打得头狼不得近身，如冲近身了，仲景就挤到前边用刀砍，头狼挨了棍子又挨刀，脸上流着血，呜呼着趴到边上发令。

后边的两只小狼见头狼都那样了，也没了锐气，只是站开了干叫唤。

伯祖经过一阵慌乱，内心激烈思虑：是否后边还有狼伴？是否可以把头狼打死吃肉？谁知那只卧下的头狼，忽然起身往棚后边上跑，伯祖想可能是想换战术，攻己不备。他拽住仲景叫他抵挡前边，两人背靠背，扎稳了马弓步。谁知头狼到后边转一圈，又拐回来，领着两只小狼走了。看走路姿势，头狼受伤不轻，败下阵了。

打跑了狼群，伯祖坐到铺上一边叹气，一边分析招狼的原因，说：可能是嗅到肉味跑来的，这兽最喜欢兔肉，以后不敢再打兔子。可是，不知小狼再过多少天就会长大，群狼的力量大了，咱们是否敌得过？

仲景又想起在涅阳遇到的狼，说：在老家那只狼是来攻击羊娃的，来一次挨了打，就再没来过。二叔，狼也有可能是来攻毛驴的。

仲景还在安慰二叔，怕他为狼忧患，以后又郁郁寡欢。

伯祖问：你见到野猪，不凶猛吧，有狼威猛吗？

仲景见二叔情绪有变，说：野猪不可怕，它反倒怕人，再说没有野猪追赶，我肯定上树去摘柿子，遭石头砸伤。

这天，仲景独自一人来到陡坡上，想看看有什么好药材，他在坡间低头一看，见崖畔开着星星点点的菊花，把整个悬崖吵热闹了。

仲景发现野菊花有不流俗的精神，从石缝悬崖里生出，在秋霜寒风中绽放。这些花草都有如此骨格品性，何况人乎？他望着老家的方向，不由得怅吟：

林木旺旺，其花粉芳。

有鸟啼山，集于苞桑。

高山峨峨，河水泱泱。

父兮母兮，道里悠长。

念完了，就去采，半晌时光采了一堆野菊花，用草秧捆起抱了回来。

伯祖一看，笑着说：山里天麻、黄精不少，只是像天麻、黄精、玉竹、黑药，这几种名贵货，都是长在土里，得挖出来，还要反复蒸晒，黄精要九蒸九晒，才能蒸出药味。那个天麻，连苗都看不见，正好长在落叶杂草下边，不熟悉的人根本找不到。黄精还好辨认，叶子像柳叶，两边对称着长。山药爬秧能爬几丈远，从石缝里上树，攀缘老高，只是叶子入秋后即黄，也好辨认。

仲景说：二叔你赶紧领我去挖。

伯祖说：从涅阳往穰城西走，约莫七十里，还有个杏花山，那里也有好药，等山下风头过去了，咱们跑那看看。早在十几年前，我跟你这么大的时候去过，在那住了十来天。那里江边风凉，我搭的棚子夜里透冷风，就走了。那时候刚学医，连个小医家都不是，出门在外，跟逃荒要饭差不多，吃了不少苦。

二叔你也跟神农氏差不多。

跟古代圣贤比不了，人家开了先河，咱只是跟着典章，步其后尘。

仲景低头想了一会，说：二叔，咱们也可以开先河。

怎么开？神农氏有个称号，叫炎帝，大小有个权都能办事。咱手里没权，袋里没钱，过的温饱日子，连竹简都买不起。再说那样的大业，离小百姓远得很，咱现在只要能活着，就算成功了。

可是咱走过的路，医过的病，也有古人没体验总结出来的。

两人一起绕过了个山头，忽听坡上草响，伯祖以为是兔子或野羊，谁知走近了见是一条黑蛇，穿行草地时蹭出了响动，听响动不是条小蛇。伯祖把仲景拽到身后，扬着手里的挖铲，扎着随时反击的架势。直到嗖嗖的声音消失了，他才长吐一口气，说：这是水蛇，认为有人走进它的地盘，才急着回洞里看门儿。见到这样的蛇，最好别动，等它进了洞再走。

仲景问：二叔，响声这么大，蛇有多粗哇？

伯祖说：有你小腿那么粗，它主要吃蛤蟆和小鱼，不伤人。

我忽然想起过去有个弹弓，在杏花山想改善生活就去打鸟，或打兔子，也逮过野猪，美美吃一顿香肉。后来读古简，说一半的鸟都有毒，才不打了。

你找找弹弓带了没有，找出来咱吃罢饭就去打兔子和野猪好打不好？

野猪能得很，长了张拱地的长嘴，老拱庄稼地，最喜吃高粱。山里人每到秋天就挖陷阱，设圈套逮野猪，也不好逮。有个村民下套子套住了野猪的小腿，结果那野猪把自己的腿咬断，挣跑了。

山里狼，吃不吃野猪？

狼追不上野猪，就是追上了，野猪吼着直往前拱，狼只敢往后退。

二叔，如果咱们常住深山，说不定会变成好猎人。

但是不到饿极的地步，还是不要招惹它们，野兽都会报复敌手。有家老两口设陷阱杀野猪吃了肉，有天夜里闯进来三四只野猪，拱倒了茅棚，咬断了人腿。只是野猪不吃肉，要不然就吃了他们。野猪走后人没死，被蟊贼发现，吃了肉。

二叔，我身上直起鸡皮疙瘩，不如听你讲古代医家故事。

扁鹊这个人，是个沾神灵气的医家，他有一回得了个奇方，吃一种药，两眼能穿墙看物，也能隔肚皮看透人的脏腑。他还有很多神话传说，说有个太子死了半天，扁鹊说能起死回生，用石针刺太子百会穴，一针即醒，再治就活了。人们传说扁鹊在百里内，不望闻，不切脉，就能看清病人肚里的病根。因此，他成了个神医。

他还有好故事吗，我还想听。

伯祖说：有一天，一个官吏昏迷不醒，请了太医也不敢治，有人请来了扁鹊。他进去只看了一眼，没切脉就出去了。有人跟在后边问他此病怎样，他说没事，以前有人也患过此病，昏了七天醒来，这人可能三天就会醒来。结果，官吏又昏睡两天半便醒来了。这又成了人们视扁鹊为神灵的一个传说。

可是扁鹊因出入宫廷，被一个嫉恨他的太医给杀害了。不讲了，历来医家没几个有好结果的，你看华佗，去了曹操那，曹操就想控制他，不让回民间，只为一人医病，这医家也算到头了。原因是这世道是以官权为主，有几个官吏能体谅百姓疾苦？

二叔继续讲，我还要听。

不想讲，太沉重了，心里难过。

不讲算了，二叔，你知道我那年回到张寨，我爹病了，睡于榻上不起，我是怎么给他医的吗？

你说说看。

我仿了你医孟叔的奇方，从吃罢午饭开始熬药丸，直熬到天黑，才做好一个大饼，他看见了，不是笑饼大，而是笑我憨，说我出了天下洋相。结果哈哈哈笑得前仰后合了，笑着笑着病好了。二叔你想不到我做的药丸有多大，我不只是让老爹嘲笑，而是让全天下人都笑我。

伯祖听了也没笑，也没愁，怅惘了半天，问：你弄出这么大动静，陈家二郎神啥态度，笑出来没？

却说涅阳县的二郎神，在施赈粥棚里忙得焦头烂额时，南阳太守的轿子及时落了地。

这次太守亲自来查粥点，是因私下听到有关涅阳县的风声。这两年二郎神报的县赋税都在前几名，可他从小道消息得知，此人数字里有水分。他曾委派亲信探过底细，回说涅阳用赈粮设粥点，恩泽百姓，万民称颂太守恩德。可他的车在南阳街上走时，看见街头那么多讨要的叫花子，听说都是涅阳县人。他感到不妙，才亲自过来一探虚实。

太守没料到有差役给涅阳县透了风声。等他来到粥棚前，二郎神已亲自在粥棚前走动，态度和蔼，一脸慈悲。见太守走来，二郎神惊喜地喊：太守大人，亲自过来了呀？为啥不告一声，叫下官出城迎接？

太守觉得下官的心情太好，朝他招一下手，示意停波止水。

二郎神觉得那手势很是笃诚，好像心意相通，包含着充足的默认和赞许，他觉得欢欣鼓舞。他在揣摩上司时，是高度警觉、异常敏感的，几乎把大脑都激发起来，调到最敏锐的状态，保持心有灵犀一点通。可是他看看那些饥民，披麻片的多，穿裤子的少，弯着腿缩着膀子勾着头，腰弯得像煮熟的虾，胳肢窝里夹个碗。如此破落寒碜，咋看都是逃荒流落的难民，这真是要命的一幕。

他不时惨惨地看着太守，像是看见世上最亲近、最能诉说苦情的人。他痛苦万分地摇头，摊手说：下官惭愧呀，粥点施赈次数少了，万民喊饿。说着鼻音重了，眼圈儿发红，泪水在眼眶边儿上转着，将落未落。

太守有点蒙，涅阳的叫花子与眼前粥棚景象落差天壤，一时难辨真伪，他想到粥锅上看看实情。

二郎神领着太守往粥锅边走，紧贴太守的身体，不快不慢地，只怕离远了显得生分，近了又有贴身之嫌，得保持及时明察太守往哪儿瞅，有啥新动向，还能瞅空插句摆功的话。当遇到道路拐弯或磕绊，他还能及时扶上一把，显出忠诚敬重的样子。更令他叫好的是，这样随身相伴，还能打断太守与百姓接近，打断密接与私访的小机会。

不管怎样走，他都没忘一个心愿，想引着太守走马观花一遍，就到饭铺酒楼上去，一番美言糊弄，再来喝一场酒，不愁他不说涅阳好。

谁知太守走得很慢，每到一锅前都要俯下身子绕过二郎神，亲自拿起勺把搅几下锅，再举勺扬汤看稀稠。太守搅动勺把时，把二郎神的心搅得发悸，他只想上前拽住太守快快绕开粥锅。可太守搅了锅还要问掌勺的，粥点设了几回？每回设几锅？一锅下多少米？够多少人充饥？喝粥的百姓多不多？喝了还饿不饿？现在有没有讨饭的叫花子？

二郎神赶紧插嘴，说：哎呀大人，说起饥民，下官等会细秉。说罢吸溜着鼻涕，跟上太守的步调。他感到这出戏随时会演砸，自己登在高台亮光处，众目睽睽之下，演着复杂角色，脊梁上出的汗都是冷的。

是的，自打他当上县长，就变成了政坛戏子，一个粉墨登场到处巡演的角儿。只有下了舞台，他才能钻到后院居室，与招引他新鲜好感的娇娘混在一起，纵享放荡与销魂，一半是调情，一半是减压，还有对官规囚笼感的偷偷释放。县府里有几个小吏喝酒时调侃：陈县令上台是戏子，下台是牙猪。当然这是官场另一幕，二郎神永远不会知道，他在戏里戏外的料，都体无完肤地裸在民众眼前。他意识到的是，当官的所有游戏路数，都是演戏，他必须把每一场戏演好，演真，演像，才会有好下场。

特别在有上司的场合，他充当的主角，二郎神得有精致的变脸术，一面表忠，一面藏奸。在忠臣和奸臣之间还有豪杰侠义，都客串在演技中。本是一顽痞无赖之徒，演三花脸很本能，不用扮相，却偏要在上司面前演得正儿八经，正气浩然，这最令他汗颜。每在演到忠烈豪杰时，难度就出来了，因为他的浑身上下，到眼角眉梢，不沾一点儿豪气，却因为对官场的成熟理解，到闯关突破时刻，他总会使出浑身解数，蒙混过关。最难演的是青衣，带慈悲与怨愁的，郁郁寡欢的，简直是二郎神的异端，但也得效仿模拟下来。因为这一角，身带沉思与深责的重量，叫人深信他是个有担当、负责任的父母官。

除了动作灵敏，协调灵活，他还有一整套的台词儿，应答上司。可没想到太守走着走着竟然走到一座锅台前，问掌勺的粥里下了多少米？二郎神只怕草包露馅儿，急得朝掌勺的歪嘴挤眼。还是一虎有灵性，跑到前头锅台前，高声喊：往这看呦，麦仁熬得多香啊。

二郎神见一虎移开了太守的注意，就想何不利用此机，占住太守的关注点，摆摆自己的功绩呢。可他走到最后一个粥锅前，又紧张起来。因粥锅是临时搭的，棚边上拥了几堆新土，还有一个湿泥坑，有几把和泥的木锨插在湿泥里，锅灶上的新泥还没干，一烧火白烟乱冒。

二郎神看得清，太守的眼里像装了倒钩刺一样，会把相反的状况钩出来。他心慌了，额头沁出了汗珠，脊梁上发冷。自己汇报的可是数次施赈的先进典型。他摊手把太守引到刚才烧过的粥灶上，边走边说：我们为设粥点开过几次会，选优秀差役到粥点当差。因经常施粥，全县上下各层全部出动，轮流支差，我反复强调，这次施粥不仅要突出一个亲字，亲民如父，还要体现一个爱字，爱民如母。县里为乡民发了一千多筐馍，三千多碗稠粥，五万七千多碗稀粥。救活上万饥民，接济几千名外乡讨饭的灾民，感动得乡民泪流满面，山呼太守千岁千岁，千千岁！

太守本来看见饥民的凄惨状，心里犯嘀咕，想从中看个究竟。此时一听二郎神成套成捆的好词，脸上并没露出满意的表情，却冷不防提了个问题：馍呢？锅里就那稀饭汤，丢几片萝卜干儿，没见一个蒸馍，能填饱肚子吗？

二郎神说：馍在前些天都施过了，因为今儿厨师有病，没蒸出来。

太守说：有馍才好吃得饱哇，你没试一下，半碗稀粥能顶饥否？

二郎神说：下官仍有不周密之处，比如因为天阴搭不成棚，个别粥点设得有点晚，造成了极个别灾民去外乡乞讨，下官一想到此，就心如刀绞哇。

太守感动地说：家义这话，功效已经摆出，不必过谦了啊！

正在此时，后边有一条汉子傻不唧唧地惨叫着：撑噢——！

接着好几个人也弱弱地喊：撑噢——

二郎神跟被雷击了似的浑身一震，斜眼瞅向一虎。

一虎会意，忙拿勺子到粥锅前，迅速挖一勺稠粥，飞快跑到后边，把粥倒进喊撑的汉子碗里，小声说：谁叫你喊撑？

那汉子当时改口，伸着脖子喊：饿呀——

一虎手里的勺子砰地砍到汉子胳膊上。

汉子带着哭腔争道：你们不叫喊饿，也不叫喊撑，这叫人咋活呀——

一虎小声说：再喊，小心县太爷要你的命。

一虎走罢，人们就齐声喊：饿呀——俗话说法不责众，大家都喊了，声音跟洪水一样涌出，荡过粥场。

从那以后，涅阳城上街的闲人有事没事，都会伸着脖子喊出：饿呀——

前边送走了太守一行，后边二郎神咬牙切齿地吼叫，叫差役们火速撤了粥点，把喊饿喊撑的饥民一律抓来，五十闷棍伺候。这伙人被抓来后，被揪住头发按倒跪下，个个被打得哭爹叫娘。

再走到街上，又会听到另一种拉着长腔的喊叫：撑噢——

交八月，地里高粱熟了，张寨西坡张家的大坡架地块，张家又迎来一个丰收年。

张伯厚领着长工下地，抢在雨季前割了芝麻，接着抢收高粱、绿豆、谷子。西坡上，来回走着收秋的人，每个节点还都赶得滴水不漏的。农人喜欢忙，因为忙碌时，沉浸在一片欣悦里。

伯厚想到了仲景的案子，二郎神最近的信儿是闷闷的，像装在葫芦里。二郎神的行动，像乌云一样，终日笼罩着张寨，他感到十分压抑。

前天，穰城有个熟人来为仲祥说亲，提前问过风水先生，说这时发生提亲结亲之事，会冲散败运。伯厚想叫仲祥再去北趟，为仲景送点棉衣食物，就答应人家过些天再相亲。他想起五年前仲祥去南阳送信，直去了两月才回来，有天半夜，闻保有披着袍子敲开了门，身后跟着仲祥。伯厚拉仲祥进了屋里，看看头上顶着青布，嘴鼻也捂得严严的，猛一看像个蒙面大盗。伯厚问起仲祥的事由，保有说得亏这娃去找我，在我那窝了半月，要是单吊儿回来，怕是过不了二郎神的关。二郎神一到夜晚就派人站岗，如果不是我骑官马闯过来，仲祥定会叫拦住。伯厚还想问问仲祥报信后仲景的状况，可他走到西屋，见仲祥和衣歪在床上，就睡着了。他把被子给仲祥盖好，悄悄地溜出来。仲祥直睡到大天亮，起来床打了个哈欠，就喊饿。看来他早起不是睡醒的，而是饿醒的。张闻氏把烧好的鸡蛋茶端到西间，后边还跟着秀娃端了洗脸水，叫仲祥洗了喝了，又到灶火旁去吃饭。伯厚就想，下回仲祥是不能轻易出门了。

正在张伯厚与张闻氏担心仲景在外受吃穿艰难之时，为仲祥说媳妇的熟人又来约相亲日子了。张闻氏心里有事，推说秋后还要晒小米，不少活没干完，等过几天再说。谁知伯厚一口答应，次日叫女方来相亲。

次日，媒人带着女方的花婶儿大姑，一行四人来了。小妮名彩阁，长得如花似玉，秀眉大眼，高挑身材。可是人刚落座，张闻氏就使眼色叫伯厚到里间，低声说道：这妮哪儿都好，就是名字犯膈应，跟陈家媳妇同一个字。

伯厚也想到彩阁与陈家彩娥重一字，听着不顺。可他看重这妮长得大方耐看，进屋来落座言笑，都很得体。家世也不错，亲叔是个小县吏，父亲读过典，也是耕读书香之家，在穰城一带有些威望。伯厚说人无十成美，九成即满意。就叫张闻氏备好铢钱、绸缎等彩礼，表示中意了妮家。

张闻氏心里虽有别扭，却不愿违背当家的，就照吩咐去做。

女方对张家也很满意，回去第二天，媒人就转过来催换大帖，送日子。一个月后，婚嫁喜期到，从张家出来了四抬小红轿，簇拥在吹打队伍里，欢天喜地娶新娘。

新婚佳日里的仲祥，从早到晚忙得没沾墩。终于等到晚上闹罢洞房，到了吹灯入帐时辰，父亲母亲却把他叫了出来，还叫他脱下绸衫，穿上粗麻袍，马上跟仲建一起，带上东西往北山送。

仲祥稍感怅然，回到洞房对新媳妇说：你先独守着房，我有天大要事去办，回来定重谢娘子恩情。

刚过门的新媳妇彩阁，不知新郎有多大的事，能超过今晚。可她并没埋怨夫家，而是转念寻思，反正积善人家的子弟，不会出格到哪儿去，就温顺点头，嘱张郎快去快回。

这倒感动了仲祥，一把抱住彩阁，照脸上亲了一口，接着搂到怀里抱着亲着，丝连到一起，热泥儿一样不舍分离，少不得宽衣解带，欲享新婚欢喜。却听外边母亲发话：仲祥快来呀。

仲祥按住火，跑出去，红着脸听母亲说：仲建都来了，快快趁夜半上路。

仲祥问：为啥要在今晚走？

伯厚过来了说：陈家盯得紧，不趁入洞房这天，怎能逃过他们的眼睛？

仲祥这才恍然大悟，说：爹，我后半夜行不？

张闻氏说：眼前就走，一刻不缓！

仲祥嗯了一声，去棚里牵出毛驴，与仲建一起出了后角门。路上还不解父母亲为啥截断洞房之事，小声嘟囔，我就想缓一会儿再走都不中。

半年前刚结过婚的仲建笑了笑，说：是怕你新婚夜与新娘热络起来，耗成了空心萝卜，爬不动山嘛。

第三十七章

伏牛山好清静，静得只剩山风穿林，树叶落地和零星鸟啼的声音。

张家叔侄在这里已经适应了，与世无争，一尘不染，在山坡上种瓜种豆，偶尔逮到动物，美餐一顿。但二叔自从见到狼来，就有危机感，有时还会小声自语，这么多年见不到病家，会不会把医术荒废掉。最感到没有盼头的是，他盼望的仲祥一直没有来，不管是捎信儿还是送东西，他都应该来一趟。

山外的事情隔山隔水，遥不可及，他与侄儿恍若遁入世外，人世间变成什么样，都相隔两茫茫。

而仲景就没有这么多忧愁，他只要一天不上高处找东西，就在家捋头绪，把过去医病的记录综合起来。每做出汇聚，都会为下一步开启灵感，关于医术的小径，在他心里越拓越宽了。就像一条路，慢慢走出山间小道，通向宽敞的大道。包括他的成长，已经学会攀缘、上树、跳沟，对野山生存熟悉得像个山里人。唯有当他想起涅阳时，才不知何时能出头。当然这心事，他没有说给二叔听。

这天，仲景又去采草药，爬了两座山，只采了一把落地的五味子，他站那看看山坡上到处都是青葱野草，忽来灵感，古代神农氏尝百草中毒早逝，漏掉了很多没尝的药，这些野草说不定入药，或入食养生。他不由分说，采了一大捆野草，背回棚子扔到地上，叫二叔看。

伯祖一看有好几种野草，平时在沟上坡下见过，却不知名字。

仲景挑出几根来，问：二叔，你看山里好多野草，说不定哪个就是一味药，可是自神农氏后，没了研发新草药者，让这些草自生自枯，白白浪费掉了。

伯祖看了几样，辨认出了酸枣仁、地耳草、夏枯草、金刚藤、牛筋草、苍耳子、散风藤、风寒草、猴接骨、野猪苓、腹水草、藿香等。

仲景惊喜地说：一捆草里竟有这么多药材呀，山上有大药库啊。

伯祖说：夏枯草、酸枣仁、苍耳子、散风藤、野猪苓，咱们都用过。

二叔，咱应该把地上的杂草都精研出药性来，取个名，用于医病。

可有的药有毒，不敢乱用，古代神农氏便是前车之鉴。

神农氏是为天下先，咱是循着古人的脚步前行。

仲景又出去采，把认识的不认识的都采回来，摆到棚前想叫二叔辨认。进来就说：二叔，我饿了。

没有应声，仲景进屋看看，石块支起的铜锅空着，边上放了堆散柴棍，装高粱糁的布袋见了底，另一个麦仁袋也空了。仲景知道家里断粮了。

他蹲到锅台前想想，拿起锅到外边接了泉水，把晒干的蘑菇和黄精放到锅里，再加一把红枣，开始煮，熟了叫二叔喝。

二叔声音沙哑，低弱得跟旧风箱一样，说：仲祥咋也不来了？冬天没了山果吃，一旦大雪封门，咱就断顿了，侄儿你走吧，别陪着二叔饿死山中。

仲景一听这话，心里恐惧，也喝了一碗，放下碗就往外跑，到山下找粮食。他一溜烟跑了不知多远的路，到一座山坪处，发现有种高粱的坪地，他到地里翻着人们收过的高粱秆，找半晌溜了三四个高粱穗，装进随身带的麻袋里。

仲景转身时，忽然抬眼看见旁边有块犁好的地，上面晒了些萝卜干。他眼睛亮了，站那好好地看了一阵，萝卜干快晒好了，摆了一地。他在张寨也见过母亲晒萝卜干，多么熟悉的过程。而此时他不是回忆母亲，而是想着怎样带些萝卜干，打发二叔的饥肠。

他站那痴痴地看着，又看看不远处，心想要是有人在场，就讨一点。

可是远近都没有半个人影，山坪很静，他看看天不早了，如果这次回去再返过来，人家会收走的。他似乎耐不住性子等了，把手括着嘴，喊道：有人吗？

前边的山壁有回声，他吓得赶紧四下看看，发现空寂的山，比自己想得还要空。他多想闯进地里捡走些。可刚才想到这，脸就红了，耳根热辣起来，心里憋得发堵。

他为自己找理由，谁叫这山里没人呢，这念头并没有鼓励起他的勇气，他屏着心跳，猫着腰跑到地里，蹲那就捡。捡了两大把装到小麻袋里，边唏嘘边哎哟，然后忍着心跳，撩着大褂前襟，如逃陷阵。

仲景在天快黑前，赶了回来，叫二叔搓高粱籽，晚上兑萝卜干煮粥。

二叔闻到半干的萝卜干味儿，问：侄儿啊，这是从哪儿来的？

仲景背过脸去，说：你先尝尝味道咋样。

我问你从哪弄来的萝卜干？

我，我跑了十来里地，遇到后山一户人家。

伯祖说：是人家给的？到底咋弄来的，说嘛。

仲景忽然跪下一条腿，低着头说：二叔，是我偷的。

二叔拉起他，说：偷，亏你说得出口，你想当良医，就得顺从良俗，怎敢去偷人家东西？再说，你偷了萝卜干，主家发现怎么办？找过来，咱就得暴露。你说说是咋捡的，是不是挑着捡的？

仲景说：我从边上捡走了有半张床那么一小块。

伯祖说：侄儿差矣，你为啥不动动心眼儿，从中间挑着捡，捡罢了萝卜干稀一点，不会缺一块空地，不容易叫人发现。你硬是把人家一个地角的萝卜干给捡完了，猪看了都知道招贼了。

仲景恍然大悟，抬头看着二叔，说：二叔，你的意思是，我只是偷的方法不妥，倒不与良俗相干。

伯祖脸上露出窘意，说：人到了无路可走的地步，不闯条异道，也不对，我说的意思是，你应时时保护自己为妥。

仲景的负罪心，落下去了，他想起杏花山的孟贼，也许被恶人挤对到山穷水尽时，才走那条虎狼路。包括大仙借打网极力张扬，也有无奈之处吧。他站到棚外，面对重叠的峰峦，放眼看过去，原来群山间有不少独岭、石垛、峭悬、坳头，还有斜倚的老树，弯曲悬挂于崖畔。怎么平时都没看清，此时才在清晰的天空下呈现出来。也许，人世也是这样，必须把世事一层层剥开，才能慢慢看到里头，人便得以长进。

仲景又回到棚里，说：二叔，我不想等着断顿，饿伤身体，按你说的，以后还去不去偷人家萝卜干？

伯祖笑笑说：现在是要填饱肚子活下去，侄儿你随便去山里搜取，可千万不能让人逮住了，那样落个小偷挨顿打事小，暴露身份事大。

二叔，我知道了，明天再去带点铢钱放到萝卜干地角，算赔个不是。如果有人看见并原谅了，我就正规讨个半袋拿回来。

伯祖说：不可以这样，不能见人，也不能留铢钱，铢钱只在城里使用，偏远山民谁见过那玩意儿，见到铢钱会认为城里人到此，如遇多心人又得追究。

仲景说：二叔，我不敢去了，叫人发现当贼待，丢人败迹的。

你得去，为以后断顿找个退路，咱不能饿死在这里呀。

可是如果叫人看见，人家问我为啥躲进深山，我咋说呀？

你就说要饭路过这，可别说住处，当心二郎神的探子。

我去溜人家地里的剩高粱，回来煮了吃。

为了在山里顾个温饱日子，仲景开始换思路，往另一处坡跑，去找挖过的萝卜地，溜些小萝卜。一晌时间收了大半袋子东西回来，走到棚外边的清泉边，洗掉泥土，再拎回来。

二叔见仲景高兴得红了脸，再扒开小麻袋看看货，心情好了许多。又提醒仲景出去别走远，小心山里虎狼和毒蛇，趁着有吃的，再学着攀高、跨沟，还把仲景腿上绑了枣木棍，叫他负重行走，走了数日突然取下枣棍，再迈开步，竟然身轻如燕，跟飞毛腿一样，脚下嗖嗖生风。

可是，这样的练法只能在吃饱有劲时进行，如有吃不饱的情况，或一天只吃一顿饭，伯祖就不叫仲景饿着肚子练功了。

眼看西风紧了，一场雨里夹着小雪，雨停后雪还在下，纷纷扬扬地笼住群山，再也看不到哪高低远近。伯祖又开始叹气，真不知这寒山里，被雪盖住地，哪还有可寻的食物来充饥。

好不容易等到晴天出日头，地上不太厚的积雪慢慢化了。仲景又能上山了，转了两道坡，攀到一悬崖边时，忽听树丛中有怪叫声：嗨呀，啊哈。他心里一紧，站到一块石头上循声去望，却不见人影。

因一个人不敢妄动，就撒腿跑回棚里，对二叔说了山里状况。伯祖出了棚子，跟仲景转过两道坡，站那察看。那里一垛垛峭壁，怪岩幽洞，忽然又传来叫声。仲景要去看详情，伯祖打手势不让他去，他分明听见前边有尖叫声，却说：外边什么都没有，是侄儿听错了。

仲景又仔细听听，觉得奇怪，疑惑地往回走，又听见叫声。他绕过坳头，站到一开阔处察看，原来是个提竹篮扛布袋的老头，在往上爬。仲景正在惊诧，那老头喊：后生啊，可找到你啦。

仲景恍然感觉老头像是魔法变出来的，他惊讶地问：大伯，你老从哪里来的，来这弄啥？

老头上气不接下气地喘着说：我是杏花山的，听说你们挪到独山了，我去独山也没找着，正好遇到官兵在烧你们的棚子，我到山下一打听，有人说你们好像往这来了，我才找到这。

老头说着，掀开竹篮上的毛巾。

仲景问：大伯，你找得这么费事，有啥事儿？

老头说：我家婆娘瘫在床上不能动了，来找医家医的嘛。

仲景还是放不下警惕，问：你是哪个庄上的，贵姓啊？

老头说：后生你忘了，你们医过我老父亲的病，啥钱粮都没收，我听说你们到了难处，烙些油饼表表心意。

两人说着已走到棚前，仲景这才想起这家老人患过热证，二叔给治好了。他此时闻见油饼葱花的香味，食欲就涌上来，想拿一块往嘴里塞，正好伯祖站到门口，使眼色阻止了他。

仲景又疑起刚才的声音，问：大伯真的没听到那边的叫声啊？

是我害怕，乱叫着壮胆的。我倒是在半路遇到两个骑毛驴的后生，搭腔一说话，也是找你们的，我把他们支到别的路上了。

伯祖惊异地问：你碰见的后生长啥样，毛驴带东西没？

老头说：带了几包东西，我怕是官兵装扮的，就支开了。

伯祖问：你支他们往哪儿走了？

老头说：往西走了，两个后生是谁呀？

仲景要说出，伯祖抢着插言：可能是山下有人送东西来了。老伯啊，我咋忘了你家是哪个庄的？

我老爹的热证，病几个月了，你开的泻火方术，给医好了。

伯祖抓抓头，一脸茫然地说：老伯你可能记错了，我们没在杏花山行过医，也不是医家，是到这里寻找出家之地的。

可能年代久，你忘了，我家住杏花山北坡，两间薄瓦房，一间草棚灶火，门前有棵无花果树。

那你找的医家姓啥？

姓张啊，哪还有第二个医家在杏花山常住？

不对，不对，我们姓李，从穰城李花庄来的。

老头也蒙了，嘴张了半天，才说：哎哟，我真是老糊涂了，我走我走。

仲景感觉二叔给老头造成的窘迫，太尴尬了，他说：大伯，谢谢你老人家跑这么远，行医治病是医家该做的，你何苦费这么大的周折来找？

伯祖不由分说插话进来：不是该不该，是迷路找错人了。

老头脸上干笑着说：巫婆神汉医病，哪个不要钱粮，你们救了命，分文不收，我忘不了哇。老头说着取几块油饼，拿出半袋子高粱糁，递给仲景。

仲景看着香喷喷的饼，胃里翻腾起来，二叔用胳膊肘暗中碰他，问：大伯你姓什名谁，如果我们碰见姓张的医家，定会转告你的意思。

老头说：我家住赵家屯，杏花山下十来里路。那里巫医多得乱碰，就是没一个好医家，苍天无眼啊，我们几个村正犯疾疫，有一家老少半夜都断了气，连门都打不开，埋葬时乡民们用草卷卷实埋了。有的人家没人埋，被家人拖到野沟里扔那，给野狗撕着吃了。

伯祖摆摆手说：你还是去找姓张的医家，我们可没医病的能耐。

老头走了，仲景扶着他下山，问：大伯，你们村到底患了什么大疫，现在怎样？

老头说：村东头有两户人家得咳嗽症，三天传了十来个。

大伯，我跟你下山去看看。

神婆把病人拴到村外棚子里，说等人一死，火烧坑埋，疾疫就不传了。

可是大伯，那几人性命保不住了呀。

就是不拴，性命也保不住。

大伯，你等一下，我跟二叔说说，跟你去看看。

仲景回到棚里跟二叔说了想法，伯祖说：别送了，这人来路不明，难说是不是善茬。

仲景说：二叔我放心不下他们村里的大疫，想去看看。

你能断定他没说假话？一去你就输，不是输，是彻底败了。

仲景用手在地上抹抹，往脸上抹了一层灰。拽几把龙须草往腰里扎着，说：二叔你看我这打扮像不像个贼？要是不像，下了山再找件烂麻袍穿上，看谁能认出我？

伯祖说：你个子太高，气度不凡，除非剥了皮，才认不出来。

辨认出来我也要去，当医家的见死不救，咋当啊。仲景说着，别着头站那不动。

伯祖说：还有一条，世人谁都怕瘟疫，唯有你不怕，就这一条，就是张仲景的品性，一到场，谁都能认出是你。

仲景只好低声说：那我去送送老人算了，念及人家送来东西。

仲景走到了山垭口，看着老人正慢慢下山。他站到高处，大声说：大伯你回家叫人们找些瓜蒌、甘草、白萝卜、姜片和梨，一块煎汤喝。

老头摆着手，说：知道了知道了，哎后生，你到底是姓张还是姓李？

仲景心生警惕，说：哦，我们是李花庄李家人。

可是，我知道李花庄只有个巫师。

我们从老家出来年代久，不知那里状况。

老人摆手下山。

仲景站到山坡上，愤愤地顿脚，可着嗓门喊：我想医病家——

仲景从坡上转回来，听见棚里有杂乱的说话声，再走近，看见门外树上拴了两头毛驴。他赶紧跑回棚里，看见了仲祥仲建，扑上去一手抓住仲祥，一手拉起仲建，说：你们可来了。

仲祥说：要不是半路遇到个陌生老头，早就上来了。那人给我们指了错路，我刚好也不想引他到此，就将错就错，与他岔开路走。

伯祖说：这好，说明仲祥长大了，那老头在你们来之前才走。

仲祥说：二叔，我和仲建带了不少东西，够你们在这过个一年半载。

仲景问：家里情况怎样？

仲祥坐下来，把二郎神设粥棚的事说了一遍，说：涅阳人说这回他可骗不过去了，南阳太守怕是要摘下他的官帽。

仲景为之一振，说：嘿，真是谢天谢地，他一掉官，俺们就回涅阳，大张旗鼓地行医。

伯祖说：二郎神狡猾得很，不会轻易掉官，就是掉了官，咱也不能回去。

仲景问：为啥呀二叔？

伯祖说：他当官是公开坑人，不当官会暗地坑人，咱斗也斗不过，玩也玩不转，只有绕着走。

仲祥说：爹说，以后别想逞强了，能活着就中。

仲建已把包袱里的东西掏出来，四个大包袱里，塞了十双鞋、两床厚棉被、两套厚棉袍、两套夹袄、两袋麦仁、一袋高粱糁，另有小米、萝卜干、南瓜干、各种豆子，连花椒壳、大茴香、小茴香都有。

伯祖问：这鞋都是谁做的？

仲建说：我妈做的，七双叫你穿，三双是我大哥的，够你们穿了吧。

伯祖听了沉思起来，这回他真的被赵氏打动了，你说以前在家里相互关照一下，还算人之常情，这都跑到天边了，不知今生能否再相见，还这般牵挂顾及，这不是人间真情是什么？这瞬间，一直想逃离老家，远走高飞的他，忽然想回到张寨，去见见那个情意绵长的女人。

仲祥把东西都拿出来，把空袋子也留下，就要走人。

仲景说啥不放他，要带他和仲建去看看山景。

仲建说：那好，咱现在就去吧，明儿一定回。

三人出了棚子，仲景在前边带路，兴致勃勃地说：你们一看肯定着迷，住多少天都不想走。

仲建抄到了前头，与仲景并肩走着，小声说：大哥，仲祥是新婚离别。因为陈家盯得紧，不趁他的洞房夜，陈家放松了警惕，俺们根本出不来。

仲景恍然回头看看仲祥，想起他今年十七岁了，正是婆亲年岁。他走慢了，问仲祥：爹妈身体怎样，你后来又上学了没？

仲祥说：我上了不到两年，老忙家里的活，耽误得学不进去了，才辍了学。爹叫你放心在这，别操家里的心。

仲景领仲祥和仲建跑了一圈儿，因冬季雨水少，看不到瀑布，很多溪水也断了流。回来的路上，仲景说：你们明天就走吧。

仲祥怯生生地说：哥，我没等你，就成家了。

成家了好，说明你长大成人了，以后多担些事，接起家里的担子，你说舅想怎么管我的案子？

都知道舅是个猛将，他咋能受得了这个气，如果翻不过案，他会动杀心。

仲景惊异地说：你回家就说俺们在这过得好好的，别叫他操心。

不要紧，听说北方有起义的，都年把了，还没见打过来。

是啥人要起义？

仲祥说：我听人闲传哩，说是里边有医家，专意打贪官恶霸的。

嘿，如果以后打过来，我遇见了就参加，把我这几年窝的气都打出去。

在仲祥婆亲之前，翠姑就想叫母亲去给张家送个礼。黄氏没去，还嚷了翠姑一顿，说她是大闺女要饭——心眼儿死。

翠姑开始跟母亲闹别扭，却发现仲祥不见了，有人传出，新娘洞房是空的，新郎不知去哪儿了，有人说仲祥有病去涅阳求医，有人说仲祥嫌弃新娘，不愿服从老人包办，才溜走了。

可是过了半月，仲祥又出现了，说犯的病医好了。翠姑猜着仲祥可能是去找仲景了，那个疼断她肝肠的名字，只有仲祥知道底细。

她穿了新麻衣要出门去，黄氏问她去哪儿，干啥去。

翠姑说要去张家打听个事儿。

黄氏说：你看看张仲景犯那事儿，给张家背多大口黑锅，谁还去他家，眼药吃肚里啦。

翠姑说：我去大关坑纳鞋底吧。说罢手拿鞋底，一边纳，一边来张家找秀娃借花线。

十五岁的秀娃刚从婆家回来，正在院里绣花。翠姑一进来，就敏感地发现，秀娃脸上很平静，还哼着小曲，一点没有悲苦之意。她心里猜到了八九成，张仲景并没有死，而且还平安无事。她问：秀娃，有没有绿线借我，我给亲戚家小娃扎猫头靴，缺这一色。

秀娃说：有，你来，我给你找。

翠姑趁机问：你二哥那些天上哪儿了？

秀娃徐徐地说：上街卖布哩，头疼，就去医病。

卖的什么布，我也想买一块呢。

我妈织的花格棉布，只能做被单。

翠姑抓住秀娃手，小声问：你二哥是不是去找老大了？

秀娃挣开她，进屋去找花线。

翠姑怔住了，见小芬端着小碗出来，翠姑问：哎小芬妹妹，你二哥前些天去了哪儿？

小芬说：俺爹娘都不叫说，我也不说。说罢瞪着怯生生的眼，嘟着嘴走了。

翠姑见秀娃半天不出来，知道刚才的话里有嫌，她想着仲祥可能在地里干活，就往西坡跑去。到西坡地里见到仲祥，笑嘻嘻地问：仲祥啊，你那些天去哪了，咋没见着人影？

仲祥说：我去别处卖布了，家里积的陈货。

是啥花色，多少钱一匹？

仲祥睐着眼说：看样子你想买呀？我家仓里还有月白色、靛青色，花格子、宽影条的，是我成亲用剩下的，你跟我去挑一块。

不，不是我要，是我娘想要，我是好多天没见着你，问你去哪儿了。

我刚才不是说了吗，你还问，是啥意思啊？

我有点焦虑你哥，你这次去见到他没？

仲祥大为震惊，说：你咋知道我去找他了，你听哪个鬼说的？

我猜他没有死，就想着你肯定能找到他。

你说错了，我哥真死了，我上天边儿也找不着他。

翠姑听罢哎了一声，身子跟蝴蝶一样倾斜下去，手捂着头往地上倒。仲祥跑得快，冲到跟前拦着她腰，没让她倒下去。翠姑呜呜地哭了起来。仲祥怕路人看见，急躁躁地说：别哭了，听我给你说实话。

翠姑猝然站好，瞪着发红的眼睛盯着仲祥。

仲祥看看左右没人，小声说：我哥真死了，你趁早嫁人吧。

翠姑问：你还想诓人是吧？

你就是插上翅膀也飞不到那了，快嫁人过日子吧你，别膈应人了。

翠姑抓着仲祥的手摇着，问：你为啥要诓我？

诓你弄啥，我哥就是活着，也从来没瞅过你一眼，你好意思整日打听他？

你说他到底在哪儿，我要去救他。

仲祥摇着头苦笑，边走边说：救他，一个弱女子去了不喂老虎，也叫狼吃了。

不，我要对人们说张仲景没死，是老天爷在保佑他。

仲祥指住她，嗔道：你个憨鳖妮儿，你想叫官府再下令抓他不成？

翠姑恍然大悟，苦笑着走过庄稼地，举着双手，喊：老天爷呀，你会保佑张仲景的，是吧——

翠姑追问仲祥的事，很快传到黄氏耳朵里，黄家也要为翠姑说婆家了。年过十九岁的闺女还没嫁出去，在乡村都是奇闻，人人说起来，都跟出一溜儿闲话。但翠姑依然在屋里纺织，一点也不熬煎。多年来，她已养成了独对柴窗，细听织布的习惯。心是寂静的，留着大块空间，猜着心上人的去向，等着心上人归来。

母亲到处托人为她说婆家，还带着一串子唠叨，说别家的闺女十三四岁就出嫁，像你这岁数都养几个娃了，谁像你赖在娘家不走，想扎老女儿坟啊。再不找个人嫁掉，一碗剩水泼不出去，等到一脸枯皱皮儿，成个黄脸婆，不嫁拐子也得找麻汉，看哪个成样人家还会要你。

她没理会母亲，心里装了太多张仲景的音讯，哪怕官府把人命案喊破天，民间谣传张仲景死于深山，她都不信，不信的理由是：世人都说，头上三尺有神灵，像张仲景那样的好人，神灵会护佑他不落入魔鬼之手。

就这样，张仲景仍像火一样跳闪着光，暖着她。母亲一提找人说媒，她就喊头疼，有时疼得难忍，抱着头在地上打滚，黄氏才肯罢休。

正在黄家妮哭闹时，来福走到门口，叫出黄氏来，小声说：二郎神叫人砍了。黄氏啊了一声，张大了嘴巴又抬手捂住，悄悄进了屋里，关了门。

第二天，张寨村大关坑边上，又围了十来个闲人，把二郎神被砍的事讲了出来。说有天半夜，二郎神去南阳郡办事，趁着月黑往家里赶，进入涅阳城，走到一小巷里头，忽见两边排着蒙面人，一根大棍从黑暗里砸来，二郎神扭头一绕，刚绕过去，另一边又一把大刀砍下，正好落在二郎神骑马的大腿上，当时便落下马来，歪在地上号叫。

跟在他后边的一虎，见此情形，吓得在边上喝止，可巷道细窄，容不下他挤上前对敌，只能眼看前边的血腥打斗。此时见二郎神歪在地上杀猪般地号，他反而打心里萌生了惊喜，想想多少天来坑杀郎医，逼死程多，关疯医家巫医无数，终得到眼前的报应。他赶紧下马去看二郎神，却被二郎神一巴掌扇过来，骂道：眼看老爷遇难，故意往后出溜啊？

一虎还是上前扶起二郎神，看看地上一摊血，说：老爷，咱去找医家啊还是巫医？

二郎神说：回家有我哥哩。谁知一虎要扶他上马回张寨，他却小声说：我哥施的巫术只能医心病，不如找个好医家。

一虎听见此话感到陌生极了，瞅瞅二郎神，说：难道老爷不知，涅阳的医家都死的死，散的散了？

二郎神说：少废话，还不赶快回张寨啊？

二郎神回到张寨，大仙一看伤腿，就犯了愁，眼看一腿鲜血淋漓，从大腿流到了脚脖。他甩着手说：这红伤，我从来没医过，你回来干啥？

二郎神的腿还在流血，脸色煞白，他感觉脊梁沟里发凉，浑身发冷，叫大仙找被子来捂。

大仙说：捂着不是办法，腿上的血不敢多流，再流就不中了。

正在说着，花彩娥来了，看一眼就抽搭哭啼个不停，二郎神说：你真是个妨主精啊，哭尿哩，还不赶紧想招医伤？

彩娥不哭了，说：我去烧香求神保佑官人。出了门拐个弯儿就说：老天爷呀，谁下的毒手，咋没把刀砍到脖子上啊？

二郎神说：哥你快支着，我浑身凉，头都晕了。

大仙赶紧叫九桂熬灵芝、大枣，又兑了蜂蜜叫二郎神喝下。九桂又去炖了鸡蛋羹，端来叫二郎神吃，这一喝一吃，二郎神缓过劲儿来，说身上不冷了。

大仙用细棉布包扎了二郎神的腿，看看不流血了。弟兄俩坐下来分析巷子里的刺客，会是谁？

二郎神说：两个蒙面人，脸蒙得严丝合缝的，从这看，是熟人。

大仙问：你今去南阳郡有谁知，回来的时间又有谁知？

二郎神看看一虎站在门外，小声说：我去与回，就一虎知晓，可这娃不是那号人，也干不了黑活。

可他会透信儿啊，把信透出去让别人干？

他跟着我拿饷，透信儿图的啥？

卖钱，讨好，泄愤，都有可能。

我喊他进来，一刀捅了算了。

休得作恶，你还没拿定证据就要人家的命？你还能往哪个地步做？现在只是怀疑人家透信儿，但信儿透给了谁，是谁作案，这才是主谋。

我猜这事是张家所为。

张家想杀你早就下手了，怎会等到你大小会宣判人家罪名。

是程多家里人，为程多报仇？

对了，还有一个人不能小瞧！

谁？

张伯厚那个内弟，闻保有。

他为那个外甥，可是操了不少心。

还有，你卖赈粮时酒杀的车夫，最少冤死五人，那些个逃命的也有嫌疑。

你是不是在粥棚里还打死过一个老头，冤家太多，头绪杂乱，你都扳不过来。以后还是罢手算了，也别纠结张仲景了，放下一个，就多条路，以后咱多行善少作恶，好儿好女往上长。

哥说得没错，可唯有张仲景，我放不下。

是啊是啊，你赶紧把抓人的队伍撤了，得接受教训嘛！

二郎神可能腿伤又疼，吸溜着嘴说：中，叫我再想想。

第三十八章

申风水已有七八个月没见闺女回娘家了，他在外听到一些传闻，觉得有点八卦，认为巧凤女虽泼辣，却不会干出那么损人的事。

他多次到涅阳城，钻进茶棚饭店里，自个儿叫一碗面条，慢慢吃着，听着街坊的流言蜚语。有时周围的话题扯不着他要的事儿，他就故意问：听说逃跑的车夫死了，或听说有人告了医家等，说罢等反应。不出所料，一提这事，人们就七嘴八舌说开了，场面很快火了起来。

他听到的实信儿是，车夫真的死了，是误食了张仲景开的咳嗽方术，方术半路有变化，有人调换了药，毒死了车夫。还有个说法，是张仲景手下有误，开错了方，不管怎么说，都没人说张仲景是故意害人，而是车夫婆娘反诬了张仲景。

申风水不再打听了，越听越恼火，恼到再上街不是去茶棚饭店，而是去找闺女。可他在涅阳找好几回都没见影，他自语，不管你钻到哪条阴司沟里，老子都要把你找着，往死里教训你。

这天，申风水到穰城为一位亭长看阳宅。这人名叫陈秋，原有老房五间，院落有两亩宅地，娶了一位正房生了三个闺女，又娶了两位偏房仍各生一女。陈秋找人看了，说他犯了七女星，必须生够七个闺女才能见男胎。陈秋为此烦恼透顶，看见三个婆娘只生赔钱货，就气不打一处来。有天夜晚，他做了一个梦，有白胡子老头托梦，说他生女是犯在阳宅上，房子朝向不好。就想在老房边上盖砖瓦群房院，设九间房，明里是为自家千金建绣楼，内里想等住宅宽余后，再娶姨太生儿子。

申风水初见陈秋，便在面相上看出卯窍，这刀条脸，油青脸，倒八眉，除了没有深陷的鹰眼，整个脸面没有一块平和饱满处，也找不见一丝富贵相。申风水不知怎么就联系到了大仙，觉得面相上就好有一比。他又见宅院外有坑塘，弯柳古槐围圈，水面苇草成丛，猛一看不错的村景，实则阴气过重。长年居住这样的戗风逆水宅，不生女也会在别的事上倒霉。

陈秋一路介绍着祖上风脉和积德。申风水眼尖，上去就看见柳树下有一小坟，占据宅地一角。按民间风俗，宅地应为乾坎艮震巽离坤兑八个方位，俱全为佳，缺哪个卦位，就对哪个卦位的人不利。比如缺东北艮，即少男位。从这小坟上来看阴阳，他认为这么小的坟茔只有未成人早夭才有。谁知一问，原来是陈秋爷爷的坟，这么重要的高祖先辈，怎能隆这么小的坟，再看坟上蒿草混着断梗落叶，好像有些年没烧纸扫墓了。这样的人家，怎能积好德？

再往前走，申风水还看见有棵老槐树，弯得如前朝遗老的腰，大枝上有刀砍的痕迹。申风水站那拈须细看，越看那曲身的老槐越像龙身，他让陈秋也看，陈秋看那树有点像驴尾巴。

申风水心存典故风雅，对陈秋这种大俗之人，正想说些教化之言，谁知陈秋让他卜卦算命。申风水感到此人心术缜密，恐怕平日没少找神仙测算，自己再测，或重复，或错落，多有嫌弃，少有好果。申风水心里别扭，说：算命技术无非以阴阳五行为主，这在此术中叫比肩、劫财、正印、偏印、正官、偏官、正财、偏财、伤官、食神等十大术语，被称为十神中心算命法。

吃饭时候，陈秋命婆娘做了三个素菜，杀了鸡熬一盆汤，却不知到了上桌时辰，从院外呼啦进来一行人，小柴桌很快满位。申风水只好拈须走人，出门时想，自打测看风水至今，还从未见过如此场面，看来这半官半痞之人，不是好处的，谈何风水之术。他正在郁闷，陈秋追到院外，一把拉住他，说了一箩筐好话。申风水才指了新宅选址并告诉他，必须绕过祖父坟地百步远，且不能再砍龙树枝。

那陈秋认为申风水没说到点子上，拱手施罢礼，正在此时，申风水听见堂屋客人大声说话，说那个车夫的婆娘跟县官混到一起了，医家的案怕是要重判。申风水像被点穴了似的站到院门外，陈秋却吱呀一声，关了院门。

申风水走了约莫半晌工夫，快到家了，忽想起褡裢里的竹简忘了拿，当即拐了过去。

当他走到陈秋院外时，听见里边女人号叫。他感到民风不淑，听听又觉得不对劲儿，女人可着嗓门吼，只差喊破喉咙，像是遭受不堪的刑虐。他伸手拍门，拍半天没人应，急得上到一棵紧挨院墙的树上，往里看，这下呆住了。这院里变戏法一样出来三四个年轻婆娘，穿得妖艳鲜丽。那陈秋把正房婆娘捆在树上，用棍子打。几个女人嘴里边嗑瓜子儿边嘲笑，还有女人指责正房婆娘不知天高地厚，杀鸡待假神。

申风水生平第一次看见这个妖精窝，就够好奇了，更奇的是，还看见一个熟悉的影子，那穿红绿大花衣袍的，正是他的闺女巧凤，他大喊一声：住手！

陈秋扭头看到院外动静，当即扔下棍子钻进屋里。

申风水大声喊他来开院门，说是来取裆裤的。门一直没开，陈秋把裆裤隔墙扔了出来。

申风水接住裆裤，嚷道：申巧凤我看见你了，你快点出来——我告诉你陈秋，不管是预测事物，还是察看风水，或占卦相术，达到一定境地后，都得回到因果上，善恶有报数，只看今生后世何时遭逢，近在眼前，远也不过两代。就说那卦事，凡动则有卦，卦随心行。一念之间想到何处，看到何境，做了何事，就是起卦时。这是易理，在进行八字预测时，通过外应，甚至不看外象，就能批断内理。故而，风水先生眼中一堆坟，眉下一棵树，就观出善恶，测出报应。陈秋小子你听好了，我不是看阴阳的，是给小子讲教的。你现在把申巧凤推将出来，我有话跟她说。

门仍没有开，里边啼笑全部凋落，陈秋说：申先生你走吧，甭费口舌了，申巧凤没在这。

申风水说：她是我亲闺女，我看见她活人了，你放人出来，要不然我下个符咒，你接得起吗？

陈秋又说：你见鬼了吧，或是犯了心病？

申风水在门外转了几圈，没招，心念善缘数遍，又开始拉长腔背诵《易经》里的八卦：一为乾，此卦本意谓日出时，光气舒展形象。乾卦为天的极致，象征事情要进行到底，一往无前。二谓坤，此卦象征大地，可包容万物，像君子宽阔的胸怀，永远向前不息。

刚念到此段，前边拐弯路上滚起黄尘浪子，隔着芭茅丛，他看到是自家儿子申玉龙过来了。

他大声喊：玉龙哪里去？

玉龙奔到他跟前，猛从毛驴背上跳跃下来，气喘吁吁地说：爹，我姐太不像话了。

申风水听了脊梁沟都出汗了，说：我儿慢讲！

玉龙说：她干了见不得天日的阴损事，回家细讲吧。

父子俩各骑毛驴赶回家，见李氏捏着脚脖子坐在地上哭得泪人儿一般。申风水还看见房屋山墙的桑树上落了一只怪鸟，头脸像只猫，身像母鸭，短腿。他打手势止了婆娘哭啼，双手合十，低声念着什么。直到那怪鸟飞走，他才叫玉龙进屋细述。

正在此时，门外哎呀了一声，是巧凤回来了。真是个活鬼，这么快现身了，一进屋就投到母亲怀里，嘤嘤哭啼。外边围了不少邻居观看，申风水这才拉过巧凤来，质问她毒死车夫之事。

谁知巧凤撩起衣襟拭泪，万般委屈地说：我见车夫逃过官府追杀后，整天窝到家里病蔫，不挣钱也不干活的，就心生嫌弃。又怕官府抓他时带灾于我，就开始盼他早死。谁知医家张仲景铁心拒绝我，我在他面前好丢人，就状告他开毒方害死车夫，霸占于我。我只是想教训一下张仲景，要他在无奈之下娶我，谁知那二郎神竟动了杀人之念。

申风水更吃惊了，问：你讹了仲景，又去找陈家老二，真是个祸渣儿呀。

巧凤张大了嘴巴，翻着眼，说：你还不知道张仲景多气人，我叫他开毒方，他偏开好方骗我，我才讹他！我明说了，那车夫因赈粮犯事，我跟他过，真是倒了血霉，可是张仲景连一点同情心都没有，叫我怎能不坑他？

申风水一巴掌扇在巧凤脸上，指着她说：你个不良不淑的逆女，原来施奸心陷良医，你纵是不要世理了，还得要天良啊！你忘了你是谁家之女，身从何来——

巧凤顿着脚奔到里间，身子一扑，就拱到被子上呜咽起来。

申风水捂着胸口，流了一脸老泪，悲怆呼号：天哪我行端立正，犯了哪一卦，要遭此报应啊？

正在门里呼怆时，外边有人敲门，开门一看是玉龙的好友小昆，进来小声对玉龙说了一句话，就走人了。

玉龙拐回来说：这报应可来了吧，有人把二郎神的腿砍断了。

仲祥和仲建次日没有走，原因是看见毛驴拴进棚里，知道这里来过狼。就打算在棚边再搭个小棚，以专拴毛驴和存放草料。当天下午三人从山里游玩回来，仲建就在附近转了一圈儿，看好树木材料，带上菜刀去砍树，仲景和仲祥把树棍抬回来，用小弯铲挖窝，栽下树棍当柱子。头天下午搭好架子，第二天早上开始寻找竹子，砍来搭成棚架，然后再找些龙须草盖成棚顶。一座两间房的棚子建起了，小毛驴拴到了新棚里，吃过午饭，仲建和仲祥就下山了。

伯祖看着两个侄儿走了，热闹的人气消散了，心有怅然。他站那想想，忽然想起个事儿，自从山里来了陌生老头儿，他就说那个老头像探子，咱得瞅个深僻处赶紧搬家，可是这么重要的事，硬叫建新棚的忙碌给搅了。

昨天夜里仲景做了个梦，梦见有人持刀把仲祥的大腿砍伤了，流了不少血。仲景醒来还在担心，见二叔坐在棚门口，他穿好衣袍洗了脸，跟二叔说了梦。

伯祖听了，说：梦有时是相反的，梦见自己家人的事，大多数是别人的，做了别人的梦，偏又是自己的。有一年我在梦里见到桃红，醒来竟是你三婶生了病。还有一回我梦见陈家院里有条蛇，回到村里，发现你家来了条青蛇。你做的梦，是不是大仙家出事了，或二郎神干那么多坏事，遭了谁的暗算？

仲景说：要这样的话，咱有出头之日了。

也不一定，你平常做梦多不多？

做的都不是好梦，不是遇到老虎就是碰见狼，有时还砍哩杀哩。

伯祖说：看来此梦有出处，咱就盼着仲祥再带信来吧。

可是二叔说想搬家，搬到新处，仲祥来不就找不到了？

也是，咱再想个万全之计。

两人正在棚里说话，忽然听见外边有女人的叫喊声。仲景机警地跑出棚子，站到高处去看，辨出了叫声来处，见山谷林间闪出两个人影，好像还背了个小娃，另一人肩上扛着村妇，穿林绕树地跑。村妇的衣襟不时挂到树枝上，莽汉行走艰难，仍不顾鼻青脸肿地横冲直撞。

仲景喊：二叔，有贼打劫妇人小娃，咱快去救人。

伯祖拉他一把，说：不可，这人生地不熟的，怎敢妄动？

蟊贼不是在劫物，是在抢人呢，会吃他们肉的。

小娃与村妇的哭叫声时高时低，小娃的叫声只差撕破喉咙。稍时就隐入深林里听不见了。不大一会儿，顺风扑来了焦油气，仲景一闻，说：二叔，他们可能在烧小娃，太可怕了，咱们得去救命啊。

仲景与二叔，各拿了树棍掿手里，朝叫声寻去。转了个高坡，透过密林缝，看见有股白色浓烟冒出。伯祖闻见了人肉气，吓得腿都软了，哪敢冲上去搭救。

仲景急得热锅上的蚂蚁似的，说：二叔，咱不能见死不救哇？

伯祖抱着一棵树，脸上变了颜色。仲景见他过度惊恐，就一人飞跑过去。伯祖怕他出意外，唉声叹气地从后边跟上，刚走几步，就被树枝绊倒。仲景又拐回去扶二叔，叫他坐树下别动。

伯祖摔倒是故意的，他实在不想去招惹蝨贼。没想到仲景扶起他，又跑去了，他急得老泪都掉下来了，带着哭腔大声说：蝨贼心狠手辣，侄儿千万要小心哪。仲景头也不回，跑进密林中冒烟处，隔树缝看，两个莽汉把小娃扔到火堆里。那小娃身子猝然踢腾，猛地蹿起，又被蝨贼按到火上。小娃拼命挣扎几下就不动了。不大一会儿，小生命就在毕毕剥剥的松木柴火里，烧成了肉疙瘩，更浓的焦油气弥漫了山野。

仲景见小娃没命了，痛心疾首地拾一块石头砸过去，怒骂：蝨贼，无人道的恶鬼，会遭报应的。喊罢，正要往后退，见倒在火堆旁边的年轻村妇，清醒过来了，在那啊啊地哭号。仲景想，现在无论怎样不能让她看到火堆里的小娃。这时一个蝨贼扑到村妇身上，去扒麻衣，村妇尖叫起来。仲景退到密林里捡块大石头，括住嘴大声喊：蝨贼你听着——我乃南阳府衙差役，前来捉拿你们，如再作恶，定斩不饶——

另一道坡上的伯祖，听见喊声，也及时声援：快捉拿恶贼喽——大家快来捉，别让跑啦——

仲景不等二叔落腔又呼喊：贼在烧人肉——快冲上前捉拿呀——

这山喊，那山应，一会儿四面群山都回过音来，形成了重兵压境之势。吓得蝨贼扔下火堆和村妇，逃命去了。

仲景折了树枝干草秧，用石头土块草草掩埋了小娃。过来看村妇头上有血迹，仲景说明自己是医家，劝她医了病症再找小娃。村妇哭得死去活来，只说找不到小娃，活着也没啥意思，还不如一死。

仲景劝半天无济于事，只好等她哭够了，背起她回草棚里救治。伯祖看着脸色苍白的村妇，说：你赶紧熬碗黄精姜枣汤叫她喝，治过来就送她下山，咱们得赶紧离开这里。

仲景问：为啥这么急？

那蝨贼知道此山有人，会放过咱们？

却说太守回南阳郡府之后，心里一直在想涅阳县的粥棚，觉得粥有点稀，等着喝粥的民众脸上凄惶，那巴望喝粥的迫切样，证明是一群饥民。他还惦着泥巴未干的锅台，和粥棚外的新土，说明粥棚新建，只为应付自己。

他内心开始纠结，本来听了陈家义汇报得可观，以为可以树个典型，可现实是它并非真实。他想起平时在南阳遇到的乞丐，大多是涅阳人。难道自己上心上意要去看的，是一出戏？出于负责任的态度，太守决定派心腹差役，大根和二木，火速杀个回马枪，前去探底，看看陈县令的说辞里，到底掺了多少水分。

大根和二木接令后，立即骑马往涅阳城赶。进到涅阳城，不从县署前边的官道走，从城南一小道抄过，直奔粥点。跑到离粥点半里路时，见一老人倒在路旁。大根飞身下马，顾不得拴马，跑到老人跟前，边扶边喊。二木则到有人处打听医家。

老人醒了，说不出话来，眼里白多黑少，嘴里还噙着未嚼烂的草秆。再喊几声，老人头一背，就死了。大根看老人面带菜色，骨瘦如柴，断定是饿死的。

二木叫人们过来辨认老人是谁家的。当地人看看死者，说这里饿死人多了，百姓连活人都难保，谁愿来认死人呀？

这时过来一个七八岁的小娃，蓬头垢面，一身灰，站那瞅瞅老人，指着不远处的居民小巷。

大根叫他带路去看看，又交代二木留着看护老人，他跟小娃一起去巷道。进巷道走了有几家街房，大根闻见有怪异气味，好像死狗癞猫的。小娃站那指指两间草房，大根问：这是老人的家？小娃又点头。大根推开门，见屋里横七竖八倒着三四个死人，一股腐臭气散发出来，大根手捂着鼻子退出来，敲开另一家邻居的院门，问了情况。原来这家有五口人，因常年患病干不了活，断顿半年了，老两口与两个儿子把媳妇活吃了，女儿怕被吃掉，跑出去要饭了，回来后见老娘和两个哥哥都饿死了，她也撞墙自尽。外边大路上的老人是他们的老爹，在外要了半月饭才回来。

大根问：像这样的人家多不多？

邻居说：城里不多，乡里多。

大根又问了施粥的次数，来围观的市民都凄惶着脸，摇头不语。

大根不用再去粥点看了，拐过来跟二木商量，找一条麦秸席子卷住老人埋了。埋了老人转身来找马，却不见了踪影。他开始以为马自个儿找草吃去了，四下都看看，哪儿都没见影，他这才站到高坡上喊起来。

这时一个老婆婆过来，说：有两个小贼娃骑一匹灰马往南跑了。大根跃到二木的马上，挤着坐到后边，往南追了一路，无济于事。正站那想办法哩，听见有个要饭的老婆婆边走边唱——

涅阳县，穷光蛋，饿极了，去要饭。

人肉香，马肉顽，蝨贼抢肉不掏钱。

大根这才知道那马被蝨贼偷跑，当肉吃了。大根性子耿直，一股火气蹿上来，头发一根根往上直竖。他红着眼跑到涅阳府，见二郎神腿上包着白布，正在判案，他直撞到二郎神跟前，问：你设那么多粥点，为何还有人偷马吃肉？为何还有人饿死路旁？

二郎神本想着一场戏蒙混过关，在他的政治升迁中，又有新台阶。要不了多久，就会登进郡府，甚至进京城的梦都不远了。没想到上级抄了后路，他吓得不轻，赶紧把拖长的脸收好了，拐着腿下了座，笑容可掬地问：大人此时下来定有要事，请到后院细叙。说罢把大堂上的案子晾到一边，摊手请大根和二木绕过转堂，往后院走去。

大根为丢马气得呼呼哧哧，到了后院，二郎神立即叫马夫拉来一匹膘肥身壮的枣红马，说：下官不出三天，定要查办偷马贼，再不让外地盗贼窜过来，扰乱涅阳城的大好局面。

大根是有名的别子，有点头脑简单，听着二郎神的满嘴肺腑言，一片光堂理，开始转变了看法。

二木却是睁只眼闭只眼，由着二郎神蒙忽。不大一会儿，二郎神就把两人耳根子说热了，晌午一顿丰盛酒宴，酒足饭饱，又各人塞过去一大把铢钱。二位小吏对二郎神的嘴上功夫，口服心服，接了铢钱即千恩万谢。二郎神交代叫他俩在太守面前多多美言，二位连声点头说中中中，是是是，好好好。

三天后，太守在南阳郡召开灾县大会，下令各受灾县，要参照涅阳施赈的经验，搭好大棚，垒好锅灶，除了粥汤再稠一点，其他经验都可参考涅阳。不得对赈粮有半点私念，发现有私吞赈粮者，必须彻查严惩。

下了几天连阴雨，天气突然放晴。张寨村的几户草屋，在太阳光照里冒起白烟。

花彩莺生下一女婴那天，刚好是陈大仙的儿子耀武接亲。陈家几喜临门，里外喜气洋洋，唯有二郎神因腿伤出不了台面。

正在一家人欢天喜地的时辰，从村头走过来个要饭的老汉，到门前边打竹板边唱：

聚宝盆来生金银，盖个庄院升官人。

这个官人本姓陈，涅阳县里带头人。

头人要是多积福，久后一日现龙身。

大仙立即叫九桂拿几个馍打发了。那叫花接过馍，塞到怀里，又伸手讨要。

大仙问：你莫非想要铢钱？

叫花子说：老身本半仙之人，只因举家遭火灾，沦为叫花。我想讨几件旧衣袍，叫儿女们遮体保暖。

大仙叫九桂去拿。九桂找了一捆子长工披的麻片，叫老汉看，老汉又打起竹板，说顺口溜道：

说麻衣，道麻衣，麻衣披上是层皮。

不披麻衣穿龙衣，龙衣能遮狗肝肺。

九桂一听嚷起来。大仙念起此人刚才说的话，不是一般草芥，叫九桂快些讨几件能穿的。九桂拿了几件半旧麻袍，叫老汉拿走。大仙又给老汉几个铢钱，说：这是你的金口玉言，接福，走好！

老汉双手打拱谢恩，打着竹板走了。

这人前脚走，后脚又来了个老婆婆，拉一青年来找大仙。

大仙看这老婆婆倒八字眉，一脸哭丧子命，拉个小伙瘦兮兮的，穿粗布短袍，肩披麻片，腰里扎粗麻绳，是山旮旯儿里的人。大仙觉得好面熟，并见青年胳膊上挂个白带，吊在脖子上。他认出这老婆婆在半月前找过他看阳宅。凭着多年的经验，一般上门来找，都是还愿的，应带大礼来，还要配以锣鼓，张扬声势。像这个挂彩上门的是少数，他有不祥之感，背过脸往另一边走。

老婆婆拉着儿子追上去，赧颜问：神仙大人，我找你看过阳宅，才半月你就不认得了？

大仙低着头边走边睐眼往后瞅瞅，说：大嫂，我正忙呢，你有啥事？

老婆婆说：你看你给俺算的黄道吉日动工，我儿子还叫砖头砸伤了胳膊！我大老远跑来找你问问，你看是啥邪劲儿？

大仙这才正眼看着青年，惊讶地问：你们是哪个庄的？何日找过我？

哎呀你忘了，你按俺老头的生辰八字推算的，才过半个多月。

大仙想想，说：不对呀，那些天我一直在忙，从没为谁家看过阴阳宅。你走错门儿了吧？往西七八里那个村，也有个算卦的。

唉，你给我老头推的生辰八字，咋会忘了？

叫我再想想？哦，是看的兴土木时辰是吧？走，跟我到宅院里喝茶叙事，一回生二回熟，三回就是老朋友。

大仙笑容可掬地往家里走，老婆婆与青年跟着他，进到院里，一脚门里一脚门外，大仙忽然扭过头来，说：实话对老嫂子说，正是因为我算的好时辰，才砸了你儿的胳膊，若算不好时辰，恐怕要砸到头上。要不是看你年纪大，我念个咒身，你家还会遭灾，是这吧，你喝了茶即走，往后会顺风顺雨。

老婆婆变了脸，说：一个大神仙失算了，还辩歪理儿，你得赔我损失。

九桂过来倒茶，说：神仙也只管你老头的八字，还能管到你儿孙？

老婆婆一听躺地上哭起来，哭说神仙不积德了，得赔一担细粮。

大仙见老婆婆哭得半村人都能听见，知道不是好惹的主，赶紧扶起来，用火纸烧一小堆灰，加水和成泥，叫回去抹到儿子伤口处，然后又关心地问：你家院里种有啥树？

老婆婆抹着泪，说：两棵香椿树。

哎呀，好大嫂你，没听说椿树有谣：

椿树王，椿树王，你长高来我长长。
你长高了好做梁，我长长了难盖房。

椿树为百树之王，是光武皇帝刘秀封的。我可找到窍门了，怪不得我算了好时辰，你家还出事，原因就是你得罪了椿树王。我给你算的是晌午贵人到临时辰，你可能动工误了时辰，又背着椿树的方向，冒犯了人家。

老婆婆一听跪地上哭求：神仙你说该咋办呢，你可要救救俺一家啊。

大仙说：你赶紧回去，趁狗不叫鸡不鸣的时辰，跪那给椿树王磕七七四十九个响头，再烧七七四十九炷香，再蒸七七四十九个白面馍供上，能保你家百事顺和。我再送你三个铢钱，几张火纸，回家赶紧烧了，送走各路鬼怪，邪气自散。

老婆婆接过铢钱一看，是东汉五铢，薄绿锈，上等美品，乡下罕见。只有官人富豪才有此物，她千恩万谢，拉儿子走人。

大仙送客后对家人说：以后不管谁兴土木看阴阳宅，一律拒之门外，咱只施术医病，再不管风水行的闲事。

第三十九章

街上又有人传，好像远处有骚动，原因是鸿蒙原始的世代已经过去，有耐不住民间疾苦，看不惯皇宫昏庸的，从逆境中逼了出来，不愿做等闲之辈，终要揭竿起势了，这就是传说了多日，还没见起势的黄巾军。

消息也动了二郎神的念头，他的腿伤因只伤及皮肉，没动到骨头，养了一个多月，又可以骑马出行了。当他走回张寨村时，看见张家宅院的烟囱，青白的炊烟正往树林上挂，觉得也怪好看的，忽然想起了大仙的话，打算从此不再纠结张仲景的事。

可是不到两天，他又听说黄巾军的起义首领也是医家出身。他想如果这群人打过来，张仲景岂不是找到了同行，到处揭告他私卖赈粮之案。正在转念，听到有人议论张仲景，还把前几年路口木简上写的顺口溜，拿过来背。二郎神下乡私访，到一村头，听见小娃跳着唱那首顺口溜。跟被扇脸一样，他的脸热了。身上热血飙升，回涅阳就委派县府里差役和家丁，加上行巫的信徒，又奔往各村寨店铺，拉网式地搜查。

与前两回不同的是，二郎神这次要巧凤把口头诬陷，撰出讼文，状告过来。

以前是拿官权在压人，经不起究底，不如把案子正规立起，好按程序处治。

他找人传唤来申巧凤，申巧凤前不久被父亲教训过，早对整张仲景的事打了退堂鼓。她一看二郎神脸带杀气，肃然的样子，觉得有点头，内心生起逆反，说：俺又不懂告状是哪门子事，也不想再讹那个好人了。

二郎神说：你怎么改口说是讹人，那么你早前说的词儿，可是犯的诬陷罪。

申巧凤说：我什么时候诬陷人了？我只是造了谣，你还派差役去抓人，你才是诬陷罪。

二郎神说：别吵了，你现在只要写几个字，我就可以宣判，以后他就是回来了，也抬不起头。

申巧凤正在思考，忽听门外有喊声，是玉龙和小昆一起闯了进来，抓住申巧凤袖子要拉她走人。二郎神忽然想起夜半巷道口的蒙面人，此二人的个头声音，都很像那两个人。二郎神一拍惊堂木，一虎过来了，问老爷有何吩咐。二郎神说：这两人私闯公堂，快快抓起关入南院。

申巧凤尖声喊：二郎神你敢抓我弟，我就把你私底揭开，跟你拼个鱼死网破，你信老娘不？

二郎神一听，摆手叫一虎出去，他问玉龙，一月前的夜里，你在哪干啥，有谁证明。玉龙哪肯回答于他，拉上巧凤，喊小昆速撤。二郎神想派人紧追，又不敢得罪巧凤，就忍着愤怒，在那想窝心事。

却说申玉龙拽着巧凤出了县府，走到涅阳街北，迎面过来一人，骑着高头大马，横着大刀，竖着眉眼，呀呀呀呀叫嚣一阵，便甩刀朝巧凤抢过来。抢到巧凤面前时，玉龙挡了刀，一看是闻保有，双手抱拳道：大人，刀下饶命，我拉出她，就是要回家教训，再不干坏事了。

闻保有跳下马来，照着巧凤的脸，啪啪啪连扇耳光。扇得巧凤嘴角流出血道子，捂着脸，蹲地上呜咽，平时那泼辣刁钻相，一时扫地。玉龙拽起她扶上马，临策马时回头说：谢谢大人教训，我姐再不敢了！

张闻氏在陈家接儿媳时，按照伯厚吩咐，也上门送了礼，还亲自与大仙单独说了几句。大仙唉声叹气地说：我千不是万不是，只怪没有把老二领到正路上，巴望他当了官往好处学，干点正事儿，谁知他反而走向了偏道。

张闻氏说：走正走偏老二的事儿，你就像俺们张家老四，穷空破业地户，还吃喝嫖赌，没有一样是老大想看到的光景。

大仙说：这兄弟之间，都是一棵树发的枝，你想顾也不一定顾得上。可嫂子啊，我最对不住的是你家张机，那娃可叫老二坑苦啦。

这也不必在心，我跟当家的能看开，因为在家不听话，走了医术路，那就尽他吃苦遭罪，也算应了我当家的话。如是老天成全他当医家，就保佑于他，如果没那个命，真如世人说的夭折于深山，虎狼食之。咱还过天长地老的日子就是，你千万别往心里去，年纪大了熬煎不起啊。

大仙小声说：老嫂子啊，张机没有死啊，我心里有数，前些天仲祥仲建出门，不就是送东西的嘛，我心知肚明，就是不告诉老二，我怕他下狠手。

张闻氏一把抓住大仙的手，说：他叔哇，你不是一般人啊，你知我与当家的为啥阻拦张机学医，就是俺们深信他陈叔的巫术，不想叫他乱这个局呀。

老嫂子你记住了，只要我在这世上没断气，我就不会让机娃不出气儿，我陈大仙能耐不多，就是秉血性，讲信义。

张闻氏看见外边忙，催他去顾场。大仙走后，她感动得湿了眼眶，撩大襟拭了，赶紧出场上应酬。吃罢酒席回来，把大仙的话说给当家的。张伯厚一听，紧张起来，问张闻氏：他说张机还在世，你也不辩一声，你能信他不给二郎神传信儿，你知他哪句是人言，哪句是鬼话？

张闻氏说：人家都说了知道仲祥仲建出门是送东西的，他心知肚明就是不告诉二郎神，咱再辩，那不撒谎施奸哩？那尖酸溜能之人，能辨不出吗？

伯厚不再说啥，但大仙破局知晓仲祥洞房夜出门之事，成了心病。换个角度看，陈大仙真还不是自己平时眼中的人，此人在多年前为老母采药摔伤，险些丢命的事，又浮现出来。这让他看到一丝光亮，他知道大仙并没参与仲景之案，而是二郎神一人在作恶。

他长出一口气，回到屋里，对张闻氏说：看大仙的态度，咱娃有救了，不管以后回来回不来，都死不了了。

张闻氏是想儿子想得最无奈的人，更无奈的是，她还不愿把悲情传给当家的，叫他跟着愁苦。就连她内心巴着当家的想法搭救儿子的心念，也不敢说出来。看到伯厚放心不下，她说：他爹，这光景都中了，仲祥能隔些天送东西过去，有大仙从中瞒哄着二郎神，咱就求之不得了呀。

伯厚说：我这些天只感觉黄家妮哭哭啼啼的，好像张机遇大难了，可以蒙蔽陈家的眼。谁知大仙看事入木三分，原来是他在暗中左右着二郎神，才没干绝活啊。

张闻氏说：要不然你再去找找他舅，他消息灵通，出招有准头。

伯厚摆手说：不去，那天他送仲祥半夜回来，就说了，他扳不过来这桩冤案，只想杀了二郎神，我不想再给他加恨。

张家院里，老两口正在说道儿子的事，忽听有人敲门。两人怅然少时，伯厚正在犹疑着往院门后走，门被推开了，申风水领着闺女巧凤来了。

申风水有些天没来张寨了，他穿棉布大褂，捋着长胡子，笑眯眯地走到门口。后边跟的巧凤，一脸惶惑，两眼怯懦，半边脸红肿着，身上穿戴没过去艳了，头上没有插花，还背在父亲身后，斜着眼儿往张闻氏这偷看。

主客寒暄完毕，巧凤瞅好时机施了个礼，低声喊：张伯张娘，小女巧凤这厢有礼了！

张闻氏看见坑儿子的仇家来了，心里翻了个个，血只往头上涌，强忍几回都平息不下来。但她还是让申家父女入座，转身去弄茶，板着脸一言不发。

申风水说：哎呀伯厚老先生啊，老嫂子啊，这些天我都无颜见你们，我今天是叫小女来跟你们赔不是的。接着转脸瞅着巧凤，说：你可说说，为啥要编排瞎话坑人，你在家咋说，到这还咋说。如果你张伯张娘能接受你赔不是，就没事了，如果他们不接受，往下咋整，自己看着办。

巧凤站在屋中间，对着伯厚和张闻氏，说：张伯张娘，巧凤不是人，坑了你家娃，巧凤跟你们道歉了。

申风水指着她，厉声嚷道：还没说到点子上，继续说。

巧凤又说：我已经想好了，二郎神如果状告仲景，我坚决不给他做证，还揭出他是陷害诬蔑好人。我当时只想把车夫害死，再嫁仲景，可他拒绝了我，我是为报复他才诬告的，我不知坏人会做这么大的祸，我错了，张伯张娘！

申风水嚷道：还有，接着往下说。

我到二郎神那说了车夫死的事，他就讹到了仲景的方术上，以此好当杀人犯抓捕于他。我爹说这事会丧天良，说张仲景不是一般的性命，是后世的名医圣贤。我今天来见你们，告知悔过，我从今开始对世人说明，我是诬陷好人，我要痛改前非，重新做人！

张闻氏已经在抹泪了，抽泣得坐不稳，只好捂着脸钻进里间，爆发了一声惨叫：我的儿啊——

伯厚说：妮啊，照你说的一个道歉就完了，可是我家憋屈这几年，磨难悲苦，谁给顾及呀。

巧凤惊讶地问：张伯，你说仲景他真是死了？

张闻氏从里间冲了出来，抓住巧凤领口，拽着搡着，破着喉咙大叫：你个活妖精作祸害人，你赔我儿子啊，赔我儿子啊——

巧凤吓得退到申风水身边，两手抓住父亲胳膊，晃着说：爹你叫我来，这可咋办啊？

申风水一巴掌扇在巧凤脸上，把她推到张闻氏跟前，说：你干的好事，把人家娃坑到死地里了，人家怎样骂你都不为过。老嫂子你该打就打，该骂就骂，怎样出气怎样来。

张闻氏又冲着撞着，要撕巧凤，被伯厚拦住了。他早听说巧凤给二郎神做了妍头，不是一般关系了。他在听巧凤忏悔时，在猜这是不是二郎神暗中旨意。当听到她不愿给二郎神做证时，觉得有一丝亮光，他扶着张闻氏的肩膀，叫她坐下，说：你冷静一下，妮刚说不做证了，这是个转机，妮的良心发现，就给咱娃翻了个案。

张闻氏冲到巧凤对面，指头捣着她额头，责问：翻个屁，这已造成多大的冤枉啊，妮啊，你也是娘生爹养，你知不知道你到县衙歪歪嘴，就把个好人逼上绝路，你知不知道你坑得张家人抬不起头啊？你小小年纪就坏到这地步，再往后你还敢喝活人血，吃生人肉哇你？

伯厚拉过来张闻氏，说：妮能认错也是个长进，以后改了就中。

申风水指着巧凤，嚷：还站那干啥，还不谢你张伯。

巧凤扑通一声跪了下去，低着头说：张伯，我是真心对不起你们，你们原谅了我，我愿为张仲景正名，到处为他的清白奔告。

院门又响了，正好是来福推门进来。

申风水和巧凤赶紧溜到边上。

伯厚好声问巧凤：你说说到底是谁托仲景，给车夫开的药？

巧凤说：是我叫他开的。

到底开的啥药，你从根起上说。

他开的药没错，是治咳嗽的，可是半路我掺了东西，药性变了。

照这样说，妮是不想跟车夫过了，找仲景开药借刀杀人？

是啊。

那你为啥要这样？

是因为，我家夫君帮贪官贩运赈粮，半路犯事儿叫杀人灭口，他活着逃了出来，窝藏到家里就成了病秧子，我怕官府来抓捕，带灾于我，才巴他早死。

妮说的句句实话？

句句实话，不敢胡言。还有，车夫死后我想嫁仲景，也是真的。被他拒绝了，我才讹了这桩人命案。

伯厚看看来福，说：这妮说的，你都记住了吧，到外人场里往外传。

巧凤脸上露出难为情的神色，推推父亲胳膊。

申风水指着巧凤说：今儿当着你张伯张娘的面，我明说了，如果有人再撺掇你告黑状，坑好人，人家张家咋处治你，我就不管了。

爹，我真是再不敢了。

伯厚使眼色叫申风水带巧凤走。把申家父女送出院门外，来福也跟了出来，照准巧凤背后呸了一口，恶狠狠地说：诬陷好医家，黑心烂肝花！

巧凤低着头只管往前走。

来福说：你有娘生无娘养的野妮啊你。

伯厚拽了下来福胳膊，说：人家是来认错的。

认个错就完了，她都犯了诬陷罪，上绳扭送官府都不为过。

张闻氏追上去拽住巧凤，大声吵嚷：不中，你走不成，你得当众说说，怎样诬陷好人，叫众人知道你是个坑人精。

因为张闻氏声音大，引来村里老人小娃过来围观。巧凤吓得花容失色，喊了声爹，要挣开张闻氏。

伯厚见来人多了，说：就是嘛，你把坑人的过程细述出来。

申风水把巧凤推到前边，巧凤挣开张闻氏，拔腿就跑。申风水从后边追上了，揪住衣袖，说：妮你必须说出来。

张闻氏站在院外边地窑口的高处，比画着说：都听着哦，申巧凤说车夫是她自己害死的，死后她想嫁张仲景，被拒绝，就诬告张仲景，还在恶官面前告黑状。她到我家来认错，却不敢当大家的面认，说明心里还不净板，像这样坏五脏的人面女鬼，该不该叫人原谅啊。

众人说：不该，千刀万剐了这个活妖精！

伯厚小声说：你认为人命案是巧凤定的，二郎神才是祸根儿，妮你走吧。

申风水与闺女一前一后往前走，身后的来福到大关坑边上人场里，把巧凤的话重复一遍，又到街上茶馆里，再到猪血汤店里，烧饼摊前，到处传说。涅阳人以前都不知冤案根底，跟风闲说，此时知道了真相，往下也是见人即传，见树不说撞三脚，见鸡不说呵三呵。

申家妮上张家门赔礼道歉，声言是诬告张仲景。这话很快传到二郎神耳朵里，如炸响了晴天霹雳。

二郎神一屁股坐到大仙的堂屋，说：我有生以来干过多少事，从来没像收拾老张家这样艰难。

大仙说：压根儿我就不叫你折腾，为啥，老张家祖辈积德行善，在众人眼里有威望，想整这样的人家，是找麻烦的。

二郎神说：可是申家妮也太胆大了，竟然出尔反尔。

大仙说：她起先说了假话，翻案是早晚的事，你就消停住吧。

我叫你盯紧张家动静，你连张仲祥啥时去北山都打听不到，错过好几回战机，申家妮把案一翻，往下更不好整了。

收手吧，积点德，为以后儿孙留条路。

我觉得你说这话是站在张家那边，你咋从来不为我着想哩？

我还真不敢站在你那边，站到了招惹万人骂，我担不起那骂名。

兄弟俩正在你一句我一句地争，有差役来报，说下到偏远山区的差役，都拎着刀棒回来了。

这是二郎神没料到的，任务分布半月了，好几路精兵强将分头去抓，不但没收效，反而都吊儿郎当地转了回来。又花七天工夫，有两个差役交来了一条木简，上写：天降圣贤张仲景，涅阳县里好名声。另有一差役还捡到申巧凤的述说木简，二郎神一看，嗵地从座上站起，嚷道：快去捉拿民女申巧凤。

两个差役跑半晌回来了，说：回大人，民女申巧凤已失踪数日。

去把她老父和小弟抓过来，酷打必招，看她往哪儿逃？

两个差役吃罢午饭又往西走去，到天黑回来，说：申风水正在施术算闺女，待回来就扭送过来。

二郎神打算明天亲自去申家，可是当晚三更天，大仙骑着毛驴摸黑过来了，说：如果你再去骚扰申家，哥就死给你看。

二郎神摇了摇头，两拳有力地扎在膝盖上，别着头不说话。

八百里的伏牛山，十万山峦仍沉在无边的静寂里，这好像是无边无垠的苍茫，没有头绪。仲景与二叔已在这度过了七个春秋，时光好像走得太慢，慢得如度百年。

伯祖已接受了这里的一切，从去年开始他叫仲景下山弄来高粱米和萝卜籽，种到自开的地里，保证涅阳送不来食物时，他们有自己的东西吃。不管日子怎样艰难凑合，伯祖还能适应这里的潮湿寒冷，从吃喝到劳作，到炮制药剂，都开始有了规律，身心都融入了深山。更为欣喜的是，仲景已长大，高过二叔半头，身板也强壮了，翻山越岭，跨沟攀缘，十八般山间武艺，样样精通，一个人单打独斗，没有担不起的事。

这天，仲景才出门，伯祖把毛驴拉到外头晒日头，毛驴刚拴到树上，就慌乱狂叫。伯祖一看有狼往这冲，赶紧喊狼来了。没走多远的仲景拐回来，配合二叔把狼打跑。

这件事后，伯祖就不叫仲景出门了，出门也不能走远，反正门前有片地，耕作浇洒，一天到晚都有活。仲景不想窝到棚子里，就帮着炮制药丸，棚里活干够了，就去地里薅草。可他想老这样不出门也不是个事，他说：二叔，我想去远处找药找果，还想为毛驴割青草，你叫我隔两天出去跑一回，再钻棚里。

他这样一说，伯祖说：看来搬家是早晚的事，可往哪搬，我心里没底。

仲景说：咱们在这里的盼头，就是仲祥送过来吃穿，带来涅阳的信儿。这两年没见仲祥来，是不是情况有变化？

伯祖说：要不再住些天，等仲祥来。

叔侄俩又把棚子漏雨的地方修好，继续住在这等仲祥。眼看到了初秋，伯祖正在一块地上浇青菜，山下跑来三四个莽汉，掂着大棒子冲过来，站到菜园边嚷：你们抢了婆娘小娃，活吃了小娃肉，还摘山果偷粮食，今天可找到你们了，新账旧账一起算。

伯祖吓得不轻，赶紧从菜地往家里跑。走在前头的老汉，不由分说追上来抢起棒子，正好打在伯祖腰上，伯祖一屁股坐到地上，脸就扭歪了。

他枯皱着脸，说：好老表你们来了，偷你家小娃是蟊贼干的，你家婆娘被我们救下，在这喝了药汤才下山。

为首的那个老头说：你叫她喝药汤，她回家还哭得泪人儿一般？

仲景上前抓住棒子，说：我二叔说的句句实话，俺们是行医之人，岂能伤害生灵？说着弯腰来扶伯祖，谁知伯祖捂着腰坐在地上，哎哟哎哟叫着，就是起不来。

老头把棒子放下来拎手里，说：俺们看见蟊贼抢走人，就朝这边来了，还说不是你们合伙窝藏吗？

伯祖说：老哥都看见了俺们种的地，你进棚里看看俺们的糁粮，怎会吃人肉，你儿媳是因找不到小娃而哭啼。

为首的老头进棚里看看高粱糁袋子，麦仁包子，说：那我孙子在哪儿？

仲景忽然想起两年前山下情景，说：我领你们去看看小娃的坟。

仲景说着走出棚子，带着人往前走。伯祖不放心，捏着腰起来，弓身跟上，走几步，腰疼得挺不住，扶着树干不走了。

仲景在前边跑，约莫转两座山，到了能看见沟底的地方，指着山下，说：就那个小坟堆，是我隆起的。

　　几个莽汉要下去细看。仲景领着下坡，走到小坟跟前，讲了三年前他在坡上采药遇见的情景。为首的老头蹲下去哭孙子，其他三人也抹起泪来，有的喊娃有的喊侄儿。仲景知道了他们的关系，等他们哭够一阵，说：我说清了吧，你们可不要再冤枉好人了。

　　四人抹了泪眼，你看看我，我看看你，问：你们住在这为啥不救人，蟊贼为啥没打劫你们？

　　仲景打个手势转身走了。一溜烟跑了回来，问：二叔，你的腰咋样啊？

　　伯祖说：这几人说不定回村庄就传咱的事，很快会传开，我说咱搬走吧。

　　仲景问：往哪儿搬？

　　一条是往西北深山里，行走难，少有人烟。另一条是往西南方向，穰县城西有个杏山，你看选哪条。

　　仲景说：再往北走，怕是深山无人境，离家远了，仲祥来了找不着，不如前往杏山，能托穰城人给家里捎个信儿。

　　二叔说：可是现在又搬不了了，我这腰疼得直不起，像被打断了。

　　那咱先不搬了，等你腰好了再搬。

　　也是，我挑些药医些天再走。刚说罢，忽然捂着肚子，白着脸说：哎哟侄儿，我怕是不行了，肚子疼了多日，可能是把肝打破了，刀绞一样地疼。

　　仲景还认为那棒子只打痛了二叔的腰，没想到这么严重，他关了棚门，打开二叔的大襟，一看肚子，肿得明晃晃的。他焦虑地说：二叔，你肚子发硬有多少天了，为啥不告诉我。

　　伯祖说：原来只认为是山里寒湿所致，发现硬块有半月了，我想只要挨过冷天，天转暖就会好。

　　仲景说：赶紧配药吧，缺啥我去找。

　　伯祖说了方术：姜片、黄芪加猪肚，煮粥喝，利水消肿。

　　光医利水消肿，还得找出病因全面施治。

　　这是早期进山时食养不良造成，并无大碍。

　　好，黄芪、姜咱有，我去村里找猪肚。

　　不用找，我存有干猪肚，这就派上用场了。

　　吃罢早饭，仲景交代二叔坐门口晒日头，他又跑出棚子。临走时伯祖喊住他，说：你去找些山茱萸来，熬粥时加进去。

仲景站那想起，一时忘了哪道坡上有这树，想半天想起这树是村人种的，路有点远。他就顺着一条沟往前去，走了五六里路，发现不远处有低树，挂着红绿间杂的果子，他知道那是山茱萸，又看看树林里没有堰垱，断定是野树，就过去选红果采了起来。摘半天才弄了一大把，就抱着树干摇起来，树下呼啦跟下红雨一样，少顷落了一地。他很快捡了一小麻袋，拎着往回走。

仲景满载而归，回来就喊二叔，没有应声，他进到棚子里，见床上被窝和锅灶上的东西都不是原来的样了。他恍然有摸错门儿的感觉，平时从外边回来，一喊二叔就有回应，此时没见人了，再定睛一看，药包子撒了一地，还有两双旧鞋，仲景吓得不轻，跑到棚门口大声喊：二叔，二叔，你在哪儿啊——

棚外没人应，倒是棚里有沙哑应声，他跑到棚后边，见二叔坐在一堆荆条丛里，脸都落了颜色。仲景猜着二叔是来解手，上前扶着二叔走过来，二叔一屁股坐到铺上，长吁短叹地说：侄儿啊，这万万住不得了呀，刚才又来蝥贼了，他们可能是在下边村里人那里得到信儿，才找过来打劫的。要不是我听到吼叫躲起来，怕是叫他们活吃了肉啊。

仲景说：那几个山里老粗鲁人，咋也这么坏哩。

可能他们丢过庄稼，才透信叫人来坑咱。

仲景坐二叔对面问这问那。伯祖把蝥贼从哪方向过来，怎样进棚子翻腾，主要抢的是粮食和棉衣，述说一遍。仲景用釉子小罐烧了热水，叫二叔先喝。

伯祖又说：亏得我把新被子存到麻包里，要不然也叫抢跑了，还有个岁数大的说，先拿这些，随后搭个棚住下再来拿。

仲景一听，自语道：照这样说他们不打算走了。说罢站到棚门外看看，见另一座山坳里冒出了白烟，可能是蝥贼的住处，与这种人共处，还会有清静日子嘛。仲景返回棚里，说：二叔，看来咱得赶快离开这儿，再不能犹豫了。

两人开始收拾东西，慌半天收好了，码在毛驴背上，伯祖却扶着腰站到门口，摆手说叫等一下。

仲景又坐到二叔对面，不知怎么安慰。世上只剩叔侄俩的时辰，他感到有点心疼，往后衣食多忧，二叔的悲声哀叹，都把日子罩在惨云愁雨里。

晚上，仲景把二叔安顿睡下，就跪到边上为二叔按背推肩，按合谷、捏内关和足三里。

还给二叔讲笑话，说过去医病遇到的怪事，好像天下什么事都没有发生。可外边树丛里稍有响动，他就飞快拿起树棍和石头，扎好架子准备打拼。半天没见动静，他干气地嘿嘿笑着抓后脑勺，聊以解嘲。

夜里，他做了个梦，他去高山上找灵芝，想煮汤滋补二叔。快攀到山崖上时，有几朵云彩从身边飘过，他头晕了一下，眼前出现一个红花衣裙的老妪，挂着拐杖从山腰走过来，好像是陈家的花彩娥，细看又像是申巧凤。胡梦颠倒，似是而非，他辨不清到底是哪个托的梦，莫非是厄运托付的征象。

仲景早上醒来，不敢说梦，去泉边打来水，回来按二叔说的，一边把高粱糁和绿豆一起煮上，一边说这扯那的，不管哪样话题，都兴高采烈的样。说半天也不见二叔反应。他停下手里活一看，二叔不仅没开颜，反而流泪了。仲景晃着二叔，喊：二叔，高兴与不高兴都得过，还不如开开心心往下过，叫二郎神坑咱的心白费掉。等你身子骨扎实一点，咱就去杏山，那里病家肯定不少，咱医了病也攒点钱粮，积攒够了在山里盖房建院，不必盯着涅阳南阳穰城那些老地方，咱到哪不能行医啊。

伯祖闷了半天才说：两个蟊贼能抢物，也能来吃人。我还有《难经》重要的经术没传给你，现在赶紧传，侄儿听着：伤寒有五，有中风、有伤寒、有湿病、有热病、有温病。五病俱统于伤寒一门。另《难经》说：风为阳邪，寒为阴邪。

仲景心里一惊一乍的，此经方自己早就背熟了，也与二叔研讨多次，二叔今天又认真念起，莫非他也做怪梦了，还把怪梦当成了征兆。他说：二叔，要不然我扶着你，咱明天就走。

伯祖看看棚外边，吓得抱住膀子，说：我可不敢出门去，再碰上蟊贼，肯定做他们嘴里的肉。说着落下泪来，还哏儿哏儿地哭了几声。

仲景这才发现，二叔的神情，已经不是平常那个二叔了，要么是气心疯，要么是癔症。一贯无忧少愁的青年，内心从此生了惆怅。

第四十章

当天，仲景用麦面和高粱糁，烙了一袋饼子，装到一个布袋里，把干药材都装到麻袋里，码到大毛驴背上。再把被褥棉衣鞋子捆好装起，把锅碗刀筷另装一袋，放到另一头瘦驴背上。都弄好了，看看棚子里再无可用之物，这才扶着二叔往外走。

二叔突然反悔，甩着膀子，不叫仲景扶，说：我不走了，走到哪儿都有蝲贼，还不如侄儿你吃了我，好去赶路奔前程。

仲景一听这话，哭笑不得，说：二叔，咱到杏山离家近，仲祥能经常送东西，你老身子养好点，咱再去行医，快走吧，听话二叔。

伯祖说：要不然你走，我这腰怕是走不出这山，就散架了，侄儿，叔不该引你走医路啊。

仲景说：二叔不悔，你不引我我也会走这条路，这是我命定的。

命定个屁，你还不到二十岁，转到京城去做个官，官压陈家，为张家出一口气。

走吧二叔，听话。

伯祖扭棍别棒地跟着仲景出了棚子，爬到毛驴背上，又回头看看旧棚子，一时老泪横流。

仲景怕二叔走到陡坡处摔下毛驴，就把一被单撕成宽布条，把二叔双腿拴住，固定好，自己才上了毛驴，扬鞭策驴。仲景想，下山后瞅个月黑星少的夜半，把二叔送回涅阳，叫仲祥仲建照顾他安度晚年，自己一人去杏山。

仲景一手牵两头毛驴往前走，走了里把路，忽然想起忘了个事，一时又想不起是什么事。再翻一座山，才想起是忘了在旧棚处留个话，为仲祥过来指个向。

他说：二叔，我忘了为仲祥留话了，你在这等着，我去去就来。

仲景把二叔扶下来，叫他坐到石头上，怕石头凉，又脱下自己的棉袍垫到上面。然后把二叔的毛驴拴到树上，这才骑上自己的毛驴往回拐。仲景着急忙慌跑回去，取了一块断裂的木简，没有笔墨，他跑到一堆黑石头下边，捡块小的，在木简上写：己奔赴杏山。写毕，把木简插到棚里头。

仲景安置了木简就走，一里多的下山路顺风赶到二叔那，见二叔在抽搭，哭得像个小娃。他赶紧为二叔擦了泪，扶上驴固定好，刚要走，听见山下有人声。走过一道坡，人声近了，他侧耳一听，有人在问砍柴樵夫：老头，你在山上，见过两个医家没？

没有没有，我啥都没看见，就看见柴，还有蟊贼老往这窜。

大胆刁民，敢欺骗官府？

小的不敢。

仲景如雷轰顶，知道是二郎神的差役摸上来了，他赶紧把毛驴牵到另一草坡，放它们去吃草，他不由分说背起二叔就跑，前边有个山洞，他慌不择路地往里钻去。伯祖此时清醒了，不再哭，悲怆地说：天要塌地要陷了，莫非陈家能神算？

仲景断然否定：不是的，咱躲一下就中。

叔侄俩钻进洞里。不大一会儿，差役可能发现了毛驴，往这边走一段，又发现了石洞。三个人都削尖了头往这跑。到了洞前，洞口有野丛乱藤，惊悚得他们推推搡搡不敢前行，后边的差役跟缩头乌龟一样，拱屁股拉腰要往回拐，说怕洞里有妖怪。后边的人说：这恐怕还有野人，野人见了人一把抓住，一直嘿嘿笑，把人吓死了，可按倒吃肉。这人说罢，三人掉头就跑。刚跑几步，又站住，相互壮着胆，继续摸索过来。

躲藏在洞里的仲景，已看清来者有三人，心就吊到了嗓子眼儿处，但他极力镇定，因为二叔的精神已近崩溃，稍有刺激就会发生意外。眼看来者手持大刀，他急中生智，拿出火石和火纸，抓一把干枝梗点燃了，火烧起来后冒出白烟，直往洞外飘去，很快蒙住了洞口。

来人一见洞内冒烟，惊慌地喊：妖怪洞，真有鬼呀？扭头就跑。

仲景听见二叔咳嗽，他听人走了，赶紧把二叔背了出来。伯祖出了洞，仍惊魂不定，说：这世道哇，要不是他们怕鬼，就抓住咱领赏去了。

仲景小声说：二叔，说得对。说罢把二叔背到洞口的野枝间，往外瞅。

伯祖说：侄儿，得认命啊，要不然咱回涅阳找人给二郎神送点铢钱或谷粮，以后不行医了？

不，二叔以后再别说这话了啊，咱现在只能哪黑去哪住店，不能想太多了。

好，好，我不说了，再说你扇我老脸。

仲景把二叔放下，说：二叔受到惊吓，反而忽灵了。他往前走走打探情况，听另一座坡上有说话声，隐隐约约随风传来：莫不是有鬼通信，张仲景知道了咱们进山的风声？

不会，陈县令说他饿也快饿死了，采不动药了。

张仲景行医十几年，鬼见了都会搭救，咱干这事，真是伤天害理的，走吧回吧！

回去如何交代？上回有人报了死讯，陈县令说啥都不信，他要咱拿出王莽追刘秀的劲头，非要活见人死见尸才中。

咱也报个死讯，就说虎狼吃了？

反正张仲景是良医，杀此人者就是罪人，走他大那个蛋吧！

几个差役丢三落四地拐了弯，边走边唱：

二郎神，陈八蛋。

又抢亲，又诈骗。

毒车夫，占女眷。

讹良医，判冤案。

仲景没想到这些差役内心也有正义感，他听罢歌谣，如遇知音，壮起胆子，大步流星地跑出洞，大声喊：大伯大叔们留步，后生这厢有礼了！

差役回头看见后边来人，当即站住审视，惊问：你是谁？

仲景见眼前都是陌生面孔，只有一人躲在后边，把脸歪过来，仲景一看，认出是张寨的黄义成。他既然能认出对方，对方也会认出自己的。事到临头，他防心顿起，随即改口：我是名医张仲景治过病的穰城驴夫，为报恩来山野找他，找半月不见其人。昨夜神有托梦，说仲景在山里头的白云观隐身，因离家日久，日子艰难，我正想返回家带些衣物送来，可又离穰城家远，大伯大叔你们能积福帮帮良医吗？

差役见"驴夫"说话有板有眼，模样周正端庄，相互看看。有把小棉袄脱下的，有把身上背的干粮递上的，也有把装水的葫芦解下送过来的。前头的差役说：你见到张仲景捎句话，俺们是听陈八蛋的指令来追捕，就是追上也不会坏那个良心，只会搭救于他。说了要走。

黄义成从后边过来，说：你是谁，当我认不出你呀？你害得我家妮好苦哇，我不会放过你的。说着，对前边一个高个子说：一虎大人，他就是张仲景本人。

正要往前走的一虎转过身来，看看张仲景，摇头说：不像不像，张仲景还没到长胡子的岁数哩，再说陈大人说张仲景个子低，此人一点儿也不像。说罢又转身走。

黄义成上前拽拽他后襟，小声说：大人，我从小看到他长大，此人是他无误。

这时，洞里传来哭号声，沙哑嗓子的嘶号，鬼哭狼嚎似的，非常惊悚。一虎打个手势说：闹鬼啦，快走哇弟兄们。几个差役猫着腰抱着头跑掉。

转过一道山，都跑得气喘吁吁，一虎突然站那摸着头，说帽子刚被树枝挂掉了，赶紧去找，说罢不由分说，掉头就跑。一虎拐过来，招手叫仲景过来，把一包铢钱塞给他，说：这是你舅叫我送你的，你的人命案证人翻了供，二郎神告状无望，是叫我们来私办你的。我争取到这个机会，一是按你舅之意搭救于你，二是送个信儿来。你现在应下山直接去南阳郡，因为你舅已托人把治金枝病的妙方说是你开的，太守老想见你，一是请你进郡府当医家，二是把金枝嫁给你。二郎神得知此信后，从中设局断你的路，望你抓住时机，只要绕过涅阳二郎神，遇到谁都会搭救你。

仲景说：多谢大哥，我再想想，因为官府里病家不多，我去只是捞个虚名，不会有实际长进，另外，娶金枝得持家过日子，处处受制于人，我不应去那个地方。

我再问你，你家跟黄义成有仇没，他回去会不会作祸？

仲景说：会，这人是个祸事精，他会找二郎神报功，还会把你陷进去。

一虎说：好，我知道了，你舅说你的案子没大事了，你保重！

仲景双手打拱，躬身施礼，道：谢大哥，我若有出山日，定当涌泉报恩。

一虎与仲景说完要事，一溜烟拐过来，可就到了刚才的地方，他手扶头上帽子，说：弟兄们，走吧。谁知一虎路上一会儿喝水，一会儿捡灵芝，再一会儿又去撒尿。耽误不少时光，眼看斜阳渐弱，天色将晚，他说马累得迈不动腿了，走山路怕摔跤，就叫大伙进村里找人家借宿，到了村里，村头人家还做了葱花面条，让他们热乎乎吃了顿饱饭，然后去睡。

　　三人挤在一张地铺上，一位很快睡着了，鼻子发出鼾声。一虎却睡不着，只说是肚子疼，想拉稀，叫黄义成跟他一起出去。两人到了山崖处，风很大，一虎说：咱俩到悬崖那边背风处拉。黄义成无奈缩着头，揪着衣襟跟一虎去了，一虎问：你刚才到底看清没有，那人到底是不是张仲景？

　　黄义成大声说：是他，我剥皮认骨头，回去叫二郎神再派人来收拾他。说着到了悬崖畔，一虎说我听见哪儿有狼叫，你往下看看是不是有狼。黄义成好奇地将头往下俯，刚想说没动静，一虎就从后边猛推一把，把黄义成推了下去。只听啊呀一阵叫唤，在张寨巫汉门前十分活跃的黄义成，就悄悄将一生结了尾。

　　张寨村的秋后，田野空落下来，农闲时光到了。黄家为闺女找婆家无果，还惹出很多烦恼。

　　黄家儿子铁柱已经十五岁，到了说亲年纪，可是姐姐挡在前边，人们上门都是为翠姑说婆家的，这让黄氏很是泼烦。九月初黄氏娘家嫂子来，说了穰城县的驴贩子家的后生，后生十九岁，比翠姑小一岁，岁数不悬殊，但妗母说的女大一哭啼啼，不好。可是妗母又不顾翠姑别扭，硬着头皮往下串说。黄氏答应说要等当家的回来，可是左等右等不见黄义成回来。黄氏想起半月前二郎神来叫当家的，说不想让当家的卷到张陈两家的是非窝里，可二郎神当她的面，说的是叫义成去北山找仲景回来的。还说都是乡里乡亲，低头不见抬头见的，不如和气为好。可不知他拉了背场又咋说的。黄义成把一小包铢钱递给黄氏，临走前一夜都没睡好。黄氏仍不想叫他去，可黄义成认为接了人家钱财，违背就会得罪，就决定去北山。谁知这一去都快二十天了，人还没见个影。

　　眼看媒人约的相亲时间到了，黄义成还没回来。媒人就说不等了，可黄氏内心却生了疑心，不知当家的到底跟谁一起去的北山，都遇见啥了，至今没个回音。她趁二郎神回村里，跑到陈家去问。二郎神说：我叫他去北山，没叫他不回来呀。

　　大仙听见了，站到院里落脸不放地看着二郎神。黄氏上前对大仙说了黄义成去向，说着说着哭了起来，一把鼻涕一把泪的。

　　二郎神说：嫂子你别急，我知道派出的差役也没回来，可能路远，得过几日会回来的。

　　黄氏说：过几日，你咬个牙印儿，我在家等。

　　二郎神说：三五天吧，不耽误你家妮找婆家。

黄氏撩大襟拭了泪，走了。

大仙板着脸说：老二啊，你怕是派人去私办张家娃是啵，你还在结怨，收不住手了是不？

二郎神说：我告状无门了，只得私自下手，就这一回了，往后可当个良人，听哥的。

弟兄俩正在抬杠，门外头有人喊着火了——二郎神扭头看一圈儿，没见一丝火星，大声喊：谁在胡叫唤，作死啊——

外边仍有人喊：寥天地里起大火啦——

大仙和二郎神跑到院门外一看，是西坡地里正燃起熊熊大火，大仙马上想起自家的五亩高粱地，还未收成，他破着喉咙喊：快救火呀，都带上盆子罐子到西坡救庄稼呀。

先出来的是张家，几个少壮小伙掂着木盆往西坡走，然后是陈家九桂、耀武、耀能和贵娃，都拿着盆子、葫芦瓢，往西奔去。因为秋燥期雨水少，干旱的沟里只剩小水洼，人去了也打不到水，再跑回村里大关坑里打水去浇，一起子人慌半天，也没浇灭多少火头。倒是二郎神过来了，喊人站到火头前，踩倒几行高粱，把火链截断了，救过来一半高粱。

二郎神见地里黑乎乎一片，唉声叹气地回到家，大仙又站到院里，说：这报应都算轻的，你往后看吧。二郎神回到县衙，把一虎叫来，问黄义成怎么没回来。

一虎说：我给你说过了，黄义成好像不太情愿去北山，一路上老在抱怨，说张陈两家是非多，他与张家还有联姻，老不想走，后来不知怎么没见人了。我记得是那天半夜里他说去尿尿，就没再回来，不知是摸迷路了，还是故意掉队。

二郎神似信非信，又把另一个差役冯峦叫来，说：你们一起去北山的那个黄义成，是怎么掉的队？

冯峦一听大惊，怎么那人又活过来了，他马上跪了，说：小的只知他夜里去尿尿，不知是开溜掉队，还是栽悬崖了，小的不知下文。

二郎神说：你们在深山里头都遇到啥了，如实禀来。

冯峦说：我们遇到两个蟊贼打劫，还遇到山民樵夫，别的就是爬山赶路打听人。

二郎神问：是不是黄义成认出了张仲景，被人为灭口将其暗害？

冯峦摆着手说：不是不是，是黄义成一路埋怨，说不想去找良医张仲景，还说张是他闺女的意中人。

二郎神用这种隔离审讯，相信了一虎的说辞。放冯峦走后，他把拳头捺在案子上，说：黄义成不死谁死啊，老天爷公道哇。原来他想的是黄义成被一虎、冯峦加害，他会给黄家些补贴，现在看来，只有幸灾乐祸的分儿了。

但二郎神仍怀疑这里边有蹊跷，想一虎和冯峦都不认识张仲景，是否黄义成认出来后，遭到暗算。他又把冯峦押进了南狱，叫人用狼牙棒苦打逼招，可冯峦挨了半天棒刑，可能是一虎暗中安排，没有一棒是真正苦打，只是过过二郎神的招。

这才打消了二郎神的疑心，三天后流着泪到黄家，喊着嫂子啊，黄哥在北山遇到绿眼狼，出事了。

黄氏一听这话，当场气昏倒在门口，翠姑从织房里出来，又是掐人中又是抒心口，黄氏才坐起身拍着脚背哭出声来。

过了三四天，黄氏从悲痛中出来，娘家有个拐弯儿亲戚，说了个种葫芦发财的后生，家有田产房院和牛棚驴圈，是村上最早买得起铁盆，吃饭坐桌的冒尖户。后生是个二婚头，第一房媳妇娶来四五年不生养，休了。黄氏一听是个富家，不论青红皂白地答应相亲。

翠姑仍扭棍别棒地不愿意，自打没了父亲，她再不跟母亲吵架了，什么事都想帮母亲，唯有自己的婚事，要自己做主。娘俩又拧不成一股绳了。她低声说：妈，以后咱家人单了，你把我推出去，家里就剩你跟铁柱，你不嫌孤单。你要是嫌我不出门耽误了铁柱，那你先为他接亲。

不中啊妮，你住一辈子娘家不是个事儿啊，往后我死了，你弟媳不留你，你弟有啥办法。

我嫁到哪最后也是个死啊，谁能长命百岁，连世人呼喊的万岁皇帝，也才活几十年嘛。

你这都是支应娘的，你是还惦着张仲景，可那娃已经没音讯了，你想想你爹为啥回不来了，就是找不到张仲景，回来怕得罪二郎神。

妈，不是这样的，现在二郎神状都告不成，对张仲景早没办法了，我爹那晕头巴脑的样，跟着坏人起哄，早晚不会走好路，掉崖也没啥稀罕。

黄氏一指头捣到翠姑额头上，说：你连亲爹都不顾，只惦那个张家娃，老女儿坟你扎定了，是啵。

妈你别操闲心了，我就是在等张家娃，申巧凤不是揭了实底吗？讹的罪名，已被翻案。

可是官府当众宣布过罪名，申家妮辩解时几人听见？

不管几人听见，实情都摆出了，没人再听官府骗人。

我的妈呀，你敢违抗官府，不想活了？

官府错了，就该违抗，那么多人发木简宣扬张家娃的医德。

我不说了，你就当老女儿吧，嫁不出去的老女儿死了，连埋的地儿都没有。

到老了他还不回来，我就跳河算了，不用埋。

你不是着魔了，就是有心病了，我也管不了你，再管早晚会被活活气死。

黄氏说是不管了，过不了两天，又催翠姑相亲，说亲戚说的富户太富了，家有田产、房院、牛棚、驴圈的冒尖户。妮你闭着眼去相一回，相不中，妈再不操你的心了。

翠姑听了只当耳旁风，这个耳朵进那个耳朵出，半天不理黄氏。

黄氏急了，扑通一声跪到闺女面前，说：妮啊，咱俩换过来，我当妮你当妈，你就依我这回吧。

翠姑无奈扶起母亲，说：咱丑话说头里，如果我相不上，你可别埋怨。

黄氏说：中中中，只要你去，就可以。

可是相亲那天，翠姑不梳头，没换衣，就挺着平常呆着的脸去了。

男女双方见面不到一顿饭工夫，不知说了啥话，就翻脸吵嚷起来，甩了门，你往东我往西。

事后黄氏问为啥，这么不给人面子，翠姑说：那后生有个小毛病，是个斜眼儿，窝扣嘴，说话吐落半片，怪不得前边的媳妇跑了，叫我也留不住。

黄氏甩着手回到家，不知往下怎么说。

翠姑坐那木着脸，对着窗子，两眼只往北边望。

陈家很快知道了黄家女相亲的事，耀武前年娶了媳妇，过不到半年，小产流血多，咽了气。媳妇的娘家十分看重陈家门户，把十三岁的二妞送来填了房，谁知又在生娃时丢了命。

村上传说是陈家娃命里妨妻，再没人来陈家说媒。这条光棍儿快跟四十多岁的仙姑，混起了摊子。

大仙听到黄家闺女托媒之事，就想到自家儿子，如果儿子没有妨妻之嫌，他还会找个差不多的黄花闺女，可现在名声在外，到了不得已的地步。大仙吩咐了九桂，去黄家探信儿。

九桂拿一小包芝麻喊开了黄家门。黄氏看见九桂，一下子想起二郎神派黄义成去北山，心生怨恨，皱着眉头只听九桂唠叨，她就不递嘴。往下经不住九桂说陈家日子咋富裕，耀武咋有能耐，可能去官府当差，黄氏见势眼开，露出了笑脸，说要探探闺女口风，再回话。

九桂回来传话，大仙嫌九桂话稠说不到正趟上，还怕夜长梦多，想另托个大媒，就想到了彩娥。

彩娥因受到二郎神冷落，出门怕被婆娘们耻笑，整日宅在家里，闷得只差得癔症。要解闷就上街，一上街就喊黄翠姑一路，两人好像在村里都是个外码儿，平时没有说话的地方，只有两人能推心置腹，很快成了交心朋友。她一领到大仙布置的任务，就喊黄氏一起上街赶集，叙说了耀武好处。

黄氏才听彩娥说起耀武，还在心里盘算，闺女翠姑心向着张家娃，能不能转过这道弯，反来跟陈家娃。她听罢一声不吭，只是勾头看路边草，走了一顿饭时间，都在唉声叹气。快分手时，彩娥问黄氏咋想的，陈家娃不管从哪儿说起，都比张家娃强。

黄氏这才进入正题，说：那翠姑是个头撞南墙不拐弯儿的妮，我真不知咋回你的话。要不然你亲自跟她说，看咋样？

彩娥说中。两人一起进了黄家，彩娥也不曲里拐弯儿，直接说了为陈家提媒的事。谁知那翠姑一听，眼瞪得杏核似的，出口直抵南墙，说：如果我想使奸，就嫁进陈家，三更半夜砍掉二郎神的头，好祭奠张仲景，可我不想那样做。

彩娥听了吃惊不小，还是理解翠姑的烈女性子，和明心见性的人品，这回，轮到她不说话了。回家时一路想想自己跟了二郎神，连父母的命都搭上了，委曲求全到如今，还是输了。这是啥人过的日子啊，比起翠姑，自己简直猪狗不如，就不好意思说翠姑什么了。

从黄家回来，彩娥内存心事，坐床边沉思。不想仙姑从窗前闪过去影子，像是要往这屋来，九桂也在东院里喊她过去。

彩娥去了东院，大仙问黄家怎么回话。彩娥说：黄氏有点不当家，翠姑已死心于张家娃。

大仙说：你没跟黄氏点到，她家男人走了，留着孤儿寡母，靠个大户好安生？

彩娥说：我点了，黄氏是真的管不了她闺女。

这样吧，隔两天你叫她娘俩来吃顿饭，再劝劝，如果不中就算了。

当天晚上，彩娥去跟黄氏说：明天想请她来家吃好的，我哥嫂亲自上桌陪贵客。

黄氏一听大仙陪客，感觉脸上有光，激动得赶紧告诉翠姑，翠姑正在纺麻，说了声中。等彩娥走了，翠姑小声跟黄氏说：妈你想想我爹到底在北山遇到啥，丢了命。

黄氏问：妮你有啥头绪？

翠姑说：瞎搭你整天玩心眼儿，你都不想想我爹知道了陈家啥黑事，才被支出去灭了口？

黄氏啊一声惊叫，说：妮啊你可动心眼儿了，我也这样怀疑过，可就不敢往深里猜，你爹会不会是二郎神叫他带那两个差役，去认张仲景的。你爹到北山没认出来。

不对，可能是认出了，有人为灭口暗害我爹。

照这一说，陈家的洞太深，咱不敢沾了。

是啊妈，我爹在陈家压根儿就没人当东西，我这再嫁过去，也会挨他们收拾的。

妮啊，妈已经失去你爹，再不能没有你了呀。

第四十一章

伯祖从石洞里出来，脸上阴云更浓了，等回到毛驴跟前，他说：贤侄啊，咱快没吃的了，不如你趁二叔身上还有肉，赶紧吃了我，你好有力气熬到下山。

仲景一听这话，心里就像大山呼啦倒塌下来了，他摇着二叔胳膊，说：二叔别犯迷糊，没有你，谁能伴我渡难关？著医典靠谁指引啊？二叔你要振作精神，只要下了山，一切都会好。

二叔自知言重，摆摆手说：我已忘记这深山野水当初是咋来的，如今二叔身上疼痛难忍，怎么下山这么难，二叔实在不想走了啊。

再累再苦也得走，多少苦都熬过来了，都快到好境了。

前边路远着哩，我一步都走不动了，一起走也得把你拖累倒。要不然你去前边村庄人家，找个多余棚子，咱先住两日，等我歇过来，缓缓劲儿再走。

仲景说：这中，二叔你千万别乱动，我这就去，不多时就转回来。说罢把二叔骑的毛驴拴到树上，他骑上毛驴就离开了。跑了几里路，遇见一座三五户人家的小村，进村碰到个背锅老汉，他说想讨个棚子住。

背锅老汉把老伴叫出来，问家里柴棚能腾出来不能。老伴说不中，大秋天连日阴雨多，腾出来没处放。背锅老汉说：要不然在羊圈边儿搭个棚，叫后生住些天？老伴还是摇头。

仲景绕过这家，进了村里头，见一小院门口坐个抱娃的老婆婆。仲景问：大娘你家有没有多余棚子，叫我们住两日。

抱娃老婆婆头摇得拨浪鼓似的说没有没有。正在此时，院里出来个披头散发的村妇，喊了声后生。仲景扭头一看，想起那个遭遇孟贼的村妇，可眼前的村妇一脸灰垢，披头散发，他问：大姐你好了吧？

村妇说：谁是你大姐，我是你婆娘，我想跟你跑得远远的不搁这过了。

仲景这才辨出，村妇已经疯了。他紧张起来，想起这里还住着打伤二叔的莽汉，他扭头就走，想到别处再找找。可是往前又转两座山，都没有村庄。仲景怕二叔一个人孤寂，赶紧往回跑，路上心想，二叔实在不想走，就找个避风处，摊开被褥过个夜。

他一溜烟转回来，二叔待的地方毛驴不见了，他怀疑自己摸错地了，再走近看，正是这棵拴着驴的树啊，树下还掉了一块麻巾，是二叔平时擦汗的那块。他捡起麻布，大声呼喊二叔，没有应声。

仲景骑的毛驴忽然嘶啸几腔，后蹄蹦了几下，他一时惊异，又强装镇静，想他可能是去方便了，就大声喊：二叔，这离莽汉村近，咱想别的歇息办法吧。

没人应，只有空山回音，震着他的呼声，回荡过来。待呼声沉落，空山静得离奇，也空得恐悚。

仲景找了几处，喊声越来越大，山谷里回荡过来的声音也越来越响。他猜着二叔在两三里内都听得到，可他为什么不回应呢？他忽然有了不祥之感，心被吊起来，从迷惑到焦虑，再到惊慌，然后疯了似的跑到石沟里，钻到丛林里，攀上悬崖往下看，看见了一具尸首。他吓坏了，转过石坡下到悬崖底，一看不是二叔，扳过脸细看，辨出是黄义成。他顾不得思忖此人遇到了什么，折两根树枝把尸体掩住，临走时，想起这是翠姑之父，又转身鞠了一躬，喃喃说：黄叔对不起，我顾不了你了。

仲景说罢翻到坡上，心想二叔不会遇到蠚贼的，这里如有蠚贼，会先吃了死掉的黄义成。二叔可能遇到恶狼了。他急切回忆自己走时，二叔有什么异常，忽然想起一句话，引起他的惊恐，叫他找棚子住，是不是他不想拖累自己？故意支开自己？不，他不信二叔会丢下自己，他返回躲差役的山洞，站洞口喊了几声。洞里很静，一股冷气窜出来，袭得他从头到脚寒凉彻骨。他激灵打个冷战，破着喉咙高声喊：二叔，你在哪儿啊，二叔回我呀——

仲景踉跄奔上陡坡，不知自己声音是怎么旋到山壁上，从谷底荡上来的，发出连续不断的二叔——二叔——他拐过来骑上毛驴，朝旧棚居奔去。可到了那里，棚子是空的，二叔老坐的干草垫也是空的。他带着哭腔喊：二叔，你到底去哪儿了呀——

空寂的山峦里只有丛林呼啸，孤雁长鸣。

仲景开始镇定自己，判断到底发生了什么，他内心又起疑念，是二叔摸迷了路，爬到哪个山旮旯里了？是二叔病痛难忍，寻求解脱？还是二叔看透了世事，没信心了？可他但愿是迷路那一条，只要自己耐心找，就会有希望。另一个疑念更惨，是二叔跑到一个悬崖顶，已离开人世，这是他最不愿面对的。

他后悔自己缺心眼儿，忘了二叔这几天的变化。他捶胸顿足地哭了一阵，继续去找，哪怕找到二叔的零星物品，有个蛛丝马迹也行，也可判断他的去向，给煎熬的心一个交代。

仲景又苦苦找了两天，大沟小沟，山坪水坞，野洞缝隙，所有的犄角旮旯都搜寻了，仍没见二叔的影。二叔的去向成了没有答案的谜，如同漫无边际的莽山苍云。两天来他缺食少饮地苦奔，嘴上起了疱，眼里布满血丝，目光呆滞，披头散发，磨烂的鞋帮挂不到脚上了，用野麻搓成绳捆住脚，实在穿不成，就拔几根龙须草缠到脚上走，走到脚磨疼了，才想起仲祥送的新鞋，扒开包袱找一双穿上。

这天，他在一块大石头上坐下来，心灰意懒地看着重峦叠嶂，身子软瘫瘫地，心意沉沉，感到头有点晕。一只大鸟朝他飞来，他睁眼一看，是只黑色老鹰，稳着一定高度，来回滑旋，忽地对准他，快速往下冲。仲景顺着山坡往下滚，直滚到深谷边的石垛下，把身子窝于垛根，手拿个棍子往外抡。

悬在石垛下不知多长时间，勉强扭头看看，下边是万丈深渊，身子稍有动弹，就会掉下去。他慢慢攀住一条树根，想爬到高处去，能看见众山境况。正好手边树根扎得结实，他紧拽着慢慢往上移动身子，谁知树根被连根拔出，他差点掉下去。他倒抽一口冷气，低声呼叫：苍天兮，不可亡吾，大山兮，当救良医——

山崖仿佛有了灵性，他重新拽住另一树干，费好大的力气攀了上来。

夕阳西下时分，张仲景终于爬上峰顶，他一身汗，失魂落魄的。可山头的另一番景象，却震撼了他。这凌云的高峰，出落得好开阔，夕阳正金光万道，煌然照耀在众山之上，群山远处一片迷茫。生在平原穰野上的张仲景，看惯了原野落日，从没见过峰巅落日的浩然气势。山巅之上，一片苍红的云海在脚下追赶夕阳，烁出夺目的光灿，把西半天穿映得绚丽而奇伟。

张仲景忽然感到，这是走到了尽头，再往前就是天涯，是远离人世的洪荒绝境。此绝境，呈现了灿烂的夕阳云海，奇妙无比。光和彩交织的缤纷，好像一部奇典，一片片光影迁移，无法表达的神通灵会，在瞬间息息相通。心中那浩如烟海的悲情，随云随风，悠悠弥散。

一腔悲情在顷刻间，找到了伸张的空间，仲景一时壮怀浩荡，豪气喷发，迎着夕阳的斜晖，甩开袖子，在山巅且舞且唱：

> 高山巍兮谷水长，
> 父母远兮泪相望。
> 高山峨兮涧水长，
> 二叔悲兮沦何方。

绵绵的哀伤复调，长歌当哭。一曲唱了，他伸手摸一下浮云，说：二叔——您听见侄儿的怆呼了吗？二叔到底去哪儿了？如是一别，也当回我一声啊，二叔——

仲景踉跄回到旧棚前，把二叔的汗巾放到一片小坪地上，拢些土石，堆成丘，找块大青石，用菜刀刻写"东汉名医张伯祖之墓"。上写二叔的生辰年月，从医时间，行医品格。又写了"战乱频繁，巫师横行，庶民水火，苍生求安，路在何方？"。原本只想写几句，谁知一动刀，洋洋洒洒百字刻下来了，仍觉意犹未尽。因无刻字经验，刀不时划越字道，似是而非的狂草，猛一看龙飞凤舞，细看则杂乱无章。

正好天下起小雨，雨水冲刷了刻下的灰渣，字迹渐次清晰。完成了起坟与立碑，他跪那自语：青石碑呀青石碑，请留好二叔碑文，日后我会再来。

再次磕了头，这才深一脚浅一脚，走到毛驴跟前，骑着下山去了。此时，仲景像变了个人似的，一路都在想再不能逃灾避难，下山后他将趁夜半潜入张寨，杀了二郎神。

张寨的仙姑最近遇到不少烦心事，半月前在穰城县东边治死一个小娃，小娃父母要告官，她提出拿三十担粮私了。可她家的地荒着，在张寨寄人篱下，跟大仙收取的钱财，自己都没落住，与来福也断了来往，上哪儿去弄粮。她急得像热锅上的蚂蚁似的，四下里打主意。

自打陈大仙大儿子娶了亲，就不叫仙姑入门了。大仙言说陈家以后要像个望族，走个正路，再不可以弄那下三烂的事儿。仙姑怎样说好话，撩眉眼儿勾引，大仙都显出刀枪不入的样。仙姑抹着泪对大仙诉说了外欠的粮债，叫大仙无论如何看在过去相好的分儿上，帮她渡难关。

大仙说：你背着我偷偷去施术，出了事又来找我擦屁股，真是想一出是一出。我正想给你交代一下，我以后不想再胡扯了，你最好找个人家嫁了，去过良家日子。

仙姑对"良家"二字犯毛了，难道过去过的是娼家日子？这让她对大仙冷透了心，一脚把自己踢出门，还要送个坏名声。她心想只要大仙这样待她，九桂马上会狗仗人势，对自己出狠招儿。仙姑双手掐腰站到窗前，眼瞪得杏核似的，咬着牙，只想变一条恶狗去把陈家人撕咬一遍。怄了半天气，还是转身去收拾东西。

彩娥去黄家说媒未成，一直在看九桂的脸色，耀武成亲后，大仙又想叫彩娥去黄家把翠姑说给耀能。彩娥没答应，却对仙姑诉说一番。仙姑当时去找大仙，说她能办这事。大仙催她把事办成了，就想办法弄些粮食帮她。

仙姑说：我有个小主张，不如把来福家闺女娶过来，那妮虽哑，却长得白生生的，生个娃也不会难看，你只给我十担八担，我保证说成。

大仙一听仙姑拐弯了，马上想到仙姑与来福的藕断丝连，冷冷地说：我给你十担粮，你给哑女儿找个好婆家，叫我娃娶个哑巴媳妇，是啵？去摸摸老天爷的屁股，是热是凉？

也不是那，我只是看这门亲事省心，不用你花费多少。

少来这一套，你现在翘尾巴我就知你屙啥屎，她长得再好，能压住哑巴之丑？去说黄家妮是正事，想不想真心办事儿，你看着办。

仙姑内心发凉，没料到女人被男人抛弃时，连块烂麻布都不如，她想起当初大仙称自己为宝贝，此时内心惨淡得只差去死，嘴上却说：我不知翠姑跟张家娃来往到啥份儿上，老在河坡扯，会不会是个活人妻？

大仙说：你少拿自己的路数猜别人，张家娃没人想的那么坏，快去黄家试试吧。

仙姑答应就去。去黄家不到一顿饭工夫回来了，说：这啥事儿啊，黄家妮竟然把我骂了出来，她肯定跟张家娃扯不清白，要不然怎会铁了心？

大仙甩甩手说：你们妇道人家都一样，头发长见识短，办事不办实。

仙姑搁下收拾一半的行李，忽然心路拐弯儿，想去来福家为哑巴说个婆家，也许能讨点粮食。她跑到来福门前，一脚门里一脚门外，哭得一行鼻涕两行泪的，诉说自己被人诬陷，老怕遭报应，现想为哑女儿说个好婆家积点德，也表表诚心。

来福对村上人说仙姑的闲话，早就有前嫌，可一听女人哭，脑筋就变得一塌糊涂。先是心软了大半，看着婆娘哭得稀里哗啦，不仅忘了前嫌，还巴不得马上哄住婆娘。他拿麻巾替仙姑擦了泪，虚搂到怀里，又哄又劝的。等仙姑不哭了，又软又顺偎到他怀里，他才问：你这给哑巴说的哪个好人家儿？

仙姑临时编排，说：我看好了安众一个富户，那家娃他爹是个石匠，过些天我领着闺女去相亲。

来福说：有影没影的事？可别忽悠老实人。

仙姑说：肯定有影，这家后生也会锻磨，两年能挣头小毛驴。可我眼前有个难处，难得心急火燎的，你若能帮我，闺女的事就包在我身上了。

来福一听提条件，就知道这婆娘来得不单纯，把她推开坐好了，说：我知道你欠人粮债，我最多能给你两三担。

仙姑流了泪，说：如果你不给个十担八担，帮我渡难关，我哪有心思当媒红呀？

来福说：给你三担吧，再多了我也不好过冬。

如果这门亲事成了，闺女嫁个好人家，咱俩就一起过，免得老了孤寡。

来福想了想说：中啊，可是你，以后还起外心不？还跟别家汉子混不？

仙姑说：你可别胡猜我，亏人心，你现给我粮，我保证哑女儿的事办成。

那，我先给你一半，事成了再给一半。

仙姑扒开前怀，露出饱满的前胸，拍着说：如果你还信不过我，就拿刀挖出我的心来看看。

来福哪有挖心的胆，却稀罕女人泼辣直爽的激情，一把上前抱住仙姑，说：上床才能见真心嘛。

两人闪电般上床温柔，刚度罢欢乐时辰，门外就有人喊来福。

门没顾上关，来福赶紧起身坐于床帮上，见来者脸上笑靥怪怪的，愣怔一下，突然大声喊：是十八子啊，老弟你可回来了，啥时到家的呀？

原来这十八子姓李，是张寨村北头的外姓李家人，从小没名，又排行老八，被张伯厚趣拆李姓十八子，从此得名。祖父一担两筐，挑儿担女从北山要饭来的，到这里发现田地宽，人烟不稠，离街又近，头人张伯厚人品不错，就在张寨落了脚。接着把北山老家的弟兄四个都叫过来，在村北建了一排草棚，然后开荒种地，共生八子五女，多在洪水或瘟疫中夭折。十八子的父亲在他生下来半岁时，也染瘟疫去世。母亲跟着他的光棍儿三叔过，三叔在发洪水时淹死了，母亲又跟大伯过。生于破落户的十八子，从小钻高粱秆棚，披麻片，没穿过鞋，手抓熟麦子吃，下地干活到处借锨借锄，穷得说不起媳妇儿。在他十六岁那年，从高粱秆棚里走出去，到涅阳城一富家喂驴，干五年回来，盖起泥墙草屋，添置木床，终有了娶妻成家的条件，却在街上被荒兵抓走，一去二十多年。这次回来，他的房子由小叔和花婶住着，他嫌跟着叔婶住一起不方便，就在村北头另搭个棚子单过。

十八子收拾妥行李，就找结拜兄弟来福。来福喜逢久别好友，从此多了个知己，亲得比亲兄弟还亲。

来福叫仙姑先去陈家收拾东西。他披好麻衣切了半碗萝卜丝，几碗黄酒痛饮罢，就去玩蛤蟆跳井。来福建议他也买只老母羊，两人搭伙到坡上放羊。十八子当即上街买了只羊，天天跟来福到坡上，边放羊边聊外边的经见。十八子把内心的孤独倾心诉说，老怀疑村上人看不起自己，来福当即骂有些人狗眼看人低，有眼不识金镶玉。骂了，还把自己过冬的棉袍给十八子穿。

十八子十分感动，只说来福是两肋插刀的铁杆兄弟，往后日子过到好处，定与兄弟一起享福。

来福激动得红着脸说：不说外话，谁叫咱俩是结拜弟兄哩，跟亲弟兄不差一丝儿。

这天，十八子跟来福在坡上占方，身后过来了柔软软热乎乎的一团，还嗯嗯呀呀地咕哝。他回头一看，见是来福的哑女儿，大约是找错了爹，趴到他的背上了。哑女儿柔软的身子一塌，十八子马上心头泛热，他看到哑女儿胸前鼓荡，屁股饱满，小麻衣关不住的春态，四处散发。这番春色绕在眼前，直撩在心头，如同万花迷离，他久抑在内心的一池水，不由荡起了浪花。

十八子年轻时在涅阳城混过，手中无钱去逛青楼，有钱逛得更欢。经历过小巷道里的窑姐儿，逃出兵营后又交过戏子，因缺吃少穿，穷跑了风流戏子。现在回来，想想人生闯荡过也浪荡过，就那么回事儿。他本来下地干活又是唱又是乱喊，雁过对雁说话，见庄稼对庄稼放词儿，哪怕面前是一棵树，他也会对上几句。有人看不顺眼，喝住他：哎，十八子啊，你多大年岁了，还光着个脊梁唱曲儿？十八子不管这些，他有顺口溜：踢啦儿踢啦儿，养活自个儿，家大业大，担也重大。

自打哑女儿趴到了他背上，他一声也喊不出来了，干啥活都闭着嘴。眼老往来福家的方向瞅，像有块磁铁吸着，啥要紧事都断不开。因顾着结拜兄弟的情义，他压好心事不让泛滥。可哑女儿那柔柔的异性滋味，叫他沉睡多年的敏感，醒了再醒，夜里翻来覆去睡不着，到天明还是个醒。

与来福一起喝茶或占方，成了十八子接近哑女儿的理由。过去两人占方在椿树下，后来把游戏场拉到来福门前，每次到来福家，他都要带个小礼物，高粱穗，咸鸭蛋，喜得来福又是烧茶又是搬草墩儿，还叫哑女儿来打扇子。来福稍微转个身或扭个头，十八子就伸手扭扭哑女儿屁股蛋，有时摸摸哑女儿大腿。哑女儿笑得跟被咯吱了似的，从来不躲，反挨得更近，或故意上前磨蹭。

哑女儿的小动作，给了十八子一颗定心丸。

来福见哑女儿见了十八子格外高兴，就说有人为哑女儿说婆家的事。十八子听了，认为是快熟的鸭子要飞了，想早日圆了内心的春梦。有一回，他进门儿见来福仙姑一个披散头发，一个满脸飞红，方知自己搅了好局。可来福并不在乎，嘴里连连说不碍事不碍事，好像十八子跟自己是一个人似的，说罢摆摊占方。十八字却轮着眼儿寻找哑女儿，找不到，就跑后园去找，都没见着哑女儿的人影。

来福叫仙姑烧茶，十八子摆手说：咋能叫仙家下灶火？把闺女找回来烧嘛。

不妨，此话叫灵性的仙姑听出了猫腻，仙姑下灶火烧了茶，亲自端上来，与十八子不痛不痒地聊了几句，套上了近乎。当天晚上，仙姑嚷着自己被鬼缠了头，痛得直想碰墙，叫哑女儿跟她去村头吹吹清风。

仙姑出了来福家，拽着哑女儿一路小跑，七拐八磨绕几道弯儿，钻进十八子的草棚。到那把哑女儿的麻布大襟解开，露出鼓荡荡的胸，又把裤子拽掉，自己闪身站到了棚外放哨。不大一会儿，哑女儿开始叫唤，她拍拍门，提醒动静小点。一顿饭工夫过罢，约莫里边完事儿，她推开棚门拉走了哑女儿。

哑女儿回来表情异常，啊啊地急着说话，又说不出来。仙姑抢着说：我吹罢老南风，头痛好了，看咱家妮高兴的呀，真是哑巴戴花——憨翠。

可是哑女儿仍比画着手，拽着衣裳前襟，摸裤腰带，被仙姑拽住手，拧拧脸止住了。

来福有点奇怪，心想这个骚婆娘把闺女领出去弄啥了，哑女儿回来像变个人。再往哑女儿两腿间一看，麻片底下浸出的血，快流到脚脖了。来福揪住仙姑问：这咋回事，闺女咋了呀？

仙姑泼烦地说：哎呀，妮笨死了，走到沟上摔个跤，树枝儿扎到裤裆里了。

来福怀疑半天，还是信了。

转眼交十月，坡上开了一层层黄菊花，树叶跟黄蝴蝶一样随风落下，村人又开始种麦。仙姑从十八子家里拿走了两捧高粱，一袋小麦。来福感到稀奇，问十八子哪来的粮。

十八子说：这是我借叔家的粮，仙姑承诺为我找个老婆，还是个黄花大闺女。

来福问：哪个黄花大闺女肯找个糟老头儿？你四十几了，莫非人家想找老爹？

十八子说：你甭管这，反正仙姑有神通。

来福说：那婆娘玩的嘴上功夫，倒的也是嘴上的霉，她那三寸不烂之舌，说十句你信一句就够二屎了，还全信了，还送她东西，真是个二蛋儿。

十八子头摇得拨浪鼓似的，笑着走了。这为来福留下一个谜，整天猜，坐着放羊都心神不宁，少不得又去问仙姑。

仙姑很委屈的样子，说十八子多次骚扰她，还给东西勾引，她正好趁机弄点粮。

来福问：借给你那么多，是打你主意的？

仙姑说：我是怕你不给粮，才想的歪点子。仙姑说着抱住来福的头，把脸抵到他脖窝里厮磨，嘴里软弄呢喃，来福又把持不住，事儿还没说清，就拥哩推哩上了床。

尽管仙姑一回回蒙过来福，可哑女儿每次出门不知回来吃饭，到处喊都不应声，引起来福的注意。有回放羊，他半路回来喝水，见哑女儿正在往头上插花，看见他，起来就走。他细看哑女儿身子胖了，前胸鼓得像蒸馍，心里怀疑，就跟到后边盯梢。哑女儿蹚过艾蒿丛，绕过花椒树就不见影了。这憨妮儿哪来这股机灵劲儿？来福疑心更重，背到树丛后边继续追踪，见哑女儿已钻到十八子的棚子里了。

来福如雷轰顶，一时火冒三丈。他啊呀一声奔过去，一脚撞开了十八子的门，里边情景让他头上的火焰更高：哑女儿歪在床帮上，十八子的战带掉在地上，两人正在行猪狗之事。

来福哇哇大叫，扑上前抓住十八子往后一拽，十八子趔趄欲倒，来福揪住他后领，直往墙上碰。十八子的裤子缠着脚脖，行动不便，来福又把他弄倒在地上，雨点似的拳头砸过去。哑女儿见父亲坏了好事，提起裤子，嘟着嘴怪汪汪地吼来福。来福一把揪住哑女儿推到门外，回头见哑女儿掉了裤子，露着光屁股，他又抓过哑女儿推倒地上。

十八子趁机从地上爬起，手拿切菜刀，从来福后边砍过去。来福闪一下身，小腿上顿生灼痛。他啊呀一声，拖着伤腿往外跑。哑女儿又拐过去钻进棚里。来福跑出门撕一块大襟布，捆住伤腿，想返回去打十八子，又觉腿上凉意渗到了脊梁沟。他终是明白了仙姑带哑女儿出事的那晚的罪恶，是仙姑一手造成，他凉透了心。

此时，仙姑正好来找来福，见门没关，房前屋后喊几声，没人应。就怀疑来福去查哑女儿后脚了，她也急三火四地往李家跑。

来福看见了仙姑，火从眼里冒出来，烧得他看不清。只因腿伤困限，他躲于树丛里看下文。仙姑进了十八子的门，一眼看明事态，不由分说，抓住哑女儿就往外推。哑女儿看见是她，拿起门后木棍要打仙姑，只是裤子缠住脚脖，棍子举起，仙姑闪个身，棍子落空，仙姑返冲上去夺下棍子，照准哑女儿后脑勺打过去。十八子红着眼扑上来拦挡，棍子已落下，哑女儿朝后翻身倒地，当时翻起白眼。

仙姑吓得啊呀一声，棍子掉到地上，她掐掐哑女儿的鼻隔，又拍拍胸脯，哑女儿都没有反应。仙姑倒抽一口冷气，说：坏大事了，你看咋办哪？

十八子看看哑女儿死了，他推开仙姑，慌里慌张掀开草包枕头，抓起贵重东西，就夺门跑开。

仙姑上去揪住他，说：你走不成，你得证明是哑巴打我，我失手打死了她，你跑了我就说是你杀的。

十八子甩开仙姑，隐入暗夜里。仙姑站棚门口瞅瞅，再回头看哑女儿，舌头伸出老长。她的魂惊飞了，啊一声跑出了棚子，往村里跑几步，听见来福在号叫，她背到花椒树边看看，又冲着十八子跑的方向，转身往村外奔去。前边是一道野麻丛掩盖的干沟，仙姑跳到沟里，钻进树丛，窝起身子。夜风吹来，呜呜咽咽，她很惊恐，感觉遍地都有鬼影游动，一起合围过来。

她妈呀一声站起，从沟里爬出来，遇坎翻坎，逢沟跳沟，手被刺藤划破了，仍玩命奔跑。

第四十二章

张仲景翻山越岭，走了半月多，终于看见山脉浅了，山坪大了，庄稼地和小村落多了。

他感到是下山了，离人世近了。想想几年来不能医病不见人烟的，背井离乡的日子，他巴不得马上回张寨见到父母。此时他又盘算起来，不知现在回去会出什么事。他记得一虎说，南阳太守叫人打听自己，二郎神从中捂着盖着，拦挡了消息。如果一直这样下去，太守怪罪起二郎神来，他的处境不会顺利。

仲景想到自己现身去找太守，把二郎神的罪揭出来。可是官场复杂、坑多，自己不一定能达到目的，还会遭遇麻烦。想杀掉二郎神的念头，现在连一丝都不存了。再说，如果太守认出自己来，要自己留下当侍医，虽然表面会有荣华富贵，却局于郡府，面对有限病材失却进取之心。想来想去，他还是决定悄悄回张寨，不打扰陈家，也不惊动村人，在家里与父亲共谋日后发展。可他又想到一条，自己这样出现在村里，曾瞒天过海，忽悠二郎神的一虎，可怎么往下混？会不会为一虎的命运挖个大坑，带来杀身之祸？

想着想着，心事沉重起来，他坐在石头上不走了。在深山里边，除了树石就是山坡山坳，几年的生活也过来了。现在猛一面对人世境况，反而有点不知所措，他决定快刀斩乱麻，先顾了腹内饥，再说往下的路怎么走。

又走一会儿，看到了五六户人家的小村，走进村看见一条河，河边立了块石头，上写：淇河。

虽仍是个陌生地，但河流的样子很像老家的涅河。他感到亲近多了，却不敢轻易进村。一路靠山果充饥，好几天没见着粮食籽了，肚子饿得咕咕叫。坐下歇息时，闻听河边有鸡狗叫，冰冷的心再次回暖，他想走进村庄，找人家讨点吃的，再打听路向。

前边不远处，一老人睡在地上。仲景上前打问老人咋了，蔫不唧儿的老人扭头一看，叫了声：我的妈呀。爬起来就跑。仲景又往前走，遇到个老妇人，往他这看一眼，也叫唤着跑走了。仲景这才意识到是自己哪儿不对劲儿，跑到淇河边，把脸朝清水里一照，连自己都吓一跳，水中的人蓬头垢面，脸色黑青，衣裳又脏又烂，就是不像盗贼，也像个草莽野人。他摇摇头，唉声叹气地说，恶政不仅把鬼提成官，还能把人逼成鬼呀！好哇，原来的张仲景已消失，变成个叫花子了，谁也认不出来，更好。

他洗了手脸，用手指梳理长发，在路边拔掉几根蚂蚁草，扎起头发。再对水照照形象，有点像流浪汉。他绕过村子往南走去，走了半晌，在一片挖过的萝卜地里，找几根小萝卜嚼着，凑合着充饥。望着前边稀疏的村落人家，他想如果能在这行医，可换些谷粮充饥。他在村头转悠半天，也没遇到病夫，忽听一阵狗叫。他从一片艾蒿丛里扒条小路进村去，异样的行走，又惊得两条狗狂叫不止。他急忙隐于蒿丛里，等狗不叫了，小心走出来，一眼就看见一家房山墙上贴的告示：天皇皇，地皇皇，俺家有个夜哭郎。走路君子念三遍，一觉睡到大天亮。

仲景眉头一展，知道这是巫医弄的符咒。可此时他并不把巫术往对立看，他又想起二叔，如果他在，就会有研讨，有明辨。他想，这家小娃定是有症候才半夜哭闹，光靠巫术会耽误症候。他便往院门口走，敲敲门，问：有人吗？我是医家，愿为你家儿郎医病。

开门的女人长得圆满，也打理得净板，看脸上皱纹快四十了。她一看门口站的人，就钻屋叫唤起来。从屋里出来了个汉子，指着门外的仲景，嚷：哪来的疯子？快走！

仲景施了一礼，口气和蔼地说：我是医家，闻听你家小儿有症候，特来医治。

汉子连声喊滚，并哐地关了门。

仲景往后退着，看看没有解释的余地，只好走开。刚走到巷道拐弯处，刚才的女人追上来，问：俺们这一片儿从没见过医家，你从哪儿来的？

仲景见女人面善，说：我从南阳来，是路过这儿。

女人撒腿跑过来，问：你家离涅阳张寨多远啊？你知道那有个医家叫张伯祖不？

仲景说：我不是涅阳，是南阳，我知道张伯祖是个名医，你怎么知道他？

女人当即拉住仲景袖子，说：你知道张伯祖现在在哪儿？他人咋样啊？

他，他已经不在人世了。

女人惊异地问：他是怎么不在的？我去涅阳找他两回都不在家，村人说他到处跑，到处跑也中啊，怎么这么早就走了呢？

仲景有点诧异，问：你是怎么认识他的？

村妇说：你知道桃红不？她是我哥从穰城救过来的，死里逃生救到这里活了三天便死了。我就是按她说的地址去涅阳找张医家，可惜他们终难相见。

仲景忆起二叔老说桃红的父亲，在河滩里只找到一只鞋，人不知去了何处，留着悬念。二叔也认为桃红是被人救走的。仲景前后补连着故事，相信了眼前村妇的话，问：既然你哥搭救桃红的命，怎么不娶她？还让她找我二叔来医病？

你二叔是谁？

仲景知道说漏了嘴，干脆明说：张伯祖就是我二叔，他老说桃红，想念了半辈子，不知死活。

眼看桃红奄奄一息，有上气没下气的，还老喊张伯祖，谁能忍心违她的意愿？

仲景听了，大为感动，后退一步，躬身施了礼，问：我二姊死后埋在何处？我想去看看她的坟。

村妇也掉下眼泪，领着他往村北走，走到一块地角，指着长满了杂草的坟，说：桃红死得好惨哪！

仲景先是跪下磕头，然后嘴里念着词，大约是对天上人说的，念罢就与村妇分了手。

因为刚才透露了自己姓名，他决定快些离开这里。他出了村子走几里路，前边的房屋稠密了，有大官道和阁楼，街上灯笼亮起，仲景到城郊一片民房里游窜，只想遇到个病夫。晚风起了，他刚走近一家院门前，狗叫声又起，他躲过这家，顺着胡同往前去。有一家小娃打开了门，一看他的穿戴，知道是要饭的，打发了半块高粱面馍，就关了门。里边一个老妇探头瞅一眼，喊住了他，又给他半块豆面馍。

仲景千恩万谢，蹲到墙根边喝水边啃凉馍，吃罢仍不想走远，他觉得刚才打发他的老妇，不是一般人，可能是个读书识字的厚道人家。仲景借着灯光，拿出身上仅存的医简来背，八十一难曰：病有虚邪、实邪、贼邪、微邪、正邪，何以辨之？一只猫悄悄溜过巷道。仲景看一眼，继续背诵：脏病者，止而不移，病不离其处，腑病者上下流行，居无常处。灯光奇迹般地亮堂起来，一老汉趴窗口往这看看，慢慢下楼来，问：后生，你是行医之人？

仲景起身行礼：大伯，学生是个医家。

老人怜惜地问：为何流落到此啊？

一言难尽哪，我二叔张伯祖因受乱世纷扰，不堪重负，死于山野。

你大声点儿，你二叔叫什么？

张伯祖。

嘿，你是他的侄儿？

晚辈正是。

哎呀，你二叔还救过我闺女双生娃的命啊，我闺女是杏花山人。相公，你咋落到这步田地？来我家取个暖，渴碗热汤再叙。

经历过多日来颠沛流离，饥寒交迫的张仲景，鞠躬谢了，跟着老汉一起上了阁楼。老人叫老伴为仲景煮碗姜辣汤，再找几件衣袍来换。仲景接过衣袍换上，梳了头，洗了脸，变成了堂堂正正、清清朗朗、文文雅雅的一个医家。老两口一看这伟岸形象，把烂衣裳一卷扔到门外，说：人是衣裳马是鞍哪，看看后生多像个大学士，你就住俺家看医文吧，最近外边荒兵乱窜，官府到处抓捕。

仲景灵机一动，问：东汉是不是要改朝换代了？

老汉摇头说：汉王朝的末日真该到了，这昏暗天下，该转乾坤了。

仲景说：我只想采到好药，医到新病，不知这里有没有医家？

我听说桐柏山有个医消渴症的名医，手里有奇方。他还与华佗相交过，现在隐居空门，守秘方而不宣，更不与尘世往来。

仲景急切地问：他有什么秘方？

有妇科儿科杂病经方，还有医成人消渴症的奇术。

他肯定习过《难经》，还有从医经验，可医家都愿布医道，宣医术，他何故守秘？

老人说：听说他走遍桐柏伏牛太行和华山，最后找到华佗，只因华佗被曹操所请，从此不能为众人诊病，桐柏名医觉得天下没了知音，便遁入古寺。

仲景拱手拜过老人，说：大伯，晚辈正想求拜天下名医奇术，得知有高人在世，晚辈这就告辞，待医术成功之后，定转来回谢！

却说跑到村外干沟里的仙姑，看看莽野黑暗，惊悚惊魂，又从野地跑回来。

她站在村头看张寨，突然陌生起来，真不知自己怎么在这打过网，施过术，更不知此时往何处去。她想去找张闻氏，尽管她三番五次编排造谣过她，仍认为她会伸手帮忙。

张伯厚和张闻氏正在商量叫仲祥往山里送东西，半夜三更动身走。听见门外动静，张闻氏站门后问：谁？弄啥？

没人应。张伯厚不耐烦了，可着嗓门问：是抢犯还是劫贼，回个话呀！这时，守门的家丁冲了过来，伯厚打手势叫退下，继续站门后观察。

短暂的宁静之后，传来了呜呜哭声。

张闻氏隔着门缝喊：你到底是人是鬼呀？

外边不哭了，说：大哥大嫂，我是仙姑啊。

张闻氏好像听见活鬼叫了，立马离开大门，退到院里扶着伯厚胳膊。

伯厚问：你有啥事儿说嘛，哭啥哩？

你打开门再说。

你说了我再开！

蟊贼要打劫吃我肉，快追上来啦，别见死不救哇，好人！

张伯厚呼地打开门，一把拽进了仙姑，两家丁随即关门插闩，用杠子顶到门后。伯厚看看仙姑披头散发的样，惊讶地问：你这是啥动静？在村里遇到蟊贼了？

仙姑扑摊摊坐得地溜平，两手拍着地，哭道：我到十八子那借粮，亲眼看见十八子掐死了哑巴女，又讹是我杀人。你得为我做主啊，要不然来福跟十八子把我告了，不砍头也打个皮肉开花！你现在就是我的青天老爷，你们要不保我，我就死在这儿算啦。

伯厚这才听出缘由，与张闻氏交换个眼色，张闻氏的鼻子眼都扭歪了，又是打手势又是使眼色叫伯厚赶人。伯厚心想这烟花女子身如浮萍，半夜出门会遭祸端的，就说：你起来坐椅子上说个根起来源，十八子为啥要杀哑巴女？

仙姑起来坐到椅子上，抹着泪，说十八子通过自己穿针引线诱奸哑女儿，以借粮为酬，自己想沾个小光，并没帮十八子干坏事。后来十八子被来福发现，草包露了馅儿，叫我杀掉哑女儿，我仙姑咋能眼一黑就起虎狼心？我干不下去呀。仙姑拍着胸口，像平时施术演戏一样，如此这般，沿着对自己有利的方向，一五一十编排下来。

张闻氏听毕，倒了茶，叫她喝下压压惊，快些回家去。伯厚头脑没那么简单，他问：你怎么正巧赶在他杀人时，去了他家？

仙姑一脸无辜，哀叹道：哎呀，好人眼里都是好人嘛，坏人眼里从没好人。我这人从没把人想得那么坏，就像上半年来你家要粮那事，都是九桂在背后捣鬼，我一根筋想事，才得罪西家结仇。我猜来福吃了大亏，我去找十八子要点粮食给他扳平，谁知十八子动了杀心。都说宿娼者不善，行娼者不良，真是大实话呀。

张闻氏见仙姑说话头头是道，觉得跟她平时的行为不相符。

伯厚心有疑点，问：你不是能算命打卦吗？咋没算出来十八子要杀人？既然没你的事，你还跟平常一样该回哪回哪去嘛。

仙姑睃起眼，可怜地说：你认为我跟大仙真是学施巫术的？对真人不说假话，那都是演戏挣钱的。我过去骂张家的话，也是陈家教的，我是寄人篱下，身不由己。

伯厚说：这样吧，我俩领你去找来福，解释一下还你个清白，不就了事了嘛。

仙姑心存侥幸，想着说不定能蒙过来福，就答应下来。

伯厚与张闻氏领着仙姑走到大关坑边，伯厚说：天有点凉，我拐回去添件夹袍。说着往回拐，张闻氏也说要加衣，两人拐回去，把院门吱呀一关，插上闩顶实了杠子，再没打开。

仙姑站在大关坑边，直蹲到半夜，又有点怕了，也嫌冷，就想找个麦秸垛睡一觉。忽然看见陈家窗子还有灯火。仙姑想起被窝衣物还在陈家，就起身往陈家跑。可到了前门，喊半天没人应，转到后院，角门也锁着，还用东西顶死了。想想如果大仙能打发粮食，她就不会生外心了，也蹚不了哑女儿跟十八子的浑水。这都是陈家扎的祸根，她气极无奈，想日后定要报仇。

三更半夜，仙姑没有去处，在黑暗里环顾四周，像是身处妖魔鬼怪中，大关坑边的树影像个吊死鬼，老椿树边的斜枝像大路神的胳膊，不远处的花椒树下，也像窝了个怪物在游移。她感觉这一夜，比平时十年还难熬。不中，必须找个睡觉处，天明还得找人帮自己对付来福，反正十八子跑了，杀哑女儿的罪就由他顶包。想了半天，她决定去敲黄家的门，她认为信神的黄氏会信自己的诉说。

敲了几下门，黄氏就开门让她进去，还叫她坐床帮上说话。仙姑看见床啥也不想说了，说一半句就装着伤心，歪床上抽泣，其实是瞌睡得支不起架儿了。

黄氏撇着嘴说：哎哟仙姑，要不是你说东道西，村上婆娘咋会乱成一锅粥？我早想找你折个白话，又知道你钢嘴铁牙，折不过。你现说的十八子杀哑女儿，转个身儿会不会再讹别人？凭你那翻黑倒白的长舌头，啥事儿编不出来呀？

没想到黄氏来这一手，把仙姑治憨了，干脆闭上了眼睛，不说话了。

黄氏说：我把话说头里，日后来福或陈家找你，你可要摸心窝子说话，万不可昧良心诬陷于我。

仙姑睁开眼，说：是哩，十八子杀哑女儿，是我亲眼看见，阎王老子也翻不了案，我要是说一句瞎话，叫天打五雷轰我，不得好死。

黄氏见仙姑起了毒誓，信了，说：也不必赌那么狠的咒。

仙姑掩面哭了起来。黄氏干甩手，不知怎样劝。仙姑哭一会儿擦擦泪，脸上变戏法一样呈出笑来，说：我日后定要报答对我好的人。

黄氏说：要不然我领你去来福那，替你说个话，还你个清白。

仙姑嘴撇几下，一脸哭相，说：去找他怕是一团乱麻，撕掰不清，麻更乱。

不会不会，你跟来福有情义，他也不是那无情人。

你可得保证来福不讹我，也不伤我。

黄氏说：中。

两人一起往来福家走。

来福拐着腿，一脸泪水他把哑巴闺女抱回来，放到麦秸铺上，用旧单子盖住。上门来的黄氏走在前头，后边跟着仙姑，黄氏说：来福，为你闺女的事儿，仙姑来报个实信儿。

来福说：好，叫她进来，你走吧。

黄氏转身就走，仙姑也跟着要走。来福跨上前两步抓住她，揪过来拘住，说：婆娘啊，闺女走了，你正好回来暖暖我心。

仙姑一看来福哭得泪人儿一般，手还有些打战，看来自己有扳理的时机，就等黄氏走罢，把十八子杀人案编排一遍。

张寨村的夜晚，黑得看不见老椿树枝杈，更看不见稀落的草棚。只有张家陈家的麻油灯还亮着，映着昏黑的树影。三更天，来福的棚子里传出一阵惨叫声。

清早，老椿树的斜枝上吊了个胖女人，有人上前细看，是仙姑。

张寨老姑娘翠姑，转眼已过二十八了，脸面起皱，两眼眯成缝，再不是以前那朵鲜花了。她仍惦着张仲景，无人之时就放开联想，如果当年跟仲景结了婚，现在该是抱着娃子玩，或跟随仲景一块采药，在院里晾药的情景。可现在，一个浪迹天涯，一个孤守村野。想到此，心头乱恨丛生，愁丝绵绵，青春旧梦飞起落下，落下再飞起。

黄氏听说哑女儿受仙姑诱骗，跟十八子混，又听说仙姑上了吊，黄氏当时就跑到门外呕吐。吐半天没吐出一物，仍干呕不止，只说有鬼夜半进屋，再送不走了，就这样疯疯傻傻，不时胡言乱语。翠姑劝母亲，黄氏忽然清醒过来，正儿八经地说：闺女你得赶紧嫁出去，逃个活性命，村上是个鬼窝子。

翠姑知道母亲的意思，又执着她的婚事不依不饶。她没理会，呆坐于窗前，数窗外槐树上的麻雀，听小鸟怎样换韵，看老南风怎样风干瓜棚上的丝瓜。有时赶着羊到坡上去放，看天上大雁飞，看秋水慢慢缩进河湾，在沙滩上消失。她恋念仲景的心，也慢慢收藏在苦涩处，多次悄悄告诉自己，断了这念头吧，不断也没希望啊。但念头不仅没断，反而更多纠缠。

母亲几乎天天在唠叨：妮啊，你快嫁了吧，免得被村里哪个老光棍盯上了，叫活糟蹋了。

翠姑看着母亲脸色焦黄，嘴唇干裂，眼珠无光，就劝道：妈，我都嫁不出去了，守在娘家伺候你吧。

黄氏像个小孩一样，懵懂地问：妮儿啊，你要是扎老女儿坟，妈在阴曹地府都睁着眼儿啊，是不是仙姑来报应我，那晚我带她去找来福，把她带到死地里了。

翠姑说：妈你太善了，仙姑做坏事太多，叫来福处治她，一点儿不亏。

黄氏头摇得拨浪鼓一样，说：她那个是非精，不会饶过我的。

翠姑终于看出母亲的心病，她让母亲睡到床上，好声劝道：妈，你引她去找来福没错，如果你窝藏了她，才会遭报应。

黄氏感觉闺女懂事，心慢慢缓解了敏感，可当她想到闺女嫁不出去了，心性又乱，拽住翠姑的手，流着泪说：妮儿听妈一句话，好赖得嫁出去，要不妈会急疯的。如不把你这盆水泼出去，我不投河也跳井。

翠姑一听母亲的话，吓得心惊胆战。第二天，穰城县来了黄氏的表妹，为翠姑说了个城隍庙边上银货店主的儿子。不用相亲，男方家带四色礼来一趟，就要送日子。

媒人与家长都出去了，留下男女双方面对面坐着，翠姑两手相编着，不抬头看人。只等男方转脸扭头时，她才扫过去一眼，男方长得膀大腰圆，方脸膛儿，高鼻阔嘴，就是两眼挨得近，有点鼠眉，跟那张大方脸膛儿一点儿都不搭。翠姑还看见此人胡子已有尺把长了，她猜这人可能快四十了。

男方说：看看咱们都不年轻了，把喜事儿尽早办了吧。

翠姑说：我对嫁人还没想好，吃不了定心丸。

那你是不是还在等医家，他有多年没音讯了吧？

也不是，我只是不想出张寨，想守着我娘过到老。

那你为啥还来相亲？

还不是媒人逼的？

那她们也会逼着你嫁人，你咋办哩？

反正我不会顺从别人，我只想拿自己的主张。

中，你说这话我心里有底了，今儿这亲算白相了，这就散伙吧。

男方起身就走。翠姑有点后悔说出那些硬话，明知道沤在娘家等心上人无望，母亲还会把自己推给哪个麻夫拐汉，或当个二婚头。

母亲晚上老咕哝，嘴里念叨出十月二十六，好日子，花车、铁钱、棉布。都是村上办婚事的俗语。翠姑听出，母亲已经把自己卖了，她还看到母亲嬉笑着上街卖花布，换来花头绳和银卡子，回来喜得合不拢嘴，神秘兮兮地说：我闺女再不怕扎老女儿坟了。

翠姑吃惊了，试着问：妈，你要把我嫁到哪个庄？嫁给哪个郎？

到时候你就知道了，保管你吃香喝辣不受穷。

妈，你叫我见见他是谁，中不？

我找人掐过八字了，你得嫁到东北方向，跳进个大福窝。

啥福窝？也得叫我见见他是人是鬼。

那人鼻子是鼻子，眼儿是眼儿，脸膛儿周正，天庭饱满地方圆，富家大户，百里挑一。

我不管他穷富，必须见见人再说。

不用见，妈不会坑亲闺女，再搁张寨守下去，你会走哑女儿的路。

妈，你成心叫我打瞎驴呀。

你别扭棍别棒了，我不把你嫁出门，我就不活了。

翠姑提高了声音嚷：你不活了，也不叫我活吗？

我养你二十多年，为给你找婆家急得直上火，多少黑夜睡不着，泪水流到天明你知不知？我还多少次低头从人场上过，跟做贼似的，你知不知？提起你这二十多的老闺女，我老脸都没处搁你知不知道哇？黄氏说着，泪水掉下来，语无伦次，话没说了，就拱到被子上哭起来。哭罢，叫来铁柱，要他备下六股粗麻绳，准备出嫁那天捆绑闺女上花车。

翠姑心里惊悚，想来想去，心事加重，柔弱一红颜，为情变金刚，竟在半夜斗胆起心，要独身翻越山水，去北山。

清早，翠姑换了衣裳，梳了头，在脑后扎了条辫子，把新鞋和棉衣塞进包袱。见包袱鼓得大了，怕引起母亲怀疑，就坐床边动心思，把衣袍都穿身上，把面饼塞到怀里，把贵重的药包塞裤腰里，再把铢钱装袖子里。可身上的衣襟老往下坠，到处露破绽，难躲过人眼。她只好把铢钱和为仲景做的鞋，埋到村外路口，等走到那再扒出来带走。

这样慌了半天，备齐了行李，才跑到张家，对仲祥说了要去找仲景。

仲祥吓得不轻，问：你真愣，知道我哥在哪儿？

不找也是死，找了也是死，我豁出去了。

去也白去，二郎神派多少精兵强将，都找不着。

你只说出他在哪里，上刀山下火海我都不怕。

他在八百里伏牛山里，高得接住天，挨住云彩。

有多远？

远得七七四十九天也走不到，如摸迷了路，一辈子都出不来了。

我等得太久了，都快老了，走多少天都不怕了。

那你往正北走，过了灵山头，有蟊贼吃人，莽汉抢劫，官兵抓人。

翠姑斩钉截铁地问：你敢不敢陪我一起走？

仲祥眯眼看看北方，抓抓后脑勺，说：我走不开。

翠姑看看仲祥，转身就走。

回到家，翠姑拎起包袱往外瞅瞅，寻思怎样出门，碰见人怎样说。正紧张得呼呼喘气，见身后有动静，她扭头一看，猛喝一声，原来是母亲不知什么时候站在她后边，冷冷地问：你想去哪儿了？

翠姑回过神来，干气地笑着说：上街去赶集。

黄氏看闺女打扮得不像样，包袱那么鼓，问：你可别打歪点子，再过三天，你就当新娘了！

翠姑灵机一动，羞答答地说：妈多操心哪，我想上街买点东西。

黄氏看看闺女的眼睛，就答应她去，却把翠姑的包袱取下来了。

翠姑说：妈，我把旧衣旧鞋拿街上缝好，包袱给我吧。

黄氏说：街上我有眼线，你记住了，跑不出我的手心。说着把包袱扔到了床上。

翠姑背上包袱走出门，却没走上街的路，而是往北走。走出村碰见邻居在挖地，抬头看见她赶集走错了路，觉得好玩儿，乐呵呵地喊：黄花闺女往哪跑，螠贼看见不得了。

谁知这一喊，翠姑撒腿就跑，惊动了另一块地头干活的铁柱，他觉得不对劲儿，大声喊：姐，你给我站住！

翠姑装着没听见，只顾跑。

铁柱可着嗓门喊：俺家大姐不听话，出门遇个大王八，王八咬着姐的手，看你回头不回头。

翠姑在心里骂弟弟粗鲁，拿自己溜戏文，想要逃出家门的心，箭一样迅疾。

见铁柱追过来了，她边跑边说：风迷住眼，我跑错路了，想去约张家婆娘上街哩。

铁柱看她往张家方向走，想起姐曾犯过气心疯，才不追了。

翠姑来到张家，喊出仲祥家婆娘，急切地说：我弟若追来，你就说咱俩上街赶集。

铁柱拐回地里不放心，又追过来，见翠姑跟仲祥家的一块出来，才放下心来。

翠姑与仲祥家的婆娘走到涅阳城边，翠姑瞅瞅四下无人，转个身，一溜烟似的朝北奔去。

第四十三章

晚秋时节，霜叶染地，草木萧寂。

张仲景辞别了山下老人，一路朝东南走去。他想先去穰城舅爷家待几天，托人打听一下涅阳风声，再决定回不回家。

穰城是一座名城，因有平原沃壤，适宜气候，还五谷皆丰，被西汉高祖刘邦命名穰城，历来都是兵家争战的要地。仲景怅然走进城门，按他的记忆，这里离舅爷家很远，他有些年没来了，最后一回，可能是十二岁前来拜年。眼前的穰城显得有点陌生。

不远处有人摆烧饼摊，一摞子焦黄的烧饼摆在炭火炉上，麦香味随风扑来，诱得他肠胃加快蠕动，更觉饥肠辘辘。他记得自己还有一串铢钱，想掏出来买个烧饼，又犹豫起来。过去他听父亲说，世人大多用银两，偏远落后山区用碎银，官人与有钱人才用铢钱，他怕掏出铢钱招麻烦。左右看看，人不多，才掏出铢钱去买烧饼。

正在此时，路边过来一个骑毛驴的，驴背上搭了两个麻袋。骑者四十多岁，虽穿戴齐整，却肤色憔悴，走进街道就散发一股口臭气。他想此人定有胃肠症状，便上前施礼道：仁兄哪里人士，近日可曾感到胃里寒酸，消化不良？

骑者扭头看看仲景，不高兴地问：你是何人，管此闲事？

仲景说：我是南方一医家路过此地，观仁兄气色测其病。

骑者下了毛驴，说：我倒没大病，啥庄稼活都能干，就是我家老父久病卧床，你跟我去家里看看？

仲景应承了骑者，可那骑者要到南关卖粮，这可苦了饥饿难耐的仲景，他转头时，这一眼跟那一眼都连不起来。眼看眩晕加重，烧饼摊的老者把一个烧饼递给了他。仲景接了蹲到地上吃。吃了，觉得肚里还饿，又买一个吃下，拿出水葫芦喝了水，觉得有了点精神。上前打问老者去舅爷家那条巷子怎么走。

老者说：我看见你褡裢上有个药字，知道是个医家。你问的巷子往东走，拐个弯儿再右拐，即到。

仲景抱拳谢了烧饼摊老者，看看卖粮人也走远了，才往前走。在他记忆里，八九年前来过城隍庙，离北湍河一里多远。他绕到湍河岸，见十里湍水无边无际，沙塬的滩涂处，草木葱茏，灌丛密旺，远处有低矮桃林，一群白鹭鸟落在水边，如白雪洒于绿草间。仲景不由想起二叔多年前述说的穰城之景，他一边欣赏美景，一边怀念二叔，心生诗意，脱口吟道：

穰野重情地，故爱心中缅。
粮麻物业兴，街摊人亦善。
百行鹭鸟栖，十里白沙滩。
谁言穰城僻，辽阔大平原。

吟毕，想找块木简记下，却见水上一叶渔舟漂来，高挑着男声，问：何处高人文采？再来一遍，让小弟学学当诗郎。仲景见小舟快漂过来了，他怕让人认出是自己。他打个手势，嘴里仍念古诗，佯装文人墨客那种闲适浪漫。

泛舟者偏跟着他，说他褡裢上有个药字，是不是个医家？

仲景不敢久留，钻进一片芭茅丛里，顺一条蜿蜒小径绕了出来。回到城里，见那个骑毛驴的人气咻咻地拦住他，说：你这个扯家，怎么吃罢烧饼就走人，叫我等到天黑呀？你到底是个医家不是？

仲景见这人毛驴背上袋子不见了，才想起晌午的承诺，脸带愧色，就要上前道歉，看那人怒火连天，跟张寨二郎神的怪戾差不多，他感觉不是善茬儿，干脆走为上计。

骑者追上来，嗵地跳下毛驴，扭住他，嚷：骗子，想拐我的小麦，走，去见官！

仲景哪里敢到官府露面，他甩掉了扯拽，跨上毛驴就跑。卖粮人更断定是遇到了拐骗之徒，在后边穷追，边追边喊抓坏人。仲景跑了一身汗，方才看见舅爷家街坊。到了门前就拍门，干拍不见开，站门外喊了半天，里边出来了一个十三四岁的小姑娘，隔门缝看着他，就是不开门。仲景喊了声表舅，姑娘才开门，惊喜地喊：是涅阳大表哥呀，快快进来。

这时，追来的卖粮人也已到了门前，又上来扭仲景。

小姑娘尖声喊：你想打劫我哥呀，杀人啦，快来抓恶人啊！接着传来狗叫声。

卖粮人赶紧往后看，姑娘趁机拽仲景进门，嗵地关上门，说：再诓人，我叫狗咬死你。话刚落拍，大黄狗已蹿到门口，扬着脸对外狂叫。吓得卖粮人妈呀爷呀地逃了。

姑娘领仲景进到院里，喊：大表哥，长这么高了？

仲景惊奇地问：表妹还记得我，我记得那年见你时，你个头还没小桌高。

嗯，我想起来了，你小时候来过俺家，四妹还小，跟表哥搭不上话。

仲景扭头看看，说：你就是头扎羊角辫的小表妹，转眼变成大表妹了。

四妹拽着头发辫，眨着细眯的眼线，问：你看四妹长得咋样啊？

美，二月桃花脸，三春柳叶眉。

你真有学问，出口成章，敢问表哥家表嫂长什么样？赛过天仙，气死西施？

不好意思，表哥至今还光棍一条。哎，你记得桃红不，你管她叫啥？

桃红是我姑，死好多年了，是我爷包办她，逼上了绝路。

这时屋里出来了穿八丝绸的舅爷，仲景施礼道：仲景问舅爷安！

舅爷拉仲景就座，叫四妹倒茶，他问了伯厚和张闻氏，问了房屋田产，粮食牲口。

仲景低着头只往一边瞅，嘴里应着家业比过去大，地多了，房多了，还添了家丁。

舅爷又问他，啥时娶亲？仲景无言以对，为使场面不僵，仲景也问及舅爷的身体状况。

舅爷说：腿疼，老寒腿，想叫你二叔转过来治病，老不见人影。

仲景这才知道，原来舅爷去世后，父亲这些年没来过穰城一回，涅阳的情况舅爷一点都不知道。仲景不想再聊家常了，蹲下去扒起舅爷的腿要看。

舅爷说啥也不让，还说要他马上叫来伯祖。

仲景站在舅爷面前，说了自己跟二叔学医多年，也会诊治各样杂病，二叔把医术传给我，他已经走了。

舅爷说：那你怎么不来穰城，这城里人只认你二叔一个名医，他一身医科武艺，怎能走那么早？

仲景这才把二郎神陷害之事诉出。舅爷咆哮：你怎么沾染上刁蛮泼妇，还招惹是非牵连家人？

仲景低着头，说：我没防申巧凤的恶意，才导致事故发生。

舅爷还要嚷嚷，四妹端茶过来，撩眼看看仲景，说：表哥小时候看人杀鸡都捂眼，哪有防小人之心。

舅爷说：你娃子真行啊，叫我咋说哩，好，事已至此，老子不埋怨你了，以后跟人相处要有个防心。来给我治老寒腿吧，是骡子是马拉出来遛遛嘛。

仲景蹲下来扒起舅爷的腿，扭捏按摩半天，叫四妹弄些盐疙瘩，装到布袋里加热水，贴到腿痛处。又叫四妹找点干艾叶拧成卷儿，点着来热灸。

院外传来了拍门声。四妹跑去打开门，进来了个中年人，毛驴上驮着一个黄脸的老人。那人站院里喊：我这回来可没外心，是求医家医老爹症候的啊。

舅爷把来人让到屋里，仲景心有余悸，不敢近前，那人抱拳道罢歉，说：你是个医家吗？为啥跑？跑得跟偷鸡贼似的，也真是的。

仲景见这人正是俗话说的刀子嘴豆腐心那种，这才放下防备，趋步过去。到了老人跟前，叫他坐驴背上，拿过来手托住，捋起袖子切了一会脉，低声细语地问询病人吃饭睡觉与活动状况，老人说恶心呕吐，肚子撑胀。仲景又翻眼皮，看舌苔，然后从药褡裢里取了生山栀、炒黄柏、大黄、龙胆草、鸡骨草、赤芍药、川楝子、广木香等十来味药，叫卖粮人拿回家煎了滤汁喝药汤。

听着卖粮人带着父亲走出了门，嘚嘚的驴蹄声渐远，舅爷这才松开紧绷的脸，笑着说：你娃子中了啊，行医手法跟伯祖一个模子刻的，真不愧门里出身。

仲景红了脸，说：我没照顾好二叔，今生只能以医术回报于他。

仲景的方术施治三四天了，舅爷的老寒腿还不见好转，反而更痛了。他有抱怨情绪，嚷着仲景为学医搭上少年光阴，也没混来个家室妻儿，太划不来了。恰在这时，院门又响，卖粮人又回来了，说他爹喝了三天药汤，病好转了，要仲景再开些药，清掉病根。

仲景打开褡裢去取药，舅爷说：哎，你那药是拾的，还是天上掉下来的，不能一文不值吧？

仲景暗笑舅爷这个麻行商人，一头钻到钱眼儿里。

那人拐过去，从毛驴背上取下一麻袋小麦，放到堂屋中间，说：这是细粮，医家收下吧！

仲景送走卖粮人，转身进屋时，四妹跟在后边，拽拽他后襟，小声说：表哥，四妹送个香包表心意。

仲景吃惊得扭头去看，四妹已经把香包塞他手里，红着脸转身跑了。

穰城县半夜，鸡不啼狗不叫的时辰，天上星稀，月影偏斜。仲景怎么也睡不着，他本来想来看看舅爷，再决定是回涅阳，还是去桐柏山，可现在舅爷的腿病未好，一时不便走人。更不便的，是小表妹明递香包，暗送秋波，他不知如何是好。此时，他不由想起张寨的黄翠姑，拿四妹比翠姑，两人姿态颜色都很不错，还都是火辣性情，四妹如秋菊般颜色鲜，翠姑如山兰般气质纯，都让人心动，唯自己无力承受。他想明天就叫舅爷托人打听涅阳风声，然后决定去留。这样一想，快刀斩乱麻，很快入了梦乡。

正在沉思，窗前响起细微动静，少顷，房门轻轻推开，有人蹑手蹑脚进来了，仲景问：谁？

没有回答，却听小猫细腻的叫声，接着一个人影挨近了，猛地扑到被子上，说：表哥，四妹害了相思病，求你来医。说着抱住他，挪大腿往床上移。

仲景感觉香软柔滑的少女身体，已压到身上，只差一床被子的间隔，他一时蒙了。谁知这四妹上来床，又是厮磨又是亲吻，胳膊像条蛇紧紧缠住他。仲景从没沾过女儿身，一时把握不住，慌乱得跟做贼似的。眼看四妹要往被窝里钻了，他赶紧坐起来，把四妹推起，自己下了床，坐床帮上怪怨：你个愣头青，你表哥身无分文，养不起家室你知道不？

你都多大岁数了，难道还不知儿女风情？

知啊，可是条件不济，我现在孤身寡人都顾不住，能顾了谁？

四妹流了泪，哭着说：表哥，我跟了你喝西北风都愿意，我要跟你走。

仲景不敢言语，把香包甩到四妹手里，站到窗前，像躲瘟病似的，打开门往外走。刚出去，就见四妹站到椅子上，把一根麻绳扔到房梁上，挽成个环，然后含泪瞅着仲景。

仲景赶紧上前，取下绳子跑到院里。任凭四妹在屋里哭成泪人儿，他像只夜猫一样，在院里转来转去。

一夜无眠，等到穰城谯楼上的更鼓敲过五遍，他才隔窗给舅爷辞别。

翠姑往前走几里路，遇到大片荒野，路很窄，边上有沟岔，到处是野蒿毛树，古木盘曲，鸟兔出没，却少有人烟村宅。翠姑有点惊悚，折个树棍掂手里，硬着头皮往前走。

前边的路更窄，荆丛更深。她扒着齐腰深的草丛寻路走，走了半里路，前边横了条河沟，有几十步宽，她脱鞋蹚了过去。再往前看见山坡，她问了个砍柴的老头，从这往前走二十多里，就是杏花山。

一听说山，她心里就激动，这些年她听到张仲景的信息，都与山有关。正跑时，听见一声怪叫，她惊觉地站下来，见是野狼。她赶紧呼叫，狼来啦，打狼啊——野狼低头站那不走了，等一会儿，抬头看看她，又追了过来。翠姑吓得一路尖叫，紧跑慢跑到一处破庵前，见门开着，冲进去关了院门，身子死死地抵住门后。野狼在门外吼叫，还竖起上身抓门。翠姑找根桑木棍抵住门。稍时，她见柴门有松动，看样子扛不住恶狼推拱，她钻到墙角的大瓦罐后边。狼在门缝里看不到人了，转身跑掉了。翠姑身子窝在瓦罐边上，忽觉身后发凉，回头一看，瓦罐另一边有个死人。有句俗言说：一人不进庙，二人不看井，却没人说进破庙里遇见个死人，是什么征兆。

她吓得屏声息气躲在另一墙角，等外边没有动静了，她想找个能瞅见外边的地方，谁知又感觉周围不对劲儿。凭着少女的本能，感到寺里有人。疑念还没落下，就听一阵呼哧呼哧的声音，扭头一看，一个蓬头垢面的男人，哧溜一声窜出来，红着眼瞅她。

翠姑怀疑是遇见蟊贼了，她尖叫着，开门欲跑。晚了，红眼男人从后边抓住她的后襟，猛一拽，她不偏不倚在那人怀里落个正着。翠姑拼命挣扎，拿起抵门的桑木棍子，没头没脑地抡打起来，红眼男人不得近身。她冲到门外，红眼男人大吼大叫：哎呀，你是个女侠客还是活妖精啊？

翠姑退到田野一条小垄埂上，一边照看左右，一边说：姑奶奶正好渴了，想喝人血，你再上前一步，我活吃了你！

那人一听果真是个女刀客，吓得抱头就跑。翠姑站那弯腰大笑，笑罢紧张地看看四周，觉得脸上发凉，手一摸有泪。历经危险，也就那回事儿了，她胆子放大起来。甩着胳膊往前走，心想一人离家，无非是恶狼蟊贼，这两恶物不在话下，还有什么可怕的，再可怕也比找个麻汉拐夫强。谁知她刚放下警觉，忽听一阵跑步声。扭头去看，是那个红眼男人拐了过来，拦腰抱起她，扛肩上就跑。跑到村边一草棚里，放下她来，拿块肉给她，说：我不想害你，只想要你当媳妇过日子。

翠姑这时再看，以为只是个粗鲁莽汉，不是吃人的蟊贼，如果不是红眼垢面的外表，也没啥可怕的。她看看肉，半生不熟的，甩手把肉打掉，说：我有郎君，是个名医。

红眼男人问：你说的是犯了王法的医家吧，他早死到深山里了。你从今儿起是我媳妇了，我会对你好。说着，来搂翠姑。

翠姑哇一声尖叫，上去咬住莽汉的手，大叫：我有兄长在官府当差，抓住你砍你头。

红眼男人说：这荒草野坡，伸手抓住鹅脖子，离冠（官）远着哩。

翠姑见恐吓不行，说：那你放开我，按老风俗叫家人托媒行礼。

红眼男人刚放开手，翠姑夺路就跑，到门口又被拽住。这次抱紧了，直推到后墙根，两人都栽倒在高粱秆上。翠姑见一只小娃胳膊从高粱秆缝里伸出来，边上还有个地窖。她尖叫起来。红眼男人用烂衣裳撕成布条子捆住她，毛手毛脚地按到了地上。

这时，外边有了人声，是铁柱领着来福、四发三人赶了过来，红眼男人正在把翠姑往窖里拽。翠姑掉进了黑咕隆咚的窖底时，听见外边人声，她叫声更响了。铁柱弯腰钻进草棚里，隐隐听到叫声，扭头往墙角一瞅，正好看见窖口，吼道：窖里藏蟊贼啦，都快来抓贼啊。

来福与四发跑了进来，看见地窖口，听见里边尖叫声，就要下去救人。铁柱脸对着窖口一看，发现里边在激烈缠打，正是翠姑在与莽汉拼命。铁柱大喊：奸贼放人！说罢咚地跳了下去，脚踏到窖底，一把推倒莽汉，把翠姑推到自己身后，喊四发往下扔麻绳。

莽汉见上边还有两个人，知道对抗不过，乖乖配合铁柱，一起往上推举翠姑。谁知翠姑被推上了窖口，扒开四发与来福，冲出草棚就跑。跑到外边才嚷道：谁叫你们来救我，叫我死了算了。

铁柱冲上去扇了她一耳光，嚷着：你想死咋不在家上吊哩？

妈逼我嫁人，我打死不嫁才跑人。

翠姑你？

翠姑流了泪，捂着被打疼的脸，说：这不都是妈逼着叫我嫁个男人？

铁柱又说：不是那家，妈给你说的婆家夫婿是秦小五，等着你相亲哩。

翠姑感到奇怪，怎么这些天黄家说媒都说疯了，没一个人提到秦小五？她忽然平静下来，说：铁柱，姐是摸迷路了，咱回吧。

铁柱说：可别犯糊涂了，张仲景早不在人世，就是再也回不来了，就是回来，也不会跟穷家结亲。

翠姑手拎起大襟擦着泪，内心明明在为失却的爱情伤悲，嘴上却说：姐不是为他，是真迷路了。

刚说的秦小五，这时也赶过来，看着翠姑，红着脸说：咱们赶紧回家吧。

翠姑这是第二次见秦小五，过去小五拜过大仙为师，很能干，后来因为二郎神叫他去北山找张仲景，小五推故母亲有病，从此再没来过张寨。那时他还是个毛小伙，几年过去，变成一个壮汉了。翠姑跟着四人一块往回走。内心想，这才出门走不到百里，就困难重重，如要进到深山，那该碰到多少妖怪虎狼，得脱几层皮，死多少回才能找到人，就是找到了，也不一定能改变仲景独身从医的主张。她觉得秦小五在陈家好好地学巫，敢为仲景的案子分辩黑白，非一般混混儿。她想，如果有一天喊他一起去北山，他会支持的，路上有个照应。

走了半天，都感到肚子饿了，小五从包袱里掏出干粮，把水葫芦拿出来叫大家喝。大家在草地上坐下，边吃边述说陌生村庄的见闻，惊异之余，又感受着好奇。再上路的时候，翠姑跟小五并肩走着，铁柱、来福、四发故意落到后头，还不时扭头往一边看。翠姑与小五并肩走时，问起小五家的状况。

小五讲述起自家的事，他住在穷困落后的黑岩岗，在张寨西三十多里。黑岩岗坡上十里八里三两户人家。村边不是坑就是沟，地里一层礓石蛋，很少有沙土地。齐腰深的毛蒿子里，有狼群乱窜，乡民们不敢出户耕作，连羊也不敢放，日落时分，老人小娃都不敢从岗上走。因此流传一句民谣：黑岩岗，恶狼蹚。羊吃完，人吃光。

那穷乡僻壤里，村上男女混聚，近亲成婚，几乎有一半都是哑巴、瞎子。外人打听个路，也难找个明白人说清方向。男人找不来媳妇，闺女朝外嫁。这样的婚配，代代相传，黑岩岗从没出过识字人。

翠姑说：那么穷的地方，我真是难预料那怎么过日子。

小五说：没那么严重，我只是先把丑话说头里，省得你说我诓你。

回到张寨，黄氏一句也没埋怨，叫闺女换了好衣裳，又做好吃的，过两天见翠姑脸色泛红，忽灵灵的大眼睛又会说话了，她就叫媒人领着翠姑去了小五家。翠姑知道小五家的穷困，到了秦家一看，娘俩睡一张土坯床，铺茅草，盖渔网样的被絮，头枕草墩。灶房一个锅台，使了十来年的脱皮铁鼎，娘俩各有件短夹袍，天冷时腰里扎条麻绳。小五都三十出头了，还没媒人上门说亲，他想着就要把光棍打下去，没想到还有个老闺女没嫁人。

小五说他曾投拜过张寨陈大仙，那一投奔，想的是外边的世面有新事，没想到到了陈家，心里反倒不安起来，大仙干的巫业，没施多少真术，蒙人的把戏却不少，他推故老母亲有病，卷起铺盖回家了。小五还说，东汉的天像一个谜，如果再搁陈家混下去，有一日天会塌下来，砸烂头的。

这话让翠姑笑了半天，她看天上的云彩飘来飘去，眼花心乱的，只是笑，不说话。

小五又说他在陈家混了半年，捞了点钱财，才在黑岩岗盖房屋，垒宅院。最引人注目的是，他还娶来个美貌媳妇，过半月跑了，原因是她不想干重活，过不惯粗茶淡饭的日子，睡不惯床上的麦秸铺。

翠姑忽然说：那媳妇后来又嫁了？

没嫁，在穰城县跟了差役姘居，生娃时死了。

小五说罢，红着脸伸手抓住翠姑的手，说：只要你肯嫁给我，我就不让你吃亏。

翠姑看看小五，顿了半拍，说：我有个条件。

小五说：你想要天上星星，能摘我就给你摘。

我不要，只求你有朝一日，能跟我去找张仲景。

小五站住了，对脸看着翠姑，问：你心里存个医家，怎能乱嫁？

我是怕我妈寻短见，才这样的。

可是那个医家圣人，早就去阴间啦，有啥指望？还老惦记着。

翠姑不与小五对视，而是看着北边的山影，眯着惆怅的眼，说：我就要找到他。

小五说：他遇到了心狠手辣的仇家，早就不再活在世上了。

相公，别咒好人中不？纵是他死了，我也要找，直到活见人，死见坟。

小五双手拉住她，说：好，我答应你，就是他活着回来了，你还是我媳妇儿。

翠姑不由得悲切，说：如果他活着回来了，你得允许我自拿主张，中不？

小五抓抓头，蔫头耷脑地低声说：中啊，那得到铁树开花驴长角。

婚庆喜日快到了，十月二十六的黄道吉日。小五这几天老感觉别扭，嫌翠姑心底不净，如果张仲景真没死，回来了，还不定出啥妖精事儿。他从此夜半无眠，茶饭不香，眼看喜日子就要临门了，他仍苦皱个脸。秦母说：你不怕她事稠，只要来婆家怀上娃，那条心就死了。

小五见黄家不讲究娶亲的样式，来不来花车都中，给不给彩礼也没啥。小五就想，这跟接寡妇一样省事，可省事好像是捂着盖着，婚结得不明白。他偏要办大，让更多人证明黄翠姑是他的婆娘。小五开始串亲告友宣传喜日子，请求亲友光临喜宴。还专意跑到张寨去了陈家，双手打拱举起，挑着高腔向大仙说明来意。

大仙听了，把脸转过来，塌蒙着的眼睛看看小五，再睁开来看，见小五惶乱浮躁的神色，说：小五，你来抽一签看看运气？说着拿出竹签筒来。

小五平时好抽签，都抽得不错。可这天偏抽了个下下签，心里别扭，要再抽一个。

大仙摆手说：这是戏耍神哩，签有七七四十九种，你多抽多变，反而没法推算了。

小的不知戏耍了哪路神？

我来问你，神有六称，都是哪些？

小五掐着指头肚，说：有青龙、朱雀、勾陈、腾蛇、白虎、玄武。

大仙闭目念道：天地定位，山泽通气。雷风相搏，水火不射。你师父上通天象，下知人命，中知八卦黑白二象。白为阳，黑为阴。天上有玉皇大帝，有太白金星，有灶神门神，五路财神，有送子观音，盘古奶奶，还有伏羲神！

师父，你这么大学问，为何给人医病时不用？

你看看身处草芥之人，只用神鬼之词打发，才合民意，何须动脑施术？还说你的签，抽了下下签，能否断定张机到底已死，黄家女是不是活人妻？

小五知道张仲景是窝在陈家心里的一块病，他想，如果说是死了，说明自己简单，如说没死又会造出话题。小五塌蒙一下眼，说：依我看张机就是没死，也失踪了。

为何这么说？

因为说他死者没见死尸，说他不死者又没见活人，也可能失踪山间，喂了虎狼。

大仙摆摆手说：不会，他在深山游窜多年，有防御虎狼的功夫。

小五甩着手恍然大悟，说：是的是的，师父神算，如果他有功夫，或许还活着，藏于深山老林，可那里不仅有虎狼，还有吃人肉的蝨贼。

大仙笑笑说：老二派人三番五次地找，都没见着人影。

怕是早不在人世了。

你对黄家闺女，也敢说这话？

话锋急转弯，小五须打愣才回过神来，咕哝道：黄家闺女是个杠子头儿。

你去吃喜酒，我心里才有底！

中，你回去吧，我会去庆贺。

小五见陈大仙应了，出了门看见张家宅院，门前站着两员家丁，直标标的，手握大棍，盛气凌人。小五去张家报了事由，家丁放他进院。张伯厚闻听小五结婚，吃惊地问：你要娶谁家闺女？

小五说：黄家翠姑。

伯厚更吃惊，说：前几天听说黄家把闺女许配到涅阳城，转眼变了？还听说黄家妮前些天出家了。

张伯，提起黄家妮和仲景一事，我都不好交代，可翠姑除了张机，只认我为婿。

你还请了谁家？

陈大仙，他说愿亲自赴喜宴。

此时，门外传来毛驴的叫声，张闻氏挪着小步到门口看看，直朝伯厚挤眼。

伯厚说：我在你喜日里有事要去穰城，不能去喝喜酒，到时托人递礼，你应笑纳。

小五反复恳求伯厚赏光，哪怕去个猪娃儿猴孙，都很壮门面。

伯厚打手势送客。

第四十四章

仲景在去桐柏山的路上，仍为四妹的热恋而震惊。回忆起来像烤了火，感到世上女色足够诱人，只怪自己失艳福。他像斩断同当年翠姑的情丝爱缕一样，一心朝着医术之路，义无反顾地奔走。

他已经不想回涅阳了，一怕二郎神贼心不死，二怕自己露面后惊动南阳郡太守，请进郡府附庸一人，与官场纠葛麻缠，脱不出自由身，三怕再惹翠姑纠缠，继续伤痴情。他只想去见桐柏山拜访老者，把妇儿两科与消渴症方术学过来，为平时用，更为著典做积累。

路上，他尽量不靠街店，独自落荒行走。渴了找山泉水饮，饿了摘干果吃，半夜在荒草地上睡觉。除了想看到病人，不想与任何闲人接触。几天山路走下来，洗脸时到清泉边一照，脸又枯槁了，头发蓬乱起来，他对着泉水无奈地笑笑。路途漫长，不可挥霍等闲时光，仲景迈开步也开始背医文，边背边走，生命已简单得只剩走路、背典和采药。走得无聊时，就拿小石头投于树枝间打飞鸟，看着它们突飞起来，冲向林带和天际。

这天，他走到一个村落边，看见一个面黄肌瘦的中年妇人，在路旁捂着肚子，哭着要寻死。他上前一问，此人已多日未沾谷米，身上多处病痛，烦躁不安。他正要蹲下来为妇人诊脉，村上过来一个背柴捆的汉子，也披头散发、皱眉瞪眼地放下柴捆跑过来，背上妇人就走。

仲景不知他是妇人的什么人，站那看了半天，忍不住追了过去。

汉子到了家棚里，回头见陌生人跟来了，就把柴门关住。仲景对着门缝，说：大哥，我是路过这里的医家，会给病夫医症候。

汉子一听，对着门嚷：谁能证明你是医家？

不信你看我有药褡裢，里边全是药材。说着说着，下雨了，不大不小的雨点十分稠密，正好能淋湿衣裳。仲景躲到大树下，脸上头上都湿了，还在看着草棚的门。

门开了，村妇招手叫他进来。

仲景进到屋里，为村妇望诊，见妇人舌质不红，舌苔白滑，切诊见妇人脉迟。诊断为胃中虚寒，胃脘作痛，厥阴头痛……用方术茱萸、人参、山楂、大枣、生姜几味配伍。

开了方取了药，叫汉子煎上。那汉子直到此时还不想听仲景的，煎上药，就把仲景推到门外。仲景站到外头交代过滤取汤。汉子照办了，村妇喝了药，过一顿饭时光，说胃不胀了，还有点痛，想吃东西了。汉子弄了热面条端来，瞪着眼说：吃吧吃吧，吃撑死都行。村妇吃几口又放下碗，唉声叹气地捂着胃部。

仲景感觉这村汉的态度，是引起村妇内积隔邪，胃气不和的病因，也是巫祝引起的。他隔着门缝喊出汉子，告诉他好好待病人，比吃药都强。然后为村妇留足了药材，就要走。那汉子一把抓过他来，问：药不医病症，我不要，只要你说出她是哪路鬼神附身，施术驱鬼就成。

仲景说：她症候缓慢，须家事和睦顺意，多服些天才能好。

你说的症候，谁能看得见，胡扯的吧？

这就是医家诊脉所在，她脉迟沉，舌苔白滑，是表证，医家从脉象看病，对症下药。

汉子听不懂仲景的话。仲景又用通俗的方言给他解释一遍。汉子似懂非懂的，旁边有围观的年轻人听懂了，埋怨汉子愚。张仲景要走时，有个年轻人对仲景说了他家有老人咳嗽，树叶发树叶落时咳得重，叫仲景去开方。

仲景过去诊了，发现有哮喘，开了方，取药交给年轻人，要走时，后边又来两人要他开方。仲景抖抖药褡裢，说：等我采来了药，再来好吧。一起十来个人站到村头朝他挥手，眼巴巴看着他走。他大为感动，多少年没遇到这样的人情，少不得把毛驴背上的包袱打开，取出药包来，给每个病夫都送了药。做完这一切，又骑上毛驴走时，有个老年人跪到地上祝福他，仲景下毛驴扶起老人，安慰了才走。

走出村庄时，仲景不由抬头看看夕阳。夕阳返照着青山脚下的村庄，照着青苍连绵的田畴阡陌，是那么的宽阔、清朗。

仲景走了不远登到了个土堰上，采到了车前子、千里光、荆棘，还捡了蝉壳。

采着采着，又发现一块悬在石缝里的灵芝，巴掌大小，他像发现了金疙瘩，跳过去，正要采，林子忽然传来吭哧吭哧的声音。仲景惊觉地四下看看，又没见动静了。不大一会儿，又传来忍俊不禁的笑声，刚开始是嘿嘿几声，接着是哈哈哈的狂笑。

仲景这时刚攀到一块石崖上，身子紧贴山壁，手还没挨着灵芝，就惊异得定那不动了。这时一个白发人过来了，上身披狼皮，下身披粗麻衣，一直从腰里披到脚跟。仲景想，自己的样子就够怪了，竟还有如此怪人。他想起传说中的野人，在山里见人手攥着脖子冷笑，直攥得人咽了气，他就吃人肉。要是这样，自己的身家性命往下就难保了。

白发人见仲景吓愣在悬崖上，说：下来，那有个毒蛇洞，上去就没命了。说罢朝仲景却扔过去一块肉，没扔准，肉掉到石板上了。仲景惊讶地问：你是何人？吃生肉？

白发人跳到石板上把肉拾起，塞进嘴里吃，嘴角一边流血，他抹抹嘴，说：不识抬举的货，这是病疫而死的小娃，会喂虎狼的，不吃白不吃。

病疫而死也应掩埋掉，才合乎天理人情。

天理人情，亏你说得出，你知道这是啥地方，这是老子的地盘，除了猛虎就数老子了。

你到底是谁，想干什么？

老子是谁，老子在人世躬身俯首，当牛做马，积福行善，最后有什么好报啊？现在我在山中，想吃果就上树，想吃鱼就下河，这山上山神第一，老子第二，你知道我是谁了吧。

仲景一听此言，就问：相公何方人士，为何流落到此啊？

你先报家门，我随后再说。

张仲景看看四下无人，说：我是外乡的医家，来山里采点药。

哎呀，听口音是南阳人？

不，我从西山来，在山里转了多日，想采到名贵药材。相公该你了？

我叫四牛，是涅阳县运赈粮的车夫，因官府追捕逃了出来，你不会报官吧。

仲景吃惊地下了悬崖，走到车夫跟前，问：你是涅阳的英雄啊，我听说你们半路向饥民放粮，真够好汉，却不知涅阳县的赈粮到底被私卖到哪儿了，是与谁合伙？

四牛双手打拱，说：我正想找人把此信传出去，没想到遇到你了。二郎神叫我们把赈粮运到此处，连仓都没进，就卖给了湖南一个官吏。听说那老贼神通广大，京城有皇亲，根儿粗得很，状子如果告不到皇帝那儿，谁也扳不倒那棵大树。咱一介小民，无权无势，且手无寸铁，到京城能摸着皇家门朝哪儿啊？再说二郎神与老贼说不定啥时窜到京城里，冤家相遇，找死去呀？咱只有流落山野无人界，逃条生路。

你有什么证据证明二郎神把赈粮私卖了？

我们从酒楼上逃出来两个车夫，我以后总有一日要找到他。

仲景摆摆手说：那个车夫已经不在人世了。

四牛抬头望天，喊道：他死了，真是自古好人没好报，杀人放火把财捞。

仲景上前拍拍四牛肩膀，说：四牛老兄啊，以后再不能吃小娃肉了，疫死者会有疫毒染病。

四牛忽然蹲在地上，伤心痛哭起来。仲景蹲地上拉出他的手，为他切了脉，见他脉象很好，然后脱下自己身上袍子披到他身上。就在他默然朝四牛施过礼，欲走之时，四牛站起身，把袍子又扔还给他。

仲景说：我身上还有一件，你穿吧。

四牛含泪说：你要到人世上去医病，穿这件好的，把那件烂的给我。

仲景把里边那件旧袍脱下来，给了四牛。四牛捧着衣袍，跟官人接圣旨一样跪地上呼喊：苍天哪，你虽有眼无珠，还叫我绝地遇贤，你要保佑圣贤顺安啊！

仲景心头发热，欲泪又止，挥手告了别。

翠姑出嫁的日子到了。

秦家牛拉的花车上，蒙了花被单车棚，车里铺麦草秸，咯咯噔噔七拐八磨走半晌，才到黄家门前。

当地闺女出嫁时哭嫁，只一个时辰，而翠姑却哭得不断头，从早上起来到吃罢早饭，泪水一直在流，把脸上的胭粉冲成了泥巴。再洗，搽了胭粉，泪水再流。还流着泪唱着地方戏里的哭书韵：

一哭娘亲从此分，黑岩岗上飘孤魂。
娘亲生身贫寒家，长成朵花掉了魂。
二哭他乡为人妻，草籽撒处飞灵魂。
不该把女当水泼，女儿离娘丢了魂。

三哭今日出嫁恨，谁在为你掉忧魂。
八月九月逝年岁，千山万水何归魂。

哭到此处，换成了地方戏里的哭洋调：

呜呜喊声生身娘，这个世上最亲人。
花车门前来接女，闺女转眼成外人。
花车无情拉我走，婆家谁是知心人。
花车轧碎女儿梦，柴担粗活累妇人。

人们听着，真是不得了，这女娃在学堂窗外旁听两年学，简直成精了，把出嫁唱成了一出戏。

不管怎样哭啼，花车还是把她拉走了。秦家门前，十来竿竹子捆扎的爆竹点响了，围观的村人也看热闹如看大戏。新郎把新娘拉出花车，一身红麻袍，头蒙红布。奇怪的是，花骨朵似的鲜艳人儿，脸上尽是泪，眼睛也有点红肿。小五拉着她往洞房走，后边就有人把来路挖断了，决意不让新娘走一步回头路。

有小娃唱儿歌：麻尾雀，尾巴黄，接个媳妇忘了娘。

更有外村消息灵通的货郎担，挑着打糖、花喜蛋儿来摆杂货摊，顺便收些碎铜烂铁，旧套子烂鞋底。另一边凑过来个卖花线的婆子喊：软铁针用三春儿，铁顶针使一辈儿，花卡子虽小玩意儿，看看上心买家里儿。

听说小五娶了涅阳城边的姑娘，外村人也来看稀罕，都挤到窗下想看城里新娘的时兴，有神婆边舞边唱：

一把梳子一把枣，生个娃子如珍宝。
一把梳子一把栗，生个娃子把家立。
一把花生一石榴，生的儿女一大溜。

另一神婆边舞边唱：

春枝生叶人生娃，双喜同临好人家。
喜乐在院笑在枕，儿孙满堂福满门。

外边热热闹闹，洞房却冷冷清清。老人们说这新娘一直低头看地，好像谁欠了她二百黑馍钱。

初冬的阳光暖洋洋地照进秦庄和村野。小五见人围得里三层外三层的，送礼客也陆续到场，别提心里有多欢喜。家院里半亩地大小，客人们并排坐草墩上，宴席上两个大菜包、一碗鸡汤、一盘鸡蛋、一坛小米酒，都搁在院中间桌子上，谁想吃喝自己来，另有瓦盆里盖着高粱面馍，也是谁吃谁去拿，吃饱喝美为止。小五照顾好客人吃喝，又惦起了新娘，巴不得客人早走散，开始洞房花烛。

快半夜了，村里的人兴奋地闹了房才走，小五猴急地关门推窗，转过来掀新娘盖头布。谁知新娘嘴里塞了团棉花，脸上几条血道子，一个花脸鬼。

小五吓呆了，站开两步呆看半天，新娘没有一丝反应。他上前拽出翠姑嘴里麻布，问：娘子，你咋了？

翠姑哭起来，说：我被鬼捂了，今夜不能上床共眠。

小五搂好她，坐床前问：为何不能上床？

昨夜张仲景托梦，说他要把当初誓盟消掉，我才能嫁人。

怎样才能消掉？

你让我独睡三天。

小五推了下翠姑，脱口骂道：不就是个杀人犯吗？死到阴曹地府里还来管人？说着气呼呼收拾被窝，准备走时，突然扔下被窝，扑上来搂住翠姑，就扒衣袍，扒了不由分说，就往床上按。翠姑又踢腾又撕抓，还拉被子裹住身子，小五撕开被子，硬卷住翠姑身子，强行了却了房事。小五看看翠姑脸上有泪，怕她任性发脾气，就赶紧跑到母亲的房里去睡。

母亲见儿子新婚洞房夜跑出来，就猜着儿子在新娘跟前犯了软蛋，一耳光扇到小五脸上，且把他推搡出去。小五回到新房里，见翠姑正在抹泪撕头发，他吓得转身就跑。

翠姑哭了半夜，也没见人来哄劝安慰，就在灰心疲累中，昏昏睡去。一梦醒来，还没消除掉心头之恨，却听外边在喊救命。小五娘岔了声地呼叫：我的儿啊——翠姑急忙跑出去看，见小五面如黄蜡，身子横在后院茅厕里。

秦家老少全村起漫，上门来不依翠姑，并请来大仙施巫。大仙问了事故经过，原来小五把被子搁到母亲床上，经不住数落，到茅厕寻了短见。翠姑认为小五不会自尽，怕是上茅厕时看不清，栽倒时，头碰到墙角石棱上了。小五娘不认这个说法，一口咬定儿子走上不归路，就是翠姑造成的，要她为儿子成全冥婚。

翠姑吓了一跳，冥婚就是叫活人陪葬。她趁着秦家乱哄哄的人众纷杂，跑回了娘家。这天晚上，秦家还是送来了冥婚帖。黄氏专程跑到城里找巫师求解，巫师说：当地的冥婚是为死者找个对象，完成婚礼。下葬时要将木牌位送至女家，写下亡夫生辰年月，蒙上红布插上榴花，再抬回男家成亲，算作夫妻合葬。

黄氏知道不是真人合葬，倒出一口长气，回来跟翠姑商量，去顾个局面。翠姑正在为小五意外之死生疑，心里惭愧，就答应了母亲。结完冥婚，黄氏叫铁柱给秦家送去一卷棉布，两袋小麦以表补偿。

花彩娥最后一次给妹妹端去鸡汤，是在半月前。

那天，妹妹一大早吵着身子虚弱，说姐姐做的粗茶淡饭没养分，要喝鸡汤补身子。彩娥一听，就皱起了眉头。彩莺自打生罢小妮，脾气越来越坏，一样活不干，动不动就吵嚷。倒是姐姐想到新人旧人的哭笑处境，处处显出忍让迁就。此时，她说：二妮一岁多了，身子不须再补，再补你会胖成九斤老太。

彩莺说：姐，不瞒你，妹儿又怀上了。

彩娥撇了下嘴，问：啥时候又怀的，娃儿这么稠啊。

哪像你，上床十来年生个独苗，弄不好啥时候死了，就绝户了。去熬鸡汤吧，我生多了过继一个给你，你就儿女双全了。

彩娥听不惯妹妹的阴损话，又不敢明里违抗，就脱下外套的绸袍去逮鸡。故意追得鸡娃满院飞跳，跳树枝上，飞柴垛上，慌一头汗没逮着，喘着气跑到妹妹面前，说：我手脚不利，等老二回来逮吧。

妹妹睐着眼问：是鸡腿长啊，还是人腿长？

人腿虽长，没翅膀啊。

噢噢，鸡腿虽短飞墙上，人腿虽长没翅膀。姐，老二回来知道你连个鸡娃都逮不住，不扇耳光也打脸。

别忘了你是咋勾上他的，还不是来姐家走亲戚，引狼入室了，忘恩负义的货。

彩娥说罢又去逮鸡，正好碰到大仙回来，两人一起把菜花鸡挤到墙角逮住，揪着翅膀准备上灶火拿菜刀。九桂出来了，尖溜溜地嚷：不能杀这只，把繁蛋鸡杀了你繁蛋哪，重逮。

　　大仙脱下袍子，帮彩娥在院里逮，又弄得满院鸡毛，才逮住只公鸡。

　　九桂又吵起来：不行不行，这公鸡打鸣最响，一杀断种了，谁替它叫明啊。

　　彩娥放了公鸡，叫九桂帮助逮，九桂慌半天也没逮住。彩娥转到妹妹跟前，说：看见了吧，可别说姐没下力气逮。

　　彩莺翻着白眼儿，说：反正我要喝鸡汤，喝不来就在老二那说你，你看着办吧。

　　彩娥说：妹呀，放姐一把吧，姐容了你在陈家过，给你做饭洗衣抱娃子，知足吧你。

　　彩莺招手叫彩娥进到房里，彩娥进去后，她冷不防扑上去，照彩娥脸上就抓，抓得彩娥退到床边，问彩莺想干啥。彩莺又扑上去抓，说：我想叫你尝尝以前你撕我的滋味儿。你当初不是要扒我的皮吗，现在我正儿八经上了老二的床，睡成了正房，你巴不得我早死，所以整天稀汤涮我。我告诉你，妹死不了，有这张桃花二红色脸，老二再不会看你一眼了，气死你个黄脸婆。

　　彩娥坐床边捂住脸，捂一会儿，上前扇了彩莺一巴掌，转身就走。

　　彩莺上去拉着她手，说：姐，妹真是身子弱，你看现在陈家家大业大，我一人也花不过来，如果姐妹联手，斗过大婆娘九桂，日后大郎二郎都死了，陈家还不是咱姐妹的？

　　彩娥听出了小妹的野心，也见识过九桂稠密的心眼儿，觉得夹在俩女人中间，事难为人更难做。为缓下妹妹的戾气，她决定跑街上去买鸡。

　　彩娥正准备换衣出门，大仙在门外喊：他二婶儿不上街了，我逮到只肥公鸡。

　　彩娥并没察觉大仙在窗外听了墙根儿，只是出了门就见大仙在杀肥公鸡。拔了鸡毛剁了段，九桂在锅里放了花椒壳、八角、陈皮，炖了大半晌，九桂端着汤走到彩莺床前，说：哎哟妹呀，看看这桃花脸耗成了脚后跟儿，快快补上，再不补美人儿变丑婆了。彩莺听得悦耳，等鸡汤凉了会儿，她端起来边吹边喝，喝下就睡那等着滋补。谁知刚睡过一个时辰，就嚷着肚子疼，疼得刀绞一样，叫彩娥快去找医家，最好是张伯祖那样的名医。

　　大仙本来听彩莺说陈家家业的话，心里就疑惑，此时又听说张伯祖，就阴沉沉地嗯了一声，说：家有神仙在，找外人不是笑话吗？说着招呼九桂一起手拿黄表纸、蜂窝、小刀，进到彩莺房里，大仙黑着脸，说：我早看出咱家有不吉利的风水，现在得先驱邪。

彩娥一时看不出大仙和九桂的用意，拉下蚊帐，叫彩莺把手伸出来。

大仙看看彩莺的手，问：你以前叫张伯祖医过病吗？

彩莺隔着蚊帐说：没有，听众人说他是个名医。

大仙叫彩娥进帐里捂彩莺的脸，叫九桂从另一头按住彩莺的脚，并用膀子碰碰彩娥。彩娥一拱进帐里，就全身压住彩莺的上身，把彩莺的胸和脸堵死了。九桂见彩莺踢腾，镇捂不住，也把身子压到彩莺小肚子上，彩莺咕咕哝哝拼命挣扎了一会儿，就不动弹了。

大仙手指抵到彩莺鼻孔上试试，已断了气，拉被子盖住彩莺的脸，说：老二问起来，就说她得急病死的，别提鸡汤的事，往后你心静了，好好跟老二过，陈家人单，多生男娃为好。

彩娥点点头，感激的泪水溢满了眼眶，说：谢过哥嫂，你们帮了我。

大仙说：记住我的话，别说漏嘴了惹麻烦，就没人帮你了。

约莫一顿饭时辰，二郎神骑马回来，进了院就问二妮哩。

彩娥抱着二妮哭着出来了，说：我妹命好苦哇，你快去看看吧。

二郎神站到门口往里看看，说：这个短命鬼可活到头了，你哭啥哩，人死如灯灭，还不找人拖出去埋到乱葬坟里？

这时大仙过来了，说：你看看她整天窝房里不见日头，这才说头疼，不到一袋烟工夫就伸腿儿了。

二郎神说：不说她了，哥呀，我的官运恐怕快到头了，不知怎么回事，南阳太守知道了张仲景的名声，逼我找他到郡府一见，太守还说，如这事办不妥，就叫我端着官帽去见他。

大仙说：你交不了难差，哥有啥招帮你？快处理死人，然后找找原来老太守。

二郎神吩咐家丁把彩莺从床上拖下来，放烂席上卷住，用粗麻绳捆好，顺势拖到乱葬坟里埋了。

彩娥见二郎神那么稀罕彩莺，死了连瞅都不瞅一眼，心里恩怨更多，冷不防笑了几声，接着泪水跟雨一样往下流。二郎神进了房，见彩娥在流泪，还认为姐妹情深，就与彩娥一起说事，说他感到世情危机，怕再出意外，株连家人。说要接彩娥去府里过些天，避避邪气。彩娥激动得泪水横流，巴不得马上就去。

二郎神的心思不在彩娥身上，更不在意她的哭戏，至于彩莺到底为什么死，也不想追究。对官场的心思太重，拿不准新太守的意思，为什么对自己一点都不赏识，变着法子给小鞋儿穿，还叫找名医，还叫报涅阳医巫界人数，不知他是否私下听到谗言。他猜得心事重重的，仍猜不出这麻杂官场，会不会变天。

二郎神一听说南阳太守传令，就吓得变颜失色。他本来想进仓库里看看存粮多少，弄一些送到南阳，然后再送些黄白之货。可他一进仓库，就闻到了腐霉之气。他想起前任太守拨的赈粮，私卖了大部分，剩下的想存那备用，没想到几百麻袋的小麦全霉变了，满仓腐霉气熏得他头晕。库里还存有新粮，怎么都霉了呢。

寻花问柳，贪钱捞财，该得的都得了，还经历过六七个女人的风骚，除了固定的可以常来寻乐的，另外还有南阳郡茶楼的红妹和粉珠，穰城银货铺的金坠儿，安众县的风流寡妇玉扇，都是隐藏着的暗妍。二郎神只当她们是采到手的野花，采来就蔫了碎了，凋落成泥。特别是巧凤这个女人，当初只为出伪证加害张仲景，两人一个鼻孔出气儿，才揽到床上，没想到后来反水，到张家道歉赔不是，还扬言是诬蔑医家。从那时起，与她的风流戏，就散场了。

在官场沉重复杂的重压下，他还是在背后问了九桂，得知鸡汤里下毒，是彩娥所为。这使二郎神看到了女人心，不是他想的那样，女人骨子里的阴毒平时很少露出。过去表面心软面善，活脱脱一个窝囊女人，钻进被窝温驯得像一只猫，下了床小腔细调的，很少闹别扭，连妹妹占了窝也不吭声，他才没把她当一回事。这样的婆娘竟然害死了妹妹，他忽然发现了彩娥身上的妖气，觉得再不能小看她了。

眼看彩莺生的小妮，现由大姨带着玩，还总在二郎神眼前晃。此时彩娥掐了花叫小妮玩，二郎神听见小妮奶声奶气地叫一声爹，他站下来朝小妮儿拍拍手。彩娥把小妮抱过来，二郎神指着彩娥说：小妮儿喊妈。

小妮看看彩娥，喊：妈。

二郎神察看彩娥的神情，对小妮呵护的细节，不用担心二妮失去亲妈，会有不幸。

彩娥没想到二郎神这么多变，一下子从凶神恶煞变得这般仁慈。她泪水溢满眼眶，好好地看着二郎神，小声说：咱也算儿女双全了。可这一幕刚掀过去，二郎神又问：娘子，你说张贼到底是死是活？

彩娥愣住了，沉溺于陈家逆境太久，自打妹妹离世，她一人时常能听到彩莺的半夜啼哭，有时看见她哭得泪人一般，站到床前叫姐姐。她认为那事不怨妹妹，她年幼无知，处事张狂，是二郎神揉碎了那朵花。她在陈家的感觉，正是她自编自唱的戏文：命如秋蚂蚱，生死自难料。她把陈家宅院看成阴沉沉的井，自己随时会掉进去，深浅都得淹溺。此时，听二郎神问起张仲景，彩娥知道这人内心有多险恶，往日疑神疑鬼的心里，又多一层阴云，跟拿了把坏牌一样，不管怎样过招，都没胜算时机。

当二郎神把她接进县府，她仍在内心深处不易暴露的地方，敏感而隐蔽地提防着。她没回二郎神的问话，背过脸去，抱着小妮晃着哄着走开了。

二郎神不乐意地说：娘子没回我话呢。

她回了一下头，说：死了啵。

二郎神走到她跟前，问：死在哪儿？

彩娥说：死到深山老林里。不是奴家说，你现在穿的绸缎，吃的鸡鸭，天天享受县太爷福分，张家娃就是没死，也在野山里喝西北风，难道你心里还有不平？

你知道个屁，那人在民众中威望高着呢，都传到南阳太守耳朵里了。

彩娥冷不防地回头嘟囔一句：赶明儿我就回张寨，怕这儿的刀枪把小妮吓掉魂了。

第四十五章

张仲景离开四牛后，心里一直沉甸甸的，老在想涅阳县的亲人和故事。他算着，距最初离开张寨，已经十年过去，张寨曾经发生过的，都成了故事，后来发生的犹如云烟。

他坐到一块石头上，望着涅阳的方向。忽然感觉自己过去忽略了什么，在家时没有好好操劳家务，没有站到父母亲角度想想他们的忧愁，一门心思钻到医典里，还任性地与父亲置气，为老人造下多少委屈，算来自己真是个不孝之子。可这为什么此时才醒悟过来，才意识到自己的错误。如果将来能回到张寨，自己定要帮着老人做农桑，干家务，带弟妹长进，要把重担挑起来，再不能任着性子过。

虽然他越来越思亲念故，但有一条不可动摇，那就是在回家之前，得见识足够的病材，把医家方术都学到手，储备够著典的材料。他把袋子里新采的药抖出来，每样去皮断根，留下药用部分，放在太阳底下晒着。一投入到这事儿上，心才慢慢忘掉了老家的人和事。

收拾了药材，仲景重回到山坡上。天已擦黑，他拽了干草摊到地上，打开包袱里的被褥铺好，钻进了被窝。露天的床铺，能看着天空无边的夜幕和星星，他数着数着睡着了。有怪腔传来，惊醒了他，忽然脑子里生出了奇思，想起一个仙字。这仙字是人与山搭配而成，说明一个人住在山里，才能成仙。而自己眼下正在世外，远离人世争端，不食人间烟火的仙人生活，岂不妙哉。他大口吸着新鲜空气，看着明月轮，不由吟诗一首：

空山幽兮清风飘，吾所思兮随云霄。
仁者四海有家归，长天明月皆心巢。

一诗吟罢，智性的慧门轰然开启，伴着对医学药学和四时气候的理解，再理解任何问题都慧明通达了。于是，心境就像雨后晴天一样，曾经的忧患愁伤也都烟消云散。他感到自己与这山水结合到一起了。

可这样的感觉，为什么在伏牛山没有呢？那是因为心有惊恐，惦记太多，还有二叔的情绪左右。二叔只悟到外边，四时气候和寒邪湿伤，竟没有想到人在何时何地都可修行内心，悟觉天地。

一路走过山水，也走过内心的阅历。仲景就这样采着药，背着典籍，不知不觉就看见了大别山淡青色的莽苍剪影。再往前走，感到脚步轻松，毛驴奋蹄更疾。

这天，太阳明朗，好风暖和，刚返青的麦田像绿毯一样铺开，让人心旷神怡。看看晌午了，仲景用石块在土埂上挖了个锅灶，放上鼎罐煮了顿萝卜干。吃罢饭，走的时候，回头看了看烧黑的土灶，觉得很有趣，这么偏远的山野，又因一顿饭留下了自己的痕迹，说不定下一顿饭就可以在自搭的棚子里边做。他真想住进一间棚居，吃一顿有青菜的面条。正想着，眼前出现一座小桥，叮咚的流水声响，十分悦耳。

一个七八户人家的小村呈现在眼前，村头的野坑边围了一群人。他朝人群走过去，到近前见地上躺了个才刚捞出的溺水小娃。有大人在地上滚着哭号，有人为小娃掐人中，也有人跪地求神。他扒开人群，上前倒抱起小娃，头朝下晃动着，把小娃肚里水倒了出来，再放到地上，有节奏地按压胸部。来回做了几十次，小娃慢慢缓过一口气，再按几下，小娃哇一声哭了起来，苍白的脸上泛起了红晕。

人们看呆了，小娃母亲刚才还在地上滚着哭，这时忽然上来抱起娃呼喊着。那娃哭了几腔，又喊了声妈，撇嘴哭起来。小娃的爹跪地上磕头，问仲景是哪儿来的神仙。围观众人也拱手求他，保佑村人平安。其中有个少妇，一个人立在椿树后边，窥视仲景。仲景见那少妇目光幽幽地转，遇着他看过去，眼光滋滋地闪亮。他觉得有点怪，赶紧转过脸来看大家。

仲景先拉起小娃的爹，说：各位父老乡亲，我非神仙，是用方术药汤医病的医家。

小娃母亲说：你能起死回生，不是神仙是谁？神仙爷你快到我家吃顿饭吧。

仲景拱手谢道：多谢大姐，我得赶路哩。

一村人齐刷刷地跪在地上，问：你虽不是神仙，也报报家门，是哪儿来的神医？

背在椿树那边的少妇，忽然大声问：就是嘛，是哪里人说出来，日后谁家有病好去找呀。

仲景看着大伙，谦逊地笑笑，说：学生姓李，住老北山李花庄，告辞了。

这时后边有个人恍然大悟地说：天哪，他是不是名医张伯祖啊？

仲景转过身来，连连摆手，说：我都说了我姓李。

走出村子，仲景觉得心里说不上来的滋润。他想这样也好，流落山间，见病就医，见死就救，过上了医家最好的生活。

继续往前走，在一片稠密的林丛那边，就是影影绰绰的黛青山影。远远看过去，山与天相连的蓝雾里，有着冥冥中的神妙。因为那里隐着山寺间的道长，有多少神术妙方不对世人宣，不知自己对医学的一片赤心能不能打动他，叫他付出奇方？

正走着，碰见一个少妇在树下哭。他仔细一看，是刚才背到椿树后边的少妇。她是否有病？为什么跑到无人处哭泣？因为有过去申巧凤的教训，他不敢近前。只听那妇叫一声：医家啊，俺叫花扇儿，求你救救俺吧！

仲景绕到边上，问：大姐你有庄有家不回去，叫一个过路人如何救你？

医家，你，你娶了俺，咱俩远走高飞吧！花扇儿说罢这话，脸憋得像一块红绸子。缓口气又说：小女子实不相瞒，俺家汉子叫荒兵打死了，公婆死的死病的病，可怜寡妇半边，苦苦打发日子。有谁知山野莽汉蟊贼如麻，荒兵乱马成群结队，你说俺这年轻寡妇可咋过啊？前日俺找个神婆算了命，她说叫找一个巫医保性命，你就救俺一命吧！

仲景悄悄地绕了过去，说：大姐，神婆叫你找的是巫家，我不是这一行的。

相公，你不是嫌俺长得丑吧？

哎呀大姐，我家有妻室。

有妻室为何一个人跑到山野里呀？

我是行医之人，到处走是为见到病人呢。

我看中你这个行医之人了，我想为你烧茶做饭打扇，还生儿育女。

还没听她把话说完，仲景早已不见了人影。

仲景趁着少妇仰天说话，溜下山沟，绕到另一座坡上，透过树影往后看，见那少妇到处喊他找他，不大一会儿，就听到悲惨的呜咽声。他吓得疾跑不歇。

仲景顺着一泓泉水，坐石头上歇息。谁知他刚坐下，就听身后树丛缝里传来响声，他扭头一看，花扇儿又追过来了。

仲景起来就走。花扇儿跑一阵，睡地上呻吟起来，说她腰痛，痛得刀搅一般。

仲景最不忍听的就是病人呻吟，这对他像一道天令，他不假思索地拐了回去，站在与花扇儿丈把远的地方，问：大姐你咋了？快快说来。

花扇儿捂着腰说：我有个腰痛病，一犯就直不起腰，相公来医我吧！

仲景见这四下无人处，就一男一女，上前扶她有所不便，就说：大姐你扶着树站起来吧。

花扇儿仍躺到地上叫唤。

仲景见地上潮湿，怕妇女染病，就硬着头皮拐过来扶她。谁知花扇儿一起来就朝他扑，边扑边喊：相公，俺求求你娶了俺吧！

仲景敏感地往后退着，说：大姐你听好，我家真有妻室儿女。说罢转身就跑，再不敢回头。

花扇儿提高了声音，说：相公，俺一生都没有看中过哪个汉，你是头一个人，相公，你要是不愿娶俺，说明俺长得连个麻婆瞎姑都不如，那俺还有啥脸活在人世？不如让俺死到你的面前算了啊。说罢飞跑着往山顶奔去。

这可难住了仲景，少妇像只蝴蝶，往前边悬崖上飞去了。他想上前救，怕再惹麻烦，不上去吧，又怕她一气之下寻了短见，自己可是见死不救的罪人了。仲景虽诊病时精明细致，对妇道人家的小心眼儿，却不太开窍。他根本想不到那花扇儿是在施苦肉计，他慌得跟热锅上的蚂蚁似的，举起两手高声嚷：大姐千万别轻生，你还有父母亲人在世，不能那样啊！眼看花扇儿站到悬崖旁了。他急得苦皱着脸，顿着脚大声喊：大姐你真要跳，也背过我，你这样当着我的面寻死，岂不是折腾人哩？再说为人要有公道心，只要有这在，人间怎会没好人相逢？

花扇儿猝然站住了，慢慢背过脸来，一脸慈悲地摇摇头，靠到树边不动了。

仲景缓了口气说：早回吧，山里有狼。

仲景说罢就走，走一截回头看看，见花扇儿仍呆呆地站在那。他心一横，直往前行，再不回头。

花扇儿仍站在那怔怔地看着仲景，摆手说：好人哪好人，你终会有好报！

声音从这山回荡到那山，久久没有消失。

太阳暖洋洋的，照得山岭明晃晃的，纤草清晰可见，不时有鸟啼声伴着水流，在山林潮润的空气里，奏着有声有色的生命之歌。在这里行走真好，空气清新，鸟啼水流，处处物华天宝。他深深地吸着空气，觉得一股清爽气沁人肺腑。这样得意地想着，不觉又进入一山，他打问了坡上割柴的老者，听说前边就是桐柏山的水帘洞。

仲景隔着老远听见空灵的山泉瀑布，亦有人声鸟语起落。恍惚间，他不知自己走了多少路，过了多少年。他站到一个小泉眼边上照照容颜，见脸上有了润滑光泽，在泉池边洗了长发，用草秧扎起来。把揣在怀里的鞋拿出来穿上，这才往瀑布方向走去。走了一段，停下辨别方向，听见了不远处有哭声。他走近些看看，是一群人抬着席卷裹着的尸体，哭啼着，像是去掩埋。仲景隔着树丛看见，出于对病痛的敏感，他少不得上前去，立到路旁细察。

一个老妇人拽着席卷大哭，好几个人扶着妇人一路相劝，却没人发现有过路人在边上看。

仲景看见路上有血迹，他想起二叔讲的扁鹊看到鲜血起死回生的传说，他低头看棺下血色，猜着人还活着，就赶紧追过去喊：大哥大姐慢走，这人还有救！

村汉村妇正伤心哭号，都没听见。有个劝家钻到人群里拉拉村汉，那村汉村妇都吃惊地停下来，含着泪往这儿看着，问：你一个过路人，狗逮老鼠多管闲事哩？

仲景急得钻到人群里拉那老妇人，说：大婶，这人真是还活着啊！

那老妇人更惊奇了，你咋知道人还活着？

仲景说：妇人尚未死，我想救她一命。

老妇人立即叫道：天哪，你是不是神仙下凡了呀？

仲景指着地上血迹，说：你看那血是新鲜的，人在流血，怎么会死？

村妇往地上看，立即喊人们停下。

这一停，人们呼啦一声拥过来，老妇人抓住仲景的手，跪地上哭着叫他快救儿媳的命。

仲景问了原因。老妇人说：儿媳是生孩子出血不止，有神婆说她犯了血神遭了死罪，叫赶紧埋人。

仲景看看产妇的脸，颜色也没落尽，翻下眼皮，发现瞳孔也没散大，摸摸胸部还有心跳，把手挡到产妇鼻子上，却感受不到呼吸。他从自己烂边的袍子里拽出一丝儿棉花，对着产妇鼻孔，忽见棉丝轻轻摇动。这说明产妇还有气息。

仲景对医治妇科，心里没底，想起二叔曾诊治过。那次病家只让二叔进里间施治，不让年轻医家走近病床前。他一点点回忆着二叔治疗、讲述的过程，断定这是因生娃时间过长，造成出血多、身体极度虚弱之症。

旁边有人小声说：神婆都说她中了邪，为了驱妖，埋得越早越好。

仲景说：又是神婆作怪。说罢耐心诊断完毕，从药包里掏出了人参、灵芝、桂芝、枣、桂皮、芍药，叫老妇人托人去煎药。他一边按压小媳妇合谷和足三里穴位，一边叫老妇人不停地唤产妇。老妇人脸挨脸呼唤儿媳妇的名字，也没喊过来。仲景又命老妇人叫她儿子来，她儿子凑上前半步，低下头，对着媳妇的耳朵，傻里傻气地喊：媳妇儿啊，四坡喊你回来，别走了啊——

围观的人们都屏声息气地看着，连大人怀抱里的小娃也瞪起大眼，感觉到众人紧张的目光，仲景心里也很紧张，他忆着读简时遇到的妇科问题。但此时产妇脸已泛白，呈出死相，他怕救治不过来，不仅耽搁事，还会产生误会。他按压了穴位，又按胸脯，产妇还是没有反应。他不灰心，病人就是有一点儿希望，他也要尽所有努力来医救，哪怕背负众人埋怨。

在老妇人与儿子一声声的呼唤中，家人将煎煮的药汤端来了。仲景吹温了药汤，叫产妇的丈夫四坡喝到嘴里，再喂给产妇。产妇不张嘴，每灌下一点，都得摇几下膀子，才能咽进去。

仲景见产妇能咽药汤，心想有救，又开始按压穴位，上百次促使呼吸的按压做了，山中静得跟夜半一样。张仲景的心跳加快了，快要蹦出胸膛了，头上的汗大滴大滴淌下来。如果再不见产妇的反应，仲景真的无法跟人交代了。真不知死神把她拉到了哪里，是不是回不来了？仲景也跟着老妇人和四坡喊起来，醒醒啊妹子，妹子你醒来啵。

奇迹出现了，产妇从嗓子眼儿里低哑地哼了一声，等一会又哼一声，声音还大点。随后脖子扭动一下，发出一下长长的唉声。然后眼睛睁开了，醒过来瞅瞅四周，发出了有节奏的呻吟声。

这时老妇人用手在她眼前晃晃，问：娃呀，你看我是谁？

产妇声音跟猫叫似的微弱：娘——

老妇人抓住产妇的手，哇的一声大哭起来：娃呀你可回来了，你遇到神仙搭救哇。

仲景在产妇脸上的痛苦表情里，看到了宫缩时的阵痛。产妇咬着牙开始用劲，随着宫缩和一次次换气，产妇的脸憋得通红。仲景有点焦急，问老妇人，这里有老娘婆没有？

老妇人说有个老娘婆，在山这边村里，路近。说罢喊四坡马上去叫老娘婆，不大一会儿，四坡背着老娘婆来了。老娘婆就是民间接生婆，她撸起袖子，扒开产妇的腿，头拱到产妇两腿间，鼓励着使劲使劲，快了。只听产妇可着嗓门啊呀呀叫唤一阵，不到一盏茶工夫，一个男婴降于人世。

老娘婆从身上背的麻袋里掏出石刀，割断了母婴相连的脐带，擦一下胎儿的脸，抱起拍拍小脊梁。待胎儿哇哇哭出声来，她又用两手托住胎儿头和屁股，交给了老妇人。

那老妇人接婴儿前，已把身上穿的布衫脱下来，包住婴儿，紧紧抱在怀里，擦着眼泪扒开婴儿腿，见是个男婴，把嘴对着男婴的小脸蛋亲了几口。又回头找仲景，见仲景站在人圈外头，她转过身来扑通跪地上，边磕头边喊：四坡呀快谢大恩人，这真神仙救了咱家两条命啊！

四坡正在感谢老娘婆，转过身来扑通一声跪下，实闷闷地磕几个响头。

仲景说：起来小老弟，快去抱你儿子哦。

仲景见婴儿哭声很小，隔着老妇人衣襟，照婴儿背上又拍几下，摇晃摇晃，婴儿哭声大了。老妇人身后围观的妇女婆娘也跟着咿呀叫唤：天哪，这是起死回生术啊，神仙下凡了呀。

仲景为了摆脱村人的围绕问候，想抽空离开。

四坡从他后边抄过来，猛地扳住他腰，边上几个汉子也七手八脚顺势把他举了起来，欢快地往空中扔着唱着：天上神仙下凡尘，妙术起死救绝人。

仲景被几个汉子举到空中，又落下来，一会儿又被抱到怀里，眼对眼地看。另有老人往他袍襟里塞鸡蛋、干枣、柿饼。仲景经历一场紧张的医救，正好又累又饿，抓着东西就吃起来。四坡叫来弟兄们，把他抬到自家院里，好好安顿到竹椅上。弟兄们又是宰羊，又是杀鸡，把处理干净的整羊全鸡，扔到大铁鼎里，硬柴火烧着，院里炊烟四起，煮得香喷喷的，用大瓦罐端来叫他吃。

仲景这时才知道四坡家弟兄五个，名叫大坡、二坡、三坡、四坡、五坡，五坡才十五岁，正在院外燃放爆竹。院里共有五男四媳九个年轻人，十几个不高不低的小娃，放完爆竹，到一边去做游戏，一家人美满和谐。他一时有了归家的亲切感，无拘无束地放开来吃，吃足了羊肉，又喝一大碗肉汤，饱餐一顿后，告别时，四坡又要他带上羊肉当干粮。

仲景收下了，又有东家邻居送来杠子馍，西家邻居送来高粱糁。老妇人见仲景行李包袱那么薄寒，又叫四坡把成亲时的一件棉夹袍、一个麻布袋、一双新鞋塞给仲景。送到村头，叮嘱仲景遇到难处就回来，这以后就是他的家。

仲景的行李沉了，码到毛驴背上启程了，心里却异常轻松。最令他高兴的是，得到病家信任，医患一家亲。他不禁回想刚才的情景，自己之前从没有治过妇产，此时勇敢试医成功，连救两条人命，真不知这是要多大的胆识和勇气，才能拿下此事。他心里宽慰，边走边背《难经》：病有邪者，虚邪，实邪，贼邪，微邪。为四时所致。春脉弦，夏脉钩，秋脉毛，冬脉石。为四时之脉也，春脉弦，肝东方木也，万物始生。

后边有人喊：神医，你慢行。

他回过头，见是四坡和老妇人追过来了，老妇人说：相公，忘了告知，前头山里人烟少，天色已晚，一岗坡二三十里没个村店，碰到个小村野，说不定就是人肉包子店，他们杀害路人，剁包子馅儿，零星过客到那里，十有八九被剁馅。你在我家住一夜，明日起早可走。

仲景说：大婶，这山上有个道家，懂医术，你知道离这有多远？

四坡说：远着哩，你住一夜，明天我带你去。

仲景拐了过来，拱手道：谢谢你们！

这天晚上，仲景看看软和的棉被，虽然有点累，又好多天在荒野露宿过夜，很想马上睡个好觉，可他又不想马上睡下。吃罢晚饭，他坐在小柴桌旁，等老妇人涮洗了，解下围裙过来坐下。

他问：大婶儿，这一带有无医家，有无医病的单方？

老妇人说：离这三十里外有个老医家，五十多岁了，能医小娃杂病，可他同村有个巫师，家族人多，又靠打网拉拢团伙，把老中医赶到外乡去了，走了有三四年了，至今没个音讯，他儿女出去找了不少回，也没找到。

仲景心里有点沉重，看来天下乌鸦一般黑，这里离涅阳不知有多远的路，发生的故事竟然跟张寨一模一样。他问：老医家走了，人们都是怎样医小娃病的？

老妇人说：老医家在时，老用手推小娃的指头，还推小娃脊梁沟。遇到流鼻血的，就在心门上捂个凉手面，遇到肚子疼，他就按小娃的虎口，遇到积食肚子胀，就揉肚子。有的拉肚子，就吃炕焦的食物。还有打喷嚏咳嗽的，就喝姜枣萝卜汤，再焐出点汗。反正就是不让小娃喝苦药汤，就能医好病症。

仲景问：老医家是哪个村的，我想去看看他家人。

老妇人说：可不能去，那里巫医把医家当成眼中钉，你去了还不是他们的肉中刺？

仲景想想也是，又问：咱村里人平时患了症候，都咋医的？

老妇人说：现在都是把巫医找来施术，有医好的，也有医重医死的。

仲景过去也听二叔说过小单方医大病，没想到山里人也会用。他又叫老妇人找来老娘婆，一起述说当地患病用的单方。仲景边听边记，收集了几十条，比跟着二叔半月都学得多。没想到留宿一晚，得这么多方术，此一行真是天意。

却说张寨村，一大早，张闻氏天闪明就起了床，把院里洒扫一遍，就去开门，站门口往外看了半天，又回到院里。在院里站了一会儿，又进到屋里，见张伯厚睁开了眼，她说：当家的，我昨黑儿梦见儿子下山了，骑个大白马，走过村子又往南去了，还跟我说他要去追新前程。我还梦见他马后边坐个年轻女子，不过二八年岁，笑眯眯地朝我招手，正笑哩就不见了。

伯厚说：你还别说，我也梦见儿子了，说把他二叔送到山里，等事成再去接。咱俩的梦好相似啊，说明儿子真要下山了。

张闻氏说：也不知他长高了多少，是胖了还是瘦了，长大后变成啥样。但我知道天会保佑他，心里连个灰丝都不沾，净板板的儿郎，老天爷会保佑他平安。

现在都不是儿郎了，是东汉一知名医家，往后指不定还能功名盖世。

晚点叫仲祥再去一下，就说二郎神快没气焰了，叫他抽空回来见个面。

是哩，得告诉他，自打黄义成摔死悬崖，就再没人敢算计他了。

看二郎神最近也被南阳太守逼蔫儿了，老不见露面，如果儿子能瞅个黑夜回来，也没啥怕的。

还是别回来好，如能下山，就隐姓埋名去远处行医，倒落个心静。

张闻氏又抹泪，说：二郎神的官不能当一辈子，总有下台那一天，儿子回来是早晚的事。

但愿如此，如果能回来，我撇出一半好地叫他种药，再给他建药铺，风风光光地当医家。

当家的，你变了，你要是早这样，他二叔不走，娃也不会流落外乡。

我为啥不能变？连皇帝老子都坐不住江山，多变的世道，人怎会一成不变？

这时仲祥抱着小闺女玉娇来了。仲祥自打成家以来，几乎一年一个娃，前边生三个儿子，后边生个女儿。三婶家的仲建也生了两男一女，老四家的四发生了一男。张家这一辈，仅五年时间就生了六个儿郎，在远近邻居眼里，张家人丁兴旺，门庭热闹。仲祥虽农桑劳务繁忙，家里担子日益加重，但有母亲张闻氏揽活兜底，还有家里田产收入丰厚，日子过得十分富裕，就是大哥流落他乡，成了个心理负担。但仲祥到了外边，常听人们说起仲景，大多是夸奖，并连带老张家门风一起夸，这令仲祥对大哥越加敬重。

早上起来，他抱着玉娇来找奶奶，好留着空叫媳妇下灶火烧早汤。仲祥站到屋门外，说：爹，娘，我听说二郎神快叫南阳太守逼疯了，躲到家里不敢露面。

伯厚深深地呼一口长气，穿好衣服出来，张闻氏把瓦盆里的洗脸水端过来，伯厚抹了把脸，笑呵呵地接过了孙女，说：仲祥啊，这两天有空再去北山一趟。

仲祥说：我昨黑儿梦见我哥下山了，他说想去找高人，不知要往哪儿去。

看来你哥有神通了，他也给我托来了梦，说要下山，你妈也梦见了。

要不我明天去？叫我妈烙些烧饼，磨点高粱糁儿，再添些衣袍。

张闻氏出来了，玉娇伸着手要她抱，她从伯厚怀里接过玉娇，说：先不去，去了找不着咋办？

伯厚问：你说他要下山了，也没问他要去哪儿？

张闻氏说：虚头巴脑的梦，没个准头，或许儿子有下山之念，还没下来。

那正该去呀，去了告知他家里状况，叫他定夺去留。

你看吧，我还是怕陈家不善净，暗里下手。

去是得去，但先别让他回来。

仲祥说：中，我也是梦见他之后，反而更担心他了。

正在说着，房后传来吵架声，循着声音细听，是仲建家跟媳妇在吵。

却说彩娥去县署几天回来了，大仙神神道道地怀疑，有什么不祥之事。他先站到门外观天象，他也看不懂天象，看是演戏的，看也白看。可他还得看，神乎其神的样子，漫天的繁星碎银，组成河汉，大仙忽然看见一颗流星，飞逝划落，他认定那颗星就是二郎神，他的官位将要往下降落。

夜半三更，大仙似睡未睡地歪在榻上，正在想事，忽见秦小五头包麻巾，身穿白麻袍来了。大仙吓得魂都飞了，此人不是死了吗？是阴魂未散还是变成了鬼？

小五笑嘻嘻地说：有人半夜在茅厕里害我，没害死啊。

大仙啊了一声，说：这是从哪儿说起，你不是茅坑自裁身亡的吗？

小五说：表面是那回事，其实是有人咒我。好在我妈和我妻还好好的，若有人再加害她们，我会叫他的脑袋疙瘩搬家。

唉，小五你细想想，我与张家不对扇儿，你娶翠姑正应了我心愿，我怎会坑你呢？你为何要把我看得那么黑呀？

因为我进茅屋时想起你，眼一黑栽坑里了。我在阴曹地府见到了阎王爷，给他说了你家，他说马上要收走你家老二，我先来告你一声，小心点啊。

你吹吧小五，有本事你在阴间找找张仲景，要不是他缠了翠姑，她会不圆洞房夜？

我在阴曹里找了，没见他的影子，他根本没死，他还要到官府告你陈家，把陈家的脏底翻个底朝天。

大仙还要说话，小五不见了。他吓出一身冷汗，天不明就跑到涅阳县府，去找二郎神。

大仙刚进大院就喊：二弟呀，快支招降鬼！二郎神招手叫他进屋，他说了梦里的秦小五。

二郎神说：不对呀，我派人到那座山里，沟里洞里搜得滴水不漏，差役说南阳境内的山都搜遍了，就没去过南边的山。

大仙一听，问：是啊，南边有桐柏山，为何不去？

二郎神说：那桐柏山山高路远，人生地疏，去一趟不容易。

大仙说：不过老二啊，你还是别再结仇了，人家跑那么远，又不碍你啥事，再赶尽杀绝地追，太过分了，叫我看还是算了吧。

大仙走后，二郎神绷着脸坐了半天。

第二天五更，鸡叫时辰，他带着心腹差役一虎和大发，骑上毛驴，扮成药贩子，往南去了。

第四十六章

二郎神带着一虎、大发，三人不走官道，只走荒山野岭，蒿草深繁处，有孤鸟怪兽出没，偶尔遇到破房旧棚，只有白骨青丝，或旧灶台，却无人烟。

行走在荒蛮无人之境，还不够，为防被人识破真相，或蟊贼荒匪打劫，二郎神穿了药贩子的长袍，在头顶扎起发撮。腿带子里却别着尖刀，怀里也别一把。一虎腿带子上把短刀，袋里装枣木棍，见有可疑之人近前，就伸手去摸防身武器。大发管带粮草被褥与棚布。

二郎神虽信心十足，一路却胆小如鼠，叫大发走前头，一虎走后头，他夹到中间。前边一有动静，他就停下，瞅清了再跟上。正走间，前边传来野鸡冲出草丛的嗖嗖声，然后带着长尾巴飞起。二郎神也吓得趴到弯腰老树下。大发回头看见了，不由窃笑：这威名远扬的县太爷，原来是个稀屎胆。

大发是在张寨过蝗虫不久后，去穰城卖麻，兼施巫术医病，手里有了积蓄想买官的。可等手里有钱了，买官的形势过去了，他买了毛驴盖了房，娶了媳妇，生下一双儿女，正是三十亩地一头牛，老婆娃子热炕头的好日子。二郎神半夜来找他，叫他一起去山里找张仲景，大发就推故小娃有病。谁知二郎神拿出了封官的条件，要他回来当涅阳乡的副亭长。大发做梦都想当官，这不花一粮一钱就当上，真是瞌睡遇到枕头，当即跪谢。

大发说县太爷应走前头带路才是。

二郎神说：我走中间，好前后照应你们。

大发有点鄙视二郎神的狡诈，因想升官发财，仍硬着头皮走前头，不时张望左右，小心翼翼。常常利用打听路途时落后几步路，一磨到后边，二郎神和一虎就站那等，非得他走到前头才行。大发对二郎神这种尖酸溜能之人，恨之入骨，又见一虎处处看主子脸色，一个鼻孔出气儿，大发一路都有上贼船的感觉。

三人正走时，见前边过来一个拄杖老者，躲到路边一棵树背后，惊恐地往这看。二郎神堆起笑脸，问：大叔，我家有重病的老人，你知道这一带有好医家没有？

老者摆摆手，眼露疑虑。二郎神想下毛驴细问，老者立马跑开了。二郎神低头看看服装，问大发，咱身上有啥破绽？

大发说：没有，可能这一带过荒兵多，人们怕气入内了。你看这头毛驴，腿脚软，支不起架儿的样。说着下了来毛驴，停在边上。

一虎说：大发，你不走前头说不过去。

大发说：一虎手里有家伙，才是前线之人。

二郎神说：走你的路，少给我玩小九九。

大发又走到前头，心里的异端与嫌隙同时生出，一路扭棍别棒地难受。

大发上了毛驴，三人一起前行。正走间，遇到一个睡在路边的青年。二郎神看此人脸色青黄，上前问：老弟你知不知这一带有医家，咋不找个医家医病呢？那青年赶紧抬起头来问：哪儿有，你快快领我去？

二郎神咬着牙，说：照你说的，天下名医都死光了。说罢扬长而去。见河边有两个洗衣的妇女，二郎神下了毛驴上前热呵呵地喊大嫂，问人家见过医家没有。俩妇女都瞅着他摇头，有个村妇说，就桐柏山青云观里有个老和尚知医术，也多年不行医了。

二郎神说：俺们是收购药材的，大嫂知道这一带有没有采药之人？

妇女摆摆手，蹲下洗衣，等二郎神过去后，村妇一起嘎嘎嘎大笑起来。

二郎神不知咋回事，一虎说：这里本地人问老汉叫大叔，老婆婆叫大妈，男子叫大哥，女子叫大姐，外乡人才喊嫂子，以后到哪庄得入乡随俗。

二郎神问：遇着个小花妹儿咋叫？

一虎说：也叫大姐呀。

二郎神说：不说闲话了，这连吃几天干粮，得设法改善一下口味。

大发说：在家百样好，出门一日难，这荒山野坡的，上哪儿弄肉？

二郎神说：你那脑袋疙瘩里，装的菜糠不少，就是没存智谋。

大发没听懂主子话里的弦外之音，闷闷不乐地打头阵走着。三人走到一缓坡上，见前头过来了个担柴捆的樵夫，两头的硬柴捆小山一样，扁担一闪一闪，走的又是上坡路，累得樵夫边走边擦汗。

二郎神拽一下毛驴缰绳，抄前头拦住樵夫，要问话。

那樵夫睁眼一看，跟见狼一样，放下柴担就跑，嘴里还呜呜哇哇叫唤。

二郎神当即叫道：遇见哑巴了，真倒霉！

二郎神打着毛驴往前赶一截，钻到林丛里窥视。不大一会儿，樵夫从另一坡上过来了，四下看看没人，又拐过去担柴捆。二郎神叫大发和一虎到山下守着，他登到山头，看好角度，瞅着樵夫挑柴担走过来，他从山顶踢掉铁鼎样的石头。樵夫没来得及弄清天上横祸从何缘起，就被砸倒了。

待樵夫恢复意识时，已动弹不得了。二郎神嘿嘿笑着扑了上去，骑到樵夫身上乱刀猛扎，不一会儿就把樵夫扎得血肉模糊。大发看着樵夫顷刻间变成一堆肉，忽然变了脸色，想跑。二郎神却贪婪地蹲下去，扒樵夫的麻衣。

一虎从后边拽住他后襟，说：大人使不得呀，这可怜人也有家小。

二郎神暴跳如雷地吵：真是猪狗不如的货，只想到他的家小，想到他身上的肉了没有？

大发说：再这样整，我不干屌了，我就是一辈子不见荤腥，也不吃人肉。

二郎神嚷：等樵夫家人找来，先扒你的皮。

大发和一虎站边上瞪眼，一虎双手打拱念道：老天爷呀，日后再不干这伤天害理之事了。说着，见二郎神掏刀子去割樵夫身上的肉。一虎大声喊：大人休得下手，再这样下去天不报应，沿路乡民也不会依。

话刚落拍，天阴下来，一阵寒风吹过，远处传来雷声，大雨已浇下来。吓得二郎神直往驴肚子底下钻，大声喊：龙王爷别抓我呀，我再不敢吃人肉了！

一虎拽住他找背雨处，三人就近钻进一草瓜棚。

雨下了一顿饭时间，停了。三人继续走，再往前远离村庄，也无路径田园，走到哪儿也不知道，也没可问的人，只有摸着石头过河了。出门十来天了，连一点医家踪迹也没打听出来。大发和一虎回忆起刚才杀樵夫的情景，心绪极度败坏，情绪沮丧。二郎神更是愠恼，在他眼里，那个逃跑者是跟张仲景有串通的，说不定就窝藏过张仲景。一虎睡到草地上，闭着眼睛只晒太阳，晒着晒着，有泪水流下来，抬手擦了，继续流。

二郎神问：你脸这么黄，是病了吗？

一虎摇摇头说：老爷，咱们得快点走，我担心与虎狼为伴的山蛮子，找来了不好惹。话音刚落，听到不远处有狗叫。不大一会儿，山道上远远近近窜过来几条野狗，有的蹦跳到石头上，腾空窜过来，有的上来咬毛驴的腿，惊得毛驴又是踢腾又是嘶叫。二郎神被狗咬到拽下来，大发和一虎下来打狗，人狗相拼，打声叫声震山动地。

正在人狗争战时分，忽听山顶上有人喊狗，狗群一听，转身跑开。却听那人说：恶贼细听大爷训话，我本桐柏镇山爷，你们进山杀生害命，血染山谷，我限你们日头落山前火速出山，违者，留下喂狗。

二郎神抬头看不见训话人在哪里，急得四下张望。大发双手打拱喊：山神爷，小的就走，不敢怠慢。

三人好不容易绕出山，二郎神再不敢杀生，走到哪儿，都由一虎上前好声问路。一个挖菜的老婆婆说，涅阳一带来这里逃荒的叫花子可多了，就是没见过医家来。二郎神嗯了一声，亲自上前问那老婆婆：你知道那叫花子里，有没有个姓张的医家？

老婆婆指着北边的村子说：有医家从那个庄走过，还为人治好大病，他没来过俺们庄。

二郎神当时尖叫一声，眼里闪出贼亮的光，顺着老婆婆指的方向看过去，北边的村庄离这有六七里路。老婆婆还说：那里有个小街镇，过去就是。

二郎神说：哎，大妈别跑，我这有偿呢。说着去摸肩上背的棉布褡裢。

老婆婆拐了过来，眼看着他手摸的地方。二郎神笑着，问：老爷是从北往南走，你偏又指到北庄，你给我赌个咒，是瞎话实话？

老婆婆见二郎神出言不逊，掉头就跑。

三人还是按老婆婆指的方向，晌午赶到了小街镇，见街头官路有个石头垒的关口。二郎神感到小街不一般，说不定张仲景在此处停留过。他心想如逮到张仲景，必百般炮制，一刀刀割，吊树上一棍棍打，放火上活活烤，或剁成肉泥之后，再大开荤戒，好好吃一顿医家肉。

他到一家店铺里，暂时歇息下来，再慢慢打听音讯。进到小店铺坐下点了饭，见一村汉肩扛着小娃打门口走过。看小娃有六七岁，二郎神不会放过一个可疑细节，心想这年龄的娃该能自己走路，被扛着走定有原因。他上前喊了声大哥。

村汉见一个外乡人这么亲热，就放下小娃来应腔。

二郎神生拉硬拽要他到店里喝酒。村汉家穷，一年到头不沾滴酒，到店里看见酒，端起海碗就喝了一大碗。喝了抿嘴，问二郎神有何事相求。

二郎神说：我听说你们这一带有个过路的医家？

村汉说：有，有，打这儿往南去了。

二郎神面带忧愁地说：唉，我家小娃害了几年病，四处求不到良医，才大老远跑来找。

村汉一听，同情起来，拉自己小娃过来，把半月前溺水被救的事，原原本本说了一遍。

二郎神在心里叫道：张仲景，这回你可掉到我手心里了。他又为村汉倒一碗酒，感激地问：大哥你积德了，我也算找到良医了，你快说说那良医姓甚名谁？哪里人？长啥样？

村汉皱起眉头，抓着后脑勺儿吸溜吸溜，说：我忘了问，他好像不是本地人。

是哪里人，叫什么名？

俺们也没问。

是不是高个子方脸膛儿，不爱言笑？

是哩是哩就是哩，莫非你们是熟人？

你快说他往哪个方向去了？

往南山去了。

二郎神听罢，发疯似的呀呀呀一阵叫唤，幅度很大地打个手势，急问：你还知道什么？快快讲来，老爷有偿啊。说着把背上的褡裢弄得哐啷响。

那村汉听到老爷二字，觉得二郎神不像是求医的，便扛起小娃就走。

二郎神吃罢面条，抿了嘴，三人骑上毛驴，往南去了。

仲景与四坡一起走了半天，转了两座山，又到了水帘洞。他问：四弟，那个通医术的道长住在哪儿，离这里远不远？

四坡指着山顶说：山上有殿，名叫青云观，离这没多远，可那老道有医病妙方不传人，也不与人医病，不知见到陌生人，是否接受。

他是有家传秘方，还是精研经方？

那是个读典人，只因看透世事，遁入深山，不知手里有啥方术，也不知他是哪家神仙。

世上医者都有救死扶伤的善意，也许他没有遇见知音。

那山高钻天，登上去云彩都踩到脚底下了，我只去过一回，这是第二回。

两人上到了山顶，看见依山建造的道观，四坡说：这是古代形成的教派，前些年才建这个观，别处还很少有这样的道教。

道观外边是石砌的院墙，栽种一行刺玫篱笆，枝上顶着鲜艳的花朵。院外一丛丛红白杜鹃，开得妖冶醒目。杜鹃坡那边有个大竹园，园中鸟啼水流，竹林蓊郁清幽。沿一坡石阶上去，是砖垒的观台。透过柴门缝往里看，院中有几间低矮草棚，和快塌倒的屏障，瑟瑟弄风的倚墙修竹，笼罩着半个园子，一股阴凉清约之气，透出无限的幽清。

仲景见到这非一般幽境佳处，顾不得细看风景，把毛驴拴到门外树上，就要进观，忽见门上对联：一生二，二生三，三生万物；地法天，天法道，道法自然。他读了感觉一股清凉气扑来，陌生的感觉，清凌凌地洗了心灵头脑。这词句世上少见，意思也超然，怎么一下子说到人世之外，不与红尘界搭边了。他振奋起来，三步并作两步跳到门前石阶上，隔着门缝看见一白发老者在院里蒲团上盘腿静坐，闭目诵经。

仲景叹道：真是个仙人居处，却不知里边的主人，是哪家宗教？说罢这话，他感到自己知识贫乏，对这类空门竟然一无所知，但心中有敬意存留。

此时听见里边有唱经声，节奏平缓，声调悠扬，流水一样在山坡上流荡。四坡正要敲门，仲景想起二叔曾讲过道观的点滴，他摆手说：经文是他们心中的圣旨，念前要洗手整衣，跟官场接皇上圣旨一样郑重，咱等一下。

两人把毛驴拴到树上，在外等了一会儿，慢慢听出院里诵唱的经文——

三元神共护兮，爱自诚心起。

无灾亦无障兮，一试通天地。

仲景站那沉思，文字尚未真懂，竟对那氛围，那悠然诵音，都已心领神会，为此有所悟。他想如果日后真无行医的门路，自己也隐于空门，静心著作，也是爱自诚心起。

这时，门里头有小童在扫地。慢慢地扫，轻轻地扫，扫着扫着，眼看一层沙石和落叶都扫到竹园边上了。见一颗小石子滚过去，沙沙沙滚到竹丛里，碰着一棵竹竿，竹竿的叶簇碰着另一棵竹，棵棵相碰，整个竹园都发出了沙沙不断的空灵之声，引得小童发呆，然后独自站那沉思。

仲景隔着门缝看愣了，他虽不知那小童为何沉思，却感到了空门内的虚静幽然，对什么事都能产生微妙的念想，他忍不住叩一下门。

院里小童过来开门，仲景和四坡进门后，小童问：二位要找哪个？

仲景已看见白发老者坐于院中阳光下捻珠,口中念念有词。可能听到门口说话声,往这看一眼,又闭目念经了。仲景叫一声,问小童:怎么称呼老者啊?

小童说:他是道长。

仲景大声喊:道长,晚辈前来拜师——

道长见面前站着二位路人,不耐烦地扫一眼,又想去念经。可他在扫那一眼里,看见了张仲景,脸转过去后又转了过来,好好定睛细看。只见来者五官端正,神色冷峻,脸上一股轩然气韵,眼中却有壮志待酬之气。另一村野后生,一脸草芥,率性由真。因不知此等人进来有何缘故,是否带有尘障挂碍,他闭目思量稍许,不由停了念词,因一时懵懂,他探身低头沉思,仍然不语。

仲景正在愣怔,却听道长温声发问:二位相公,何事啊?

仲景赶紧仿着道长的仪式,施了礼,和颜悦色地说:贤长,我们是拜师来的。

道长纳闷地问:二位拜的是哪一路师?

一拜经论,二崇贤长的医经。

道长这才看见仲景肩上背的药褡裢,摊手让两人进来。

这院门对应有三间正堂,里边供着道教创始人,人称祖师爷的老子。正门进去有一块大石板,上刻道经:太上老君者,混元皇帝也,乃生于无始,起于无因,为万道之先,元气之祖也。另一厢房是医神殿。殿里供着战国医学家扁鹊的像。扁鹊穿铜色长袍,身披黄绸,面前放一捆竹简和一根人参。仲景进殿一看,便知道道长对医学的热忱态度了。

仲景心里有说不上来的庄重感,觉得庙宇更宁静了,他小心地看着每一样东西,屏神息气,崇畏之心顿生。

四坡进来后,边磕头边求神保佑。磕了三个头,跟上来介绍说:道长,这位是神医张仲景,从南阳来找您的。

仲景边施礼边说:贤长,学生张仲景前来拜师!我为医学理法方术游历四方,在伏牛山听说道长有贵重医方,前来求教。

道长领仲景进屋坐下,问:你师承于谁呀?

我是涅阳张伯祖的侄儿,年过十二就跟他学医至今。

这样说,你已是个老医家了?我认识张伯祖,也听南阳来的信客说到你。没想到你竟来到老夫眼前了。说罢,赶紧叫徒弟倒茶,口中喃喃说了几句听不懂的话,又复用俗语道:真是稀客,我有些年没见伯祖了,他近况如何呀?

仲景想起二叔，心情沉重起来，说：我二叔他已经病故了。

真可惜呀，我与伯祖曾在北山相遇，研讨过方术，他后来游医南阳，主张博采众长，辨证论治，还创发不少配方，据说过去医家只用偏方验方，三两味药，从他开始用六七味的配方。

道长言之有理，人的经络府俞，阴阳会通，玄冥幽微，变化多端，只有辨证论治，才能对症除病。

说的极是，老夫一次看到《素问·热论》医典，提出未满三日者可汗，其满三日者可泄。张伯祖说另创自家的方术。

是啊，学生认为把千变万化的伤寒疾病，局限于汗泄两法，会有疏漏，体现不出病症的复杂多变。当今东汉，有法无方，后世不得沿用，学生愿集方著典，润泽后人。

道长激动地说：那你可是万古长夜的执火人啊，老夫也认为，医家说的条文与症候多有不符，四时六经八法的内涵，才够具体，却不见典籍问世。史伯云：声一无听，物一无文，味一无果，此意十分相近。老夫多年不研医术，却记得他说的六经：太阳，阳明，少阳，共为三阳。太阴，少阴，厥阴，组为三阴，已忘了辨证有几条。

仲景扳起手指来，说：有表里辨证，寒热辨证，虚实辨证，阴阳辨证，此为八纲辨证矣。

你比之伯祖是青出于蓝，后生可畏呀。

然而，学生在消渴症上却没正方，故前来请教。

道长听到此不说话了，起身添茶，说：这是桐柏山明前绿尖茶，请品。

仲景执着地看着道长，说：治消渴，还望贤长赐教！

道长说：此茶采自青云观深山崖畔无尘处，好茶，细品。说罢，闭目养神，不作声了。

仲景不再打扰。他平时常牛饮山泉水，看到眼前小杯盏，也没有细品，而是咕咚一饮而尽，出来跟四坡到外边采药去了。采了药回来，道长只是微笑，叫他们把草药码到墙角。仲景问：贤长知道京城里大学士何大人吗？

道长说：老夫从不问红尘凡俗之事。

可何大人对官场也是避而远之。

这世道哪有离了官权，能得到功名利禄者？你与他是怎样结识的？

我在十二岁时受他指点，投奔医界。后来与巫医有不和，有家难归，不由想到了何大人。

道长立即看着他，问：原来你是出尘之人，此处平安，多住些天吧。

仲景感到心里暖暖的，脸上露出感激之情。晚上，道长留仲景和四坡小住，叫小童安排他们下榻，一夜无话。

次日早晨，仲景吃罢早饭，问道长：哪座山上有名贵药材？

道长把山上生长的名贵药材告诉了他。仲景又问了消渴症用的是哪味药？道长仍不回话，只摆手叫他去后山采药。

仲景见他一时不想说方术，也不急躁，就消闲住下。每日里帮着小道士打水扫地劈柴。干完活就叫四坡一起上山采药，弄到名贵草药回来为道长做膳食，滋补身体。遇到雨后天晴，去采了香菇，开水焯了做菜吃，吃不了就晒干存着。

道长见仲景朴实勤劳，还为人厚道，相处得很是欢欣。

二郎神一行，三人骑着毛驴转过两个山头，见人就打听医家，并问青云观有个老道住在哪儿。一个放羊老头说：前不久有个外地医家，也去青云观拜见老道。二郎神听罢大吼一声，直奔青云观而去。

三人来到观外，见此处幽林阴森，觉得异常，好像里边钻有妖魔鬼怪，随时会出来吓人。二郎神壮壮胆，踢开柴门进来，感觉观里一股香烟气，一时蒙了。官场人际错综复杂，整日躁乱不安，像在坑边走，随时会踩坑。此院出奇地清静，与二郎神喧嚣的心理落差太大。四方周旋应酬成性的他，此刻怔住，无所适从起来。他虽然也想适应一下，可他对此教一窍不通，对道长也不知咋称呼，异端之感如鲠在喉，毛驴也哼叫起来。二郎神赶紧勒好驴绳，拴到树干上。毛驴抬起前蹄做飞奔状，扑向二郎神，哼唧声又粗又犷，灌满了院子，吓得道长浑身一震，回转身来，定睛瞅着粗野的人畜，明显有些不安，但他仍镇静地问：何方人士到此？

话音刚落，两边厢房里出来三四个小道士，个个手拿短棍，虎视来者。

二郎神双手相抱，拱了拱，说：下官前来收购草药。

老道一听下官二字，就知道来的是什么人，却又听收购草药，感到自相矛盾。道长平时最恨贪官污吏，这时见官人一脸烟酒色，气色横庚，是不是个收购药材的商贩？他内心疑云重重。他摆摆手，拂袖坐于院中边诵经边思忖来者，把三个来客冷冷地晾到一边。

二郎神在涅阳是一方土皇帝，他说一，没人敢说二，出口就是圣旨，意志就是神旨。道长的冷落脸色，哪是他受得了的，从怠慢里，怀疑有诈。可他反思刚才顺嘴冒出下官二字，可能与此处失和。他耐着性子轻声细语地问：我是个贩药的，收血参五个铢钱，比南阳卖价还高，你如能为采药人牵个线，我给你优厚回扣。

道长又听到二郎神说铢钱二字，就想起民间商界大多用碎银，铢钱是官人所用，来者分明有诈。他眼睁一条缝，审视二郎神，声调平缓地说：听口音来自南阳，那里有不少巫医，不知有医家否？出家人归于空门，慈悲为怀，广行善举，只为不被尘世生意买卖玷染。

道长说罢，摆手叫几个小道士放下手里短棍，说：还不快到山上看看，催砍柴人回来备斋？

那几个小道士放下短棍，拿砍刀走时，机警地看了下道长眼色，想起平时道长从来不叫他们上山催砍柴人，此话意在何处，他们心领神会。正在思忖，道长又说：看看他们砍的柴能不能挑动，且莫忘告知，这有南阳口音的来客收药材，用斋要及时。

两个小童一溜烟似的跑出殿门。因怕人跟踪，绕院半圈，又转过一坡，钻入密林，在无路的茅荆丛里寻路而奔。

仲景和四坡两人正在林间采集珍贵药材。忽见观里两个小童气喘吁吁地跑过来，老远就喊：医家，南阳来了三个药贩子，道长叫我们给你通个信儿。

仲景一听南阳二字，心里一动，问：真是南阳一带的？

两个小童跑到他跟前，又喘又结巴地说：是，是，是南阳口音。

仲景叫他们坐石头上歇息，两个小童说：这南阳来客一行三骑毛驴，脱口说出下官二字，咋看都不像药贩子。

仲景扭头看向青云观方向，心里沉甸甸的，问：你们出来惊动到他们没有？

没有没有，道长话里有话，叫我们来看砍柴的，我们绕了几道弯才跑过来。

四坡说：看来南阳有事故？

道士摇着头说：反正感觉来者不善。

四坡问仲景：你在家是不是有冤家对头？

仲景说：我行医之人，有何冤家对头？只是本村有巫医的弟弟当官，几年前我为一个运赈粮的车夫医病，车夫服药后死去，他婆娘到官府诬告，县官拿假罪冤判于我。

四坡一听，拉上仲景要走，说：既然有人命案，你到我家暂且躲避。

仲景说：今天采的药很贵重，赶紧挑拣了带走，一般草药不要了。

四坡哪里容他挑拣，拽上他就走，他边走边往后看，四坡焦急地催道：憨蛋子哥，快走吧你。

第四十七章

张仲景跟着四坡下了山，约莫跑了半晌，听见了村庄人声。四坡不想叫村人发现，拉仲景钻进村林里，绕到小河最窄处，蹚水进到村里。

他们一进村，还是被河沟里洗萝卜的人看见了，扔下手里筐子，拦着他俩跪下磕头。

四坡急匆匆地说：一会有人来找，你千万不要说咱愣子坪村来过医家。

洗萝卜的人看着名医仲景跑得跟贼一样，脸都变了颜色，也不知发生了啥事，近几天村上过了两趟荒兵乱马，踏得庄稼地一片狼藉，有的兵士还抢粮抢衣，村人心有余悸，一听四坡之言，转身就往家里跑，进屋闩上门，把小娃捂被窝里不让出声。

张仲景这时才知道四坡家的村庄，叫愣子坪。两人进到屋里，四坡把仲景藏到一间装工具的棚子里。棚里到处堆着破筐子、烂箩头，还有权把、牛笼嘴，仲景进去后，钻进一个大泥缸里，一股湿霉气，熏得他出不来气。连打几个喷嚏，勾头缩身钻好后，又咳嗽起来。四坡不时在门口对他报着平安无事，又叫老妇人送热汤叫他喝，叮嘱他千万别动。

仲景不咳嗽了，偏偏听到婴儿哭声，那是他从死神手中拉回来的小生命。可他听到婴儿哭得不对劲，像是被捂住鼻子了，他要出来看，四坡不让。他放心不下，又侧耳细听，急切地说：你去看看小娃是不是被捂着了？

四坡刚出去，仲景赶紧跟出来，到房里一看，小娃真是被捂着鼻子，脸都青了。仲景忙掀开小被子看看，原来这小娃有点伤风，鼻子不透气。母亲不想叫他哭出来，就把嘴捂住。仲景赶紧给小娃按鼻翼两侧穴位，按通了气，小娃哭声转为清朗的哇哇声。

正在此时，外边传来喊声，还听见驴蹄的嘚嘚声。

原来二郎神见两小童跑出院门，顿生疑心，又听见远处毛驴叫。这荒山野岭，不见人烟，偶尔一户人家穷得连鸡都养不起，哪会有毛驴。他招手叫一虎、大发骑毛驴往山上跑。追了半座山头，就看见两小童急慌慌爬山的背影。他见山路陡峭，把毛驴拴到树上，隔着弯道和树丛，去跟踪小童。

谁知道两小童在转弯处发现了后边尾巴，故意蹲到溪水边洗手，还不时抓小鱼儿玩。直到后边跟踪消失掉，才又绕到另一山头去找仲景和四坡。甩掉了尾巴，他们飞一般地赶路，平时走惯了山路，高高低低、坑坑洼洼都不在话下，很快就奔到了采药地。这才有了四坡拉仲景回到愣子坪村的结果。

二郎神断定两小童上山有鬼，在暗中跟踪，当看到两小童拐回来，没见砍柴人，更怀疑有诈，刚要逼近两小童问话，忽听远处传来不一样的狗叫声，他不问两小童，骑上毛驴就往南奔，下山到了开阔地，看见有两骑在狂奔，疑似张仲景。

四坡听见外边驴蹄声，探头往外一瞅，不由分说把仲景按到东间窗下小床上，将一条被子搭在他身上。隔着被子拍拍仲景，愁惨惨地说：爹呀，你的呼噜病啥时能好哇？

话音未落，二郎神已把毛驴绳扔到一边的随从手里，跨大步进了院门。

四坡心里一紧，拦到院中间，咄咄质问：你们是何人，敢闯民宅？

二郎神说：你家媳妇和小娃是谁救的？那人去了哪里？如实道来，领我去找到他，老爷我定有重赏，你看着办。

四坡惊讶地问：我家小娃好好的呀，媳妇也没病。倒是老爹抱病多日，无医无药呀。说着抹起眼泪，边抹边从手指缝里给媳妇使眼色。

四坡媳妇说：你们要是能找来医家，我家老父的性命就有救了呀。

二郎神问：你爹患的啥病？

我爹从树叶落时开始咳嗽发烧，吃不好喝不下，得的肺痨病。

二郎神知道痨病能传染，摆着手站开几步，心想如果仲景为这家媳妇儿医过病，那他肯定也会给老汉开方术。为什么不开？就是怕传染。他又站开几步，说：路过这儿的医家，去了哪里？

四坡说：你是不是听错了，这儿从来就没有路过个医家毛儿，要是有，我爹的病怎能加重？

二郎神摆手叫大发上前看看，他却退到门外。大发进里间掀开了被子，见真是个又黑又瘦的老人，还闭着眼张着嘴。大发不敢辨认，待在那不动。二郎神走过来，唰地掀开大半床被子，把仲景的上半身晾了出来。

这时，老人忽然咳了起来，声音咣咣的，带着又深又苦的哮喘，浑身都被牵动，身子跟着咳声急剧抽动。一会儿，那身子就抽成了一个疙瘩，咳得越发急促了。二郎神又退到门外，大声问：张仲景，你戴罪逃窜，还不火速招来？

四坡赶紧盖好被子，拿起门后一根扁担，嗵地捣到地上，嚷：你掀被窝叫我爹受了凉，病会加重，你们是从哪儿来的奸贼。俺大也在朝里当官，惹躁了我立马上京城，找人来收拾捂你们——

二郎神天不怕地不怕的，就是怕上司，一听说这家人京城有皇亲，马上缓了口气，双手拱拳说：老表别生气，这位正是涅阳县的良医，人称小神仙，我是叫他为老人家诊病，怎样？说着推大发往前去，大发弯下身子来为老人切脉，却歪着脖颈儿把脸别到一边。

二郎神趁此时机，又上前掀开仲景脚头被子。这一掀，一双用草绳捆绑着的麻布鞋，露出五个脚趾来。二郎神挑起小嗓大吼一声：张贼——你插翅难逃啊！

这时大发猛地打手势，说：大人且慢，我看此人年过半百，不像张医家。

二郎神哪顾大发的说辞，弯腰拔出腿带子里短刀就要刺下。瞬间，从千难万险里跋山涉水逃出来的张仲景，眼看身家性命难保，大发和一虎不约而同地，起身扭住二郎神持刀的胳膊。二郎神的刀还没举到位，就被制住了。四坡手里的桑木扁担也抢了过来，照准二郎神举刀的手猛砸，刀咣当一声掉了。四坡又用扁担一挑，把短刀挑到门外。

二郎神手中无家伙，只能像猴子一样闪身躲着扁担。他窜到条几上，一脚把泥神踩个稀巴烂，又纵身往下跳，直撞到四坡身上。四坡直起扁担直插到二郎神的裤裆里。四坡好不容易拽出扁担，从后边扑过去照准二郎神的后背抢。打得二郎神吸溜吸溜地往墙角躲。

此时二郎神反扑过来，拾起地上的刀要刺四坡，四坡媳妇抓起铁铲扔过去，当嘟一声，二郎神的刀又掉了。四坡又一扁担抢过去，二郎神被打得从门后墙角拱到门外，杀猪一样号叫。

四坡和媳妇看来以寡敌众，其实大发根本没打，打也是虚晃一下，就往边上闪。一虎耍的眼面光，不痛不痒地比画几下，也往边上溜去。只有二郎神挨打挨成了落水狗，仍在死磕。

此时邻居听到动静跑过来了，四坡边打边喊：抓贼啦，都来抓贼呀——

门外跑来了大坡、二坡、三坡，三个壮汉都是从坡上回来的，手拿桑杈锄把，不由分说钻入群架中心，直往二郎神身上砸。二郎神数次被打倒，又从地上爬起，大坡拦腰抱往二郎神，摔到地上，呼号弟兄们按那乱拳捶打。

一直蒙在被窝里的仲景，见众人打出了血性，以死相拼。他怕打出人命来，忽地掀开被子坐起，大声喊：你们不要打啦——

喊声惊动了四兄弟，也惊动了二郎神，他窝在地上擦嘴上的血，粗气喘得山响，此时跟打鸡血一样，猛地恶吼一声：果然是张贼！吼着扑了上去。

仲景本来是怕众人有伤亡，想止住群殴，却没想二郎神趁机扑上来。四坡媳妇见医家愣怔在那，不躲避恶人袭击，她抓一把小灰撒到二郎神脸上。二郎神立即捂着眼站那不动了。二坡和三坡上去扭住二郎神，架翅膀似的把他头往下按。四坡进屋里把仲景捺倒盖住，身子连压带塌地扑上去，咬牙切齿地说：哥你再说话，小心我打你。

二郎神看见张仲景露面，使劲儿往前冲着，要去抓人。两个壮汉扭紧了他，又一顿踢打，二郎神在地上滚着，哇哇叫唤救命。

仲景只怕伤及人命，推开了四坡，大声喊：兄弟们手下留情！众人马上站那相互看看，不打了。仲景惊慌地上前察看，谁知他才要弯腰，就见二郎神手握一把短刀。又是四坡飞起一脚，把二郎神的短刀踢到地上，拾起刀啊呀一声，朝二郎神肚子上刺。却听张仲景大喊住手，上前夺下刀，扔到地上。

四坡哪里肯依，捡起刀又往下扎去。二郎神大喊一声：张机侄儿救命啊——仲景跳过去护着二郎神，四坡才跺着脚别着头，不动了。

几个壮汉把二郎神捆了起来。

二郎神长发披散，满身血污，再也没有平日的威风排场。四坡开始磨大刀，二尺多长生锈的刀，在石头上磨得嗖嗖作响，边磨边翻眼瞅二郎神。二郎神有点撑不住了，脸上落了色，眼里露出绝望。

这时睡在地上的大发，吓得抖似筛糠，一虎从地上爬到二郎神跟前，求道：爷呀，你们要杀就杀我这无用之人吧，他是县太爷，朝廷命官哪，万万杀不得呀。

四坡把刀搁到一虎脖子上，小声问：那你就替他吃这一刀，把头拿下来？一虎浑身打战，连连摆手说：也不能杀呀，我家有老母妻儿啊。

仲景看不下去了，上来扶着一虎，一眼就认出是北山骗过黄义成的人，问：你哪儿痛啊，我给开方。

一虎面对仲景的宽厚，心里一热，又悔恨又惭愧，低声说：好人你赶紧逃别处去吧。

二郎神大发雷霆：奸贼，你杀了车夫，欲占民女，还造谣惑众，看我抓了你千刀万剐。

仲景也铁着脸，咄咄逼人的目光盯着二郎神，一字一板地问：陈家义，你一介县官儿，本该明辨是非，却血口喷我杀车夫，证据何在呀？

二郎神瞪他一眼，说：我在涅阳县跟皇帝老子一般，说你杀过人，你就是杀人犯，还要什么证据？

四坡一听此言，上前照二郎神腿上踢了几下，又捣着他，说：这可不是在你地盘上，小心狗命。说罢拿来大刀在二郎神胳膊上割掉一片皮肉，扔地上喂了狗。歪着头问他：服不服？二郎神闭着眼吐气，嘴里发出噗噗的怪声。

四坡弟兄几个又把一虎和大发绑了，拴到榆树上。叫仲景坐他们对面，平心静气地问话。仲景见二郎神不再蛮横，这才把巧凤找他开毒方，和蜂蜜蘸麻花毒死车夫的经过，如实申诉一遍。有一起子壮汉坐边上助威，多年的冤枉申明了，他如释重负地叹了口气，好像压在心头一块石头拿掉了似的，说：此话句句是真，请陈县令明辨。

他仍在按医家的心，用事实证明自己没杀人。他知道，只有这样才可以把颠倒的是非翻过来，还自己一个清白。而他不知道，扎在二郎神心里的仇根子，不是申明了冤屈就罢了的。原因不是他有没有杀人之罪，而是张家与陈家的村庄恩怨，有多少根须，扎得有多深。他的灭蝗之功和知晓赈粮之事，都在陈家封闭狭窄的心眼里，打成了难解的死结。

仇根子深深扎在二郎神心底，积极并固执地生长着。纵使现在被缚，如困兽，如阶下囚，也仍然放不过他的负气。你张仲景手里无权，像一只蚂蚁，脚一踩就没了。他吊着眼儿看着张仲景，从鼻子里冷笑一声，说：收起你的把戏，要不是几个莽汉，明年今日就是你的周年。

仲景说：陈县令，我已申明冤案，你若再偏听瞎信，那只好一错再错，铸成更大的沟壑，让怨仇深似海。

二郎神说：什么沟壑，我除了要毁你灭你，管什么案不案，理不理，一介小草民，谁把你当回事了？

四坡此时看过来一眼，把刀啪啪拍在磨石上。

仲景摆摆手，沉着地站起来，上前一步，用指头捣着二郎神，像教训顽童，说：这就是你的恶根儿，即使明了真相也不愿正视，你是不想扎一条善根儿了。

可是你认为你是什么东西？世上有麻裹金之人，也有金裹麻之人，你不过是金玉其外、败絮其中而已，你陈家在张寨作恶多端，涅阳县谁不知道你是地痞流氓加恶棍，你不学无术，刁钻古怪，阴险毒辣，用你哥坑蒙病家的银钱买官。在官场又要尽黑心厚脸，施尽虚报民情，浮夸政绩，欺上瞒下之伎俩。在涅阳县民众心里你早就是一坨臭狗屎了。要不是你有头上乌纱帽遮风挡雨，民众早把你的脏底子揭穿，用唾沫星子把你淹死了。所以，你那虚名不过是流沙一堆，日后一下台，即烟消云散。而且，只要你杀我之心不断，扰乱我著医典，你还会落个千古罪名，永无洗雪之日，不信走着瞧吧。

张仲景一席慷慨陈词，说得铿锵有声，院里院外的乡民都拍手叫好。有的上来为他竖拇指，有的搀扶他就座，有的把棍子递他手里叫他打二郎神，还有的跪在门外高喊：圣贤在上，受我一拜。

四坡虽不磨刀了，却用手扶着刀刃，时刻准备杀人。

二郎神仍别着头，问：你咋不当官哩？当上官你也学坏，还享不尽荣华富贵，你咋不去当啊？

仲景上前一步要回话，四坡抢着说：当你这样的赃官恶官，跟粪土屎坨差多少？圣贤恶心啊。

二郎神白着脸，冷笑着说：小儿见识。

啊——呀呀呀，四坡举长刀高悬起来，又被仲景挡住。

二郎神招手叫仲景近前来，仲景过去了，二郎神低声问：你是不是听申巧凤说过赈粮之案，还有我哥医南阳太守闺女病的方术？

仲景想了想，说：我没听说申巧凤说什么赈粮，倒是知道你哥剽方之事。

你对灭蝗报功怎样看？

我哪儿有心去看官场的事，只要蝗灾灭掉了，怎样报功那都不重要。

二郎神长吐一口气，龇牙仰面朝天看看，然后端详着仲景，说：侄儿啊，叔冤枉你啦。

眼看局势不妙，二郎神把头一低，脸色由阴冷变成赧颜。继而苦涩地笑笑，说：哎呀张机，想想你的话也在理，只怪你不早到府上申辩冤情！看在老邻居的面上，我信你。这次回去，定要把报错案者施以重刑，还你清白名声。

仲景见二郎神转过弯儿来了，就叫四坡放人。四坡哪里肯放，别着头说：他窜入民宅，非偷即抢，应扭送官府。

二郎神一听要见官，说：我相信医家的话了，老天爷做证，我认错了。

仲景见此情景，生起恻隐之心，上前松开二郎神。

二郎神小声说：你尽早回老家吧，也给家乡人医症候。

仲景脸露悲悯之色，唉唉叹息一声。四坡因怕二郎神歹毒，不叫他解脚上的绳。仲景不仅解了绳，又拿出疗伤药粉，为二郎神的伤口上了药。

四坡指着二郎神说：有本事你去整坏人，别坑害好人，还往死里坑，不怕老天报应吗？！

二郎神低头听罢，点点头，打手势叫一虎牵毛驴来。

仲景说：陈叔慢走。说罢进灶火做一碗黄灿灿的鸡蛋汤，端来递给二郎神，说：这碗朱雀汤，升阳调补的，喝了再走。

二郎神接过碗来喝下，递碗时眼含热泪，双手拱拳施礼致谢。

太阳出来了。愣子坪充满了议论声，村人拎着鸡鸭，端着馍饼，拿着棉布，拥到四坡家要拜圣贤。仲景也从过去的孤独心境里，解脱出清新明朗来，感到天地宽阔，阳光格外明媚。

仲景说要赶回青云观，四坡媳妇为他备足了干粮，打好包袱叫四坡陪他一起走。仲景抱愧自己打乱了良家百姓平安生活，说：二郎神吓也吓破胆了，不敢再来骚扰。四坡你放心送我一程，就回来吧。

四坡哀叹道：你一介君子，怎度小人之腹？你不知官心毒辣，那贼已知你在这一带，不明里来捉拿，也会暗地下黑手。

仲景说：他已知案情真相，难道不为我申冤，还会胡来？

你太缺心眼了，如此料事，会吃大亏的。

四坡说罢，跪到神像前磕头，嘴里念着：天地良心，如此圣贤良医，请诸神保佑他，平安顺利。

仲景拉起四坡说：我还有一个心愿，要听老道长说出治消渴症的秘方，想得了此方再挪地方。

四坡跟仲景出来往山上走，见高山流水，蓝天白云，空谷鸟啼和淡薄的雾岚。仲景身上的青灰袍子被山风吹起来，飘出一股仙风道骨之感。这气度韵致感染着四坡，两人到了一座峰崖高处，有大雾在山头弥漫。仲景站到了云头上，四坡一看那身上透出的神气，就说：日后定叫人雕刻仲景之像，当神灵供奉。

仲景回头看着四坡，心想这么深明大义之人，为何也对神灵有信？他听到不远处有奇怪的呻吟，一只怪鸟叫声冷不防响起，为空谷增添了怪异之气。

　　四坡走在前头探险。正走间，见山头一怪人坐在石阶上抹泪。他躲在大树后边看看，见那人一身毛，半人半兽的脸，他说：是不是遇到这一带的老猿了？多年前有人看见，后来再没人见过。说着跑上前看看，说：我躲起来，他不是怪物也是野人，咱赶紧绕道过去。

　　仲景说：不对，他在流泪，好像有病或遇到了难处？

　　这时怪人慢慢起来，抓住树枝，到仲景面前跪了下来。

　　仲景不敢近看，问：你快些起来，是哪里不好受？

　　怪人鼻子里发出呜喔之声，用手捂住眼哭了起来。四坡急躁地问：你是人是鬼，说话呀？

　　怪人说：我是人。声音瓮得像一股飓风穿越谷底。

　　仲景看怪人的脸有慈悲相，泪水长流，一步一挪走上前，把手搭到怪人手腕上，切着了脉。切了一会儿，他惊讶地问：大叔，恕我直言，你为何不是人脉？

　　怪人沮丧地说：我本是峰山一病猿，得病多日，听说来了名医，就想求救。我也会种粮吃饭，从没害过一人性命，就是山里人说我是野人，把我老婆和儿女都打死了，我也没下山报复他们，我活得不如从前。

　　仲景心里一热，大为感动，说：大叔别哭别哭，有病没病，一哭就重。你会人言，有人情，我会尽心救治于你。然后问他吃过什么，老猿说一顿吃了三只活兔。四坡笑起来，说：你真是个杀生大王，你吃的是兔娘还是兔娃？

　　老猿不好意思地低下头，捂了脸说：那兔叫狼咬死了，我打跑狼，才吃的。

　　仲景说：好了，不计较你吃了啥，主要是胃里积食，有腹胀吗？

　　老猿说：我肚里发硬，吃啥都进不去，莫不是寿限到头了？

　　仲景摸摸老猿肚子，硬得跟石头一样，胃里胀满，三焦热盛，便秘不通。他从褡裢里拿出山楂、麦芽、大黄、麻仁、芒硝来，告诉怎样煎好过滤喝下。问：要不要人帮你煎药啊？

　　老猿接过药，跪下千恩万谢，摆手不让去他的居所。

　　四坡说：估计他住又凉又脏的野洞，不想让人见到。

　　仲景对老猿煎药有点不放心，又不好坚持，交代他喝了药多吃萝卜熟食，别吃生肉。

　　仲景和四坡回到青云观，松竹影下，清凉风起，道长盘腿端坐，面朝门外青山，脸上庄严肃穆，神态安静。仲景感到一股敬畏尊崇之情油然而起，他少不得双手合十站了片刻，才要绕过道长进院里。谁知道长收起了修道术，站起来说：听说太平道要来了，打的道教旗，要在多处建殿，我在盼这道光照过来。

仲景跟众多汉朝百姓一样，内心对旧朝昏政感到厌倦，盼改朝换代之心很强，他惊喜地问：起义军早就传出信儿，到底何日能过来，能不能推翻汉朝？

道长喜笑颜开地说：他们的口号是：苍天已死，黄天当立，岁在甲子，天下大吉，要把道教传给人世，他们定能坐朝掌天下。

仲景蹲下去用树棍在地上画着口号，问：是不是这跟道教一宗的？我听二叔说过，道教是东汉教。

道长说：道教很早就有的，创始人叫张道陵，以长生不死，得道成仙，济世救人为教宗。本道观是十五年前建成的，后有了道长本人和经文范本。现在黄巾军的口号，虽听起来很有道教味，但还没摆脱巫术八卦，只是把苍天喊成了黄天。

朝政这么混乱，昨日有涅阳一恶官追来捕我，多亏四坡弟兄们搭救。这样的乱世情况，黄巾军改朝换代后，不会再发生了吧？

道长上前拱手说：那奸贼开始称药贩子，我就怀疑，不知你在尘世有何孽障，招来此等劫难？真是一人进来，满院红尘滚滚。

唉，那恶官私卖赈粮，想毒死运粮车夫，车夫的婆娘找我医病，车夫中毒死亡，他婆娘就和官府一起讹我开毒方杀人。

四坡说：医家是少见的好人，他躲于我家时听见小娃哭，冒着生命危险救小娃。我们正在跟贼官打架，他怕出人命，出面来为恶官治伤。

道长说：跳出三界外，不在五行中。

仲景问：贤长，此话怎讲，医病之方术，是否在三界五行中？

道长说：凌超三界，逍遥清境。

道长还要往下说，却听门吱的一声推开，一个弯腰人猿怯生生地进来了，肩上扛了一根两尺粗的木材，吭哧吭哧进来，笨手笨脚地放到地上，扶着说：医家啊，我吃下你的药，病轻了，没啥感谢于你，把家里的千年桐送来，好做琴弹韵。

道长有点惊异，问四坡：这是怎么回事？

四坡把仲景为老猿医病的事说了。

道长感动地说：那老猿有百岁了，经常犯病，没人敢为他医，相公你真是极尽善举呀。

仲景笑笑说：它也是世间生灵，有人言人情，为何不医？

道长将仲景端详良久，说：医家，我这就宣消渴方术。说罢，拿出几卷半旧的竹简交给仲景。说：世道非常，生灵涂炭，我几十年所存药方全部在此，愿你拿去施术，救济苍生！

仲景说：多谢贤长救命。

道长说：我不救你，天也会救你，因你心慈悲纯良，天会佑之。

张寨村的夜晚并不平静，张家的一家丁听说二郎神多天不见风声，就对张伯厚说了实情。伯厚猜着二郎神可能亲自去找仲景，不由焦虑起来。猜着他去哪里找人了，能否找到，找到了会怎样。

正在疑云布满心头，心事滚水样滚腾时，张闻氏喊着头痛，只想闭眼睡下，可刚闭上眼，就看见有个披头散发的小医家，背着药褡裢逃命。前边有虎有狼，旁边有悬崖陡壁，后边还有追赶者。张闻氏忽地坐起来，出了一脊梁冷汗。伯厚为她倒茶端来叫喝了，问状况咋样。张闻氏心还在咚咚跳，嘴上只说好像没事了。

这时仲祥来了，仲祥前些日子身上长了疮，听说襄樊有个王神仙会医此疮，就跑了过去，刚回来，疮轻了不少。他过来说：二郎神昨黑儿回来了，身上受了伤，钻家里养伤呢。

伯厚与张闻氏一听，心里踏实了。伯厚猜着仲景是跑到东南山了，可能是二郎神得到风声追了过去，也许路上遇到荒兵，受了伤才半路拐回来。想到这，他叫仲祥和仲建连夜去找一虎，问问实情：自从黄义成伏牛山摔崖死去，一直都是个谜，我猜着可能是黄义成认出了你哥，才遭一虎的暗算。仲祥抓抓后脑勺，说：好，他有正气在身，我今晚就去。

吃过晚饭，趁着月黑头天，仲祥与母亲备好一袋芝麻、半袋小麦、去涅阳县衙找人。因二郎神在张寨养伤，仲祥胆大了不少，他给看门役塞了两个铢钱，就顺利进去了。仲祥拍拍一虎的窗棂，正坐那写简的一虎吓得一震，站起来冷冷地问：谁？

仲祥没有回答，推开了虚掩的门，进去随手关上门，说：我是张仲景的二弟，我哥说你在北山救过他，叫我特地来谢老兄。说着把手里拎的两个袋子放条几上，躬身施了礼，站到条几对面。

一虎很是惊异，听到北山之说，猜了个八九不离十。他不顾向仲祥还礼，赶紧趴窗台上往外瞅瞅，又关好了门窗，问：你咋进来的，有啥要紧事儿？

仲祥说：你救了我哥，我全家难忘大恩。二郎神又去南方找人，不知情况怎样？

一虎说：你来得正好，我发觉你哥太实诚，他信了二郎神的话，说不定过些天就会回来。你赶紧去桐柏山愣子坪村或青云观，告诉他不要信二郎神的话，不能回来，也不能原地久待，叫他尽量跑远点儿。

仲祥问清了愣子坪村和青云观地点，回到张寨，对伯厚学说了一虎言辞。当晚就叫上仲健带着短刀、长箭和干粮，骑上毛驴朝南奔去。

第四十八章

桐柏山老猿送的千年桐，很快由道长托四坡找人，做成了一把粗糙的七弦古琴，支在新殿中院的医神殿门外的前檐下。

仲景这几天也没上山采药，只在殿里展简细读，读到难懂处，就问道长，慢慢研讨着，理解着，一日所得学问，比平时一年都多。

四坡一闲着没事儿，就对道童们说张仲景起死回生的妙手，说不计前嫌救治仇家的事迹，这是世上罕见的神医，除了此人，你再也找不到这样的贵人了。道童们对仲景肃然起敬，见了他跟见了皇帝一样崇拜，每日起床打来洗脸水，端来饭和养生汤，每次来时躬身上前，走时礼仪退下。

为了聊解寂寞，道长叫道童把仲景要看的竹简都捧过来。待他看累了，由小道士拉他到琴旁抚弦。院后边的荒蒿不见了，新地上铺了方砖，仲景闲了就坐在长条板凳上学弹古琴。他原来不会弹，也从来没有见过。就两手试着摸音阶，半晌才摸出高低音，两天工夫，能断续凑合弹个小曲儿。

乱弹了几天，仲景竟能弹出与心情相和的曲调。弹着弹着，他吃了一惊，曲调出来了，音韵也有了，怎么听着这么熟悉？他想了半天，原来弹的是张寨村黄翠姑唱的歌：八月里桂花香，九月里菊花黄，十月里心上人，去呀么去远方。曲子很简单，此时听来却有很多愁绪。他开始回忆张寨老家，想家想得心意绵绵，就不再弹黄翠姑的歌，随着心意乱弹起来。琴声里有他对漂泊人生的忧患愁伤，对强权恶官的愤世嫉俗，对死伤病者的缅怀怜悯，还有对二叔的怀念，对翠姑的惋惜，弹着弹着，他眼眶湿了。

可他不愿就这样在萦绕的音调里沉溺，那些东西会消磨或涣散心志的。他站了起来，想抓紧时间读道长给的医简，世上还有很多病材，如妇科杂症，外伤骨伤，他只从医典上读到，很少在实际中遇见，他想在读简时与道长研讨，学到更多医治疑难杂症的方术，为著典增加积累。

日子平静下来后，只有学问的补充，没有病人可诊治，他心里就感觉虚空。没有病人就失了用武之地，心怎好安静，只有无边的怅然。

这天晚上，他做了一梦，梦见秀娃在山里奔跑。后边有一莽汉紧追，他大喊一声秀娃，秀娃倒于地上，那莽汉正好扑上去抓住她。他一下醒来，看看窗户还没亮，鸡不叫人无声的三更，他又开始想家，想得无奈时，去坐到琴旁。因怕琴声影响别人睡梦，再回到榻上睡下。谁知刚合上眼，又做了一梦，梦见仲祥往北山去了，到处找不到他，在山里呼喊二叔。

仲景一觉醒来，好生奇怪，不知今夜为何老做梦，不是秀娃就是仲祥，是不是家里发生啥事了？可是看二郎神离开时的神情，猜着他不会再祸害张家人了。他再也睡不着了，直到清早，院里树林竹丛成群的鸟儿喳喳叫起，山中升起淡淡的薄岚，山鸟鸣啭，如此超凡脱俗之境，张仲景的心情却怎么也旷达不起来。老想着昨夜的梦，这样一猜就不断地想事，他急得往院外转去。这时有小道士晨起扫地，冲他施一礼，问候一声。

仲景转到一个藤萝架旁，不禁感慨万千，沉吟出一首诗文：

征夫怀远路，游子思故乡，
寒冬十二月，晨起践严霜。

正在这时，四坡领着仲祥、仲建过来了。仲祥见到他，心酸得当着人面，放声哭喊：哥呀，你还活着呀——

仲景也抱着仲祥，连连拍他的背，惊异地说：仲祥，你没去北山找我吧？咱家现在受没受陈家坑害？

仲祥说：哥，听说二郎神跑来找你了，爹都快吓死了。

他来过，被乡民打伤，也认错了，态度大转弯，哥有惊无险。

四坡别着头插嘴说：叫我说在外乡抓住他，割掉他头才解恨。

仲景说：那也是条性命，也有妻室儿女。仲祥，爹娘身子咋样啊？

他们身子骨还结实，就是我前些天身上长疮，胳膊上腿上都有。仲祥说着扒开袖子叫仲景看。

仲景仔细看了，说：这是秋后好长的搭背疮。

搭背疮是不是襄樊王神仙说的病？

疮怕不疼，病怕无名，搭背疮是因为身上积毒多出的大疮，只要诊出名堂，就好医，你咋知道襄樊有个王神仙？

涅阳县有长疮的，跑襄樊去找王神仙，去一个好一个。

仲祥，我看你也该学学医术，为村人医病。

哥你甭管村人了，二郎神当上官，不少人都跟到人家屁股后，变成陈家的狗了，你看黄义成，还去北山找你，他不死谁死啊？

乡民中也有有良知者，只因世道混乱，陷落太深，难以自主。此悲哀不是一村一人，而是整个汉朝世风。仲祥，你说说王神仙住在哪儿，我想去找他，学点外科奇术。哥老想著本医典，手里积累不够，得跟高人学。你回家告诉爹娘，哥学成了就回去孝敬爹娘。

仲祥说：哥，你对了，爹说咱家不用为你报仇雪恨了，因为这事能激起你成大事，张家出了人物，也叫陈家千秋万代留臭名，这比杀他一百回都狠。

仲景苦笑说：哥著典还八字没一撇呢，成大事犹如鸡蛋叫明，早着哩。

这时，道长捋着胡子走过来，说：我也知道襄樊王神仙，精通医术药理，是第一家开药铺的医家，值得你前去拜见。

时光跟流水一样逝去，秦家媳妇黄翠姑当初跟秦小五新婚一夜，竟然怀了娃。到了大月份身孕显出，秦家来人接她回婆家生娃。

住娘家的翠姑，经常受弟媳的嫌弃，姑嫂间吵了不少架。黄氏看翠姑老在娘家惹事，还怕闺女把娃生到娘家，就扯着长腔唱：女大不能留，留下要结仇。然后把翠姑的东西收拾好，放到铁蛋的木车上，催他送翠姑上车回婆家。

翠姑到秦家一个多月，生下一女婴，取名小妞。婆婆很亲小妞，整天忙了地里忙屋里，为让翠姑的奶水足，要吃什么就做什么饭，翠姑很是感动。她抱着小妞回娘家住了几天，黄氏又怕她住娘家不走，声声催着她快回婆家，如再多住几天，就会招铁柱媳妇的指桑骂槐。

就这样，翠姑在秦家带着小妞，守着活寡，苦苦熬了九年过去。

转眼，小妞长大了，两条朝天羊角辫儿，红白的圆月脸，越长越可爱，还会帮大人干活，锄地、砍柴、放羊都会做。翠姑想叫她学做针线活，可家里穷得连块麻布都没有，这里穷乡僻壤离街远，家里不买铁针，是用竹子割个钩儿，穿针引线缝麻衣。翠姑感觉小妞在穷日子里过着，现在学不来针线活，长大也找不到个好人家。

翠姑的婆婆去世后，她与小妞过的日子更孤寡了。村子太穷，黑土地，还有一层礓石疙瘩，种啥都长得像黄猫尿，遇到旱涝天，还会赔进去一季种子。翠姑种的大麻籽，想摘了到街上换钱，可是果实还没熟，就被人抢摘走了。她又种了麻，沤坑里捞出来晒，当晚也被人偷了。眼看小偷家穷得住柴棚，拉棍讨饭吃，她就不计较了，一心想离开这里。她多次在心里盘算，怎样回到张寨，独自盖两间房，把母亲从铁柱家里接出来，一起住。

此时，她与小妞坐在高粱秆垛旁边，看着小羊在坡上吃青草，这是她花了一袋麦子从邻居家换来的，她想把羊养大了卖钱，然后用这钱干点事儿。小妞又嚷着要回外婆家了，翠姑拂掉小妞头上的草渣，搂着小妞边摇边唱：

> 风不刮，树不摇，
> 鸟儿进窝也甭叫，
> 拍拍小妞睡着了。
> 娘的心呀难落槽，
> 心上人儿上哪找？

哄小妞睡了，她脸上淌满了泪水。

就在这时，有荒兵乱马从村东头跑过，不知从哪儿来的，干什么的，翠姑却生出好奇心，一见外地人，就想上前打听张仲景，还想跟人家去找张仲景。此刻村上出奇地静，翠姑等兵马过去，回到篱笆墙里，看见有邻居的草房倒塌了，房子在冒黑烟。黑岩岗几里外也有一片大火，是小歪沟村着了火。

这样看，乱兵可能是找人或追案的。翠姑心狂跳起来，他们会不会是在找张仲景？她收回视线，看见自家院外，也被扔了乱七八糟的烂东西，扔来的破衣物上还有血迹。翠姑心想，也许天要塌了，如果塌下来，那张仲景在何处？有地方钻没有？他最后的时光，有多孤单啊。

翠姑抬头看见天上飞过一群大雁，排着人字队往南迁。她说：大雁你帮忙，我想找他去，不能一路行，但愿一起死，大雁若知道，告诉在何处。

小妞甩一下她的手，问：娘，你说的人是张仲景吧，他是谁呀？

翠姑说：小孩家咋知他呀？他是娘的贵人。

小妞说：你黑儿上做梦老叫这个名字，我咋都没见过这人？

翠姑仍仰头看天，若有所思地说：等我找到了他，你就见到了。

娘，我想找到他，为咱家干重活。

翠姑说：真不知猴年马月能见到他。说着领小妞走出篱笆院。宅地是一片半腰深的荒草丛，被马蹄踏成了草席。上边横七竖八躺了几个被马踏死的小娃，有个人背上还扎着竹箭，眼睁得大大的，在看天。而天幕仍默默地铺展着，从大地尽头一直到苍穹深处。空中灰蓝色的云彩，把天空分出高低层次来，有几只乌鸦在悠悠盘旋，呱呱惨叫着，落到了死人身上。

翠姑吓得捂着眼，不敢去看，捂着眼拾块土坷垃投过去，把乌鸦打飞了。她别着脸跑过去，拽了高粱秆盖到死者身上。可她刚转身要走，乌鸦又飞回来了，这次没有盘旋，直扑到死人身上啄肉吃。生猛的样子，把翠姑吓出一身鸡皮疙瘩，她还是捡块石头打过去，乌鸦又飞了。她知道只要自己一离开这里，它们又会飞过来。她捂着头跑回家，想到村里找人去收尸。

她发现村上多半人都逃去外乡了，开门户的只有两三家。都是先透过门缝往外看半天，才打开门，开门后就跪到院里求神保佑。连爬带跪跑到秦家门口，磕头念词：小神仙哪，求你保佑俺一家老少吧。

她一听就烦，小五既然是个神仙，还会死那么早？同情心一下子变了味，心翻了过来似的，白着脸说：啥神仙哪，我们娘儿俩不钻柴垛里也遭殃了。

有个老汉说：你娘儿俩好好的，不是神仙保佑是啥？

翠姑说：俺是钻高粱秆垛里躲的灾。说罢红着脸胡躁躁地关了门，站里头喊：谁家人死到村东头了，快去收尸啊。

没人应声，人们对死亡已经不惊奇了，能自保性命活下去就不错了。

怎么一晌时光，跟末日来了一样，村人死的死跑的跑，不死不跑的也吓掉了魂，没吓掉魂的都成了求神的草木人。翠姑觉得这村子完了，性命脆弱得像落叶一样易逝。她不愿在此地等死了，想搏一回，去找张仲景，哪怕见上一面也无怨无悔。

她记着自己来世三十三载，花要谢，叶要落，人老珠黄的岁月已到了，她想起少女时唱的歌：

八月里桂花香哦，

九月里菊花黄啊，

十月里那个心上人，

去呀么去外乡

留下痴情人断呀么断了肠……

翠姑哭一阵唱一段，只恨今生无力插翅飞到仲景身边。哭累了，手扶树干站起，不哭了，想着怎样才能实现心愿。

正在此时，院墙边的草丛里窜来一个汉子，一只手从后边捂着她嘴，一只胳膊拦腰扳倒她，顺势拖到院里，按到麦秸垛边，就撕抓她的裤腰。翠姑的大裤腰很快被拽开，她忽来蛮劲，两脚一踢，跃起身子，扭头一看是阿伯哥。她气得左右开弓扇他的脸，又握起拳头砸他的膀子，直把他砸得不能招架。

她打理好衣裤，拢拢头发，进屋打好包袱，拽起小妞就跑。

翠姑在斜阳黄昏时辰，回到了娘家。

本来是想瞅好机会，想好办法再行动，秦老大促着她尽快离开黑岗岩。到了张寨，她听黄氏说了二郎神去桐柏山找人的事，她在担心过后，觉得自己终是有了方向，就想把小妞撇给母亲黄氏，自己一个人去桐柏山。

黄氏在儿子铁柱家受够了委屈，整天没命地干活，还吃不饱饭，儿媳在她有病不能干活时，常咒骂她去找闺女养老，别赖在这拖累人。有一回她抬头上香椿树时，眼一黑摔了下来，儿媳瞪眼儿看着都不去扶一把，还是仲建路过这，把她扶了起来。从这事上，黄氏凉了心，再不想在儿子家过了。她给铁柱说了，铁柱在山墙边为她搭了间高粱秆棚子，支个二尺宽的小床，搁个草墩，在棚外头支个泥灶，没有案板和菜刀，只能煮碗萝卜高粱糁。现在翠姑回来了，又要把小妞留给她，她说：你看铁柱婆娘连我都容不下，能容外人常住？你想上哪儿就带上小妞一起走，心里踏实。

翠姑也怕小妞离开自己，老娘照顾不到，受弟媳坑害，就决定带上小妞走。正好昨天，听说仲祥出门还没回来，她猜着仲祥是去找人的，就跑到张家去打听。

到张家院里，秀娃正在阁楼上。翠姑捂了一肚子心事，一发话就说猛了：秀娃，你哥现在到底在哪儿？你给我透个底，我做梦都想知道他在哪儿。

秀娃一听，说：黄姐你问我，我问谁去？

翠姑身上打着冷战，说：妹子你还不知道姐的遭际，我心已死到你哥身上了，这世上要是没有他，我活着还有啥指望？

姐，我是他妹子，心里会好受吗？

你二哥上哪儿了还没回来，是不是找他去了？

我二哥去襄樊找王神仙医疮症，不是去找他。

翠姑心想他怎么知道襄樊王神仙，问：他怕是去找你大哥了吧？

秀娃扔下手里活站起来，板着脸说：他就是去医搭背疮的。

你肯定知道你大哥的下落，要不然你二哥怎样去找？

不说这事了，好像打渣子哩，说了你不信，不是闲磨牙？

妹子你也是出嫁之人，怎不解姐的心？

我不是不懂你，是真不知道他音讯。

翠姑扑通跪到地上，两手哆嗦，哭得泪人一样，说：秀娃妹，你们总不能叫我糊糊涂涂念着他的名字过到死吧？我愿为他守寡，为他受罪，可我不能不知道他的音讯啊！

秀娃看翠姑哭得惨，想对她说桐柏山实情，可等拉她起来，又改了口：我只能对你说，我哥可能往南去了。

翠姑把往南、襄樊王神仙这几个词连到一起，大致猜着，仲景得知天下有那么好的医家，还会在桐柏山待下去吗？她从张家回来，没往娘家门里进，就往涅水边走去。岸上有小香的坟，早已被荒草覆盖，坟头那棵柳树扑散成了伞状，树上只剩几片黄叶，系在将断未断的干梗上，风一吹半飘半零的，游魂一般的。

小香的坟把那个推远的故事拉近了。翠姑站在坟旁，眼里再也隐不去十几年前与心上人一块采药和一块做木简的情景。这时听见身旁有声音，她扭头一看，是黄氏拉着小妞过来了。

小妞问：娘，你哭了？

翠姑把小妞紧紧搂在怀里，看着南方，泪水旋在眼眶里，隐忍着内里哽咽，不说话。

来福与伯志坐在村头草地上说闲话，说大汉已到国难当头时，黄巾军从北方趁虚拉起队伍，真是烈火燃干柴。

自信江山稳固的皇帝，还认为是太平世道，到处修建花园行宫。直到黄巾军的起义之火遍地点燃，狼烟四起时，皇帝才闻知，可已经晚了。先后派兵平定叛乱，不但没有平定，反而让凉州叛军越发壮大。同时，各地官僚豪强蜂起争霸，这片中原沃野，就成了荒兵抢占、乱马奔踏的灾难之地，整天打得天昏地暗，不知百姓日子怎样打发。

老百姓在混战中惨遭屠杀，处处呈现没有人烟的荒凉景象。家难归，人相食的歌谣，在冻饿路旁的饥民中传唱。中原之秋，田野枯黄，河流干涸，雁阵悲鸣。黄巾军这时从北方正式打了过来，打过黄河，宣唱着老子的经文，在据点上大兴土木，建庙院，对民众诵经不止。

跟所有起义军不一样的地方是，黄巾军不抢民粮，不毁庄稼，不杀无辜，见到老弱病者，还给诊病送药。

二郎神的伤养了快一个月，腿仍迈不开步，人又黄又瘦，像个吸血鬼。大仙看了说他的小腿断了筋骨，再不能上马行路了。

二郎神说：一如哥早年说的话，可能就是应得的报应，我认了。

大仙惊讶地说：你早些年咋不这样想，哥提醒过多少次，都白搭了。你说山村那么多莽汉护卫张仲景，说明他为村民带来的好处大。再说，人家跑那么远，也不碍谁的事儿，再追捕不光遭世人唾骂，还会犯咒身。

二郎神看着自己的腿，忽然叹了口气，说：也是，我们在院里拼打，张机从里边跑出来救我，给我伤处涂药，我心终于软了。

大仙起身要走，说：自古冤家宜解不宜结，放了手罢，为儿孙们积点福。

大仙走后，二郎神把张仲景在愣子坪的言行回忆一遍，心想，也许长期读简，张仲景已变成了清道者，慈善人。这简直给自己上了一课，相信了世上真有好人在。想想也真可笑，追捕了几十年的罪人，竟然不像自己想的那么坏。看样子，他不过是行医用药，并无什么野心，哪里会在意灭蝗功与赈粮案。多年来的折腾都是瞎胡闹的，是自己贼喊捉贼罢了。

在这之前二郎神眼里看谁都是藏奸设局的主，都不是与人为善的，这才造成他经常担心，怕被人揭告，特别怕张仲景流落外乡，遇官就会告发自己。这么多年积在内里的块垒，竟是一场虚惊。他的头蔫耷下去，自嘲地冷笑一声。

可他几乎是在下一刻就变了卦，他不放心的地方是，自己当着众人面对张仲景说好话，那么张仲景也未必不是对自己演戏呢。晚上睡在床上，他还是翻来覆去地猜，张仲景到底耍的什么花招。正在耿耿于怀的时候，一虎跑来了，下了毛驴就喊：老爷不好了，黄巾军队伍打过来了。

二郎神身子一抖，腿疼得跟锥刺一样，问：打到哪了？快报啊你！

一虎打了个愣，说：哦，听说现在才过豫州，要不了几天就过来了，人家声势大得很，黄旗遮日盖天，队伍人山人海，到哪儿都直冲官府。

二郎神说：看你猴急的，真是稀屎胆，我当是打进县衙里了。

一虎在报黄巾军消息前，也绞了不少脑汁，他在愣子坪村挨了不少棍棒，虽没伤到筋骨，也已心惊胆战。回来的路上，他问二郎神养好伤还来这不来，二郎神打个手势说不会来了，都看清张仲景面目了，放他一马又有何妨。

可一虎认为，二郎神是个变化无常的人，追杀张仲景数十年，不会轻易放弃。最近听说二郎神的腿伤快好了，就怕他再打歪主意，就谎报了黄巾军消息。他认为这消息足够二郎神劳神费心。因为黄巾军还在北方时，就有人传言，这支起义军所到之处皆为百姓医病，只打贪官污吏。一虎在内心猜，这局势你二郎神就是长三头六臂，也得先安内，再说攘外。

老道长一直站在门口听仲景跟弟弟说话，事后，他叫一小道士去襄樊打听王神仙近况。道士去了五六天，回来说王神仙名声好，医术高，还开了诊堂。

道长对仲景说：现在虽然黄巾军起义闹得天下大乱，但他们只惩官吏，护卫医道，你到王神仙那落脚，会有好前程。

仲景拱手道：道长指教得极是，学生明日上路。

老道长双手合十，道：愿你早著医典，润泽后世。

这时，四坡背来一捆木简，放到门廊前叫仲景看。

仲景想到，这里的著典条件虽有了，但积累医术不够，前路还有很远。他看着白花花的木简摆在眼前，不由感叹：人生犹如一场戏，聚散无常应随意。多少难却的情感反而在无常之途擦肩而过，有多少不可得的方术理法，尚在未知处，又有多少可拜可访之师，转瞬即别离。只有自己抱定的医学理想，将终生持守。

在青云观过了最后一个夜晚，仲景清早起来前去问道长安。

道长的内心也难以割舍，竟然向仲景鞠了一躬，又要向四坡鞠躬时，四坡忽然跪在地上抱着他的腿，哭号起来。

老道出了殿门，凝神站在门口，看着张仲景与四坡的身影，即将隐入青山。

他大声喊道：四坡啊，此人必将后世留名，拜托你相护他到底，不抵安生处，千万别分手啊——

四坡回头，说：我不管他后世留不留名，我只念他救过我家两条人命，也会护他一路周全。

天黑了，初冬的夜晚很冷，清凛山风吹过来，凉气渗入骨头。仲景说想就近找个有人家的地方，凑着墙根或柴垛，铺开被卷歇息。

四坡指着前边说：我不知这里山上有没有狼，夜里遇到了，身家性命难保。绕过这座山，有个村子叫清水沟，是我二舅家，咱去投个宿吧。

　　仲景也有点害怕，跟着四坡拐弯抹角找到了他二舅家，刚好老表喜根刚从外地回来，手里拎个小麻布包，一脸诡异表情。二舅领四坡进到屋里，喜根拽拽四坡，问：此人从哪儿来，为何来的，你知底不？

　　四坡说：他是我救命恩人。

　　喜根抱着小包这塞塞，那藏藏，像个贼一样鬼头鬼脑。后半夜，喜根还是发了冷惊，猛地坐起来喊：有贼偷走了金砖，快抓贼呀。

　　喜根一呼叫，凡听见的邻居都起来了，问是咋回事。喜根说：我把装金砖的小包塞到枕头底下，醒来摸摸枕头下，是空的，定是招贼了。

　　四坡来了，喜根指着他说：就是你引狼入室的。

　　四坡揉了喜根一把，说：谁引了狼？你再说一遍。

　　喜根站起来，握着拳头说：就是你那个恩人做的贼。

　　四坡一拳砸到喜根肩上，又扇去一耳光。

　　喜根丢了财宝又挨打，哪里肯依，他冷不防冲到灶火拿出菜刀，疯扑过来砍四坡。四坡身子一闪，喜根扑个空，跌到地上，家人上来捺住他，拿麻绳绑住，说他讹了好人。

　　喜根大叫：谁偷了金砖快拿出来，要不然我去告官。

　　仲景见大半夜院里砰叭咕咚，一时懵懂，当听清四坡的话时，才起身过来问缘由。他叫喜根先说说金砖的根起来源。

　　此时，四坡的二舅斜视着仲景，板着脸，问：是不是你偷的？

　　四坡马上挡到仲景前头，说：二舅你别怀疑他，他打死也不会干这事。

　　四坡的二舅红着眼跑到仲景睡铺上搜索，把被子药袋都抖个四开花，也没找到金砖。跑过来指着仲景问：你把金砖弄哪儿了，说！

　　仲景说：我压根儿就没见过那玩意儿。

　　喜根笑笑，说：打渣子哩，你问问大麻子、二火山、三赖皮，谁不稀罕金子？我夜里起来，好像看见一人弯腰往院里跑，是你个鬼吧。

　　仲景蒙了冤又不善辩解，红着脸说：我夜里没起来，说话得有证据。

　　这时站在边上的邻居，听仲景口音陌生，见他脸面发红，也起了疑心，小声说：爱财不算罪，把金砖拿出来，也能原谅，隐匿赃物，可别怪大伙不客气。

　　仲景说：老表们也这样冤枉我，我怎好出口辩解？现在要查清真相，只有帮喜根找到金砖。找到了海阔天空，找不到乌云遮天，怀疑住谁，都是跳进黄河洗不清。

四坡说：你们听听这圣贤之语，与金砖沾边儿不？

四坡的二舅半信半疑地问：你说咋找？

仲景：应从喜根那盘出底细。

四坡和仲景低声问了喜根，原来是半夜外头突发冷风，把木桩刮倒弄出的动静，并非有贼进来。仲景问喜根睡前到底与谁相见，喜根说他未婚妻花玲她爹来过，说这家有外乡人，叫把金砖交他保管，喜根不愿意。

这一提醒，仲景打个手势，叫上四坡和喜根一起跑到花玲家。花玲爹拖着个长脸，歇斯底里地说：我家妮不愿这门亲事了，听说你在外头混江湖，不知干下多少烂骚事，我不想把闺女往火坑里推。

花玲也在里屋嚷：哼，想来夺走金砖，瞎了你的狗眼啵。

花玲一句话，让案情露出水面。喜根苦撇着脸，蔫耷耷地说：我不是来要金砖的，只要你承认拿了就行。我在外没干坏事，只干赶骡拉驴卖马的行当，俗话说：干东行不说西行，贩骡马不说猪羊。无论做啥，吃多大的苦，都只为娶到你。

花玲她爹一蹦三尺高，吼道：休想，我家妮要扎老女儿坟。

四坡见喜根服了软，揪住他领口，说：你这混账东西，早就想到金砖在谁手里，还要挑软柿子捏，诬陷好人。就你这混头货还想结婚，结黄昏去吧！

说着转身给仲景抱拳施了一礼，一起走人。

第四十九章

天渐渐闪明，东方浮起一抹苍红。

四坡与仲景背个大包袱，一起骑毛驴前行。走出一村，仲景说：往前襄樊不远了吧，要不你再送一程，即转回去？

四坡拉下脸问：为啥不要我了？

仲景说：不知往前还有多少路程，你跟我闷着头走，啥时候是个头？

四坡心头酸涩，说：小弟不知，只知道要陪你护你。

仲景为缓解四坡愧疚，说：我去襄樊不一定落得住脚，路途长远，居无定所，哪黑哪儿住店，说不定啥时会遭遇不测，会连累你。

四坡说：哥喝汤，弟不吃馍，哥喝西北风，弟也愿陪着。

两人不知不觉，走进一片山清水秀之地。路途上任何一棵弯腰老树，都能激发仲景的灵感，让他构思药典的编排，甚至措辞用句，在内里有了腹稿。半月过去，他把要入编的症候命名，全部综合归类，并提出总纲提要，概述和分辑，对理法、方药、方义条分缕析，都有了腹稿。只等到襄樊王神仙那落脚定居，再把新学的方术汇集起来，即可著典。

走过一道岭时，朝阳刚刚升起，在晨雾里喷薄闪耀，蔚成了七彩光束，呈现出无比壮观的气象。仲景看看远处一座座隐约青山，觉得东方如出扶桑日，即兴吟道：

朝辉升兮，彩云祥，
豪情高兮，志万丈。
行路远兮，山水长，
心得意兮，多气象。

岭上有鸟儿啼啭，仲景撮嘴模仿鸟叫，逗得四坡哈哈直笑，想不到这圣贤君子也这么爱玩，还能叫出喜鹊、麻雀、斑鸠和黄鹂的声音。叫得山里鸟儿傻了眼，飞过来聚堆儿，四坡仿着乌鸦叫一声，呱哇——鸟儿们突突地飞走了。四坡大声喊叫了一会儿，兴致又来，抄到仲景身后，一把抱起仲景来抡个半圈。把仲景逗得笑出了眼泪，喊：老天，你乐起来像小儿。

看看晌午了，四坡拿着葫芦到小溪里打水去。仲景在一片草坪上伸张胳臂，转动四肢。四坡打来水，见仲景红光满面，说：你喜得像娶媳妇，人只有洞房花烛才有这般快乐。

仲景问：除此之外，再没有别的高兴事了？

四坡说：这百鸟园，也够开心嘛。看你脸色，怎么像个呆头鹅？

仲景说：你的话让我来了灵感，思路也宽了，心间自有绵延山岭。说着，他边伸展胳膊边想，我若著典，要继承《内经》的基本理论，融入二叔的积累，综述汉代以前医家优点与成就，把民间偏方也用上，还要搜集各医家的家传秘方，集为大成，一切阅历和经验都不可少，少了任何一节，都难以成功。真想不到，遥想多年的典籍，竟在逃难的路途中，成形了。

二人晌午在铁盆里煮了麦仁汤加山野菜，就着干粮充饥。

四坡说：这稀饭喝一两顿还行，喝多了觉得没啥滋味，嘴里还发涩。

仲景说：我给你讲个故经，从前有个小和尚好吃盐，那天他抓一把盐装到袖筒里，到村里去打柴。正打时见个野狗窜了过来，他一刀砍死野狗，扔柴堆上烧，放把盐吃起来。吃罢就渴，渴得喝水不行，吃梅子也不行，最后到寺里喝了一葫芦麦仁汤，不渴了。

四坡一听，呼噜呼噜喝起来，喝饱了边走边哼曲儿。仲景拾了个小石块投到泉水里，只听咕咚一声，笑问：你听是什么在响？

四坡也朝石壁上扔一石子，石壁发出咣当一声，正好打着一条蛇，掉了下来。四坡赶紧跑过去看，见山壁缝里露出一层蛇头，朝他们爬过来。吓得仲景拉起四坡就跑。跑到一块坪地，四坡回头看看，问：刚才是不是得罪了蛇神，出来报应？

仲景说：可能那几条蛇都受到了惊吓，出来是寻找动静的。

四坡说：妖怪本是乱人心的东西，可天下人为啥都信呢？

看看当今天子，掌管大汉江山，竟然把军国大事交给巫师卜算，算得的结果十有六七是八卦，人是在迷惑中相信的。

四坡平时还没听人评判过皇帝之事，可仲景却义愤地侃着，跟说平民百姓一样，他有点诧异。

仲景只顾侃，脚被树根绊了，差点跌倒。四坡从后边冲上去，背起他就跑。仲景个子高大，又是吵又是挣的，四坡才放下他。

他拉拉衣袍，嗔道：你个四愣子啊，愣上天了。

四坡说：我也不知皇帝有啥能耐，只想把你当皇帝老子敬奉。

仲景捣着他说：把我当皇帝老子待，说明你骨子里还是以皇权为本，难道天下除了皇帝，就没有别的可敬之人了？

四坡说：有啊，就在我旁边啊。

仲景说：不扯了，赶路吧。

又一年冬天来了，太阳刚刚落下，夜幕就随着晚风降落下来。

翠姑开始窝在家里缝衣做鞋，趁黄氏上街赶集，到灶火烙馍，烙了藏在房后的干柴垛里。

这天，她正在烙，听见村人嚷叫，趴墙头一看，村路上围了一大群人，中间的人头包黄巾，还有人打黄旗，站到大关坑边的土堆上，振振有词地喊：乡亲们，皇帝无道，苍天无眼，天下勇士起义吧，把黑暗朝廷推翻，拨散满天乌云，重见朗朗青天。

翠姑一听，浑身一震，受到了从未有过的激励，赶紧压灭锅底的柴，拍拍头上的烟灰，想去看个究竟。在村头老榆树下，她低声问邻居：这是哪路兵马？

邻居对着她耳朵说：这是传教起义的黄巾军。

这时队伍首领又喊：朝里少帝年幼无能，朝政掌握在宦官奸臣手中，仗着权势欺上瞒下，强夺豪取，贪得无厌，使天下富者不得安，穷者不聊生，人心惶惶，灾患重重。咱们起来推翻他们，得到公道太平。

一个外村来的披长发的村民喊：苍天哪，你瞎了眼啊，看看皇亲贵族整天吃喝玩乐，嘴角流油，百姓们穷得冻饿路旁啊！

首领挥手说：乡民们，这是个大英雄，与我张梁结义，一个是天将，一个是地将，带领黄巾军，从黄河北打到黄河南，还要打过江南，最后打遍天下。黄巾军是以太上老君为天神，以天下百姓为父母，以公道天良为宗旨，其壮志可凌云，所向皆披靡。我们的口号是：苍天已死，黄天当立，皇帝无能，民不聊生，造反起义，天理明公。

张梁正说得激情喷发，一个村民插嘴问：可人家少帝是真龙天子，你们是何人啊？

张梁打个手势，说：真龙天子也是爹娘所生，五谷杂粮所养，与凡人没啥不一样。世上只有太上老君是我们的真神，你们烧了一辈子香，磕了一辈子头，得过哪个神仙救济啊？

人们面面相觑，有人悄声吸溜。一乡民说：这话多年前灭蝗时，少年张仲景也说过。

另一乡民说：你说世上没有神鬼，天下巫医都说有！

张梁情绪高涨，来不及慢慢解释，振臂高呼：苍天已死，黄天当立，岁在甲子，天下大吉——我们太平道要在甲子年起义，要打破巫师的八卦歪理，要相信医学真知，要思考，要打破，要变法，要立新，要开创新天下！

众人只顾聆听，忽听旁边有鼓掌声，众人扭脸来看，正是翠姑在树下拍巴掌。

张梁往她那儿看看，说：天下有女子能醒悟，不凡矣。人若有精神就有救。父老兄弟跟我来呼：苍天已死——黄天当立——岁在甲子——天下大吉——！

翠姑举手响应，众人大部分举手高呼：苍天已死——黄天当立——岁在甲子——天下大吉——！

张梁又呼：发如韭，剪复生！头如鸡，割复鸣！

众人跟着呼：发如韭，剪复生！头如鸡，割复鸣！

张梁挥一下黄旗，与全体乡民相互挽起手来，昂首阔步边走边唱：吏不可畏，吏不可畏！小民不可轻，小民不可轻！

呼喊一会儿，队伍走到了村头，一阵黄灰滚起，更显声势浩大。人们回家拿锨把的，拿短棍的，拿大刀的，如潮水一样涌过来。过路看客也折了树棍加入其中。这时村头来一樵夫，站到高处往这看。张梁道：老人家，我们是黄巾起义军，专为天下穷人打天下。

樵夫皱眉眯眼看看黄旗，只是苦笑着，并不言语。

张梁笑容可掬地问：老人家，看你的气色，是不是有病啊？

樵夫一听流着泪说：我家一夜间死了五口人，你看我今年才三十五岁，就变得像五十多岁的老头啦。说着哭号起来。

张梁从褡裢里取一把五铢钱塞利樵夫手里，说：老兄，我们就是惩恶除害，救济民众的。

樵夫一听跪到地上，喊：老天爷呀，仁义之士出世啦，苍天有眼了呀，皇帝也不是真龙天子啦，我们要看见青天啦！

众人转对张梁，说：你是真神，俺们就拜你了——

张梁说：你们不能跟过去一样，拜谁跟谁才能活，那是老皇历了。从今以后要自辨是非，自作主张，这才是黄巾军的旨意。

说着弯腰走下来，指着村人一字一句教道：行，成，于，思，毁，于，随。行成于思，毁于随。记住了没有，要牢记，决胜利。

张梁三人骑马往南走，后边紧跟着长队。队伍尾巴快离开村庄时，翠姑感到情绪激奋，也想参加黄巾军，再看看队伍里没一个女子，她犹豫不决。此时见队伍踏着黄尘出了村，她跳到沟埂上，咔嚓折根柳木棍，也跟着队伍往前走。

张梁发现了，落到后边，说：黄巾军不收女子，大姐见谅。

翠姑一听，跑回家拿了烙好的饼子，追上来见头包黄巾者就递。直到队伍离开村子，她仍振臂高呼：发如韭，剪复生！头如鸡，割复鸣！

仲景、四坡往前走了一会儿，见前边出现了条小街镇，一家店铺前围了一群人，正在看墙上贴的告示。四坡上前一看，上边写着，求医家为知县三代单传的儿子医邪病，医好重赏。

仲景心花顿开，想去医治，又怕出头露面惹麻烦。正在犹豫不决，四坡上前撕下了告示。

两个差役围过来，眼对眼逼视着四坡，问：为啥撕告示？

四坡说：有名医能治小娃的症候。

仲景想对差役施礼，却见差役上下打量他，眼里有讥嘲之意。看了半天撇着细腔说道：咦——穿得像叫花子，瘦得像蚂蚱，见官不搭话，你能治个啥？

四坡推一下嬉皮笑脸的差役，说：常言道，人不可貌相，海水不可斗量。能不能治病，咱府里瞧啊。

仲景说：医病要紧，走吧。

差役说：中，那你得小心挨县太爷的狼牙棒，若是哄人，定教你皮开肉绽，鲜血淋漓。

四坡吸溜一声，想停下。仲景推着他紧跟差役往前走。穿过一条小街，三人来到县衙院内，走过仪门，绕转堂，穿月门，入后院。走迷宫似的绕半天，才到县令的家里。

差役的眼儿不睐了，拉着的长脸也收起，换出一副媚笑，走至甬道上，就哈哈笑着，挑起尖溜溜的细声，喊：小少爷喜信来喽——

前边一束梅花枝斜出，开得艳红粉白，点滴娇态，惹出一院子生动。仲景忽然发现梅树底下，有一棵瓜蒌藤，干秧子在风中发出沙沙声响，有干瓜蒌在打旋。他眼滋地亮了，瓜蒌是医治咳嗽的良药，一会儿能否摘几个带走呢。

走进房屋，仲景见屋里坐着个怀抱小娃的妇人，见医家来了，愁惨惨地唠叨：这娃生下来不会哭，快七天了还这样，是哪路鬼，忍心缠这么小的儿郎啊。

县令用怀疑的目光审视了仲景，指着他问：你能医好我儿的症候？

仲景谦逊地笑笑，说：学生前来试试。说着拿起小娃的手，分开拇指食指搓着细看，又捧起小娃脸来看舌苔。县令伸手挡一下，带仲景进了内室，指着帐下边伸出的手，说：来，你先切切我女儿的脉象。

仲景并拢三个指头，搭到帐外的手腕上，屏息切脉，切一会儿抬起手，再切另一只，然后怔了一下，翻过手背看看，有汗毛。他惊讶地问：县令大人，此为男人之脉，怎说是你女儿？

县令拍一下他肩膀，高声说：好，证明你有两下子，跟我来吧！

仲景看出县令是在考他，也好，说明他见过的巫医、庸医太多，对医家不信任，一旦信得过，会支持医术。仲景跟着县令转过来，又去诊小娃，诊了叫妇人把小娃放到床上躺平，叫县令夫人扯一根头发丝拿来，他接过来插到婴儿鼻孔里，慢慢捻。

小娃开始用手揉鼻子，身体焦急地扭动，约莫半个时辰后，小娃哇一声哭了出来。县令夫人抱起婴儿摇晃着，小娃仍啼哭不止，且哭声更见嘹亮。

差役见小娃哭了出来，一跳老高，说：哎呀小少爷呀，我领的医家神吧？说着扭过脸来对仲景喷道：我说医家神医呀，你把少爷治哭了，再治个笑不是更好嘛，叫他嘎嘎笑出来，老爷定会重赏。

县令笑容可掬地看着仲景，问：相公，请问我儿患的啥症候啊？

仲景说：是父母用酒过多所致。

县令谢了仲景，要摆酒宴答谢。

仲景却惦着山墙上的瓜蒌，说：谢过，不必，我们还要赶路。

县令对差役说：快拿铢钱来重谢。

四坡挡到仲景前头说：大人，我兄长对令郎用的是神功。

哦，是哩，我会多赏铢钱。说罢干气地笑笑，拿一包铢钱递给仲景。

这是张仲景生平头一次收病家钱财，他看着沉甸甸的小包，竟红了脸。出了知县榻房，又走到山墙边，实在不好意思再要瓜蒌了。

仲景出了县府大门，看见街上有叫花子在讨饭，蓬头垢面，坐于风中。仲景本想观察一下他们的脸色，看有没有病，有个叫花子已站起来拽四坡的布袋。仲景拉起四坡就跑，跑了半里路，见县府院里有人高呼冤枉。他问了街坊人是为啥，街坊人说，是县太爷要杀掉十几个医家与巫医，他们都没治好小娃的病。

仲景大为惊诧，没想到自己的行为会把这么多医家与巫医推上绝路。他立马拐进县府，直奔大堂，双手打拱道：世上医家，无封无禄，无权无势，即使有偏差误会也是难免，怎能按国科刑之？如县令要斩除他们，也将我一并处之，省得狐死兔悲矣。

一席话说得县令愣住了，半天，才拱手施礼，下令赦免巫医、医家。

仲景、四坡不知不觉看见前边出现了水泊，一片白茫茫的水畦，走近看里边种的不是小麦，是水稻。一汪黄绿色的稻田里，有白鹭飞过，稻田边上有大片荷塘，衬托得稻田更加明艳。

仲景想，这可能就是江南，已到襄樊城了。又走过一段城乡混合区，进到一座城里，街道两边挂着灯笼，有百货铺、酒楼、街坊店铺。仲景到一店前打听王神仙。商贩指了方向与街巷，连哪个门都说出来了。两人顺着指点往前穿过两条街，拐进一条小街巷，穿进另一条胡同，就看见一瓦房铺板小店，店门口挂了个红灯笼，上写王家诊堂。

仲景一看，眼滋地亮了，在他的认知里，东汉的医家，都是骑毛驴游乡串村的。他游医这么多年，还从没见过挂牌张灯的医家店堂。这足以说明王神仙行医的名气，也说明江南对医家的认可。他向往多年的理想，忽然遇到了，眼热热的，像见到失散多年的亲人一样暖心。

走近了往里看，小诊堂干净整洁，木板柜台，放着称药的小戥子，几捆竹简，一沓荷叶，一撮麻绳。柜台后边是药架，有成排的小方抽屉，写着各类药名。仲景情不自禁地站那默念起来，就像老道念经那样入神：桔梗、半夏、生地、麦冬、甘草、川贝、白术、桂枝，并脱口而出：这真是医家的大药库啊。

再看里边的医家，不到四十的小老头儿，耷拉眼，瘦长脸，稀薄头发，山羊胡，与人谈话时带着鼻音，神情随和俗常，司药时又聚精会神。仲景想，这医家再不用跑四外去找病家了，病人也不会投医时找不到，巫婆神汉也无法吃香了，这一带的民众将少了许多迷惑和迷信。不知自己何时也能有这样的医堂，拥有一份医家的从容？

仲景痴痴地站在门口沉吟，吸引了过路看客往这瞅，他并没察觉。

王神仙正在切甘草，看见门外来个异人自顾自低语，他探出头来，问：请问相公你找谁？

仲景这才回过神来，看看王神仙脸上清朗，眼里慈祥，像磁石吸引了他。他上前两步，隔着柜台抓住王神仙的手，问：您就是王神仙吧，学生张仲景前来拜师。

王神仙一听来拜师，怔了一下，把毛巾从肩上抽掉，惊讶地问：你是南阳名医张仲景啊？

是学生，老师我可找到您了。

我听不少南阳来的病夫说起你，还有个涅阳长搭背疮的人，与你是兄弟，说起你不少事，我早就想造访于你，快请进寒舍用茶。我还听说你对杂科有精研，我也想在外科有些探求，铺里想招个行家进来做伙计，你来了，真是正瞌睡哩遇到枕头了，咱俩正好一块儿干，你看怎样啊？

仲景内心一股暖流涌起，他与王神仙绕过前堂，进到后院，见有个大棚，里边码了成垛的药捆，棚外宽大的晒药台，晾着多种药材，院里充满了草药味。这是仲景睡里梦里都想得到的圣地，他激动地说：好好，我也想寻个用武之地，没想到这就遇见了，老师你吩咐我弄啥都中。

王神仙又领他穿过一条弄堂，出了后门沿了条曲径前行。小径并没通幽，却通到两间带轩门的私塾里，有个头上扎撮的先生在教书，隔着轩门可见三四个十来岁的小娃在听课。仲景一眼就看见桌子上放着的纸，也是他做梦都想见到的珍贵物品。他看看草纸，俯身闻闻气味，说：要是先生不嫌弃，我帮着做些诊治，和炮制药材之事，有空闲即著医典。

哪能叫你干粗活儿，你多顾些外、妇、儿科，带司药，我以内科为主，一起搭档，生意定会火红。

我还想广泛收集医药方术，在此著典，老师您看怎样啊？

嘿，你的方术可集够卷了，要著医典哪？真是东汉大医家，旷世奇人。我岁数比你大，怕是读的书没你多，又整天医的头痛脑热。再说，这地方的人信巫不信医，有半吊子大夫，老沿袭家技秘方，因因相袭，顺旧始终，少了独自新创。世道昏庸，少有你这种精明留神的医家，我还得好好听你的高见。

我建议在诊治病夫时顺便布道医术，让人们知晓医术，信医弃巫。古人从钻木取火后，改了茹毛饮血，开始吃熟食，还有神农尝百草为医史献出性命，我们也该为后人留点有价值的医经，不枉先贤的引导。

王神仙紧紧抓着仲景的手，激动地说：相公啊，我遇到知音了呀。

仲景在王神仙的小店里留下来后，四坡就要回家。四坡跟仲景跑了半月，人又黑又瘦，猛一看像三四十岁了。仲景要他歇息好再走。四坡说他在这说话对不上号，也想念家人，一心想早些回家。

四坡走时，对仲景交代叫他小心世道混乱，除了对王神仙，对外人少公开真名实姓。四坡把木简捆好，堆到他的小房里，把仲景的衣物都码到枕头旁边，干完了，坐下来想说啥，突然鼻音重了，迟疑了少时，说：世道混乱，哥多保重啊。说罢，眼泪涌了出来。

仲景此时的心情，跟与仲祥分手一样，离别的疼痛隐在内心，想到四坡一路上照料吃喝，帮助采药，逗他开心，仲景愁苦惜别，却隐忍着说：这山高路远的，贤弟你路上多加小心，遇事三思啊。

王神仙为四坡刮了个柳木短棍，叫他带身上以防万一。王神仙的妻子香环为四坡包好路上干粮，一家人把四坡送到街巷口。

仲景看四坡走到街口拐弯处，转一个身就不见了。他长叹一声，真不知这一去山水相隔，何日再能相见。忽想，人间无奈太多，人情难得周全，自己只能用精良医术，救济苍生，报答世上好人。回来后，他就解开院里药捆，抖掉泥沙，分开果茎根，开始切段。

这时王神仙在为一老汉切脉，遇到疑难，喊：仲景过来一下。

仲景拍拍手上灰，走到柜台前，王神仙起来让座，说：他人消瘦，面色青灰，脉象却宏大，你来切脉断症候？

仲景坐下切了一会儿，说：老人家患的热证。

王神仙问：怎样热？

真肾脉至，搏而弦，如指弹石，辟辟然，脉浮大者，因内亏，阳邪元盛。

如脉沉者呢？

先生考我，应指教学生才是。

按你的诊断施术吧。

王神仙把一张黄草纸推到仲景面前。仲景写了五六味药，让王神仙看。王神仙赶紧扒竹简，扒了半天，问：我还没有见过这道汤头。

仲景笑笑，念道：

真武汤壮肾中阳，茯苓术芍附生姜，
少阴腹痛寒水气，悸眩润惕保安康。

另有：

真武汤主温肾阳，附苓术芍与生姜，
总因水仃肢体肿，脾肾虚寒正可商。

仲景司了药用荷叶包好，捆上麻绳，送老汉走时，交代怎样煎服。王神仙竖起拇指道：高哉，编了顺口溜好记多了，能抵多少支烂笔杆。

先生，我想将医术经方精编成段，方便流传，也为民众广布医道。

自古秘方不外传，你真有圣贤胸怀。

广布医道，只为人世通明贤达，明辨是非，也对巫者妖言做个驳斥。

王神仙本来是当老板做生意的，还是首次听到布医道之词，感到陌生。他把仲景请到座上，他到院里切药去了，切着切着，觉得不对劲儿，大声问：为布医道而著典，将方术到处流传，医家可怎么养家糊口呢？

仲景也有点奇怪，探着身子向院里，问，先生你还是来坐堂吧，有病人找你方便些。

有人来找，你就接诊，你医术高，遇到不可辨析的症候，再喊我研进。

这时，门口果真来了个妇女，要找王神仙。仲景赶紧喊王神仙出来。

王神仙出来了，指着仲景，说：这是我专门请的妇科医家，叫他医吧。

仲景不好意思地说：为病妇诊断，我也不在行，还是先生诊治开方，我打下手司药。

王神仙一边擦手，一边落座诊台前，先望妇女气色，见面色萎黄，皮肤干燥，指甲起纹。再闻，畏寒肢冷，头晕耳鸣，心悸气短，声音哑涩。问之经期，回答经血无常不足。问了叫仲景切脉。仲景在妇人手腕处切了脉，抬手说：你是气血双亏，应施熟地黄、山药、山茱萸、泽泻、牡丹皮、茯苓，加蜂蜜更好。

王神仙早已在研好的墨上蘸了狼毫，交于仲景手中，说：我平时施的方术只两三味，你开这道配方多，我记不住，劳你写下来。

仲景把刚才的六味药写到草纸上。王神仙用笔记下来，说：这么大的方术，我真是头一回见。

仲景说：组方配伍，是我二叔张伯祖施术时所用。

王神仙说：你二叔一直用大方术？

也不全是，平时常用三四味药，只有重症候才用大配方。

原来张伯祖是你的亲叔，那你就是我贤弟。

仲景说：是的，亲叔兼师长。

他是个名医，他在南阳一带大名赫赫，现在何处哇？

可惜，他老人家在伏牛山一带失踪，不知还在不在人世。

王神仙说：我一看你就是门里出身，医资太雄厚了。

第五十章

襄樊自从过来了黄巾军，就连着打起了火仗。

汉朝的战争多用长矛刀箭，在敌我双方冲杀陷阵，不能短兵相接时，火攻成了兵家常用的战术。大火常常是黄巾军烧起来的，虽是与官府争战，战火多殃及百姓。火攻不下此城，黄巾军连夜溜进山寨，城里白天到处是头包黄巾的起义军，晚上就没了踪影。

襄樊人都说黄巾军是天降神兵，谁都战不过。可是江岸上也有曹刘招抓差的人马横行，不时发生激战，却不知是哪跟哪在对打，只是躲在家里听着乱箭射击的啾啾声，击鼓鸣锣杀呀冲啊的吼叫声，火烧楼房的爆炸声，搞得人心惶惶，一天到晚关门闭户。有钱的富户，早把金银财宝塞进包袱，只待全城沦陷时，立马携起老少背包逃命。

乱世烽烟里，从外地流窜过来了蟊贼、商贩和叫花子，也趁机抢粮抢衣，偷店铺里东西。有金货铺在夜里被盗，也有青天白日被过路贼哄抢，又有郊区人家养的猪羊被偷。还有住店的外乡客，半夜偷了房东财物，卷了铺盖跳墙逃跑。乡里有恩怨仇恨者，也趁机暗杀仇家。没钱无粮的饥夫，半夜吃了亲戚家的小娃肉。好好一座城埠，一会儿火光刀影，一会儿血海战场，草莽尘芥一同泛滥，一网扫尽了昔日繁华。

乱世灾年荒城，疾疫战争盗贼，朝夕间笼罩过来，民众见种种变幻莫测的世道，跟天塌了一样惊悚。在无法释解的灾难面前，无回天之力，只好在冥冥中乞求神灵，常常不顾战争的危险，跪大街呼号。这助长了强者封建蒙昧的意识，新兴的医家医术冷落到边缘，巫医庸医，一时蜂起，借巫祝之咒，敲诈民众钱财。凡能扳着手指掐个八字，拿一把竹签的自称救世神仙者，都趁机去捞财。

世道之乱，也在成全一个医家——张仲景。无论什么时候，他都有静心编简的时间，他的《伤寒杂病论》已将出众方，开始写起来。他知道这支起义军是来杀官僚的，乱世烽烟好像是发生在九霄云外。他盼着黄巾军战胜恶官，打出新朝代，让天下变个样。

这天，他正在读简，听到有个来人，操的南阳口音。他等那人走后，问王神仙，原来这里距涅阳只有二百里路，凭着二郎神的黑心，如果音讯传到他耳朵里，会不会再追过来？如是，王神仙怎能抵挡得了那只虎狼？不管汉朝怎样战乱，黄巾军如何蜂起，他从没在意过，只有想起二郎神，心里咯噔一声，再也静不下来了。他放下笔站到后院墙边的石头上，看着江北岸的方向，那里仍在冒烟。街边的树木成了火墨碴子，街上没有行人。他想这世道怕是连皇帝也没得安宁日子，更会纷攘到二郎神。

他静心读了会儿简，又写了一会儿，王神仙过来了，叹道：江边会有挂彩死伤者，要不了多久，咱们的生意就红火了。

仲景忽然怔忡住，说：是啊，每战过后，不知多少老弱病残者病情加重，多少参战者挂伤流血，可如此不幸的世运，老师岂能以生意红火而庆幸？

王神仙说：贤弟呀，战争、洪灾与大疫，对医家只有好处没有坏处啊，我们平时的生意，都是头疼脑热的小疾患，挣不了大钱。

仲景很感惊奇，说：战争让人间疾苦增多，酿成家破人亡的悲情，老师没想到这一层？

王神仙说：那是皇帝老子管的事，与咱无关。

可是，医家怎能放下忧国忧民之心？

是的，可医家也是烟火百姓，顾好老婆娃子最要紧。

说罢，王神仙叫仲景来院中炮制药材。仲景到后院药棚子里切药，心里还在回味王神仙的话，感觉他心里少了什么，对百姓疾苦的关照？对苍生的怜悯？可他为自家老少营生，也没错呀。仲景心有纠结，劝自己别钻牛角尖。

约莫一顿饭工夫，仲景切了一竹筐草药，开始做剂型。他以前曾跟二叔学做过散剂、丸剂、膏剂、栓剂，都因条件不济，做不出来几样，做出来也因保管不善而废弃。在这里见到了汤剂、洗剂、熏剂，觉得是个长进，往下就想把膏剂、丸剂、栓剂也制出来。

王神仙说他没有见过栓剂，特别是医治便秘的栓剂，仲景做得精巧细致。王神仙拿起一枚，像看小娃玩意儿似的看看，心想日后不愁生意不好。然后要仲景把炮制成药的诸多技法告知过来。仲景告知了，王神仙把仲景写字的案子打扫了，把四坡背的那捆木简码到边上，在案上铺了纸，又研好了墨，各项伺候完毕，叫仲景写典。

仲景从来没用纸写过字，谦逊地笑笑。王神仙说：今儿咱配你那六味药，还有五苓散吧，贤弟你指教方术。

仲景说：

地黄山药补肝肾，茱萸泽泻调阴虚。
茯苓丹皮营卫阳，六味相搭增免疫。

另有：

五苓散里用桂枝，泽茯猪苓并求施。
原治太阳经腑病，亦治脾伤湿胜时。

仲景说：这是在青云观老道那儿学的方术，我给编成歌谣了。

王神仙说：我求了半辈子方术，医家都是秘而不传，你真是开通啊！他看见仲景案子上放着一堆木简，可能就是他著的医典。有一块上边写着理、方、法、药，后边又写：汗、吐、下、和、温、清、补、消的医病八法。另一块木简上写着太阳、太阴、热、寒、表、里。又一块简上写的字，王神仙竟脱口念道：针刺、灸烙、温熨、药摩、坐药、洗浴、润导、浸足、灌耳、吹耳、舌下含化……念着念着，猛地拍了下桌子，说：贤弟呀，不如我叫你老师吧。

仲景站起来笑着说：先生太过谦了，我得博采众方，把医家的学问积累厚实了，好断百病，也好著典。

王神仙又拿过一块木简，上边写了一串带有川字的草药，他小声念道：川贝、川芎、川参、川木香、川黄连。他好奇地问：为啥那么多带川字的药啊？

仲景对古代医典看了不少，都是散乱的，用时得归纳。他说：川地乃天府之国，多山水，气温适宜出产草药，以后我想去那开开眼界。草药里另叫山字的也多，如山楂、山药、山茱萸、山杏、山桃，应是深山没有人烟污染，药性纯，药效好。

贤弟呀，我看别家医家行医多年，治病仍粗疏偏差，有误治者，都是没你这样求精。请受愚兄一拜！说着站在对面给仲景行了个弯腰鞠躬礼。

两人正在研讨，门口过来一黄病脸汉子，捂着肚子说：神仙哪，你的药我服了半月，病为啥还没扳过来？

王神仙说：你来得正好，这儿有名医给你诊。

黄脸汉子进来了，王神仙找出上回的方子，叫仲景看。

仲景看了方子，一点儿不错，他问：你是怎样煎服的？

黄脸汉子说：我是吃罢饭就喝药汤。

仲景说：一般汤药要在饭前喝，腹内无食好吸收，药汤涤荡五脏六腑，开通诸脉，破散邪气。

王神仙一听，说：你回家改喝药时间看看怎样，若还扳不过来，我改方子。

黄脸汉子回家了。三天后，挑着担子过来，拍拍肚子说：神仙哪，我换个喝药时辰，症候好了。

王神仙哎哎地应着，不由感叹，同一方药，同一病人，改个用法效果也变了，涅阳名医张仲景，真是了得呀。

转眼，仲景在王神仙诊堂待了半年了，再没见二郎神的影子，他心里踏实下来。这两天病夫很少，他坐那写得腰痛肩酸的，想到外边透透气，顺便采点药。

王神仙满心欢喜地随仲景出了城，两人刚走到山野小路上，听见山坡上有人呻吟。往前寻找，见一块大石板上睡了个老人，身披麻编的蓑衣，脸色枯槁，双目无神。

仲景要为他切脉，王神仙摆摆手说：山野之人，家里没粮，身上没钱，冻饿路旁者多，患病又患穷，医了也白医。

仲景不顾王神仙说，上前喊：大叔，你醒醒？

王神仙脸红了一下，也蹲下身，问：大叔你是哪个庄的？

老人呻吟道：我是歪桃庄人，村上有妖怪缠命，死了不少人，没死的多被活埋，老鸹都黑压压乱飞。

仲景一听脊梁就发凉，长期以来他对病疫最是敏感，认为这是遇到了传染大疫的村子，或少见的杂怪症候，他想跟老人去村里看看。

王神仙也切了脉，说：他阴虚喉燥，盗汗咳嗽，有消渴症。说罢又叫仲景来切。仲景见老人脉数细，又看舌苔，舌红苔少，气血两虚。要开甘草、大麦、大枣三味药。

王神仙从药褡裢里找齐三味药给了老人，就叫仲景快走。

仲景犯了难，这荒山野坡，怎样煎药？他说：大叔，俺们跟你一起到村里去煎药，中不？

王神仙说：村里肯定有不少瘟疫，会传染的，如果染上疾疫，不是倒贴吗？还是上山采些好药，早早回转是理。

那村病人多，正是用医之场，我不想放弃这个机会，先生咱们一起去吧。

我看你这人，对个人之利一点都不顾及。

夫子在讲台，农人在田地，医家应在哪里，先生心里明白。如果你想早回，我只好一人前往。

王神仙勉强配合仲景，扶起老人挽好，一起往歪桃庄走去。

两人挽着老人转了两座山，又过一段山坪，就到了个山坳下的小村里。

这个以桃取名的村庄，灿烂的桃花正在盛开，妖妖冶冶半村的艳红，染得山坡跟撒了粉似的。因气候潮润，万木绿得早，山坡峡谷都已绿透，没想到迷人的春深处，连病疫也赶来凑热闹。

老人住在歪桃庄村头的山洞里，洞里又湿又潮，洞口有树丛掩蔽，洞深处有石缝往下渗水，活脱脱一个常年不见阳气的滴水洞。地上铺了一层干草，放一块麻片子和烂渔网似的被絮，算是老人的床铺。仲景不由叹息，问老人平时怎么吃喝。

老人指指洞里发霉的干果和稻穗，说：那是一年的粮，吃完了去要饭。

仲景发现老人连正常人的话都不会说，他拿起一个长了绿毛的柿饼闻闻，霉味刺鼻，说：这有毒了，不能吃，吃了不生疾疫也长疮。说着把干果谷物拿到洞外阳光下晒，找来铁鼎，在洞口支起来煎药，煎好了取汤端来，照料老人喝下。

这时从外边来了个老妪，站洞口说：二位神仙救过来我老伴性命，把村里妖怪魔鬼也撵撵吧？

王神仙烦躁地说：你们真是冥顽不灵，啥妖怪魔鬼，这圣贤名医到此，又不是巫医神汉。

不对，我老伴过去风罚了，我念咒治好了。

王神仙问：你念的啥咒？传个妙经来。

老妪说：天灵灵，地灵灵，老汉有病你治清，天下掉下一神符，老汉从此不患病。那次我念了，他有一年多没病没灾。

王神仙说：那是巫祝，不刺针不吃药，嘴碰碰，先治心，后治身。

仲景说：这话连八卦都沾不上边儿。

王神仙说：我早时也学过巫术，只是见巫家好耍花招骗人，才弃巫当了医家，现回想起来，巫术在很多病家身上能显奇功。

这时外边来了三四个人，扒着洞口看稀罕。山旮旯出来的人，不是拐就是麻，不拐不麻的打手势干比画，原来是个哑巴。站在后头的老人，捂着肚子苦皱着脸，后边还有头脸生疮，脱毛落发的，没见几个健全人。

仲景心头发酸，他先给一个脸带菜色的小娃诊断了，又给一个村妇诊。看了三四个，一个病人都不放过。看了又给药叫回去煎服，王神仙所带草药并不多，不一会儿就散完了。有的老年病人不知咋回事，原来他们之前从没见过草药，更没见过医家，有病都是自生自灭。

仲景到几家穷户看看，家里没有碗筷的，吃饭用手抓。有的没有案板，把粮食籽下锅煮着吃，更有破落人家连锅都没有，到处偷人庄稼，偷不来就去要饭。全村人没有一口井，只喝村塘里的污水。仲景到坑塘边一看，由两条小水沟相汇而成，沟边有树叶草渣，塘水一角还泡了只腐烂的小鸡，臭味熏天。仲景一问，这鸡是去年秋天扔水里的，一直泡到如今。他立即叫人把死鸡打捞上来，埋到村外，并把村塘上面的树叶草渣也捞上来。

王神仙在一边捂着鼻子，说：村上百年来都这样过，一时半刻也改不掉，你别管闲事了吧。

仲景要医绝村上疫病，就必须教他们健康的起居饮食，过正常生活。他叫人把村塘里脏物打捞干净，跑到富家借来个铁鼎，帮着病人煎药，煎好照护服下。眼看天快黑了，王神仙见仲景说得口干舌燥的，村人并没真正听懂。他不耐烦地说：你这是对牛弹琴哪，还是对猪弹琴？这庄没个囫囵人，改不了陋习的。咱带的药也煎完了，不如快走吧。

仲景说：我为一官家医病，得到不少钱，你拿回去弄些草药，明早带来。

仲景掏出铢钱来，要自己留下来，王神仙不好意思收仲景的钱，推拒半天，把钱又塞到仲景药褡裤里。临走时，拉仲景到背场，说：豫州人二火山，赔本倒贴你当先。

仲景一听二火山三个字，想起了乡音土语，笑起来，说：你先走，别生豫州人的气就中。

王神仙说：我丢下你，一人走，咋放心不下哩，我不走了。

黄昏，夕阳挂在村头老榆树上，有人牵着牛进到村里，一声哞叫，把山野唤得悠然起来。仲景见王神仙不乐意走，才起身跟着一起走，走几步回头看看村庄，觉得自己在这里，犹如找到了用武之地。

两人走到村头，听见树丛中有哭泣声。仲景站住四处探望，发现声音是从前边半腰深的杂草丛传来的，再细听是女子声音，带病弱凄惨之气。他惊奇地循声走去。

草丛边上有纷乱纠缠着的刺架，灌丛如篱，乱石成堆，有一条被杂草掩蔽的小径。他沿小径走到一片毛树和芭蕉丛中，见一歪墙草屋。趁天上还有几丝光线，仲景眼对住门缝，正好与屋里趴窗口往外看的泪眼相对。

仲景心里一紧，像被什么东西揪住了似的，感觉遇到的是个病女，还怀疑这是个被抛弃的疯女，另外还有被绑被害等诸多嫌疑。她到底为什么被关在村外草屋里？偏在此时，里边没了声响，四周也沉静下来，他心生恐惧，后退数步站那静观，恍惚间，他怀疑自己出现了幻觉，如入一片迷魂之地。

可仔细看看，门前有院埂，深深浅浅半掩在草丛乱树里，还有烂缸碎片儿。仲景到半截缸里嗅嗅，嗅出了陈年黄酒味。根据这些，他猜这里曾有人开过酒坊，可酒坊为什么废掉了？原来的人呢？一时疑云满心起。

恰在这时，屋里女子又哭叫起来，声音比刚才还大，还有呜呜啦啦的诉说。

仲景猜着这女子不是疯子，是看清了外边的动静，才悲声呼救。他恐惧顿消，又扒开门缝往里看，一番惨不忍睹的景象出现了，屋里乱草铺上，歪着个女子，一头草渣，脸和手烂了皮，露出鲜红的烂肉。一双泪眼闪着求生的炯光，直直地瞪着门缝。他问：姑娘，你有啥病？我是医家，你打开门我进去看看。

女子摇头说：不了大哥，俺患的是绝症，还会传人。

仲景问：那你往后挪下，我撬门进去？

别撬门，俺这恶病神仙都医不好，会传染给你的。

姑娘，天下没有医不好的病，你往后点，我定要救治你。

这时王神仙拐了过来，见仲景半路拐弯，磨叽着不走，还怕人生地不熟的，遭遇什么。王神仙找过来天都黑了，他摸到草屋前，一听病女的哭声，就拉仲景到背场，小声说：这是恶病，才被人关到这了，容易传染。

仲景说：医家哪有拒绝病人的，好不容易遇到疑难杂症，我得诊治她。说着转着圈在院里找东西撬门。

王神仙说：你呀，二火山性子又上来了。

仲景低着头四下找。王神仙见他焦急的样，也在院里找，找到个生锈的铁铲，帮着仲景撬开了门。

进屋一看，屋里太黑，看不清一样东西，等一会儿月亮才出来，透过树影照进来几丝光。仲景仍看不见什么，却闻到屋里弥漫着湿腐气和腥臭气。王神仙跑到外边找了根干松木棍，站门口点着火，屋里这才有了光。

病女窝在墙角，脸上有赤潮癣斑，手背烂疮，脖子上有斑疹、斑块，弥漫着往边上浸润，结节多处脱皮，正常皮肤很少，颜色呈淡红或古铜，头上眉上多处脱毛，手如爪，足下垂。

仲景扶女子坐正，扶了半天女子仍坐不直身子，他只好扶住她胳膊为她切脉。诊了长叹一声，对王神仙说：你来施医，这是麻风病疫，我以前在典籍里读过，却没见过此症。

王神仙立即拉仲景袖子，急躁躁地说：这叫江南病疫，南方潮湿地得病很多，我也医不好，你看天黑定了，再晚山里有狼，咱们快走吧。

仲景打着别扭说：是的，这症候只有南方潮热湿腐地带才有，对于中原医家来说就是怪病，正因为怪，才值得留下精研。如果先生有碍，不妨先走一步。

王神仙加重了口气说：俗语说，医家不治癣，治癣要丢脸。医家不治皮，治皮有大忌。此病已到了无药可医的地步，又极易传染，你我应快点走才是啊。

先生，我还是留下为她医治，你先走。

王神仙看看深山黑夜，留仲景一个人也不放心，就也不走了，站到门外，捂着鼻子看着茅屋。

仲景看着麻风女，问：姑娘，你病多少天了？

麻风女说：病一年多了，走路腿软有两月，前几天被家人关到这了。

头发落多少日子了？

两月前开始落，手上皮也烂了。

找谁看过没有？

麻风女伤心地哭诉：这是恶病，传人，谁敢看，一看就传上了，连我亲哥都不敢近身，要不是有这个老酒坊能关人，早就把我活埋了。

那是他们不懂，这病虽重，也不是绝症，我尽心医治，你伸出手来。

麻风女伸出手来给仲景，另一只手抹泪。

仲景把她手上泪液擦净，去诊脉。

麻风女见仲景是好人，少不得讲起了家事。

原来她哥是歪桃庄的头人，叫歪能，是当地一大恶棍。

歪家酒坊开在歪桃庄村西头，一进院子，三间草房，一间灶火。黄酒在远近几十里卖钱换粮，不仅生意红火，日子也是有名的冒尖户。引得外地不少游贼联手打劫。歪家只好养了家丁，扩张势力，争占地盘，成了当地一霸。

自从歪能的妹妹歪辫儿得了麻风病后，酒坊生意一路下跌，人们不敢来买酒，街上店铺来批发者也少了，还有买酒者抱怨酒糟多，又退回来。歪家酒坊门前日渐冷落，不到半月就关了门。歪能砸烂了酒糟缸，把三间主房扒掉，木栅子院门拆了当柴烧，只差一把火烧了酒坊。老酒坊只剩墙倒屋塌，仅留一间茅草灶火，把妹妹歪辫儿关了进来。

村人都说麻风是脏病，是不贞女子和花哨男人得的隐病。歪能认为妹妹歪辫儿太丢人，就找本村的神汉看病，那神汉因怕传染，说他家妹子是鬼缠身，推给一姓马的神婆来医。马神婆也怕传染，当时念叨：天皇皇，地皇皇，庄上要出麻风狼，传了爹妈再传外，想除恶病睡花床。意思说，必须得找个汉子圆个房，把病传给对方，才能除根儿。

所以，村上年轻人一得上麻风病，就急着找对象。可是患病者不是烂手就是脱眉，脸上刻了记号似的，远近乡邻哄成了一台戏，谁敢与之成亲圆房？歪辫儿认为马神婆是怕染上病，才出此损招，她说：我就是走死路，也不愿坑人。歪能就把她捆绑起来，关进闺房。

那晚，有家丁来报：说在庄外抓到个过路少年郎，能与小妹成亲。

歪能推开丫鬟，叫家丁把抓来的少年郎押进来。

家丁扭一青年进来，青年愤怒地问：为啥抓我一个过路的良民百姓？

歪能问：你是哪儿人？谁证明你是良民百姓？

青年说：我是李家坪人，名叫李三，生不改姓死不改名，无端被捆绑。

歪能笑着说：好老表，我是想给你办个好事儿。歪桃庄有个年轻美貌赛若天仙的女子，想找个少年郎成亲，我成全你们，是不是好事啊？

歪能说罢打手势扭紧了李三。李三大声呼救：我家有妻室，不可毁名声。

歪能哪能听过路郎的话，三下五除二就把过路郎塞进妹妹歪辫儿的房里，外边落了锁，要他们马上圆房。谁知歪辫儿是秉性刚直的女子，不愿把病传给无辜过客，大声嚷着不要坑好人，要放好人一命。

歪能半夜听妹子还在嚷，就砸开铁锁放了过路客，把她关进了老酒坊。

仲景听到这里，吓了一跳，说：多亏你没干那残害无辜的事儿。

正在此时，忽见村头有火把跳闪过来，原来是歪家的家丁来了，冲进草屋就捂仲景的嘴，顺势往外拖。

只听王神仙大喊一声：搞什么事的，敢抓圣贤名医？

众人一听口音怪熟，有人认出是王神仙，就怔那了。

原来王神仙早些年也在乡里游串过，知晓这里人的刁顽愚钝，凑合着能周旋当地的痞子无赖，他知道仲景捅了大马蜂窝了。那家丁也怔了一下，冲他看看，又要拖仲景走。王神仙见自己的江湖招式使不上劲儿，只得一边跟家丁说好话，一边掏铢钱贿赂。

家丁麻利地接过铢钱装起，就不搭理他了，继续拖着仲景往村里走。平时在襄城一带有名的王神仙，此时变成了店小二，给人双手打拱求放人。眼看人们要把仲景抓到歪家了，他猛地蹿到一个土包子上，歇斯底里地嚷道：你们要搞什么事啊，他好赖也给皇帝医过病，要不了多久就要进京城当御医，到那时在皇上面前歪歪嘴，你们便要被满门抄斩血流成河，可别怪我事前没提个醒啊。

家丁一听愣那了，木人一样呆了半天，才吸溜吸溜地说：歪桃庄是咱歪大爷地盘儿，天塌下来有人顶，我们怕啥？说罢还是拖走了仲景。

歪辫儿吓得钻到墙角的高粱秆捆子里，捂着脸说：我都快死了，不叫医家看病了，你们放了人家吧！

一个家丁吵道：你一成婚病就好了，可甭猪脑子啊！

歪辫儿哭着说：不，我不信巫婆的鬼话，你再逼我，我就撞墙！

这时歪能来了，听妹妹的伤痛哭诉，才叫人放了仲景。

仲景与王神仙回到襄樊药铺里，一头钻进医典里查找，展开不知多少卷，才找到麻风病这个病名。他问王神仙平时医过此症没有。

王神仙说：我见过，但不敢出面去医，一怕传染，二怕医不好坏名声。

仲景问：那你遇到皮疹眼烂的病症，都咋医的？

王神仙说：自配的药粉，再用巫祝，歪桃村老妪那种念咒法能助医。

念咒就不说了，你用的啥药粉？

王神仙迟疑半天，从药柜拿出一个麻布包来。

仲景拆开药包看看，里边兑有孩儿茶、雷公藤。

仲景惊奇地问：我过去听说雷公藤有毒性，不敢轻易施用，你平时用得多不多？

我是听山里老医家说过这药，也很少用。

仲景又查医典，找到这味药，有祛风除湿、解毒消肿的功效，治顽痹不愈的热毒疔疮。他不由拍手叫道：好，这就对上了麻风病，如再配上赤芍、白芷等药，会生奇效的，歪瓣儿有救了。

王神仙说：麻风病是湿毒所致，如用五毒膏可行，我还听说古人用乌蛇肉熬汤喝，或焙干制丸服用。

仲景一想起乌蛇心里就发悸，先在王神仙的药粉里，又加了雷公藤的量，再配上何首乌、麝香、苍耳三味，连馍菜一并带上，去了歪桃庄。

到了那，他看歪瓣儿扒开门缝往外看，他推开门，说：你先把饭菜吃了，再抹药粉，拿药酒洗。

歪瓣儿说：大哥，这是不治之症，你别破费好药了，我也没钱。

仲景说：姑娘，我这是试验的，不要钱，给你医好了再给别人医，就有现成方术了，能救很多人。

歪瓣儿吃了饭菜，用药粉抹手，又服了药丸。

第二天，仲景又来看，见歪瓣儿手肿轻了些，手上湿疹溃破的烂皮，有点干燥了。见他来了，还苦笑着，算作朴实的欢迎。仲景信心倍增，好言鼓舞她，说：这才第二回用药，你就好好等着病好吧，有一天回到村里，到青山绿水里采摘香菇、石耳养身体，也帮我采药怎样啊？他认为自己也用了巫祝之术，先鼓励病人心里高兴。

歪瓣儿一听有了信心，一扫平日的悲伤，笑着说：我好了连香菇、石耳、灵芝都不采，定要满山跑着帮你采好药。

再找个好婆家，办喜酒可要告知我一声，给你送个礼。

行，到时候你可别转到了外乡，让我找不到大恩人了。

天又慢慢黑下来，不知哪个村里窜进了官兵，远处有马嘶声和火把的光影。歪瓣儿说：大哥你走吧，天都黑了，你把药留下，明天别来了，这病根儿扎在内里，不好拔出来的。

仲景说：天下哪有治不好的病，只是医家尽多少心，下多大功夫而已。

正在这时，不远处的草丛里有响声，仲景刚要扭头去看，听歪瓣儿尖叫一声，说狼来啦。仲景往外一看，只见两道绿光照来，寒光闪闪。仲景心想可能是一只孤狼，一点也不怕，捡起一块石头扔过去，喊：打狼啊——

狼被吓跑了。仲景站到空山坡上，忽然想起这话的出处，是从多年前张寨翠姑口中说出，一时感慨，难以言喻久远的思念。他呆愣了一下，回过神来，劝歪瓣儿别怕。然后到门外拽些干草来，要在草屋外边打地铺过夜。

歪辫儿说：大哥，这也太连累你了。那只孤狼知道这有人，会带狼群来的。

仲景听着有点惊悚，心想这就更得住下护着姑娘了。谁知这时，房梁上掉下来一样东西，扑通一声，正好掉到墙角的水缸里。歪辫儿并没发现哪里响，又趴在门缝往外看着，自语：天哪，这又是闹了什么鬼呀？

仲景清楚地看见落在水缸里的蛇，说出来怕吓着歪辫儿，就催她快歇下。

歪辫儿坐那睡不着，说：大哥，夜里风寒，求求你走吧。

夜，死一样寂静，草屋前并没有动静。仲景又听外边有响动，他用火石打着火看着，只见歪辫儿在门缝里的眼发出黝黑的光，见他在看她，又带着哭腔说：大哥，这荒野处，夜里好多响动，有你睡这，我更睡不着了，你还是回城里去吧。

仲景听如此说，才犹疑着，出门走开。

歪辫儿听见水缸里有扑腾声，扭头一看，见里边有条死蛇。她惊悚地退过来两步，怔怔看着在水里的蛇，心想，蛇有毒性散入水中，如喝下去会中毒而死。像自己这样重病难医，还拖累好医家，真是给人带灾的。她咬着牙，用手捧喝了几口，拉好衣襟睡下去。

仲景并没有走开，而是拽了干草睡在不远处，因为怕狼怕蛇，一夜都没合上眼。第二天早上鸡打鸣时，他睡着了，直到天大明，有村人拉着牛羊下地干活，路过这吵醒了他。他到清泉沟里撩水喝了几口，就去找歪辫儿。

歪辫儿还在熟睡。仲景隔着门缝见她呼吸均匀，他内心欢喜，坐到外边等。半晌里，听见屋里歪辫儿大声喊：哎呀医家大哥，我怎么还活着呀？

仲景进去看看她的手背，说：你症候又有好转，怎会想到死？

歪辫儿说：我死期是定了的，时辰一到就要上天。

仲景说：上天？那是巫婆神汉的话，我作为医家，一看就知道你的病能医好，要不然我会给你用药吗？说着把昨天带的干粮掏出来叫她吃，拿药粉给她抹上。

歪辫儿惊奇地问：医家，我的病真能治好吗？

仲景声音十分洪亮，说：能，保证能治好，一定能治好。

歪辫儿笑了起来，脸蛋笑成了一朵花，正笑呢，眼泪流下来了，带着泪，仍然在笑。

仲景知道自己是在无意中，用了巫祝之语，治了歪辫儿的心病。

第五十一章

三月天，江南下起了小雨，淅淅沥沥下了三四天还不停，从地平线上漫过来一层层阴雾，笼着山野，村外到处都湿淋淋的。

仲景在歪辫儿那守了半月，抹药粉，吃药丸，逗她开心。见到这稀世的疑难杂症，一个病例一个新课题，他得把所有的医书扒个遍，重读精研，寻找适应的药味，弥补不足。这让他满心踏实地干着，摸索着，不断研讨进步着。当他看到连阴雨天没个头，担心之事就来了，这浓重的阴湿气会影响歪辫儿溃烂的皮肤，孤独和恐惧感也会延误医治效果，他就想把她接到王神仙家，有好吃好住好条件，促使症状早愈。

可他不知这心愿能否实现，这些天老在歪辫儿这守着，都得到了王神仙的支持，如果再带个病人进家里，他会同意吗？为此，他鼓足勇气，踩着泥泞跑回襄樊，很没底气地对王神仙说了这事。王神仙当时就打手势说：不行，这万万不行，家里老少还有病人，听见麻风病都怕，还说传染到身上会怎样。

仲景悻悻地拐回歪桃庄，感觉自己真得有个独立的地方，哪怕一两间草棚都行，能方便救治重病之人，减少来回跑的次数。想想，又开始想家，如果能回去，现在父亲能同意这样做吗？他想，会的。

正在一路心情郁闷，回到歪桃庄时，雨竟然停了，太阳照在村落上，也照过斑驳的草房坡。仲景抬头看看蓝天，纯净的朵朵白云在飘悠，他心情忽然开朗起来，就想起巫祝对人心的影响。他打开草屋门，亢奋地喊：哎呀姑娘，你脸色泛红了，病快好了呀。

歪辫儿的身子歪到窗口的阳光里，问：大哥，我身上有劲儿了，腿也不软了，是你的神药起效了呀，我以后不想窝到屋里，想出去晒日头。

仲景说：我早就想叫你出来走走，晒晒太阳。说着招手叫她出来。

歪辫儿一走到门外，浑身振作一下，打了个哈欠，不由哎哟一声，道：天真蓝哪，我咋好像从天下掉下来的，死半天又活了呀。

仲景见歪辫儿的病情好转得快了，心里纳闷。按他的预计，在两月后才能好转，这么快就好起来，会不会有别的原因，难道是自己一声声的祝愿鼓励加快了病情的好转？

他进小屋察看，看看缸里泛了一层草渣，酒里那条死蛇，已沉下去了。他闻着浓郁的酒气，不由惊讶起来。过去因屋里的腥气，掩盖了别的气味。他喊：姑娘，你是否喝过这酒？

歪辫儿羞愧地红了脸，喃喃地说：我不想连累你，盼着早死，才喝下缸里泡毒蛇的酒。

仲景问：喝过几回？

歪辫儿一脸愧疚地说：一渴就喝，说不清多少回了。

仲景一听高兴地喊：嘿——王神仙说对了，他听老医家说，黑乌蛇能医这病，真是奇方啊，别的药起的是辅助效用。

歪辫儿说：那酒水苦得跟药汤子一样，可是我喝惯了，也不觉苦。

仲景亢奋地嚷：喝！还喝，这叫以毒攻毒！

歪辫儿拐过来，用手捧着酒水又喝起来，对仲景送来的药，也认真服用。又过了半月，手背上的烂肉重新生肌，脖子里疮面也愈合了，人已经活泼地在山上跑着摘野果，采山货。

这天，歪辫儿穿过草丛走进村庄，引来几个小娃看稀奇，见歪辫儿回来了，好像不认识了，当认出来后，就大声喊鬼，还朝她身上扔土坷垃。

歪辫儿抬起胳膊挡着，申辩道：我病好了，别打我，我可喜欢你们啦。

仲景在后边帮着解释：她病好了跟你们是一样的，别嫌弃嘛。

正在说着，歪辫儿的父母出村去插稻秧，路过这看见她，当时就呆那不动了。

歪辫儿带哭腔喊了声：妈，爹，我没死，我病治过来了。

歪辫儿的父母方才回过神来，犹豫不决地站在那，不敢走近。有两个下工的邻居也远远地站那看。

仲景激动地说：乡亲们哪，人吃五谷杂粮，受四时寒热，哪有不得病的？得病找医家对症下药，就会痊愈。

仲景话刚落拍，人群里走来了穿长袍的歪能，直走到人场中间，拍拍仲景肩膀，说：乡亲们，咱遇到神医了，我家妹子病好了，我家的酒坊也要重新开张了，望老少爷们大小姐妹们，赶集时见人都宣传宣传，酒坊生意红火后，我再把张仲景请过来，一起痛饮好酒。说罢，要领歪辫儿回家。这时歪辫儿的母亲才走上前，搂住歪辫儿抱头哭了起来。

仲景说：老弟，哥有个拜托，请你领头把远近乡村的麻风病人，都列出名字，随后找我医治，不然留这病在人群中还会传染，咱要医就挖地三尺，一回清除病根。

歪能举起胳膊，大声说：好，乡亲们，大伙都回去传达一下，把麻风病人报过来，叫医家清了病根，日子就太平了。

大伙一听，都围过来，有的说神仙医家啊，我家没铢钱，有鸡蛋，送你半筐表个心意吧。还有个老太婆说她家有腊肉，愿送给医家吃。

仲景摆手说：乡亲们，我医病分文不收，连个粮食籽都不要，只要病人的名字。

歪能说：恐怕咱这地方，有十几个病人，还都是年轻人，因为老年人得病都活不了多久就走了。

有人接腔说：死得快的都是找马神婆施了巫术，再不就是推到深山里喂了狼。

当晚，有冤死的病人家属，跑到马神婆的门前索命，抢了马神婆家的钱粮，诅咒加谩骂，闹得鸡飞狗跳。五更时分，歪桃庄村头的水塘里，漂了一具女尸，是民众把马神婆送上了西天。

中原在交腊月时节，下了一场大雪。

早上起来一看，山间房屋树木都白了，地连着天，天连着地，一片白茫茫的。申风水正站在门口发呆，忽听邻居说闺女巧凤死了。申风水吓得不轻，问死在哪里，邻居却摇头不语。申风水有个预感，闺女的不幸可能与风流案有关，怕是出不了二郎神的黑手。

申风水赶紧到涅阳城打听，谁知一到城里，见人们围得里三层外三层的，这大雪天有什么热闹可看，肯定不是一般事故。申风水侧着膀子钻到人群里，一看场中间情景，差点晕了过去。闺女巧凤横躺在雪地上，半开着怀，赤着脚，衣襟零乱扑散着，雪上还有一片血迹。有看官说，应该喊县府里人来看看。申风水头有点蒙，却不敢再蒙下去，他赶紧脱下袍子盖到闺女身上。

申风水为闺女收尸回来，悄然埋葬了，心事茫然地站到坟墓旁。不由想起闺女小时候，长得如花似玉，娇媚可爱，老在他怀里撒娇。那时闺女是他掌上明珠，他宠溺闺女在远近是出了名的。有一次闺女想吃花喜蛋，他半夜跑几十里路到穰城买来。闺女十三岁时，要穿粉红提花缎，家里钱不够，他卖了猪羊，买来布料为闺女做裙袍。他把所有的爱都给了闺女，却忘了教她在世上做人的规矩。是他把闺女溺入爱的泥沼，再没有拔出来。直到她死在半是寒雪，半是污泥处，申风水才醒悟，原来爱的最后，是雪地上的一摊红泥。

埋了巧凤，细心的申风水换个思路再想，也算完结一桩心事，把多年来背着的坏名声送到尽头，埋进了一场大雪。过了两天，他又听人说闺女是在街上饮酒撞墙而死，也算冤有头，再不用担心她出事了。没想到，闺女的死讯还有轩然大波在后头。从涅阳到穰城，再到平晋，安众，所到之处人们都议论，自有明眼人，看事故挖地三尺，揭出了一桩触目惊心的血案。

原来闺女是二郎神暗杀的。只因巧凤听说二郎神去了南山，她怕他杀掉张仲景，就去找二郎神求他放过张仲景。还说久后一日，张医家名扬天下，她还想嫁过去，当名医的婆娘。这话刺激了二郎神，用好言把巧凤骗到后院，两人宽衣解带，欲行风月之事，二郎神在帐内掐死了巧凤。

虽然前边有关巧凤的死讯不少，但他一下子就信了这个版本。

申风水咽不下这口气，他认为闺女从娼学坏，到死于雪地，全部罪恶都是二郎神种下的根。他暗中找到一虎，买通有关差役，搜集到证据，一纸诉状，将二郎神杀女之案，告到了南阳郡。

二郎神做梦也没想到南阳郡府传他去，不是布置公务，而是应诉杀人案的。他一到大堂前，就看见太守铁青的脸，目光凌厉地瞅着他。他上堂跪着，听案后，脊梁沟就开始发凉。少顷，他一脸愁苦地说：大人，陈家仁在涅阳平乱治安，少不了得罪恶人，那申巧凤平素以风骚闻名，声名极劣，曾诉医家张仲景杀夫夺妻，多次上县府找我惩治，却因张犯逃窜外地，难以绳之。她因逮不着黄鼠狼惹一屁股骚，多次讹我钱财。我因顾面子不曾搭理她，却不知她又在外勾引何等野汉，遭到恶报，他家人不知端底，反讹下官，冤枉啊！

太守拍案道：你刚才提的医家张仲景，我可听众人说是个名医，现在著汉朝医典，此等人君怎能毒死受害人之夫？另外，我多次叫你寻找他，引来郡府，你不仅不照令行事，反诬张仲景之罪，你每一次诬陷与抓捕，都有正义民众检举过来，你还认为我不知情？

二郎神见太守这么认可张仲景，也改口说：张仲景纵使杀害她夫，也是施医误治，不会像那恶妇所说。故而，我一直不办此案，不曾抓捕张医家，才得罪这恶妇，设法报复。

一番话下来，让申风水看到二郎神的脸厚程度与无耻程度，还有心黑程度，有多稀有，简直世上罕见。他气得义愤填膺，两眼赤红，只想扑上去手撕二郎神。但他很快就看到了反面的东西，大堂上太守并没让申风水出示证据，也没往下审问，就打手势下令诬告者撤诉，即宣布退堂。申风水知道以正压邪的时机没有了，他想把陈大仙剽窃张仲景处方的行为揭出来，证明一个理。可他刚要张口说话，就被衙役推了出去。他撑着发胀的脑袋，在城外街头墙上写：冤有头兮何日尽，债有主兮几时还？回家后睡倒病榻，半月没有起床。

二郎神从南阳大堂下来，脊梁沟里的冷汗直往下流。他吓坏了，没想到自己差点栽到申风水手里了。

回涅阳后就把新妾红粉和香兰送走，告知啥时去接了再回，不接不回。又专程回张寨接来彩娥和儿子闺女。低调了几天，开始为民兴业，推行了桑麻专卖市场，兼营棉布和蚕丝，表彰了挂面打包，花线结缕，药材麦冬的大量种植。仅以此几项务实之业，博得了民众的好评。

等一段是非尘埃落定，府上家里都风平浪静时，他的肩上却长出了搭背疮，且蔓延很快，他到处打听医家，得知襄樊王神仙能医，就想马上去投医。

因怀疑南方可能有张仲景的活动，二郎神与大仙商量了半天。

大仙怅然叹一口气，说：你如果见到了，就以老乡邻居相待，他会为你医病的，那娃小时候脾气古怪，人品却善净，你万不能起恶意，那是逆势行事，不好成功，还得罪医家。

二郎神从申风水的案子上吃到教训，终于认可了大哥说的话。他回到县府，正准备出行，黄巾军攻打过来了。这回不是来宣传布教的，是来报张角之仇的。半月前黄巾军头目张角被刘备的兵杀死，现在张梁带兵前来复仇。

黄巾兵一路杀贪官占地盘，这传闻够惊悚，传到二郎神那里就是惊雷，可传到了申风水的耳朵里，却是福音，他做梦都在盼起义军攻来，毁府门，杀恶官。他拐弯抹角打听到黄巾兵营地，钻进去控诉述说一番，就坐等好戏开台。

二郎神所管辖的涅阳县署，因防御机制不完备，上次黄巾军攻来，县署内几家眷属随从，都收拾了金银细软，逃回老家了。剩下差役官兵奉命抵抗，一听说黄巾军来，就闻风丧胆。除了到县令跟前报信的，就是逃命者，关门者，跪地求饶者。县署院内大乱，抵挡黄巾军已成空话。

二郎神这些天看见巫师抓住就打，说他们算不出黄巾军的动向与踪影，一晌时间，打得巫师都不敢露面。

当晚，黄巾军攻入仪门，门役和巫师们受够了折磨，都不再报信，听任外边的黄巾兵翻院墙的，跳门楼的，扑通扑通如下饺子一样进到院里，一会儿就闹吵吵地挤满了院子。

二郎神听见脚步声，出来一看，黄巾军已神不知鬼不觉地抵至后方。他听一差役嚷，起义军进院来有底线，是个风水先生透的信。二郎神闻听惊掉了魂，当时裤裆就湿了。站起来头包黑毛巾扮作巫师，从后角门骑上毛驴，贼一样沿墙根溜走。

黄巾军打进涅阳县署后，先杀差役，再开仓放粮。张梁亲自用刀刺粮袋，一看麦子都发霉了，百姓却饿着肚子。他把这个现场事实公之于众，众乡民听了，都骂县官蛇蝎心肠。

被张梁活捉的差役，去扛粮袋，把粮袋送到百姓家。放完粮，张梁聚集差役，令其脱下官服各自归田。有小吏怕二郎神回来惩处，喊着要跟黄巾军走，队伍仅在涅阳就扩大千余人，人马越来越多，队伍整装勒巾，浩浩荡荡往南进发。

王神仙和仲景一直在研讨治疗麻风病的医术。仲景仍惦着歪辫儿的病，趁着城里不打仗想再到歪桃庄看看。这天一青年抱个哭着的小娃来了，站到门口，说：我家小娃肚子疼，是不是神要他的小命啊？

王神仙按小娃肚子，看舌苔，开药方。仲景赶紧照方司药，要送青年回去煎药，正好碰见黄巾军队伍路过，他想这已是第二拨黄巾军了。城内又起大火，到处响着击鼓喊杀声。王神仙慌了，要带妻子娃子逃跑，仲景心平气和地坐下来炮制药材，王神仙问：你不怕打仗？

仲景说：黄巾军是起义军，要推翻的是恶官豪强，不是平民百姓。

起义？前有陈胜吴广起义，后有绿林军、赤眉军，哪个没有散伙？

香环说：黄巾军过去不杀百姓，自从镇压军烧毁黄巾营，他们就开始杀地主豪绅，误伤不少良民，相公，你也一起逃吧。

仲景说：我不急着走，想把歪桃庄的病医完。

话刚落拍，邻居家院里起了火，火势随风吹过来，直往这边燃，邻居一家人哭天喊地，一片大乱。王神仙领着香环拽起小娃，就往外跑。

仲景拿桶去井里打来水，站院墙边上浇水灭火，邻居得到启发，也打水灭火，不大一会儿火灭了，邻居十分感谢仲景。晚上，香环与王神仙才回来，一进来就说：你到底没跑哇？

仲景说：我帮助邻居灭了火，把药制好了，准备再去歪桃庄看看。

香环见仲景镇定自若，心想莫非神仙下凡才这么镇定，问：相公，你有家室没有，怎不挂牵？

仲景说：也有也没有，我经见的世事，比黄巾军打来要猛一百倍。

我家有小妹香坠儿，正好二八年纪，许配你怎样啊？

嫂嫂，我只为精研医术，孤身漂游四外，养不了家的。

可你从没说出身世，真不知这么好的医家独身一人，流落外乡，是不是中意了那个麻风女？

仲景红着脸笑笑说：嫂嫂，我哪有精力顾那，在这里给你家带来不少麻烦，实在不想让嫂嫂因小弟操心。我本涅阳县人家，从小求医，得罪村里神汉，神汉之弟是个恶官，他们联手造出人命案，加害于我，我才落得有家难归，有亲难聚。

香环见一个三十多岁的人，说起这事还红脸，就笑起来，说：自古好人没好报，杀人放火把财捞。那是暂时的，善恶终会有报。这媒我说定了，亲自为你办喜酒，你再别回南阳了。

仲景赧笑着朝香环摆摆手，对王神仙说：老师，天下如此动荡，不知皇帝赦免与否？不知何永大人近况如何？

王神仙抓住仲景手说：相公，你认识何永大人？那是天下闻名的大学士，要是他回到京城，你就去找他，求个帮扶。

仲景笑着摇摇头，又写典去了。看表面好像对这条消息没啥，心里却滚水似的翻腾。回想多年来的漂泊岁月，曲折经历，感到一介书生，确实得找个依托，不能老寄于王神仙的篱下。

外边又来了个病人，眉毛脱落，手皮泛红，灰白脸色，内里极度虚弱，却强支精神，站到门外说话，牙都咯咯嗒嗒打架，身子不时颤抖。

王神仙看出来者是患有消耗大的症候，却没有看出是什么症候。

仲景叫病人坐下，切了脉，问了状况，细看皮肤，对王神仙说：此人得的是麻风病，应住下医病。

王神仙皱起眉头，说：这传染病，敢住家里？

仲景出来问了麻风病人家住哪里，麻风病人说家住杏山。仲景说他这么远的路程来一趟，太不容易，回家医治还怕传给村人，只能住下来医。

王神仙生气地说：住下来，把俺一家人都害死？

仲景从来没见过王神仙发脾气，竟涨红了脸，头别得跟斗架公鸡似的。他低声说：这病得不断上药粉，擦药水，吃药丸，观察疗效，离开医家不行的。

王神仙别过头来说：你找地方，带他去住吧！怪不得你这么大的医家流落外地，原来是个呆子。可你再愚也不能为别人，不要自家性命啊、你说说是自己命重要，还是他人命重要？

仲景不想在病人面前争执，就好声好气地说：你一介医家，不想攻克疑难杂症，也不想救治一条性命？

王神仙看看仲景一本正经的样，不吭声了。看着仲景把病人弄到屋里，忙里忙外的，挡不住内心生嫌。就在仲景快安置好病人时，王神仙突然问病人：刚才你说是哪来的啊？

病人说：俺是南阳杏山人，就是因离襄樊近，传染的病。

王神仙拉仲景出来，说：杏山离涅阳多远啊？你可别让仇家知道你在这儿。

仲景一想，杏山就是二叔说的那座山吧，离涅阳不远。但他觉得留住病人不容易，就心一横，对王神仙说：远着呢，没事儿。

仲景开始配麻风药，这种药要用毒蛇，要到山里去捕。张仲景对一般蛇和毒蛇分不清，且见蛇就怕。他到山里转了几回，都没捕来一条，有回可算见到个捕蛇的人，仲景上前打听，人家说：蛇有毒，且是神物，一咬着人就没命了。

仲景说：蛇的毒性用于麻风病，能医好。

那人说：我捕的蛇就是被一家药材贩子收的。

仲景趁着那人坐下歇息，问他卖到哪里，又跟着来到药材行里。看见那里有很多毒蛇，就想买几条，一问，他身上带的铢钱连一条蛇都买不来。他绕到后院看到药行里人怎样泡蛇酒，怎样焙蛇药。

仲景回到襄樊城，王神仙见他回来，手里捏了一把汗，说：自打你留下麻风病人，我算犯事儿了。这边怕麻风病人乱摸家里东西，那边还怕你被蛇伤着，老弟，我像是哪辈子欠了你什么。

张仲景感激地看着王神仙，说：我正愁找不到蛇，先生跟我搭个帮。

王神仙问：呆子啊，我说你从地溜平处来，知道哪条是毒蛇？啥毒性？

仲景笑着说：学生承诺过要治歪桃庄一带的麻风大疫，就得配出成药来，我正要请先生一起上山，现场示个范就成。

王神仙不好意思地说：一般无毒的蛇头是圆的，毒蛇头大而扁，还有头是三角状的。治不治麻风病对你无大碍，但逮毒蛇却会伤命，你仔细酌定。

仲景说：没得细想，病人至上，医病天职。

王神仙说：你是救世主啊，没有你天下人都活不了吗？

王神仙仍没跟仲景一起上山捕蛇。仲景又上山转一大晌，也没发现一条蛇。肚子里饥肠辘辘，仍不死心，就坐到大石头上想办法。

正在歇息，忽然感到石头下边草丛里有动静，低头去看，见杂草掩蔽着的石缝里，有一条往外爬的蛇，把草蹭得瑟瑟抖动，带着一股冷气往上蹿。他一看，正是一条乌蛇，吓得闪开几丈远，站那气喘吁吁地瞅。

那蛇闻见动静，呼地立起尺把高，悬着头看着他。他吓得汗都出来了，连怎样躲避攻击都不知道，谈何去逮。正在他连惊带怕，不知所措时，那条毒蛇噌地窜了过来，要不是他闪身疾，就扑到他身上了。

仲景跑到个高石头上，想折一根树棍打毒蛇。可石头底下又爬出一条，样子跟那条一样。仲景赶紧折树棍，把上边一条挑下去，两条蛇立即并到一起，朝他爬来。仲景束手无策地看着，眼看毒蛇又要爬进石缝里了，他把腰里战带取下来，拴到棍子上，朝蛇打去。那蛇受到棍击，突然蜷一下身子，悬起头四下晃动，刚才那块石头边，又爬出两条。仲景背上出了冷汗，正要冲到边上捕那条小蛇，不料石头边的树洞里又爬出好几条，一时间地上一层蛇明晃晃地蠕动着，草丛中石板下都有，光影迷离，寒气逼人。

仲景细看，觉得蛇们是结伙出来晒日头的，并不是攻击人的。他反而感到自己想逮它们，有点不好意思。眼看蛇们出来溜一圈儿，又往石缝里钻去了，仲景连说对不起对不起，说罢扔下棍子就跑。

香环只怕仲景没有对付毒蛇的招数，遭遇伤害。她边研药边嘟囔王神仙，没陪着仲景一起上山。

王神仙也怕蛇，也觉得仲景一人上山不安全，就跑到药行里，购买了几条干蛇，等仲景回来配药。

仲景回来了，对王神仙绘声绘色地叙述了山上见闻，像讲一个传奇故事。王神仙捣捣他说：我说你豫州人二火山，说中了吧，别再去冒险了，我买到了。

仲景一看见干蛇，当即抓住王神仙，感激地摇着，说：我们现在就配药，制出名贵的成药，歪桃庄病夫就都有救了。

香环为仲景做了汤饼端来，又倒茶递毛巾，小声说：兄弟，现在这世道，活着就够不容易，可别去山里冒险了，可吓人了。

这天，仲景与王神仙正在医麻风病人，门前又抬来个病人。

王神仙出来一看，是一位远路求医的病家。听口音是南阳一带的，王神仙怕此人回家后透露仲景在这，招来不测。他在门口台阶上，远斜着身子为病人切脉，使眼色叫香环别让仲景露面，香环到后院对仲景咕哝一声，就到前院去了。

仲景只怕王神仙诊断简单，断不清症候，还拒诊传染疫。正在担忧，又听香环过来对他小声嘀咕。他只好站到药柜后边，听王神仙问病人：你哪里有病？

病夫半趴着身子，伸手扒开肩膀衣服，露出后背上的红疮。

王神仙看看病夫背上的疮，有大块红肿，小部分出了疮头还有溃烂之处，他问：这搭背疮生多少天了？都化脓了。

对方伸手指比画了十来天。

王神仙又问：你家住南阳哪里？

与襄樊城搭界。

因听不到王神仙诊病时说的啥，仲景出了柜台，站近了些。

王神仙斜过去一眼，赶紧进到屋里，连推带搡把他弄到里间，小声说：此人是你老家口音，你别露面，我马上打发他走。

仲景果断地说：不，我得看看他患的大疫，别打个马虎眼儿放他走了，带回去传给其他人。

王神仙脸都吓变了色，说：你长点儿心吧，沾着是非惹出麻烦咋办？

说话不及，仲景已大步走到门外，站到车子前去掀病人被子，一掀，他傻眼了。二郎神瞪着惊异的大眼瞅着他，眨一下继续瞅，眼里露出复杂和怯生生的神情，低声说：侄儿，叔是来这求医的。

一声侄儿，把仲景喊蒙了。他心软了，倒吸一口气，赶紧捋清了事态，也热切地说：陈叔，你咋了。

也许是一声陈叔，也喊回了二郎神的亲情，他说：侄儿啊，我得了搭背疮，疼死了，大老远找到这，没想到你也在这，咱叔侄俩又遇上了。

仲景心里说可别是冤家路窄，他喊来王神仙，说：老师这是我老家近邻的叔，咱俩会个诊，把他的症候除掉。

王神仙这才转过来，干笑着喊了声叔，开始续着刚才望闻问切的诊断程序进行，对仲景说：是搭背疮没错，内里没啥症状，你开方吧，尽用好药。

二郎神带着哭腔喊：侄儿你可别坑叔哇，叔求你了。

仲景看看二郎神，嘴角歪了歪，笑笑说：陈叔放心，这病要用雄黄、麻油、生大黄等好几味药，得等着研粉过筛，再调和用上，陈叔你等等。

二郎神说：侄儿你可别熬时光，我疼得要命啊。

香环听见了，说：好像棚子木箱里有药粉，先给他涂上。说罢，香环去找到药粉调成泥状，王神仙为二郎神涂了，说：叔，我把药粉包好你带回去涂，五天后好转了不来，不好转你再来。

二郎神说：我来一趟不容易呀，侄儿你看找个棚啦店啦我住几天，一好转就走，怎样啊？

仲景转过脸来看王神仙，想说话，王神仙朝他使了个眼色。仲景说：陈叔主家没闲房住，把药给够了，你回去照着用，会好的。

二郎神哼唧着，说：叔听侄儿的话，回去再来。

四个抬者同时起身，抬起二郎神走了。

二郎神走后，王神仙拽着仲景袖子回到屋里，问：这人是不是你说的仇家？

仲景说：是。

王神仙又问：他回去会不会再生歹心，来使坏？

仲景说：不会的，看样子他也有良心发现的时候。

王神仙吃了一惊，甩着双手，说：原来他就是追捕你的恶官，这人病好了会不会来麻烦咱？你咋不留一手，少给点药，叫他慢点好转？

仲景说：医家医家怎好对病夫存杂心，我尽心做了，人心都是肉长的。

王神仙看着堂堂名医，浩然正气，他一脸赧颜，又一次为仲景的古道热肠所感动，拉仲景到背场，问：要不然他再来，你躲一下，我给他医，我们都知道世上有恶人，却不知恶人恶到什么地步。

此时，外边又来了个病人，说是从荆门一带来的。紧接着又来两个人，说离歪桃庄三里路，是歪能叫来找神医的。仲景只怕王神仙推诿，赶紧出来为病人切诊，诊了把自己铺盖搬到药棚里，让出地方给病人住。

王神仙摊开两手，说：这麻风病啊，你老留病客，这日子咋过呀。

自打王家收住了几个麻风病人后，来铺里诊病者就多了起来。

人们风传王家来了神医，百病都能医好。南方凡有病夫，都络绎不绝前来求医。三年时间过去，王家后院住满了病人，通往王家药店的巷子里，一天到晚排着队，诊断稍微拖延一会儿，队伍就拥塞得跟肠梗塞一样，挤不动了。王神仙只好把妻子娃子挪到母亲住的老房里，把药铺药棚都让出来当病房。

王张两人根本顾不过来这么多病人，只好招了两个小医家。王神仙推举仲景为医店总管，对疑难杂症和危重症亲自把脉，开方。王神仙则管司药煎药，住宿吃饭和收取钱粮。王家店也扩大了私塾，收了十多个后生，由仲景抽时间教书。使方圆百里的绅士子弟，都有幸进入专业医术学堂。

王神仙的医店在远近百里名声大振，惊动了官府，襄樊城的社会名流也开始往这注意了。年节前，几个地方名流来拜见张仲景。有巫医绅士和私塾先生，听仲景一番谈吐，即慨叹遇到高人，有送来纸墨的，赞助他著医典，有叫王神仙找案子，研墨舞笔写诗题字作画的。仲景看见这番情景，一下子想起何大人府第的状况，也认为这其中有高人，有新见地，感起了很大的兴趣，他谦逊地上前研墨铺纸，伺候大家。

有一位姓袁的绅士看了，拿下仲景手里的墨锭，对王神仙说叫个学生来研墨，并提议叫仲景题个词。

仲景推让几番，少不得站下来想想，拿起笔来写：

青松坚磐扎石根，寻得物华灵露深。
百川溪流应大海，万宗医方求一真。

题了大家先赏评一番，再品味其中意，然后就是喝彩赞扬，说：诗里言物达志，气韵清高，不落凡俗。

两个巫医也跟着大家附和几句，其中有个姓泛的老巫医，二尺多长的花白胡子，说话鼻音浓重。他行巫医病三十多年了，患了病却不能自医，才到王神仙处求方术。此时，他不冷不热地问：我想请个教，大家都说医家高明，可是朝里有巫师，却从没见过医家的影子，该怎么解释？

仲景想，世上事还真说不清，照巫医说的，那皇帝天子都兴巫，造成天下风气以巫祝为盛。他说：原因是巫医早，医术晚，世人大多信巫医，朝野一致。医家也该借鉴巫祝之术，半巫半医或巫或医，医病医心兼医身，会更全面。

一番话说了，泛巫医脸带报颜，问：是啊，有一次我拿白公鸡血在病家宅地边洒了，那家老人当时病好，还有一回我念咒医好了老人的头痛，赛过灵丹妙药的巫家方术，医家汤药实难比。

仲景问：那家老人的头痛只是表证，或着风寒，或受湿冷，或生悲恐，犯在表，不入里。如有实际症候，施巫就不灵了，必须药汤管用。

泛巫医摆手说：我昨夜受了风寒，腰痛如刀绞，真不能自医了。

仲景一看泛巫医不像陈大仙那样固执，思路随意活泛，感觉到南方这地带，人性眼界的开明通达。他双手抱拳朝泛巫医示意同理，可同时，他看见泛巫医身子老在扭动，他上前搀他到椅子上坐好，说：我看先生有不适处，学生为你切诊，怎样？

谁知泛巫医甩甩手，说：不用麻烦医家了吧，因为此症候脉象显不出来。不如求王神仙拿火纸到门口往南一烧，配以念符，即会好的。

王神仙过去也是半医半巫者，用过巫术为人医病，立筷子，喷冷水，洒鸡血，烧火纸，用简便常用之术，夹着草药一起施，很有效果。自打遇到仲景，他才不施巫了。此时听说叫拿火纸，他红着脸说：我这儿没火纸了，还是切脉吧。

泛巫医说：没火纸，麻秆也行嘛。

仲景已开始为泛巫医切脉，王神仙拿着麻秆过来时，仲景说：他病好了。

王神仙见泛巫医仍歪扭在椅子里，问：怎么好的？

仲景说：你的脉象本来就好好的。

王神仙拉起泛巫医站起，笑着捣捣他，说：你可真鬼，想考医家啊？

泛巫医说：我实有症候，就是不上脉象，你不妨再切切看。

仲景把袍子前襟搭腿上，好好坐下来把脉。他先看泛巫医脸色、眼神、舌苔，又问了吃喝拉撒，然后盯着泛巫医，切了一盏茶工夫，仍没看出个盘明。

泛巫医心想，这下子名医可要出洋相了，这不上脉的病，神仙都没门儿。他这厢只管得意，对面的仲景感觉时光停住不动了似的，空气沉闷起来。泛巫医坐了一会儿，屁股又拧磨起来。

这一拧，让在诊病中明察秋毫的仲景看出了卯窍，说：别动，还得切。

泛巫医越坐越难受，屁股奇痒难忍，又开始拧扯。

仲景松开了手，胸有成竹地说出了方子：番泻叶、槐角、防风、薄荷等清凉草药，熬水每晚坐浴，痔疮即会好转。

众人一听，吸溜的，哇啦的，一片惊讶，也有在一旁发呆的，不知仲景怎能把不上脉象的病给切出来。

仲景说：这就是医术的知见，施巫一点用处都没有。

众人鼓掌喝彩，泛巫医竖起了大拇指。

第五十二章

医家张仲景的知名度，在襄城滚着雪球。

来王神仙药铺的人越来越多了，与往日不同的是，不只是病夫来，还有学医者，当地的青年后生慕名而来，背着绣花的药褡裢，拿着采药的刀铲，骑着毛驴上门来拜师。襄城的风雅绅士、名流与财主，隔十天半月就前来造访。汇聚者为诊病方术切磋技艺，为仲景的医典献方术，也有帮他搜集民间单方的。

仲景最看重献方术者，他在这个群体里寻找，想结交医家高手，寻觅知音。可来往的各路神仙，笑脸恍然过去，每每总有失落，多日的热闹风光过后，如烟云消散，不留记忆，他常叹知音稀缺。

泛巫医因用了仲景的药，痔疮见轻，经常来王家走动，探讨医术。跟仲景聊过几回，便少说神鬼之事。他开始提到四时气候和五谷杂粮对人的影响，讨论《黄帝内经》的方术。

仲景知道泛巫医读过不少医典，是勤于思考之人。他问：先生还认得这一带哪些医家？

泛巫医说：我是受桐柏山老道指点，前来找知音的。

仲景闻言站起，一把握着泛巫医的手，说：世间难得一知音，愚弟愿听指教。

泛巫医见仲景接受了自己，激动得涨红了脸，从怀里掏出几张揉皱的草纸，递上去。仲景展开一看，上边写了十几条家传秘方，还有一条是出自桐柏山青云观里老道的方术。仲景当时躬身抱拳施礼。

医巫两人拉手促膝坐聊，从天下大乱谈起，直谈到医家医术的稀缺，世人对医术的陌生。谈得情投意合，外边有人喊，两人才出去。

这次乡绅相聚，仲景到场上推泛巫医坐上位，泛巫医却把他推到上位。两人推来推去，王神仙还是把最有钱的马绅士推上去。没想到歪桃庄的歪能也来了，穿的粗丝绸袍，头勒幞巾，一副彬彬有礼的样子，当他发现医家在场，也起身拉仲景坐到自己上边。

泛巫医在添茶时，说：张仲景不落凡俗，有圣贤气象。

王神仙不高兴地说：凡来者，哪一路都是神仙，往下我也要开张打网，不打月网，只打年网，热闹非凡，万事成全！

仲景忽想起涅阳张寨的陈大仙，也是以打网宣传名声，拉拢上流社会，招摇民众市场。用尽了花拳绣腿，仍不达真知实功。没想到王神仙也有这博取虚名之心。他内心咯噔一声，说不上来哪里不对劲儿，感觉人生方向遇到了岔路口，不知该怎样面对，只有良久的沉默。

泛巫医发现仲景打愣，说：我觉得王神仙说得有理。

仲景没有回话，眼前不断出现与王神仙的大小冲突。王神仙只是懂些医术，还有医家良心，不欺不骗不坑人。除此之外，他有很多地方跟陈大仙一样重利。这让仲景感到别扭。

王神仙仍圆滑地傍在乡绅名流左右，推杯换盏，自豪快乐。

仲景与泛巫医探讨着巫祝文化的利弊。通过与泛巫医的交流，降低了他多年前对巫术的偏见，心生更多包容。吃罢饭，仲景送走了名路来客，回后院写了一会儿简，就开始想下一步行动。此时，门口有个长发青年，悄悄走了进来。

来者五尺开外个头，白净脸色，肩上背着一个褡裢，头裹幞巾。看上去像闯江湖的侠士，可脸上神色善净，眼中光泽和蔼，没有一丝烟火气，一看就涉世未深。他进来后双手拱拳道：请大人告诉小生，哪位是名医张仲景。

仲景还没等王神仙回话，上前应道：我就是。

青年当即跪地，双手打拱说：学生泛卫前来拜师，愿跟师长从医。

仲景以前还没见过这样的拜师者。他见这青年一脸慈善儒雅气韵，很是感动，摊手请泛卫起身进屋就座，问：行医要跋山涉水，伴虎共狼，难有官仕利禄，更少天伦之乐，汝能持否？

泛卫抬头一看，见仲景脸上一股宗教般的清朗虔诚，他诚恳地说：我父行巫多年，并没传下多少秘技妙方，他已看清医家的医道，前景宽大，才叫我前来拜师，学得真知救济世人。

仲景闻言，打心里生出了感动，问：你父亲是哪位？

泛卫说：是泛巫医，他现巫医兼施，专攻医典。

哦，仲景恍然大悟，始想起泛巫医常来找自己，密切探讨，原来为此。他说：你放下褡裢，速来为我研墨。

泛卫没想到拜师这么容易，激动得为仲景铺纸，研墨。

仲景写了半晌，感觉四肢发困，看外边天光近黄昏，要带泛卫去岸边走走，顺路做些交谈。

江水悠悠，清风畅然，几只白鹭在棕林边栖息，影子映在江波上，深浅丛绿里，斜枝依曳，透出多种风情，助人敞开胸怀。

仲景和泛卫在江边转悠，不由想起多年未见的父母弟兄，想家念故之心油然涌起，他说：我离家至今，方明白处事清高，会陷入孤独。如此离家远行，你能长久持续吗？

泛卫说：我父亲刚从巫医时，也不愿随俗，但后来为家口不得不那样，但他现在见到了你，还是想居于世风之上，他嘱我像你一样追寻医学真知，你能吃的苦，我亦不辞辛劳。

仲景看看泛卫，说：正是你老父的出现，让我想到巫医中也有真知者，不应一棍子打死。我有个念头，想捎个信给家人，让他们知道我在这里。可这信不知叫谁去捎。

年少的泛卫正在看江边水草上的白鹭，那鸟白得一身仙灵之气。仲景看那泛卫一脸的稚气，还是个大孩子，毛手毛脚，到涅阳那复杂之地，会怎样？

正在心事重重，忽然听见江边渔棚里有呻吟声。走近了，叫声更大，仔细听听，是"啊呀啊呀"叫着肚子痛。两人刚走到棚门口，棚里突然窜出几个人，个个手拿刀棍，一脸横肉。仲景吃了一惊，喊声泛卫，转身就跑。

泛卫会几招功夫，抬手拽出一根木棍，棚子呼啦塌倒。泛卫立即迎头与冲来者对抗。另有两人也钻出棚来，直追仲景而去。泛卫把一个正跑的中年人打倒了。后边两人追过来，泛卫把棍子抢得众人不得近身，且打且退，退到有人家的地方，高喊抓贼，趁众人出来，场面混乱，他夺路跑开。

泛卫跑回王家，才发现还有人紧追其后，他钻进屋，那人就不见了踪影。王家人把屋里院里都找遍，药材堆都撩翻，也没找到。天黑后，泛卫打着火把找也没见人影。他站到仲景的榻房门外，守到半夜。等仲景睡下了，他仍趴在院墙上往外察看，防备夜里出事。

夜深了，外边静得连风吹草叶的瑟瑟声都听得很清。

泛卫一闭上眼，就感到有人影晃动，他盯着门看看，却什么都没有。风吹草叶的声音慢慢催眠，累了一天的他眼涩了。谁知他刚合上眼，学堂后边传来一声猫叫，他乍醒来细听，猫叫声尾音有点假。他爬起来躲到仲景的榻房外，院里又什么声音都没有了。可他回去要睡下，又感到一股粗气，从院墙边溜来。这回他看准了，动静是从墙角的草秆堆里传出的。

他持短刀蹑手蹑脚摸到草秆堆旁，见一个蒙面露眼的人，幽灵似的藏在里边。泛卫照准那人的腰捅过去，那人推开草秆踢来一脚，把泛卫的刀踢掉。

泛卫大喊有贼，抡起棍子反击。待王神仙出来，那人哧溜一声翻墙逃跑。

腊月二十七，住在这的病人回家了，别的病人也不再上门。

门外传来毛驴的蹄声，嘚嘚嘚停到门外，下来一个老者。王神仙到门口打问来者找谁，来者把毛驴拴好，进屋里才说：我是涅阳县申风水，因得知二郎神的症候快好了，专程赶来报信。

王神仙问：他好了不是好事吗，有何信来报？

申风水捋着胡须说：坏人不是被得罪了才坏，而是看着你不顺眼就想加害。二郎神是地痞恶霸加无赖，视医家为眼中钉，不除不快。

王神仙问：那要怎样才能躲过他？

申风水说：二郎神已知仲景落脚处，这里难以存身，不如离开。

王神仙叫上申风水，一起去山上找到仲景和泛卫，正要出门，忽想起异地生人，不可轻信。就把申风水安排到一茶馆去喝茶听曲，自己上山去找。他出来没走多远，看见仲景和泛卫背着药捆子回来了。王神仙跑上前一把拉住仲景，神经兮兮地问：你们涅阳是不是有个申风水，他是个啥人儿，跟你有无过节？

仲景说：是有个姓申的风水先生，人品不错，我们不在一个庄上。

如果在襄城遇见他，你敢与他深交不？

敢，一个好人。

王神仙拽住仲景回到家，又去把在茶馆的申风水叫回来。

仲景见到申风水，上前一把抓住手，连喊：申叔申叔，您老身子扎实吧。

申风水一脸慈和，拍着仲景的肩膀，直咂嘴，却感叹得说不出话。

王神仙说：你们坐里间交谈吧，我去弄茶。泛卫赶紧进灶火烧水。仲景看看当年的中年人已花白头发，脸上多皱，嗓音沙哑。不由想起自家父母，他问起父母情况，申风水仔细讲了，又把二郎神伤好的信，透露出来。

仲景听了，想起前天在江边茅棚情况，心一收紧，骂道：这个老浑蛋，到现在还没放下旧怨，也真够顽固的。

申风水说：他心胸狭窄，已成业障，改不了了，只能到愚死坏死气死。

申风水又抓住仲景的手，说：娃呀，老叔对不起你呀，此次跑来透信儿，也是出于愧心。我当初把我家闺女另嫁车夫，是因为她说过一句话，她说如果嫁给了你，她必须跟着你行医，见病夫就收钱粮，当上富户贵妇。我感觉她过分爱慕虚荣，与你人品不合。谁知她半路起歪心，又去找你，又受陈家蒙骗加害于你，真是罪过呀。不过呀，上天有善恶报应，她现已被二郎神害死。老叔来找你，是想求个原谅啊。

仲景更吃惊了，细问巧凤是怎样死的。

申风水说：我不敢耽误时间，现在要想扳倒陈家，必须把多年前二郎神偷卖赈粮之事揭告出来。我听巧凤说过，与黑卖赈灾粮合作的是个南方官，你若能打听出来，陈家末日近矣。

仲景听出，二郎神卖赈灾粮时他在南阳独山，却卖给了湖南官。他沉思稍许，想那么远的路程，怎好打听到实信。如果现在想挖这个旧案，得费掉不少工夫，耗去精力时间。他反过来又想，这么多年正是因为自己四处逃离，对方追杀不及，才促成自己行医诊病时的厚实积累。跳出张陈两家的恩怨看，这是得还是失，都由不得二郎神。现在若要重卷争斗圈，真的勾不起他多少兴趣。

他记下了申风水的话，又问候了父母长辈，到街头买了几块烧饼，塞到申风水褡裢里，拱手送别。

从江边意外、半夜来黑客到申风水报信，仲景又感到了危机。他跟王神仙商量，想经西山去往川府，那里川药多样，疗效极佳，他得离开此地一些日子，等这平定了再回来，或去京城找何大人。

除夕这天晚上，满城爆竹鸣响，为新春的到来增添喜气。江南的雪季很少，而这晚却下起大片雪絮，在空中纷纷扬扬地飘，无声地抹白了小城。

泛卫不觉心酸起来，才拜到师，老师就要走了。他不知道是否能带着自己，如不能跟随，何时再能相见？

王家人的心情更沉重，想仲景来这七八年，把药铺搞得名声大振，却要离开了。王神仙不时回忆过往，感到对不住仲景，可是为了平安，王神仙思前想后，还是忍痛割爱。香环一直在擦泪，连小娃也哭着不让张叔走。

第二天早上，仲景把毒蛇泡酒的方术对王神仙交代了，叫王神仙遇到此病，及时医治，不要惧怕，并千叮万嘱不要对人说他去了哪里。交代了话，仲景开始翻东西。香环问他找啥，他说找药褡裢。香环与泛卫也帮着找，仍没找到。

直到晚上，香环在小娃枕头下边找到了。六七岁的小娃，头扎朝天辫儿，一见药褡裢被拿出来，就哇哇大哭。

香环这才明白药褡裢是儿子藏的，这是他留住仲景的小招数。香环看看仲景的药褡裢已烂得不成样子，就还给小娃哄着不哭了，她连夜赶做一个。平时为王神仙缝的药褡裢，都是一层麻布缝个布筒，此时为仲景做用的是密实的厚棉布，起层的小袋，还绣了花。她仍交代仲景别急着走，她要赶做两双新鞋带上。

王神仙也凑够盘缠，备了一头健壮毛驴相送。

一家人忙于仲景上路，却忘了墙角的泛卫。他靠墙蹲着，沉默不语。等王神仙交代了事项，泛卫忽然跪在地上，问：老师带上学生吧，我想跟您一起走。

仲景拍下他肩膀，说：我就在等你这句话，这是沿路帮我渡难关，你赶紧回去给家人交代一下，打好包袱快来。

泛卫回家住了一夜，又骑着毛驴过来了。王家人送仲景、泛卫到江边，王神仙拱手朝仲景施礼，说：贤弟呀，你若在外乡机遇不好，就回来，这里早晚都是你的家。要是你出师得意，也回来，就当衣锦还乡，我们天天都在等你。

仲景深深躬身还礼，在两眼泪光里，转身而去。

太阳慢慢挂到一株弯曲老树上，朝霞漫天，苍山沉静。

翠姑不知路途有多长，但她不惧千难万险，一定要找到张仲景的心不会变。前边几只水牛在稻田里缓缓行走，冬日的冷水湖，浅浅地分布在岗坡下面，远看像一面面反光的镜子，她知道这是出了豫州境地，紧揪着的心，变得清朗起来。

岸边的荒草很深，走出一片草丛，是野毛林，一大片荒无人烟之地。她折了根树棍掊手里，拉着小妞穿过林子。前边有棵古树，树上有盘根错节的干枝藤缠绕，搭成了棚子。她拉着小妞钻进棚子，隐约感觉棚里好像隐藏了什么怪物。翠姑提心吊胆地出了棚子，往前走去。小妞不时把身子贴紧她，小声喊着怕。翠姑说不怕，快到了。

天空不时有怪鸟飞过，留下孤单且冷清的叫声。偶尔有一只叫不上来名字的小动物，在草丛里钻动。翠姑绕到一片湖岸上，四下瞅瞅，前边仍没路径和人迹。小妞又喊：妈你看树上。

翠姑一看，不远处的弯腰老树上落了好几只长脖子白鸟。翠姑以为小妞指的是白鸟，谁知听见树下草丛中有嘿嘿的笑声。她身上鸡皮疙瘩出来了，赶紧往后退，见一砍柴的村汉，手拿斧头在那憨笑。翠姑拽着小妞就跑，跑了有半里路，到一村口停下来，回头看见村汉仍在后边追，还大声对她说：这是俺的庄，大姐进去歇歇脚，这里兵荒马乱，俺看你们孤儿寡母怪可怜的。

翠姑从村汉的憨厚样子里，感到此人并不坏。就放下了警惕，拉起小妞慢慢往前走。村汉追上来，要帮她背包袱，翠姑理也不理，只管担着小妞走。村汉这才不追了。

前边是一条江，江面上有小木船，船慢慢划过来，从江这边往那边载人。翠姑拉着小妞来到江边看船，见船上有个不时咳嗽的老汉，她想这病夫可能知些医家界的事，就打听襄城名医。

老汉咳嗽着说：这城里有个王神仙，还请了个姓张的好医家。

翠姑如久旱逢雨，一下子来了精神，问：王神仙家住那儿啊？

老汉转过脸来指着江边，说：在江南岸，离这有十几里路。

暮色将临，搭船的翠姑在彼岸停靠，她拉着小妞上了岸，街头已升起炊烟。灰蒙蒙的烟带慢慢扩散，把陌生的城市笼罩起来。翠姑不敢怠慢，拉着小妞到一家挂马灯的小店前打听王神仙。小店里的老头，听到了豫州口音，又见翠姑蓬头垢面的，赶紧关上店铺。

翠姑又到一家包子铺里打问，店家也是只摇头不说话。

眼看天黑定了，街头有稀疏灯光和人影。翠姑跑到前边十字路口，在一卖油饼的老婆婆那打听。老婆婆只听说城里有个王神仙，却不知家住何处。翠姑着急了，忽来机灵，大声哭着说：我家小妞有病，谁知道襄城医家住哪呀？

老婆婆一听，慌慌张张跑到邻近的摊贩前，打听到了王神仙住处，过来告诉了她。翠姑拉起小妞，拐弯抹角穿几道巷子，才来到通向王家的小街上。她看到一家门框上挂着医家的灯笼，约莫是到了。见门开着，里头有柜台药箱，忽觉心里酸楚，有点想哭。离开仲景二十多年了，天各一方，此时相见，他变成啥样了，还能认出自己来吗？认出了会接受吗？她越想越激动，拉着小妞的手都颤抖起来。

她没喊仲景的名，只是大声喊主家。

门内香环听见了，迟迟没出来开门。自从仲景走后，天黑外边来病人，只要不是急症、危症，她都不开门。可此时听见是个女子声音，她隔着门缝往外看看，见是个妇人带个女孩，才开了门。

翠姑问：大姐，这可是王神仙的家？

香环说：是啊，你找谁？

翠姑说：我找张仲景啊。

你是他什么人？

我们是他的妻女。

我怎么从来没听说他有家室妻女？

俺们是两家老人拆开的鸳鸯啊，待我进去细说吧大姐。

香环拉翠姑和小妞进来，惊讶地说：你这么老相，仲景还不到四十。

我沿路讨要，走几个月，快折腾死了，为找张仲景，我命都拼上了。

可是妹子啊，你咋早不来晚不来，今日清早我家相公才送走他。

翠姑啊了一声，说：俺一路荒草野坡，差点搭上了性命，可跑到这了，他人走了。大姐呀，他去哪里了，走了多长时间？

他就是漂流四方的游医，哪有病人哪落脚，我也不知他想去哪儿。

翠姑身子软了，掉魂了似的，往柜台上靠去，没靠住，晕倒在地。

香环喊王神仙快出来，赶紧掐人中，小妞大声哭叫起来，翠姑才醒过来。王神仙说她身子虚弱，煎上人参红枣汤加少量灵芝固本。

翠姑哪顾得喝参汤补身子，强支起身子，问：老天爷呀，他往哪儿去啦？

香环牵记着仲景走时交代的，对谁都不说出去向。她为难地与王神仙交换眼色，说：妹子，他可能去山里采药了。

王神仙赶紧摆手，说：听说何大人复出，他有可能去京城。

翠姑听着模棱两可的话，说：大哥大姐呀，俺真是从张寨老家来的，知道他从小不闻官事，怎能去京城。他到底去哪个山里了呢？

香环见翠姑哭得悲伤，想说出实情，王神仙又抢着说：他走时没说清到底去哪儿，我们都是猜的。

这时王家小娃被惊醒，从床上下来，站那看着高出半头的小妞。

香环说：妹子，这深更半夜，你先等我做顿热饭吃下，然后歇一晚，再等我给你蒸出一锅馍，你背着去找他，省得路上讨要。像你这样吃苦耐劳之人，上苍也会被感动，在暗中帮助你。

翠姑只怕仲景走远了，追不上，她问：大姐，我不敢在这耽误了，他是朝哪个方向去了，我这就去追。

香环说：他出了巷子直往北走了。

翠姑把散乱的头发朝后甩甩，拉起小妞，说：大姐，有空为我烧香祝个愿，这大汉天下再没有他这样的好人品，他就是走到天涯海角，我也要找着他！

香环含着泪看着她，问：如果找不到，你孤儿寡母可咋办呢？

天无绝人之路，像他那样的人，神保佑他，也不会难为我。

香环突然拽住她，说：妹子我告诉你实情，张仲景往西山去了，走时不叫对人说去向。

翠姑千恩万谢地出了门，拐到巷道里，香环追上来把几个凉馍塞到翠姑包袱里，又低头看见翠姑穿的鞋，拐进屋拿双新鞋叫翠姑换上，说：妹子，你能把小妞留下不，一个人行路利落。

翠姑搂着小妞，说：大姐，她跟着我是个伴儿，再说这一去不知何时回还。

香环挥手叫她行路，回到家就呜咽流泪，一直哭到半夜。

翠姑又开始没日没夜地赶路。

翠姑出城后，摸着黑路，绕着岗坡往西走。正走着，小妞指指后边，喊她看。翠姑往后瞅时，啥也没有。等一会，小妞又小声说有个人。翠姑站那细看，天才麻麻亮，山径上果真现出一个人，竟是王神仙，她大声喊：大哥，你去哪儿？王神仙快步赶上来，说：给你路上带个盘缠。走近了，把个沉甸甸的小布包递给翠姑，说：这是香环的心意，要不然她会天天以泪洗面的。

翠姑一看，里边是铢钱，竟无以言表，只是抹泪不语。

王神仙说：山路弯处多，天明了看着日头辨个向，哪面枝叶旺是南，花朵朝阳也可辨向。另外，你最好先到歪桃庄去看他在不在，然后再往西走，他留的实信儿是，要去川府采药。

王神仙指了歪桃庄的方向，说离这有多远，又叮嘱翠姑路上小心，就拐过去了。翠姑站到高处挥手，直挥到王神仙下了山，她才转身往前走。

太阳出来了，她虽然记着王神仙指的歪桃庄的方向，可是转了两座山，就迷了方向，绕过一片草丛，走着走着找不到路了，远离人世的感觉又起了。这时看见前面有一间破草棚，抬头看看日头，快晌午了，小妞叫着肚子饿。翠姑拉小妞到棚门口，见是个空棚。她拉小妞坐到门口石头上，准备吃馍。小妞不想吃凉馍，翠姑去找柴草烤馍。她放下小妞，犹犹豫豫探头往棚里看，到院墙边折了些干桃枝拐过来。

她刚要举手折桃枝，感到身边有动静，转脸一看，小妞不见了。她喊：小妞小妞，我的妞哇——！

喊声惊动了桃园那边的村夫，跑过来问：这儿有吃人肉的贼，还不快找？

翠姑扑通跪地求道：大哥，小妞是我的命根儿啊！

村夫说：往前官道边有人肉包子店，甭叫他们把妞剁馅儿了。

翠姑头里面咣咣敲大锣似的，直发蒙。跟跄着跟着村夫往前跑，边跑边喊：老天爷保佑我妞，我的心尖子啊！跑到路边一野店里，见一店主在门口劈柴。

翠姑哭着喊：大哥，你见我家小妞没，十二三岁，扎小辫儿，瘦猴样？

店主睃着眼，问：什么小妞，瘦的胖的都没见过。

翠姑用手比着说：这么高了，扎了条细辫儿。

店主指指前头，说：没见，官道那儿偷娃贼多得很，去那找嘛。

翠姑哭天喊地地往前跑，村夫从后边赶过来，小声说：你家妮就在此店。

翠姑说：大哥，我是涅阳张仲景家里亲戚，你快救我呀。

村夫吃惊地问：嘿，原来你认识张仲景，他可是个大名医。你先等着，我进店里摸摸底儿。

村夫进店，翠姑捂着心口站在门外，见店主迎上来问村夫要啥吃喝。

村夫看见墙角放了两个麻袋，里边在动弹，发出呜呜哇哇的声音。村夫怀疑那里边装的活物就是小妞。他问：店家，麻袋里装的啥在乱动，怪吓人的？

店主上来挡住他的视线，说：是活兔子。

活兔子？野的吧，在哪儿逮的？

店主惊奇地说：你喜欢吃这，我就给你做，有爆炒、清蒸、水煎、油炸、黄焖，你想要那种吃法？

店家，我不是想吃兔子，我是想买活兔。

不行，有几个老爷专吃这一鲜，我不卖。

店家，你认为我是平头草民吗？我是京城一官人的老表。只因我老母有病，必须吃活兔的心肝才能好，我沿途寻猎活兔，今儿算是遇见神仙了，我念及店家逮活兔不易，愿意掏鸽子鹌鹑价钱买下，怎样？

掏人价也不卖，别咋呼了，赶紧坐那喝茶吧你。

你就是把它剁成包子馅值多少，我就掏多少？你开价吧。

店主眼一亮，伸手说：你真心买，拿二百个铢钱。

村夫掏遍身上，说：我才一百多个，大丈夫说话算数，我隔天拐过来定付清欠账，你积个福先接住钱吧，我老母急需救治。

一百个铢钱能买走一条头发辫儿？

啊，你这是卖活人呢？

店主忙改口说：你看你看，我把兔子耳朵当成头发辫了。好吧，我先撒你这么多钱，你随后即来还。

村夫从腿带子里掏钱给了店主。店主接了钱到屋里收拾袋子。村夫跑到麻袋跟前，一眼就看出大麻袋装的什么，轻轻踢踢麻袋，传出吭吭声，他背上就跑。

待村夫背着麻袋过来了，翠姑赶紧跑过去取下，解开袋口看见头发辫儿，叫着娃呀乖呀，拉出小妞搂着哭得泪人儿一般。小妞的胳膊扭着了，叫着痛。翠姑活动着小妞胳膊，亲着脸，说：妮儿咱快走吧。

母女俩才走半里路，店主就追过来了，村夫叫翠姑娘儿俩快跑。他嘎巴折断一根树棍，掫手里防备来者不善。店主闪过他，往前去追翠姑。这就变成了店主追翠姑，村夫追店主，在坡上吼着跑着。村夫猛跑几步，抄到店主前头，一阵乱棍，抢得店主无法前行。两人打了几回合，村夫的木棍断了，店主绕过他去追翠姑。

翠姑见店主赤眉瞪眼，一脸横肉，手里菜刀寒光闪闪，眼看杀身之祸就要降临，村夫折了树棍赶来与店主对阵。只见菜刀短棍猛雨似的交替抢打，声震原野。两人正在拼命，后边又追来了胖妇女和店小二。妇女手拿擀杖，店小二手拿菜刀。翠姑见这样打下去，势必两败俱伤，她从袖筒里掏出一块黄布，朝空中甩着，喊：都放下刀，我是太平道的——

大家一时愣住，刀棍悬在手里。

翠姑说：你们开黑店，卖人肉包子，我叫太平道打过来，不血洗贼店，也放火烧房！

店主一听愣那了，扭过头来看着黄布，说：你凭什么说我开黑店？

翠姑站到沟坎上，仰脸对天，吟咏道：苍天已死，黄天当立，岁在甲子，天下大吉。发如韭，割复生，头如鸡，割复鸣。吏不必可畏，小民从来不可轻。

店主听了，说：还不快跪下求仙姑饶命？

店里三人跪下。翠姑道：杀人剁肉，伤天害理，你把村夫买小妞的铢钱退回去。店主跑回家拿来铢钱给了村夫。

村夫红着脸说：襄城王神仙已给我不少钱财，叫我保护你娘俩。

翠姑这才明白此人的来路，大为感动。

第五十三章

　　二月，春意乍寒。仲景和泛卫走过一道道堰子，眼前山峦重叠绵延，莽苍而沉静，几乎没有人烟，两人显得异常孤单。

　　两人走了快一个月，才翻山越岭走到人烟稠密的平缓地带。泛卫先看见前边有一座山城，街道随着山腰回转，高低不平的弯曲路。仲景好奇地站到一坡上观看，想这应是川府之地了。

　　两人从一条山道上去，就是热闹的街市。他们转到山城郊外，又回到山里，采到不少名贵药材，仲景觉得，这一切对命运并无改变。真正的转运，是在他医好一位太守女儿的病后，得到何永大学士复出的消息，还打听到何永在洛阳的住宅。他叫泛卫把采到的好药送几包给李太守，表达谢意，决定明日奔赴京城。

　　云雾慢慢散淡，山城的街房层层显出，仲景站在高处往下看，云雾茫茫里，登楼的台阶上走着挑夫，亦有小吃摊沿街摆开，烟雾弥漫在高低楼台上。仲景忽感到这座山城像是从云中降下，内心泛出了感恩之情，却也心生遗憾，偏是走得离京城远了，才得知何大人的消息。

　　天晴了，川府的艳阳高照在错落有致的山路上，他和泛卫打点了行李，即上了路。历经半月多的行程，他们顺利到达洛阳城郊。两人骑着毛驴朝城区走去，看着街上成排的瓦顶街房和商贩门楼。两人顺着大街走里把路，见一个面容和善的小伙坐在店铺门口，他向小伙问路时，感到这小伙有点面熟。他问：相公，请问姓何的大学士家住哪儿？

　　小伙子说：姓何的，是不是叫何永？

　　是哩，是哩，你知他家住哪里啊？

　　他老家南阳，犯党锢之嫌，多日没复出。

　　不是皇帝大赦天下了吗？党锢之人都赦了，你知道他的住宅在哪儿吗？

　　小伙子愁苦地说：我怎管得了那些事，我妈卧床不起半年了，吃遍京城医家的药，都不见轻，除非神仙下凡才能医好。

仲景取下背上的药褡裢，走到门口，自我介绍：相公，我本行医之人，能否为你家老人诊治病情啊？

小伙子左看右看，见仲景面色善净，虽穿得破旧，仍存清高之气，他摸摸泛卫背上褡裢里的药，说：我叫杜度，母亲在屋里，你们请进。

仲景进到里间，见榻上睡着白发老妪，就坐床榻边为老妪切脉，问了哪痛哪困，患病时季，有关寒暑，然后说：相公，这病可用甘草、附子、苍术、干姜、白芷，再加麝香几味，我们有从川府采来的，会有好功效。

杜度问：我母亲到底患的啥病？

此症筋骨扭伤，着风寒湿毒入内，属于湿症。

老妪插话说：度儿，医家说的句句对症，还不快记下方术？

杜度问：医家，你看这病得多长时间能医好？

如外用干艾烤灸，每日推拿按摩，促使血脉活泛，筋骨阳健，服药半月能坐起，月余能下床，除掉病根会慢些。说着在老妪腿上按摩示范，叫杜度看。

老妪感激地抹泪，说：有这神医降世，我心病就先好了。

杜度手忙脚乱地去做饭，仲景叫泛卫瞅着煎药，饭做好前，药已隔渣取汁煎好凉凉，先叫老人喝下。服药有一顿饭工夫，仲景在褡裢里找到了陈艾，揉成疙瘩叫泛卫帮着灸。泛卫烤了一会儿，老妪就喊：度儿啊，这感觉咋跟抽病丝儿一样，冷气只往外拽，还发热，定会把病根拽出来的，真是天下神方啊。你不是想学医吗，我看你就拜这位先生为师吧。

杜度跪了下来，双手打拱说：老师，我名杜度，年二十三岁，求你收我为徒吧。

仲景见杜度这么谦逊，拉他起来，说：也好，我居无定所，只有泛卫一路周密护卫，还真需要个知音，为著典搭扶。

仲景又把泛卫推到前头，说：你跟泛卫结拜为兄弟吧。

杜度说：多谢老师，等学生照料好母亲的病，就去投师。再说，何大人住在洛水东岸，有个朝北的胡同，一棵弯腰老楸树半掩的朱色大门那里，就是何府。

杜度送仲景、泛卫出来时，天已半下午了。杜度说：老师，你们要是离开洛阳，可千万来告知学生啊，我把母亲送我哥家里，即随你们一路走。

仲景和泛卫继续往前赶，走过十字街口，往前又走了半里路，还找不到面北的胡同，更不用说弯腰老楸树了。两人进到一胡同往里走了百步，泛卫看一家门是朱红色，上挂木刻的"天地造化"四个字，泛卫说这样的人家会知道何大人的，就上去两三层台阶，拍拍门，喊了声谁在家。

门打开了，泛卫站门口，打听何永住宅。开门人还没回话，里边传来了朗朗的笑语声。再歪头一看，里边院落好大，还有假山花坛，这与街市喧哗的街道很不一般。

仲景和泛卫正在细看，忽见老楸树掩映下的门框上，挂有"何府"的门牌。泛卫马上跨到门前，喊：何大人，涅阳张仲景前来拜见您——

开门人两手把着门扇，身子站在门槛里，审视着来者，一脸挡道不放人进的意思。这时从里边出来个清瘦儒雅的老者，微笑着问：是找我吗？

仲景一眼就看见，来者正是何永。他人瘦了，与三十年前的那个何大人比，可老多了，只是一脸的慈悲依旧。

泛卫先看到何永的衣着，身着棕色绣袍，宽松绣边的鸡心领，腰系燕鼠玄黄杂色长带，袖镶富贵不断头锦纹。看得痴迷，竟站在门外忘了要干什么。

仲景一时面熟，又有隔世之感，万感集聚，又有说不上来的感觉。

少顷，何永惊喜地问：你，是涅阳张仲景？我恍惚印象在南阳见过，现该成名医了吧？

仲景一听名医这个词，脸热热地说：学生还在精研中。

泛卫说：学生泛卫陪老师到过蜀州，目睹他视医如命，历经风尘之苦。

何永让他们进了院，步步礼让进到了厅堂。快要坐了，仲景从裆裤里掏了个布包，施礼递上，说：这是学生在川府采的安神养心草药枕，大人喜欢与否，敬请笑纳？

何永接过枕包抵鼻前闻闻，说：这么好闻的气味，有菊花吧，晚上枕着入梦乡，一觉睡到大天亮。

仲景说：枕里有菊花、艾叶、藕叶、薄荷叶、决明子。

何永把药枕放到条几上，看看仲景胡子长过脖子，头发蓬乱，褪色毛边的幞巾没挽好长发，烂边的灰色长袍，腿带扎不严的裤脚，鞋上一层泥点子。他怔住了，十分怜悯地问：你二叔张伯祖现在何处，他还好吧？

仲景又施一礼，说：大人，他老人家在二十多年前离开人世了，他身后有旷世的悲情，学生随后会细述他的遭遇。

这时，刚站在院里的客人也进来了，问：真是奇闻，名医怎么流落民间？

何永说：这是涅阳张仲景，我早年认识名医张伯祖，是他二叔。又转脸对仲景说：这位是李大人，刚刚官复原职。

仲景躬身施礼道：学生不知大人在此，失礼了！

李大人摆手说：不必客气，今日与君幸会，必有好运。

仲景注意到李大人气质清雅，言行脱俗。

泛卫说：老师在河南老家蒙受坑害，身带人命冤案。

何永说：哟，看样子面相见老，我们在南阳相见那时，你多大年岁？

仲景说：那时我刚过十二岁，转眼三十年过去，学生经大人指点后，从医至今，因身背杀人冤案，被逼背井离乡，流落江南。

何永说：哦，你还记得当年，是我为你指的路？

仲景说：记忆犹新，谢大人当年指点。

何永沮丧地咂咂嘴，说：坏了，如果当时我鼓励你走仕途，怎会有后来的磨难悲苦。

仲景说：何大人不必这般，当年没有你指点，家父绝不会许我当医家，也不会有今日积累群方，著作医典之志，磨难之说不足挂齿。

何永唉声叹气地说：这也是塞翁失马吧，世上万事都由祸福相随，可是你受的苦难与付出，非我当初的心愿啊。

仲景又劝慰了半天，何永转过弯来。仲景细看屋里不同俗常的字画条幅。何永吩咐家人拿出一件旧丝袍，叫仲景进里间换上，言说仲景衣袖毛了边，大襟缺了扣子，脱下叫你婶娘帮着缝缝。又拿一双桐油涂过的布鞋叫他换上，一声声在边上问，这么多年是怎样过来的，为何不早些来京找自己。

仲景忆起多少年的挫折，欲说其中滋味，偏又顿时语塞。

晚饭，何永让厨师做了一桌菜。仲景记不清有多少天没吃过热饭了，更别说宴席上的七碗八盘，高朋相陪。何永指着李大人介绍，这是京城有名的大英雄，人称"八骏"之首的大学士李膺，以后有事相求，他会帮扶于你。

李膺过谦了几句，对何永的名气作了介绍。

可仲景像是在戏外，这些仁人志士，英雄豪杰间，那么繁多的交际应酬，从大人嘴里吐露，反而让他感到了隔膜。

场面上的应酬还在升级，这与仲景在山野见到的病夫们，大相径庭。相比之下，他仍留恋那些弱势群体的呻吟或诉苦，那是最朴实无华的人情。然而，仲景没等这种念头升上来，就自己打消了。按他的本初性情是不会来京城找官的，这本身就与心志背反，能来，是一次突破。他一次次打断自己外扯的心思，想投入到眼前，专心致志听取高谈阔论。但他仍不时跑神，怅惘得连手拿筷子夹菜都不准，把菜掉到了桌子上，又不好意思地频频道歉。

泛卫发现老师不是木讷，就是走神，总是不赶趟，赶紧推一下他，叫他及时应腔说话。

下一板，何永跟李膺谈起了皇宫里的事，多有牢骚之词。仲景慢慢入局，也插话说：不推翻腐败王朝，百姓就没有天日。

李膺对他的话摇了头，他仍有皇权观念，而且把所有的过错都推到宦官和外戚身上。认为就是他们在宫中捣鬼，才造成乱局。仲景听出，场面上的人有着共同的不满，那就是认为自身怀才不遇，愤世嫉俗的激烈，如出一辙。

宴席散了，也许这就是仲景想奔赴的圣地，是许多乡下人一辈子都奔不到，也见不着的阶层，但仲景并不感到荣幸。饭后，别人都在前呼后拥地送李大人，他却独自来到了后院，在老藤枝架旁沉思。他心里有一种前所未有的惶然，像个在风雨中飞久的鹰，只想躲起来，理理纷乱的羽毛。

他发现自己心里装的事太多，要著书，找到宽松的行医环境，要把自己的真知灼见告知世人，这才是最重要的。可京都名利场上，哪儿不是官权世面，谁能想到东汉流失山野的医术妙方，怎样收集成典，流传后世。

外边送客的众人，话语爽朗，谈笑风生。后院有张古琴，他用手弹一下，听见琴音，心起共鸣。何永悄然走到他身后，低声说：我这次见到你，就后悔三十年前给你指路学医，如果指你为官，现在也能抵挡腐败，济世一方。事到如今，你说求医是对，还是错？

仲景说：学生在村头山野行医，所到之处，民风淳朴，爱医求贤之士遍布民间。我所布真知灼见，无不通畅顺达，学生无怨无悔。

那说明你持守坚贞，矢志不渝，这是成功之本，可现在你还需要我帮助吗？

我需要著医典的条件，需要把所学医术布道世间。

你过去在山野惯了，对人际应酬不太习惯，这不利于在京城打开大局面。

学生愿听指教。

隔天李大人上任，你可去他那看一场判案，脑筋稍微拐个弯儿，怎样？

学生遵命！

话说不及，李膺初上任遇到一宗轰动京城的大案。

原来京城不仅皇宫有巫师，官吏们私下也养有巫师预测凶吉。豫州城有个张成，其子张齐在当地横行霸道，与人打架，张成不仅没责怪，反而用巫祝的办法判对方妖怪，借巫杀人。

李膺坐于大堂之上，两边差役打着威武肃静，呈扇面排开。张齐被带了上来，按规矩原告上堂，应跪地叩头，可张齐却昂头斜视，差役按其头仍不跪，推搡几回，仍站着怒视李膺。

李膺问：大胆张齐，你知道你犯了哪条王法，敢如此无理？

张齐红着眼，说：你个小小李校尉，几年前得罪恶人，差点丢命，才出来几天啊，敢来审我，我呸！

李膺猛拍惊堂木，喝道：大胆贼子，自古杀人偿命，你父可曾教你？

我就是杀了人，谁又奈我何？

你已死到临头，还敢嘴硬，带证人上堂。

差役带上来一个老妪，跪下哭诉：大老爷，小民冤枉啊！

李膺说：民妇，请讲实情！

老妪说：大老爷，我儿冯三义，因与张齐同做生意，张齐欠我儿钱不还，还百般抵赖。我儿约上弟兄两个去找张齐，张齐之父张成当天夜里占卜说我儿是城中灾星，要是不杀会祸害全城。占罢，就命张齐带人活活勒死了我儿。

李膺说：物证何在？

一差役拿来麻绳，老妪大哭起来。

李膺厉声问：张齐，你还有话说吗？

张齐哈哈大笑，说：人是我杀的，可你敢对我怎样？

李膺再拍惊堂木，斩钉截铁地说：来人，拉下去立斩不怠！

张齐见左右来押他，挣扎几下，挣不开，突然惊惶万状，哭号着喊：李大人，李大老爷饶命——小的有罪呀——

李膺铁面无私地喝道：何罪，坦白从宽！

仲景看到这一幕后，回忆起自己面对二郎神，面对陈大仙那种无奈，就想，要是自己有一官半职，他们还敢那么猖狂吗？他在此看到了权力的能量和力量。回到何府，即陷入沉思。

何永见仲景一直呆着想心事，就问：李大人在大堂上，表现怎样？

仲景说：他有权在手，惩恶如割草。

何永捋着胡子问：照你所见，是当官好啊，还是行医好？

仲景说：行医济苍生，当官惩恶霸。

说得好，咱来个医家半路奔官，你看怎样？

那样的话，医术积累岂不白费？不如继续行医，从一而终。

医家为人医病，只能安抚肉体之痛，而当官则能医人世疾患。再说，你在南阳老家得罪恶官，造成至今蒙冤外逃，难归故里，以后中晚年，会有多少磨难坎坷啊。这一切，都得用官权来翻案，摆平。我相信，你步入官场会是个廉吏，会造福一方。多年前我看出你的豪杰英侠品性，可我不想让一医界英才误入官场陷阵，在肮脏的尘埃泥沼里拼搏，那会纷扰你为医之心。故而，我为你指路从医，坚信你会把医术精研成功，人生平步青云。没想到熬至今日，还在民间村野串游，衣食多忧，无家可归，悲哉。

仲景抢了话头，说：可学生情愿，无丝毫悔意啊。

何永打手势说：你太痴迷医术，也让我更痛心一代奇才的遭遇，极度后悔当初之事，看清了汉朝的世态炎凉，也看透了权力的本位。我想弥补这一失误，不知你能否转过弯来，弃医从官？

仲景吃惊地看着何永，说：大人，我这些年游乡串村，对朝政官场陌如隔山，恐怕本性难改，再者，学生也丢不下多年积累的医术。

是的，你还转不过来这个弯，这样吧，我给你找个大病人，去医。

仲景说：病人不分大小穷富，医家都应尽职救助。

好，皇帝有病，要你去医怎样？

仲景一振，说：皇帝也一样血肉之躯，学生岂有拒医之理。

皇帝可是找了几十个大夫都没医好，你得有足够把握。

何大人，听说有个外科名医华佗，你可认识？

我听说过，却不认识，你若想拜见，我可以打听。哦，好像他在曹营里写医典，很少给世人诊病。

何大人，华佗是造麻沸散的名医，你方便的话给我牵个线儿。

你先准备一下为皇帝医病，我叫人来接你，你得把自己当名医，拽个牌子进宫去，可别老实过分，得懂城里人的套路，到人前该摆架子就得摆。

人生与四季五时相关，也与自然相通，难道面对官场就得变异，那么多条框会拘束人的，累矣。

这样的累，比起流落山野，要体面一些。

仲景遵照何大人吩咐，换一身学士服装，绾起头发，用青布在头顶上扎好发束，连扎腿带子都换了新的。何永给他拿出一双木质的厚底鞋叫他穿，整个人焕然一新，气质清朗脱俗。

何永把胡子拢到一边，踱着方步，昂头挺胸，正眼平视，慢条斯理，稳稳地走了几步，回头叫他模仿。仲景也抬步试走，走了一步就忍不住笑了。何永打手势说：你现在要从山野医家的习惯里跳出来，入皇宫面对皇帝，而不是草民百姓了。

次日上午，门外来了皇家的木车。他走出何府时，看见泛卫眼巴巴站在门口，他招手叫泛卫也上车来。何永朝泛卫摆手，示意不能去。

仲景说：大人，叫他去开开眼界嘛。

这是皇家朝廷，不是山野柴村。

江湖庙堂，人都一样是血肉之躯，患病之体。

何永不再多说，撩长袍上车来，坐稳了，即令行车。

车子咯咯噔噔一路过街穿巷，很快进了宫殿大门。一片红墙绿瓦，层楼殿宇，自是与众不同的繁华景象。仲景连日来所见纷纭，落差错位，内心浮过一层烟云，一时弄不清人生辗转，何去何从，命运之神要把个多难的医家送往哪里，落脚何处，一片茫然。但他记着何大人的嘱咐，做好了进宫的准备。

官车进了一门又一门，眼看前边就是红黄琉璃瓦宫殿了，车帘忽然落了下来，遮着外边的斑斓。他只能从帘缝里往外看，根据车子颠簸猜着过了几座桥，绕了几进院，又穿过几道巷。

到了院深处，车帘掀起，仲景已身处吊角飞檐的地殿阁内，他正想看宫院之煌然，帘子又被何永放下了。何永看他探头四望的好奇样子，按了按他的手。

仲景想到何大人是近官之人，对那规范礼仪如入活人框套，人得收缩身子，拱进套子，千年悲哀，谁能摆脱。

襄城慢慢被甩到背后，山高了，眼前山雾迷蒙，峰路回转。翠姑走着走着觉得不对劲儿，不知到了何处。她想起从桐柏山来襄樊时，因摸错路，绕了一个多月才找到去襄樊的路。这次可得打听清楚再走。

她拽着小妞的胳膊，瞪着大眼四处瞅着，刚好看见一砍柴汉子，旁边堆着小山似的树枝。她上前问路。柴汉手搭凉棚看过来，脸上笑开了花，扔下手里斧头站起来，说：妹有啥事求哥，哥叫黑蛋，你说。

我问个路，这儿离歪桃庄有多远？

黑蛋儿说：那条山路弯绕多，又盘山又绕水，还有大深沟，哥领妹去吧。

翠姑审视着黑蛋儿，瘦长脸，尖下巴，披肩长发，一个其貌不扬的小老头儿，问：你们这儿起名咋要带个黑字？

黑蛋儿歪歪嘴，做个怪样，说：命不好，生下地没爹的娃都带黑字，有富人家娶多个婆娘，私生了黑娃偏不带黑字。

翠姑正在犹疑，黑蛋儿却不由分说，拽起小妞往前疾走。翠姑跟着走一截，问：哎，我看日头在那边，你咋直往东走哩？

黑蛋儿说：别言声惊动了妖魔鬼怪，出来啊呜了你，快走。

翠姑看着陡峭的山峰，怪树阴洞，还不时有呜呜的怪叫声，阴森可怕。就跟着黑蛋儿走到一个小村庄。村头树桩上坐个老人，身披麻片，一脸灰垢，边上有小娃光着屁股在压谷堆，沾了一身一脸灰。翠姑感觉好像走到野人庄了，问：这是不是歪桃庄啊？

你少废话，我一捆柴都扔山里了，你还不领情？

翠姑一看黑蛋儿露出了不善，拉起小妞就跑。黑蛋儿追上来揪住小妞胳膊，拽过来往村里拖。翠姑哭着挣着，拼命夺小妞，还怕把小妞拽疼了，无奈松手去拽衣襟。小妞瞪着眼尖声叫：妈，赶紧拿黄巾出来呀。

翠姑拽出腰里黄巾，要吓黑蛋儿，可黑蛋儿已拖住小妞进了屋，啪地关了柴门。翠姑来不及亮黄巾，跑过去撞门，用力过猛，身子卡到门缝里，好在门缝宽，狠挤一下进去了。进去后可着嗓门喊小妞，喊不应又喊救命。黑蛋儿冲出来拽住她袄子，只听刺啦一声，肩上的棉絮绽开了。生性刚烈的翠姑已变成发怒的母狼。她扔下包袱，拿起柴刀就砍门，砍树，见人也砍，又到灶火棚找着打火石要烧房子。

黑蛋儿这才怂了，扑通一声跪地上，哭着说：妹呀，你跟我过吧，我想娶你当媳妇哇。磕了头，又进屋去找小妞。

这时村人们围过来看，有个麻脸光棍汉，一看来了外地女人，也求翠姑跟他过。边上吸烟的哑巴，呜里哇啦来拉扯一番，被翠姑推搡倒地。翠姑从这个男人边上挣出身，又被另一个抓过去。那哑巴憨是憨，却有一股蛮劲儿，扑上来捂住她头，连卷带窝，就把她窝到柴草堆里了。一圈子男人蜂拥上来围着她，有的趁机摸一把，有的推搡哑巴，像争吃热狗肉似的，把她的烂棉袄袖子都扯掉了。眼看裤子要被扒掉，她哇的一声，张嘴咬一口哑巴，推开他，又踢倒麻子，然后从柴堆里爬起来，拽出黄巾抖开，岔着腔喊：都听好啊，我是黄巾军首领之妹，谁再惹我，定叫黄巾兵抄斩一家。

边上的汉子你看看我，我看看你，都不知道黄巾军是啥东西。原来这儿偏远封闭，不仅没见过黄巾军的踪影，连起义的消息都没听说过。这时，村头过来一个砍柴的拐腿汉。一看这边吵闹，就过来问端底。翠姑见他拐是拐，面目周正，不像本村的野人蛮货，她哭着把自己去找夫家张仲景，被黑蛋儿蒙骗之事诉说一遍。拐子一听，跑进屋找到黑蛋儿，揪起衣领，照脸扇几嘴巴，说：快放她走，不放我砍掉你的头疙瘩。

黑蛋儿这才捂着脸跑到山墙边柴棚里，拉出小妞，往外推。

翠姑接过小妞取下嘴里麻巾，跪于拐腿汉面前，问这位救命恩人姓甚名谁，日后定要报答。

拐腿汉说：大姐，我娘受过张仲景救济，还送几包养药。这真是山不转水转，叫我今儿有时机报恩。

翠姑一听这话，惊散的魂才收回来，一阵泪流如雨，千恩万谢求拐腿汉送她们娘儿俩一程。拐腿汉点头，三人一起走出村子。路上，翠姑问：我们娘儿俩是找张仲景的，听说他在歪桃庄，不知那个庄怎么走。

拐腿汉说：我家离歪桃庄十来里，我知道他不在歪桃庄，你别在这儿找了，我听说他可能去了京城，想找个大人物。

翠姑问了去京城有多远，该怎么走？拐腿汉摇头说不知道，直把她送到山外头，看见前边有了村落，才不送了。

天黑了，翠姑回头看看远处的山影，像一群怪兽，她见拐腿汉走远了，心里仍在悸动，一时不知往哪儿去好，刚才明明看见有个小村庄，拐个弯不见了。月亮还没出来，她也没看刚才日头落的方向。她拉紧了小妞没命地跑，想尽快找到村庄人烟。

紧赶慢赶，好不容易赶到一个缓坡上，看见有几家窗亮，悬着的心才放下来。可村上的狗老远就叫起来。她不敢往前走了，发现村头有个土洞，站洞口看看里边，黑咕隆咚的，她小声喊：谁在里头？没人应，她也不敢进，想进村找个好人家凑合一宿，遇到好人家最好能喝碗热汤。

翠姑站洞口前，直等狗叫停了，才慢慢往村里走。边走边犯嘀咕，心想以后遇到村子必须看见女人，才能进去讨要或投宿，如果都是光棍汉，那真是妇道人家的坑。此时，她忽然想起个事，问小妞：那砍柴的黑蛋儿把你拽到屋里，有没有撕衣袍，摸身子？

小妞说：没有，他给我半块豆面窝头，他还说想叫你跟他过日子，他把咱们关屋里，有吃有喝的。妈，我看见他屋里有粮袋子，咱们在那儿过，饿不着的。

翠姑拧拧小妞的脸，嗔道：你这么大的妞了不懂事啊，咱是去找张仲景，待在那，跟个野汉过，只图个吃喝，过猪狗不如的日子？

小妞说：他的豆面窝头好香哩。你说张仲景，我咋没见过那人？

人家在你没出生时就远走高飞了，你咋能见着？

小妞说：咱跑这么多天，还没见着他人影，划算不划算呢？

翠姑说：这世间事，以后大了你才能懂，叫我说搭上命都划算。

小妞嘟着嘴，不说了。

翠姑忽听村头有妇人喊小娃回家。那妇人的背后是三间草屋，点的麻油灯一闪一闪的。她听听妇人喊的娃名，叫圪了，感到好笑，小妞已经在对面笑了。

翠姑刚要往村里拐，又听村头传来一声狼吼，狼眼像两盏绿灯，从村那头扫到村这头，吓得她抓住小妞一起钻进洞里，战战兢兢地搂住小妞。两道绿光还在扫，快扫到洞口了，村上狗声大乱，绿光不见了。

洞外安静了，小妞把胳膊扒她肩上，有气无力地说饿，翠姑想起，整整一天没吃东西了。她想起包袱里有馍，刚要去掏，忽觉背后一股凉气溜过来。洞深处黑得啥也看不见。正在紧张，感觉胳膊上也凉了，像挨着冰了，用手一摸，是一条蛇，她尖叫一声，把蛇甩到一边，拉起小妞站到洞口。谁知蛇已缠住小妞的腿了，她把蛇拽掉扔到远处，赶紧离开土洞。

第五十四章

进宫的车子终于在一片方砖地上停了下来。

仲景从帘缝里往外看，满眼的雕栏玉砌，却没有一棵树。他有点奇怪，院里也没栽草木，也没一个闲人走动。从哪个门出来了人，都是一排子，背箭挂刀的，甩手抬脚整齐划一。偶尔从侧门出来个不带刀箭者，也是脸面紧张，神色凝重，这是一个紧张得叫人发怵的地方。

仲景心想，如果人一生在此篱下寄生，可是天大的不幸。仲景看到前边一道树藤搭好的荫棚，忽想起宫外的树都落了叶，这是常青藤。何大人低声说：这后宫能种树，前院不能种，种树易遮挡阴影，掩蔽刺客异人。

仲景哦了一声：这可能就是皇家的心眼儿，不轻松哦。

何永说：本朝当官之人，有三种用心，一为争霸天下，逞豪强英杰者，居多；二为谋财渔利，占江山美女者，次之；三为为民为国的仁志者，已寥寥无几。

仲景似乎明白了许多，他早听泛卫说皇帝请何大人进朝当官，何大人只认了个文差，不担要职，就是不想被卷进争斗的旋涡。

仲景跟着何大人又走了两道小门，相当于半里路，宫殿色彩更迷离了，他不由忆起乡间百姓的草棚，官民的生活落差大如天壤，他心里感慨万千。

两人终于进到皇帝帷幄前了。一张雕着牡丹花簇的龙凤黑漆大床，神秘地坐落在黄色的帷帐里。仲景感觉脚又踩到柔软的草上了，低头一看，是踏到又厚又软的地毯上。往前走几步，进到一间大房子，转过雕花的木屏风，即看见皇帝歪在龙榻上。

皇帝的榻前，有黄色的帷，黄色的被，黄色的帐，黄色的枕，一律金黄灿然，照得人眼花，却只有皇帝的脸是青灰色的，白多黑少的眼睛，鲜活的生命气息，存留甚少。

仲景走到皇帝病榻前了，仍没见人应声。何永先撩袍跪地，叩见皇帝。而皇帝仍像没看见一样，脸朝天躺着，活脱脱一条死龙。当仲景上前，要扒皇帝的被头问病时，却听到瓮音很沉的嗯声，问：汝，姓甚名谁，能否医好朕的龙体啊？

仲景仍按望闻问切的常规，从皇帝声音里辨出了鼻塞，再看眼角有血色，可能夜半失睡，他想起民间传说，皇宫里三宫六院七十二妃，关于失眠症状不问便知。何大人从后边碰碰仲景，叫他先退避。

何永上前施礼，道：启禀皇上，此人是南阳名医张仲景。

皇帝这才正眼看看他，操着浓浓的鼻音，慢腾腾地说：张仲景？没听说过，你可不要再给朕吃泻药了，当心斩首。

仲景内心陡生寒气，回头瞟一眼，身后站着两排官役，还有侍女抄手侍立，个个都面无表情。他上前把脉，看舌苔、眼仁，要看嗓子时，皇帝不肯张嘴，扭过头来用疑惑的目光审视他。仲景劝说半天，皇帝才张一下，也达不到他要的口型，只是很浅白地看一眼。

仲景问了得病时间，是否咳嗽发烧头痛，都吃过哪些药。侍者回答了，仲景再叫皇帝张嘴时，皇帝塌蒙着眼，装睡了。

仲景看见一圈人把目光盯住他，心想，怎么皇帝连百姓草民都不如，一点配合都不做。他耐着性子，说：皇帝，学生求张嘴待诊。

嗯——皇帝回应一声，闭着的眼睁开一条小缝，露出密聚而凌厉的光。仲景再不敢主张医家程序了，说：回皇帝，你这病须喝两碗微辣的热水，拿热被子焐身，出大汗排毒即可。

大胆刁民，拿被子焐病，戏弄朕是吧？

仲景看看何大人眼里的忧虑，低声道：皇帝放心，小民不敢。

何大人已吩咐人拿被子来了，仲景从窗口转到门外，在花廊下的古根上坐定。何永过来了，说：要有耐心。

这时侍者匆匆跑出来，仲景问：皇帝焐出汗了没？

侍者说：张医家，你来一下。

仲景跑进去，见皇帝一脸汗，正在掀被子。仲景赶紧跑过去，道：皇帝要再焐些时辰，把身上毒气排出来，即能康复。

皇帝说：都焐热了，想喝茶，快扶我起来坐。

侍者端来热水叫喝上。仲景又拿起被子往皇帝身上披，皇帝瞪了他一眼，睡下了。身上刚沾着被子，汗又出来了，皇上拽开被子，不叫焐了。

仲景见皇上出的汗还不多，想上来劝说，却听皇上阴沉沉地说：大胆郎中，休得焐朕！

仲景住了手，侍者也退缩到一边垂手肃立。

何大人转向仲景说：你看皇上龙体好些没？

仲景硬着头皮说：皇上，你得信医家的医术啊。

皇帝看他执着的样子，倒是冷笑一声，说：好个医家，连朕都管了啊，看样子也能管一方政事。

何永紧绷的脸马上放松了，笑道：还不快给皇上开方。

仲景生平第一回说了谎：皇上，现已龙体无恙啊。

皇帝耸耸肩，伸伸胳膊，笑问：你医术不错，多大年纪了？

仲景说：学生刚过四十周岁。

你治朕这病要多少钱？

我医病快三十年，从不收分文。

指望啥购药？

药是自采的，有时候为富家医病时，多收些。

借医病劫富济贫，这招不俗，我朝少见你这等儒生，你愿不愿进宫当御医？

谢皇上，容我回去，想想再说……

当御医能青史留名，世人都求之不得，你却要想想？

谢皇上，学生三天后回话。

如不想当御医，可想为官？现东汉选官推行举孝廉。你在哪里居住，叫当地官人举上来即成，如何呀？

仲景又犯了木讷，红着脸干气地看着皇帝，七分赧笑三分干笑。

泛卫凑上来对着他耳朵说：老师眼前逢见了高人，应多听高见才是。

何永赶紧上来解围，说：皇恩浩荡，还不快跪谢？

仲景有点别扭。但何永话已出口，他不得不单跪一条腿，双手打拱谢过，就气喘着，匆匆走出宫殿。

仲景出了皇宫，硬是谢绝皇车，要跟何大人一块徒步走。回来后，他站到后院琴台前，好像刚从监里逃出来似的，得到自由后反而不知所措了。

此时，泛卫过来，说：老师，你到高处了，得顺时应境啊。

仲景看看泛卫，没回话，进到屋里，看见厅里坐着两位来客：一位仪表堂堂，头戴官帽；一位身材矮小，精明干练。

何永过来，说：我来介绍一下啊，这位是荆州刺史刘表大人。说罢转身对仪表堂堂的刘表说：这位是南阳名医张仲景，刚给皇帝医病回来。这可谓稀世人杰，皇上请他进宫当御医，都没感觉皇恩浩荡，还说要想想。你们见过哪朝哪代哪个人，敢如此大胆？

仲景拱拳朝刘表施礼，说：刘大人，学生这厢有礼了。

刘表示意免礼，说：既然如此德才兼备，前途定会无量，得到皇上看重，说明仕途已通。我有一劝，像你这贤达之人，不为官有点亏才，民众太需要清官廉吏了，你岂能一旁等闲。

仲景说：学生平时能在民间杂病上多些积累，就已知足。

泛卫及时地对着仲景耳语：恭喜老师你遇到贵人了，脑筋跟着转弯吧。

何永说：你清高的秉性固然可贵，也得见风使舵，省得错过良机。

何永又说：我看刘大人之言极是，仲景理应听取。

仲景施礼道：谢两位大人，我还是认为著完医典，广布医道方为酬志。

这时，小个子青年喝了茶，捂着胸口说胃里泛酸。

仲景注意到此细节，眼睛直往小个子青年身上瞟。

何永及时介绍道：哦，我忘了这位他是，大诗人王粲，四海闻名的建安七子之一。

没等何大人话音落拍，仲景瞪着眼，目不转睛地紧盯王粲，竟看出这位英才身上隐有潜伏症候。他愣愣地说：相公，你有病，须早服五石汤，不然数年后落眉脱发，身表溃烂，体无完肤。

王粲听了，脸当时拖了下来。弄得何永很干气地呆站那儿，耸着肩说：哦，仲景一直流落民间医病，叫他给你看看症候，怎样？

王粲脸露赧颜，倒是想反问过去，自己得了什么病，可碍着体面，不好意思起来。饭局间，无论谈什么事，都不往仲景这儿看一眼。

仲景在王粲的神情上，看到皇帝那种尊荣自傲，便不再提及病患。倒是何永在一旁小声提醒他，你该回刘大人的话，他有权，你张张嘴，便可走马上任。

仲景一时愣怔，干气地笑笑。

何永瞪着他，低沉而有力地说：必走之路已铺就，你若不走悔不休。

仲景忽然说：好，既然遇到官运，不如为涅阳我弟张仲祥加个封。

何永别着头，睖着眼，说：难道你对当官有仇？如是执意这般，手无权势，身无钱财，名医圣贤之路，怎好走下去啊！

张寨村傍晚，陈家群房院里，二郎神如落汤鸡一样惊魂。

在黄巾军火攻涅阳县时，他溜回了张寨，窝起来五六天，不敢露面。搭背疮的旧痂还没好，边上又出了新疮，疮疱比过去还多。俗话说：是病不是病，痨发比先重。他不仅得忍受火烧般的疼痛，彻夜难眠，且还担心最后会因无医而要老命。

他想再去襄樊弄点药，听申风水在街上茶店里说，张仲景已离开王神仙了。人去了哪儿，却没人吐露下文。二郎神忽然有了失落感。

自从去襄樊城求医回来，张仲景喊他陈叔的声音，要留他住那儿医病的情景，就再也消失不掉了。那张清瘦俊朗的脸，充满了仙道之气，直透他内心。那是一个医家的气度，是他在官场上罕见的，他打心里生出了异情。他甚至后悔那些年的抓捕追杀，是为除异己，还是在犯错？如果没有那样赶尽杀绝的举动，医家张仲景现在会跑那么远吗，自己有病求医会那么难吗？

他的兄长大仙，也用巫术治了不少回，抹香油，火纸烧，麻秆燎，都无济于事。他这才感到巫术的浮飘，或者是花招假象，压根就是一台戏，怎能与医家的真药相比。这样说来，张伯祖与张仲景瞧不起巫师，是有理由的，而不是卖米的排斥卖面的，故意与陈家作对。自己过去的理解，有局限，也有偏差，更有些过分。

可是为什么，时至今日需要医家时才反悔呢，正如大仙多年前说的，最终会有报应。可他不愿静等报应，他要及时医病减痛，他决定去找王神仙，顺便打听张仲景去了哪里，恳请早回涅阳行医。

二郎神叫耀武与贵娃拉上木车，前往襄樊。三人到王神仙医店里，真没见张仲景了。王神仙这些天店里病夫明显减少，过去排队求医的场面不见了，门前车马稀少，一天见不到三五人，柜上草药剩存，隔几天得摆到日头下晒除湿气。这一切都只因涅阳申风水来报信后，张仲景走人。

此时，他见到二郎神，就板着脸看着病车，就是不对话。

二郎神表了自己心意，想打听张仲景去了哪儿，劝他早日归家。

王神仙听听更反感了，心想要不是你这个恶官，咋能逼走名医，招来店里损失。

二郎神好言哀求了半天，王神仙才给了三包药，叫回去涂抹。

谁知二郎神回来涂了药，疮疱跟刀割一样，疼得他啊呀号叫，全村人都听见了。他把药撒到地上，大骂王神仙是奸医，还怀疑不露面的张仲景在背后使坏，之前的心软反悔又翻个个儿，且感叹，人不能有好心，好心不会有好报。

正在二郎神来回思虑，翻肠倒肚地纠结时，听到消息说，南阳太守严重警告了涅阳县令为逃命不守城，造成损失，将他降为副职。免官令还没下发，二郎神就猴急猴急地，想办法补救损失。可他还是不敢马上回县衙。

晌午，张仲建宅院里传来了吵嚷声，原来是赵氏与来福在吵。

说来福这些年渐入老境，总感到孤寂，特别是在夜晚，草房坡上的风声，跟鬼哭一样凄楚，闹得他睡不着。熬到半夜睡着了，做梦又见到了自家婆娘，偏都是半夜回来，二话不说直接上床。这撩得来福再也睡不着了，就坐那儿吸烟。

有一天下午，他在大关坑边儿溜达，听见赵氏在院里唱，声音哼唧咕哝，虽听不清，但从声调里品出是在想念一个人。来福想到张伯祖多年不回来，这寡妇还没忘，看来是个多情的人儿。来福沉迷唱声里，追着小曲转悠到仲建家院门前看看，里边没人，他进到院里，声音跟春风似的，亲亲地喊了声：三嫂喂，在家嘛。

赵氏一看来福笑那个样，心里设起防来，她冷冷地说：你啥事情说了嘛。

来福说：我也没事儿，只想找三嫂说句体己话儿。

赵氏说：你个大忙人有啥说，也得找个闲人说，没看我忙着纳鞋底。

来福说：三嫂你手忙着纳鞋底，嘴闲着哩，正好说说滋润话儿。

那你坐吧，我还到灶火熬药汤去。说着进了灶火，来福也追进去，拿了柴就往灶膛里塞。

赵氏说：这还不到煎药时辰，你把柴抽出来，去忙你的事儿吧。

来福看看两张皮贴不到一起，就抄着手走了。第二天又来，手里拎了半袋芝麻，说是煎药当引子用的。

赵氏这才有了好脸色，问：你从哪儿知的方术？

来福说是张家老二在家时，说出来的。

赵氏想起张伯祖，心里一热，眼眶就湿了，来福坐近了，劝道：三嫂哇，老二有三十多年没回来了，也没个音讯，怪凉心的。其实嘛，你老弟我，也是三嫂的贴心人，比你家老二还重情的。

赵氏的泪流了下来，摆手说：来福你别胡扯，把闲话儿收起，沤烂肚里也别说，这才是贴心老弟。

这几句话有多种解，来福只往好处想。以后遇到黄花苗、枸杞子、霜桑叶，就收了送给赵氏。一来二去混熟了，这年麦天，来福打了麦子就扛过来，要存到赵氏这儿。赵氏说，家里有儿孙媳妇，哪能这么随意，就叫来福把粮袋子扛走。

来福一脸赧笑，说：我家的草房坡漏雨，存粮老上潮，存你这儿放心。还有一个心事，我是想把劳动一年的血汗，当我的心意送给你。

赵氏低下了头，看着地不说话。来福猛地扑上去，搂了赵氏。

那赵氏身子往后仰着，脸呈羞涩，样子是半推，手却没出来推。来福就搂她抵到床帮上，扒开大裆裤，撑完了一番云雨。然后摸摸赵氏泛红的脸，把她抱到床上躺好，拉被子盖了，才偷笑着走开。

来福刚走到院门口碰见了仲建媳妇，她眼跟看贼似的盯着来福，看个一下，就喊了声妈。

屋里正消化激情的赵氏，跟点了穴位似的，马上下床跑出来，指着来福骂道：来福你个混账不要脸货，没事没情跑我家干啥，啊，想当扒贼呀，你眼瞎了，不往野地里跑。

来福转身就走，回家后蹲棚门口吸烟，看着村路上暖洋洋的日头光，觉得赵氏就是手甩麻巾骂他三天三夜，骂得狗血喷头，都值。

后院吵声还没落拍，前院也吵起来了，是张伯厚娶的二房姨太三春，在跟仲祥媳妇吵架。

三春家住穰城，是一家染坊老板的闺女，因手有六指的缺陷，快四十的老姑娘仍待字闺中。张伯厚去穰城为表哥吊孝，遇见了表嫂的娘家远房亲戚三春。伯厚走后，三春家里人来张寨说媒，把三春嫁来当了偏房。

这在张寨村成了奇闻。因为张伯厚有书香的门风，与张闻氏夫唱妻和，相敬如宾，在乡里很有名望。现半路娶姨太，众人挤眉弄眼，背后闲话不少。可也有理解者，认为张门家大业大造化大，不可缺妇道人家，于内宅操持料理。

三春在娘家帮母亲打理生意，进来张家门接管内宅杂务，简直轻车熟路，并从娘家带来两个女佣，一个是她侄女，陪在张闻氏榻前照料，一个是邻居，管种棉麻纺织，很快就把张家料理得井井有条，也把半身瘫痪的张闻氏照顾得能坐起了。这使张伯厚肩上的担子轻了大半，村上人也正眼看待三春了。

可这样精明能干又会事的女人，怎么和仲祥家婆娘吵起架来呢，邻居就要站边上看个究竟，二郎神比村人更加注意张家的动静。

三春说：西院是老大张机的，老二不能占。

仲祥媳妇辩道：老大几十年不照面，不知流落哪儿了，家里只有仲祥耕田种地，顶替老大，为何还当老二待见？

往下吵声低了，外边听不见了。这引起陈家二郎神的联想，当听到张家吵嚷声低，他按自己的心思猜，张仲景回来之日可能不会远，即感到心头隐患又起，如一块陈年的硬伤结瘤，永无法拔出。

他看着张家那片青砖瓦房，雾蒙蒙的树荫之上，青白色的炊烟正徐徐上升。二郎神想不明白，张家的世运跟朝阳坡一样，老朝着有光的方向运行，而自家却屡屡背运，如同赶不上趟的病鸭子。

当天下午，陈家也传出了吵闹声。先是女人针尖对麦芒的叽喳，后是男女对嚷，一片嘈杂。

原来是耀贵的儿子出事了，这小子陈疙瘩，刚满十三岁，在外玩赛驴输给安众的赵八方。下了赛场讪说八方是施招得胜，两人先吵后骂，最后打了起来，他打掉了八方一颗门牙。那八方也不是好惹的主儿，当天夜里找三四个哥们儿跳过陈家院墙，把陈疙瘩从被窝里揪起来，打得鼻青脸肿。陈疙瘩第二天早上趁家人下地干活儿，也找几个弟兄拿着短棍冲到赵八方家。当时赵八方认为昨晚那顿教训，把对方治服了，谁知还敢再来找事。他怕孤军奋战要吃亏，不肯开门。陈疙瘩在外等了半晌，几个弟兄起哄散起儿，只剩陈疙瘩蹲守赵家门外。直到晌午饭时，陈疙瘩又敲门，八方以为是家人回来，去开了门。外边的陈疙瘩手拿半截砖，冲上去一砖拍到八方头上，人当场倒地。他又扑过去按住八方，照头上砸了两砖，八方口吐白沫，翻起白眼。陈疙瘩这才发现出人命了。

八方家把命案告到县里，安众县官知道陈疙瘩的爷是谁，把以命偿命的案子，判成了陈疙瘩顶替八方，改姓赵，到赵家去当儿子。因陈疙瘩见死人也就那回事儿，到安众半月就打了三四起群架。赵家老人见陈疙瘩好吃懒做，到处惹事，怕出人命案，就把他赶回了陈家，牵走了陈家一头毛驴了事。

现在吵闹到陈家门前的，是一家娃被陈疙瘩打瞎一只眼，言说不告官，只求铢钱赔偿私了。这回大仙不管了，对二郎神说谁屙的屎谁擦屁股。二郎神先是找疙瘩来辩理，后是为伤家施巫医病。谁知那家不让伤者来，说有人把好医家排挤外乡，这儿哪还有医家，你们只管赔钱。

二郎神见眼前这个难缠的主，竟拉出张仲景来对台，还揭他的短。他表面上没在乎，内心却气得直冒黑烟，忍忍让让，拿铢钱打发了是非。

谁知外边二郎神在穷打发，院里九桂气不过，开始对疙瘩施家法，先是扇疙瘩的脸，扇两下奶孙俩就掐起架来。十三岁的娃个头跟奶奶差不多，却打不过使蛮劲儿的九桂，很快被揪掉一撮儿头发，捺到地上拳头雨点般地砸，眼里都冒出金星。待彩娥来拉偏架，疙瘩脱出身来，疯了一样冲跳起，一头撞到墙上，两脚一蹬，不中了。

九桂冲出来抓住前来索钱的老头儿，高喊杀人了！后院喂牲口的家丁和房后干活儿的长工都跑过来，一把抓住老头儿要见官。结果，这场官司是老头儿倒赔陈家五亩地，一头牛，同意披麻戴孝埋了陈疙瘩。

现在西院吵闹，是彩娥和耀贵的媳妇，一起不依九桂，要她偿命。

二郎神对孙子的死也很愤怒，但见大仙站在那儿观阵，就说：你看张家吵架是平常家务事，而陈家吵的，却是人命血债，这个家真是烦心带闹心。

此时，大仙只怕一句多嘴，引来火头，溜到山墙边树林里，装着找鸡，一眼看见伯志与来福，各自抱着鸡在听墙根儿。他正要转身走开，来福说：你看看鸡叨仗吧，斗个开心。

来福把红公鸡头扭到前边，伯志把菜花公鸡也扭个向，并把两个鸡头相对斗几下，往前一推，两鸡冲到一起就叨，场面顿时激烈。不大一会儿，菜花鸡被叨了半脸血，得胜的红公鸡正要跳到高处叫唤，菜花公鸡从后边飞扑上去，一口叨住红公鸡的眼睛。红公鸡挣半天挣开了，却瞎了一只眼，淋了一脸血，在地上转圈。菜花鸡又猛冲上去，叨着红公鸡脖子，红公鸡变成了花公鸡，不大一会儿歪到地上，扑棱起翅膀来。

大仙直看得触目惊心，几斤重的鸡娃都有这般血性。

此时，村头又打马奔来了一虎，下马即报，南阳太守要来涅阳私访。

大仙赶紧回院里告知了二郎神。二郎神被黄巾军端老窝的那天夜里，连夜逃回张寨，吓得魂飞胆丧，身上的搭背疮疼得钻心，人蔫耷得像个霜茄子。他眼里老晃着满院乱窜的匪兵，火光刀影闪跳，喊杀声钝器一样。无数个夜半，头里边都有一张大锣，无端地呫一声，震得他冷惊坐起，从家里东西上辨着是梦是实。

此时太守要来私访，更如五雷轰顶，他震惊、恐惧、无奈，脑子纠结成疙瘩。他问一虎：太守是亲自来？

一虎说：是，这说明黄巾军已离开，南阳境黄巾之乱已平息。

送走一虎，二郎神仍不敢马上回县衙，这之前他试了两回，都没敢回去，觉得那个官位像个魔咒，会把他拖入坑里，或让他掉进悬崖。他往宅院外走去。

太阳还有一竿子高，黄昏的西天有晚霞飞扑，静静的山岗一时成了红色。正是百鸟归林时辰，二郎神却沦于村野。想想这些年靠着行巫和当官两项财源，把家发得冒尖闪亮的，可不知咋了，陈家后代就没出个争气的苗子。耀贵快三十了仍好吃懒做，儿子也死了，连个眼泪豆都没掉，又去打鸟捉虫，下河捞滩，一天连个鳖渣儿都捞不来，不是丢鳖篓子就是忘麻鞋。每当他看到贵娃赤着脚从河里回来，或听说又在哪儿丢了东西，他的气就不打一处来。耀能虽能带人开塘挖沟，但一下工不是赌场里的赌棍，就是醉春楼的嫖客。

再说陈家闺女，大仙那要的闺女陈优姐，长得高挑细腰，粉面桃花，却是个喜报三元，在家不会做针线，下地不想干粗活儿。寻了十多个婆家，都是高不成低不就。最后与涅阳一麻货铺老板的儿子成婚一年，生了娃不会照料，夜里翻身压死了。因不愿听婆家人指责，回娘家住一年多，婆家也不来接，自己也不愿掉价回去，住到过年时，忽然自个睡床上哈哈大笑，不是高兴，是疯了。

彩莺生那个小妮红娇，年过十八了，谁来说媒都苦皱着脸摇头，打死不嫁汉。

这妮儿可不憨，就是懒得出奇，不梳头，每早喊彩娥梳洗，饭菜端跟前了才吃，不端就坐那儿等，吃罢推开碗等人来拿。这妮儿有个长处，和彩娥吵架，得理不让人，没理辩三分。有一回她打烂了粉盒，手叉腰站门口，指着彩娥说，看啥笑话呀，你打烂的，还不快捡起。

彩娥打了她一巴掌，她竟跑到涅阳县衙告状，要父亲回来为她出气。二郎神问清了真相，也要打红娇，她却哭她死去的亲娘，说亲娘多次托梦说是谁杀她的，要彩娥为亲娘偿命。二郎神见她伶牙俐齿，能说会道，成了谁都惹不起的妖精，竟连数落都不敢了，抖着手捣捣她，潦草收场。

还有，二郎神娶的侍妾秀鸽，因一双绣花鞋丢了，在九桂窗台上找到，死咬是九桂偷的，就指桑骂槐起来。最后两人指鼻尖揪头发地掐了一架，从此不共戴天。结果贼不打三年自招，半月后红娇跟优姐优妹闹别扭，红娇道出是她设局挑拨九桂和秀鸽闹矛盾，九桂找上门来训她，那红娇又恶闹一场，吓得九桂不敢较劲儿。这事在张寨传开，人们为红娇送了个外号"陈小妖"。

算来算去，就老大耀武学了巫术，会单独施术，能混来碗饭吃了。大仙多次叫二郎神把耀武提个官儿，二郎神为树个大公无私的形象，没把陈家一个人引到官路上。可此时，他看到太守欲降他为副县，就有点后悔，再看大仙脸色不好看，外边来了麻烦也不上前，眼看耀武四十多了，他决定在太守私访时，好好表现一番，获得上司好感，稳住原职，再顺便为耀武谋个差。

二郎神在村头转了半圈，硬着头皮去了涅阳。进到院里，他一眼就看见黑乎乎的大门，一院子焦烟气，门口的桂花树成了黑炭桩，花廊塌了，大堂前一摊水。后院更是残墙断柱，几件血袍和丝缕长发，帽缨，散落在地，他座椅上的虎皮垫子，也成了一堆焦灰。

院里几乎没一处完整的房，也没有一个走动的人。他隔一道屏障看半天，才来到大堂前，心惊肉跳地四下环顾。这时，一虎从后院的月门里出来了，幽灵似的绕到主子马前，低声下气地说：老爷回来了，小的正在等候。

他问：太守几时来私访？

一虎赶紧摆手摇头，说：太守放风要来是真，但不是马上。

二郎神瞅瞅一虎，说：招儿施到老爷头上了，想吓死我呀，念起你在县衙多年，早该升迁却仍在原地，我不计较了。

一虎笑笑说：谢大人，一虎不求升迁，只怕县衙荒了，不好收复。

就凭你这点忠诚，我会帮你提官加禄。

一虎愣住了，怔忡半天，认为是好听话。却又违心地拱手施礼：谢过大人！

二郎神平日前呼后拥惯了，从没如此孤家寡人站立院中，也没有成群的下官在院中肃立待命。那些本该死守阵地的差役，都去哪儿了。他记得那天晚上遭遇黄巾军破城时，一虎也不在身边，说明一虎提前得信儿，早早弃职逃命去了。上天从来没有给这些奴才随机应变的逃生机会，他们逃跑就是背叛。

一虎见上司板着脸，他的腰弯得更深了，垂下来搭在双膝上的两只手，几乎挨着地了。约莫二郎神想下马，他往马镫旁趋近，拱起脊梁支成了马镫架。那张脸仍艰难地扭过来看主子，奉迎的、谦卑的、迁就的笑，看着比哭还难受。

二郎神看了一眼，并没下马的意思，他嗓子里像别了根鱼刺，气呼呼勒着马头，板着脸看着烧黑的大堂后门，想问一句，那天人都跑时，你去哪儿了。可他没有问，又因没问出来，内里窝了更多火气。

一虎仍在等主子蹬着他的背，下马。等半天不见动静，他动一下背，暗示主子。没想此举惹得二郎神踢来一脚，把他踢翻了。他蜷着身子窝在地上，二郎神策马奔过来，马蹄踏到他身上，一阵啊呀啊呀的叫唤。他无声地哭了几腔，吸着鼻涕说：大老爷，有气你就出吧，都是小的不是。

二郎神又策了一下马，往前奔一截，朝后狠狠抽两鞭子，抽得一虎在地上滚了几滚，挣扎起来。此时，有两个差役闻声跑来，二郎神叫他俩把一虎拉下去。两人正怕主子生气，赶紧拖着一虎到刑部房，拿出长棍一阵暴打。打得一虎身上血糊糊的，衣袍和皮肉粘在一起。

二郎神已换了官袍，端袍拎带迈方步朝大堂走，看见了蜷在阶前的一虎，他吃惊地弯下身来扶起，问：他们怎敢对你用刑？并喊俩差役火速来见。两个差役平时见一虎得志，这时出了嫉恨之气，正在背后偷笑，听到二郎神喊，知道事情不妙，赶紧小健步跑来。

二郎神手持长棍，没头没脑地朝他俩打起来。不管黄巾军偷袭，南阳太守贬谪，还是孙子陈疙瘩窝屈的气，都找到了出气筒。

二郎神找人修筑院墙，换了新大门，并招集差役立即回府，不回者斩，重者株亲连族。大部分差役来了，他命大家分头过问各乡亭状况，纠集差役恢复各守职属，执好政务。接下来命一虎到长安找金匠，铸个赤金的奔马，去南阳郡送礼。

第五十五章

现任李太守是七年前到任南阳郡的。汉朝的官执政一方，最少干五年，干到七八年你不走，上级也会调走你。有的官吏一生镇守一方，直到退下来，都没动过。上级为了清明廉政，任官不能离家近，亲戚好友盘根错节，不好持守清廉，定有五百里内不当官的制度。

南阳郡李太守，是个南方人，因为不同于中原的眼界与性格，对二郎神这样能说会道，又会贿赂的小官，很是反感。特别是当他听说名医张仲景家住涅阳，曾多次叫二郎神请来一见，一是拜见高人，二是想调升郡内，还有一已私心，想推举为皇帝服务，为君尽忠尽孝。

李太守到了升迁时候，仍原地踏步，调也调不走，升也升不起，内心就有了老生常谈，不思进取之心。此时，一听说涅阳县令陈家义前来，他脸色马上沉下来。他知道二郎神很能混，政绩虽然平平，头上却戴着多年前灭蝗赈灾功臣，施赈救扶灾民典范的光环，没想到两年前申家女的命案，加之黄巾军来袭，把他的名声一下子拉低，推到了好官的反面。太守吹了下胡子，叫他在仪门外等。

二郎神平时进府门是差役一报，太守就会召见。老太守在任时不用报，跟自家的堂屋门灶火门一样随便进。而这次被晾到门外，路过仪门的同僚都歪头看他，打个不冷不热的招呼，笑在浮皮上，十分干气。还有的打了招呼就拂袖而去，只怕多说一个字。有平时点头哈腰者，此刻扬起了脸，视若路人，擦肩而过。从人们眼角流露的冷落，像深冬的寒气，渗透到他的骨缝。

他竭力耐着性子，坐在门外的石墩上等。等了半晌，中午饭时已过，还不见太守召见。他心里犯毛，去问门口差役，差役也换了岗。他饿了，想去街上吃点东西再来等，可转念一想不中，若此时太守召见，自己不在，会更糟糕。

二郎神直等到下午，换岗来的差役都吃惊地看着他，他还跟木桩子一样站在门口。直到太阳偏斜，约莫黄昏时分，太守才叫他进来。他如获大赦，抱着金马进去，到太守面前二话没说，扑通跪下，一行鼻涕两行泪地哭起来，边哭边请罪，自己因患病居家，结果黄巾军透到底线，半夜攻进城来，出其不意。

太守一点也没在意他的可怜相，只是吹吹胡子，拍一下案子。震得二郎神抬起头来，掉了魂似的坐到侧边椅子上，开始叙说他和涅阳县的遭遇。太守仍板着脸，问：你被黄巾军赶出县署后，钻哪儿去了？如实禀来。

大人，下官害了搭背疮症候，去襄樊找名医，回来发了高烧，头跟箩筐一样又疼又蒙。

你家兄不是个神医吗，咋不给医呀？

是的，我正是回家找他施术，没医好，才去了襄樊。

胡说，黄巾军攻来时你已回涅阳，你不能守职，为何不托人代管，把一个县扔下不管跑人，你知道这是犯了何罪吗？渎职，不杀头也掉官的。

二郎神忽然想起金马，赶紧招手让一虎把礼呈上。一虎想官场行贿收贿套路深，当着第三者有忌讳，就朝他使眼色。二郎神暗示半天，没见一虎过来，气得在心里暗骂。忽想起金马带在自己身上，好像有了护身符，立即笑开了颜。他掏出金马来，撩开外边的麻布，再打开一层丝绸，金马裸出，大堂灿光四射。

太守几乎在这一瞬间呆愣下来，但他的眼中并没放出光来，他是为下属的行为而惊异。

二郎神捧着金马走到太守跟前，声音轻得像三月风：大人，这是下官孝敬您的，请笑纳。

太守的眼睛这才被金马点亮了，他捋捋胡子，把脸挨近一点，眯着眼聚起光来，好好地瞅，细细地看。看半天脸又绷了起来，郑重地喝道：大胆，涅阳县境那么多叫花子，你却私藏宝物，该当何罪？

二郎神一听此言，感到自己面前的阴影并没被金光驱散。常言道伸手不打笑面人，当下官呈上重礼，上司还板着脸，便会有无数个不测潜在其中。他有一种兵临城下的危机感，只怕宝物送不出去，反落太守嫌弃。他腿软了，有种虚脱感，心志忑起来。他镇定一下，一步步挪到太守跟前，壮着胆子，把金马举过头顶，深躬腰背，说：大人，这是下官专意到长安找名人造出，大人千万要笑纳呀。下官纵然有罪，可仍对大人忠贞不贰，望大人桥是桥、路是路地明辨哪。

太守唿地站了起来，怒道：我再问你一事，涅阳名医张仲景为何流落他乡，我听到不少悲愤的传闻，你今天得给我透出真相。

哎呀大人，说起张仲景，那真是当地一祸，他下药杀害车夫性命，又抛良家女子于路旁，做尽偷鸡摸狗之勾当。这且不论，他对朝廷官员极端仇视，天天骂朝堂之人是狗官，只差傍了黄巾军，一起抄杀官府。

太守吹胡子瞪眼地指着他，问：我听到的与你说的完全相反，众人都说他是个精心求术之人，被你嫉恨逼迫到深山绝路，多年后历尽艰苦，抵京著典，现已被皇上看重。你何以证明一个医家会那么黑心？你是否又在使栽赃陷害之招。不管是真是假，名医都是你地盘上的子民，他流离失所，就是涅阳之丑你之过，还有脸编排？

二郎神扑通一声，双膝扎跪，头磕到方砖上，从喉咙里挤出嘶哑的辩驳声：大人你听我讲，有朝一日，我定要找到他，亲自带他来见大人！

大守侧着身别着头说：就你干这事，叫南阳郡都出恶名了，轻视人才，卫护恶官，为此劣评，我贬你一百回，判你归于家桑，杀头灭族都不亏。

二郎神一听就低泣起来，说：大人给我三天时间，我定亲自带名医来见你！

真的吗？你办得到吗？张仲景现在京城洛阳，你赶快去呀。说罢朝外招手，拉脸不放地道：来人——送客——

二郎神被人送出了门，就跟拉出去服刑似的，腿都发软。太守叫人把金马扔出来，砸在地上。一虎捡起了金马，两人仓皇逃走。

出了南阳郡府，二郎神就知道自己的下场了。

回到涅阳，他饭不吃茶不喝，怔怔地坐到天黑。夜空有几朵灰云，在慢慢游集，变成黑团，这晚的月亮是出不来了。二郎神感到天要塌地要陷了，熬煎得一夜没合上眼，天闪明就打点行装奔往洛阳。

二郎神与一虎整整跑了四天，在天刚蒙蒙亮时，到了洛阳城门前。

他把马头勒得老高，不时仰脸看高楼和门牌，只叹这里的高官厚禄，强权豪绅，才是天下英雄聚集地。他猜着张仲景要巴结的，肯定是何永，除此他没有别的背景。他在城边铺子里打听到何永住处，省了绕圈路，直奔何府而去。

这天何永正好在家，听门外报说南阳老家人，就去迎接。开门后，见是个陌生人，报出家门是涅阳县令陈家义。他有些吃惊，赶紧在脑袋里转，好像听说过他哥是个巫医，医过南阳太守闺女。还听有传言，这个家族在涅阳县是一霸。在他原来的印象里，这一级地方官，都是钱粮买的，上来后本利全捞，混迹世俗江湖，很少有忧国忧民的仁志情怀。

眼前来客，以老乡身份来访，他也迎接进堂，让座倒茶，但心下却有些许异样。等二郎神坐下后，何永少不得问及家乡人，没说几句话就扯到了张伯祖和张仲景。二郎神一提这名字，就跟南阳太守之令一样恐怖。听何永话音，他猜着张仲景定会把自己的底子揭穿，或全盘谤毁陈家名声。他十分敏感，额上沁出了汗珠，问：仲景是涅阳乡亲，可是戴罪之人，不知他现在京城何处？

何永见二郎神对仲景的反应过激，也敏感起来，反问：仲景是行医之人，医术精通，救济病伤，身戴何罪呀？

二郎神忽想到何永是个文人，肯定欣赏仲景学识，为了缓冲情绪，他端起茶杯，呷了一口，沉吟道：我正要给大人叙述此人，张仲景虽为医家，利用走乡串村之便编排毁谤对立面，你何大人早年没提携他当官，也被他骂了半辈子，骂你失天良，不帮好人，简直是狗官混世，千夫所指。再说他的人命案，更让人不齿，他因看中一车夫的婆娘，用毒方害死车夫，欲霸占民女。那婆娘受不了仲景厚颜无耻的纠缠，到官府揭发。仲景畏罪逃往外乡，官府无法追究，至今逍遥法外。可是大人，话又说回来了，因张仲景行医有术，南阳太守想请他回去一见，大人告诉我，他在何处。

何永见二郎神虽有方形脸膛，却赤眉红眼，脸带戾气，行为动作都很张扬。心想，那仲景甘于民间行医济世，怎会有那么多劣迹，还有杀人心肠。他理了思路，为二郎神添了茶，绕过话题，紧紧抓着要害事件，问：车夫的婆娘是谁家女子？

二郎神说：是涅阳县申家女子，张仲景原为杀夫夺妻，后因杀人案败露，遂畏罪潜逃。那女子因不堪孤苦日子而自尽。

何永又问：她诉张仲景是怎样毒死车夫的？

用麻花蘸蜂蜜。

有人证没有？

她哭哭啼啼到大堂上，亲自做证。

女子哭啼并不能证明什么，你是一方县令，可要细查明辨，分清善恶。

下官查清了，张仲景在涅阳县臭名昭著，那里所有的巫医都在咒他早死，众怨深沉，不杀不足以平民愤。

何永不再问了，又添了茶，心下想起仲景写的竹简和胸有成竹的方术高论，如此执着学问之人，应自觉维护公正形象，伤害人命真是弥天大谎。有俗言：

谣言止于智者。何永在否定二郎神，认为他在恶意加害好人。并断定张仲景就是蒙受此恶官的强加之罪，才流落外乡，有家难归。他徐徐道：你可知张仲景为皇帝医病之事，在京城上层声名颇大，是公认的医界圣贤？此举，你怎么看？

二郎神在南阳就听太守说过，此时闻听，如雷轰顶，心想这张贼不仅没死，还窜进皇宫了，真是胆大包天。他问：何大人，仲景他现在到底在哪里，请大人告知下官，我好荐他回南阳见太守。

何永郑重地看着他，说：他为皇帝医过病，名闻京都，皇帝很看重，不会让他走的，你别找他了，他所戴之罪，会有水落石出时。

二郎神吓白了脸，看来仲景真是进皇宫了，涅阳县从古到今，从没人像他这样牛过。他急惶惶喝了茶，忽地站起来，说：我想到京城办些事，晚些再来看望大人。

不等主人送客，二郎神走到大门口，就上马扬鞭而去。

何永见二郎神走开了，急匆匆出后门绕道跑到李膺府，见到仲景，开门见山地问：涅阳陈家义也来洛阳了，说起了毒死车夫的人命案，到底怎么回事？

仲景一听说二郎神来京，顿感沉重，多少年来，他一想起此案心里就有压力。此时，他像要把心头大山推翻，他把申巧凤求医害丈夫，自己开药方医车夫的经过述说一遍。最后又说：此人就是引导民妇诬陷我的那个二郎神，他先是追杀我和二叔，逃到伏牛山深处，后来二叔病死，我到桐柏山。他又追去，直到后来患了搭背疮去襄樊求医，才又见了一回。就是因为他制造的逼迫磨难，我才南北流落，失去稳定处所，造成长期无法定居著典。

何永和李膺都很信任他，表示支持他著医典，且要防范恶官加害。

何永说：我有一言相劝，你的遭遇，一来与恶棍强霸有关，二来是读书人的迂腐造成。你身负天大的冤情，到京城却不诉说，倒是叫恶人追来先告了状。要不是我和李大人相信你，二郎神说不定就能鱼目混珠，黑白颠倒，谤毁掉你清白，你连说话权都没有了，哪有申辩机会。依我看，二郎神从地痞混到县官，不知蒙骗过多少人，施招过关的手段足够高明。以你的清高人品绝非恶官的对手，不如趁此为朝廷医病的前提，进皇宫当太医，进个保险地，或跟刘大人入朝当官，手握重权，看谁还敢欺辱你。

仲景说：当太医是能抬高医家名分，且青史留名，可朝中都是吃饱穿暖的富贵客，哪有山野民间的多样病材，那对收集资料与医术长进，都无益。

李膺见仲景如此执着医术，本来觉得这人才好执着，但此时，一下子理解了仲景的执着，钦佩地说：你所言极是，可我也愿托荆州刘表察举你的孝廉。

何永说：此话极是，刘大人也喜结交文人学识，建安七子中的王粲、陈琳就跟他来往密切，他又有皇亲背景，你跟他一去，我们才能放心。

仲景低头沉思。他想起三十年前父亲和舅舅领他去县城看招贤台，父亲冷落二叔的情景，为当官还是从医，他承受陈家多少挤压，甚至小香的早逝和翠姑的分别，都与这事扭在一起。怎么人生转了数十年，又转到这事上了，人生冷暖，沧海桑田，是否在轮回？

少时，他把思路扯了回来，想起了王粲在《七哀诗》中的诗句：出门无所见，白骨蔽平原。如此说，王粲肯定是个同情苦民百姓，抨击黑暗现实的文人志士。刘表能与他密交，可见宽厚仁德情怀。他点点头，沉吟一声，忽然郑重地说：谢过李大人，学生愿从命。如果刘大人举了孝廉，我愿到南方一带去，因那里温热潮湿，疾疫繁杂，也有好药材，会有疑难危重病夫需要良医，比需要清官更甚。

何永激动地指着他，问：真是铁树开花驴长角，你到底省过劲儿来了，三十年哪，三十年前你找我时还是个毛头小伙，那时我为你指医路，三十年后我又为你引官道，真是秦楚莫测，世事多变矣。

李膺站起身来，鼓励道：良医弱势，得官庇佑，人生苦短，世事难料，就此说定，别再犹豫！我们都相信你为官一方，造福万众。

仲景脸露赧笑，边甩手边自嘲。

何永趁热打铁，说：李大人，你速派人去找刘表，叫他早日过来，这是大汉一幸，我与你责无旁贷。

仲景在李膺家里客居下来，嘴上答应了何永不出门，心里却想，若是遇上病夫，可咋办哩。

说话不及，外头来了个妇女，披头散发地哭着求医。李大人出去说：医家去皇宫了，这儿哪有医家啊。

仲景有点奇怪，这赫赫有名的李大人，说起瞎话来也面不改色气不喘的，他怕病人症候急危，要出去应诊。那妇女刚走，李膺拦住他，速拐回屋。

仲景进屋后仍坐立不安，好几天没见一个病人，心里空落得像鱼离了水。好不容易遇到一个，又拒绝了。忧虑之间，心想那妇女有可能为老人求医，老人是否已病倒榻上，求不到医家，会乱投巫医，延误病情。顺着这个思路，他越想越焦虑。

李膺为他沏茶，说马上出去有事。这时，外边又有哭声传来，他不顾李大人阻拦，把药褡裢背起来三步并作两步，出了堂屋。那妇女悲戚抹泪，诉说她老爹身患重病，快不行了，听说有医家到此，前来求救。

李膺赶紧拽过仲景，推屋里关起门来，自己走到院外，说：嘿，我说过这儿没医家，你咋又拐过来了。

仲景虽然心有怜悯，却想起涅阳申巧凤的骗术，说：世上连妇人心都如此狠毒，何况恶官？

何永站在院里，说：王粲有赋这样写，钟仪幽而楚奏兮，庄舄显而越吟。人情同于怀土兮，岂穷达而异心！

李膺说：不是世道坏，是你心肠太好，看不透复杂人心，像你这样一心为医者，举世稀少矣。以后为官，坐于府衙，少跟草芥之辈相交，多与贤士仁者往来，会净心少忧。

何永说：李大人已对刘表举了孝廉，天下人皆知刘大人是皇家宗亲，他身为荆州牧，坐镇南阳襄城、荆州、长沙、豫州，纵穿汉朝南北一条主线，是皇帝的半壁江山。刘大人打算叫你到江南一带就任。

却说二郎神在洛阳城里找了三四天，见老弱病残者就打听，也没得到仲景的音讯。他用十个铢钱收买一个街边的摆摊女，叫她帮助打听仲景住处，因无果，他才又返回何府。

来到何府，正好碰到来何家拿东西的泛卫。泛卫一见此人面相，且身穿官袍，想着应是二郎神来了，他说：何大人因公差出门了，得几天才能回来。

二郎神心下疑惑，莫不是仲景已在何大人面前上了自己的烂药，才拒见于我。又一想仲景生性沉着内敛，不会翻晒陈案。就想在门外等何大人回来。

泛卫见他不走，说：何大人到边关去了，路上得走好多天，月儿四十天难得回还，怕你难以等到。

二郎神仍心存疑虑，问：你是何大人家的，应咋个称呼啊？

泛卫说：我姓赵名安，你也报个家门？

二郎神听后，转身走掉。

泛卫关了门，站院里想，如这个恶官在城里碰见仲景，就糟了。他开了门，上前拦着二郎神，施礼道：大人，看样子你远道而来，何府这几天要来一大官，你不想高攀吗？

二郎神觉得怪了，问：何大人不在家，哪个大官前来造访？

泛卫说：何大人虽不在家，他们会留下简文等大人回来阅读。

二郎神并不知京城官场和学识之间的联系，却对京城高官显贵很感兴趣，只要能遇大官，送个厚礼，就能给南阳太守搭腔说情。他点头说是，转身到街上买了些古玩珍宝，然后在对面的干店里住下。住了三天，大清早又到何府门前转悠，何府一直关着门，不像有大人物光临的迹象。他敲门要进来，哪知泛卫把他套在这里，早就带着仲景的竹简药材，跟着刘表离开了京城。

二郎神敲了半天门，何家有人打开门，问他找谁，他说找姓赵的。

何家人说：这儿从来都没有姓赵的。

二郎神问：有没有大官要来何家？

何家人只摆手，不作奉告。

二郎神又问：前些日子有没有个姓张的医家来？

何家人连连摇头，然后莫名其妙地关上了朱漆大门。

二郎神又来到皇宫门口。他想壮壮胆叫人禀报皇帝，把金马送上。可他说了半天好话，守门役就是不放他进。眼看都到金銮殿门口了，对里边的世界充满了渴望，想进去看看真龙天子，看看宫殿里的龙椅，看看后宫的美妃。他横冲着要往里闯。

守门役上前拽住他，问：哪儿来的稗官，这么不懂皇家规矩？

二郎神甩一下膀子，恶狠狠地拍着胸部反问：老爷在下边拼命为皇帝卖命，担惊受怕，来京城连门都不叫进，这啥世道哇？

守门役拿出长刀在他面前横下，说：你想上天，梯子哩？

二郎神还从来没受过如此戏弄羞辱，气得脸都扭歪了。一虎拽拽他袖子，小声说：大人走吧，这不是咱说话的地儿。

二郎神甩开一虎，气呼呼地说：老爷在涅阳顿顿脚，几百里山摇地动，到这儿连孙子都当不上啊，我算看透了。

守门役想笑没笑出来，跟打发顽童似的摆摆手，嚷道：走吧走吧，哪儿凉快上哪儿去啊！

二郎神手摸到金马，换了个笑脸，说：大爷，这是下官孝敬皇上的宝物，你叫小的进去吧。

守门役说：你拆开我看看啥玩意儿，这么沉。

二郎神把包金马的麻布和丝绸拆了道缝，一道金光忽地放射出来，照得守门役花了眼，守门役眨眨眼，定定神，说：按皇家规则，此物应叫南阳太守来献，你若想献宝物，只好留物走人，有人代呈。

二郎神心想你小子怪刁，我走人你得宝，想得美。他耐着性子说：大老爷，我不是不想托你代呈，我有要紧事要见皇上，比如俺们县境有个戴罪之人，流窜到京城，皇上万不能任用，还得调动京城差役，与我联手查办。

守门役说：别说你小县里来个戴罪人，就是你一个县的叛贼都来京城，也是九牛一毫，你甭拐弯抹角了，把宝物留下，我找人传进去。

二郎神赧笑着说：不麻烦你了，我干脆带回家叫太守来献。

守门役上来拽着他，说：好你个赃官，青天白日偷了皇家宝物，竟敢大摇大摆拿走，翻天了你。

二郎神一听这话知道遇到恶官了，跳上马就要跑。谁知那守门役一摆手，院里窜出来几个举刀人，穷追过来。二郎神前边飞奔，不管路上是摊贩还是行人，或者玩猴斗狗耍标枪的，一律横冲直撞过去，吓得大人小娃一片号叫，不得不闪路让他闯。

眼看街上一阵哭喊，后边才不追了，看形势是掉转马头回去了。谁知对方暂时按兵不动，却抄近路钻进一小胡同，待二郎神钻进小胡同，对方即拦截过来。二郎神见小胡同细如鸡肠，骑在马上转身都难，他勒马紧策后，马蹦跳几下，头碰到墙上，即摔倒了，旁边有人蹿上来，扭住了二郎神。

二郎神哪是轻易就范的主儿，被揪住后，佯作无奈投降，当两边人放下了警惕，他突然脚手乱舞，浑身翻腾，像一条受惊的蟒蛇。先是踢倒了两个人，又将身子跃起，抽出腿带里的刀，朝一差役胸部刺去。那差役本不想伤他性命，见这个愣子出手太黑，也拔出刀来，打了几回合，二郎神抵不住腹背受敌，赶紧把宝物扔给一虎，一虎接了宝物就跑。两个差役转身去追一虎，直追到郊外，一虎终因不敢抵挡皇家官兵，拐过来把宝物扔给二郎神。二郎神接住金马，疾拐弯冲出胡同，朝一片丛林奔去。

俩差役勒马头追过来，站树林边上瞅着，没敢轻易进去。

仲春二月，万物竞相萌发，江南正万象更新。仲景、泛卫与刘表一行，走过了江南。继续往南，又走两天，来到了荆州府。

进大门，过转堂，再入二门，一个陌生场面呈现。院里有一群才学之士，在后院聚诗会。年轻有为的小个子王粲也在此，他高绾发髻，一身清雅风致，其他几位不时插言发话，议论热烈。

仲景并不在意诗会唱的什么调，表达何种意，却十分在意他们的精神头，更在意这乱世尘烟里，还有贤官接纳诗文经论，让他们不顾外界纷扰，执着于信念，与世俗隔离。仲景还瞅见王粲的脸色苍白，面肤失光。他一时怅然，不知用什么方法进入圈子，让王粲接受医术。

好在，这群清高学士，不端官架，也没有歧视白丁。他放松自己走过去，圈子里有人站起，以浑厚的声韵朗读：

出门无所见，白骨蔽平原。
路有饥妇人，抱子弃草间。
顾闻号泣声，挥涕独不还。
未知身死处，何能两相完？

院落里有箫笛和丝弦响班，合奏雅韵。还走动着衣着素净、品貌端庄的女子，手拿纸张笔墨，人走过去，金钗玉佩环摇，腰肢清风摆柳，款款悠悠，媚态万种。这时，又有人朗诵：

白骨露于野，千里无鸡鸣。
生民百遗一，念之断人肠。

仲景没想到，江南竟有此等古道热肠者，身居高位，同情百姓疾苦。如果大汉皇帝能起用这帮人，世运将会怎样。可古人都说秀才造反，十年不成。大约是间世文人墨客太少，又清高不接烟火气，只有当民众起来时日，变法改良才能成功。他内心有萌动，有了写诗的冲动，想去奉和，却又止步。

这时，刘表过来了，郑重地招手叫王粲出来，说：诗写得好，揭露了某地实情，对时局却有失和谐，特别在荆州府念，会有人认为是此地状况。

王粲当即抱拳，说：说得是，我也有同感。转身即去传达刘表意思，接下来，诵诗声止。

泛卫这边见到文化名流，感觉见到了大世面，觉得老师也应去表现一下。他小声说：听说刘备也在此府，老师喜不喜欢那个乱世英雄？

仲景说：他发迹是与世道民众的灾难相伴，还镇压平定黄巾军，打压传教者。自从曹操挟天子以令诸侯，汉权已名存实亡，现群雄四起，官僚割据穷奢极欲，真英雄，谁能眼看百姓陷入水火，无动于衷？

泛卫说：先生，我都迷糊了，难道何大人李大人也迷糊了？世人都那样，咱一个人操心，是麻雀头顶个包袱单，不如走乡随俗，到哪座山上唱哪儿的歌。

仲景说：你小子看不出啊，你一近官场就沾上了官油子气。

两人正在说，对面过来了王粲。仲景看见他的背稍见驼，身板纤弱，无法挺正，肤色枯槁失润，毛发失却光泽，说话不着底气，声若枯木，目光不见灵光，走神游魂。他以一个医家的洞察力，看到这建安才子体内有隐症。他正想直言说出，王粲却笑问他：听说天下医家都爱八卦。

仲景坦率地问：先生，可记得在京城时，我嘱你服五石汤？

王粲不屑地笑了笑，说：什么是五石汤，有什么用啊？

仲景说：其中草方有防风、干姜、桂枝，石方有紫石英、白石英、赤石脂、钟乳。服此方，非唯医病，亦为壮元气，防病养生。

你看我这般精神焕发，为何要服药汤，你是喜欢八卦，还是擅长露能？

仲景一听怅然，继而纳闷，想对王粲布道医经，可王粲已拂袖而去，神情充满了不屑。这种冷漠使他感到别扭。大院里高朋坐客，纷纭喧嚷，他仍难以入局。就想，此人身为大汉精英，为何对医学这么无知？

但他又想，病不瞒医，瞒医将会延误，酿成病灾。他要追上去跟王粲说个明白，哪怕遭到拒绝，也得尽医家之心。他刚追过去几步，王粲的跟随就摊手拦过来，道：王大人饱读诗书，你不必担心于他。

仲景听清了话意，眼看王粲走开了，他大声喊：哎，王先生，医科之事，非性情左右，可不要等病入骨血，再求医啊。

王粲的跟随又说：王大人心中装着家国大事，不可为区区小疾打扰于他，拜托医家！

仲景被泛卫拉过来时，还在自语：舌战群雄的学士，竟如此蒙昧，又怎谈忧国忧民，大汉其实不缺学识，只缺真知啊。

泛卫说：老师，你有点只懂医学辨证，不懂人情世故，这些都是高人！

仲景好似回过神来了，指着泛卫，说：好话重三遍，鸡狗不耐烦。

泛卫感觉老师一进官府就蒙了，脑袋一直顶在南墙上，还转不过弯儿来。他想笑又不敢笑，摆手说：你就当学生啥也没说，可老师你要听名家的。

仲景闷闷不乐回到住处，展开一卷医简，神情却专注不起来。

泛卫还是第一次看到老师坐案前发呆，他说：俗话说做官不做学问，做学问不做官，可老师你得学问也做，官也做，就成了。

仲景问：你咋只说光堂话给我听？

因为老师当了官，能保证医典流传于世，还能保良医独立于世。

可你看王粲之类，分明身患重疾，却不听医家之谏，这真叫人头蒙。如果我三十年前就来京城，说不定误入官场，什么医业都荒废，连心性也变了。

泛卫说：可是老师啊，你说普天下志士，谁不思当官？老师若能早些得官，断不会一路漂泊，两袖清风。

两袖清风不好吗，你一介小百姓也眼馋贪腐之官？

此时，王粲又从窗前走过。仲景再次看那张失泽的脸，像豆腐渣一样苍白。他想上前搭讪，可王粲打个手势就绕过去了。仲景知道，双方之间横着沟壑，政治和人性之间，官权与百姓之间，两相对面，如同陌路。他想不通这弯弯绕绕的官场，有多少繁复和无聊，来消耗人的年华精力。

三天后，何永来过一次，送来厚厚一沓纸，找了两个青年跟他到长沙整简医稿。仲景推开了刘表找的卷宗，把襄城没写完的散稿通遍阅读整理，新添了不少章节，并交代泛卫到长沙后专管研墨铺纸，泡茶打扇挑灯，尽快组一个小型写典团。泛卫竖起大拇指，说老师高！

天底下总有巧合，何永委派的俩小伙竟是双胞胎，一个叫陈来，一个叫陈往，长得一模一样，还都方脸明目厚唇，说话声音也难分彼此，引得泛卫不时扭头去看。

仲景想上任长沙后立建文坊，然后把长沙公事打理个头绪，即加快医典著成，然后再抽空回涅阳老家看看双亲。想到此，他沉吟不止，即兴吟道：

多年故里云烟中，
一朝有盼思乡情。
人生曲折良医路，
愁怀归蕴涅阳城。

第五十六章

这天，仲景在看医简，忽听外边有人说：刘大人要去京城，只因京城战事纷攘，皇帝与大臣不能主政，朝里乱成了一锅粥。

仲景心想刘表一走，说不定就卷到京城纷争中了。自己还未到任，他心起茫然，又不便直言问询，只好与泛卫一起跑到城外山上去散心，顺便找些药材。

仲春二月，百木萌发，空气里虽有寒意，却也有了丝丝的春暖。仲景感到浑身为之一振，他已经多日没到山里采药了，此刻呼吸到清新空气，也看到连绵不尽的青秀山水，听见鸟鸣如琴声样滑落，他不禁长叹一声，说：难怪孔圣人说，知者乐水，仁者乐山。

仲景与泛卫一会儿各自采了一捆药，薅了枝秧捆起，折了树棍抬上，晃悠悠地下山来。正走间听见有人喊他，他手搭眉上看看，见一骑马者过来。他跟泛卫赶紧走上前，问来者何事。

差役说：等回府上再说。

仲景回到荆州府，见刘表、王粲和诗人、巫师们，八字排开欢迎他。仲景怅然，正要问为什么，旁边已有唢呐、喇叭与锣鼓响班，奏起了群乐。有人端袍拎带走到人群中，从怀里掏出圣旨展开，高声宣道：圣旨到——

刘表走到仲景跟前，小声说：快快跪谢皇恩。

仲景忙跪下听旨，原来他已被举孝廉，出任长沙太守。在汉朝，从一介草民，一步登上太守高位，他还是首例。圣旨读完，已有十来个小吏朝他跪下颂贺。他拱手磕了一下，谢了皇恩浩荡，起身拜谢各位大人，然后去谢过跪颂者，就转身去收拾草药。

众官发起笑来。泛卫从后边过来，说：老师你还没接太守爷的官服，可就走了，以后是太守爷了，别沾染这等粗活。

照你之言，太守就不是人了，要当人的什么爷？

太守就是爷，被人尊呼府君的，应该摆出官架，再干活跟庶民百姓有什么差别呀。

仲景摆摆手，仍蹲下去收拾草药。

泛卫说：我的太守爷呀，一会送来官袍官车就得出任，别摆弄脏活了啊。

仲景指着泛卫说：你跟我这几年对医药潜心求学，可没想心里也有那么多等级观念。

老师，我没给你说清家底，我叔是个县令，家里常有高人走动，都由我父亲招呼，我从小沾了个官边儿。以后，你得摆出个官爷架儿，下官民众才会敬畏于你，如果混到百姓堆里出不来，那是凤凰落入鸡群，会遭小鸡叮你的。

仲景坐到那看见泛卫毛手毛脚的，把几根草药挑错了，还在唠叨。他并没打断泛卫的话题，只是转弯对泛卫讲起草药的性能。这时他才想起，原来过去的日子，泛卫总是替自己做着卫护和提醒，是因为泛卫从小近官，才通达些处官的能耐，有了随机应变的灵性，也看得通透。他想等有了条件，多给他传授些医术，把他当医家的根扎稳了，再涉及官场。

按规矩举官上任，该回一趟老家，光耀门庭祖宗。离家多年的张仲景，一想起老家，心里就百味杂陈，千般感慨。这些年远离亲人，不闻乡音，记忆里两位高堂的面影，涅水波浪，河坡草地丛林，黄家翠姑，苍古的夕阳斜晖，不时显现，还有小香那座孤单而幼小的坟丘。尽管那片土地上有怨恨，也不可永久记恨，更多的是出生成长的依恋，亲情故知的热土。他太想回去了，风风光光回一趟，见证医术的真知性，叫人们看看医家的出头之日。

刘表知道地方官那种痞赖劲儿，怕仲景到地方防备不足，更怕招来新的嫉妒，加重村仇，就取消了回老家这一项。刘表问：仲景是你的字吧，你应报出名来。

仲景想起小时候张寨村对他的张机二字，常做戏谑嘲弄，老有人喊他鸡娃鸭娃的，他思路一转，说：我名张羡，字仲景。

刘表说：好名好名，说明家长有学问啊。

仲景想到陈家的复杂，叹息道：自古忠孝不能两全，不回家好，刘大人，下官有一事相求。

刘表好好地看着他，说：请讲。

禀报刘大人，我上任后还有件事，当时涅阳私卖赈粮案就发生在长沙，我应查清这桩陈案，与南阳太守联合惩办赃官二郎神，把这个恶棍清出官场。

刘表摆手道：我听说此人年事已高，将欲退任，还听说黄巾军攻入涅阳时，此人弃府私逃，涅阳县衙遭到严重破坏，南阳太守已起心除此害。眼下你刚上任，他就被惩治，反而有嫌。你到长沙后，政务上百业待兴，府内事千头万绪，应抓紧团结众吏，然后摸清民间实情，多在开垦桑田、耕种稻米、让饥民吃上饭方面下功夫。再说汉室江山，也得关注时务，黄巾军虽已被镇息，你委任于乱世，要明辨动向，见机行事。

仲景怕刘表往下说出，要他选择政治立场，钻营进局，在迷宫样的诸侯争霸中，最好依从自己。他绕过话题，说：江南虽遇灾荒，应让民众尽早复耕，下官还认为汉室混乱，是腐败制度造成，体制一时难改，下官只有惩办贪官污吏，为民众伸张正义，维护稳定局面。

刘表深信他举荐的是一位清官贤吏，说：二郎神在官场混迹多年，定有瞒天过海的蒙骗手段，你必须等长沙局势稳固之后，再来顾他，万不可轻举妄动。另外，听李膺曾提到你弟张仲祥，要不然我派人到南阳郡，把他提成地方小吏，好帮家里办些事。

仲景马上施礼：谢刘大人，我家住涅阳张寨，去者可打听我父张伯厚。

刘表仍心事重重地说：你在民间行医多年，初入郡府会遇到纷纭复杂的机关，你遇事应多来禀报，不可以秉持故有的书生气，一意孤行。

仲景点头说是。

过罢仲春，三月三这天，仲景身着玄衣缫裳，戴高冠，袍服佩绶，神情十分庄严。临走时，洛阳的杜度也追了过来，埋怨老师临走没喊他。经何永认同，杜度与泛卫在仲景左右侍从，陈来、陈往专职伏案组辑抄写医典。

汉代官服有很多讲究，主要通过冠帽及佩绶体现。不同的职务各有冠帽，可仲景只穿上官袍，泛卫把帽子戴到他头上，他就取了下来，说戴上不习惯。他坐于轿中，两边鼓手响班吹打起，前呼后拥出城去。

刘表背抄手站那目送，他摆手叫响班停下，下来轿，步行与刘表并肩走了有半里路。刘表送他出城门时，神色忧虑地说：战乱世道，委以重任，你当慎思谨行。

仲景深施一礼，道：下官明白，请相信，我从民间来，对民众疾苦体会切肤，同情至深，到任后该怎样行事，我内心有底。

刘表说：这是一面，战乱时期的官府，如风吹墙草，很难有长久主张。天下无宁日，你应见机行事，保障统治地位，先治农桑民生，再顾医家医术，比起政务之重，医术应谓业余。

仲景有点怅惘地看了一眼刘表，对业余二字有点生涩，但仍点头答应，施礼道别。

可刘表还是心事重重地站在那，好像对眼前的新官有一百个不放心，满眼的迷茫，谁也读不懂。

仲景上车出城，苍劲古草在风中摇曳，城墙上荫郁错落的树林，显出城府的森严。他忽然想起少年时拒做官医的想法，现官袍加身，恍若隔世。再回头望，刘表仍站在那，风吹斜了他的袍角，犹如玉树临风。

仲景想，这个声震江南的名官，为什么老对自己不放心呢？是否担心自己把医术当主业，耽误政事？你既然嘱我先顾民生，那施医救伤不是民生吗？

仲景出了荆州，前路处处山脉。静静的山间，马蹄的嘚嘚声好不活泛。前呼后拥几十人，有坐官车的，有骑马的，有骑驴的，还有跟着跑的，每人都按级别职位序列在行走。队伍尾部黄尘漫卷，不时有马嘶声错杂响起，闹得沿路种田砍柴者驻足观看。

官路拐弯时，仲景看清了，最后边有人小跑跟着，一脸汗颜，呼哧呼哧喘气。他觉得这不公平，官场的尊卑贵贱分得太清，清得有点不合情理。他坐了半晌官车，也坐够了，想下车去跑一截，活泛活泛筋骨，也换后边的跑者去坐官车。他撩开车帘往外看，忽听路边有呻吟声，仔细听听，有人哎哟哎哟叫唤。他掀起车帘一看，果然是个老人倒在路旁，他当即叫停官车。

泛卫在后边喊：不能啊大人，耽搁时间到长沙会晚的，天底下哪有半夜三更到任的官？

另有一个名叫石大亩的差役也拱手说：是啊，天晚入府，出师不利。

仲景的脚已落到地上，好像什么也没听见，弯腰扶着老人，问：怎么了大叔，你说，我给你诊？

老人身子软得支不住架儿，只是哼几声，瞪起眼珠看到路旁官车，有点吃惊。泛卫赶紧跑过来，催仲景上车赶路。

仲景继续问询老人。石大亩不耐烦地问：老东西你是个哑巴？你烧高香了遇到个医家太守爷，还不快说症候，耽误了老爷正事，当心你老命！

仲景一见这种恶官习性，就嚷：谁叫你管，站一边去。

队伍全停下，众人的目光齐刷刷扭过来，谁也不敢吭声。

仲景为老人切诊了，小声对泛卫说：他患了风寒发热，症候不大，你速取几味药嘱他回家煎服。

泛卫看看众官，神色异样，好在各味草药都有，只缺了一样蝉蜕。泛卫蹲下来说：老人家，你到村上树林里找点知了壳，兑药里，回家煎了喝，我们急着赶路。

仲景说：泛卫，你带杜度到树林里找，我要亲眼看你们把药备齐。

泛卫吐一下舌头，赶紧扶老人往村里走，约莫一顿饭工夫拐过来，述说找到蝉蜕，和老人喝药的经过。

仲景听罢，打手势命队伍起行。

又走一程，一个大拐弯，仲景往后看看，看到了队伍的首尾，长队扯了半里路，从前边的坐车骑马，到中间骑驴，再到后边的跟跑者，一路把等级分个清楚明白。可仲景就糊涂了，都是个人，这样不公平嘛。他这次执意要下车，走到后边，叫最后边一个跑得满脸是汗的中年人，到前头去坐车。

只听泛卫大叫：老师——不可以——喊罢跳下毛驴，飞奔过来，拉住他往前走，还没等两人走到前头，轿子已抬拐过来，到仲景跟前停下，高呼府君上轿，起轿——

秋风起时，赵河水瘦，树叶渐落。田里庄稼已收割完，空蒙原野上，村里炊烟梦一般飘悠。

张伯厚一大早起来，就看见陈家的白色炊烟飘往北方，他猜着陈家老二的为官路可能要断了，自家儿子仲景该回归故里了。

三春过来了，笑吟吟地站到面前，递半碗温水，催他喝下。古老的院落，三春粉红的大襟祆，桃花一样鲜。他对三春笑笑，喝了温水。

三春说：喝了，赶紧上地去。

张伯厚见三春下令的口气，觉得这婆娘有材料。在他内心窃喜的是，三春进门两年怀了身孕，张伯厚快六十的人了，犹似入了秋万事休的田地，孙子都过二十了，侍妾与儿媳一起生娃的窘境，真是不好意思。他忐忑的还有，三春有了自己的娃，家里两窝娃，会不会多些是非。伯厚细察了这婆娘，不管带仲祥的小女还是照料张闻氏，都很厚道。去年他与仲祥婆娘吵了架，有一回两人一块去走亲戚，半路有一截几里路的荒草小径，渺无人烟。三春听见不远处有动静，急中生智，大声喊：他爹，你快点跟上来吧。喊罢只见草丛中有个柴汉，拔腿就跑。这事是仲祥婆娘回来述说的，从那天起，她再不跟三春闹别扭。

伯厚又想起昨夜的梦，有骑高头大马者来到宅院，手持金简。他想讲出来，又怕早上说梦，一天不幸。罢了，他笑了笑，朝村西头走去。

他走到了村西二里外，荒坡上新开垦的十来亩地，都种的高粱。今年早春，他还在沟坎上种了桑树苗和大麻子，哪块地上种芝麻、辣椒，哪块地上种豆种瓜，都安排得妥妥的。现在，张家已是村上宅地田产最多，种庄稼物种最全，新盖院落房屋最多的，添置耕牛五六头，毛驴骡马十多只，长工丫嫂家丁十多人，是涅阳县里冒尖儿的富户。

这么大的田地家业，把三十多岁的仲祥累得像个小老头。伯厚一直在为仲祥买官打基础，老想让儿子走出村庄，又不想叫他走。

这天，张伯厚在房后地上招呼长工去地里干活，忽听两个差役来找仲祥，并送来一纸官文，是举张仲祥为南阳郡差役。

伯厚赶紧拍掉手上灰，整理衣衫，领着差役去找仲祥。找到了，伯厚叫仲祥跪接官文，随后细问，才知他的落难儿子仲景，经刘表举孝廉封官，已荣任长沙郡太守了。

张伯厚一时欣喜，并不张扬喜庆，晚上听说儿子到京城为皇帝医过病。他只觉得世事如轮回转，平时从不吟诗的他，一时脱口颂道：转眼山水逝，万物随道属。命定不寻常，天地均相助。

三十九岁的张仲祥，第二天就身着官袍到南阳郡去了，任的是南阳西郊一个亭的副亭长。

黄昏时分，长沙这座江南之城，隐在一片暮色里。

不大一会儿，圆满的明月犹如一面镜子，当空悬挂起来。天空上有灰白的云块掩遮过来，明月快要被云块合围住，可是月亮在云堆里穿行半天，又露出了皎洁的面容。这时云块无精打采地散开，把旷远的苍穹完整地交给了月亮，让它的光华沐浴大地人间。

仲景在明月悬起之时，踏进了长沙郡府门。官场自有陌生世相，府门外两排衙役排成扇面，文武官员全副着装，列成威武仪仗，旁边有响班吹打，有爆竹响起，一个老臣端袍拎带，拱手施礼。

仲景看得清楚，此人有五十多岁，浓眉大眼，方形脸膛，中等粗壮身材，看上去是个郑重端严之人。看他领着众官迎接的阵势，可能是个副职。仲景刚下来，听那老臣拱手呼道：太守大人到，本臣董子正，在下有礼！

声音洪亮，发音沉稳，动作分寸得体。接着众官一齐躬身道：太守府君大人，在下有礼了。

仲景一时感到豪迈之情生起，威严之态顿起，他捋捋胡须，打手势招呼众官起身。董子正凑上来，小声问：大人车辆里可有家私，下官托人搬移。

仲景说：谢了，我只带两名门徒泛卫、杜度，药褡裢和医简，别无他物。

董子正莫名其妙地看看诸位，一脸灿笑，稍转过来，众官们看出董子正脸上神色复杂，马上心领神会，这么大的官，竟没携带一个家室，一点家私，真是世间罕有。有不相信者，到泛卫跟前小声打听。

泛卫看出了卯窍，大声说：张大人是个名医，给皇帝医过病，他带的名贵药材价值连城，却少有黄白累赘，如此两袖清风之吏，汉朝奇人也，最值称颂。

众官立马施礼呼应：是——！

董子正脸上浮起几丝窘笑，也跟着说了声是。

仲景一脸谦和笑容，附和道：是哩是哩，我离家多年，一直游历村野医病采药，对千条百样名贵药材或疑难杂病，如数家珍，却无一私产。

董子正道：这才是官场王道，百姓父母官的典范。

迎接太守入府的礼式完毕，忙碌了半天的董子正，回到了榻房。思考明天中午怎样为太守设宴洗尘。他见这太守不摆架子，也不招呼差役拾掇榻房，只忙着摆弄竹简和药袋子。他试着到跟前问些京城官场之事，发现此官原来只认得李膺、何永两个学士，对官场懵懂无知。董子正在心里窃笑，堂堂一郡太守，竟认不了京城几个官，背景可想而知。再看看他那一脸慈悲，目光谦卑，一股乡下医家的迂腐味，让这个好好先生来镇守乱世长沙，真有点悬。

董子正愣在月光下，有点担心，也有点庆幸，更有点愤慨。回想自己在长沙几十年汗马功劳，履职够卖力，为争太守之位已送出五块金砖，却不及这个乡俚医家。心里发蒙，见新太守涉世未深，又感觉潜伏时机多多，也许好运正在悄悄降临。他想，这世间万象莫测，既难定势局，亦难论结局。

此时，长沙府的差役们也在议论，偷着讥笑新来的堂堂太守，竟是一条光棍汉，只带大包小包的草药，好像不是来当官，而是来行医的，真是一个圣人蛋，圣人蛋一个。这怪事很快在府内传开，一传十，十传百，长沙府上下很快都知道新太守是个圣人蛋，还说：千里去做官，为的吃和穿。什么家私都没有，咋买的官，难道是从天下掉下来的，凡尘之外一神仙？

闲话很快通过泛卫传了过来，泛卫一五一十对仲景述说，并透露了小吏传的闲话，董子正这个人十分复杂。

仲景听了，笑着说：民众不是痛恨贪官吗？这又把个清官看不习惯了。这说明官界腐化在民众心里，影响有多大。当民众都默认了这个现实，它就变成了风俗，都已约定俗成。要医疗好这病，将比医人体疾患更艰难。

仲景正在思忖，董子正来叫他吃饭。

这次备宴动用一个班子十几号人，花了五六天时间，设计了最高规格的席面。董子正亲自到膳房指导，厨师提前购了半头牛、一头猪、百余条熏腿腊脊、三只羊、十只兔、二十只鸡、三百只鸽、五十只鹌鹑，更有猪耳、鱼头、羊蹄、羊外腰、猪肝，满满地码成了红肉山。还有南方的木耳、石耳、香菇，各种名贵山珍。听说新太守之前当过医家，董子正还托人弄了人参、天麻、枸杞备着煲汤。

董子正想，在这次隆重的接庆宴席上好好露一手，作为情感纽带，把新太守的关系套牢，也给上司留个有组织协调能力的印象。可他一看新太守的光景，就打消了最初的念头。昨晚，他把之前备好的山珍海味，全码了起来，次日的中午饭，只为太守备了麦仁汤、南瓜饼、凉拌萝卜丝、猪耳、猪肝，原定的一桌十六盘八碗四汤临时改成了四菜一汤，原定的十桌客位，现改成两桌。

仲景身为太守，吃着一般小吏的工作餐，还一点不别扭，反而夸这饭清素养生，也减轻百姓负担。

厨师名叫王得金，碍着董子正的压力做了这顿饭，心里一直发毛。待传菜者端上去后，他吓得大气不敢出，只想溜走。谁知正在解围裙，隔窗听见太守的称赞。他木鸡一样呆那了，心里惊叹：爷呀，莫非日头从北山出来了？董老贼真是个料事如神的人精，这会囤的食料也够他大发一笔。

仲景很快吃罢饭，下午到前院各部门去熟悉环境，路上心想，人都说府门如金，贪官五天一小宴，三天一大宴，而长沙府真够清廉，董子正也算智性，知膳食养生，吃喝都与自己的脾胃对路，一点也不奢侈。

他转到中院见有两个青年人在喝酒。其中一个是石大亩，穿的袍子半披半勒，喝得酒水顺脖子流，用袖子一抹，又去海喝。几碗酒下肚，嘴上便失言，说：董子正叫人买的山珍海味，差不多快够一座长沙城吃半年，他个老抠货，却没把好吃的摆出来，也没叫咱吃一块肉，不知那么多酒肉，都肥了哪个王八鳖孙了？

仲景感到惊异，董子正弄那么多肉食，没摆上宴席弄哪了？是否有人假公济私，从中打拐？如果大亩说的是实情，那不仅是个浪费，还会牵扯出一桩贪污案。他又把事情往正面想，也可能两个青年心里空虚无聊，顺嘴胡诌。为了不使他们感到吃惊，他推门走了进去。

石大亩没看见门口动静，骂道：哪个主想来混酒喝，去找有权的肥鳖们喝去，他鳖子们天天有肉吃，你吃鳖喝鳖不谢鳖都行，俺们喝人家碗边稀汤，你不嫌稀就进来。

仲景在门口哼了一声，两个青年一看是新太守，吓得立即扭身跪下，声声求饶。石大亩头磕得捣蒜瓣一样，说：大老爷饶命啊，小的家里好几张嘴要糊口啊，因多天没见腥荤，熬馋极了，顺嘴胡诌！

仲景拉起他，为大亩穿好袍子，系好带子，坐下来问：长沙府都谁吃公家的，你们说的豪宴食材是否真情？

见张太守大人不计小人过，石大亩说：老爷别听小的胡叫唤，大汉官府个个都有根有腿儿，人家为国操劳，吃点喝点，小的服气。

仲景打个手势说：不，你不是这意思，你不敢把心里话掏出来？那我可对不起了，你知道酗酒滋事，诬陷官府也是犯科的。

石大亩跪地上抓着仲景袍子角，说：不，小人掏心窝子，小人相信大人。那老贼董子正经常吃公喝公，养了几个美娇娘，还在街上姘了两个戏子，在长沙和京城有好几处房产，在老家乡下也有大片庄院，连拴马棚、歇驴圈都是瓦房。他对你这个两手空空的清官，没夹到眼角，我们看不惯才发牢骚。

仲景的心咯噔一声，往下沉去，忽想起下轿时，脸上笑得最好看的那个老人，就是将要伴随左右的副职。他表面平静，故作不在意，又问：他哪来那么多的钱养小娘子？

这世道，人越是黑心越是发得快。听说他多年前从黑市低价买来河南赈粮，又高价卖给长沙饥民，那一笔生意就发迹了。

仲景一听河南赈粮，想起了二郎神杀运粮车夫消踪灭口，他心里一紧，追着问：他从河南哪个县买的赈粮，买了多少？

石大亩一看仲景脸色，怔了一下，战战兢兢地摆手说：小的不知，小的喝点酒胡说八道，大人你听了只当猪狗叫唤，这个耳朵进那个耳朵出，或者啥也没听见啊。

往下无论仲景怎样套问，大亩和小九都闭口不应。

仲景心底穿过一股疾风，吹得他的内里有点发冷。同时也感到这日月普照的大地或城郭下，有人在打黑洞拉黄金，背着阳光干着阴沟里的黑活。可是，冤有头，债有主，那积压数十年的陈案，偏在自己上任后透了道缝。他想，要是当初南阳有人知道底细，二郎神的官早就掉了。

天已傍晚，院里的大榕树叶影不时晃动，像是有人猫着腰，幽灵一样溜走。仲景站到榕树下，顺着蹚过的草痕看看，方向是朝着董子正的房前。他少不得绕到别的道上，站在树影下，朝董子正门前望去。

顺着一条花带走几丈远，就是董子正的居室。木雕的花幕墙，院里有几棵丁香树，新垒了砖院墙，因为过高，与整个院落低浅的花带很不和谐。仲景走到院墙边上，听见董子正在与娘子说笑，一股脂粉气随风飘散。仲景暗自发笑，自己初到官场，也开始草木皆兵了。眼看府院深深层层，小径曲曲折折，细想来，此处与大坡架的山野，和悠远流水，真是天差地别。他唤来泛卫，叫他明天有空去找石大亩和黑小九玩，并凑近了耳语。泛卫听后会意地点头。

泛卫小声说：我听说董老贼在长沙府待了多年，有京城皇亲，根扎得深得很，大人对他要多加小心。

你只管打听，且不可透露一句底细。另外往下你带辆车，返到菊花山采些秋菊，再弄些木材，按襄城王神仙铺里的药柜，尽快赶出个像样的医堂。

泛卫笑着说：大人以后不是医家了，应以官为重，别忘了刘大人嘱咐，医病只是业余。

仲景指着他说：好一个泛卫，你敢轻视医药这个老本行？

泛卫一听弯腰施礼说：学生不敢。

从今往后，府里政事你一件不要过问，专事医药，杜度带陈来、陈往编典，你有空也顾及一下。还得跟我一起行医，然后每隔数日带人到山上采药，并炮制成药材。这些事项够你操心了，还要坐下来静心攻读医典。

泛卫说：是，学生明白。然后拘束地退了下去。

黄翠姑一路颠沛流离，一月后来到了洛阳。

进城后天色已晚，她领着小妞住进了干店。次日早起，饿着肚子就四处打听南阳来的医家。翠姑手中无钱，衣破鞋烂，蓬头垢面，因交不起住店钱，店主要赶她娘俩走。她从店主鄙视的眼光里，知道自己已经跟叫花子差不多了。她眼看小妞饿得支不起脖颈，才暂时不打听仲景的音讯了，去一条巷子里要了几家饭。

天黑了，她到几家挂灯笼的干店门前，想求个地铺住下。这家干店里出来个老头，手把门看看，就要关门。翠姑赶紧推着门喊：大伯，积个福吧。老头才打开门叫她们进来，指了指门后的柴堆，说：在家千样好，出门一日难，睡柴垛里打发一晚吧。

翠姑晚上和小妞相依偎着，拱到柴草堆睡下。半夜，翠姑睡着了，忽听黑暗里有粗浊的呼吸声。她乍一醒来，睁眼一看，是那个老头过来了，笑着说：妹儿，进里头房里睡吧。她坐起来，说：大伯，别把俺当烟花青楼那号了，我是来找夫君的良家妇啊。

老头手指门外，说：去去去，那你咋不住金銮殿哩？

翠姑拉起小妞，拎起包袱出门走了。

三更时辰，街上没有灯。翠姑拉着小妞往另一家干店门前跑。跑去喊门，里边传来狗叫声，干店的门吱呀一声开了。干店主是个中年女人，她问翠姑会不会唱歌。翠姑说会。她说：那你明天在店里唱个歌，抵店钱，中吧。母女俩进店里歇到天明。一大早，老板娘就喊她起来。翠姑到门口看见台阶下站了几个人，还有两匹马在那甩尾巴。她探头看着深长的街道，心里涌起无限忧愁，随意唱了起来：

八月里桂花香，九月里菊花黄，
十月里心上人去了呀去远方。
留下了断肠人，流落到他乡。
一呀没饭吃，二呀没衣裳。
唉呀呀，只有那，两眼泪汪汪……

翠姑越唱越伤心，一曲唱了，脸上的泪直往下淌。身边的小妞也撇着嘴儿抹眼泪，台阶下的看客都摆手不叫唱了。老板娘一见此状，塞给小妞一个馍，一件小袄，打发她们上路。

翠姑拉着小妞下台阶，往街上走，旁边奔过来两骑人马，还听见前边的人哎了一声。翠姑抬头一看，原来是二郎神过来了，喊道：黄妹子你也来京城了呀？

翠姑惊讶地问：是啊县官儿，你也来这了，干啥哩？

二郎神说：我来找张仲景，南阳太守要召见他。

这一说，人们吃惊地看过来，眼里露出了惊疑。忽然有人叫道：张仲景，是不是朝廷封去当长沙太守那个人？

二郎神一听，雷击了似的不动了，这是他来京城半月，初次听到的消息。那双泛着血丝的眼，抢了一圈儿，将胡子吹飞起来，把说话的人叫到一边，问：你说的张仲景，真是去长沙当太守了？

那人惊讶地看看他，说：是啊，他给皇帝医过病，医好即得封。

二郎神转身对翠姑笑着说：黄妹子别跑了，我也是找张仲景叫他回涅阳的，咱们一起找吧。

翠姑拉起小妞就钻进小胡同里去了。

二郎神追到胡同里，问：黄妹子你愿不愿一起找他，回个话儿呀？

翠姑说：你骑马我走地，各找各的吧。

二郎神不由分说上来抓住翠姑的衣领，三两下拽到马背上，说：你也上马不就一起走了。说罢叫一虎把小妞也弄到他的马背上，跑到城外一空场上，看看没人，二郎神下马问翠姑和小妞：饿不饿？

娘俩都说不饿。

二郎神说：不饿就走，你说是去长沙找他，还是回涅阳等他回家？

翠姑说：不如你放下我们娘俩，各找各的吧。

二郎神说：别任性嘛，如今他当太守了，你找到他是上天堂的。

夜幕降临，中原的夜晚被一层灰蒙蒙的雾霭笼罩着，远处的村野只能看见黑影，像一群怪物。一虎马背上驮着小妞，内里却压力重重，老有一种负罪感。

他深知主子毒辣，在仲景身上积了多少仇恨，就会在翠姑身上使出多少残暴。这对可怜的母女，将要遭受何等厄运？一虎一路忐忑，心揪成了疙瘩，仍猜不出二郎神会把这娘俩怎么样。夜越来越深，一虎知道自己现在是世上唯一能搭救她们的人。

他的马蹄不再疾驰，并慢慢落到后边，边走边埋怨马的腿脚不赶力。听到前头有狗叫声，眼看快近村子时，前边有个挂灯笼的小客栈，一虎下马奔到小店门前，大声喊：大人，这马一步也不走，咱进店住下，天明再赶路吧。

二郎神也已人困马乏，唉唉地下了马，拐过来与一虎进了店。到店里，一虎边点菜边问：大人你想咋办她们呢？

二郎神说：能咋办她们呢，再办办与大官张仲景结死了仇，会有好果子吃？你忘了愣子坪村张仲景包扎我伤，我不说报恩了，怎能再积怨。不如你带她们娘俩去找张仲景，讨个赏也替我美言几句，怎样？

一虎忽然感到主子转弯太大，他头都蒙了，少顷又转了念，怕二郎神话里兑水，说：我看不如把她们放了，叫她们去找张仲景，她也不会说你坏话。

二郎神吸溜一声，又咂咂嘴说：反正冤家宜解不宜结，去放吧，管她们一顿饭，给几个铢钱，再送她们一程。

第五十七章

谯楼上更鼓敲过三遍了，泛卫仍睡不着，陌生境地里呈现的形色人物，他心里不踏实。

总觉得窗外有人影在晃，似乎听见脚底摩擦路道的声音，很快又没了动静。他起来隔着窗往外看，见有个老衙役快步溜走，隐约感觉是董子正。泛卫溜到门口去瞅，见董子正与老衙役在小声说话，老衙役说：张仲景是读医书看病症的儒生，非英雄之材，他当太守，不是买官便是骗官，实在不能服众。

董子正往外瞅瞅，关门放帘子，往下的对话是在黑暗中进行的。泛卫连出气都屏住，凑到窗前细听，董子正说：刘备和曹操从许都打到南阳，刘备在南阳新野与黄巾军血战后立了功，得了势。看来三分天下的局势已成定论，乱世到了，一个连蚂蚁都没踩过的儒士，遇到刘备曹操的虎军打过来，那不是大刀切豆腐，烈火烧纸船？

声音渐渐小了，往下说的啥，泛卫听不清了，心被吊了起来，总觉得那扇窗户里隐藏着不为人知的谋划。老师外遇天下大乱，府内深潜是非，也不知是否出师不利。

泛卫把郡府看深了，黑暗中的门楼檐角显出钩斗的态势。院里的廊架巷道和月门也弯绕着，错综复杂，树下的暗影里好像随时都会窜出妖怪来，伸着血红的长爪。他在心里惊叫，都说当官好，有吃有穿有车坐，可也有冷枪暗箭啊。他还有个担心，又不敢对老师直说，说出来会挨训，他想跟杜度一起计算，该怎样对付。

天已拂晓，昏苍苍的东天渐渐露出鱼肚白。随着鸡叫声渐稠，赶早集的人已陆续在街道上摆摊子。瞬时，东天横出了云霞，眨眼间抛出一条蓝光。就像一个预言，是白昼战胜黑夜，宣布新的一天来临。不大一会，蓝色化开了，幻变成一片红黄相间的光晕，随着天边暗影的退散，红色越来越强，色彩显得煌然。接着，东半天的朝霞喷薄而出，一轮红日终于露出脸来。

当朝阳照到绮窗之上，院里芙蓉树上的鸟声雨一样洒下来，泛卫趴到窗前看老师。院里洒扫的，浇花的，为上司送洗漱水的，问安的，都徐徐开始了。有为大堂备茶送物品的，一路小健步，小心翼翼地跑，只怕哪个环节有失。官吏们相见都施礼寒暄，彬彬有礼，心计稠密的老吏，走路端着架子，迈着方步，慢慢捋着胡子。可走到屏墙后就猝然站住，与对面过来的人小声耳语，打听着什么底细，以备日后修路，或钻个安全营垒。

表现较为显眼的还是董子正，他出现在院中央，先捋胡子，再看四周，身后还跟着左右，接着喊这个来扶正大堂的鼓，叫张三、李四、王五向太守大人问早安，又交代守门役对入堂击鼓者，交代要喊张大人。董子正每吩咐一件事，都要往太守榻房看一眼，再不就是窥视左右，院中因为有了他有序的吩咐，显得井井有条。

院里人声多时，泛卫反而瞌睡了，他蒙头睡了个回笼觉，醒来天大亮。是老师在喊他起来。他常常小声咕哝老师是个打鸣鸡，草草洗漱了，到老师的榻房前，心里仍盘算着怎样说出昨夜听到的事。一个医家，没有一点私心，更别说看透黑幕了，遇到董贼，根本不是对手。他想早些查明董子正私买赈粮之事，揪着他的头发辫儿，抢个圈儿，最后把他撂倒。到那时长沙境的江山，才算全部是老师的。可这样的想法，哪敢对老师说。

趁着饭后的零星时间，泛卫朝石大峁那儿转去。谁知大峁理都不理他，他跟在后边没话找话，董子正过来了，要大峁去把院墙边的死杉树挖出来。大峁说行，赶紧拢长发扎幞巾。这时，跟随董子正的吏官吴班也跑过来，咬着牙说：你小子聋了，没听见老爷吩咐？

大峁胡乱扎好幞巾，要去干活。吴班又照大峁的后腿猛踢一脚，大峁差点倒地。

泛卫感觉吴班的恶作剧是叫他看的，看看权势与霸气。可吴班面对董子正时，马上变成了店小二，孝敬得跟孙子似的，一到小卒跟前又成了爷。

泛卫扭头就走。谁知刚走几步听见石大峁妈呀一声惨叫，泛卫回头去看，吴班把大峁按倒在地上，单腿跪地用膝盖顶着大峁的后心，疼得大峁龇牙咧嘴地爬着，扭歪了脸，才没啃到地上泥土。

泛卫气得心里呼呼生火，他想把此事和昨晚的事联系起来，对老师说说，叫老师也给自己封个小吏，有底气压压吴班的气焰，也免得以后受欺辱。可又一想，老师怎能相信堂堂郡府里会有如此下流之辈。他往太守榻房前走着，不禁心里烦闷。

此时，院里有个身着栗色官袍，头戴冠冕，脚登皂靴的人，站在常青藤架边上。泛卫一看竟是老师的高大身躯，迈着八字阔步，缓缓走在阳光里，把身影融于晨光气象里，显得仙风道骨。

仲景端出了官架，衙役们看见了，眼眸闪亮，堆出媚笑，长声问候：张长沙府君早安！

按汉朝吏部所封，汉末一郡的太守，都是争东夺西打江山拼来的。仲景却平步青云，一步跨上太守座，这在众官眼里是个意外。按这个官级，本应称太守府君大人，或相爷侯爷之类，不知为什么，府吏都称他张长沙。

仲景对周围的变化浑然不觉，仍然日理万机，半夜秉烛著典。他眼里，他是为世人施医而生的，并不认为自己是管着长沙山河的朝廷命官。即便众吏嬉皮笑脸地把张长沙当绰号喊开了，他也随叫随应。

泛卫想，老师就这样天生的清官坯子，要是八抬大轿抬着，前呼后拥地奉承，大酒大肉铺金盖银，他恐怕还受不了呢。泛卫想，这也许就是老师的命，生就一代贫寒医家，给个荣华富贵也不会享。

泛卫见仲景走出了大堂，赶紧也跟了上去，看看老师要出府门，前后左右没跟一个随从，这能行吗？泛卫追上去想劝阻老师。谁知刚走到门口，见一老妪倒在门外的地上。仲景几个大步跨过去扶老妪，不顾锦绣官袍打褶起皱，把老妪扶起来，正要把脉，那老妪哇一声吐了，喷他一身污秽。

仲景也不嫌脏，把脉诊了，唤泛卫取药。泛卫在一边愣着，此时赶紧为老师擦拭袍上秽物，四下张望着，说：老师别叫人看见了。

仲景笑笑，说：你真够细心，我提醒你闲来多习医典，早些把《伤寒论》纂修出来，尽量少管政事。

泛卫终于忍不住，小声把昨夜听到的话给仲景说了。

仲景说：这不必计较。咱还真得为百姓干点事儿，以无愧刘大人看重。

不管他们服不服，在长沙境内，你都是头号英雄。

怎么老听汉朝处处论英雄，听说曹操和刘备煮酒论英雄，把雷公都惊出来了，引得民众乐此不疲地跟风说道，人人都想当英雄。

英雄，就是有权的霸王，当上叫世人高看，也好使威风。董子正身边的小吏吴班就这货色，本质是狗性，却假扮老虎。

仲景一听这话，猜到泛卫跟小吏在一起混过，说：不要跟那鸡狗之辈一起混，要多习医术。

我不懂你这大道理，叫我又切药又抄书，暗中还得小心眼线儿，难道你就不该封我个一官半职，叫我好跟小吏们周旋？

仲景吸溜一声，说：你也患上官瘾了。

是啊，因我给太守爷当差，有官梯子，不当白不当。

那你想要个啥官儿？

泛卫躬身施礼道：大人封我个侍官吧，不沾星相的小芝麻籽儿。

中，为避嫌，须等几日。

张仲景见了各部吏属，往下开始阅卷，了解各行业现状，对各县农人分布、主产粮食、官吏履职、执政业绩，包括已判案卷，都要涉及。接下来，他又到几个大县察看了桑林、田地、陂塘、渠道。意外的是，这方江南美丽的湖泊田园，并非他想象的那样，村庄房倒屋塌，草棚无顶。江南稻田仍在，老百姓却居无定所，有宿山洞者，住草棚者，更有夜宿屋檐下者，如此原始的生存方式，造成了父女兄妹一席，湿寒之症相染。

战火烧过的疆场，处处焦土，很难种植，桑农采不到桑叶，眼睁睁看着正长的幼蚕饿死。桑农见了官人，跪到大路口拦着官轿哭喊。

仲景令停下车来。农夫挺起身，却不敢抬头正视，双手打拱道：我家小妮年过二七被一亭吏霸占，折磨到半死又被转卖，现下落不明，死生难卜，请大人做主啊。

农夫还说，霸占小妮的小吏叫李旺，是个亭官。

仲景叫泛卫记下来，继续前行。

往前又出现了拦车喊冤的小伙，说是他老爹摘橘子，被小吏讹占，并把老爹打入班房。另有个村妇诉的是，她家三岁的小娃被拐卖，至今没有音讯。还有一个村汉跪地哭喊，他家娶了个年轻漂亮的媳妇，上街赶集时被油贩子讹占，老婆也情愿跟人家走。最无人性的事件，是个穷汉，穷得半月都揭不开锅，为孝敬老母亲，杀媳妇吃肉。

仲景听着，这哪还有人世间的丝毫情理，简直是森林世界动物天地里的事。看来这十万大山千湖水的泽国，竟比南阳更愚昧落后，肩上担子重啊。担子再重，心也轻爽，他发现南方雨多潮湿，病材复杂，对搜集众方是一大幸事。他叫泛卫一一记下，随派差役查清立案，救弱惩恶。

仲景巡逻一圈回来，招各县令到长沙府开会，宣布政令。第一条是兴建农桑，乡村荒野还不少，应大力开荒耕种，增收粮食，兼种果木。第二条是减轻赋税，农民上缴来的公粮，必须标价按量给钱，派公活抽劳力也要按工计酬。第三条是纠正民风良俗，举报揭发坑蒙拐骗，凌弱欺善者，特别要严厉打击拐卖小娃和欺凌妇女的罪恶行为。往下还有兴办医店，济世救生，要办一所太学和官邸学。使九岁以上儿郎都能入学听经书，受教化。还有水利道路植树类的建项，都列入日程。并宣称，希望把流落遍野的医界医家报来登记造册，对于私家积累妙方，愿意献出者，重奖，巫界必须医效著名者，可以上报施巫妙术。

太守的话语铿锵有力，台下鸦雀无声，当听到重奖医家之令，都瞪大了眼睛。也有清吏好官，一听张长沙之令，就振作起来，本来早就对官场腐败深恶痛绝，内心忧国忧民，好像汉朝没希望了似的，灰蒙蒙的天，被张长沙的话拨开了乌云，露出了太阳。

终于遇到了个大清官，长沙百姓要改变贫困，过好日子了。但一想现实，又发起愁来，长沙境内大官搞割据，小吏欺百姓，一些偏远小县人丁户籍和田亩都没记册，赋税无考，县级官无判案之堂。亭级小吏半耕半官，多半是小混混，只为捞财渔色。出身良医的张太守能镇守这方土地吗？长沙的未来还罩着一层雾，新官上任三把火，能否烧出新局面，也是个谜。

也有人私下议论，长沙官场不少人有亲戚是皇亲国戚，没有的也拐弯抹角与上层连裙系带。俗话说，朝里有人好做官，哪个不是靠关系拉拔，或掏钱粮买上去的。官府收受贿赂，假公济私，贪赃枉法，怎是几条指令就能改变？这个愣子张长沙，真是不吃猪肉，也不知猪咋走路的。再说要清廉施政，不与腐败同流合污，会得罪人，会被孤立或排挤掉的。长沙的好戏，会怎样唱，多少人等着观看下文。

仲景的讲话，引来雷鸣般的鼓掌和议论声，久久不息。同时，也引起另一台戏在准备开演。

坐在会台上的董子正，等众人掌声渐稀，站起来打手势制止场上骚动，然后坐下来，塌蒙下眼皮在内里盘算，不知堂堂的荆州牧刘表，是怎么看中这个人的。是张长沙为刘大人医过重病，还是送过金银宝物？听说刘大人府里好聚文人墨客，但此人也不会诗词文章，那他到底是怎么混进官场的。别看这一介儒生，说不定思路奇异，与众不同，偏能在长沙打开新局面，这对百姓可是件天大的好事，而对自己，却不是想要的。

会开完了，众官正要起座退场，董子正说：慢，我补充两句。张长沙初来乍到，咱们都看见了，他身为太守孤身一人，从今起咱们得关心一下他，为张长沙选个姿色端丽、聪明俊秀的良家女，一来侍候陪伴秉灯夜读，斟茶打扇，二来传宗接代，延续张门香火，三来也叫同僚知道，张长沙有完整的家眷宅室。

众官听见这话，都笑着鼓掌叫好。

董子正小声对一官吏说：咱这潇湘之地，不会缺美人。

仲景猛地听说美人二字，感到这场所说这话，不是不严肃，而是太滑稽了，甚至有点戏谑调侃，他站起来，操着浓重的鼻音说：我这样很好，单枪匹马，无牵无挂。谢过！

众官本来在嘻哈取笑，一看太守严峻神色，起身默默退去。

董子正本来对仲景在众官面前的庄重讲话，心有嫉妒，想用找女人冲淡严肃气氛，没想到仲景又来个愣的。他干气地笑笑，说：好，晚点我给大人找个扫洒洗刷的侍者，供你使唤。

仲景摆摆手说：有泛卫、杜度陪伴左右，不必了。

董子正又落个没趣。这个在官场混过三十多年的官油子，堆出一脸笑，称赞道：张长沙两袖清风，本朝少见，老夫将以楷模效仿。

仲景缄口沉默下来。

入夜，下起了蒙蒙小雨，小雨点打不响芭蕉，细风吹不动门帘。当更鼓敲过三遍，长沙城已沉入无边的宁静。

仲景写了一会医典，伸伸腰，搓搓手，在原地跳几下，算做了小运动。然后涮了毛笔，挂到笔架上，到榻房去睡。进屋后，他闻见一股潮湿霉腐气，心想可能是菊花枕在秋季受潮，发霉了。他喊泛卫过来换个枕头，唤了几声不见应声，却见屏风后边绕过一女子，弯腰施礼，一脸媚笑，挑着细腔柔声道：太人，奴家愿意侍候——

仲景心里一惊，心想谁家女子，何时潜入榻房，这玩的什么鬼把戏？他掌灯看过去，那女子穿红披绿，佩玉戴翠，一脸粉脂，鲜嫩得像三月桃花。

仲景正要问她从哪里来。那女子飞扑过来，把头抵在他胸前，嘤嘤哭起来。仲景警觉地推开她，问：姑娘有何冤情，明日公堂上再讲。

女子抽出大襟上绣帕，边抽搭边拭泪，说：奴家年方十五，为兰家桥良家女，因家境贫困，被父亲卖给长沙青楼一鸨娘。那鸨娘心狠如蛇蝎，要小女子一夜伺候十多个客人。小女子受不了鸨娘逼迫和嫖客蹂躏，回家又怕被穷困的老父转卖，才奔到张长沙府求救。小女子求大人收我为妾，奴家愿侍奉大人一辈子，请大人开恩——

仲景闻听后，十分同情女孩遭遇，他退到门口，大声唤泛卫过来。

泛卫没过来，有两个衙役跑了进来。那女子一见有人来，干脆自己撕发解带，扔下玉环翠簪，一屁股坐地上哭喊：救命啊，太守霸占奴家啦。

仲景知道这是遇到青楼烟花妓女了，大声喝道：大胆刁妇，敢信口雌黄。说着扬起巴掌要扇过去，却只是把巴掌悬空，又放下了。

女子脚蹬着地，哭着对大伙说：你们看看，我才十五岁，张长沙四十多了，当我大爷二爹还差不多，弱女子怎会跑这儿来戏他，分明是他在欺弱！

衙役们一看，此女子正是烟花院里小妓，就要拿下去治办。仲景打手势说：必须叫她招来，是谁放她进来的，再惩。

一差役拎起妓女，像拎落汤鸡一样悬在手里，指着脸问：谁叫你来的，说，不说现就打入南狱，或狼牙棒砸成肉泥。

小妮吓得浑身打战，说：哥你放下我，我说。我原本西山水坞沟人，一日上街赶集跑迷路，被一村妇带进长沙城，谁知她是个老鸨，为我换了新衣洗了头脸，叫去接客，一天要接几人，我受不了，才跑出来投奔长沙爷。

差役说：不对，你一小妓穿着这么鲜翠，一脸粉脂，怎能进了府门，肯定另有隐情，快说。

小妮说：我坐了一辆官车进来，也不知官车是谁的。

仲景打手势说：好，大致已知内幕了，速送她回老家，走得越远越好。

小妮临出门时，大声悲哭，好像在给谁传信。可是长沙府的夜晚很宁静，没人理会她。

次日，仲景委托长沙城埠官吏火速清点妓院，把各处赌场青楼都封门闭业，放妓女们归乡从良。经差役普查，贫穷的长沙城，竟有十多家妓院，容纳烟花女二百多人，都来自穷乡僻壤。最震惊人的是，进青楼的嫖客一少半是富商，一多半是长沙府里的官吏。

整治了，又颁令清查官吏家财，把府里十乘八抬官轿，减为四乘，把二十乘四抬轿减去一半。汉朝的轿子分类很细，有官轿、民轿、喜轿、魂轿等。用材上有木、竹、藤之分。方式上，有人抬和牲口拉两种。两抬小轿，是轿子前后各一人合抬，四抬则由四人共抬，八抬即八人一起抬。四抬轿与八抬轿多用于官府。仲景在盘点轿子时，听说府里有两乘八抬大轿，董子正一乘，自己一乘。仲景下令把这两乘轿的抬轿人换成骡马，其他四抬和二抬小轿，也都由毛驴替代抬轿人，再不允许人抬人的现象出现，如出现即停禄，重者免官。

然后把中层府吏的薪粮由年三百担，改为二百六十担。要到月底督察了绩效再发。县令和亭长两级薪酬不予减少，也变成每月先发一半，待年终督察考核评估后，按政绩发放。

张长沙上任的这把火，烧热了整个长沙城。颁令几日就召集县令来郡府禀报。一时间，禀报公务的官员排成了队。张长沙听着禀报内容，都是怎样怎样遵太守令，雷厉风行，行动中罚了几家青楼，整治几处赌馆，惩了几个恶鸨，放了多少妓女。

禀词都是成捆成套，千篇一律，在思路上的雷同，词语上的因袭，令仲景感到昏庸之辈的无聊无能。他叫泛卫和王社到几个县境看看，事实却恰恰相反，越是报得好的，调子唱得高的，越是没起色。这样只会助长浮夸者，使虚报瞒报者得到好处，把务实肯干的拙实人冷落一边。

仲景说：禀了必须经得起查证，再虚报者，撤职免官。

这细节引起了官吏们的疑心，说张长沙嘴上清水流，可一接实火就露出了蹄爪。叫下官们一个个进来禀报，是啥意思？还不是想看看下级都私藏了什么宝物，给个机会，暗示赶紧献出。这模式人人心知肚明，嘴上讳莫如深。

中午几个县令在街上聚堆吃饭，开始嘀咕，按照他们的处世规则和习惯，对这个一身清白的张长沙抱有质疑，这么干板棱正的清官，是咋上来的。疑点放大了，都有撕破面具的欲望，想看看清官的葫芦里到底装的什么药。

青湖县县令周全，年轻有为，还处事圆滑，善于为人际搭桥拉线，左右逢源，还跟前任太守有密交，他背后有这样的顺口溜：

坏事件件能摆平，好事样样都相逢。
公事最多干三分，捞得好处有七成。

他家祖辈出读书人，父亲是有名的周铁嘴，在长沙开过抬杠铺，凡喝过几天墨水，识文断字者，或能说出个子丑寅卯者，都可以到铺里来抬杠。进门先交铢钱再定抬杠题目。观阵的看客在铺里喝茶看场，聚的人比戏坊还热闹。铺里不仅来过大学识，舌战群雄，摆平一圈的铁嘴钢牙者，也来过地方绅士，以钱财压阵，单说皇帝高官的风云，还有玩鸟斗鸡的，收藏古玩的，也来凑热闹，有来者为显摆阔气，还花大钱带高档货，硬是把铺子炒成了金货铺。周全用父亲赚的钱，买了个县官。

如此背景，周全说啥也不信汉朝会有不稀罕银子的官吏，他真想看看张长沙的真实底细。几个县令也敲边鼓激他，想看看这出戏怎样开演，又怎样收场。他们出点子，叫周全带上财宝，要是张长沙见钱眼开，收下财宝，大伙就把财宝按价赔给周全。要是张太守拒礼不收，大家就请他喝酒。

这天是张长沙上任的半月后，青湖县县令周全禀报求见。

经差役传信，周全进了府门，又进仪门，接着畅通无阻地绕过转堂，进到府堂。此时张长沙刚审过一民宅纠纷案，令官吏收拾了卷宗，退下。

周全等官吏退完，走上前，报道：青湖县县令周全，问候张大人秋安。自大人光临长沙，那是千户欢喜，万民颂扬，我作为县令小吏，如旱苗遇到雨露，更是心花怒放。

一番好话说了，不等仲景回话，接着拿出一个红绸布包着的金灯台，边上露了个小缝，从缝里透出几缕赤金光亮。他躬身呈上，内心是决胜千里之外的镇定，脸上却没有一丝忌讳。

仲景吃惊不小，原以为他是有事禀报，或有请示，没想他会来这一手。仲景低头看看送到面前的礼，包的绸布虽没打开，却露出内里光芒。这种大胆行贿的举动，被仲景视若虎狼。

周全却浅浅嬉笑道：因本县土地贫薄，无特产孝敬，特送此物，以表忠心，请大人笑纳——

仲景并没停住目光，把视线从周全那移过，沉静地坐回案旁。

周全声声唤着张大人，溢美之词更多变化：张大人从医是声震寰宇之名家，当太守更是天下英雄，有朝一日威名四方起，夺得天下，必成霸业。

仲景听着大词横溢，用眼角的余光看看周全，此人年过四十，冷白脸色，凌厉神气，还有与年岁不搭的官痞子气。仲景又把他弯腰俯身的姿势，和执着请礼的语气，融在一起理会，并借此捋好了思路。他心生忧患，只字不提送礼之事，只问周全：周县令有何事禀报啊？

周全以为张长沙已默认了礼物，只是嘴上不说。他想到自己往后想提拔想调动，都可以得到关照。他也知道上司收礼的复杂心态，是避嫌之事，天下没有免费的宴席。他必须快速表示出自己送礼不为办事，只为表忠心，他施礼道：

大人笑纳，下官本无事相求，只为忠诚孝敬，祝大人美意满满，前程似锦。说了就逃也似的，准备告辞。

张仲景冷冷地道了声：慢。

周全神经质地顿下脚步，身子定住了。

仲景问：你禀来青湖县境内多少土地，多少村庄人口，民生治安状况？

周县令拱手报说：禀大人，青湖县土田三千顷，可耕者十分有四，陂塘五百多处，至于人口……他像个背不过来课文的学生，一看太守脸色，转念来了一计，心想太守过去是个医家，肯定对医病感兴趣，他用手捂捂肚子，哎呀一声说：大人，我有一事相求，因肚子疼痛，多日没到民间私访，听说大人是个名医，请您医病。说罢拐回来把手摊案子上，等着切脉。

张仲景见周全有症候，竟找到久违的感觉，他记不起自己有多少天没给病人医病了，不由分说撩袖子为周全切脉，切了一会，发现此人脉搏宏大有力，律动正常。换了手再切，两手的脉象一样。再看看周全两眼炯光，白净的皮肤焕发光泽，连毛孔肉窝都看得清楚。他推开周全的手，就去展医卷。

周全不知道他诊出了什么，也不敢问，只等仲景放下竹简，研了墨，在纸上写方术，写好递了过来。周全一看，写的病症是：聪明过度，忠诚不足，惯技圆滑，老于世故。药方用的汤头是：

劝君多饮诚信汤，聪明能处要适量。
苦读圣贤反省过，忠诚老到伴君恙。

周全一看，如雷轰顶。没想到这医家竟窥视到自己的品性深底。他一时心情慌乱，双膝一扎，扑通跪到地上，连磕响头，说：下官该死，下官该死，我回去就叫人查清，火速报来。

没人解嘲，也没台阶可下，只有张仲景绷着脸显意送客。这让周全紧张得要死，想自己聪明一世，糊涂一时，窝囊得唱砸一场戏，还丢了一回人。他内里憋闷，只好装拙扮愚地乱跑一气，明知道门朝哪，却往转堂里拐。还边走边痴痴颠颠地嘟囔：我喝迷糊了，心意恍惚，摸门当窗户。说罢懵懵懂懂出了大堂，却见刚才接他金灯的差役，端着个红布包立在门口。见他出来，迎上去把布包塞到他怀里。

张长沙拒礼一事，很快在官场传开。各县衙乡亭们都很惊异，议论周全斗胆送金灯台，去老虎屁股上蹭痒无果，招惹老虎掉头转脸，差点丢命。

仲景接着又烧一把火，他委派十多个差役到大街小巷里，收容上百个叫花子，一打听，一少半是青湖县的。他想把这批人带到府里。泛卫说不妥，这会扰乱官府秩序，引起众吏闲话的。他只好把这些叫花子集合到一处，有病医病，无病给些干粮路费，劝其回家耕种。诊病时，后边排队的人续得老长，细看个个脸带菜色，眼神凄惶。他叫泛卫为诊过的病者送药，并告知怎样煎服，百姓们见给药不收钱粮，凡有病者都拥过来，续到队里。

泛卫数点了一下，医过了三十多人，后边还有五六十人，他怕准备的药材不够用，他冲着仲景使眼色，叫撤伙回府。

仲景哪里肯丢下这么多病夫，他诊得嗓子干渴，脖颈酸疼，叫泛卫只管排队理好秩序，好在杜度也赶过来了，顺便留下帮着打下手。这样诊得快了，取药发放也利落多了。到了下边一个浑身打战的老妇人，泛卫走近仲景小声说一句，就去找了麻秆点着火，叫老妇人从火堆上走，走过去，他跳着神仙舞念：麻秆神是真神，烧走好人病一身，如若还有小症候，吃点草药全能诊。唱罢，又扶着老妇人走了三四趟，走过火堆，老妇人就不抖了，好好地站那打个喷嚏，说：神仙爷呀，我身上热乎乎的，活泛了，也不冷不寒了。说罢就跪下给泛卫磕头。

泛卫摊手叫老妇人去敬奉仲景，仲景却转过身来，双手抱拳拱身，并小声说，往下没药了，你来施医吧。

泛卫打手势叫下一个病夫，来者是个捂着肚子叫疼的老汉。泛卫问他都吃过什么，疼了多少天，又问仲景是否脉诊。仲景摆摆手。

泛卫把老汉的前襟掀起，露出肚子，把刚才烧罢还带暗火的麻秆，对准老汉肚子一边烤灸一边念道：麻秆火你是听，老汉有病也无病，发愿你来显神仙，医他病愈一身轻。说罢等了一会，对着烤火的老汉，问：叔你肚子还疼不疼啊？老汉直直腰，惊讶地说：嗨，神仙显灵了，我肚子不疼了，腰也不困了。说着还迈出两个方步，叫大家看。

人们立马对泛卫跪下，喊：神仙爷显了神，咱们有福音啦！

泛卫赶紧站到仲景侧边，说：别弄错了，我不是神仙，是老师教我做的，大家拜我老师吧。

仲景有点傻眼了，内心里翻江倒海地回荡，不知跟在自己身后的小徒弟，竟然有此神功。他忽然想起二叔医治杏花山夫的巫术，想起襄樊的泛巫医，他们都是有学识会功夫的巫师，可自己因对陈大仙的偏见，而没有去求这门学识，造成施医术时有局限。他站高一步，大声说：父老乡亲们，我带的草药不足，要不是泛卫施巫，后边的几人怎么医治？好的巫术是对医家的补充，医巫结合才叫神医，大家说是不是啊？

仲景的话刚落拍，泛卫已经跪在地上，朝老师磕头。嘴里念道：吾师心怀宽广，容纳异术，推举后生，汉朝神医啊！

仲景赶紧扶泛卫起身，对大家说：今儿先到此，晚点我抽时间再来，如有重症者，明天可去长沙府找我。告知了即转身，带泛卫和杜度一起回府。

次日，仲景审判了一桩案例，下午带泛卫去青湖县私访，沿路看到部分百姓还住山洞。走了十里八乡，荒凉山坡之间，隔二三里就会碰见叫花子、哑巴，坐地溜平或草滩上，连外出讨饭的气力都没有。

走过十来个村庄，到了青湖县城，见到一片片的青砖碧瓦，绿树掩映，衙门里有鞍马彩轿，软歌细弦。仲景要进来看看穷乡僻壤处怎会有如此的天壤之别。他正要往县衙进，见前面过来两个执差的，一路小碎步上前来，点头哈腰，却高调唱道：太守大人——周县令，感恩太守大人关心青湖县，要小的请大人上酒楼雅座。

仲景觉得奇怪，今儿明明是私访，没对下级透露一丝消息，活套会事的周全县令，怎么知道此行，又怎会让两小卒来迎客，可能是为送礼之事心存芥蒂。好一个周全，你真是江南的二郎神啊，有三只眼，人能到头了会拐弯儿，你当我张长沙真是个医呆子，不知权术，你小算盘打得太响了。他打个手势，说：你回周县令话，就说想请客，得把街上过路闲人或叫花子都请来，叫我体察民情。

周县令真的现身了，朗声叫道：太守大人驾到——接着端袍拎带走了丈余远，双手打拱，呼道：下官早备好大宴，想让青湖县街坊百姓来作陪，一共八桌怎样啊。

张仲景当即回说：好，这才是百姓父母官，最好包括各行业人士，支起两荤两素的小宴，大家一块见个面。

周全心里说，你堂堂太守爷，上门来敲下级的竹杠啊。

仲景小声对泛卫说：我听说高明的巫师发个愿力，能显灵，你能不能发个愿，愿百姓平安享福，咒恶官背运倒霉。

泛卫说：老师，我父亲曾发愿咒过杀人的恶官，没成功，那人反而发达了，父亲说是报应的时候没到，不知何时能到。

仲景看看天，说：我相信上天有眼，世上恶人都逃不脱。

第五十八章

　　周全没想到衙役会大嗓门呼喊请客，喊声灌了一街道，听者欢呼雀跃。周全的心跟猫抓似的，脸上却堆着笑，摊手引仲景来到一家挂着卷云堂招牌的酒店。

　　仲景刚坐下，见门口有人往里挤，衙役上前挡，也挡不住，就关了门，用身子抵到门后。外边仍嚷着要进来，还有人砸门，衙役越挡，外边越嚷得凶，酒场很快变成战场。周全明明听见外边发洪水一样，却稳在座上，温文尔雅地招客让座。

　　泛卫拽拽仲景袖子，小声说：会不会有人趁机捣乱？

　　仲景说：像这样腐败的县府，百姓能乱一下也好。

　　待酒店关门闭窗，八九桌民众在桌前坐定。仲景抬眼四顾，看见对面有个黄脸中年汉子，怕是得了肝病。他少不得叫泛卫说一下有医家在此。泛卫站起说：张长沙原来是个名医，那位大叔你过来叫诊诊症候。说着拉起大叔走过来，让他挽袖子伸手腕搁于桌上，等待切脉。

　　病家一坐近，仲景细看了气色，面无光泽，肤有溃烂。就想起襄樊的麻风病状，心想这里可能也有此病。他切了脉，见不是麻风病，开几味药，问他们那里有没有烂皮之人。

　　大叔说：有，有人说是麻风病，俗言叫鬼抓痒，把皮抓烂了。得了病就赶到村外头洞里去住，有几人住不了多久就死了，没死的流落外地要饭去了。

　　得这病的多不多？

　　不多，有五六个吧，村人到深山里打热水回来洗身，洗了不得病。

　　仲景紧接着问：是哪个山里的泉水？温的吗？

　　大叔说：老远，现在有巫师要治这病，不叫去打山水了。都是为捞钱粮嘛，怕人打山水洗好身子，没人找他们施术了。

泛卫已找地方煎好了药，端来叫大叔喝。

这时，有个村妇也凑过来，伸出胳膊叫诊脉。仲景看看她的脸色、舌苔，问了吃饭睡觉状况，刚开了药方递上，又来了个病家。仲景在饭前连着诊了五六个病夫，桌上已上来饭菜，他交代泛卫把诊治的病家记下姓名地址，改天叫上杜度一起，去过问好转情况，并跟踪打听麻风病疫情。

泛卫告知后边的病夫，等吃罢饭再诊。

周全见张长沙只顾诊病夫，竟把职责忘到一边，他觉得此人怪异，不可畏，太可笑。他起身打手势叫大家别再劳累了，等吃罢饭休息一下再说。话刚落拍，外边有人拉着长腔喊：我的妈呀，里边这么香啊，我们也想吃香的。在座的客人也不顾礼节，好像多少天没吃过饭了，狼吞虎咽起来。有的边吃边把饼子隔窗扔出去，或塞到怀里，外边立即传来争抢中的吵嚷声。

周全看看座上的客，有几个店主，把饼馍往腰里塞得鼓鼓的，吃相真是丢死青湖县的人。他窝了一肚子气，没法说，只在心里骂张长沙演的怪戏，叫人不好收场。但他脸上的笑，却始终明朗灿烂。

汉朝的江南，喝酒用觞，因周全暗示，衙役们早在百姓喝的酒里兑了水，而张长沙和县令这一桌，喝的老糟。周全心想此人过去整天在山野串游，肯定不胜酒力，就大施酒令，大碗劝酒。

仲景心想酝酿和睦气氛，消解前嫌，少不得多了应酬兴趣。谁知周全越劝路数越稠，叫各部各级官吏都来，轮流敬酒，还得敬到位。先来的是县尉、县丞、主簿，这一拨还算有分寸，敬了迅疾退下。几位老吏过来了，想耳语什么，因在周全眼目之下，老吏只得速敬速退，并无死皮赖脸缠磨的人。

仲景感到自己大襟布袋里有动静，他见周全瞅看得紧，就当没事人儿一样。周全忽然往这边走近，仲景才迅速插手到袋里去摸，原来是个布条，他握到手里，按兵不动。

往下该文武吏、守门役、打更役了，蜂拥续成了长队。

泛卫担心老师的酒力招架不住，只好推托老师身体不适，不断替喝或挡酒。可是这拨人一看太守清高不俗，反而心生戏趣，把敬酒词扎得成捆成套的，说不完奉承话，念不尽感恩词。

周全还又搞了个怪，提及要见太守奶奶之词。仲景别着头冷眼瞅瞅四周，想压压嬉皮笑脸的场面。下官把上司眼里的暗示，看个分明，个个都变得善解人意了。眼看新一轮攻势降了温，门外又来了贵客。长沙郡里二把手邓立山到此，言说是去荆州路过第二故乡，来看看自己曾任职的故地。

仲景到长沙后只见过邓立山一面，是他到任的次日，邓立山从荆州回来，二人并没深谈，只是礼仪一面，就分了手。此时仲景见此人身高七尺，方形脸膛，一身浩然正气，满脸的严肃庄重。仲景记得来长沙之前听刘表说过此人，是刘表儿子的好友。

仲景念着他姓邓，涅阳毗邻的穰城县，古代曾叫邓国，是汉朝邓姓人氏的根，他就把邓立山当成了同乡人。今又见面，竟是在青湖县境的酒场上，仲景有点诧异，是否也是老鳖吹鼓手，有原因。

仲景庆幸他来得好，初感此人与董子正是个鲜明对照。那董子正笑颜常开，而脸谱深处却有阴险，当眼睛睁开时，里边白多黑少，眼珠不挨眼眶，按麻衣相述，是白眼狼。

邓立山抱拳寒暄了，指着酒场说：黄巾军来势之猛，非一般兵临城下，随时会打进长沙，诸位少喝酒，勤务差啊。说了，朝仲景打个手势，转身走掉。

仲景有些怅然，心想邓立山的话里，是在说眼前酒场不妥，他叫泛卫去看看邓立山去了哪里。

正在此时，期待敬酒者陆续退下，酒店渐次安静，忽然传来一声柔细的女声长腔，花鼓戏味儿，人还没到场，声音早已绕梁而来。

仲景扭头一看，一个娇艳歌女来敬酒，眯了狐媚眼儿，上来就夸张长沙是潇湘境里大英雄，还这么精致标帅。仲景不知怎么上来这个妖精，又感此女好面熟，捏小嗓说的话也很耳熟，他猛然想起，这正是夜里潜入榻房求做侍女的那个女人。他心里梗了一下，因碍着场面，不便穿帮煞风景。可后边又来几个披红挂绿、香软粉翠的小女子。一声柔软呼唤：太守大人——接下奴家的酒，奴家日夜都温柔。

仲景听到这粉词艳调，才恍然大悟，骨子里的清高气质，顿时逆转成凌厉严峻，他想拍案怒吼，但又镇定下来。他郑重地指着她们，说：姑娘们听我道来，你们如此年轻，应来自纯情朴素的乡村山野，应在地头插稻种田。可你们却不顾本分，追求虚荣浮华。我见了珠光宝气的虚荣者，就心生厌恶，净是红尘迷路人，摸不着人生正路，方才如此作践贞节。

本来见到太守级大官，正在兴致勃勃的女子，像被点了穴位，有耷拉下眼皮吐舌头的，有呆在那面面相觑的，个个低眉弄眼，不知所措，热闹的酒场，一时止波平澜。可她们在来之前，听小吏说：这张长沙是个长发迷，逛过高档青楼。你们趁他酒醉如泥，去求做个侍妾，说不定一步登天。她们就跃跃欲试地来了，谁知遇到个铁心汉。

仲景见扫了大家兴趣，又以父兄的口吻，语重心长地说：姑娘们呀，你们要是愿意洗掉胭脂，归于乡村插秧织绸，我给你们鼓掌欢送。

歌女们一听，竟挤眉弄眼地瞅瞅伙伴，咬紧嘴唇，陷入思虑。不大一会儿，有人孱弱的削肩抽动起来，有人掩面哭泣着走掉了。

做客的百姓见太守这么清正，想上前来诉说冤情，因见周县令在场，就缄默退下。眼花面熟的酒局终于散了场。仲景出了酒楼，泛卫提醒他袍袋里有布条。

仲景这才掏出皱巴巴的一团条子来，第一个布条上写：周县令捞财渔色，正娶姨太三人，霸占民女六人，另藏烟花院名妓十多人，房产五处，田地千亩，可谓青湖县的大财主恶霸。第二个条子上写：青湖县不过三千多户人家，周全虚报七千户，人口不足八千，虚报一万人，是个上蒙君、下欺民的大骗子。

仲景看罢，把布条塞进衣袋。追上周全，问：青湖县到底多少土地、村庄、人口，你三天内报来。另外，有多少病夫、叫花子，特别是麻风病夫，也如实普查上报。

周全瞅见仲景布袋里动静，又见他在无人处掏出来读，已把布条文字猜了个大概。心下想，你太守要人口土地还在行，要病夫、叫花子一项，在谱吗你，你下来一趟，已把天下洋相出尽。

三天后，周全差人报来青湖县的土地、家户、人口。并没报来病夫、叫花子与麻风病人数。

仲景在这之前，差人令民政吏到边远几县普查，特别强调要查出麻风病夫，以防在民众中传染。民政吏禀报：长沙有一皇亲封侯国，单列为启，与郡平级，怎么去查？仲景只知道皇帝在某些地方封侯国，却不知长沙也有侯国，他说暂搁置不查。

经十多天详细普查，清点统计后，发现这些县中，有三个县虚报户数，下令纠错。有五个县少报田地，大多数县未报病夫。通过这次普查，仲景也了解到，皇册有规定，一县近万户者封县令，秩俸为六百石至一千石。不足五千户者为小县，秩俸三百石至五百石，像老家涅阳县，都是标准的小县，只有穰县那个大县，才可封县令，可是二郎神当官后就自称县令，真是可笑，而周全为当县令多捞俸禄，竟虚报户数人数。

半月过去，查了五六个边远县，查出有一种病名叫巫蛊虫病，是个新怪病，仲景之前从未听说过，在医简上也未见到。他又叫各地普查上报医家医家人数，可报上来的大多是巫医和看风水的阴阳先生。他抽出两名巫师来府里一问，言说原因是，这里少有医家医家，治病都找巫婆神汉。长沙东百里外过去有个半吊子医家，后来当上官丢弃医术，隔几年开个医家会，招来的都是当地名人富商，从未言及医术一字。

仲景问：这方圆三五百里就没一个专业医家？

两巫医点头说是。

仲景忽然感到一团世事乱麻，病夫孤苦，当官不顾民生，整天窝在衙门里结党营私，钩心斗角，捞财渔利。他觉得肩上担子重，不仅担着长沙郡府里的政务，还负着解救民生疾苦的责任。

仲景从青湖县回来，发现邓立山站在他的榻房窗前。

泛卫开了门，仲景请邓立山进屋里，问：你有要事？

邓立山说：我知道青湖县地处偏远，穷山恶水，人性粗野，想提醒你一起走，谁知看见那么多商家在场，就想到了你所注意的民生问题，也真难得，得到了难得的亲民机会。

仲景这才放下了纳闷，问：青湖县周全到底怎样，处事神神道道的？

邓立山低声说：这正是我想提醒你的，那是个大混家儿，嘴上能说会道，一搁到实处就走板，青湖县快叫他整呼啦了。

仲景觉得邓立山是磊落人，这么爽直表白，官场少见。他谈了长沙病夫多，应该组建起救治部门。

邓立山却扯到题外：周全之辈虽事路稠，却限在偏僻城镇，并无大碍。老吏董子正，面上不露声色，内底水深渊险。

仲景说：我能察觉出来，只是三十多年前，这里从中原购过赈粮，不知你闻听过否？

邓立山说：我才来这两年，对过往旧事，没细打听，你何故问及？

哦，我也是不知端底，随便问问。

我本来想辅佐你打开新局面，不想上司有事老在调用，可能得些时日才能回来。这个差本来是想抽董子正，无奈他推说岁数大，才换成了我。

仲景打个手势说：中，我有个事得跟你商量，我下去后发现乡村病夫太多，麻风病还会传染开。但身负太守职务不好随便走动，就想了个万全之法，在衙门外开个诊堂，仿着早年我在襄樊见过的医堂，隔个十天半月的，集中开堂为民众诊病给药，你看怎样？

邓立山站了起来，说：你是以民为本的医家，这是好事，可府里未有前辙，待酝酿好给诸吏商议了，再办更妥。

诊治百姓病疾，救死扶伤，我想也是顾怜民生的善政。

说得好，我会赞成，我意思是征求诸吏意见，再行事，更稳妥些。

好，我明白，你去忙，早点把事情办完回来。

仲景理解邓立山意思，是堂前行医是特例，应征得众吏接受，他就想推迟筹建。这天，他到大堂上听案，听到门外传来喊声，不是喊的太守，是喊的医家快快救命。他觉得稀奇，扭头一看，门外有两个人，男的背着个女的。

仲景正要出去为他们诊病，见大堂判案的官吏已排开阵势，神色肃穆。他刚走到门外，扒开村妇的袖子为她切脉，门内已击鼓升堂，原被告都被传了上来，齐刷刷地跪地待审。仲景只好摆手叫大堂稍等，泛卫见大堂有众官起哄，就跑来推他，小声说应先办大堂公务，这交给我来。

仲景哪肯听泛卫的，泼烦地说：你看她脸色黄的，不是浮表之症，念个咒就好，你快备药吧。直到诊断了村妇的病，把处方交给泛卫，嘱其备药煎汤，才重回大堂就座。可他见董子正静静地坐在那，脸上表情怪异。

判了案，仲景刚出了大堂，门外又来个病妇，仲景也诊了，叫她转告乡民，他改天要建个诊堂，也或许抽空送医上门，没有重症，别来府上了。

一言既出，必行于果，这是仲景的处世原则。过去当游医都这样守信，现当了太守，更是一诺千金。可他的公务忙得不可开交，就想叫相国邓立山回来，和都尉董子正，三人一起商议建诊堂之事。邓立山说这也是达济民生之举，表示同意。董子正先是缄口不语，半天脑袋忽然拐弯儿，想到另一面，诊堂建起，必犯众误，众官不恶心死，也会反感死，想到此，他内心冷笑一声，也同意了。

议毕，邓立山要走时，仲景喊住了他。

按郡府官级排位，邓立山位居第二，可仲景到郡府至今，邓立山很少在重要场合露面。此时喊回他，问了邓立山老家和家眷，简单拉过家常，看看董子正瞥一眼走了，他才挥手叫邓立山离开。

仲景忙过这一阵，趁府里事务暂缓，带上泛卫到青湖县衙门口，支起医案为百姓切脉开方。受益的病民相互奔告邻里，病人们拐腿歪腰，再难都要来求医。不大一会儿，县衙门前挤得黑压压的，呻吟声和哭叫声连天动地。仲景叫泛卫挑些头痛身困的表证病人去施巫，其他的自己诊治。

通过诊病，他看到这里病人缺衣少食，营养不良。另外南方多雨潮湿，多患风湿伤骨，或皮疹癣斑，此病传，顽固难医。那些吃饱百姓粮、穿百姓衣的父母官，为什么不患此病？从这里，他想到吃饱穿暖，才有抗病力。

一个面黄肌瘦的农妇，抱着个饿得哭不出声的小娃，挤上来叫诊病。仲景看见小娃脖颈软绵绵的，搭到肩上抬不起来，他手还没搭到农妇脉上，就奋笔写了方子：一担稻，二斗谷，立马找官给取出。

这农妇不识字，看着方子不知咋办。仲景叫泛卫喊来周全，帮着看方。

周全看了，把农妇叫到后院，打发一瓢大米，几个馍，叫快快背走。后门推走了农妇，前头又来了个持方要粮的饥汉，后边还接二连三地续人。

太阳偏西时分，周全忙得满头大汗，眼看仓里剩粮不多，仍有人哭天抹泪地求粮，他的头都要炸了。天哪，这招真比黄巾军火攻还要狠，此朝廷命官怎么跟叛贼一样，不是蛊惑民心，就是煽动造反。

他气咻咻地甩着手叫道：大人，青湖县粮仓快空了，这可是皇粮啊，咱这般开仓放粮，谁担当啊——

仲景站起来，银灰色长袍被秋风撩起，背后的夕阳衬托着魁梧的身影，他打个手势，语调有力地宣讲，从青湖县百姓苦难的日子，讲到汉朝的腐败，讲到欺压百姓的恶官。忽然话锋一转，问：周县令你算算，你的百姓一年交来多少粮，把粮还给人家，一人应发多少才够啊？

周全感觉站在衙门口的不是上司，而是叛匪在挑衅滋事。这是在自己的地盘上，多少年来还没有人敢指点什么。刹那间，他浑身血液翻腾起来，按平时的脾气，他想呼唤左右，或大棍或乱箭或茅刀，把张仲景剁成肉泥。可眼前是顶头上司，一座大山压过顶来。他的脸由红变黑，横出一脸的狰狞，也带着坚如磐石的权力意志，别着头站在那，脸上的肌肉绷得像门板。

他想起历史上有多少文死谏、武死战的教训，与上司对抗，就意味着贬官或掉脑袋。可他从另一角度想，张长沙原是流落山野的医家，在太守位还留着布衣草民的情感，一点没有转到官位职权上来。在周全心里，职务官位是什么？是套在九曲回肠里的政治计谋，是官官相护，共同对付小民的武器。

他已看透了张长沙，不是好官坏官的事，而是压根就不配当官。他转身到后院唤随从拉马跃身骑就，趁着昏苍天色，朝荆州府奔去。

　　董子正闻听太守在青湖县的作为，认为仲景整周全，不是杀鸡给猴看，而是给老虎看的，这个老虎，就是潜在水底的自己。他认为再不出手就晚了，张仲景的事迹会在长沙境传开，百姓也会百鸟朝凤一样追拜。他长吐一口气，把队伍排好，往下怎样排除异己，肃清队伍，只是用什么手段的问题。

　　董子正为什么如此看重青湖县事件？他不会忘记，三十年前黑市买河南涅阳赈粮之事，就是他与周全合伙办的。要不是足智多谋的周全，谁能深夜偷运过来赈粮，还切断一切消息？又有谁能点出货到地头死，把粮价砍到最低？周全回来，在长沙十几个乡亭饥民中卖完了粮，竟一文钱不要，只说士为知己者死，万不可索酬报。这感人之事，让董子正过意不去，才把周全提成了县令。现在要是郡府派人到青湖县抖出老底儿，那会把自己一世的英名毁掉，说不定张长沙就是冲着这事，才三番五次去私访青湖小县。

　　在张仲景从青湖县回郡府的当天午后，董子正带着吴班，要去竹沟县查案。他认为太守上任冲劲儿太大，火力对准周全，应找个新案转移注意力，刚好竹沟县报来个大案。

　　董子正到太守跟前禀报，说竹沟县有个沉案，一寡妇九岁的闺女叫人活吃了，吃罢扔到寡妇门前一只鞋，一根头发辫儿，把寡妇吓个半死。村上神汉说，这是南山妖精吃的。正好这事发生之前，神汉为寡妇算过一命，说她犯了血光之灾。几件事凑到一起，村人都弄迷糊了，很多人不种稻、不砍柴，只想指望神灵，等老天爷降福运，这就不是迷信问题，而是社会安全问题了。他补充道：以老夫之见，张长沙深知医界事理，如一同前往洞察，火速办案，为民妇申冤，也拨散巫祝迷信，还愚世清明。

　　仲景听董子正说得有理，此案正好触动了内心的敏感点，对巫婆神汉的质疑，长期从陈大仙那延伸而来，一直没有翻过。虽说在襄樊王神仙、泛巫医那得到过新的悟知，但仍认为有点玄乎，对巫家的施术有很多不确定是对是错。他仍想给百姓宣扬医术，把部分巫医的邪说批驳一通。他认为董子正心计复杂，水深难测，就说：你先去看看，如有医界药理事由，我随后再去。

　　董子正带吴班、秦超一起乘轿而去。

　　转眼间，张仲景任长沙太守已两年了，郡府里的事务进入常态，他也适应了各部门和各环节，特别令他欣慰的是，在这里得到很多民间单方，有了固定的医病地点，只要公务办妥遇到闲空，他就有医病的去处。因过多地把心思放在这上边，他显得有些疲累。

这天，他处理了公务，决定到长沙城南的芜令县走一趟。说是私访，其实是有百姓来报，那里有不少奇病发生，他担心疫情传开。按惯例太守出城要带行政职员，车前马后地跟随，可他只想带上香村和泛卫，一个是路线熟，一个是当帮手。

大清早，一顶青色四抬小轿摆到了门外。边上的轿夫们身穿镶黄边的绿衣裤，腰系绣边黄带子，长发拢扎青巾。这是董子正听说张长沙要下乡，委派的官轿和锣鼓响班，说这样好让太守在民众面前显出官威。

仲景出了大堂，见前呼后拥的差役们已备好锣鼓班子，手拿鼓槌的架势。仲景平时好骑马前行，一边察访民情一边为人医病。若有下官跟随，每到一处都会是官府套路，耽误时间，也隔离官民间距离。如此途中惊动百姓注意，私访的意义何在？他叫香村传差役撤下响班。

泛卫不大一会拐回来了，说：董大人说太守出行，起轿响班的规矩不能撤。

仲景说：一路响声不断，为地方官通风报信，还叫私访吗，这声势跟唱大戏差多少哇？

董子正来了，关怀地说：老夫正要告知，大人在大堂之上有威武肃静，现走荒尘野道，冷清孤轿相伴，高威何在呀？

众吏皆抱拳呼应：是啊，大人。

仲景说：言之有理，可是如果百姓冻饿路旁，身为父母官，就是坐上金车银轿，还招人欢声雷动，又有何用，还是免了吧。

董子正扫了大家一眼，端袍拎带，抬脚踢一下袍襟，端着权威口气，说：我们身穿官袍，是自皇帝所赐，应按皇规行事。

张仲景一听此话，触发了内心积郁多日的痛结，他接过话头横了过去：官袍是皇帝所赐，可上边的千针万线，还有饮食的柴米油面，哪一道是皇帝提供，而非百姓的心血呢？叫我说，啥时候官人能以民为本，民生至上，天下啥时候就是太平盛世了。

董子正心里明镜一样，知道这太守的心，是放在皇帝与百姓中间，甚至一心为民的，关键是他的言行与自己格格不入，与官府更是隔山隔水，有点大逆不道。他沉着脸，说：身为父母官，为百姓所思，不错。然而大汉从皇帝到县吏，谁能丢掉皇帝，只顾百姓？说罢，摆手叫响班撤下，甩袖悻然而去。

张仲景叫来泛卫和香村，带上药褡裢、石针和草药，骑马出城。

三人一出长沙城，跟鸟儿入林一样，一路有说有笑。香村是太守府里最年轻的小吏，从没见过大官出了府门这么开心。他被感染了，一会儿跟着泛卫采药，一会儿听山鸟叫唤。

正走间，看见前方有浓烟滚腾。香村问：大人，那边好像在放火烧城。

仲景反问香村：你看曹操刘备起事，霸业能成否？

泛卫说：要是成了，来个改朝换代，百姓也有个盼头。

香村问：难道你盼着天下大乱？

仲景说：我听说曹操是个枭雄，靠五千余散兵起家，打败过黄巾军，收降卒数十万，全是乘人之危发迹。可是，何永大人说他是盖世奇才，杀过贪官污吏，挟过天子以令诸侯，为推动朝代更替起了大作用。

泛卫小声说：看看吧，老师也在盼朝代更替。

香村说：泛卫，你别这样说老师，他心里怀的是万世太平的天下愿。

仲景又说：人们承认刘备是皇亲，忠君意识没错。可是对错错对，好像也没个定论。你可知我在三十年前最烦当官，现在却在官位之上，还当得正儿八经。你说我是三十年前错了，还是三十年后错了？

泛卫干气地笑笑，说：或许是对中有错，错中有对。

仲景点点头，笑笑说：这得交给后世，作身后评啊。

第五十九章

三人正走时，忽听一女子拦路喊冤。细看，女子身穿麻衣，披头散发跪于尘土里，两手拍地，拍得黄尘滚腾。

仲景想三人骑马行走，乡野女子怎会认出是太守。心里虽嘀咕，还是下马来，叫泛卫、香村扶起女子，让她慢诉冤情。

女子诉说，原来她男人是个赌棍，赢了钱出去嫖，输了钱回来打她。输急了，变卖家当，把她五岁的小闺女卖了，又要卖她，她只好逃回娘家。在娘家住半月自己回来了，发现两间草棚已卖掉。当天夜里她男人要吃她的肉，她用砍刀砍断男人一条腿，逃了出来。

仲景听后非常义愤，叫女子快速领路进村，捉拿赌棍。到村里捉到赌棍，先为他包扎腿伤，泛卫照赌棍脸上扇了两巴掌，又给女子几个铢钱，然后打听到此处属芜令县地盘，交代改日来惩治赌徒。

再往前走，约莫二里路，又听见女子哭声。三人拐一道弯，见前边山垭口坐了个捂面哭泣的女子，脸带病色，蓬头垢面。他正要上前问，忽见街头跑过来一村汉，抓住女子要拖回家。女子挣着不走，村汉揪起她头发拽着走，女子呼喊救命。

仲景追上前，抓住村汉领口，喝道：住手，休得欺凌妇人！

村汉见来人气度不凡，说：我打自家疯婆娘，你不是狗逮老鼠，多管闲事儿？

仲景正要问清是非，女子尖叫：我不是他婆娘啊，他想害我。

仲景听女子话音，感觉不像疯子，问：他是你什么人？

疯女子说：他是个神汉。

仲景一听神汉就来气，指着男子质问：你姓甚名谁，速速招来。

男人想跑，被泛卫、香村一把揪住，捏住脖子往下按。

仲景问妇人：你为何流落街头，他又为何打你？如实道来。

妇人惊慌地看看神汉，说：我娘有病求他施术，没医好，娘死后他不怀好意，多次强奸我。

仲景说：你还不快跑？他们是人贩子，把你贩到山旮旯里卖给拐子、瞎子。

女子从地上爬起来，村汉也挣开了泛卫的手，两人都跑了。

张仲景盯着两人跑的方向，叫泛卫、香村赶紧去追。

二人追一段拐了回来，路上打听到一条丑闻，原来，自打长沙整治烟花院后，许多娼妓回家被家人拒之门外，找婆家也没人要，就流落街头，还有不少被拐卖了，甚至活吃了人肉。这妇人可能也是这类可怜人。

仲景与泛卫、香村又走三四里路，到了芜令县衙。县令刘成聚出来接客。仲景把路遇之案一说，刘成聚就在心里发笑，在他看来，乡下人打个架骂个街跟喝凉水一样，没啥稀罕，就是生吃活人肉，也不算稀罕事。这个张长沙，能为村汉打女人大惊小怪，没见过世面咋的？刘县令是见机行事之人，听太守令他去拿神汉，当即派差役前往，私下对差役使了眼色。

差役看县官一边对上司积极配合，一边对下级挤眼弄眉，那副滑稽相，看得直打愣。约莫一顿饭光景转回来，报说神汉跑了，在村里找半天没见影。

仲景见两个差役嬉皮笑脸的样，感到不对劲儿，叫泛卫跟香村亲自去。泛卫与香村没去多久，就扭住神汉过来了，后边跟着那个女子。张仲景坐于芜令县衙判案。这一审，审出了一桩巫医骗色蒙患案。

原来女子叫美娘，是个纺织婆的独生女，五岁失父，母亲守寡养她，在村里经常受人欺负，无奈搬到街上一乡绅家里织布。芜令县发大水后，美娘母亲患了腰痛病，乡绅老婆给她指了个神汉，叫去求医。美娘跟母亲一起找到神汉，神汉光棍一条，一看美娘长得细皮嫩肉，就魂不守舍。为人医病的心思没一点，勾引少女的欲念却十分充足。又是点火纸，又是耍大刀，花哨了一阵，说美娘母亲是患了邪病，必须在三更半夜，鸡不鸣狗不叫时辰，去家宅镇捂野鬼。美娘说她家离这几十里路，回一趟不容易。神汉说那你们就住我这儿吧，谁叫我好人好心肠哩。

当天晚上，神汉为美娘母亲开了两味药，搅到火纸灰里叫喝下。美娘母亲喝了药睡到五更咽了气，神汉埋了美娘母亲，把美娘拽到草棚里，连推带卷又扒衣裙，强行奸污了。几天时间，都把美娘藏在屋里强暴，美娘终于瞅着神汉睡着，拱破草棚逃了出来。神汉醒来后追到她，言说要娶美娘为妻。美娘打死不跳这个火坑，抹了一脸灰，撕得披头散发跑出来装疯卖傻，正好碰见仲景骑高头大马过来，感觉像个官人，才拦路喊冤。

仲景已从当地百姓嘴里得知，这芜令县拐儿卖女生吃人肉事件，常有发生，告官无门。他叫泛卫带上美娘，把她母亲吃的药买来看看，其中一味是砒霜。这就排除了神汉误治的可能，而是故意杀母霸女。仲景叫刘成聚择日到城头公开审判神汉，杀一儆百。

刘成聚当场答应，稍等片刻，又脸带赧色，说：巫师是半人半仙之体，当地人都当神敬奉，下手处死刑，当否？

仲景说：巫师在医家没出现以前，是能施巫医病，自从有了医家，以医术救治民众，巫家就不思长进，大多沦为装神弄鬼，不再施术医病。你往这看，跟我学医的泛卫是巫医世家，他知道哪样病应施巫，哪样病只能靠医术。你县里这个巫医，不是二溜子也不是胡八扯，简直就是恶魔一个。

刘成聚说：是，等我择日取证后，审了执行。

仲景指着刘成聚，说：你没诚意处治是啵，我带到长沙府办吧。

说着招手叫泛卫、香村把神汉押上马，策马奔长沙而去。

刘成聚待在那，半天才撩起眼，瞅着远处滚起的尘埃。

泛卫小声提醒老师：咱下乡来主要是医病的，这就往回拐？

仲景说：医人病体重要，医人心更重要。

江南的冬天，很少下雪，这日，天上飘下米粒似的小雪。人们聚集在府门外的空场上，挤得里三层外三层的，一片人山人海。

雪仍然纷纷扬扬地下。张仲景宣布了巫医坑病蒙患，施毒方害死美娘母亲，强暴美娘的罪行，揭露了他们不学无术、贪财捞钱的真相。然后宣布杀人偿命，当场执行。

可就在香村与差吏把神汉拖下去时，神汉喊：别杀我，我有神术啊。

仲景高声问：有何神术，说出来听听。

神汉说：我会治火头疖子、搭背疮、蛇干疮、癞头。

仲景想起，这两样病都是外科杂怪，他说：空口无凭，你知哪有病夫，找来当场施术。

神汉说：上哪儿找病夫来证明哩，不好找，我给太守爷说说吧，得了火头疖，叫病夫多喝绿豆汤、金银花，等疮疖长大变软，里头有脓水，用石刀切开排脓，排到疖子里空了，再上药。搭背疮和蛇干疮一个治法，我记不清用啥药，却能跳神舞，燎麻秆火烤毒。

泛卫小声对仲景说：这都是民间常用之术，没啥稀罕。

仲景又问：你说的搭背疮、蛇干疮都是火燎样热疼，再给病家烤麻秆火，如何受得了？

神汉正要回话，有个看客站出来，大声说：他说的方是老祖宗传下来的，我们这里老年人都会施。

仲景又问：你医好过病夫吗？

神汉说：我妙手回春，治过几千人不止。

众人哄笑。仲景打手势叫香村拖走神汉，不大一会儿，见香村刀尖上滴着血过来了，仲景知道神汉已被执刑。他趁着人群未散，介绍了医家用真知诊断病情，对症下药的有效性。有个老汉问：太守大人，小的想问你，这世上到底有神没有？

仲景怔怔一下，少顷，他想起在京城跟何大人探讨过这事，他打手势说：看年岁是位老者，可别喊大称小的。我本意并不反对神，而是说真神并不是巫师说的那样，真神也不是人世迷信的样子。神应该是存在于天地间，冥冥中的东西，世人虽看不见，也说不清，但他能造物，能主宰世间事。神也应是我们身体里的精气神，是人心应有的良知，当人违反了良知，精气神会减弱，命运也会报出因果。

他顿了一下，看看民众听得入神，怕听不明白，又说：我讲得可能有点不好懂，请大家想想，我们患了症候遭了灾，想求神，如果我们内里没有阳气正气，求神求医都是徒劳，因为我们求的神，没回应我们内心的神。就连皇帝请的巫师也救不了汉室混乱，强霸争端。想求神保佑，求神给粮给衣给好运的，是不务正业的迷路人，不劳而获的懒汉种。作为仁志者，应弄明白做人的道理，沿着君子良人的路走，会得到神性，并为自己种下好因，然后结个好果，这才是可信的神性。

台下传来骚动声，掌声轰轰响个不停。

一天，仲景下乡为病夫切脉，正在望问病家，香村骑马来报，说从豫州来了个黄姓的妇人，说是大人幼年的邻居，现在府门口等着求见。

张仲景怔了一下，问：豫州来的，是涅阳来的黄姓妇人吗？叫啥名字？

下官说：好像叫个黄什么姑。

张仲景脑袋里顿时如挂一面大锣，咣一声响起。他知道是谁来了，来得有些意外，特别说是幼年的邻居，这词有讲究，却没有贸然。他一时怅然，时间被穿透了，倒过去很远，天边地沿的远，拉他回到了少年时代。故乡的记忆又清晰起来，张寨的村野、河水、林带和坡上的草药，一个清秀女孩的脸。这张脸一直藏在心底，此时想起来，还带着麻杂的滋味。

泛卫在一旁提醒老师赶快回府。

张仲景知道那段故事有多沉重，就是忆起一小段，恨意也足够绵长。他叹了一声，摆摆头，像是要把什么东西给甩掉，把精力继续投到医病的事上来。他低头看着病人手腕，感觉这脉一会儿滑一会儿沉的，起伏不定。

泛卫偷偷笑起来，说：你邻居老乡在门口久等，咱不如早回。

仲景心有惶然，马上收回来，叫泛卫取了连翘、车前草、荷叶、桑叶、决明子几味组方，交代煎服方法。交代了，看看门外的香村还站在那，他说：你速转回去领她进府里等，我会尽快回去。

谁知话才落拍，门外就凄惨地叫了一声：官人哪——颤抖的声音里，带着沙哑、暗涩、低抑、哀伤。

仲景的心被揪动了，回头看去，一个披头散发的老村妇，拉着个十几岁的小妮站在门外。小妮一头黄发长短不齐，半遮眼角，身穿毛边的麻衣，肩上胳膊上都打着差色补丁，一双烂麻鞋，前露脚趾，后露脚跟。村妇手拄拐棍，披一身麻片凑合遮体，憔悴的眼里透着悲情，也暗淡了那张多皱多愁的脸。她眼里有泪，却含着，怔怔地看着仲景，好像此时只要再说出一个字，那苦情的泪，就会像决堤的江河，喷涌出来。

仲景的脸，在刹那间变得很阴郁、忧愁、慈悲，他两眼紧紧盯着翠姑，站起来朝前移动半步，又停下来，慢慢走上前，喊：翠姑，真是你来了？

是的，翠姑确实想好好看看，她奔波千万里追寻的人。她寻着最好角度，看个清楚，看个透彻。她刚眨一下眼，泪水涌了出来，迷了昏花的眼，眼前人模糊了。她抬袖子拭一下泪，再抬头继续看，头就晕了，眼前天旋地转，身子软软地倒了下去。

仲景伸出臂弯拦住她，喊着翠姑翠姑。旁边的人好像看懂了他们的故事，赶紧离开。仲景紧紧搂着翠姑，一把一把为她擦泪，而他的老泪也大滴大滴洒下来，竟悲伤到耸肩抽泣。

仲景扶翠姑坐好，叫泛卫交代一下村里病夫，改天再来，即与翠姑娘儿俩一起回府。进了府院，吩咐差役去做葱姜鸡蛋面条，并速送新衣过来。差役备了新衣来，还送来全床新被褥。不大一会儿葱姜鸡蛋汤面也端来了。

翠姑不说一句话，只是打手势叫小妞先吃。直到外边有下官来找仲景，她才意识到这是官府，拭了泪眼，也开始吃饭。吃完，开始打理自己和小妞的凌乱仪容，也更换了差役送来的新衣。翠姑把自己的烂包袱塞到里间，开始整理仲景室内的物品。打理完，她坐下叹息一声，等着仲景问这一路，或这几十年的分离与生活状况。

仲景亲眼看着翠姑娘儿俩吃饱穿好了，他也完全放松下来，拉一把竹椅坐对面，开始问翠姑这些年的事。翠姑叹着气，诉说了母女俩出了张寨，从桐柏到襄城再到洛阳，然后南奔长沙，颠沛流离的经历，以及在洛阳遇见二郎神的事。

仲景问：你碰见他了，是怎样遭际过去的？

翠姑说：他逮住我们拖拽到马上，说要一起来找你，半路上，叫一虎把我们送到了长沙境。

仲景吃惊地问：他丢官了吧，人变了。

翠姑说说停停，断断续续地，有时试着说着，看着张仲景是否专心听，她内心飘摇着的悬念，慢慢落了地。

仲景聆听时，还专注心神看着翠姑，内心在叹息，当初娇艳的黄花女变成了老太婆，真不知这些年是怎样熬过来的，还好，终是找来了，该是她的造化。他后悔自己当初的固执，尽管那时候的环境有局限，也应该给她个定心丸，不至于让她半生颠簸，才奔来聚首。

翠姑讲了一会儿停下来，想看看他的反应，等他再问什么。见他若有所思的样子，她不说了，低头看地。

仲景说：还有，往下说嘛。

翠姑忽然问：你当年是跟二叔学医，现在二叔在何处啊？

仲景听到二叔的话题，如雷轰顶，此话题好久没人提了，好像沉在时光深处。内心对二叔的去踪，一直是个谜。可是只要翻出一个字，就会带出很多话语和很深的怀念。翠姑问起来，他虽感到亲近了不少，可还是咂嘴又叹息，说：等有空闲我再细叙，还说你。

翠姑说一路曲折走了两三年，说了一会儿停下来，等他应声。

仲景又说：继续说，我在听呢。

好像翠姑带来了说不完、道不尽的故事，几十年或更长久的经历。她都说累了，问：也说说你这些年是怎么走过来的，肯定也不顺溜？

此时小妞有点瞌睡了，头老往一边歪。他转过话题，问：小妞多大了，是谁的闺女？

翠姑声音低了，说：是我亲生的。说罢红了脸，不由忆起涅水河边的情景，竟一时猜不透那时他脑子咋想的，硬把自己撇下不管。此时两人面对面坐着，她有些心虚，怕这一路乞讨过来，是奔了一场空梦。她低着头，手指抠着大襟侧边的盘扣，心又酸了。

仲景见翠姑没说出小妞的身世，心想老家太复杂了，谁都简单不起来，他问：你带她来，她家人知不知道？

翠姑忽然自卑起来，说：官人，我知道你的意思，她爹是秦小五，早就死了，家里没个亲人，我不忍撇下她，就带来了。

很好，一起走，好有个伴儿。

翠姑心意惶惶地解释说：官人，我知道这给你添麻烦了，可我千方百计跑来，也不敢有啥巴望，只为见到你，圆了一辈子的梦。你要是能留俺，我和小妞可以在门口扫洒，在后院种花草，或给你做饭洗衣，只要你能收留下，俺当牛做马都行。如果你不方便收留，给俺们指块地去种庄稼，决不搅扰于你。

仲景鼻子酸得无法说话，他隐忍一下，喊泛卫和香村过来，说：安排你师娘到后院洗漱，专门打理一间起居室。

翠姑听了师娘二字，心头热了。这时仲景走过来，拉起她手，另一手扶在她后背，翠姑体味着后背温热的抚慰。两人一起来到后院，是两间存草药的房子，药材码了整整一堵山墙，剩下的地方支两张小床，可能是专设的客房。仲景交代一会儿等端来温水，洗漱了就在这歇息。

仲景刚走，小妞就叫道：妈你看地下是啥？

翠姑低头一看，是木板铺的地面，抽着鼻子闻闻，有松香气儿。娘俩都是头回见到这么好的房屋，又把窗棂、柜子、椅子各样看了个遍。翠姑激动地说：小妞啊，咱到了好处，得有个长进，看清院里动静，要帮的能干的，都多个心眼儿，可不能白待在这混吃喝。

不大一会儿，有侍者端来新衣盘。娘俩换了朱砂色绣袍，葱绿长坎肩。披散的头发由一个婆子来梳洗过，又有侍者端来个银托盘，上边放了香粉、胭脂、金钗、银卡、耳环、宝珠、缤巾、彩缨。金灿灿明晃晃软溜溜的硬钗软链，错杂闪烁的迷离光影，照花了翠姑的眼。她双手合十自语，仲景官人啊，俺们吃过的千般苦，都值了。

转眼间，那毛糙糙乱蓬蓬的麻丝头，绾成了精致的发髻，沿腮边溜下两缕发环儿，人变成了一株酷霜染过的秋菊，在长恨深怨中酿成的苦涩，却在眼角眉梢，犹存一缕苍茫的韵致。

在窗外守护的泛卫，见此景情，不由小声吟道：

风雨霜雪几十载，天涯海角两分开。
世上有心事皆全，千里寻情到郡台。

站在树影里的仲景，指指他，低声说：啥时候也掉到河里，变成湿（诗）人了，还不快去歇息？

翠姑说：诗人是啥，我不知这时兴词儿。

仲景、泛卫哧溜一声，都撤了。

晚饭是大米饭，葱花炒鸡蛋，加一盘虾仁炒豆腐。

小妞从来没吃过这么香的米饭，这么好吃的菜肴。翠姑却吃不下去，上顿面条是天擦黑吃的，现在也不饿。她在想心事，盼着仲景能来陪着吃，边吃边说话。饭是泛卫端来的，仲景除了见面时说说话，往下就没见人影了。

翠姑吃罢饭来到张仲景书房里，心里仍有万千话语要诉说，隔窗看着他伏案著典的执着劲儿，似乎理解了，便把心事憋回去不说了。她觉得自己到现在还没有融入他的生活，好像远隔千山，像个客人，老是客气或客套。她悄悄退下来，拉起小妞往后院走。

月亮升起来了，翠姑站在后院的月门外，久久停在月光洒下的清辉里，绵绵想着心事。想着想着，心生一种预感，不免凄然，想起过去在张寨村头追他时，能把泪水和哭求施尽，真见了女儿家的胆识和不知羞丑的泼辣。可眼下的自己，怎么也施不出那时的蛮劲儿了，也说不出情爱的话了。最脆弱和可怜的，是她时刻都在期待他的态度，并准备承受他的回绝。

大榕树巨伞样的影子把月光遮蔽，留下一片杂影。月白风清的院落，有点空虚，直叫人心神恍然。她站在能望见仲景窗户的地方，怔怔地看着，收藏好心里的话，怅然回房里了。

仲景还是老习惯，天黑点灯，翻简、查卷，或补充医典，核对陈来、陈往手抄的典文。熬到鸡叫两遍进榻房歇息，天闪明就起来，在院里踢腿伸胳膊，弯腰运气。《伤寒杂病论》还未写完，按竹简来计，应有五六卷文字需要亲笔写出。他每翻阅起，认为还得补充不少内容，才能成卷。可这些天，外边事太忙，把正事扔到一边。他巴不得从繁忙公务中抽出身，连明彻夜地撰写。

可叹身在官场，由己时少，放着兴医的大好前程不去为之，身陷复杂官事中，一点也没找到归属感。倒是翠姑的来，为他带来说不上来的宽慰，觉得人还是张寨人，心还有眷恋。

又是夜，他三更睡下，直到天亮，被院里人行和洒扫声惊醒，打个哈欠走进榻房，隔窗看见早起的翠姑，在院里扫地，小妞在洒水。娘俩在院里走动，鲜色的衣襟，带来鲜明活泼的气息，真比往日多了乐趣。小妞边干活边笑，天真快乐的样子太招人喜爱了。翠姑却四下瞅着，瞅瞅拍拍小妞胳膊，可能在制止她笑。

仲景进到榻房去洗漱，日头也出来了，院里被照得亮汪汪、暖洋洋的。他重又走到门口，想参与到翠姑娘儿俩的快乐里，却发现翠姑站在那瞅他。他心里那面锣又哐啷一声响了，他拍拍脑袋，说：看我怎么把你们忘了，真是的。

这话是真的，他在著典时连自己都忘了，在求索医术时，什么都能忘掉。翠姑还是能理解的，知道他的不容易，并非冷落自己。她反而心酸起来，低下头，想说什么没说出来，赧笑着说：官人你忙吧，俺们有吃有住就不错了，可不敢搅扰你。说罢转身走人。

仲景说：今天有件事迫在眉睫，一是到芜令县去医急病夫，不敢耽误。我去去回来就看望你们，看有啥不周到的，再叫人给置办。

翠姑说：不劳你顾我们娘儿俩了，你忙的是大事，我懂。

仲景满意地打个手势，也转身走开。

他走到前院，见几位老人在议论，说皇帝听说曹贼目无朝廷，对各地官吏随便下令，横行天下。皇帝痛下血诏，要废曹操。此诏派密信下传，半路透了气，曹操到宫中当众嘲讽皇帝，一番大话把皇帝都吓哭，躲到桌子底下。此天下奇闻，震惊朝野。汉朝人要的是真龙天子朝廷，才是天下祥瑞。皇帝到了吓哭的地步，神变得不伦不类，人心大乱了，天上人间，阴曹地府，天数茫茫不可逃，国运衰败无力挽。

眼看仲景走近了，还有人叹：曹操刘备酿成的汉朝风云，早把各州郡震得晕头转向。都想投靠强主，却不知靠谁稳当。长沙府这条船已到了失舵的地步，张太守把船划到哪儿，他心里也没个底儿。

仲景听到这话，大步走过去，说：无论天下怎么纷乱，人向慈善仁义，此大道不可违嘛。

众吏一听，自觉两边排开，纷纷俯身问候早安。

吃罢早饭，香村来了，说：大人，师娘一人去了城外，脸上有泪。

仲景心里咯噔一声，问：哭着走的，知道为啥不？

她昨夜在你窗前站到三更，早饭也没吃，一直唉声叹气。大人，去陪她吧，她出了南门，可能是去湘江边，大人去看看吧。

仲景如梦初醒，觉得自己对翠姑有不对劲儿的地方，却不知哪里不对劲儿。他猜不透翠姑是对官府生活陌生，还是忘不下往日生活，好像有话可说，却老隐着不直说。他感到女人跟男人的不同之处，大约就在心思，在这点上，他有点蒙。女人的复杂是要男人猜的，自己独身惯了，忙碌事务堆积如山，脱不开身琢磨女人的心思。

他终于进入有关女人的思考，翠姑成了新问题。

长沙城外长堤上，他走不到二里路，就看见了翠姑的身影。他撩开大步追上后，还没喊出声来，脸就热了。四十五六的汉子，从布衣医家到相府太守，还从没跟女人单独处过。他想追上去领翠姑到个无人处，好好倾吐心里话，却不知怎么做，才能安慰她。

湘风温和极了，不知是张仲景的心情还是天气原因，堤上柳林跟当年老家涅水边的一样青翠。堤柳年年返青，而眼前的翠姑再也不是当初的黄花女了。那嘻哈或嗔怪的少女，已变成个老妇人。他还记得她背着柴草筐帮自己采药的情景，她拦着毛驴要自己说句话的情景。岁月空下来几十年后，她又再次出现在眼前。他觉得欠她的太多，还都来不及。

他没有喊她，只是快步追上去，与她并肩走着，心里酸甜苦辣俱全，几次想诉诉内情，却不知怎么说。

翠姑见他来了，默默地傍着一起走，轻叹了几声，又苦笑起来。

仲景说：翠姑，你想去哪儿，我都陪你。

翠姑说：我听说这儿有条江，出来看看风景。

我老想听你唱过去的歌，你还记得词儿不？

翠姑不加思索地唱了起来：八月里桂花香，九月里菊花黄。十月里心上人，去呀去远方。翠姑边唱边流泪，脸上却绽出灿然的笑。

仲景终于找到了年少时的感觉，问：你已找到了心上人，为何还伤心落泪？

翠姑终于听到了她想要的话，抬脸看看他，心里在流泪，却没说话。两人默默走过一道江湾，翠姑停下问：官人，你想去哪里？

张仲景露出愧疚之情，说：不要叫我官人，还叫仲景哥。

翠姑好好地看住他，低声喊：官人，我大老远来了，想帮你做点事，你随时吩咐我就是。

仲景转过身来，张开怀抱，好好搂住她，看看四下无人，低头对着她的耳朵，动情地唤：娘子——你不伤心落泪了，就什么都好。

翠姑反而把脸埋在他胸口，哭成了泪人儿。

湘堤虽长，也没有久别的儿女情长。两人走到傍晚还没走到头，翠姑怅惘道：该回去了，你明日有公事。官人，我真想就这样跟你走下去，永不回头。我怕回去以后你又忙公事，我却闲在一旁帮不上分毫。

我会抽出空闲陪你们，我们是一家人终于聚首。

你忙得连医典都耽搁着，还说我，我这厢不用你顾。

你等着我有朝一日领你回涅阳，接你住到我家。我还没来得及问你，我爹妈都怎样，弟妹近况如何，你细叙来。

翠姑说：我走时问过仲祥，你家里人都很好，俩老人厚道贤惠，做好事多，会有好报，还会是长寿星。

仲景站到一边，心潮翻滚起来，忽然吟道：

涅寨寒路遥，痴女凄然行。
宅林巢树暖，庭前谛语冷。
远道游子望，千里吟归令。
孤然问青山，何日聚亲情。

翠姑听罢，激动地说：官人，我看你一天到晚忙着下乡医病，我想给你出一招，解除忧烦。

娘子有什么妙招，快快道出。

你把工夫花在路上，把东村病夫医治了，错过了西庄。如果你能开个大医堂，像襄樊王神仙那样，不用到处跑，只为病夫约定时间，叫他们每月初一或十五来，跟襄城王神仙一样坐堂就诊。

仲景一听站住了，说：我也看到此事，在府前搭个棚子、支张桌子预约病夫来诊，却没想建王神仙那样的固定医堂。这主意好，如开个医堂，召病夫定期来诊，也不用带成包的药下乡去了。没想到你说的还更完备，可你是怎么知道襄樊王神仙的？

我从涅阳出来寻的第一处是桐柏山，第二处是王神仙家。

他让你上哪儿找我？

他猜着你会去京城，我走时他还给了铢钱、麦面馍，派人护送了好远。到京城我遇到了二郎神，他在洛阳街上听说你到长沙当太守，好像变了个人，不像以前那样了。如果你有朝一日回到涅阳，也别记恨他了。

第六十章

荆州牧刘表摊上事儿了，因当初没派兵援助袁绍，使曹军杀掉了袁绍大将。他一直狐疑不断，派韩嵩的将士到曹军探听虚实，谁知韩嵩刚到许都，就被朝廷任命为太守。韩嵩回来后满口称赞曹操是天下英雄。与刘备站在一个阵线的刘表大怒，将韩嵩打入了南狱。

刘表有两个儿子，长子刘琦，次子刘琮。刘表认为长子刘琦方脸大耳，明眸皓齿，仪表堂堂，相貌心智与己有很多相似处，欲立其为荆州之主。次子刘琮娶了他后妻蔡氏的侄女，此人天天在刘表面前说刘琦坏话，刘表慢慢信谗，转而疼爱起刘琮了。

刘琦深感自己处境危险，内心悲苦忧愁。他听说刘备的军师的诸葛亮足智多谋，曾多次去求教，诸葛亮却避而不答。刘琦施了一招，把诸葛亮请到一座高楼上，抽掉了楼梯，逼诸葛亮出主意。诸葛亮为刘琦讲了春秋时晋国公子重耳的典故，使刘琦恍然大悟。正好当时江夏太守被孙权所杀，刘琦便自报镇守江夏，刘表同意。走时，刘表立于城头目送儿子远行，不禁想起他昔日的好处，后来见有人报信，刘琮并不像自己想的那么优秀，因杂言碎语纷攘，造成局势不宁，不久忧愤成疾。荆州为曹操与孙权五十万大军夹攻，虽有诸葛亮火烧新野，大败曹军，但曹军精兵勇将都围在荆襄一带。昔日固若金汤的荆州，眼看日薄西山，歪在病榻上的刘表，茶饭不思。

建安七子中的王粲仍客居府中，他见刘表最近闭门不出，就过来串门闲聊，他说：我老觉得张仲景弃医奔官，会有不适应，或留某种隐患。

刘表深知张仲景对医界一肚子经论文章，此人明辨事理，精通学识，又有报国济世之志。可王粲是灵帝司空王畅之孙，看书过目不忘，作文出口成章，两个都是有识之士，却偏偏说不到一起，刘表很是不解。

王粲又说：自古作学问，不做官，做官不作学问，两者虽非水火，也是黑白阴阳，不可混为一谈。官人要有为官的谋略手段，要设局谋事。而医家是凭良知行医，只认一病一药，眼界细微。

刘表说：张仲景胸怀光明正大，心地无私，当官会以天下为公。

王粲不认同刘表之见，说：纵是名医改贤吏，可他有著医典大任，传经布道者在东汉能有几人，而奔官求权，却是草木尘芥者谋，就如大汉处处人人论英雄那样。俗话说，家有二行，必有一荒。医家为官，就是有三头六臂，一边务政一边行医，到头来必定荒废一行。再说，眼下霸主如林，国无宁日，一介从医的儒生怎能适应这盘乱棋。怕是得一行失一行，最终竹篮打水一场空。

尽管王粲表述得力，刘表仍拈须不语。他认为正是张仲景无报国之门才求取医经，大凡天下英雄，谁不想在鼓角铮鸣中逞豪气，不能逞是时运不济。他只看到张仲景满腹经纶，一旦获得用武之地，定会于国于民有益。

王粲说：我本健康身，偏要编出症候来，作惊世语，此人当官或独立出群，或中断医路。

刘表说：话可以随便说，还应看实际，他会妥帖民众，有所建树。

王粲笑着说：历代官人是亲民，还是亲权？这也是他与历代官吏不同质之处。

刘表缄口不语，看着蔡氏端来的药汤，还在冒热气，他的心却在往下沉。

真是无巧不成书，二者话还没落拍，忽听外边来报，青湖县县令周全前来状告张太守。这周全没有击鼓，没有上堂喊冤，直接跑到刘表榻房里喊：下官状告长沙太守张仲景。

刘表看周全莽撞的样，把药碗推到一边，瞪着周全，问：尔不懂官府规矩，也不懂人情世故吗？你上司有何不周，惹你越级上访？

周全顾不得什么礼节套路，直言揭发太守张仲景的罪行：蛊惑民众开仓抢粮，趁机发国危之财；在官民之间吹捧医术；扔下公务医病夫；还打压巫医，造成长沙怨声载道，骂名滚滚。

坐在对面的王粲，得意地打个手势，起身走人。

刘表眼前的案子上，一碗药汤还在冒热气。这个从来都不信巫、不崇神的荆州牧，此刻抬头看着窗外的天象，分明一轮晴日，却似有闷雷暗滚，乌云压城。他在内心自语：苍天，长沙江山之大，决定岭南运势，乱世定舵难，还如此破船飘摇。莫非本官的气数将欲尽矣。

周全举报了，想等刘表发落。谁知刘表竟低头看药碗，是重病难撑，还是另有思路？周全的怒气消减大半，不知是否闯了祸，再细看刘表落脸不放，还一副心事重重的样子，他少不得弯腰躬身，半天定住不动。

刘表没按公案接访，也没正眼看来者，只是站在宅院，问还有何事。

周全叙述了张仲景不务正业，开仓放粮，唆使动乱，打压巫师，排挤异己，弃政为医的种种异行。

刘表听着听着，心潮激荡。这些天他多陷于曹刘混战的讯息里，天下诸侯争战，狼烟四起，哪有心思细听县吏的言辞。可他却从周全的话里，听出自己想要的东西，他认为自己还是举了个贤官，张仲景的行为明摆着顺应百姓民心，大逆官场恶俗。长沙遇到张太守是件幸事，却招来小县官上告。

周全还在说，只是言辞里少了慷慨，声调也低了下去。

刘表说：张太守开仓放粮是救济百姓，百姓得到恩赐会拥戴官府，一切税赋都好办了。至于说了过激的话，打发叫花子与病夫，都可谓贤官之举。

周全听罢哭笑不得，还想辩驳几句。刘表已经打手势，示意送客，一副君子无戏言的表情。可等周全走时，刘表又说了声：慢，你回去叫张太守速来荆州一趟，就说我有病求医于他。周全应了遵命，施礼退场。

刘表送走周全，就差人前往长沙查证，差吏正好问到了董子正，证实了周全反映的情况属实。刘表开始对周全的举报半信半疑，他想等张仲景快来荆州，一是提醒他身位职属担当，二是为医家的热情浇盆凉水，三是指示他搞好与下属的关系。另一条，就是汉朝气数已尽，他应在刘备与曹操之间，应时选主，同谋并调兵供粮。

可是，周全已回去三天了，刘表又派人通知过去，张仲景还没有个信儿，更别说见人影了。刘表有点纳闷，当时叫来邓立山问了，邓立山说跟太守接触少，只知他对病夫十分关怀，最近忙于在府门外建医堂，别的知之甚少。

刘表对邓立山的话深信不疑。他想张仲景这人只是个性突出，太过倾向医术，其心志品德仍是高洁出群。只是一介医家玩不转长沙众吏，造成了不和谐，会溃散人心的。好人不一定能够成事，这是复杂的环境所致。这世道的深痼症结在，趋权媚势的小吏甘愿与恶吏同流合污，不愿给良医一丝温情。

仲景刚回到府里，忽听有人喊他：太守大人，不好了。

张仲景抬头去看，见泛卫和香村一溜烟跑过来。仲景脑子还没转过弯来，泛卫气喘吁吁地说：大人，刘大人要你三天内到荆州府，为他医病。

香村把泛卫拉到后头，朝仲景施了一礼说：大人，可能刘大人听信了恶人谗谤，医病只是个托词，你应及时奉命前去，作个表白，或看个究底。

张仲景心里咯噔一声，转过来问香村：现在长沙这么忙，三天能赶过去吗，这刘大人葫芦里装的什么药，不好猜透，也太累人了。

泛卫说：有人到荆州告你开仓放粮，无故杀巫师，还金屋藏妓。

仲景沉思片刻，想说什么。翠姑往前站半步，说：战祸连年，人心不定，你当立马赴荆州才是。

仲景点点头，正在想怎样去荆州，院里又飞来一骑，跳下马就喊：太守大人，芜令县来人喊冤，还有病夫身家性命难保。

张仲景一听有危急病人，把所有杂事顿时忘了，这时别说什么刘大人，就是皇帝圣旨，也顾不上了。

他叫泛卫速备马务药，他飞身跃上马背，紧勒马头，在马背上十万火急地叫：泛卫带药，香村带路，人命关天，火速去救。

谁知他刚到城头，一阵黄灰浪卷来，灰烟里隐隐现出了不同颜色的大马。有人在马上大吼：妖医，休得蛊惑民众！

仲景抬头看去，原来是青湖县周全和芜令县刘成聚两个，带着两队兵卒数十人，站在黄灰中。兵卒们个个披甲戴盔，手持竹箭。周全只认为受到张长沙的窝囊气，无处泄愤，当听说刘成聚也遭到排挤，便掉拨马头，赶往刘成聚老家，聚伙共谋。

刘成聚自称皇族出身，对升官弄权光宗耀祖抱有极大的兴趣，可这些天皇室空巢，曹刘纷战，他立场鲜明地站在刘备一方，天天想着等刘备过来，即依主参战。没想到在此时忽遇张长沙，他赶回老家山寨窝在家里憋气，正好见周全来请他出山，两人一拍即合，联盟揭竿而起。两人当时聚兵招将，打马荆州而去。到荆州刘表那里，由周全举报太守罪行，两人满意归来时，猜到张长沙没了荆州牧的背景，会是什么样子。所以，复仇与泄愤的激情，一下子飙升起来，就想从内部攻其不备，对没有警惕的张长沙来个窝心拳，一来报了私仇，二来骚扰仲景不能按时赴荆州见刘表。

仲景看见来者情绪激昂，气势生猛，他一边小声告诉香村速返回带兵，另一边大声嚷道：大胆叛贼，敢起事谋反，快给我拿下。可惜，他身后，只有泛卫孤兵单将，还吓成了缩头乌龟。好在，来求医的民众聚过来不少，自发围成了人墙，把太守严严实实地围到中间。不大一会儿，香村带来长沙府一队兵役，共十余骑，箭一样冲到人墙里，呼声连天，嚷着捉拿叛贼。差役们冲过来狂啸半天，也没吓退周刘二人，双方卷进厮杀中。

原来这些兵役都经过水淹、火烧、毒箭射击的各种战阵，在战争中发泄过愤情，有些天没上战场了。此时身临阵前，都可着嗓门摇旗呐喊，杀叛贼，杀呀杀，冲啊冲的。还有锣、鼓、钹、笙，同时交响一片助阵，震撼城郭。

开始是同级的武吏对阵，打几个回合试出高下，后边又调出士卒增援。开始的打法还有礼仪招式，几对几，谁对谁，都有规则。打着打着，场面变成了群殴混战，短兵相接，混淆的阵线看不见敌我，只听砰砰啪啪，刀闪寒光，箭发冷气，马嘶人叫。

张仲景从没见过如此壮烈的血战场面，也没有打仗的心理准备，想不到一群官兵在自己眼皮底下发生激战。他看见刀光里，将士们血肉飞溅，人头不时落地，像西瓜一样滚到马蹄下，这是他无论如何不愿看到的，他登到高台上，挥手大声呼喊：住手——休得拼杀，再打者严惩！

正在喊着，忽一冷箭飞来，射到他的宽袖上。泛卫过来扶他，护着他回府包扎。仲景说：我没受伤没挂彩，好好的，放下我呀。

香村用身子挡到他面前，求他退下。他边退边喊：快放下刀箭，否则我现在就抓人下大牢。

差役们怔住了，都跟木头人一样呆在那，有的刀还横着，矛还举着。就连周刘二人也怔怔地听着仲景语重心长地讲：本官不愿看见战火，不要出现血光，现在刘备曹操的战火未息，长沙再搞窝里斗，百姓怎得安宁啊。再说，你们都是百姓父母官，万不能因蒙昧无知，一叶障目，滥杀无辜。

说着，他挣脱泛卫和香村，走到一小卒跟前，看见小卒脸上有血，他叫泛卫拿药来擦药。又把地上伤兵能扶的扶起来，不能扶的叫人抬走。像对待亲人一样，用温和的口吻说：现在放下刀箭回头是岸，都是好人。

一个伤兵扑通一声跪到地上，抱着他的腿喊：大人，饶过小人吧！

张仲景拍拍他肩膀，说：你受人指派，本来无罪。

伤兵一听头磕得跟捣蒜一样，当即扔下竹箭，要归乡耕田。其他差役纷纷转身走开，在场的兵卒低下头，脸露愧色。

仲景又往周全跟前走。泛卫吓得捏紧了拳头，只怕对方伤及老师，香村也捏了一把汗。等他走到离周全几步远时，泛卫不胜担忧，拉着香村冲上前，挡到仲景前边，说：周大人你负伤没有，太守大人为你医伤。

周全立在人丛后边，身子往后缩着，摆摆手，拨马离去。刘成聚本来受周全所惑，此刻不知如何是好，趁太守还没有找着他，也悄悄开溜。

泛卫拽拽老师的袖子，小声说：起事的叛贼，都逃之夭夭了！

仲景知道周全虽跑了，也是心腹一患，他对香村说：追上，押入南牢！

香村问：大人，也得追到青湖县诛灭亲族。

仲景摆手道：不必，倒是该去把县署里藏的小女子，放回村野柴门。

香村带一干人马前去追周全。马蹄过后，腾起阵阵尘浪，喊声连天动地。城内观阵的百姓云一样游集过来，齐声跪呼：向太守大人请安——

董子正听下属来报府门外的暴动，按他猜测的，周全到荆州告状失意，才带人来滋事，但他对城外血腥对阵的过程很是紧张，怕伤亡过重，影响到全局，更怕张长沙以叛乱治办周全。看着府内风云变幻，自己游离局外，不知内幕，很是着急。隔窗看看张长沙那边，此时钻在后院医伤，推病卧榻。

第二天早上，董子正猜想铁脸太守仍会守着娘子不出门。刚吃过早饭，他就叫着头疼，想到城外寻个清静。正好发现石大亩跟泛卫一起出门往城东去了，他想起石大亩跟泛卫混得很熟，一天到晚连成了蛋。他认为，泛卫与大亩套近乎，另有计谋。他存着疑虑，也派来秦超、吴班和两个亲戚，抬来了四抬表篷轿，出城往西而去。

出了长沙府三四里路，到了湘江边，正是芦花绽放的时节，随风摇摇晃晃的芦苇荡，看上去白茫茫的。董子正在出门前派人去找周全，想约他到城外芦苇荡里一见。他到江边散了一会步，看看芦苇丛边上还没周全的影子，就继续边转悠边观察江边情况。

在芦苇荡边上走时，忽听不远处有咕哝声，细辨过去，声音很耳熟。他躲到一棵柳树后边，朝说话的地方细瞅，见有两个人影在晃动，仔细一看，正是石大亩和泛卫，两人出来是往东的，怎么转到这了，还窝在芦苇丛里喝酒。张长沙上任后就明令禁酒，这俩愣小子敢往钉子上碰？如是，揪住辫子折腾一番，打压了泛卫，拆散了二者，也靠近了张长沙。

董子正蹲芦苇丛边听了会儿，声音很低，他拽拽耳朵也没听清，就拐过来叫秦超去听。秦超是董子正的近门侄儿，嫡系人马，政治十分可靠。秦超去听了半天，只说风大听不清。董子正翻眼瞪瞪另一个随从吴班，想叫他去听，偏在此时泛卫与石大亩密谈声高了，董子正往前几步，借着顺风，听大亩说到河南赈粮……灾境饥民……断断续续的话语，董子正的头跟打雷一样，轰一声炸响，接着激灵灵打个寒战，嗖的一声，身上的鸡皮疙瘩也出来了。

他镇定下来自己没有马上离开，想窃听更多深底。忽见石大亩拽着裤腰找地方小便，且是往芦苇荡里头去的，如再往前两步，这边的情况就暴露了。眼看大亩要解腰带了，吴班叫一声妈呀，扭头就往回拐。董子正从吴班惊恐的神色猜出，这边被发现了，他先下手为强，指着大亩喝道：大胆奸贼，青天白日违禁酗酒！说着，大跨几步窜到大亩跟前，只听大刀凌空砍下，石大亩的头就落到了地上，身子在芦苇荡里扭动几下，就软塌下去了，脸上最后的表情，是歪嘴斜眼地瞅着天空。

泛卫吓得撩袍襟蒙眼，老天爷呀地呼叫着，撩着袍子逃命。之前他在郡府里看过吴班羞辱石大亩，因表示同情，常给安慰，慢慢交了心，才想套石大亩说出赈粮实情，不料半路遇到董子正和吴班，他的魂都快吓飞了。

董子正和吴班边喊边追，追到城边，泛卫拐弯抹角地钻。眼看离郡府只有半里路了，泛卫回头看看吴班手持大刀，一脸杀气，怕跑到府内给老师找麻烦。急惶中，趁董子正在拐弯处张望，赶紧钻到一家店铺里。

董子正和吴班穿过一条小巷，没见了泛卫。

董子正与吴班拐到江边，秦超凑上来说：大人，我听见石大亩临咽气时，说了句话……小的不知该说不该说……

董子正黑着脸，胡躁躁地指着他道：讲啊？

秦超本来有点结巴，此时更结巴了，说：石，石大亩说，泛，泛卫已知晓赈粮之事，叫你小心老命。

董子正听毕一点惊讶都没有，黑丧的脸反而平静下来，指着吴班，问：这话你听见没有？

吴班赶紧把头摇得跟拨浪鼓一样，脸上的神色却极不自然。

董子正说：石大亩违令喝酒，你没看见？说罢，一拳打在吴班太阳穴上，又踢个扫堂腿，只听吴班妈呀一声惨叫，倒于芦苇丛里。

董子正看到吴班还在出气，身子剧烈抽动，他对秦超说：处死他。

秦超赶紧说：大人别让他的血溅脏你的袍子，你先走，这里我来收拾。

吴班在地上挣扎扭动，眼巴巴地看着秦超，眼泪涌流不止。

董子正仍板着脸，站那亲眼看秦超杀死吴班。

吴班瞅着董子正，哀求道：大人，小的家有老母妻儿四五口人要养活，杀我是杀一家人啊。

董子正说：秦超你小子是从命还是不从？

秦超悬着刀，问：吴班你还有话说没？该去见阎王了。

吴班见董子正一脸阴黑色的丧气，眼中幽暗的凶光射得他不敢正视。他爬到董子正脚下，抱住腿说：老爷，饶命啊。董子正不想再耗时间，弯下腰捏住吴班脖子，不管吴班咋踢腾，咬着牙捏软了吴班的脖颈，等吴班翻起了白眼儿不动了，这才松开手，大口喘气。

解决了一个知情者，董子正诡笑着问：秦超你在芦花荡里听见什么了，赈粮之事怎讲？

秦超已看透董子正对赈粮二字的敏感，故作惊讶地摇头说：小的不知啊，赈粮是啥，我一无所知啊。说了想走，董子正往前抄一大步，冷不防拍了拍他的肩，说：把吴班扔江里喂王八去。

秦超吭哧吭哧拽起吴班背到背上，背不动，半背半拖地往江边走。此时芦花正飞，秦超艰难地把吴班拖到江边，奋力往江里一推，吴班扑通一声掉下去，就被卷到浪里了。紧跟其后的董子正，照秦超屁股后猛踢一脚，秦超妈呀一声，也掉进江水里了。

江水泛了一层红浪，悠悠地卷走了一段不为人知的往事。

把两个知情人灭了口，董子正又把目光朝两个愣在轿边的轿夫射去。

这四个轿夫，一个是董子正的姑家老表，名叫李钱，另一个是秦超的姐夫，名叫赵金，这都是从老家带来的，老实可靠。可此时，他看见轿夫眼里流露的恐惧，对他感到了陌生。轿夫们看见前两者的下场，已超出承受能力，正在心惊胆战，见董子正拎着刀往这边赶来，跟看见下山虎一样，爷呀妈呀地乱叫着，抱头逃跑。

董子正喊住他们，脸上堆出的笑，好像见到大嫖客的老鸨。赵金问：老爷，小的啥也没看见，这就抬你回府吧。

你总看见我杀了两个叛贼吧。

赵金嘣哧放了个屁，干气地笑着说：是的，他们都是叛贼。

你俩谁听见芦花荡里的小话儿了？

李钱说：江边风大，我啥也没听见。说罢，见董子正神色不对，吓得浑身抖如筛糠，嘴唇发紫，牙关打战，合不住嘴。

这更引起董子正的怀疑，他慢腾腾地说：你俩忠心于我，可我执行政令过当，伤及人命，你俩能否守秘。

赵金扑通跪到地上，头磕得跟捣蒜似的，说：亲爷呀，我就是叫人打个半死，也不敢说出去。

李钱也说：我叫人打个全死，也不说。

董子正说：芦花荡秘事都灌进你们耳朵里了，我怎能放心，你们得找个万全之策，让我放下心来。

赵金说：这样吧，老爷你割下我舌头，叫我当个哑巴，从此只管抬轿拉车，效牛马之力。

董子正把刀扔到他面前，说：主意不错，自己动手吧。

赵金拾起刀来，心一横，眼一黑，一手拽出舌头，一手用刀割下。只听妈呀一声惨叫，赵金把血淋淋的舌头，呈到主子眼前。

董子正看到鲜红的舌头，说了声好。又朝李钱问：你怎表忠心？

李钱说：大人如果听我说半个字，不割我舌头，割人头！

董子正坐进轿里后，撕烂了官袍，揉乱了胡髯。回到长沙府，见张仲景坐在门外为一农妇医病。他绕过大堂，从后门进到自家宅院，叫贴身的衙役先打听泛卫回来没有，再传自己途中事故。

张仲景这天趁着董子正出门，也带着香村骑马奔到长沙城南的郊区，弥补昨天耽误的医事。城南郊区有一村妇，全家人都得了病，他怕有疫情传染，在院里找泛卫没找到，才带了香村一起去。

到城南打听了村妇住的村庄。找到后，在为她切脉时，村妇都跑了两趟茅厕，回来后还呕吐，眼窝塌陷，脸色苍白，嘴唇泛白，少气无力，不大一会儿还一头栽倒了。

仲景掐住她虎口，边喊边扶起来，这惊动了村妇的两个孩子。他们从屋里出来，靠住门框往这看，眼里泪汪汪的。等村妇身子坐好，睁开了眼，仲景问她怎么得了此症，拉几天肚子了？村妇说是家里俩老人先得病，几天就死了，她男人也因拉肚子睡榻上起不来。她想到五六岁的小娃没人养，才拼命寻医家。

仲景又问：村里有几人有过此症候？

村妇说：一少半人都在拉稀，别村也有，没这村拉的人多。

仲景一听马上在意了，认为这村子是患了恶性大疫，他赶紧展开随身带的医典查阅，查了半天也没找到这症候的名字。

村妇说：老人说这是霍拉痢瘟疫，得几天就会要命，从没人医好过，可是医家我得活呀，不活俩娃谁给养啊？

仲景断定这罕见的怪病，就是村妇说的霍拉痢，好像曾听二叔说过，但在南阳一带从未见过此症。他开始翻找过去的记忆，想起二叔说过霍乱病，多在南方发病，两个病名可能是一样的症候。他叫村妇把说出病名的老人找来，可村妇说他现在走不动，还怕染疫。

仲景按二叔生前治霍乱的偏方，叫村妇回家用小火炒米，把苍耳捣碎加红枣、盐疙瘩泡水，煮汤喝下。

村妇苦皱着脸说：我家从来没见过啥叫盐疙瘩。

仲景说：你去邻居家借，就说救命的，不会借不来。

村妇说：我知道村里人都没见过这东西。

村妇接住药，试几次都没站起来，仲景叫旁边的媳妇扶起她，又叫人去找来亭长，说了霍拉痢的严重性，叫亭长把村人召集过来，他好布宣医经。

亭长叫来了个五十岁的老人，人称张乡绅。张乡绅又派青年去通知村人。

不大一会，聚过来十几个人，大多脸色蜡黄，眼窝塌陷，一来就抄手靠树根儿蹲下，一个个都是缺精少神的蔫样，十分憔悴。

张乡绅说：都打起精神头儿，坐好听太守发令。

仲景说：张乡绅麻烦你弄点盐，托人烧半锅盐水，叫大家先喝。

张乡绅照吩咐去办，约莫一盏茶工夫，端来一瓦盆盐开水，叫大家凉下再喝。

仲景看大家边吹边喝，都说味道好，看来村里人以前都没尝过盐味。仲景站起来打个手势，对大家说了怎样打扫房屋院落，怎样清理脏物，怎样穿暖和，吃熟食，怎样将开水加盐喝下，又怎样炒米加苍耳、红枣一起吃。直讲得一嘴白沫，往下还有问必答，把这病该防范的和注意的都说了，又问大家记住了没有。场上没人回答，张乡绅把仲景的话重复一遍，才有人说记住了。

看看斜阳已落山，亭长和张乡绅都要留太守吃晚饭。仲景这才感觉自己肚里咕咕响，眼睛也有点涩，他顾及此处病疫传染，谢过了张乡绅，饿着肚子收拾好东西，与香村一起策马回城。

仲景回来，天已昏黑，见门口坐了个黄脸村妇求诊，他又为村妇把脉、开方，交代了怎样煎服，这才往后院走。

他满脑子都装着城南的疫情，感觉这瘟疫不一般，就想到派香村明天先去购买青盐疙瘩，送到疫村里去。他记得中原有个谚语，好汉怕三泡稀屎，意思是身体越好的人越容易被稀屎拉垮。他想叫泛卫夜晚查阅典籍，找到霍乱病的记述，明天带药材去城南，医病送药，连带清理环境。

谁知刚走进后院，碰见董子正咋呼道：哎呀太守，天下已到乱臣贼子横行的世道，下官路遇歹人打劫，言说皇帝被霸主挟持，洛阳皇室成空。皇帝和他的随从现在连吃的都没有，天下无主，悲呀——

仲景心还没从霍乱病上撤出来，没细听董子正的话，说：你等我有空再说，要不明天吧？

董子正看太守心不在焉的样，好像为别的事而劳神。他怕仲景回来见到泛卫，知道湘江边的事，就草包露了馅儿，他厚着脸皮继续说：今天老身路遇歹人，可怜吴班、秦超被杀，下官奋力拼逃，得此身家性命。

仲景听此言，吃了一惊，心想如此老奸巨猾的强吏，能轻易遇险，还受挫？他大声喊：泛卫，泛卫呢，快来一下？

董子正打了个寒战，说：泛卫，是不是也出门未归？

你知道他去哪里了？

下官没见，一直没见着。

仲景感觉有点不对劲儿，又不知哪里出了猫腻，反而回过神来，正面对着董子正，说：你刚说什么，路遇了什么歹人？

下官的轿子走到江边，见芦苇丛里窜出来几个蒙面人，上来揪着前边的轿夫要抓。我一看那人满脸横肉，抽出大刀抵挡，谁知他们手里有长矛和刀斧，砍死了秦超，又捅死吴班。

仲景没显出任何怀疑，说：从这事上可见民众对官府的不满，这就是大汉的隐患，以后到村庄查案放低调点，别兴师动众了，免得引人注意。

董子正连说是哩是哩，又痛心疾首自己的粗心大意，退下去时，还摇着头抹了把老泪。

天黑了，仲景仍没见泛卫回来，去问守门役，才知道泛卫是跟石大亩一块出的门。仲景正要差人去找石大亩，见赵金坐在后院墙角哭泣，嘴里流着血。

仲景猜着赵金也是来求医的，问：你怎么了？

赵金内心受到惊吓，见人就打战，此时见太守过来，用手比画着，嘴里啊啊的，说不成一句话。

仲景说：你嘴里有血，叫我看看是何症候。

赵金抹着泪，伸出手腕叫仲景诊脉。

仲景叫他张开嘴来，看见他没了舌头，问他遇到了什么。赵金只摇头不说话。仲景不管三七二十一，弄了药粉上到他嘴里，交代一天一夜只上药粉，等嘴伤长好才能吃喝东西。

赵金回来后，董子正指着他，问：小羊羔是不是跟老虎打交道了？

老实巴交的赵金，没听出主子的话意。

董子正又说：你想等到被老虎吃掉才开窍啊？蠢货，不如回家去插秧种稻吧。说着给赵金一把铢钱，推搡着让他立马走人。

赵金前边走出府门，看着沉甸甸的铢钱，感觉值了。当他走到长沙城头一片榕树林里时，后边追来了泛卫、王社。两人下了马，问他为啥要走？赵金只摇头不说话。

泛卫问：你能不能在地上写字？

赵金摆摆手。

泛卫说：你写出是否有人害你，张长沙就能惩办他。

赵金闻听此言，在地上写：董大人恩德无限。写罢起来就跑。

泛卫说：这哑巴，原来是条哈巴狗儿，割你舌头不亏。

看看赵金跑没影了，泛卫和王社正要拐回城里，听见有小娃拍着手唱童谣：

花大姐，烙油馍。

油馍香，换斗粮。

斗粮高，换把刀。

第六十一章

夜晚，张仲景在榻房里歇息了一会儿，走进了医斋。

这是杜度和陈来陈往整理医典的房子，里边支着八尺长、五尺宽的能围坐十来个人的大桌案，上边码着竹简、木简、麻布和丝绢，散发着松木气和墨香味。医斋里还多了个小妞，她坐在陈来旁边，拿笔学写字，还不时问这问那的，求泛卫过来教她。

仲景打心里认为翠姑是个有心人，叫小妞也来求学问，以后能帮不少忙的。医斋门口是炮制药的竹棚，泛卫窝着身子，两手抱肩蹲在墙角，这样畏缩是什么状况？仲景惊奇地问：你昨日神不知鬼不觉地，跑哪儿去了？

泛卫说：我没跑哪儿，就窝在这儿啊。

杜度正在查医典，已找到关于霍乱病的文字。仲景叫杜度记述下来，等把新方术拟出，也编入《伤寒杂病论》里。杜度说：把桐柏道长的集方加进去，再加上长沙这边的方术，文字有点多，怕有二十多卷。看是否把儿科、妇科、外科杂病分类出来，另编一典。

仲景说：原来我想《伤寒论》里只收集内病，后来觉得病例有点少，剩下的杂病也不足一册，就汇集成了《伤寒杂病论》，这也少花编抄的功夫。

仲景说罢瞅一眼泛卫，怀着狐疑回到屋里。刚进门，泛卫猫着腰闪进来，鬼头鬼脑的像个偷鸡贼，小声说：老师，刚才那人多不便细述的，你知道我昨日弄啥去了？

到哪儿去了快说嘛，谁有工夫猜？

泛卫手捂住嘴，嘘了一声，关好门，小声说：老师，我挖到底细了，从前二郎神偷卖赈粮，果然是与董子正同伙！

仲景吃惊地问：是谁，在哪儿透出的信儿，实不实？

石大苗，那货刚说到一半，被董贼路过听见，一刀砍掉了脑袋。

这么说，董子正并没跟歹人拼斗，到底怎么回事？

石大亩喝得醉醺醺的，嘴上没了遮拦，问啥说啥。谁知他刚说到赈粮，董贼跟鬼一样摸来了，隐藏在芦苇丛里窃听，听到大亩说及赈粮，就跑过来砍人，还追我到城里，没追上，又拐过去杀轿夫灭口。

哦，仲景捋了下胡须，神情严肃地站起来，缄口不语。以前，他只认为二郎神混入官场坏了一锅粥，现在才意识到，官场有不少人都不清白，少有仁义者，他感到压力如山。压力反而激起他内里的抗力，这些年凭着这股力，他把许多难以经受的困局举过头顶，又摔到地上。他想掀开董子正面纱的时日不远了。可是石大亩死了，单凭泛卫的半路听闻，证据不够充足。

也许，这案会牵动一张大网，拽动一个蚂蚱串儿出来，造成动荡不安的局面。仲景换了角度，也调整了思路，不想再拿医家的意气看官府。他正在完成从医家过渡到官吏的进化，就像江河改道，他的悟性远远没有从医时进步得快，手段也没有行医时辨证施治的灵活。但他还是拈着胡须指着泛卫，说：你别躲这不露面，现在马上到董子正那去。

泛卫睖起了眼珠子，眼瞪得铜铃一般瞅着老师，半天也没猜出这葫芦里装的啥药，不满地问：老师，你叫我去送死啊？

仲景沉着地说：你不去才会死，去了死不了。你得从死胡同里拐过弯儿来，赶紧去找董子正，去了就关门闭窗，把石大亩的原话讲给董子正，然后就装哑谜讨乖巧，叫他帮着辨析辨析赈粮之说到底咋回事。这出戏，你只管装二愣子憨瓜蛋，看他的戏咋唱。

可是老师啊，我这稀屎胆，怕是还没唱这出戏，就拉稀了。

仲景给他讲了在四坡舅家遇到的事，说：明明是人心自私加愚昧，患了心因重症，却要讹外人。我便沉着面对，放招出去找到证据，解了迷案，治了愚者心症。

泛卫先是怕，细想想一直窝着也不是个事儿，叫董贼逮到了，早晚也会灭口。就决定壮着胆子去试试，稳稳董子正的疑心。他去了约莫一顿饭工夫，拐了过来，拍着胸口，喘着气说：老师高哇，我去那表演一番，戏演得不错，看样子打消了董贼的疑心。

仲景说：这还不算完，以后那奸贼还会套问你，你只按老戏路唱，他才会打消疑虑。有些话你沤烂肚里，也不要说，得等我这边的局势稳定下来。

泛卫的眼珠骨碌碌转了几圈，心想自己能演戏唬住董贼，他就不能演吗，郡府的水太深了，他内心的未知太多，权术真比医术绕，真是服了。

这时有侍官进来送茶，泛卫猫着腰哧溜钻到里间。侍官要整理太守榻房东西，往里间进时，仲景摆手说：我要歇息了，杂活随后再干。侍官退了出去。

侍官走后，仲景跟泛卫细述了城南霍乱病状况，叫泛卫明天把所有的事搁边儿上，直奔城南疫区。

夏天，湖南连续涨大水，淹毁了五六个乡亭的田地，眼看快要收割的稻子都在大水里绝收。有失去家园的灾民，四处流落乞讨，官府施了赈灾行动，远远不够民众果腹。仲景号召周全带领百姓在山坡上搭建茅棚。

每回下去察访，仲景都会发现洪灾后的病疫，加上洪水毁耕，土地上到处是冷秋沉暮的萧瑟感。他发动各县官吏，带领山民开垦荒地，种水稻，挖陂塘，开鱼塘，植山林。又把南监关闭的犯人旧案一一收来审阅，审出部分疑案，其中有证词不确凿的，也有量刑过重者。他平反赦免了数百个冤案。被赦者大多是中青年，出狱后重树希望，积极垒屋搭棚，开荒耕作。

创办官学这一摊事儿，他与泛卫轮流讲医术。由泛卫带领农闲季节的乡民，上山采集草药，采了按价收购，增加了乡民收入。

泛卫收草药时，发现不少采错的药，他听说香村上过学，叫他担任识字先生。香村听到这消息，高兴得不得了，问仲景怎么教？

仲景说：你教学生认字时，先教草药的名，再教症候名，防病养身的方术叫泛卫和杜度教。

香村说：这知识不是医家学堂教的？

仲景说：不是，医家要学的太多了，医术复杂浩繁，你教的是识字。

香村明白了，便去医斋里找医简，或问泛卫、杜度，或自己琢磨。

邓立山回来了，骑马走进府院，守门役正要高声报出，被邓立山打个手势止住。

敏感的董子正还是感到院里有变化，站门口一看，脱口叫道：邓大人回来了。邓立山下了马，由随从牵马去拴，他冲着董子正施礼，寒暄后，转身去了榻房。

董子正觉得邓立山行踪有点诡异，这开朗爽达之人，平时见人乐呵呵的，今儿调儿低得像个闷葫芦，寒暄一句就转身走了，一点也不拖泥带水。董子正猜了几个方面，可能是刘表感觉张长沙办事不力，派此人回来协助。也可能是回来探究张长沙的实底，查证所犯问题，还有可能，是认为长沙府内讧严重，回来平乱，或和稀泥的。

以上猜测都有对己不利之处，一是邓立山为人耿直，只要深入下来，就会得知张长沙倾心卖力为长沙民众谋福利，二是邓立山在长沙与自己相交已久，会有一些摩擦生涩，造成他以旧怨计较，自然靠拢到张长沙那边。他想私下去见邓立山，挖点内情出来。可他去了，邓立山仍只是寒暄，还一边收拾家室物品，一边说话，连让座请茶的常礼都没有，还只字不提刘大人的意思。

董子正又怀疑邓立山是刘表在长沙危难时派的眼线，暗助卷入内讧中的张长沙。

从那以后，他又开始观察邓立山的动静，是否与张长沙有密切接触，在政事动态上的动向是否与张长沙一致。为了不让邓立山站到张长沙的一边，他想小聚一场，拉拢一下邓立山。

董子正是从周全又去荆州回来，对他说了刘大人的言辞后，就叫起苦来，只说汉朝黑塌了天，青天刘大人也晕头了。董子正因香村进府为吏的事，也认为是张长沙任人唯亲。他疑虑重重地备了小酒，先叫来邓立山，又叫香村去喊仲景，说好不醉不散。

仲景哪有心情喝酒，但为了不给董子正留生涩嫌隙，也看在邓立山的面子上，就抱着应酬的心，凑合过来了。到了董宅，他第一次看到高官房舍家私的阔气，家眷衣饰的华丽。先是董妻来让座，后是侍女沏茶，再后来是两个年轻俏娘们忙活杂事路过客堂，冲这笑一下，挠挠手继续去忙活。坐下不到一盏茶工夫，有三四个婆娘露面，仲景猜着里边应该还有没露面的，或在外租室藏娇或青楼暗姘的，繁华有三千，会集于董子正一身。

他一时蒙乎，想想仅在女色上面，就可见董的奢侈程度之烈。如此现象，仅董的薪禄只够养个皮毛，大把财物从哪里来，涅阳赈粮，或其他项目，深吸百姓血纵自己私欲。仲景的胸内有灼热感，头上的筋在鼓荡，好似要爆裂。转念想想刘表高居要职，整天都在想帮刘备拉势力，成霸位，却看不见眼皮底下养的贪官之腐败。枭贼为何风云天下，世道为何乱如牛毛，百姓为何民不聊生，医术为何难得兴盛，良知为何无处立身，他一下子看透了。

他放下手里的茶碗，品茶的欲望全扫地了，做客的兴趣也消散了。他想站起来，大步走出董宅，正好邓立山来了。他迅速收起愤慨情绪，堆笑脸坐稳后，心想，有朝一日进荆州见到刘表，开口便提此案，提醒他转移视线，看看汉朝贪官与百姓势同水火。

他又把客堂环视了一圈，目光被一盏金灯台吸引住了。他忆起周全送礼的情景，正是这样的金灯。他指着金灯台问董子正：这古董宝物，值不少钱吧？

董子正说：这是我家祖传，约莫值一套半三合院。

仲景说：长沙境的金匠造了不少此物，前不久有下官也送我了一盏。

董子正有点惊奇，问：是哪个，如此大方？

是偏远穷困县的一县令，周全。

邓立山插话说：嘿，真是直人说话不绕弯儿，好，大汉官场需要直性子。

董子正说：也许是金匠复造此物，也许偶然巧合，据我祖父讲，这是我家百年前的镇宅之宝。

仲景走近细看，灯台上有垢痕，说明年代久远。他打消了怀疑。

仲景正要问邓立山：荆州的事办得告一段落了，还是完全办妥了。

邓立山说：刘大人叫我回来，说明那边没我的事了。

董子正说：其实，我跟张长沙对郡府里的事，也磨合得很成功，不管什么事都齐心协力，各项公务都有发展。邓大人及时回来，三人行，必有我师！

仲景又问：刘大人身体怎样啊？

邓立山说：他想求医于你，后来找了别的医家，在用汤药医。我俩还开玩笑说，要是你年老退职，就请你去荆州开个医堂。

董子正说：也是，荆州那边老发生战乱，有挂彩的伤兵，不比咱长沙境，小疾小痛不断，可从没见过大疫。

仲景说：你不了解乡民疾苦，他们的症候复杂又奇怪，开十个医堂都不够用。

邓立山说：我还有事去办，老家来人送了被褥，得回去招呼他们。说罢起身走开。

侍者开始上菜，董子正用的铜樽，菜盘外表的绿色铜锈昭然其上。两人对饮时，大大咧咧地甩袖捋须，大碗大碗地喝，看那谈笑风生的样子，如遇稀世知音，心地坦荡无芥蒂。斟酒的香村也是头一回参与高级别的酒场，自然照应得滴水不漏。

董子正心有预感，他根据邓立山说荆州医堂之事，说明刘大人站在张仲景一边。他预感到，如果周全告状失算，先丢官的是谁，还真难说。荆州成败笔，他应抓靠的人是谁，他也很清楚。此时酒意上来，竟论起了长沙英雄，端着酒盏问：立山年轻，前程也远大，叫我看长沙英雄点二人，张大人认为应当是哪两个？

仲景也端起杯，无意中看见董子正脸上的笑，既灿然又惨然，也很酸腐。仲景不知奸猾老吏内心在想什么，难说深层套路又套到了什么。仲景拿出了汉吏最俗气的一套，说：难道长沙英雄只在官场战场，如叫我论，遍野的村汉劳力，满街的商家老字号，都是在创造大汉天下，英雄当在他们中间才是。

董子正顺水推舟，说：高，还是张长沙眼界高，说得是，这出处是曹操刘备煮酒论之，惊起天上雷公炸。我们身在相府，谈笑纵饮，不论名位更见大胸怀。再说，以百姓眼光看，官大官小不稀奇，入土都是一堆泥，哈哈哈，哈哈哈哈哈。

推杯换盏很快打住，仲景推故要走，站起身嘲讽道：其实长沙治理不好，农业不兴盛，民生如水火，都是咱这些父母官失职，可以说离英雄十万八千里，狗熊都不是。

说罢出门去，内心还在别扭，眼下这洪灾大疫，有心喝酒就够无耻了，还有脸论英雄。

董子正惦记摸底一番，猜到了潜台词，站那落了个长脸，笑得酸酸的，一时赧颜汗雨地拐回来，草草吃了米饭，喝了鱼汤，抿嘴就去了周全下榻的干店。见到周全，他一脸狰狞地说：你连夜再奔荆州，揭发张长沙杀死长沙境巫医数十人，把人命案摞给刘表，看他怎么办。如不除掉张长沙，你得黑活伺候。

周全小声说：大人，那是诬告，犯科的呀，黑活更难为之。

董子正说：事到如今，顾不得那么多了，不诬告怎能扳倒这个野医家啊。

董子正从街上干店出来，回到府里，看着香村站在院里，他招手叫香村过来。香村进了屋，董子正板着脸问：你跟张长沙是啥亲戚关系？

香村说：他是南阳涅阳人，我家长沙湘潭，一对互不相识的陌路人。

董子正说：张长沙身带命案，还有污辱当今英雄的妄言，到关键时刻你做个证。

香村搓着手，说：大人，什么呀，我没听清你的话意。

董子正说：就算你耳朵塞驴毛了，也得证明他说反动话时，你在场。

香村脸都吓白了，看董子正转身走了，小声说：苍天哪，张长沙是难得的好官好人，你饶过他吧苍天。

月亮爬到檐角尖了，一层清辉洒在院里，花带门廊上都是斑驳而迷离的碎月光。

仲景长吐一口气，觉得董子正那么奸猾，也把一张老热脸贴了冷屁股。他想起那一脸酸笑，可见心路稠密的奸吏碰到个愣的，也枉在长沙混官场了。

仲景洗漱完毕，准备歇息，忽听有人拍窗，他低声问：谁？

后窗的人影移到了门口，回说：我，立山。

仲景起来开了门，邓立山站在门口，说：刘大人说叫你别再追究赈粮旧案，得跟董子正搞好关系，好像有人到荆州告了状。

仲景说：说起来我也有惭愧，刘大人想求医，怎么没传信过来？

邓立山说：叫周全传了，他可能半路拦截信息，没传，刘大人有点生气。

我知道了，可我也不是他的侍医啊，千万百姓疾苦和比他一人哪个重？

可是刘大人也没强求你专侍于他，我站中间说句话，你应去荆州面见刘大人，他对你很信任，也很担忧。说罢，转身走开。

仲景看着邓立山隐进树影里了，才叹息一声，关了门。

第二天，仲景发现搭在府门外的医棚被风掀翻了，几根柱子横在棚边，棚里桌子不见了。他没在意这事，怨不得一夜大风，也没空追究丢失桌子的原因，也没命差役修复医棚。只叫香村下乡去普查哪儿有病人，什么病，哪里有案件，只要报来，马上派人查办。仲景仍多在乡村走动，耽误府内不少公务，比如一些例会，每天的朝会，和隔两天例行一次的晚议，都顾不得开，下令减去一半。这种破常规、不流俗的行为，引起府吏们议论纷纷，看不明白张长沙到底想干啥，别的官都是往上层跑，他老往乡下跑。这仅仅是府内小讧，另有躲在暗处的谣言，也在无声旋涌。

这天，张仲景刚在街巷里诊了病疫，开了方术交代煎服，即去忙别的。这时从街巷里来了个穿黄裙的中年婆娘。有人小声说，这是有名的巫仙来了。

传说这里早年出过个巫师，为外乡患气鼓的婆娘施巫，治死了。婆娘的儿子是个江湖侠客，把巫师吊树上痛打一顿，半夜断了气。巫师的闺女才十六岁，不顾母亲阻拦奔到外地学巫术。有人谣传她在神汉那儿破了身，回来后自称巫仙，嫁了没出五服的老表，生一个独眼女婴，除了睁一只眼闭一只眼，还是个塌鼻儿，两岁多不会叫妈，三岁多才会走路。巫仙把这妞养到四岁半，仍教不会咿呀之语，一气之下把憨女卖给北山一个麻汉，从此没了音讯。巫仙在青湖县行巫，用鸡血火纸灰麻秆类奇方，治好的与治死的病夫各占一半，常把医好的小病夸大成起死回生，并说自己有咒人死的法术。

据传有个小吏想抛弃丑妻，妻子被多次赶回娘家又跑回来。小吏找到巫仙，巫仙当时施了叫丑妻当日夜半断气的符咒，可是次日清早，小吏的丑妻仍起来洒扫做饭。小吏又找巫仙，巫仙心生一计，要请小吏两口子来家吃饭，明里是劝和，私下里在丑妻米饭里下了毒药，丑妻当场晕倒，被抬回家后，当晚死去。巫仙问小吏要了铢钱和大米，一桩杀人案自此了结。

巫仙还为周全送过不少银两，也送温柔，与周全暗作姘头，有了这个背景，她在后来又借着施咒的名义，暗下毒药杀过两人。现在青湖县境内神通广大者，除了周县令，就是这巫仙了。在这片闭塞愚昧的土地上，人们不但没嫌弃她的恶毒与风骚，反而暗称她是不上册的小皇后。

巫仙听说青湖县来了个医家太守，新鲜得不得了，她患着腰痛病，扶着腰跑来看稀罕。见到仲景，她想起在襄城王神仙家遇到过此人，她并不认为这医家是对症下药，靠的医技方术，只认为他是来争夺医界地盘而显山露水的。她不由心生妒火。

她慢慢走到人场上，拿过一个病夫的药包，左看看右看看上下再看看，然后站那撇嘴冷笑，突然大叫有鬼，还翻起白眼珠子，直往天上翻。这时县令周全正好过来了，看见有人聚堆，扭头往这看。巫仙大喊：青天大老爷呀，青湖县出妖怪了，周青天你可要为奴家做主哇！

周全一听，想到巫家与医家之间的是非，惊诧地指住巫仙，问：快讲妖怪在哪？

巫仙得到鼓励，说：刚才不知何处来一妖医，言说是朝廷命官，来镇守长沙。

周全说：你真是神仙下凡，说话一字不差，在我地盘上应破除谣言，振兴巫术。

巫仙说：谢过周青天恩重如山，既然你看重本仙，本仙就要为大家驱逐妖惑。我要请老君神下凡来救世人。说罢，朝天呼一口长气，指指太阳，又低头指指地，挑着小嗓喊：老君神说了，要大家立马把草药包扔坑里，别等老君神怪罪下来，小则得病，大则流血，谁担当得起呀，啊？

众人相互看看，紧张地议论着，对巫术根深蒂固的迷信，又回头了，纷纷把药包扔掉了。巫仙仰起脸，来个红颜变金刚，从人前走个半场，交代老君神只惩坏人。

天色转阴，大团灰云从天边卷来。有人大吼老君神别降祸，把扔掉的药包用脚踩踏。

仲景站起来打个手势，说：不要扔药，都快拾起来吧。

巫仙说：谁敢捡，老君神下来要谁的命。

周全见状，掉头就走。

仲景不再看巫仙的演技，而是吩咐人来，把巫仙五花大绑，押入南狱。

仲景来到张湾后，在张乡绅院里设台子接诊。

张家是远近有名的书香人家，儿子在京城干事，在上层有走动。他没想到这么大的官，亲自上门诊病，心里十分崇敬。他又泡茶又到处传说，呼左唤右叫病夫来。

这是仲景到江南后，遇到第一个信奉医学的乡绅，他很感激这个开明士绅。张乡绅孙子宝娃有惊风症状，发烧，出疹子。仲景为宝娃开了几味药：赤芍、红花、防风、荆穗、蝉蜕，一方三剂，叫泛卫去煎药。

泛卫煎了药端过来，仲景对着药罐闻闻，就知道煎药火候大小，滚的遍数。若是火大快滚，肯定遍数不够，会叫重煎。若是火候不足，要堆起硬柴武火暴煎，再换文火慢煮。煎了取汤也十分讲究，因人多，泛卫手忙脚乱，略有潦草，都难逃老师的严关。泛卫从老师严密的施医细节中，感受到他为医的深执，他反复几次煎成，照料宝娃服下，心想以后再不能粗心大意。

这一切张乡绅都看在眼里，认为名医的精研，举世少见，他问：大人，你看宝娃性命怎样？

仲景说：他内有湿热，热人迎风，三剂药服下就会见轻，离妨害性命远得很。

张乡绅说：你开这么多药，我想给些钱。

仲景笑笑说：药都是山野采得，山是大家的地盘，怎么能花钱。说罢去诊别家病夫。

又有两三个娃娃来了，院里因小娃哭声而嘈杂起来。有的小娃哭，大人也跟着哭，院里一片惨淡景象。仲景不仅哄小娃，还要劝大人。大人在诉说小娃病时，老拿神鬼说事，说夜间看见白猫精啦，鬼火虫啦，大路神啦，或家里突然死了菜花鸡。啥怪事都能扯，就是不往伤寒湿邪方面想。

仲景发现张乡绅的东山墙上贴有一符：此梦不祥，贴在墙上，日头一出，晒个光光。仲景一问，原来张乡绅在村上有油房，是有名的富户，总怕好日子隐有不测。谁知偏在昨晚做个噩梦，梦见村头哑巴死了，倒在路旁没人管，叫一条野狗拉沟里吃了肉，把骨头嚼到他家门前。他吓出一身冷汗，惊呼有何恶兆，结果这天他孙子身上就出了疱疹，他只怕孙子小命不测，才撰此联为符咒。

泛卫告诉张乡绅：你怕梦里有征兆，贴符咒也没错，这会冲霉气，改运势。

仲景看看泛卫，若有所思地去忙别的。这时张乡绅老婆拄着拐棍来了，靠到门框上说身子虚，凉风一吹就打冷战。仲景为她切脉时，问她身体症状，她说还有头晕，耳朵响。仲景问是不是还有腰膝发酸、走路腿软、出虚汗等症。张乡绅老婆说是哩。

仲景切了脉，开了六味药：地黄、山药、山萸肉、茯苓、泽泻、牡丹皮。说这几味药驱邪，补肾虚，健脾胃，吃几天症状就见轻了。你还应多晒日头喝热水，少吹风，避湿寒。

泛卫在一旁观察，想起老师经常开此方，已成抗伤寒的经方，就记了下来。然后对病婆乐呵呵地说：嗨，大婶儿啊，你有幸遇到了神医，喝下半碗药就会来精神，喝完就成了康泰人，以后百病不侵喽。说罢与病婆抬手击掌，病婆苦笑着与他击了掌，也笑起来。泛卫说：大婶病已好一多半了啊。说着，把病婆送到院外，张乡绅上前接扶，泛卫说：没事儿，她能自己走了。病婆真是好好地走开，还往后看看笑一下。

仲景喊泛卫过来，说：你用的祝由术，很见效。泛卫笑笑，得意地去忙活。

这时门外来了个捂肚子的老头。仲景问了症状，老人说开始是肚子痛，吐，筋骨酸，没力气，第二天全家人都传染上了。老头还说他吃了三个菜饼，吃罢睡下，不大一会儿就往茅厕里跑。

仲景叫老头领着他去看拉的稀屎，看了叫人当即铲土埋掉。他把脸贴在老头肚子上听听，老人又捂着肚子要去拉。仲景也跟到后边，他想如果老头是吃着受凉，肚里存的东西拉完就该见轻，喝些热水暖下肠胃即可。他到房后见老头拉了一摊水，没有食物渣屑。

仲景怀疑这老头是得了恶性传染病，霍拉痢。心想，这么重的大疫怎么没报上来，存到民间，会传染得灭户亡村。他心里一阵揪动，就想住下来一家家诊治，尽快清除病源。可想到府里公务缠身，就后悔自己当官误医，有负医家。

泛卫见仲景对一个拉稀病人，这么重视，切脉问询跟踪追究，就知道遇到了大疫，他有点紧张，问：老师，此症应是霍拉痢大疫，当心传染。

仲景还执在病状上，说：你再记一笔，此症发则心腹痛，发热头疼，恶寒身痛。用四逆加人参汤方：甘草、附子、干姜，助气扶阳。又叫人喊来张乡绅，说了此症的严重性，说明人们还没认识到大疫的危害。

张乡绅脸带哭相，说：医家啊，这病才发不到半月，就死十来个人了，村西头那片新坟，都是拉肚脱气而死。这病像个恶鬼，一夜之间叫人阴阳相隔，那么多家求神保佑，也不见功效。

张仲景交代了生活吃喝要注意的，然后叫泛卫回去，拖来一麻袋盐疙瘩，叫张乡绅发给村民，在拉肚时为防脱气散本，喝热盐水补身存阳气。

两人直忙到月亮升上中天，仲景才伸伸胳膊腿，打个哈欠，只感眼皮酸涩，浑身无力。泛卫趁着空闲，说：老师，明日无论如何得去荆州一趟了，那事躲不掉。

仲景别着头问：谁躲了，你看这时光密麻的，有扎针的空吗，你怎么突然冒出此念？

泛卫说：老师，我感到这里的大疫会拖住腿，老走不开会拖出事的。

仲景说：去去去，人命关天不重要吗，能除掉这里的病根，才是顶天的大事。

仲景虽这样嗔泛卫，但泛卫沉重的口吻，还是勾起了他心头的压力。他一想到官府，就忧世伤生，像掉进泥沼里一样，拔不出脚，走不动路。

这时张乡绅端来一碗鸡蛋汤，激动地说：我孙子见轻，睡得可香，婆娘也不睡榻了，她叫二位大人住下。

仲景被这淳朴民情感动，心想这都是医家分内的事，何劳大家敬奉。当今世道振兴医学真知，比在战乱中杀多少仇敌都值。自己纵使失掉刘大人的赏识，又何所谓。

翌日，晨雾还没散净，太阳刚从山那边露出半边脸来。

张仲景从乡里回来，翠姑的眼眯成一条线，眉头紧锁，一脸的凄愁。她好像已在门口守候很久。她第一句话就劝他去荆州见刘大人。

张仲景看着翠姑脸带忧虑，口气有乞求之意。他心情往下沉去。荆州之行，就像往心里塞石头一样，沉重无比。他叫泛卫把药褡裢背到大堂上，放到转堂后边，要坐于大堂判案。堆了半月的陈案，因为没及时审判，都积案如山了。

他刚坐下，门外又有求医的病者呻吟哀号，大堂外一片嚷嚷。这起判了才押下去，那边又有人击鼓喊冤。喊冤声夹在病人的哀号声里，纷攘了威武肃静的大堂。

仲景知道这些因循守旧的属官，把大堂判案视作天经地义，把堂前行医视为不伦不类。他且不管这些，判了案就出来问病，一来到病夫中间，就被团团围住，像一群孩子围着慈父。门口的衙役见太守与民众搅到一起，就以维持秩序的名义呵斥病人，府院里气氛顿时紧张起来。

仲景摆手叫他们退下，又与病人混到一处。在他看来，这种顺应百姓需求的事，缓解民众疾苦之差，才是官人该为的。病夫围得他脱不开身，他叫泛卫上前维持一下，排个队，按顺序就诊。可病人越看人越多，越是高声吵嚷，一时间，大堂外一片纷乱喧嚣。

正乱得不可开交，翠姑从后院走过来，问：官人，我给你说的大堂坐诊，何日成行啊，如果能叫病夫按时定期来求医，你按顺序看诊，还会挤吵吗？

仲景抹了下额上的汗，说：已布置泛卫找木匠做药柜，仿照襄城王神仙药店里的，可整天忙得抽不出时间，才这样凑合着。这有多余房子，已设三间，叫病夫天阴时能避风雨，天晴时在外排队。

话刚落拍，董子正走了过来，说：此举欠妥呀，大堂是判案处，自高祖创建至今，无人违反，堂前医病，须众吏认可。

仲景仍站在门口为病夫分轻重缓急开诊，怕心思扰乱，诊了一会儿才对董子正不紧不慢地说：去忙你的吧，这与你不相干。董子正看着仲景不冷不热的态度，拂袖而去。

仲景心静下来，专心诊了十几个病夫。然后把病人划分为几种，一是偏远乡村的常见病，指定在他下乡私访时送医上门。二是长沙城三十里以内，约定在每月初一十五集中来。三是危急重症，疑难杂怪症，可以不分期限来诊。其他卧榻的老弱瘫痪者，不用来这，由泛卫隔三岔五上门送药。

半月过去，泛卫和王社已仿着襄城王神仙家的药柜，做了五六个，在医堂迎门处，支一张黑漆八仙桌，桌子边支十多张竹椅，待病夫等诊。桌后边放药柜，调药台，药台上放包药的荷叶、麻绳。并在门外贴出开设医堂的告示。

贴告示那天，有几个老吏站在门前，表面是观阵的，神情却怪怪的，眼光阴沉诡异。稍时，邓立山出现在大门口，站那看看，对开医堂的做法赞不绝口。机灵的泛卫看见董子正没露面，他吃了颗定心丸，挂牌时香村放了好几捆爆竹，行动十分爽利。

以后，民众争相奔告，自发宣传医堂，一传十，十传百，远近百里的民众都已知道。大家都按路程远近，症状轻重缓急的次序来求诊，医堂门前不但不起纷嚷，反而井然有序。从此以后，张仲景告别了走乡串村的游医时代，真正成了坐堂行医的医家，也将公务医务分开打理，规范并节省了不少时间。

又一天，公鸡的叫声很是嘹亮，湘江的波流之上，渐渐泛起了蔚蓝的光。

又是一个通宵达旦，仲景天明时才顶不住沉沉睡意，不得已走进榻房。他还没睡到一晌时光，听见院里有人声。看看木格绮窗上已映出日光，他伸了伸胳臂，觉得眼还很涩，想睡个回笼觉。可一躺下，窗外人声大了，是在说荆州。

仲景没了睡意，在医病中无论遇到什么疑难杂症都无所谓，一想起政界，一块石头就压了上来，镇到心头。可是，嘹亮的鸡叫声把清晨叫得格外清醒，内心也打开了很多思绪，关于荆州，成了回避不掉的心结。看来，现实是无法摆脱的，他不得不思量刘表召见的事，俗话说官大一级泰山压顶，不仅压顶，还压心，憋得他喘不过气来。他尽量镇定自己，认真思虑该如何面对。

此时，刘表和董子正的面影不时显出来，他从头到尾把处境过滤一遍，想得呼吸都加快了。看着窗外大明的天色，感到这样下去也有不妥，该给刘大人写个奏章呈上去，要他知道民间疾苦，漠视争权夺利的官府套路，并求他认可自己开堂坐诊。如果不能达成，他愿意接受谪官去职，用更多精力去行医。

可又一想，这也不中，刘表要的是选主站队，出兵助霸，自己不能唱反调。

他用毛巾濡了清水擦擦脸，扔下毛巾，喊泛卫过来。却听泛卫的呼噜声滚雷一般，他把竹简取出摆到案上，边翻阅边等泛卫睡醒。

天刚才还晴着，眨眼就阴了，天上阴晴多变，人世更是无常。

仲景听见外边有人嚷，他到窗口往外一看，门口蹲着几个人，扫地的老头嚷着碍事，叫他们走开，说罢不见走人，就往人堆里扫灰。这一扫，病夫嚷了起来。仲景整理了衣着边幅，到门口制止了扫地老头的行为，开始照看病人。五六个病人中，其中有个睡在地上的，身子软得面团一样，裤裆湿乎乎的。张仲景走上去拍拍，叫他进到医堂里来。

见病夫都进医堂，仲景问：你们是哪个村的，各自说说患了啥症候？

有个病夫说：我们村约莫半村人得一样的病，不知被啥鬼缠上了。

仲景一听脸色大变，他知道多人同患一病，便是传染大疫，如传染开来会遭遇重疫洗劫。他急忙唤来泛卫，叫他快去病村查看。

扫地的老头堵到医堂门口，黑青的脸，喊：一介草民百姓，怎能进相府大门？

仲景说：府门就是为老百姓开的，怎么不能进？你当什么差就管什么事，不要管得太宽，明日见到求医者，尽数放他们进来，若有延误，我会拿你问罪。

老头别着头说：这太守府成了堂屋门灶火门，想进就进，想出就出？

太守是百姓的父母官，他们进相府就是回家，有啥不应该？

是，大人，小的从命。

老头嘴上应着，却扔下扫帚，板着脸找董子正去了。

此时，一个狱吏小跑过来，拱拳道：大人，南狱里巫仙有致命症候，是否叫她家人来担保出狱？

仲景一听，巫仙为女流之辈，身患大疫会有危险。他当即拐弯往南，走到南狱，见巫仙面黄肌瘦，神色枯槁地窝在墙角苇席上。仲景吃惊地返身问狱吏：官府拨给南狱的银两，都用到实处了吗？

狱吏支吾着说：这都是头儿的事，小的只管送饭传信。

仲景问：一顿每人送多少饭？

狱吏说：一碗米汤，两块麦饼。

此时巫仙从草上拾起一块高粱饼，叫仲景看。

仲景为巫仙切了脉，又开药叫狱吏找泛卫取药煎好送来。他叫狱长来报，官府拨多少银两，狱中多少犯人，一顿多少吃喝。

有人来报，说门外来了个腰里长疮的老头儿，捂着腰，疼得龇牙咧嘴。仲景出了南狱门，叫病夫扒开裤腰看看，原来是蛇盘疮，南方人叫蛇缠腰，传说待疱疹在腰里长够一圈，人就不行了。仲景想了想，现在没有对症的药，他问老人，这一带患此病者多不多，有没有偏方。话刚落拍，听见狱内巫仙大声喊：本仙我治过，不妨叫我试试？

仲景转过身问：好，不管用巫术还是医术，医好为上，来试吧。

巫仙出了狱室，叫人找草纸来，把纸弄成卷儿，用火镰与火石打着火，燃到纸门儿灰上，叫老人侧过身再弯过腰来，她用火纸对着老人腰里疮疱，贴着皮烧起来。只听噼啪一阵碎响。约莫一顿饭工夫，仲景睁大眼珠一眨不眨地看着，心想老人该有多疼，谁知老人一声不吭。直到烧完，老人扭过脸来看看，说：腰里凉凉的，疼得轻啦！

巫仙说：这是我学来的家传秘方，一术好不了，烧三四次才见功效。

仲景看傻眼了，招手叫巫仙把手里火纸卷拿来，认真看看，问：这里没卷术物？

巫仙说：这里边只有一卷纸儿。

仲景脸露微笑，问：你还会医什么杂怪症候？

会麻秆火治风罚，灶土水治小娃拉肚，压绿豆治偏头疼，小白鸡血驱鬼捏头。

仲景说：好，我以后遇到这几样症候，就请你来医堂施术，以后你也得接受医家的新医术，巫术与医术兼用，你若同意，就放你出来。

巫仙说：好啊，太守大人！我愿意帮大人医病。

泛卫对仲景小声说：老师你没喝迷魂汤吧，她也能进医堂啊？

仲景不耐烦地说：你话稀一点儿好啵，能医病就是好人，别一棍子把人打死。

第六十二章

董子正从外地回来了，下马后站在门前睐着眼，看着病人哼哼唧唧地围坐门前，就问：你们咋又随便进官府？都出去出去以后别来了，这是郡府不是柴棚。

一部分病人站了起来，想往外溜，呻吟哼唧声仍没停下。

仲景走过去，招手叫病人进来。

董子正的眼里扎了刺一样红，绷着脸站在那不动。

仲景等病夫们回到医堂，他发现一个打喷嚏发烧还咳嗽的村妇。仲景站到门口，说这里有风罚症，大家都离远点别染疫了。属官们一听染疫两字，就走出门嘀咕，然后走到董子正跟前，继续嘀咕，声音低得几乎什么都听不见。

董子正寒着脸，带着几个衙役过来，拱手施一礼，说：启禀张长沙，长沙府是朝廷命官上以执行皇令，保江山社稷，下管赋税民生之重要府门，据老夫所知，从京城到州郡县，再从古代到如今，从没见过开医堂之事，更没见过病人擅自闯府者。再说，那些病患均来自草芥尘堆，生如猪羊，死犹鸡犬，把他们招进府，渎职啊。

仲景并没有理会董子正，也不想面对他，因为知道他肮脏的底子，再看他那四平八稳的虚情伪善，就觉得恶心。当他看清了董子正的假面具，方知此人倚仗年高资深，笼络众吏，结党营私，老辣奸诈。他无视了董子正，想看看这个吃了几十年皇粮的老吏，还有什么演技，来饰盖阴险丑恶的嘴脸。好像当年从伏牛山走下来，恍若走进忘川，异常平静地把三个手指搭于病人脉上，眼观病人脸上气色，神情十分专注。

董子正面子有点挂不住，但他知道自己背后站了不少同盟者，他脸上不动声色，姿势庄重老练，也在静等回话。稍时，过来一个属官，睬睬董子正，郑重其事地对仲景说：太守大人，长沙郡是官府执天子令判百姓案的府衙，不是医堂，请大人明鉴。

仲景仍瞅着病人的腕脉，朝来者摆摆手。来人继续说：自从大人开堂坐诊以来，长沙府门口不管草莽尘芥，麻衣布丁，一律不用击鼓升堂，更不跪地喊冤，已分不出哪个是官哪个是民。长期这样下去，必定造成民众随心所欲，官府失去威严，大汉江山变色！

仲景终于发现这人原来是在本府当差的李四方，一个芝麻小官儿，看见身边混了百姓，就怕显不出等级了。如此卑劣用心，真是庸流俗辈。仲景更烦李四方口出大言，什么堂前病夫就会失什么江山，真是个大日冒蛋。他耐心为病人写了方子，外边又进来了李保、周奎、张大佑等，众人齐刷刷单腿跪下，神色严峻地劝他撤医堂。从上到下七嘴八舌的哗讧纷攘过来。病夫们只怕不给医病，都跪下求太守开恩。一个老人被李保踢倒在地，仲景站起来，怒斥李保，责令其必须扶起老人，并道歉。

李保只得从命。张仲景气呼呼地坐下来，将手又搭到另一病夫手腕上，手指有点打战。他仍想给病人一个宽松环境，别说是几个下官来咋呼，就是刘大人把刀架到他脖子上，他仍要诊好每个病夫。

门外仍在骚动，仲景想，这伙人很可能在背后串通过，今天要在堂前唱一台好戏。也好，让大家都登登台亮亮相，看看他们的花花肠子。有个叫宣虎的武将挤过来，拔刀就刺。只听泛卫高喊大人躲刀，就见几个中年病人冲上前拦挡，宣虎被冲过来的王社拽住，两刀相架，边上的官吏也拔出剑来，彼此相峙，怒目相对。

张仲景再也镇静不下去了，咚地站起来，指着宣虎，说：大胆奸贼，谁叫你到此？

宣虎说：好汉做事好汉当，我对大堂行医看不过，自主打抱不平。

仲景还要发落，邓立山过来了，厉声喝道：太守抽时间施医济民，谁敢拦截此举，拉下去重打二十大棒，诸位再若胡言乱语干扰医堂，轻者削职，重者斩！

巨大的震慑力施出，众人退散。

仲景终于明白邓立山此时回府的原因。

王社扭走宣虎后，董子正黑着脸转身走人，穿过转堂，仍涎着脸对众官说：是好汉听我的，现天子已被曹贼挟持许都，刘备与孙权各霸一方，瓜分天下已成定局。俗话说乱世出英雄，咱与其跟个昏太守进谏辩理，不如效法大泽乡陈胜吴广，区区太守宁有种乎？

众官皆应：是啊，相府太守宁有种乎？说罢朝医堂拥去，个个眼喷横气，逼视着张仲景。宣虎也挣开王社拐回来，大骂张仲景狗屁不通，只可为山野医家，不可为官：老子为镇压黄巾军立下汗马之功，大汉朝小英雄一个，一个野医家敢把老子怎样啊？

泛卫从后边过来，拽拽他袖子，说：大人未杀你，因为你是被坏人蒙蔽之人。说罢唰地抽出剑来，怒视着对面的众吏。

仲景招手喊：来人！立马叫宣虎看看野医家能把他怎样，这就送他去阎王殿！

王社抽出宝剑，在宣虎脖子上一挥，再将剑收回来，宣虎的头掉到了胸前，经一缕皮系着，少顷，当的一声落到地上，咕噜到董子正脚下。仲景红着眼指着众吏咆哮：退下！再聚众闹事，一样下场！

众吏立马后退。董子正挥手叫嚣：昏太守杀人如麻，冲啊！众吏又猫着腰拐过来，慢慢往前挪。仲景正要制止，病人蚁拥蜂钻地围成了墙，挡着众吏。一青年病夫冲上前抱着董子正，在他脖子上咬了一口。董子正抡起大刀要砍，身后两个病夫扳住他，往地上猛摔。

众吏一看病夫横的横，愣的愣，个个都是不要命的，就脚底抹油，逃跑了。剩下几个小卒，且打且退，一会儿就溃散下去。拼打结束后，一股血腥气弥散开来，搅在空气里，混合成了难闻的怪味。

董子正从地上爬起，也想溜掉，被几个病夫死死扭着揪着，又按到地上。仲景叫将他捆了，押到大堂待审。董子正此时才发现，张长沙并非人们评说的呆子，也不是简单的山野医家。虽然他没有官人的圆滑之态，世人的奴颜之相，可那张铁青脸上每条皱纹都凛然生威，带着狼性的犀利眼神，射出来的是凶光。这绝不是听听别人恫吓就改变主张的人。董子正觉得自己被整憋了，有点恼羞成怒，脸色煞白，却也无计可施。

窝了片刻，董子正突然爆发，他甩开病夫，站到当院，喊着张仲景的名字破口大骂，并揭出了张仲景在涅阳的人命案。

仲景对泛卫小声说：塞上他嘴，立马押到大堂上审问赈粮案。

泛卫说：赈粮之案时日太久，属污吏窝案，一扯一个蚂蚱串儿。现今皇帝都不能主朝，问也白搭，还会激怒同案者，长沙局面将不可收拾，不如一刀割掉他脑袋疙瘩，图个利索。

谁知此话才落拍，董子正的随从就跑到大堂上，驱散了病夫。董子正被解开后，立马领一群党羽，冲出府门，骑马直往荆州奔去。

仲景直到后半夜，才回到后院榻房。

泛卫吩咐病者都回家去，危急的明日再来。凡是少气无力、腰酸腿软虚汗的病夫，都开六味药，即地黄、山药、山萸肉、茯苓、泽泻、牡丹皮，回去喝着，十天半月不用再来。然后来到后院，对仲景说：董子正聚众到荆州刘表那告状去了。

仲景说：咱问心无愧，任他折腾吧。再说，皇帝都被挟持离宫，主不了朝，刘表为战事忧心如焚，又久卧病榻，顾得着管长沙一郡一吏？咱没精力去耗，只有以不变应万变了。

此时，后院门口过来十来个佩剑将士，请命追杀董贼。仲景见来者士气足，很勇猛，但他还是摆摆手，语重心长地说：你们退下，我相信刘大人不会偏听偏信。

王社单跪一条腿，双手挂着宝剑，道：董贼京城里有后台，才敢在大堂叫板，应杀掉以除后患。

仲景摆手叫众人退下，说罢转身往后院走。

刚走到后院小径，见一人影悄无声息地站在月门边。他进屋后，此人悄悄把一件夹袍披到他肩上。他还没省过劲儿来，那人已默默走开。他所有的繁忙烦恼，在瞬间忘得烟消云散，心里只有一人，一个悄悄在他房前守候的人，一个日夜期待他归来倾诉心事的人，一个用一生的情感追随他的人。他反复品咂着滋味，进了榻房。

仲景刚要睡下，人影又风一样飘了过来，把一碗葱花姜丝面条端到案头。借着昏暗灯光，他看见她的两眼泛着幽波，他心里一动，接过碗来吃了面条，浑身的血脉经络活泛了。侍立一旁的人影过来接了碗，就要转身走开，仲景低声问：娘子，自打开医堂后，我又把你忘了。我想待府里杂务忙过一段，就把亲事办了，你该好好享享太守娘子的福气。

他本想这句话会使翠姑生出激动，可她没有，她莞尔笑了一下，说：官人不忘奴家就好，你还是专心行医，那是大事，我懂的。再说，我现在叫小妞求学问，以后识字多了帮着抄个典，取个药。说罢就要离开，仲景叹道：人间知己，如同高山之秀翠，流水之清韵，算天下知仲景者，翠姑矣。

翠姑说：快歇下吧，明天还有事务等着，我已经找到自己的事了，夜夜等你平安回来，吃一碗葱花汤面，就够享福了。

仲景兴味盎然地问：你不怕我一忙公务又成了官人，再不然就是满脑子的甘草二花当归，把你扔到一旁？

你就是把俺扔到天涯海角，一根线都牵在俺手里。

要是线断了呢？

线一断俺就老了，三十年黄花女变成老藤荆，三十年青头丝变成白发妪，年岁日月，谁能奈何！

咱不说这，你再唱唱年轻时老家的歌谣吧。

翠姑眼眶湿了，风从窗口吹进来，灯光微微摇曳，眼里泪光不时打旋，妇人的泪水，又一次震撼了张仲景的心。他正要说什么，翠姑噙着泪，颤声说：时光已逝数十载，花落人衰，只有旧歌还未老。

仲景拉着她，拭去她脸上的泪，说：我内心苦闷，歌是一味解愁的汤。

翠姑咬一下嘴唇，还是没唱出来，泪水涌出了眼眶。

风静了许多，更鼓方才落音，只留一轮明月在窗外悄悄游移，天边的星辰像个立于寒宫的人，朝宁静的世间眨着神秘的眼。张仲景直到此刻才隐约懂得女人心，是柔软，是慈悲。多少年来，自己心里只装着病人，为医病操劳，从没把她当回事。这是一种错过，错过了最恰当的年岁，错过了一朵花的佳期，他止不住内心的汹涌热流，低沉地唤了声翠姑，颤抖的手拽过她来，宽衣解带，搂进帐里。

榻房檐上的月亮在下沉，慢慢移到桂花树梢上。仲景出了帐帷，送翠姑出榻房时，说：娘子，仲景如遇不测，你要护好医典。

翠姑敏感地回头看他，这话里别有深意，难道这人生头一回美满，竟伴着终了？她站在清辉里，脱口问：为何呀官人？

仲景想说董子正可能到荆州告黑状，刘表在气头上，自己纵有一百张嘴也难辩清，丢官丧命的厄运，随时会降临。但他没说出来，只打个手势说：娘子该回榻房歇息了。

翠姑低声抽泣道：我倒是想跟你离开相府，到山野村庄耕织，陪你过医家日子。

是的，我宁与虎狼为伴，也不愿与恶吏为伍。当年求医时，有巫医庸医霸占医界，如今当了官又遇恶吏当道，一生都像在茫茫江水之上，漂泊不定。

不，你到哪儿都是你，名闻天下的神医，一官半职比起你的大名，只算个小灰丝儿。

仲景心里宽慰了些，笑笑朝翠姑摆手。

仲景刚要下榻歇息，听外边又有动静，他仔细倾听，是嘚嘚的马蹄声，自远而近。他想，近几日曹操与刘备老打仗，可能又过散兵。谁知那声音越来越响，他不得不到窗口，听见有杂乱的脚步声。仲景正要转到门口看个究竟，翠姑从外边扑了进来，急切地说：快躲到我房里去。

仲景说：我一不犯王法，二没做错事，为何要躲？若是董贼回来，守门役肯定不会放行，会发生摩擦，我得去控制局面。

现在要紧的是保命。

话没落拍，就听见门外传来刀剑相击的声音。翠姑说：此时你敢前去，只有送命的份儿，你不为自己着想，也该为天下病夫想想啊。说罢又推又搡把他推进自己榻房里，藏进衣柜，千叮万嘱不要出来，又去叫泛卫找王社火速过来。事毕，她站到仲景榻房门前，做等人状。

吵声已传进来了，是董子正煞着腰过来了，把翠姑撞到边上。翠姑差点倒地，高声吵嚷：哪来的瞎驴不长眼，胡乱冲撞啊？

有差役低头问：何人在太守榻房前站立？

翠姑见王社还没过来，壮着胆子吵道：我正要问你，太守为什么此时还没回房。

差役往后退了几步，董子正故意脸对脸看看，问：你找太守何事？

翠姑冲上前照董子正脸上掴一耳光，厉声骂道：老娘是豫州黄翠姑，张长沙之妻，为等张仲景，我从半夜守到天明，你还敢如此无礼？

差役一听仲景还没回府，问：张长沙夜晚去哪儿了？

董子正说：有人见他回家了，你说他没回，老夫得进去搜查了再说。

说着冲进门，把仲景榻房的桌案翻腾个遍，把守门役叫来对证，是不是看见太守在府里？守门役年事已高，见找不到张仲景，也不敢说他到底在不在府内，就含糊支吾起来：张大人若在府里，不会不露面的。

翠姑大起胆来，指着董子正吵：你无故搜查太守榻房为的哪般，今儿你说不出来，我跟你拼了。说着上来撕抓董子正。

董子正见妇道人家撒泼，不好对付，偏偏后边又过来了王社、泛卫。

董子正高喊：张仲景身带豫州人命案，又在此犯下欺君之罪，老夫要替天下除害！

话才喊出，王社已带人杀到跟前，双方交战。翠姑站到一高处，泛卫上来拉起她，从刀光剑影里溜走。

王社后边的十几个持刀枭将，个个英勇善战，一会儿杀得董子正的人四下逃窜。董子正见来者勇猛，像龟一样缩起头来，钻到院里树带黑影下。王社手起刀落，所到之处或人头落地，或身腰分家。杀到一老衙役身边，他误认是董子正，高喊董贼看刀，一刀刺进老衙役胸口。老衙役手抓着刀，瞪了他一眼，就要倒下。他见此人不是董子正，仰天喊悔，又去找董子正，找一圈没见人影，大声喊：董贼是人你站出来，一见雌雄。

话了，董子正从树丛里钻出来，抢刀把王社砍了个趔趄。有两个将士冲过来与董子正对阵。王社被砍伤了右臂，只得独臂抢刀。老奸巨猾的董子正见寡不敌众，再次退到仪门口，开溜。王社领着两个将士，高喊不杀董贼不罢休。直冲到后院董子正榻房，见大婆掌灯在窗口看动静，他一剑刺过去，从大婆前胸穿到后背，血流如注。二姨太尖叫着往外跑，被王社长剑一抹，也丢了命。三姨太年轻漂亮，坐被窝里等男人归来，哪料王社冲了进来，不等被窝里美人儿弄明白来人是谁，剑就刺进了镶边的锦缎，净板板水灵灵的小娇娘，立变糊涂鬼。

接下来是杀侍官，杀族人，不到一盏茶工夫就血洗了董府。半夜，长沙下了一场数十年少见的大雪，盖住了纷攘滚腾的红血泥。

清早，一阵清风吹拂过来，东方已泛出红晕，天变蓝，雪停了。

仲景仍惦记着十五坐堂行诊的日子。他天一闪明就起来，到院里看到一片狼藉，后院花带旁边有几片血泊，人体残肢和断刀残戟。

翠姑立在门外，看见他，说：董贼再窜回来，会是恶虎归山，求你别露面了。

仲景没听此言，按预约时间前去坐堂，白天极度繁忙，夜里睡不好觉，累得壮不住架子，精神也振作不起来，诊了三五人，脑袋感觉晕乎乎的。

翠姑看看他泛青的脸色，问：官人，不如歇好了去荆州一趟，探个究竟。

我虽有违刘大人命令，可我没犯科呀，如果刘大人听信谗言，无法明辨，我真想辞官还乡，不受这窝囊气。

这时找他为时不晚，事情并不像你想的那样糟。

仲景脸上露出冷峻的神色，沉重地说：他们口口声声是百姓父母官，可他们却跟血吸虫一样榨干百姓，让百姓陷入水火，这是何道理，天理何在啊？

别再认死理儿了，当今世道兴争江山逞英雄，自古好人没好报，杀人放火把财捞，他们把歪理儿当了正道。

仲景在屋里来回踱着步子，踱到门口时顿然站住，打个手势说：不，正是这些不学无术、良知泯灭之人，极尽投机钻营之能事，捞名利霸天下，混搅是非，世道才一塌糊涂，面目全非。

翠姑见他情绪激烈，温声道：官人，你已经吃了不少嘴上亏，再不能固执己见了，快去见刘大人，尚能收拾局面，还好补救。

仲景愤然长叹：真不知百姓的命关紧，还是官人的令关紧？大汉完了呀，连贤官都昏了，朗朗乾坤仍在，青天何处见啊！

仲景叹了，转个身，说：好，娘子别费心，我决定去荆州了。

翠姑扑上去拥着他，把脸埋到他的胸前。

听说张长沙为开医堂，在官府遇到不少麻烦，被荆州牧刘大人召去问罪。张乡绅就坐不住了。他想，如此恩泽百姓的好官，举世罕见，要不是他，村里会暴发多大的疫灾，死伤多少百姓。

张乡绅去找了做官的儿子，看能不能搭救恩人。他儿子第二天赶了回来，说外边到处打仗，烽火连天，皇帝都在许都困顿，百官成了没头苍蝇，这正好保护张医家。张乡绅有了底气，站到村寨墙上，高声喊：我大汉失一吏事小，失一良医灾大，咱们要救张长沙。在场的人也议论起来，大部分都应和张乡绅，有个名叫张刚的村汉说：官场争端，民众不知水多深。

张乡绅激动地说：张长沙是为咱百姓落的害，怎说是官场争端！很久以前，天地混沌，一片昏暗，住在南三门的盘古爷敢为世人开天辟地，为我们开了大天阔地，难道我们连恶吏都不敢惹，圣贤都不能保吗？

众人振臂高呼，愿保圣贤，并饮血盟誓。接着招来邻村不少青壮年，大伙群情激昂如燃，一触即发。汉子们拿起了标枪、弓箭和大刀，或种地的叉靶锄头，腰里别菜刀，手里掂木棍，所到之处，呼声连天。路遇村庄，村人见乡民呼着口号往前冲，少不得站路口打听，一听说圣贤遇难，大家都愿去帮。一会儿队伍又卷来几十个壮汉。正走间，从田野又奔来一行人马，腾着黄灰浪奔来，自报家门，也要参加起义。走了几十里路，就卷进几千人。

张乡绅宣明了闯荆州救太守的行动计划。一支浩浩荡荡的队伍，踏着灰浪，狂呼急奔。

荆州的午后，刘表又该喝汤药了，他刚端起药碗，有吏来报，长沙太守张仲景到。

刘表放下药碗，长出一口气，稍做镇定，瞪着眼看着门口。仲景高大的身躯出现了，神色严肃冷峻，铁着脸拱手施礼。刘表推一下药碗，药汤溅了出来。他指着仲景，说：你可来了，来得不易，你认为是否迟到啊？

张仲景一时不知怎样是好，木讷地站在刘表面前片刻，闻到了药味，出于医者本能，他上前看看药碗，想问刘表患了什么症候，喝了谁的药，但见刘表神情阴沉，他改口说：刘大人，长沙病夫多如麻，城南暴发了霍乱大疫，危及村民性命，下官片刻未闲。

你忙着为百姓熬药汤，是好事，可是你到底是医家还是太守啊，你心里有数嘛，怎能为个芝麻籽儿丢掉大西瓜呀。

大人举我孝廉，下官铭记在心，可没想到长沙病夫太多，我不忍丢弃他们。

刘表严肃地说：但你还有镇守长沙全局的大任，你得多方兼顾，维护大局。而且当前天下形势大乱，各郡县都到了十字路口，你却浑然不觉是吧？

张仲景拱手施礼道：下官知道刘备与曹操为争天下激战，战火四起。大人召我来，是不是劝下官投奔刘备？可我眼前还顾不上这些。

你倒是料事如神，是的，我是为此，只因刘备出身皇室，是天下公认的霸主，他在新野任县官，曹敌攻来，他竟然带着百姓南逃，像这样爱民如子的明主，天下哪有第二个。长沙只有归于刘备才有出路，你当太守，坐着荆州的半壁江山，不是建个医堂，医个病夫就了事。

仲景听出，刘表平静的语气和表情下边，隐着深沉的焦虑与怨愤，他想安慰，又觉安慰不了，且自身处在危机中，遭遇难测的定数。谈话陷在僵局里，无法进行下去，门外有衙役来报，说长沙有一群乡民，前来请愿。仲景有点惊异，一时丈二和尚摸不着头脑。

刘表想都没想，下令火速驱散刁民，违者捕，重者斩。稍时衙役又来报：乡民手持棍棒菜刀，与守门役打了起来。

刘表指着张仲景，严厉地命令：你地盘上的人窜来造次，还不去平乱？

仲景跟着衙役来到门口，一看外边围着黑压压的乡民，张乡绅站在前头，赤眉瞪眼，却没见打架的迹象。仲景明白，是张乡绅等他去城南未果，才喊人追来。仲景焦急地朝大家摆手，高声道：乡亲们，都回去吧，我理解你们，但不能来州府闹事，这会加重我的罪过。

乡民们一听这话，举着棍棒呼号起来，空场上涨潮了似的。张乡绅举起手里大刀，说：张长沙为民医病，谁敢加罪圣贤，天不答应，地不从命！

众人跟着高呼：加罪圣贤，天不答应，地不从命——

仲景急切地打手势压着声气，登到州府门口的上马石上，说：壮士们再吵下去，我的罪真会加重，回去吧，要相信刘大人，相信苍天有眼！

张乡绅看着仲景的脸急得通红，他朝乡民们挥挥手，示意退下。张仲景看乡民撤了，赶紧转身，内心忐忑地走到刘表跟前，申明乡民的举动与己无关。

刘表眼里冷光射出，板着脸，说：你自恃名医，可以无视官令，可你知道现在天下政局已到什么地步了吗？都像你不问政事，不顾战局，跟个草民差多少啊。我在皇帝面前力荐你，把长沙地盘交于你，就是叫你去看病夫的？

仲景说：我只是想为供养我们稻粱麻布的百姓，赐一份安康。

刘表厉声问：你还在发医家之言，想医家之事，可你是太守哇，说说为何聚众闹事？

张仲景敏感起来，他辩解道：张乡绅他们是自发前来，我根本不知此事。

你前脚到，他们后脚跟来，世上有此等巧合？

张仲景头上的青筋鼓起了，心里紧张，脸露悲色。他看着刘表难看的脸色，感到此人太陌生了，他也是个站在百姓对立面的官人。而自己与官场如犹隔了一座大山，要翻过去，得费多少口舌，耗多少心血，失多少尊严，丢多少主见，厚多少脸皮，黑多少心肠，才可以做到啊！这简直是上青天。他心里憋屈，内有千言窝于腹中，不愿再表白。无奈间，他别着头去看别处，脸色异常镇定，最初想与刘表沟通交流的心，已经沉了下去。

刘表又问：我三番五次召你来，为何拒不从命，说？

刘大人，偏远山区县境无数病夫患上霍拉痢，烈性传染病如传播开，江南不知要死伤多少人，毁掉多少家庭。况且这地盘上没有医家，下官一到村庄忙得连饭都吃不上，哪有空闲顾及拐弯抹角的官事？

你又错了，轻视官令，埋头行医，说轻了是不务正业，说重了是抗令谋反。

看着刘表一脸的愠恼，仲景感到两人虽相对而视，心却隔得太远，远得相互听不见对方的回声。山太高，他不想费心劳神去翻越了。当初曾经的同路人现已分道扬镳，各自背向而去，这隔阂，让内心的压抑已达极限，将忧世伤生的感怀加得更重。连这般好官都不怜悯百姓了，恶官呢，简直不敢细思。他郑重地看着刘表，神色镇定地说：大人，你言重了！

刘表见仲景发出咄咄逼人之言，更加恼火，自己亲自提拔的人，老在与自己分庭抗礼，他咚地站起来，因暴怒而激愤的眼里喷着红光。此时若是别人，他早就呼唤左右拉下去施刑，最少三十狼牙棒出出恶气。可面对仲景，他竭力控制自己，念此人医术在身，且能著典，他的暴力欲涌起多少回，又退下多少回，最终，他铁青着脸，平视着窗外。

张仲景也别着头站在那，他发现刘表起身时胡子都在抖动，他的手几次往墙上挂的宝剑上移，都没落到实处。最后打手势叫人把他带下去，要关到南狱去思过。

仲景打个手势，说：且慢，大人，长沙还有不少危重病夫等着医治。你耽误我的时间，就是耽误病夫的身家性命，我补天无力，报国无门，大人你请便吧！

刘表吃惊地看着他，问：你以医家之心来看仕途，极其偏颇，过去一切都化云烟，现在我只要你答应，选主一事，到底何去何从？

仲景几乎是沉吟道：大人，如果你一定要下官在罪恶滔天的战事里随波逐流，选一主媚权趋势，那我也只有一条路可走了。

刘表忽然盯住他，问：你想如何？

仲景寒着脸，说：我只想付出毕生心血施医，愿与官场世事断掉联系。

你，你想在关键时刻撂挑子吗？你先慢着，我问你，有县令举报你滥杀巫师，长沙巫师在你没去之前，承担了多少病夫的救助，你知道吗？你犯了如此滔天罪案，我为什么没问罪于你，你知道吗？

仲景低下头去，他猜着又是周全前来诬告了，这谤毁也太重了，比二郎神还要过分，要把这样的诬陷纠过来，那得耗掉多少心血和时间，还得费多少周折与麻烦。他及时打断了思虑，好像自己真的犯过此罪，说：是谁举报，应有举证，我连辩驳都不愿为之。下官枉为太守三年，有负大人栽培。我实在不想在这耗精劳神了，不是没有时间与精力，而是失了兴趣。再说巫界近些年有专业功夫的老巫师术师相继过世，新一茬才薄术浅，借施巫谋财渔利，甚者图财害命，并不存救助病夫之心。大人还是放我回归山野病夫中吧。说罢摘掉官帽，脱下官袍，寒着脸送到刘表简案上，施了一礼，又一字一板地说：我来不及辩驳，是因为长沙城南病夫成群，他们的命才是汉朝的根，郡府太守职高位显，会有人争当，我只愿做一介布衣医家。

刘表气得一脸铁青，就在张仲景搁衣帽时，又想呼唤左右，拉下去重刑伺候。可他仍没有，这个在江南叱咤风云的人物，又一次在良医面前违了意志。眼看酒逢异己，话不投机，他咚地落座下去，抬起颤抖的手，说：好，张仲景，我就成全于你，不过，我得告诉你，我刘景升一生最大的过失，就是举荐你入仕，误国误政。说罢，无奈地摆摆手，扔下张仲景，拐到转堂的廊道里，背着脸立在那。

张仲景被晾在空落落的厅堂里，他忽然有一种转世的感觉，内心装满塞实的负重感，从此放下了。自己又将回到老本行里，到处游医，看山听水，自由呼吸，为病者施医。他转身朝门口走去。

刘表从廊道里转过来，喊了声：慢着！

仲景没有回头，只是侧身站那，眼角的余光可看见刘表脸上的复杂神情，心里很不是滋味。我愿送刘大人个好方术，药只六味，有地黄、山药、山萸肉、茯苓、泽泻、牡丹皮，大人可买来常服药汤。如有不方便，我可制成药丸送来。

刘表弯腰拱手告别，眼里有泪，没听清对方说的方术，更看不清人是怎么离开的。

就这样怅然走出荆州府门，只身一人，没有送者。仲景一直抬头看着前方，走时竟忘了自己的马，徒步走到城头，忽听身后马蹄声。扭头一看，是泛卫和王社跟了过来，下马，递过来缰绳叫他骑。

三人来时，他骑一马，泛卫和王社骑一马，现在两人各骑一马。仲景似有觉察，自己为医的任性，会失掉这个官级上多少周到与圆满。他自嘲地笑笑，摆手说：以前多少山水都徒步走过来了，今儿再走一番，过过布衣百姓的瘾。说着叫泛卫和王社到前面找个饭店，在那等。

又走一段路，仲景听见了嘚嘚的马蹄声。他回头一看，是荆州府一个差役，骑着毛驴过来了。走到他旁边也不往前抄，也不往后拉，不紧不慢地跟着他。仲景故意往后落下几步，那毛驴也慢下来，他又加快几步，毛驴也跟了上来。

仲景问：有事请讲嘛。

差役说：刘大人怕你走黑路不放心，派我送毛驴来，你骑上它，路上多多保重！刘大人还说，时逢乱世，你辞官后回归乡野，应处处小心。

仲景内心五味杂陈，施了一礼，说：请转告刘大人，我虽负荆州牧之托，定不负庶民，我进则救民，退则救民，不为良相，当为良医。说罢打个手势，自顾前行。

第六十三章

仲秋时节，昨夜阴雨初停。南国之秋虽来得迟，灰沉天幕上，来自北方的雁阵，亦翔空鸣啸南去。

长沙府后院的丛竹在风中瑟瑟摇曳，几只银白的鹭鸟悠然叫一声飞走，消失在青天尽头。门口又围了一群人，董子正与几个差役往大堂门口走去，见病人就嚷：张长沙官职难保，你们找不到他了，等会我给你们找个名医，包治百病的。说着，推出一个穿银灰长袍，身披药褡裢的中年人，说：大家欢迎名医到场，他叫齐江才，对阴病阳病邪病怪病，都能医到病除，这才是你们真正的大救星。

齐江才原本是平堰县人，学过几年医术，因见医术在民间接受者不多，便跑到巫医圈里混，混得不错，也捞到了钱粮。他头裹黄色幞巾，穿古铜色粗布夹袍，腰系战带，见人拈须捋胡，拱拳施礼。自我介绍说，他是董太守的舅家表弟。说着，将长袍像雄鹰展翅一样撩开，来到一个病夫面前，问：借问大爷可曾夜深人静时发过烧，说过胡话？

老人怔了一下，赶紧点点头。

齐江才嘿嘿笑着说：大爷，你遇到本医算是遇到神仙了，你的症候一半鬼缠，一半湿寒所伤。

老人一听鬼缠，转身跪于地上磕头，喊道：神仙爷你可下凡了，你一下说到我病根上了呀，怎样驱鬼，请你施神术救我。

齐江才手拉长袍大襟，嘴里念念有词，念罢朝天呸呸吐两口，又用手往上送两下，说：大鬼拉好小鬼，快快滚，如果不出长沙城，身无骨来心无魂。说罢，在老人头上抓抓，扔到一边，来回抓几把，低头问：还痛不痛啊？

老人迷瞪了似的，摸摸头，说：不如以前痛得狠了。说罢想走。

齐江才说：慢，神仙爷从天上下来驱鬼，咱得表示个心意嘛。

董子正见部分人接受了齐江才，他派人拟定新招牌，更名为大汉神医堂五个字。表兄弟俩还私下商定，由董子正搭台开堂，齐江才施巫医病，所得钱财私下五五分成。

刚才那位被齐江才医病的老人，回家后头痛得跟锥子扎一般，黄昏前就动弹不得，当晚断了气。信传到董子正耳朵里，他说这是老头没给神仙还愿，神仙怪罪下来，诅咒而死。

此时，泛卫、王社与仲景正在回来的路上，泛卫想着怎样把老师荆州罢官之讯暂时捂住，免得安危难测。仲景叫泛卫策马在前头先走，回府先告知师娘，叫她心里有数。

泛卫赶回来时，正好遇到董子正更改医堂招牌。泛卫去找翠姑，催翠姑收拾东西，准备出长沙。翠姑想等仲景回来再说。泛卫说：他掉官了，不能到人场露面了，只能走开。翠姑一听，就揪住了他胸口，想问个仔细，又痛苦得无言以对。

这时，董子正领着一群差役来抄张仲景的家。翠姑和小妞堵着门不叫进。差役又是拽又是拖，硬把翠姑拖到一边，强行进入书房。只听泛卫啊呀一声扑过来，不顾一切冲到差役前头，说：你们就是抄家也得等张大人回来，他还是郡府的头儿啊。

一个差役说：我们潜在荆州者，早就报了信，张仲景已成医家草民了，管不住谁了！

董子正喊道：医家都不是，是个大叛贼，一个流寇而已。

泛卫道：他著的书是为后世医家留典的，不能轻易翻动。

众差役挤进去正要翻东西，翠姑尖声叫：看你们谁敢动大汉的圣物？我昨晚做了个梦，梦见神说谁动了圣典，神会报应下来，不死老就折少，或满门遭灾。

众官一听动作停了下来，小心着往后退，室内暂时静下来。董子正走到门口看看翠姑和泛卫，说：泼妇刁民，拿神来欺人，大胆！

此时，泛卫转到典斋窗口，叫出杜度耳语几句，杜度转身就去收拾竹简和纸捆，陈来和陈往也行动起来。泛卫赶紧跑到前头，见翠姑嚷道：我真梦见神了，会报应下来的！

董子正说：咒也不灵，自己犯咒身死去吧。说着搡了翠姑一把，还要往里冲。

翠姑和泛卫拼命阻拦。

董子正说：我是来看看这儿有没有官府公文。说着继续往里挤。

翠姑说：他的公文都在府堂上，这儿只有私简，是写给天下人的。

泛卫突然眼一亮，唏嘘一声，他看见杜度和陈来、陈往背着包袱从后门溜走了。他松了一口气，用胳膊碰碰翠姑说：叫董大人搜吧，反正也没啥，搜了也白搜。

董子正扭头对差役说：把物品都取走，一律归公。

差役不管公私都卷好拿起，小妞也扑上来护，翠姑忽然双膝跪地上，双手合十向天求着：神啊神，你的典文快保不住了，你下令保佑吧……话才落音，就见门外走来一人，是邓立山，上前来问明事由，打个手势说：要动太守物品，需等大人回来应允才是。

众差役当时呆住，不再动手，此时门外一声炸雷闪过，门前的老桐树嘎吱断了，巨大的树头栽倒在地上，露着明晃晃的白茬子。

呆愣的差役们扔下东西就跑。董子正也被雷声炸蒙了，待回过神来，门外进来几个荆州役，为首者手里亮出丝帛，上写：天命医圣，万夫当保。董子正一读，拱手施了一礼，木着脸转身走人。

翠姑和泛卫谢了邓大人和荆州役，再回来把剩余的典稿捆好，顺后角门搬到院外山墙根下，埋到草丛里，把身上袍子脱下掩盖。此时雨停了，从大堂方向飘来一股呛人的浓烟。翠姑和泛卫跑到院里一看，医堂着火了，燃起冲天的火焰，照亮了半座长沙府。有人扯着腔，在院里唱：露水太守云烟浮，日月医圣青山稳。

过了半个下午，雨慢慢下小了，翠姑看到地上一片黄叶，感觉有点恶心，呕了几下，吐出几口酸水，不恶心了。她内心咯噔一声，莫非是自己有了身孕，那张仲景快五十了，老家有农谚比喻地里庄稼，立了秋，万事休。他能得子，那太奇了。

正在此时，张仲景跟王社一起回来了。

翠姑本来盼星星盼月亮的，可见张仲景浑然不觉地回到府上，倒感觉很是异样。这个不食人间烟火的医家，就是一个怪物。俗语说：胜者王侯败者贼。掉了官却跟没事人儿一样，失势了也不乱步啊。翠姑走上前道：我已收拾好东西，咱们赶紧走吧。

仲景说：往哪走，城南大疫压境，我还得去忙活。

翠姑说：相公，你已不是以前山野间的一个人了，为妻我已怀上了张门之后。

仲景惊喜地说：娘子有身孕了，我们到榻房里细说。说着搂翠姑来到榻房，掩了门，说：娘子，我再不能给你委屈受了，你说怎么办我都依，只要不叫我上天摘星星。

翠姑说：我听泛卫说城南疫病都好了，你该告老还乡了，咱一起回涅阳生娃过日子。

仲景点点头，因嗅到了烟熏气，问：之前这都发生啥事了？

翠姑说：是下雨前打雷，天上的火龙抓了大堂门，燃着了医堂。

翠姑并没把董子正抄家之事说出，只催仲景快走。仲景想，自己只要丢了官，董子正就不会再争斗了。就一边收拾东西一边想，明天怎样跟衙役们道个别，并对南乡的张乡绅交代一声再走。

次日清晨饭后，泛卫来告诉他，董子正的老表齐江才，是个巫师兼医家，要来召集医家聚会，现在来了十几个巫医和医家，等着开会议医界大事。仲景对此很吃惊，问：以前叫上报医家名字，为啥没做到？泛卫说：现在不是明白了吗？有董子正作梗，啥事能顺利办到？

仲景若若有悟，原来董子正对自己开医堂百般阻挠，排挤异己，为的是给老表争地盘。他硬着头皮穿过人群，径直走到大堂门口，看见齐江才在集结人。

齐江才一见张仲景出现，大声说：哟呵，张长沙来喽，来得好，我想考考你，你说说盘古爷开天地的皇帝有几个金童，金童犯症候是请谁医病，医了赐的什么？说对了，你有资格参加这次聚会，说不对，你一边凉快去，或到场外当个观众。

仲景感觉眼前景况好熟悉，是少年时看过的陈大仙表演，大仙对二叔就是这态度。他想，与此人对台能在众人面前讲些医术真知，可又会招民众误会的，不如走为上计。正在思考，听旁边有人起哄取笑，说张长沙给皇帝医过症候，怕啥了，叫他考嘛。泛卫在外围朝他又摆手又使眼色，他走出了人场。

齐江才挑高了嗓门，而后大叫：有本事别走，是骡子是马拉出来遛遛，见个高下嘛，怕自己不沾闲，我问的题妇儿皆知，难不倒谁，别走哇哈哈哈哈！

仲景没有走，他绕到离齐江才十来步远时，施礼道：医家张仲景前来求教，如遇霍拉痢病夫，高人以何术施之？

齐江才一听高人，乐了，说：有，火烤肚，吃炒米，七日愈。

仲景又问：若拉痢拉到头疼如锥刺，又怎治？

齐江才说：喝金银花药汤，念祝由术，内外两功，数日病除。

咒语怎念？

大神小鬼全驱跑，头疼心悸即可好。哎，你是来讨妙术的，还是想投机参会？

是，我需要巫界的真知，医巫结合更好。

泛卫过来小声说：拉痢者怎能喝金银花类凉药，胡扯筋一个。

这时董子正来了，泛卫拉起仲景出了人场，到了无人处，仲景说：不中，我应拐过去问些妙术，或许他肚里有，只顾出风头掩盖了。

泛卫说：董子正来了，一池清水会搅成浑泥，你还能得妙术？

他把咱的官整倒，目的达到了，还有啥过不去？

老师别忘了涅阳赈粮的黑幕，是他肉中的刺。

这时有个老者拉拉泛卫，耳语：邓大人请董子正去了酒楼，他一会儿就走了，你们当火速离开长沙，有词证：名医甩手离长沙，江湖巫医得天下。日后山中无老虎，猴子称王独为大。

话刚说完，翠姑冲到人场上，括着嘴喊：诸位父老乡亲，婶子大娘，兄弟姐妹呀，天下名医张仲景数十载求医学典，医过万人杂病，进过皇宫，他嘱咐人吃五谷杂粮，感四季寒暑，有症候应找良医服药调治，不可信巫求神。

齐江才咚地站了起来，指着翠姑呵斥：谁在那胡说八道，想吃板子？

翠姑转身就走，泛卫赶紧拽起仲景，到后院见几头毛驴背上已码好物品，仲景茫然回顾一眼郡府，骑上毛驴往城北走。

湘江岸上的芦花在风中飘飞，落到江面上，向东逝去。

正要离开长沙城的张仲景，把脚下一块石头踢到水里，发出咚的声响。翠姑回头看看长沙城渐远，不由叹息一声。仲景说：很好，在这里编出了《伤寒杂病论》草稿，见识了天下罕见的疫病霍拉痢和蛇胆疮，还有我对巫祝界的兼纳，为见识开一扇窗，拓展更宽的医术天地，以此所得，纵失一官半职，又有何妨。

泛卫边走边朝后骂董贼，自古以来彰显名士，是贤者所为，像他混淆黑白，将来若是老师的医典流传天下，他定会落下罪名。

张仲景朝着夕阳的斜晖，边走边吟叹：当今居世之士，曾不留神医药，精究方术……而但竞逐荣势，企踵权豪。孜孜汲汲，唯名利是务。崇饰其末，忽弃其本。华其外而悴其内……

泛卫见老师神色凝重，语调沉着，指着远处被夕阳染红的群山，说：老师，咱们得感谢邓大人，要不是他请董子正去酒楼，咱是走不了这么轻松的。这好哇，以后可有空采好药啦。

仲景继续吟叹：神明消灭，变为异物，幽潜重泉，徒为啼泣，痛夫！举世昏迷，莫能觉悟，不惜其命。若是轻生，彼何荣势之云哉？而进不能爱人知人，退不能爱身知己，遇灾值祸，身居厄地。蒙蒙昧昧，蠢若游魂。哀乎……

泛卫听听感觉这言辞不一般，老师看似在自言，却句句吐露灼见，他凑上前细听。翠姑从边上拉一下他，小声说：还不快记下来，日后著进医典？

泛卫两手一击，说：师娘妙哉！接着掏出了砚台，边走边磨墨，磨好后，在自己的袍襟上记下老师的话，又叫仲景过目。仲景恍然大悟，说：此可为医典序文，叫后人知道大汉医家所遇艰苦磨折，历有多少难，有多可叹兮！

黄昏后，偌大的长沙城郭被抛在了身后。路旁的老榕树上落着迟归的昏鸦，见人走来就张开翅膀，在空中孤鸣一声飞起。此声为别离的情绪添了几分苍凉，眼看长沙城即将消失，张仲景蓦然回头一看，心中怅然与忧愁，竟铺天盖地地蔓延开来。

翠姑站住了，问：官人，这是往哪儿去呀，你看日头是朝那边落的，如是回老家，应往那走才对。

仲景看看前后，说：是该回老家了，我太想高堂二老和弟妹们了。

翠姑说：要不然先叫泛卫去涅阳打听打听二郎神消息，咱再回。

仲景说：我估计二郎神也老了，有六十多岁了吧，也应归家闲居了。

泛卫说：你们先到襄城王神仙家住下，待我到涅阳打听了再回。

仲景说：没必要，你想二郎神进入暮年，枭雄不再，不知大仙死了没有。咱们到家可有条件把六味药制成丸，我给它命个名，就叫六味地黄丸吧。

泛卫说：这没事儿，地黄、山药、茯苓都好弄，还有泽泻、牡丹皮也能购来，就是山萸肉怎么办，哪儿产这名贵药啊？

仲景说：到我家不远处，伏牛山里能采到。

离老师家多远，是深山老林吗？我最爱游山玩水了。

仲景说：离我家三百多里，有座八百里伏牛山，你尽管玩个够。

泛卫高兴得摇头晃脑的，还哼哼几声小曲。

仲景连日来耗在荆州，回长沙也被翠姑和泛卫卷着走，此时忽然想起一个人，前后看看，问：泛卫，杜度哩，怎么没跟着一起走？

泛卫说：陈来和陈往跑的时候，他还在收拾散典，可不知怎么就没见他了。

翠姑说：他可能是害怕了，躲藏起来，或跟陈家兄弟一起跑了。

仲景不再问了，看看天色将晚，叫大家加速赶路。正走间，忽听身后有异样的声音传来，仲景回头一看，见是一群乡民跟跄奔跑着喊：圣贤留步！为首的张乡绅手举宝剑，边跑边喊：张长沙不能走，我们愿舍命保圣贤。

岗坡上腾起黄灰浪，苍茫一片，模糊了地平线，也模糊了仲景的双眼。他站那，等众人跑过来，累得气呼呼地喘，众人到了近前都扑通扑通跪到地上。

仲景赶紧下来毛驴，扶起前边的几个，又打手势叫后边的人快快请起，说：以后我没官了，都是平头百姓，有事尽管道来，不必拘礼！

张乡绅说：大人哪，俺们可以舍太守，舍皇帝，不愿舍良医呀！

后边有个老者走上前来，说：大人弃官还有医术傍身，长沙疾疫繁多，不能走哇大人。

仲景说：慈悲的父兄们，你们重情义我心领了，可长沙恶吏如虎狼，仲景无力在此损耗。再说，南阳老家还有我的高堂，须回去堂前行孝，安顿家事，然后再来看望你们。

张乡绅说：天不留地留，地不留人留，俺们已经离不开你了呀。此话才落拍，人场哭声一片。张乡绅也抽泣道：你还没走，长沙的巫婆神汉就兴势起来，把医堂换了牌号，王社等贤官均被害，俺们又将陷入水火之中啊！

仲景叹道：恶政是个筛子，只会逆选贪官污吏，容不下贤良志士，仲景无力回天，只好告老还乡，呜呼——仲景不为良相，会为良医！

张乡绅走上前来，把宝剑递给他，说：大人执意要走，请收下老夫一个纪念。

仲景接过剑来，朝张乡绅施了一礼，在一片浩叹声里，悲壮告别。

清晨，张伯厚从床上起来，打了个哈欠，听见院里喜鹊喳喳喳叫个不停。他想起昨夜的梦，大儿子在一座山上采药，采回来个金人参，抱怀里笑哈哈地下了山，后边跟了几个人，有拿活蛇的，有拎白兔的，还有人身上披狼皮的。伯厚醒来，惊出一身冷汗，站院中愣怔半天，仍判不出此梦是何征兆。

这时，村头有几个小娃快步跑过来，站门前争着说：村头有个大个子医家，说是老张家的人。

伯厚被小娃们拽出门来，往村路上走百来步，果然见一个清瘦高大的医家，穿棕色长袍，外套灰蓝色长坎肩，棱角分明的眉眼，神气清朗。一起进村的，有个中年人和两个女的。还没等伯厚认出来，仲景就跳下毛驴，奔了过去，不顾旁边围观的人，上前抓住伯厚的手，双膝跪地上，喊：爹，不孝儿子回来了。往下的话没说出来，嗓子就哽住了。

伯厚抓住仲景的手，扶起来，眯起眼仔细端详，昔时稚嫩的肩膀变这么宽厚了，像一株秋后的老树，身骨神韵也显得老气横秋。他颤声说：儿啊，果真是你回来了吗？

仲景说：是，是仲景回来了，我妈哩？

伯厚拉仲景一同往家走，推开家门，见三春挽着张闻氏坐在堂屋。张闻氏刚才听小娃说村里来了医家，就猜到是谁了，此时听见门响，就大声喊：儿啊，你可回来了。

仲景喊了一声妈，进了门，要跪下，被张闻氏抓住手，抱头落起泪来。

张仲景没想到母亲变得如此孱弱，半瘫痪的身子像一片枯叶，随时会被风卷走。母亲这些年是怎样熬过来的，还有父亲的驼背，满头霜染，他们都经历了什么，是怎样熬过来的？他忍了忍，说：爹，妈，你们怪怨不孝的儿子吧，我走得太久太远了！

伯厚说：回来了好，回来了啥都不说，快去看看侄儿侄女多大了，都熬到爷字辈了。

说话间，门外围过来一群老人小娃，他转个圈儿看看，一个都不认得。此时，他忽然想起翠姑和泛卫还在院门外等着安顿。仲景与父亲出了院门，介绍了泛卫，当说到翠姑和小妞时，伯厚一句话不说，拉着小妞的手进了院门，说：叫你妈快往这看看，咱又多个孙女儿，多喜相啊。

翠姑在外边小心听着院里动静，听见这话，才松了一口气，进院里放下行李，走到张闻氏跟前，喊：娘，翠姑回来照顾你了。

张闻氏一看翠姑穿戴软绸细锻，俊俏模样也与旧时不同，她伸手拉拉翠姑，说：妮啊，你是啥时候找到我儿的？

翠姑一听这话心头涌起热流，泪水在眼里打着转，说：娘，我去晚了，才到长沙半年。

张闻氏细看看翠姑的腰身，说：就好就好，你身子不方便，去歇着吧，家里活由你姨娘操办，你只管吃好睡好，养好身子为大吉。

翠姑又来到三春房里，见三春在忙着打扫窗棂，翠姑好好地站那喊了声姨娘。三春转过来看她，她又弯腰施礼，说：姨娘，可别把我当外人，有活吩咐一起干，晚辈心里美气。

三春见了这么会说话的人儿，上前一把拉住她手，叫坐下歇息。

这一切仲景都看在眼里，没想到年少时任性疯癫的翠姑，现在变得这么贤良，看来一起回家的路，是走对了。仲景又进到堂屋，见泛卫在看条几上的字画，说：泛卫，这一路劳累你了，如果你也想念家人，可以回去几天再回来，如果你觉得医术已经够用，也可以回老家开医堂，单独干，我会抽空去帮衬。

泛卫一听此言，站了起来，说：老师，我在长沙搅于政事太多，学的医术根本不够用，我只回去几天即返回，要跟老师学至精研各科，将医典发布于世。

仲景拍拍泛卫肩膀，说：我想起一个人，杜度到底是啥时候不见的，也没说一声？

我记得他是跟陈来、陈往一起走的，他们带走了新抄稿，可能回京城老家了。

哦，是这样啊，那咱们收拾的是散简？

泛卫低声说：是的老师，这就不错了，要不是邓大人保护，董贼会毁掉所有医简。

陈家人大清早见张家门前围了一群人，不知发生了啥稀奇事儿，又见黄家铁蛋在人场上说，他姐回来了，姐夫是长沙太守。二郎神愣那不动了，先是诧异，后来心里麻杂杂的，品不出是啥滋味儿来。

仲建媳妇从秋后拉痢疾至今，久病不愈，瘦得像根干柴。仲建想搀扶她到前院去，见媳妇软得面团似的，就不搀了，自个儿跑到前院，说：大哥呀，你回得好哇，俺们有救星了。

仲景见仲建花白了头发，一脸皱纹，就问起了家常。两人一起走到后院，仲景为仲建媳妇把脉开方，交代了煎服。回来见门口围过来三四个病人，有咳有吐的，有腰疼腿酸的，个个脸带菜色。泛卫凑近老师提醒他，小心疫情。

仲景先看了小六，还记得他是四叔伯志的小娃，也长大成人了。他见小六脸色泛黄，胃寒消化不良。叫泛卫拿出六味常用药，叫拿回去煎汤喝下。接着诊了耀武的孙子，十几岁的小伙子蔫耷耷地靠墙根坐那，也是拉肚子时间长，脱了元气。看过两人的病，他小声对泛卫说：还好，张寨没啥疫情，都是常见小疾。

正要诊下一个病夫，三春烧好两碗鸡蛋茶，一碗递给泛卫，一碗递到仲景手里。可仲景接过鸡蛋茶，就给了病人，此病人不是别人，正是耀武，年少时胖得像小猪，现在瘦成了干柴棍。耀武接过鸡蛋茶，端手里看看，又递了回去。

三春大声说：耀武，你咋不喝哩？意在提醒仲景此人是谁。仲景明明听见了人名，仍把碗推过去，叫耀武喝下。

三春只是摇头叹息，回灶火又烧一碗，喊翠姑来端。翠姑从灶台前接过碗，直接递给仲景，并站在他面前等他喝下。仲景一口气喝了，看一眼翠姑，点了点头。

这时，一个高个子，捣着拐棍摸索着过来了。翠姑一看怔住了，怕眼花看错人，拽起袖口拭拭眼，仔细去看，才看清是谁。来人捣着拐棍走进院里，好声好气地说：花嫂啊，不认识二弟了？

三春一看，吃惊地问：是二郎神老弟呀，你可是个稀客，快进来坐嘛。

二郎神说：我哥中风了，近日又拉肚子，我来叫侄儿给他医病。听说他在南方混成名医了，张家真是好积德呀。

仲景跟大梦初醒似的抬头来看，此人头发蓬乱，胡子过腰，脸泛青黄，瞪着白茫眼，朝天望着，嘴巴老张着，一嘴大黄牙又长又稀。他身穿灰绸布短袍，腰系一条粗麻绳，没束住大襟。村里穷人的酸样，他样样都有，只有当年残暴的戾气，不见了。他一手摸着门框，一手往前伸着。仲景一时呆在那，说不出话来。

二郎神仰着脸，问：侄儿啊，你回来了，叔来找你，咋不吭声哩？

仲景隐忍着内心的复杂情绪，把手伸过去，让二郎神悬着的手搭他手上，扶稳了，慢慢进了院。二郎神不知这只拉他进门的手，是张仲景的。他嘴里念着：我哥得了顽疾，来找侄儿积个福！

仲景还以为他是来治瞎眼的，这个谣传的三只眼大神，身板儿好好的，偏就瞎了眼。听说是为大仙求医，仲景内心怅然，又先去医别人了。又诊断三个病人，下边还有两个，仲景看看症候不大，就交给泛卫去诊治。他转过身来，问：陈叔得了啥病，能过来不？

二郎神说：侄儿啊，人到老境可怜哪，他中风又拉肚，过去风光排场时，大婆小妾围成堆儿，现在都鞋底抹油了，儿子个个白眼狼，连看都不看一眼。你再不给他治，他就快见阎王爷了，积个福吧侄儿，算叔求你了。

仲景听着这话里，好像几十载的恩怨从没发生似的，他心里泛起麻杂的沧桑滋味，思忖稍许，扶着二郎神，说：陈叔，我就去就去。

正在说着，见村南过来一辆车，转到村头下来个中年男子，跪到张家门口，喊：哪个是名医张仲景，南阳我老师沈槐，患症多日，名医求遍不济，叫我来求名医去诊治，如能医好老师的病，家里宝物看中啥拿啥。

仲景问：你老师患了什么症候？

中年道：他是个名医，家有家传秘方，只想传给子孙，可他已年近七十还没子女，就忧愁起来。秋后树叶落时又患上咳嗽，喘得喘不过气来，只怕寿限将至，手中秘方无人继承，忧虑得茶饭不思。

仲景说：你稍等哦，我去医个老病人就跟你去。说罢就拉二郎神一起往陈家走。

张闻氏不想叫他去陈家，大声催他：人家从南阳那么远赶来，不容易，你先去南阳吧。

仲景一时不解母亲话意，仲建在一边用胳膊肘暗中碰碰他，他才会意，笑笑说：他症候不急，我先去看陈叔，妈，儿见的人多着哩，你放心。

母亲拍拍他的手，说：你不记得旧日的仇事了？

仲景蹲到母亲面前，拉住手低声说：妈，几十年前的旧事我没忘，那时我正年少，不知道巫医也有医病的妙术，老跟陈家做对，酿成的仇，也有我和二叔的不对之处。

张闻氏说：你去吧，妈知你心。

张仲景手拉着二郎神的拐棍，慢慢走到村路上，绕过老椿树，往陈家拐去。这时对面过来了仲建，后边跟了个英俊后生。仲景怔了一下，问：仲建，这是谁呀？

仲建说：这是我家老二小奇。小奇这是你大伯，以后跟他学医。

小奇红着脸上前一步，弯腰鞠个躬，说：大伯，我叫张志奇，今年十七岁，想跟大伯学医家。

仲景赶紧拉住他手，说：中，中，中，明儿你来前院先学制药。仲建，我上陈叔家看症候，随后咱再细叙。

仲建和小奇都走了。仲景忽想起后院的三婶儿，这些年不知三婶儿为二叔失去音讯，遭受多少折磨，现在怎样？他忽然喊住仲建，问：三婶身子怎样？回来还没顾得上去看她。

仲建摆手说：她五年前就走了。

仲景想问她是怎么走的，仲建已绕到大关坑边了，就想等有空了再与仲建细叙。这时，从他背后传来说话声：当一辈子老好人，临最后把他妈饿死了，因为他妈跟了来福。

仲景回头看时，发现是个年轻媳妇，他想问一句，见旁边人多，就缄口走路。但内心却泛起说不上来的滋味，不由想起了二叔，那异乡漂泊的情感与身世。

仲景与二郎神一起往前走。还是过去那条村路，现在看着短了，大关坑也小了，老椿树有大碾盘那么粗了，身上鼓起根瘤，像个弯腰弓背的老人。穿过一段野蒿丛，再绕几棵桑树，小路弯过去的地方，就是陈家宅院了，过去这条小路被人走得明晃晃的，现在快被杂草淹没了。仲景看见了刺槐篱笆院，里边有老酒坊断墙，有驴棚牛圈，还有尘封的石磨，裂了缝的老碾盘。小场坊上，堆有麦秸垛和沤烂的芝麻秆，柴垛边上是一片鲜嫩的苔斑。再往前，是落满了腐叶的沤麻坑。

陈家昔日的境况只在老榆树上留着迹象，那上边还挂着照妖镜，边上是灰黑色的鸟窝，成群的麻雀叽喳声，仍驱不散宅院里的阴腐气，麻雀从老榆树上突突地飞到石板上。石板上落了一层层树叶和沙尘，风雨的侵袭蚀化，已改昔日的颜色。

仲景仍记得多年前，他和耀武一快玩游戏的情景。一切都时过境迁，但他仍听得见童年歌谣和吵嚷声。进入陈家宅院里了，仲景从厢房院前转了过来，迎面看见陈家称作椿树王的那棵椿树，也讹传是光武帝刘秀所封，这棵吹上天的神树，也没保住陈家的风光排场。他这一转，竟顺着院墙倒塌的豁口出来了，院墙烂成了豁牙。二郎神还在摸索着找他，门外泛卫和仲建在喊老师，仲景应了一腔，发现自己转到菜埂上了，好像是迷路了。他笑着把手按到断墙上，四下看着。二郎神来了，问：侄儿你去哪儿了？泛卫过来喊：老师老师，你不是去陈家哩，咋又拐回来了？

这时二郎神去拉仲景，仲景像个大顽童，并没接他的手。直到二郎神身子前倾着跑，仲景怕他摔倒，才拉住他的手。

村路上有不少人站在那看稀罕。世运变了，一对当年仇家的手，如今牵到了一起，走在众人眼里，比当年大仙打年网跳神舞都热闹。

有人说：当初他们把人家赶跑，如今又求人家，脸皮真厚。

另有人说：大仙施术自医不成了，冤家结怨几十年，临了还得求医家。

说明巫医胡闹台，风光热闹一时，还是医家笑到了最后。

仲景感受着在村路上走的过程，只想当众宣讲医术的理法方药，宣布他在医学中得到的真经，要著医典的志愿。如果宣讲，整个村庄都会听他的，再没有谁能阻挡住他。可他没有，他仍慢慢牵着二郎神的手走过村庄，认为那些张扬行为已经过时了。如果那时候没有陈大仙的偏见执着，没有二叔的设防逃避，也许就不会有医巫之间的强烈敌对，自己也不会在几十年后，才发现巫学的价值。仅此一条，他对大仙心有愧疚。

第六十四章

陈家的境况是在十年前，败落于二郎神掉官。

当时耀武开了酒坊，赚了不少钱，跟一个亭长的闺女勾搭，不久又看中烟花院里一个戏子，弃旧纳新。亭长的闺女半夜在酒缸里投毒，毒死了不少客人，涅阳县的官吏也有死伤，二郎神的眼睛就是喝酒喝瞎了，被新上任的南阳太守一脚踹出了官府门儿。

二郎神丢官回家后，十二岁的长孙索子在河边放羊，与伙伴打架，被打得倒在地上口吐白沫，半夜咽了气。索子死后埋在村后野坡上，大仙忽然摇晃起来，刚躺到榻上嘴就歪了，眼也斜了。找医家治了半年，见轻了，开始炼制长生不老丹，炼一个多月，被九桂发现后，见花钱太多，就吵闹起来，又是上吊又是撞墙，大仙仍眯着眼念词。九桂见自己的戏白演了，回娘家叫来两个兄弟，大闹陈家半天。大仙仍继续炼丹，九桂一气患上了气心疯，半个身子瘫痪，半年不到就死了。

大仙家的地没人种，荒草比庄稼高，房顶破了没人修，白天阳光能照进来，夜晚能看见星星。大仙不久又中了风，这次睡床上再也不会动了，吃饭由孙子端来，砰往床边石板上一搁，大仙端不起碗了，把头歪过去，用手抓饭吃。孙子到跟前闻见怪味，看见蚊蝇飞，再端饭来，捂着鼻子摆着手。再以后就是两顿合一顿，现在一天只送一回。

二郎神说：侄儿啊，要是不嫌弃以往，你多施名贵方术，把我哥治好，也算帮我报答兄长之恩。

仲景忽然感动了，终于看到了二郎神善良的一面，带着光照暖了村庄。他拉住二郎神的手进到院里。说话不及，一股恶臭扑面而来，有苍蝇乱飞起。在人缝里穿梭半天，站在门外的泛卫，拿了树枝扑打一阵，蝇子飞走了。

仲景退到门口，小声问：泛卫你咋来了，带药没有？泛卫也小声说：是师娘不放心叫我来的。仲景说这没事儿，你回去带些药来吧。泛卫走了。

仲景走到堂屋门口，见神汉陈大仙半个身子趺在门槛上，惊诧地瞪眼看着，嘴里吐落半片，没一句囫囵话。仲景把他身子扶正了，看舌苔、翻眼、切脉，耳朵贴到大仙背上听后心。诊了，泛卫刚好带着药来了，按老师的交代掏出几味草药，叫二郎神去煎。仲景说：他瞎得黑咕隆咚的，你去煎。

泛卫抽抽鼻子，说：这屋像死老鼠一样臭。说罢，很不情愿地去煎药。

村里人围了过来，陈家门前跟唱戏一样，有老人唤出了仲景的小名，说：名医回来了，官还当不当？仲景等着泛卫煎了药端过来，喂给大仙喝下。他知道那药服下去，大仙会清醒过来，他觉得大仙迷糊时怪可怜的，如果清醒过来，会有怎样的反应，几十年过去，一切都变了，旧日恩怨不会生出枝节吧。

这时，门外走来一个白胡子老汉，说：嘿嘿，天下哪有神仙喝医家药汤的？

众人抬头一看，惊得张大嘴巴，平时斯文儒雅的申风水来了，雪白胡须仍见童颜。仲景吃惊地看着来者，问：申叔来了，有何高见？

申风水说：叔来劝你，你哪怕给老虎治病，也别顾这人，他弟为陷害你，把我闺女的命都搭上了，陈门之罪，千刀万剐都不解恨！

仲景说：申叔，我治的是世间一条命，医家天职，至于村庄邻里恩仇，与医家无关。

陈家现在能放过你，无非是手中无权，家中无势，如果早几年你回来，不杀也剐，哪还容你到今天。

申叔，世事看平了，都平了，看不平，都不平啊。有古训，冤冤相报何时了，我念起他在京城送翠姑去长沙，从那时良心就回来了。咱长话短说，随后我会登门拜望申叔，再来细叙。

好，好，不愧一代贤达名医，前嫌皆忘，恩仇浮云，佩服啊佩服。

申叔，多谢您老！

申风水捋过白胡子，抱拳道：当年小女被二郎神利用，加害于你，老夫抱歉终生！

仲景说：申叔，我已与青梅竹马的黄翠姑结成了眷属。

哦，那好，我记得张寨村头的黄家妮，山根圆润，有旺夫之相。

申叔，山根怎讲？

女相，鼻是夫星。山根即鼻梁，女子鼻梁不曲不歪不斜不塌不漏仓，准翼对称，是贵相。以色泽鲜亮带粉嫩，不显青滞之气为上相。

仲景拱手说：谢过申叔，翠姑在长沙确实为学生帮持不少。

这也是老夫当年把小女许嫁他人的原因。那巧凤虽面容娇美，却有亏相，眼露寒光，嘴大贪求，鼻若灶门，家财易倾。最重要一条是，她无意说出，嫁你之后要随你行医，收取钱财发家。故而老夫不想让她去克你这个好儿郎。

仲景见申风水大义宽怀，抱拳施礼，深表感谢。

此时，大仙喝完药汤，背靠着被子坐好。二郎神不安地守在榻前等药效。约莫一盏茶工夫，大仙手抓裤裆，浑身不自在，嘴里直呜啦。二郎神不耐烦地说：又有尿啦，耀武、耀能快来。门外没来半个人影，屋里已弥漫出尿臊气，泛卫跑到门外，说：看看你们这人家，尿湿床都没人管。

仲景对二郎神说：以后再撒尿，你拿盆接住，叫他喝下。

二郎神急忙问：这是啥鬼方术？

仲景说：喝自己尿有通经络化血栓的作用，我在南方施过此术，很见效。

这时，大仙打了个哈欠，睁开了眼，左右看看，想坐直身子，挣扎半天没坐成，就苟且歪在那，指着仲景问二郎神：老二，这谁呀？

二郎神说：给你请的名医。

哪乡的名医？

泛卫忍不住插嘴说：是天下名医张仲景。

张仲景，真是没有死啊？

仲景此时接腔说：陈叔，我没死，刚从长沙府回来。

大仙愣了一下，喘着气，问：你，真是张机张仲景？

真是。

是多年前申风水说的，张家要出的那个人物。

是啊，陈叔。

大仙的双眼滋滋儿地亮起来，从嗓子眼里挤出一句：我刚才喝了你的药汤？

泛卫惊讶地说：是啊！

大仙突然张大嘴巴，可着嗓门哭叫：老天爷呀，我喝医家的药啦，看到最后还是医术中啊。说罢，脸上露出了怪笑，少顷面色燥红，脸上出汗，身子抽成了疙瘩。

仲景当着众人的面，把刚剩下的药汤底一气喝下。泛卫也抓过一把药渣塞到嘴里，嚼得吭哧吭哧响。大仙摆摆手，意思是不关别人的事，喘得接不住气。

二郎神摆手说：侄儿这不怪你，是他大限到了，也好，以后不受罪了，也不折腾人了。

仲景内心惶然地出了陈家，走到村路上，见身后跟了几个邻居，前边站了四五个后生，见他走过来，抄到他前头，一齐躬身施礼，求他收为徒弟。仲景忽然忆起，在数十年前的这条村路，是大仙打网的场，巫婆神汉们在这打网耍巫，引人注目，把一村人都卷起来了。这新一代后生们，却排着队要学医家，真是时代大变迁。

边上的申风水站到土堆高处，嘴里念道：

都平了，平了好，平了好，都平了。
天平地平道路平，北平南平东西平。
亲平邻平冤家平，鬼平神平阴阳平。
四面八方都是平，九九归一万事平。

名叫沈槐的老医家，住在南阳城北一进三合院里，在近前院墙的偏房开了一间医堂，此时锁着门。他睡在堂屋东间的病榻上，白胡子甩到一边，一脸悲哀苦愁，眼望房顶，不断唉声叹气。

仲景进来后坐到他面前，寒暄罢，看见沈槐床头小桌上的医典落了层灰，床里边衣物乱堆，可见主人有多懒散。仲景问沈老哪儿不好受。沈老把视线转过来，说：我好像哪儿都不好受，头疼最明显，还有吃啥都存肚里不消化，夜里老翻身，睡不着。

弟子说：老师你好好回医家话，人家给皇帝医过病，以前太守女儿也用过他的方术。

仲景惊奇地问：你怎么知道医太守女儿用我的方术？

弟子说：天下人都这样传，世事是啥样就啥样，都得回到根上。

可从表面说，太守女儿的病，是个巫仙医好的。

是因为巫医拿不下太守女儿的病，才剽了你的方术，巫仙虽投了机，却把名声搞坏了。

泛卫说：老师有此典故，这么奇的事，怎么没听你讲过。

仲景自语，时间是个好东西，能还原多少真假虚实，巫医陈大仙得虚名多少年，最后在民众嘴里翻了案，打回到过去，现了原形。可这念头刚起，他就转念进入反省，当年那事，也有不少误会，既然那么多人推崇大仙，说明他医好过不少症候，并不像自己想的那样坏。

仲景歪过身子边切脉边问沈槐的病有多少时日，有何症状，吃喝拉撒睡都怎样，用药状况如何。

沈槐拍拍头，说：我这头，就是一边疼，疼得锥刺一般。本地有俩医家来开过医方，服了不见轻，就不叫他们治了。病根已扎到心里，成了不上脉不见状的顽症，世上只有起死回生的神医，能除病根儿。

仲景叫泛卫从药包里点了十来味草药，叫他弟子去煎。他笑笑说：老先生，你病在阳表，不曾入内，不应焦虑，会好转的。然后问泛卫要不要试下巫术。

泛卫走上前，在沈槐头上轻轻揉了几下，嘴里念道：您老症候轻，一治就康平，您老症候小，一治就好了。说罢从褡裢里取块红布，勒住沈槐的头，说：你一边拍头一边照我的话念，遍数越多好得越快。

老人没照泛卫的做，转过脸来，说：试医，你对我要试什么医？

仲景忽然想起多年前二叔对老孟用的方术，说：老师，学生这就班门弄斧了。接着吩咐沈槐弟子：先别煎药，此方术还要配入五谷杂粮，萝卜南瓜各半斤，煮熟后去水留渣，炼成丸，先看后吃。

泛卫小声说：老师你也用治心病的祝由术了。

仲景也小声说：跟你学的能处。

那弟子听罢眼直了，呆呆地看着仲景，要给银两。仲景不收，摆摆手走了。

沈槐也愣怔了，恍惚中看见仲景出了院子，喊：你这是哪朝哪代的试医术，打渣子哩呀。看看仲景已走开，沈槐没心思分辩更多，只是不明白名医竟然开这么怪的方术，是才学粗浅，是马虎大意，还是捉弄人的。五谷杂粮要是能医我病，天下还要医家干什么。这咋像是遇到了个二百五医家，开的二屎方术？

弟子已照方去配药，家有的收进筐子，没有的到邻家去借。忙半天凑齐了，竟装了大半竹筐，笑得合不拢嘴，递上来叫老师看。沈槐一看，也忍不住笑了，说：你就照他的方术煎吧，我倒要看看他葫芦里到底装的啥药。

弟子进了灶火，说：老师，咱家药罐装不下，搁锅里吧。

沈槐在心里偷笑，说：中啊，你就看着办吧。

约莫半晌工夫，院里溢满了豆香气，沈槐哈哈大笑，说：老天爷呀，这是煎药啊，还是熬稀饭，闻见这气味还真饿了哩。

灶火里弟子掀开锅盖，把熬得黏稠的粥铲出锅，放到案板上凉着，约莫快凉了，再按仲景的方子揉团，慢慢变成个疙瘩，光溜溜的，软瘫在案板上，凑合半天才搁稳了。弟子大声叫：我的妈呀，这药丸快跟筐子一般大了。叫罢，两手抄到疙瘩底下，捧到怀里，跑到老师跟前，嘿嘿嘿笑着说：老师快看，天下哪有这么大的药丸，如果告诉了世人，还不把人大牙笑掉啊。

沈槐一看，也笑起来，说：这够咱几天的口粮，可咋吃啊，真是个怪物。说罢，看看药丸笑笑，笑笑又看看药丸，再接着笑，大半天都合不拢嘴。笑罢把药方扔到榻前，说：你个糠包才张仲景，你枉负其名啊，你用逗小娃玩的狗屁方术来蒙人，哈哈哈，哈哈哈哈！

下午，沈槐的弟子催他吃药丸，他又哈哈笑起来，边笑边拍大腿。弟子见老师笑得失态，也跟着笑起来，笑几声捂着嘴忍住笑，说：那张仲景从医年资深久，医过天下疑难杂怪病，老师还是吃吧，看看效果再说。

沈槐不屑地说：哈哈，反正咱也不缺谷粮，就挂到门前，叫过路人都看看，恐怕张仲景的名声要栽到这药疙瘩上了。

弟子把药丸挂到门前。老人一天到晚看着，一看就笑。刚好有个亲戚来看望他，看他气色好了，人也下榻活动了，问他得了谁的医方，病情有没有好转。沈槐捂着嘴，指着药疙瘩，笑得说不成话。第二天又来好友看他，他还没介绍药丸的来历，又爆发了大笑，待止住笑，才指着药丸，说：这就是名医张仲景给我开的滑稽方，快把我大牙笑掉啦，哈哈哈！

好友见他笑得浑身抖动，怕他犯病，扶他坐好，谁知沈槐竟一屁股坐到榻上，仰着脸一个劲地笑。就这样取笑，爆笑，谈笑，逢人就笑，直笑三天仍没够。为传播这则笑话，他专门从病榻上起来，到亲戚邻居家串门，见人必说大药丸的洋相，少不得耻笑名医一番，几天后，沈槐不知不觉多吃了饭，睡觉也香了，天天出去散步，把过去的忧愁忘了个干净。当他心情豁朗起来后，猛自醒悟，张仲景的药还没吃上一口，病怎么就没了呢。

半月后，阳光灿烂，沈宅内外空气清新，鸟儿啾鸣。仲景去了南阳几天，是因为大仙病逝后出殡前，伯厚怕陈家讹人，叫仲景到外地避个风头。仲景和泛卫出门三日往回转，顺路来看沈槐。

仲景青布长衫，月白裤子扎腿带，阳光在长方脸上镀一层金光，人显得精神焕发。进了院子，见沈老先生在太阳底下切甘草，边上放着大碗茶。仲景从侧边走近前，见老先生脸色光润，嘴嗑着甘草片，哼着小曲儿。他双手打拱，拉着长腔道：恭喜老先生病愈，学生斗胆在老师面前施怪术，见笑，见笑！

沈槐看着仲景一脸谦谨，虚怀若谷的样子，他自嘲道：喂喂喂，你开的奇药，我可一口未服啊。

仲景说：我施的是开心丸，不用吃药，看着开心就成。

沈槐忽然想起自己说过的闲话，不觉脸红起来。但他转念一想，自己心病暂时好转，可是无后的现实还没有改变，说不定哪天还会纠结出心病来，就摇头说：名医医了病，却医不了命啊，老夫膝下无人承接医术，是终生憾事。

仲景说：沈老身边有忠诚可靠的弟子啊，为何不把医经传于他？

沈槐摇头说：这弟子不识字，只能干些粗活。

仲景说：找医简叫他啃，凡不认识的生字，在地上画写，有半年认的字，就够读简了，然后再言传身教，终会成材的。

沈槐听罢，品味再三，自觉胸怀见识不如仲景，一时抓着仲景的手，说：你二次上门，就医到我的病根儿上了，病根拔掉，从此不再思前想后。说着，跑进屋把几十年积累的方术竹简，都拿出来，看仲景需要啥，尽管拿去用。仲景接过几卷简，忽然发现有一本巫祝简本。他问：沈老在医病时也用过巫祝之术？

沈槐说：我早年用，后来叫巫婆捣乱，才不用了。你用的开心丸也是巫术的一种，用祝由术把病医了。

仲景若有所思，站那愣怔稍许，然后从中挑几卷，谢了沈槐，叫泛卫捆好带走。

沈槐送到门外，临别时，问：我跟你打听个有名的老医家，他叫张伯祖，几十年前我们交谈过，非一般俗流。

仲景心头如雷轰响，稍时他百感交集，随即忆起遥远的伏牛山，他心意惶惶地回道：他是我二叔，我今日医术都师承于他。

嘿，有这么凑巧，我们年少时还没出道，就一起到处打听医典，弄粮换来典，轮着读，还一起上山采药。相伴有一年多，他去了穰城，后来再没逢过面。他现在何处安家，我好想见见他。

我二叔早在多年前，于伏牛山离世。

嘿，嘿嘿，可惜可叹啊，他的墓园在何处，我想瞅个日子去祭奠。

仲景一听，内心愧疚起来，怎么自己都没想到这事。他没回沈槐的话，内心果断决定瞅个时间去山里寻找，哪怕挖地三尺，也要找到二叔留下的零星遗物，然后选址安葬立碑。有这念想之后，仲景脑子里全是二叔，不仅是村野山林，而且到处都有二叔的影子和二叔的声音。他沉积在心底的伤口，又裂开了。

回到家，家里多了一个人。仲景、泛卫才进到院里，这人就从小椅上起来，大声喊：老师，学生杜度可找到您了。

仲景一看，惊喜地问：杜度你上哪儿去了，这才过来？

杜度说：我在长沙看到董子正要搜典斋，怕他抢走典文，就和陈家兄弟一起卷起医典跑了。一起到了京城，我要掏钱买下医典，再转送给你。他们说这是老师的宝典，只能保存好等老师来取。我对他们说，愿把医典亲手交给老师，他们这才把东西给了我。杜度说着，指着几卷麻布包裹着的竹简和纸稿，叫仲景看。

泛卫说：我当时只叫陈家兄弟跑，没想到你也跑了，原来也是救医典的，可你找这么长时间，才找来呀。你们带走的可都是新抄稿，留下的是老稿或散稿，我没敢给老师说。

杜度说：我与陈家兄弟半路上走岔路了，后来七折八拐才找到他们。

仲景说：找来就好，你俩去桌上摊开医典核对一下，抽空继续抄，泛卫再看一下沈老的简里，有没有可用文字，有的话补充进去，忙过这一段，过些天我想去山里，寻找一个人，顺便采些名贵药材，你俩能一起去更好些。

泛卫已猜到要去寻找谁，说：我必须跟老师一起去，因为这是去找老师的老师，那还有名山大川，杜度你去不去？

杜度说：我去。

仲景带杜度去看制药的房屋，两台炒药的锅炉，一张切药段的案子，还有制丸药的，制汤剂的，捣粉剂的。又去看泛卫的住室，安排他俩住一间房。然后点了三四个新收的学徒，介绍了各自识字情况，说：杜度来得正好，咱们的班子现有七八个人，以后你带几个后生管炮制药，泛卫管种收药材，跟着诊断症候，取药煎药及外边杂务。

杜度调侃道：我也受他管啊。

仲景说：各有重任，以后还想叫你担起培育小医家的重任。

转眼已是隆冬了，冬至前下了场小雪。沟沿草丛上麻杂杂的白，房坡上盖了一层薄雪，村里人在家里围着柴火堆取暖。杜度是个细心人，到张寨后，把炮制药材这一项分得更细，在带学徒时，也要求得严，不足半年，就把识字的小奇带到会识药名、药性、药味，对药物的干湿温辛分类存放，炮制好的药尽量用荷叶包好，防潮防霉。

仲景已经把张寨和附近的病夫都医得差不多了，他托仲祥、仲建，上街见到外村熟人，打听哪里有病夫，得到消息，再远的路都上门送医。这天午饭时分，仲建端着饭碗来了，说：北乡十几里外，有个脱坯的窑场棚，里边有人哭号。仲景听了，心想窑场棚里人不会少，估计是天冷得了冻疮。他喊泛卫、杜度带上干粮，也多带些药去。

泛卫收好稿子，说：老弟来得好，不如来得巧，一起去窑场就见到新病，这在南方是稀有症候。

三人各骑毛驴出了门。师徒三人走到村北头，看见涅河，水浅沟深，杂乱野树落叶很厚。仲景忽然想起几十年前去找二叔时走过这，那时荒草齐腰深，少有人迹。现在有了小路，路边荒草滩变成了菜园地。

他一时感慨，心绪沸然，边走边捋胡须，即吟：

荒村野蒿地，今现曲径兮。
他乡风雨游，终有归途兮。

三人一路往前走，仲景问杜度：陈家兄弟回京城后怎样，年纪不小了，是不是打算成家？杜度你的婚事想怎样办，有说亲的没有？杜度明白老师的心思，他说京城老家的房坡已塌架了，老娘也在大哥家去世了，以后回不回都行，跟随老师终身行医，才是他最大的心愿。

泛卫说：你别唱高调了吧，这次怕是在洛阳没找来对象，才转过来。

仲景说：泛卫休得瞎猜，你是人家肚里蛔虫啊？

泛卫说：开个玩笑，省得光说正儿八经的话，不好玩儿。

三人走到一个小村边，见有个黄皮寡瘦的老头，披着被子坐在村头麦秸垛边打冷战，还咳嗽得眼泪鼻涕。仲景细看，见他脸泛青光，形色枯槁，嘴唇泛白，问他家境人口生活。老头说：半年前，俺在路上拾了个哑巴女人，领回家不过两月，俺就得了病。村里人都说哑巴女人是个屈死鬼，缠酥了我骨头，吸饱了血，要想保性命，得把哑巴女人推河里。可是那哑巴女人已怀了我的根苗，我不想绝后哇。

仲景一听，问：你多大岁数了，一夜间跟哑巴女人同几次房？

老头说：我三十六岁，她才来时一夜五六回，现在三四回。

仲景泼烦地说：你这是作死哩，还说三十六岁，看着六十三岁都像，过度消损，耗尽元气，又不进补，内里虚空，亏到底了。

病夫打了个冷战，问：照你说，哑巴女人不是鬼？

仲景问：是鬼怎能怀上人胎，你是否还有头晕耳鸣，腰膝酸软，虚汗之症？

病夫连连点头，说：有有有，神仙爷，俺到底是叫哪路鬼缠住了？

仲景说：不是鬼缠，是你贪色把精气耗空了，要说有鬼，你是色鬼一个。

病夫眨着小眼，一脸蒙。仲景给他十来个蜜丸，说这里有六种药，你吃了病会见轻。

病夫打开荷叶，取一颗塞嘴里嚼了几下，说：这药味道又苦又酸，不好吃。

泛卫说：这药贵得很，不好吃也得咽下去，吃些天会好。

杜度说：我估计酸味是山茱萸，以后再往里边添点蜜糖，会好吃些。

仲景打手势说：这六味药君臣相配，是最好组合，哪一味都不能少。再添糖也不中，会增加胃酸，影响药物吸收。又转过去对病夫说：你吃药只是补营养，必须与哑女分床睡，万不可缠绵床榻，要不然上补下漏，会掉性命的。

我明白了，那事也伤身，神仙医家，你一脸红光是咋来的？

杜度说：老师要是像你，能惹来成群美娇娘上门，他不是那号人。

哦，那不是沾光事儿。

仲景叫泛卫再给老头留些丸药。泛卫说：他带得不多，褡裢里有散药材。仲景叫泛卫取出六味散药，对病夫说：你回去煎几滚，滤掉渣喝汤，除此药之外每天早上喝姜枣汤。他指着泛卫、杜度说：你俩觉得这症候是咋得的？

泛卫说：还不是愚昧穷汉贪图床第之乐。

杜度说：看来咱不仅救治病夫，还得创条件开研堂，教化民众学医。

泛卫问：老师你叫他喝姜枣汤是何意？

仲景说：姜枣配伍生甘辛，甘辛发散为阳，此偏方在长沙用过，你忘了？

泛卫抓抓后脑，说：我以前老在官堆里搅，以后得专心医术，另外，我发现小妞也爱医术，她识字后就能读典，说不定能成个女医家。

这时病夫追了过来，要他们去家里歇歇脚，顺带教他怎样煎药汤。

泛卫看看日头，快到饭时了，便跟着病夫到了村里。病夫家两间草房，一间灶棚，有个三岁大的小娃有气无力地坐在门前，屋里靠山墙处，有个老妇睡在麦秸铺上，骨瘦如柴，两眼凹陷。仲景转个圈看看屋里，没有麦仓，也没有面缸，就叫泛卫把褡裢里的米倒出来煮饭。

泛卫进到灶火棚里，见泥巴锅台，大黑铁锅底一层饭痂，有蝇子和蛆虫在爬。他朝外边大声问：你们上顿饭是啥时候吃的？小娃听了，靠到门框上喊饿。泛卫问这是谁的娃，老妇说是他小儿子的娃，小儿子与媳妇都饿死了。

泛卫煮好了大米饭，先给老师端来一碗。

仲景说：我不饿，叫病夫先吃，他肚里空，亏到底了。

这时从房后跑过来了哑巴女人，对病夫比画着要吃饭。

仲景叫泛卫把麻袋里的米倒出一半留下，然后领着俩徒弟饿着肚子走了。

过了半个下午，三人顺着病夫所指，走了半里路，见前边半里路的一面缓坡上，有个砖瓦窑场，大草棚里边有哭叫声。棚边有三个中年男人在平地上脱坯，另有一群汉子拥挤着取暖，边挤边哭号。

仲景细听叫声，从壮汉嘴里发出来的傻里傻气的，说明病情不轻，也可见愚得可以。他们披的麻衣没扣子，腰里勒着麻绳，有披麻片的，连袖子都没有，胳膊冻得通红。他心里一动，对泛卫和杜度说：可能都是冻疮的症候，病夫这么多，你俩都切切脉吧。

泛卫进到棚中间，大声说：医家来给你们医病，都别哭了，说说症状。

杜度先切了个中年汉子，切了一会儿说：老师，这冻疮不上脉象。

仲景说：有脉象，只是弦细，不易查明。我曾跟二叔在南阳治过冻疮，原因是寒生凝，寒凝血瘀气滞。

杜度说：你看他半边脸冻烂了，还烂了脚跟，脉象却显不出啥。

泛卫说：老师在长沙就说要研出药膏，一直耽误得没办成，这到用时抓瞎了吧。

仲景也切了两个病夫的脉，感觉病夫身体康壮，说：现在关键是要温阳散寒，调合营卫，充内固本。说罢，站那边抓后脑勺边想办法。

风大了，天上雪花又斜斜地飘下来，工棚外白茫茫一片。仲景叫泛卫给冻肿手脸耳者，抹上自带的香油。又从怀里掏出铢钱，叫一民工去村里买只羊，一坛黄酒，白萝卜、葱、姜、胡椒，放到铁鼎里煮。煮好了羊肉萝卜汤，每人一大碗。剩的羊肉，拌了姜丝和白萝卜，包成饺子，配黄酒喝，饱吃三天，把药都省了。

纯朴的民工们，见医家这么慷慨解囊送钱买肉，都感恩不尽，想赶紧包好姜丝萝卜羊肉饺子，叫医家们一起吃。谁知他们包好饺子，仲景又留下了隔日买肉的铢钱，便离开了。

民工们照着仲景嘱咐，连吃了三天羊肉萝卜饺子，因血脉活络过来，抵抗力增加，耳朵的冻疮慢慢不疼了。再过两天，冻烂的脸和手也都结了痂，长出肉芽来了。

民工们到处传扬名医张仲景的神方，并回忆起那天是冬至。喜欢把事情连贯起来想的乡下人，从此把那个日子记得谷种一般，当成了故经和农谚：冬至药，羊肉饺，不喝药，耳朵好。南阳一带的村庄，都以此作故经，约定俗成，沿袭下来。

仲景与俩学生回到张寨，看到门前坐了不少病夫，一问有涅阳的，也有穰城的。天晚了，他们如果得不到诊断，晚上住哪里。仲景进到院里，三春和翠姑就钻灶火做饭，仲景吃了饭推开碗，就到门外去诊病夫。

仲景问了，来自穰城的七个人，想到路远，就先给穰城的切诊。还好，有头痛的，肚子胀吃不进饭的，腿困腿软的，都不是大病。按平常来说，像这些小疾患，是不会找医家的。问他们为啥跑这么远来求医，回答说，原因是当地巫师说，有恶鬼缠身，病入骨内，寿限不长。这几人是同时找的巫医，听了这话，个个都吓愁了，吃不香睡不着的，症候很快加重了。

仲景听了，觉得巫师还在蒙昧愚民，把症候轻的，吓成了重的，目的是显示巫术的神功。他为穰城人都切了脉，叫泛卫拿来六味地黄丸，每人送七天药回去吃，吃完就好了，不好再来。有病夫说，穰城那边犯症候的人多得很，就是没有好医家，你们去穰城看看吧。

仲景正在看那个腿困的，看后查了医典，开罢方子叫泛卫取药。这才回头问：穰城有多少病夫？

其中一个老头说：他们一条街上，就有十几个犯症候的，还有亲戚家的，怕是有几十人，得辛苦医家跑一趟了。

仲景没回话，却在内心想以后多往穰城一带走走，或叫老父亲再给准备几间房，叫穰城病夫来诊，遇到天晚了能住下。想了想没说出来，看看天晚了，村西头老人小娃拉着牛羊都往家里走，他叫穰城的病夫骑毛驴的自己回，徒步走来的，叫仲祥和仲建拉来毛驴送回去。并交代他们，近两天这儿有事，叫穰城的病夫过几天再来。

送走穰城病夫，仲景与泛卫、杜度又诊了涅阳的五六个人，泛卫为病夫们发了药，才回头问：老师我还没见过你拒病夫，不叫穰城的近些天来是为啥？

仲景说：穰城病夫那么多，被他们缠住就走不开了，我想赶紧去伏牛山，回来路过穰城再诊病夫。

泛卫说：老师也有小私心啊，为找二叔不顾病夫了。

仲景说：自从沈老提起二叔，我就放不下了，往后要建医堂、医研堂，还要面对成群的病夫，趁现在有空赶紧去山里，回来再大干一场。

第二天，仲景带着泛卫、杜度，三人三骑往北山走去。仲景扳手指算算，从离开二叔下山来，至今已三十多年了。山下人烟稠了，山坡上多了庄稼地和房屋。有人在山上开路，砍倒不少树，仲景绕过一座浅山，往前就找不到路了，只得边问边走，走了三天出了灵山，才走到八百里伏牛山。他计划着要找到当年搭棚住过的地方，那里有二叔的墓碑。

可他在山里转了五六天，看着无论哪条小径都似曾相识，哪条路又都很陌生，很多山都不像当初的样子了。约莫走了十天，他凭记忆感觉当年的故址就在此处。可在那找了一大晌，也没找到他为二叔立的墓碑。

泛卫说：年代那么久远，怕是沤坏了，再找找其他标记吧。

仲景一声不吭，默默低头寻找，终于找到了当年跟二叔藏身的那个石洞。已被树木封了口，那条弯腰老黄荆还斜倚在洞口，比过去粗多了，树身裂纹粗糙。他辨了辨方向，顺着洞口往回走了一里多路，找到了当年失去二叔的那道山梁。他记得很清楚，他就是从这去找村庄，回来不见了二叔。可是二叔骑在毛驴上，脸色愁苦的样子，还在眼前闪现，二叔最后说的话，并没有人生临终结束的意思，而是叫他去找过夜处。

想到这，他满脑子都是悔恨。策驴又往前走两顿饭的工夫，他找到了当年与二叔同住的棚子。他记得走时，棚里扔了烂鞋木柴和发霉变性的草药，而那些遗物，都丝毫无存了。棚子只剩一根沤朽的断柱，倒在地上。一丛丛杂草，从原棚址和断柱下边生出来，旺如三春。

仲景站在那，默默凭吊着，不由得大声喊：二叔，你在哪儿，侄儿来找你喽——

对面的山屏传来回音，侄儿来找你喽——喽——在山里回荡。

杜度眼中含着泪站在那看山屏，只是不语。正在此时，泛卫大声喊：老师快来看，这里好多药材。

仲景问：你俩见着一块沤坏的木板没有？

泛卫、杜度都摆手说没有。

仲景说：我知道时隔这么多年来寻遗物，找到的可能性不大，但我在内心悬着的希望只能这样，只因为沈老提醒，我想为自己的忏悔付出心血。二叔，如果您老在天有灵，应知我愁苦与遗恨。眼看我也到晚年，应缅怀您英魂，鼓励后辈人，把医术的薪火传下去。

说着，仲景弯腰鞠了三躬，眼泪掉了下来，抬手拭一把，又找了一阵，无果，吩咐二人去采药。一盏茶工夫，采了半麻袋山茱萸、天麻、地黄、泽泻、茯苓、石斛、过河草，准备下山。他们从内乡灵山往回走，一路上见山说山，见树说树，见草说草，一草一木都有二叔的故事。从两人一块避贼，一块救治疑难杂病，确认辨证施治，到著医典的思路。讲罢了医术，忽然想起二叔和桃红的奇事，把桃红的血性刚烈讲得情天恨海的，把二叔的痴情讲得惊世骇俗。

讲着讲着，二叔就成了一段神话。泛卫沉默半天，眼泪流了下来，说：世上真有这么感人的事。

杜度说：听着像个古代传说，二叔他当年不告一声下山，是否去找心上人了？

仲景说：你说不定还猜着了，可是那么远的路，一病夫怎么出山？

桃红为他送了命，他也会拼命去回报。

仲景拍拍毛驴脖子说：这离穰城不远了，咱们去穰城吧，那座城勾着二叔的魂。

泛卫说：老师别忘了看穰城的病夫。

仲景说：我那天晚上送穰城病夫时就有个想法，不知好不好办，我想将来在涅阳开个诊堂，在穰城也开一个，不让他们大老远跑过来了。

泛卫说：这有必要，但是咱现在医家不够，开了得有个人专坐那守诊。

仲景说：再慢慢想好再办，咱这次去看看能租来合适的房子不。

三人下了山，走了半里路，前边呈现出一片十来里宽的白沙滩，滩尽头是莽野的树丛，再往前走是一条河。三人沿河走了二十里路，也没遇到个小村，泛卫上前问地里干活的人，前边到了哪里，是什么村？那人回答说，这离冠军县很近。

仲景说：那里出过个大英雄霍去病，被汉武帝封为冠军侯。霍去病十八岁当侍中，屡次跟随大将军卫青攻打匈奴，勇猛善战。可惜此人仅二十四岁就去世了。武帝给他修筑了一座祁连山形状的坟墓，葬于匈西兴平茂陵。现在冠军村的霍去病墓，是个衣冠冢。此人数次出战匈奴胜出，却少年夭折于疾病。这说明前汉时医家稀少，后来出了华佗，能刮骨疗毒，又被曹操狱拘于宫中，难济百姓。如果找到二叔的遗物，也可仿冠军侯墓修建，留个墓碑作纪念。他停顿稍时，忽然仰天长叹：痛夫，举世昏迷，莫能觉悟，不惜其命，若是轻生，彼何荣势之云哉？而进不能爱人知人，退不能爱身知己，遇灾值祸，身居厄地，蒙蒙昧昧，蠢若游魂。哀乎！趋世之士，驰竞浮华，不固根本，忘躯徇物，危若冰谷，至于是也！

泛卫见老师一发浩叹，就仰面吟啸，口若悬河。他细听下来，感觉句句金石烁然，他只想记下来，可老师念得动情。念罢，旁若空世，一阵狂走。泛卫心情也沉重起来，指着湍江边一群鹭鸟，让老师看，试图把他那饱胀的痛感止住。

泛卫对杜度说：这次回到涅阳，得把老师所叹之词拟出，还有出长沙时那段，我拟连成篇作为《伤寒杂病论》序文，你看怎样？

杜度说：刚才走得快，有风吹，我没听清一句。

泛卫愤愤地说：你心操哪儿去了，吃干饭去吧你。

第六十五章

紧赶慢赶到了穰城门前，日头快落了。一个麦仁店的店主见他们过来，喊道：哎哎壮士快快来，这有刘秀麦仁汤，闻一闻喷喷儿香，喝了能沾皇帝光。

泛卫晌午只吃了一个菜卷馍和半块烧饼，肚子早就饿了，闻见麦仁的香味，就要了三碗麦仁汤，三个蒸馍。店主端来饭时，看见他的药褡裢，又听泛卫喊老师，竟啊呀一声，道：是天下名医张仲景到此了吧，本店送上一碗又香又稠的麦仁汤。

店里几个食客都扭过脸来看，有的隔着桌子与他搭话，有的伸手要他诊病，有的要约他隔日到家里为老人医病。店主趁机站那宣扬，名医在长沙当过太守，医过皇帝病，治过麻风病和霍乱痢的。人们吃饭的和街上赶集的，都在专心听。有的人听说张仲景为求医流落外地几十年，身后故经拍不完，今终于荣归故里。门口围的人更多，有人说从没见过真医家，要看看到底长啥样。

仲景听得心里很不是滋味，心想这么大的城市连个医家都没有，百姓患了症候只有忍受疼痛折磨了。他暗想，要争取条件尽早来这建个医堂。

泛卫知道带的药不多，刚从山里采的还没经过炮制，药性不足。他站起来拦挡着围观者，说：俺俩两个都是他徒弟，找老师威名全天下人都知道，他怎能轻易跑到这？说着招手叫杜度过来拦拥挤的人。等众人走了，师徒三人赶紧吃罢饭，出了麦仁店，直往城北走去。

从麦仁店到湍江北岸，走了二里路，站河岸往下看，四五里宽的沙滩，河那边沙滩更大，白茫茫的看不到边。问了岸边老人，说河北沙滩有七八里，最宽的地方十多里，一到夏天发大水，这里简直是一片汪洋。

泛卫说：老师你看，咱们走时长沙在开医家会，咱连参加的资格都没有，可是穰城老百姓却把您当圣人。

仲景打个手势，两手背到身后，面对十里河滩，怅然吟道：余每览越人入虢之诊，望齐侯之色，未尝不慨然叹其才秀也。怪当今居世之士，曾不留神医药，精究方术，上以疗君亲之疾，下以救贫贱之厄，中以保身长全，以养其生，但竞逐荣势，企踵权豪，孜孜汲汲，唯名利是务，崇饰其末，忽弃其本，华其外而悴其内，皮之不存，毛将安附焉。卒然遭邪风之气，婴非常之疾，患及祸至，而方震栗，降志屈节，钦望巫祝，告穷归天，束手受败，赍百年之寿命，持至贵之重器，委付凡医，恣其所措，咄嗟呜呼！厥身已毙，神明消灭，变为异物，幽潜重泉，徒为啼泣。痛夫！举世昏迷，莫能觉悟，不惜其命，若是轻生，彼何荣势之足云哉！而进不能爱人知人，退不能爱身知己，遇灾值祸，身居厄地，蒙蒙昧昧，蠢若游魂。哀乎！趋世之士，驰竞浮华，不固根本，忘躯徇物，危若冰谷，至于是也。

吟罢，泛卫和杜度分头记取，回到涅阳就埋头拟出。等到寂静无人之时，泛卫说：老师您把在湍河边念的文，再往下续些，可作伤寒杂病论的序文。

仲景没有再念，而是坐下来，在竹简上写道：余宗族素多，向余二百。建安纪年以来，犹未十稔，其死亡者，三分有二，伤寒十居其七。感往昔之沦丧，伤横夭之莫救，乃勤求古训，博采众方，撰用《素问》《九卷》《八十一难》《阴阳大论》《胎胪药录》，并平脉辨证，为《伤寒杂病论》合十六卷，虽未能尽愈诸病，庶可以见病知源，若能寻余所集，思过半矣。夫天布五行，以运万类，人禀五常，以有五藏，经络府俞，阴阳会通，玄冥幽微，变化难极，自非才高识妙，岂能探其理致哉！上古有神农、黄帝、岐伯、伯高、雷公、少俞、少师、仲文，中世有长桑、扁鹊，汉有公乘阳庆及仓公，下此以往，未之闻也。观今之医，不念思求经旨，以演其所知，各承家技，终始顺旧，省疾问病，务在口给。相对斯须，便处汤药，按寸不及尺，握手不及足，人迎、趺阳，三部不参，动数发息，不满五十，短期未知决诊，九候曾无仿佛，明堂阙庭，尽不见察，所谓窥管而已。夫欲视死别生，实为难矣。孔子云：生而知之者上，学则亚之，多闻博识，知之次也。余宿尚方术，请事斯语。

吟罢写出稿子，搁下笔，静坐思考一会，又拿过稿来，把在长沙城念的那段，拼到一起，花一晌时间做了修改，喊泛卫来看。泛卫看了序文，高兴得跳起老高，说：老师，医典有了序文，抄卷时加上就成。

仲景说：赶快趁空闲去编医典。

泛卫到医斋里去找杜度，把从沈槐那带回的医文，查阅一遍，只选了两条，交给老师改好编入。泛卫把竹简全展开来，把新近治肾亏和冻疮的方术加编进来。原稿目录有改，新编也加以改动。新编出了太阳病证、阳明病证、少阳病证、太阴病证、辨太阳病脉证等。把伤寒论与杂病论也分了卷，前者编了整整十卷本，后者六卷本。这样看起来条分缕析，眉目井然，纳括更全。

这时间，如果外边来了病夫，就由仲景一人顾及，留好泛卫和杜度的时间，让他俩专注抄典。可喜的是，小姐也能拿笔抄写了，还有小奇，在医斋里端水泡茶，跑前跑后地打下手。奔波千万里，寻找著典环境的张仲景，终于得到了他想要的条件，他知道此举将为后人带来什么。

忽一日，门外传来一声长腔：侄儿啊，给我治治眼吧！

三春说：我的妈呀，又活见鬼了，双眼瞎了咋摸来的呀。

伯厚说：听说他刚出门回来，一个双眼瞎，那么远的路怎么摸到的，真是古训说的：看破世事惊破胆，识透人情冷透心。

仲景打个手势，说：他现在装瞎，有何计谋？

三春大咧咧地上前一步，嬉笑着说：他陈叔哇，你是有三只眼的人，现瞎了地眼，还应有天眼嘛。

二郎神说：花嫂别打岔子了，啥天眼地眼，都瞎啦，人老没处使了。

伯厚说：好，老弟来治眼，是看得起你侄儿哩，他应亲自上门去才是呢。

二郎神坐下后，捋着稀疏的胡须笑起来，说：还是侄儿好哇，万事能看平，为叔我高兴，如遇活菩萨，张寨运气幸。说罢弯腰施礼，做出感激涕零的样子。

仲景忽然看到，这瞎子朝他施礼的方向，很准确，他还没说一句话，他怎么知道自己站在这，怕是个半瞎。他在内心惊呼，人情世故之水，真是深浅难测啊。仲景缓了半刻，自语：你纵是个鬼，我也要把你当人看。

三春正在点燃麻秆火，念着驱鬼词：麻秆火，麻秆神，快把妖鬼送出门。

仲景看见了，说：巫术能治心。

三春说：我曾经见过，小时候犯了风罚，打喷嚏流眼泪，还咳嗽，一个巫师叫我走几趟麻秆火，烤出一身汗，就好了。

仲景说：我从长沙走前，看见巫婆治蛇干疮的奇术，就想回来找大仙学点巫术，没料到我刚回来，他就走了。

伯厚对三春说：你把曾经见过的巫术告诉他，如能巫医并用，治病会见奇效。

仲景忽地想起多年前，父亲对大仙优柔寡断的情形，那时自己只顾与巫汉水火不容，现在看，那时候自己也有错。他说：陈叔哇，你眼疾不重，喝些药汤会好的。他为二郎神切脉，开药，叫泛卫送他回去煎。二郎神摆手不让泛卫去。自己拿着药包走了。

泛卫蹑手蹑脚地跟到他后头，到了院里，二郎神站那说：哥呀，咱们错啦，张仲景人都成仙了，什么都不计较，脱俗成仙了呀。我没跟你说，我在楞子坪被山民打伤了，他还出来给我涂药包伤，我从那时起，把世事翻个个看了。说着，他鼻音重了，抬袖子拭眼。

伯厚到此时才恍然明白，二郎神去南方追捕仲景，原来经历了如此事故，看来他是真的改过自新了。

眼看半月过去，送走一拨病夫又来一拨，有时三五人一起。泛卫按长沙病夫的方式，叫大家排队候诊，对病重体弱者，在地上铺些麦秸让他们坐等，还每人给半碗姜枣艾叶汤喝下。每等病夫喝了汤，泛卫接过碗时，就会说：嘿，我看你都气色泛红了，病好了一半。还说：你再去晒会儿日头，病就见轻。今晚就能吃个肚儿圆。仲景知道泛卫又在施祝由术，提前解心病，他不时朝泛卫点头。

诊到晌午了，家家烟囱里冒出炊烟，三春系好围裙下厨房了，仲景见还有人在等，就交代三春多做几个人的饭，留病夫在家吃饭。有的病夫到天黑也轮不到，就住下等。

一月过去，缸里麦面吃完，再磨，高粱糁喝完，再捣。继母三春叫着腰疼腿酸，仲景给三春开了麝香三七红花，叫她擦疼处，又去给排队的病人诊治。伯厚也有点不耐烦了，小声对仲景说：咱家地多粮足，管饭没事儿，只是别留病人在家过夜了，过去我听申风水说，与病夫一起阴气重，易染症候。

为了缓减家里的拥挤与喧嚷，仲景一边叫泛卫去街上找房子开医堂，一边叫仲祥打听做药柜的木材，叫杜度打听哪里有药行，能购到缺药。

病人疏散后，院里只剩每天求诊者，最多吃顿饭就走了，院里又恢复了常态。仲景早上有个习惯，闻鸡起舞，鸡叫时，天闪明，他起来床洗漱了，再烧水凉好，喝半碗，再到院门外打拳踢腿。他自己也演绎了一套健体操，伸腰拉筋、踢脚甩手的，天天早起做，做到身上出汗，再开始晨读或审改医典。

这天大清早，仲景起来去开门，发现院门没关上，留着能侧身过人的门缝。他吃惊不小，想起刚才开堂屋门时，那门也没插拴。他到医案上看看，发现有人动过案台上的竹简，细查新抄的简，丢了一摞。难道还有不偷钱不偷粮，只偷医典的贼？他赶紧喊起泛卫和杜度来看。

杜度来看了，说：莫非长沙巫医来偷医术资料？

张伯厚衣服都没穿好，披搭着出来了，说：叫我看此贼跑不出张寨。

仲景想起自己承诺的为二郎神治眼，在忙碌中只给了一回药，他说：不管谁干的，我都得赶紧去为二郎神治眼。

三春说：治啥治，他装的瞪眼瞎，你信就上当了。

仲景觉得与二郎神交往时，不知怎样才能打消以往的症结，表达自己对前嫌的尽释。这时，翠姑出来了，多天来老钻在屋里缝小娃衣服，此时她说：二郎神已经不是过去那个人了，若不是他在京城送我们娘俩一段，还不知我们得费多少周折磨难，才能到长沙。

仲景怅然看看翠姑，径直去了陈家，约莫一顿饭工夫回来了，说二郎神不是装瞎，是真瞎。

张家门前奔来骑毛驴的后生，到门前下来了秀娃和她的儿子赵青山。小伙子十八九岁，长得瘦高脱条，白净文弱。一进门就喊大舅，扑通跪到地上。

仲景喊秀娃把外甥扶起来，秀娃说：哥，你成名医了，远近庄上人都知道你，我想叫青山跟你学医。

仲景问青山：你认得字不，愿意跟大舅骑个毛驴到处跑，吃睡老在外头不？

青山双手相合，道：大舅我愿意，只要能学医，啥都中。

你愿意手扶黄脸病夫，为他煎药喂汤吗？

我愿意！

仲景说：大舅眼下正缺个好后生，从现在开始，你就是个医家学徒了，你除了学识字认药名，还有个学业，跟着泛卫老师学巫术医病，现在舅最缺这一行。然后喊来泛卫交代了，泛卫还愣在那，仲景说：我估计你再不传授巫术真知，这门学问，就要普天下都断薪火，再无传承了。

泛卫双手打拱，说：老师，我没想到您会转这道弯，这确实是医界良策，可谓百年大计。如这样说，我真得回襄樊老家跟老父再学些时日，转来才有资格传授巫术真知，要不然眼下带门徒，我多有局促。

仲景说：好，医堂建好后你就回老家去，我还有一心愿，愿从你这代开始，把医巫灼见研习富足，当个全面完善的良医名家，百病可医，妙手回春。

泛卫当即屈膝跪下，说：老师我定会圆您好梦，可是老师您已经达成医百病与回春术，学生只是在您手下，继承发展真知。

仲景打手势示意泛卫起身，说：不对，老师因年少偏见，放弃并排斥巫术医病，造成与巫家明争暗斗数十载，至今才知悔悟，晚矣，你定要借鉴此训，更多开明开拓，达至医家至境。

两人正在交谈，院里阳光下出现一道人影，张伯厚早已站在他们旁边，说：儿啊，如在多年前就有此愿，你就少走十万八千里的弯路啊。可我儿纵是弯路走遍，仍得学识如车，灼见照世啊。

仲景、泛卫与青山三人都转过身来，笑着向伯厚施礼。

话到这时，门外来了个光头少女，还一脸乌青色，唉声叹气地靠在门框上。仲景问：你进来，说说患了啥症候，头发是咋着了？

光头少女开口先叫一声命苦哇，接着哭诉：小女本无一病，却有万灾，那日荒草着了火，我在野地放羊，烧烂了衣裙，还烧光了头发，俺婆家人嫌俺样丑，都定了接亲日子，又毁了亲。小女子听说张寨有名医，就来求救。

张仲景问：你头发被烧，脸色怎也变青了？

光头女大声哭号：人们都说是鬼火烧我，是我身有阴魂缠咒，我到此不是求医头发的，是求救命的啊，医家！

仲景这便使眼色叫泛卫过来。

泛卫说：姑娘你随我绕椿树转三匝，转完走三趟麻秆火，阴鬼之魂即散，症候转好。说罢叫小妞找麻秆点火，他带光头女绕椿树。绕了三匝，在光头女背上拍三下，此时见麻秆火燃起，泛卫又拍三掌，指光头女去走火。三遍走下来，光头女看看众人在那打愣，泛卫又拍拍手，喊：喂，你的乌青脸已变红白，眼也不直了，现在开始医头发了，还喊叫救命不？

光头女捂捂发热的脸，摇一下头，说：嘿，我的老天爷呀，这头不疼了，脸也不绷紧了，神医把命交还给我了，好啊神医，赶紧医头发吧。

泛卫又开了几味药，叫她拿回去煎服。谁知那女子喝了几天药汤，又跪门前，说她未婚夫婿家要与别家闺女定亲：你可知一女子被婆家嫌弃，或被夫家休掉，终身难以再嫁？神医救我命啊，开神方叫长出满头青丝来呀。

仲祥小声对泛卫说：她夫家是有名的富户，还逛过醉春楼，俗话说劝酒不劝色，劝色要带灾。

仲景设身处地地想，这女子的心病是怕往后找不来婆家，医病难医心。他看见泛卫在日头底下晒药，心想他有四十多了吧，如瞅空为他俩牵线做媒，既救人危难，也成全了泛卫，岂不两全其美？仲景对泛卫说了这话。泛卫抓抓后脑勺，说：我跟老师学这么多年，还没出师，要不等建起医堂，出了医典，再说婚事不迟。

仲景说：我可没时间跟你磨，你要是不愿意，我就去为杜度说这个亲。

泛卫赶紧说：老师，我怕这女子来路不正，咱又没时机打听她底细。

仲景说：是啊，一面之交，要不然叫仲祥去打听个实信儿。

中中中，老师，我听您的。泛卫应罢，做了个鬼脸，内里却添了一桩心事。只因为他与小妞一起抄典，切药晒药，感觉小妞干活老实还心细，对他指派的说一不二。眼看小妞才三十出头，岁数差得多，他喊小妞憨师妹，小妞仍喊他泛叔，他实在不好意思往那方面想，就把感情埋到心底，不敢透露丝毫，只是在私下对小妞格外温存体贴。小妞好像懂他的意思，见到他老红脸，也不表露芳心。

仲景叫翠姑出来跟光头女交谈。这女子叫香妹，家住新野城南三里外小村，她婆家在涅阳开油坊，是两情相悦的如意婚。一场野火烧去满头青丝，把这桩好婚姻毁了。香妹说罢半捂了脸，指指泛卫，说：那个医家不知谁家儿郎，有家室没？

泛卫见女子如此大胆，更怕不是良家女，拉着脸走了。香妹回新野半月后，婆家托人看她头上有了黑发楂儿，又说愿意了。香妹的哥哥跑来，说要请仲景喝喜酒。

泛卫吃了一惊，说这世事真是无常。可他就不理解了，老师为什么给他说个过路女子，家里放着大闺女小妞，咋就没想到提亲。如提了这门亲，既能解决小妞老女儿难嫁的困境，也稳住了自己在张寨的阵脚，一举多得的大好事。

仲景乐呵呵地说：人家名花有了主，你再遇合适的吧，你看我，都快五十了，才跟你师娘聚首，好事不在忙中起。

此时，院外的村娃们在跳帮帮，边跳边唱顺口溜道：恁大闺女不出门，窝在家里眼启人。仲景听见了，猜到这话是说小妞的，多大岁数的老姑娘，早该说婆家了。他脑筋一转，就想到了泛卫，当即咦了一声，多好的事儿咋就没想到。还想叫泛卫回老家哩，如把他的婚事成全了，他成了上门女婿，还用回南方吗？因顾及翠姑身孕月份大，就想过了这桩大事，瞅个空就为他们提亲。

终于忙完了家门前的杂事，仲祥说在街上碰到熟人，说穰城西二十多里，红岩洞一带村庄里有好多病夫，患症候没人医，想叫帮忙打听张医家。仲景听了，当晚便催泛卫备药材干粮，次日，与泛卫、杜度一起骑毛驴出了涅阳。

这次他多带了干粮和大米，打算在外边多游些日子，拐回来到穰城停一半天，专意寻找开医堂的租房。三人过了穰城，往西走了二十多里，遇到一个地里干活的庄稼人，向他打听红岩洞在哪儿，庄稼人指指：往南一里多路。三人遂往南拐去。

路遇村庄，有人传颂张仲景在南方治麻风病，曾为南阳郡小姐开奇术起死回生，一颗药丸医除老医家的病根，传得神乎其神。把砖瓦棚里治冻耳的事迹，也讲成了故经。最活跃的是串村卖打糖的货郎贩，讲的也是张仲景的故事。说涅阳人有在家里塑神医塑像，供奉在堂屋条几神台边。

可是，与此同时，有人传，南阳郡府在著名人列传，太守级的官都上册列榜，偏偏没把名医张仲景列进去，因为辞官者不体面，如列他为医家，偏又没著成典籍。消息通过穰城县亲戚传到这里，仲景觉得这偏僻地，定有知当朝大事的人物。可自己在江南长沙任职，远隔千里，地方官界可能不知，也不必在意。

三人进到村里，遇到一个哭闹不止的小娃，脸黄瘦，眼神空，哭声哑，还在大人怀里拧扎不安。仲景下了毛驴去看小娃。泛卫说：老师，朝廷要立人物列榜。

杜度说：老师就是不以太守列榜，也该以名医进史册。

仲景说：我也听到了，你想啊，我从长沙走时，正在开方术精研会，那都是不学无术之徒过的招。没有真知灼见，不耍计谋手段怎好扬名得利。再说，辞官弃仕之人，哪能再论功名，咱顾不上计较，随烟云去吧。

话虽这样说，泛卫和杜度还是为老师抱不平。泛卫悄声对杜度说：咱们去找找沈槐，看他能否去官府进一谏。

两人等仲景安置好住处，连夜偷偷跑到沈槐那儿，如此这般一说。沈槐当即通过朋友到官府说情。修史吏回说：张仲景是被贬之吏，不能上榜。沈槐又找做官的亲戚，对方也认为修史吏说得是，张仲景就是想以名医入册，他的从医活动只限在民间，连豫州一带都不闻名。沈槐气得甩手回来，给泛卫和杜度回了话，气愤地说：等张仲景的医典出来，名扬天下，就扇到他们的脸了。

两人拐回红岩洞，找到了老师，不知如何讲明南阳一行的结果。两人正在低头叹息，张仲景突然咆哮：谁叫你俩跑去找人，这世道就是上册，又有何益？

泛卫从没见过老师这般大发雷霆，赶紧低下头，不敢大声出气。杜度也吓得抱头坐那叹气。稍时，泛卫才对老师说：上不了册算了，咱赶紧把医典传出去。

仲景说：你们没想想从长沙走时那个会，重要不重要，如果想挽回俗尘名声，跻身会场发布一番真知，即可获胜，可那种会医术含义有多少，还得费心机、耗精力方可求得，值吗？那些得不偿失之作，是谋图虚名者才去争抢、去表演的套路。

杜度和泛卫仍闷闷不乐，又无可奈何。杜度说：官府不列老师入榜，不如咱在老师有生之年，立一活人碑，载出行医事迹。我相信老师的医典会流传后世，他医过的病家也将有口皆碑，如这样世代相传，后代人看到碑文，说不定会追根溯源，歌之泣之。

泛卫说：最感人的是在长沙开医堂，智取污吏，巧诊病夫，样样都冒着掉官丢命的危险，为大汉医家开先河，老师的圣名光芒万丈，杜度，碑文你拟定吧。

仲景说：活人碑不用立，我赞成早著医典，四方传送。

从那时起，两位徒弟就另打主意，杜度找沈槐拟碑文，还不让老师知晓。错过了官府史册的张仲景，正在以另一种方式进入汉史记载。

此日，三人往西走数十里，见地形有了起伏，出现高低不平的岗坡。坡下横了一条小河，两三丈宽，淙淙流水，清澈见底，河岸上是朱红色的岩土，远看像一道红墙。走近看，河湾拐过去的地方，有个幽洞，河水从洞内流出。仲景在深山里见过奇观异景，但还从没见过如此奇怪的红岩洞。

他和杜度发现河坡上有麻片布缕，还有人的肢体，腿、胳膊和头都搅在一起，再细看，原来是个死人堆，一股难闻的气味扑鼻而来。仲景感觉头晕，赶紧扶着树站稳，干呕几声。泛卫过来摆手扇着臭气，扶住老师叫快些走开。偏在此时听见呻吟声，仲景心生疑虑，站那看看，人堆里有人在动，他说：你看这死人堆里还有活人动弹，咱走不了，得救他。

泛卫说：可能是得了疫病，村人怕传染才堆到这里。

仲景叫泛卫和杜度赶紧把带的麻布掏出来蒙到嘴上，然后叫泛卫和杜度进村里喊人过来，认领病夫。泛卫和杜度到村里，大声喊红岩洞人堆里还有活人，医家过来为他们医病，都去看看是谁家的人。村里出来八九个人，一起跑到红岩洞，个个跟缩头乌龟似的，蹲那说怕传染怪症。仲景找到一个会动的病夫，用手摸一下腿，说：你们看，传染上没有，他们的病不传染，求医服药就能医好。大家快起来为他们抖抖精神，会好得更快。

泛卫大声喊，病夫们别怕染病，有医家来医，都打起精神准备回家种地！

说罢，人堆里有个病夫挣扎爬几下，慢慢坐了起来，鼓起精神朝前走了一大多远，竟迈开腿走起来。旁边有个村人，喊：哥呀，你还活着呀。

这时另一个村人也喊：媳妇儿啊，你也起来吧，医家说能医好病。

人堆里有个穿花格布衫的村妇，身子动了一下，又不动了。仲景叫村人再喊。村人又喊了几声，村妇身子又动了两下，就撑起了胳膊。村人把村妇拖出来，放到草地上，扑通跪到地上说：神医啊，快救我老婆的命啊——

人堆里已经出来三个了，还有一个在动。仲景内心惊呼，巫祝的力量有时候比药汤功效都大。真可惜，自私图利的巫婆神汉们，只识装神弄鬼，把正路走歪了。以后得多启用有益巫术，做到医巫兼用。

泛卫说：老师，我跟老父学了半年巫术，略知几宗，我每回煎了药端给病家时，都用好言祝福一番，促他们快些好转。老师如此重视巫术，以后我多施巫祝。

仲景说：我不仅重视，而且要尽快启用巫术，但必须是真知实货。

众人看呆了，又从杜度那打听出，是名医张仲景到此，便纷纷跪地呼喊神医救命。

仲景说：我本是吃五谷杂粮的布衣凡人，谁说是神医，日冒哩吧。

众人呆了，仲景缓和一下，看看人堆里没有再动弹的人，就说：大伙行个善心，回家拿个刨挖的家具，把死者好好掩埋了，省得招来野狗恶狼。

众人都转身回家去，拿来了镢头铁锹，一起掩埋了死者。眼看着一个大坟堆鼓起来了，仲景才放下心来。师徒三人诊了病夫，挑了药交代怎样煎滤喝汤，即向众人告别。走开百步远，忽听后边哭声响起，说：神医别走啊。

泛卫拐过去几步，说：都别哭了，哭会得伤寒，我们过些天还要再来，把你们大小症候都清了根。众人这才慢慢起来，看他们走。

三人沿红岩洞边的河岸往西走，仲景说：不知这里是不是仲祥说的病村？

泛卫说：要不咱们再去红岩洞前边村里看看？

仲景说：不去了，这样的游医我跑够了，往后年龄更大，一直跑着也不是个事儿。咱们赶紧去穰城选个开医堂的房子，离这也不远，有病都去医堂，省得咱们在路上费工夫。

泛卫说：是啊，背着药材到处跑，还得去找病夫，如果有个医堂，那就换成了病夫找医家，跟长沙的医堂一样，不用跑腿了。

仲景说：开了医堂就不用怕背的药不够用，也不用担心半路吃住难了。

三人这就掉头去穰城。拐到穰城里，看到街坊过去的茅屋草棚，有不少换成砖瓦房，店铺也变成铺板门，摆摊小贩少了，就是摆摊的也搭个麻布棚。街头还有烙烧饼和卖蒸馍的，大布笤前守着个小媳妇儿，唱声叫卖。往西地势渐高，又一溜下坡，过去小巷道有个大水塘，野鸭白鹭不时飞起，在空中旋一圈，落到芦苇丛里。湖边散落几户泥瓦混建的民宅。小巷很冷清，边上坐着个抱娃的少妇，瘦猴样的小娃，脸带病色。

仲景上前蹲下身去看小娃的手，翻开眼皮，又将手探到胳肢窝里试试，有低烧。他让泛卫点了五六味药，教少妇去煎，煎好帮着喂小娃。小娃嘴一沾药汤就哭起来，别着头绷着嘴不喝。街坊有个老人吹胡子瞪眼地来了，问小娃为啥哭。

仲景说：为小娃医了病，良药苦口招哭了。

老人说：是不是涅阳城姓张的医家？当官不坐，下村医病，是大汉奇人啊。

泛卫说：你怎么认出来的？

老人说：不是张仲景，谁会跑上门找病夫医病，全天下就他一人。

杜度说：你说的正是我们老师，名医张仲景。

老人双手相抱，弯腰一拜，回头对着巷子喊：名医张仲景来穰城积福了，都出来拜个礼，求他以后多来，把病秧子长疙瘩哩，还有那心口疼瞪眼瞎哩都治治。

老人还从店里搬出了柴木桌椅，叫仲景、泛卫、杜度都坐那，街边小诊台就支起来了。三人一直坐诊到半下午，开药煎好滤渣嘱服，才起身要走。老人挽留茶饭，三人说明要在穰城租房开医堂。老人转回去拿几个馍，一人塞一个，领他们去找房子。

师徒三人跟着老人往北走了二里路，见前边有瓦房两间，一排弯腰槐树，一簇罗汉竹坛，绿荫罩到灰瓦坡上，边上还有一丛大叶芭蕉，映得门窗透绿，显得清雅别致。

仲景一看此景即想起了江南，一时顾不了左右跟随，连连说：好地方好景致，就选这了。老人通过邻家喊出了房东，叫仲景说出租期，并预交定金，择日收拾房子。

走到门口，仲景问：此宅这么清静，不像住过人的。

老人说：这是旧官学，从黄巾军起义到曹刘战火烧起，学堂门就关了。后来被一巫医占了当施术堂，占了不到半年关门了。所以你一说租房开医堂，我就想到这里。

仲景送走了老人，领着泛卫打听了木材行情况，问了做桌椅药柜和木床，得多少铢钱。三人正在盘算医堂还要配置什么物品，忽见仲祥骑毛驴跑来，边擦汗边说：嫂子要生了，年龄大不好生，哥你快回家吧。

仲景扔下一切，跃上毛驴就走。紧赶慢赶到了张寨村路边，把毛驴交给泛卫牵着。一溜烟飞跑进院里，即听见小娃哭声。仲景奔进房里，见翠姑怀抱小娃在哄，他不由分说张开双臂，将大人小娃一起搂到怀里，哝喃着听不清的声音，大意是说感谢娘子，感谢张寨，感谢这人间一切。

小娃虽是老生子儿，却长得肥头大耳，五官周正。伯厚在外边说：快出来给娃起个叫得响的名字。

三春在灶火里忙着做饭，停下手里的活，说：起个猪娃狗娃系住小命，活得保险。

伯厚想了想说：这娃正好赶在医典著成之即，起个张继典，看咋样啊？

仲景说：节省一字，叫张典吧，我在外见到的大人物名字都两个字。

伯厚说：好，张典好听又好写，我孙子就这名了。

一家人都上前来叫，各自喊着亲一遍，往下开始商量办月礼喜宴之事。

仲景抓抓后脑勺，说：月礼就免了吧，没时间与人交际。

伯厚傻了眼，呆那半天，才说：好吧，听你的，忙你的事去吧。

转眼，五年过去，张典过罢五岁生日。三月天，连阴雨，村庄笼在蒙蒙雨雾里，村外的麦地正在拔节，坡上绿油油的一片，丰收的好兆头已在望。如此大好时光里，仲景的《伤寒杂病论》终成典本，共十六卷，陆续抄出了十六套。另有一本《金匮要略方论》也已脱稿，只等抄出即发行于世。

仲景委派泛卫和杜度，一个往南发，一个往北发。交代泛卫往北发时，别忘了何永、李膺，并问个好。让杜度往南去，是因为他在长沙露面少，与董子正没有过节。二人各骑小毛驴出发后，仲景心里像放下了个大包袱，感到轻松了许多，终于有了闲坐当院的心绪。

三春和仲祥媳妇在堂屋铺了苇席缝被子，新棉花新里面的大花格被面上，爬了几个小娃嬉闹，被大人拽住腿拖到边上，嚷着：不准再来了，再来南坡有红眼绿鼻子，四只毛蹄子的乌鬼，把你们连骨头带皮嘎嘣嘎嘣活吃掉。吓得小娃们到外边去跳帮帮了。

张家人正在忙碌，听见西头传来沙哑的喊声：我饿呀——

声音冷不防传来，跟院里小娃的啼笑形成落差，伯厚打了个愣，细听听是二郎神的腔。忽想起有些天没见此人来了，叫三春去看看。三春刚跨出门就皱起了眉头，说：陈老二有半月不会动了，咋爬到咱家来要吃的，他家贵娃跑老婆娘家去了，他是饿不中了吧。

伯厚听了，走到灶火拿了两个馍，端一木碗水，放到门墩上。二郎神一把抓住他裤角，活像在洪水里抓住稻草，哭着说：哥我来你家吧，回去活不成啦。

伯厚挣几下，没摆脱二郎神，就蹲下去，说：我家没住处，叫你儿回来照料你吧。

二郎神嘶哑着嗓子，哭道：哥呀，我后事差呀，我死罢你就叫贵娃回来，把我埋到我哥坟边，千万不能叫他把我扔河坡里呀。

伯厚说：你离死远着哩，此话从哪说起？

是贵娃有回吵架说出来，说等我死了，就扔到河坡里喂狗。

伯厚说：好，我知道了，你吃馍吧，吃了赶紧回去，这边忙，没人护你周全。

没人知道二郎神是怎样爬回陈家的。隔了几天，有人说二郎神又趴在陈家门槛上喊饿，喊声很弱。傍晚有人发现二郎神头枕在门槛上，胳膊伸到门槛外，没了声息。人们围上前看，见他嘴里塞满了烂布，可能是饿急了撕烂袍角塞到嘴里，嘴塞那么大，人还是饿死了。伯厚托人把贵娃叫回来，交代好好安排后事。贵娃回来踢踢二郎神，就喊人顺势拖着往外走。

伯厚上前拦着，问他往哪儿拖？

贵娃愤愤地说：拖到河坡里嘛，活着时干了多少黑心事儿啊，这是报应。

伯厚说：这可使不得，你想想自己身从何来，是谁生养你一场，你起码得把他埋到你大伯坟边，老弟兄在阴间有个伴儿。

贵娃站那想想，进院里拿了铁锨镢头，叫人把二郎神顺地拖到西坡，在大仙坟边挖个土坑，把二郎神推下去，就开始铲土掩埋。

有人看见二郎神掉进坑里时，脖子扭了个弯，脸朝下，嘴啃地。还有人听见二郎神哼了一声，人还没有完全断气，儿子就在他身上掩严了黄土。

第六十六章

从二郎神坟上回来，伯厚背抄着手，在村西头转了半圈，脑袋里忆起不少从前的事，没想到这么快都过去了。他回来就告诉两个守门的家丁，愿意回家娶亲过日子的，明天就可以走，虽是春天，也给每人发一年的钱粮。不愿走的，就留在这种地。

过去家里四个家丁，在二郎神丢官后减去了两个，现有的两个年岁偏大，还不想走，要留这跟医家学识字学医，最后当个医家。仲景听了很是高兴，先对一个名叫赵四的说：你跟着仲祥学种药，收了药再学炮制，这中间也学药味药性，慢慢入门。赵四当即跪到地上说：我一心只想学医家，求老师收下。

仲景问：医家得慢慢学，不能一口吃个胖子。你为啥一心想学医家？

赵四说：我看你们忙得到处跑，说明生意红火，是发财的旺门。

仲景心里有了底，说：你先回家看看吧，随后再说。

谁知赵四一回家就没再回来，听说他回家学了门锻磨手艺，两月后托人带信来，说请张家人去喝喜酒。仲景还听说南阳郡有个医家，赚了不少钱，盖起庄园，还娶了几房婆娘，这样的出道发迹，在民众中影响不小。仲景内心就叹，当医家从医有利可图时，便会滋生重利轻义之念。

仲景对伯厚说了这事。伯厚说：可以理解他们，过日子生娃子是实理，一个小百姓家底薄，还上有老下有小的，不挣钱倒贴怎么过日子。

伯厚坐到堂屋太师椅上，感到心愿最好的，是埋葬了二郎神，把两辈人的恩怨一笔勾销，将惊惶的日子从此了结。想想张寨终于风调雨顺了，儿子的从医路终于走上了康庄大道，他心里说不上来有多欣慰。

这时，五岁的孙子张典从外边回来，扑到他怀里，将两手灰抹到他的前襟。他笑眯眯地看看，说：你小子在哪儿玩，都弄成大花脸了。三春过来拉张典去洗脸。伯厚指着张典，哈哈哈连笑几声，说：小子哎，你得好好上学堂，上好了接你爹的医业，先识药名，再学切脉，后学辨病学开方，学会去坐涅阳的医堂，坐个十来年出师了，当上名医，咱老张家就不止出一个人物喽，而是祖祖辈辈要出人物，还光出大人物哩。你有这志向没有？没有赶紧立志，承你老子衣钵。

张典平时听爷爷说不少大词，有点不耐烦，边听边玩，或听一两句就去玩了。今儿却站在爷爷面前，瞪着眼看着爷爷，听罢还郑重地点头，像个小大人。伯厚拉过张典，满意地摸摸头，说：记住爷爷的话了，就照着走，好，还去玩吧。

张典没有去玩，进屋里扒出麻布包，把课典拿出来，坐那背起来。伯厚听着院里琅琅咏声，不由哈哈大笑。然后捋捋袖子，叫三春泡两碗浓茶，拿两个酒碗，摆到院里小桌上，招手叫仲景过来。

仲景正想上西坡药地看看，见父亲心情好得不得了，就过来撩起袍襟坐下了。

父子俩面对面坐好，伯厚笑眯眯地倒上小酒，说：哈哈，儿啊，你快六十了吧，儿子有了，医典也著成了，往后哇，你种药那六十亩地再拓展些，爹再拨三十亩给你，你想种啥药就去种，家里劳力想咋使就咋使，现在你手下有十来号人了吧，不够了叫仲祥、仲建帮你招。能识字的干细活，不识字的干粗活，爹还巴望你培养出几个医家来，叫他们先治些头疼脑热的小疾，遇到大症候你再上阵。爹给你说呀，我早些年就猜到你能走到这一步，也为你备足了后劲儿，咱家底厚着哩，现在养上三五十人，吃个一二十年都没事儿。哈哈哈，我儿啊，终是遇上好时运了，爹要看着你放开胆子往前走，走成张门的大人物，光宗耀祖哇，哈哈哈哈。

仲景感觉惊异，过去的父亲低调，从不说过头话，今儿却净说走板话，一直唱高调。见父亲端酒要喝，他拦了一下，说：爹，不如先喝茶，后喝酒，这能多说会儿话。

伯厚对儿子言听计从，端起茶碗喝了半碗，又端起酒碗来，要跟儿子碰杯。仲景喊翠姑弄盘小菜来。翠姑拌了一盘萝卜丝，又炒了盘葱花鸡蛋，笑眯眯地端来，说：今儿你父子俩可喝过瘾了。

仲景忽然想起年少时学医，受父亲阻拦，激出多少吵嚷纠结。没想到父亲晚年如此通达，他感动地说：爹，忘了告诉你，穰城医堂早建成了，这些天，我两下顾及，没想到穰城西病夫那么多，单等泛卫和杜度回来，就由他俩去坐堂。

伯厚点头说：好好好，我知道这事儿，你们怎么办都好，爹大力支持，是想把多年前亏你的给补上，是啵哈哈哈哈。爹这一辈子啊，哪哪都争气，啥事都想做好，就是一条，怕得罪人，这可把我儿给亏了，为一桩陈案，爹也是憋屈几十年，这才能长出一口大气来。爹得给你赔个不是，我儿当谅啊。

仲景见父亲沉浸在高兴时，忽又拎出旧事，悔得鼻音都重了。他赶紧双手打拱道：爹，万不可计较往昔前嫌，你想想要不是陈家打压，家人反对，要不是环境逼人，我哪能舍得一身剐，投奔二叔，还敢立凌云志，著典传后世？这都是被逼出来的。

伯厚见儿子心胸开阔通达，视往事为烟云，高兴得满脸红光，继续口若悬河地侃。仲景说：爹，我想下药地看看，你也该歇息一会儿了。

伯厚说：不中，爹今儿难得这么好心情，难得掏出心窝子，全部说给我儿，把你数十载的委屈都卸掉，以后顺心顺意地走你的大道。

仲景抓抓后脑勺，不好意思地说：爹，咱别说那么大，我其实走的是医家小路，还弯弯曲曲，历经九九八十一难，这话也得千言万语方能表尽，只是我得下地去看看，咱随后再叙。说罢站起来，喊：张典张典，快来跟爷爷玩。

伯厚拍一下桌子，说：哎，你叫个小娃来跟我玩，照你说的，老爹是吃饱撑的没事儿干，找玩意儿哩。

仲景赶紧坐下来，摆手说：爹，我是怕我下地后，你一人孤单，喊张典来给你解个闷儿，叫他多听个教训，长个心志。要不然光跟猴娃儿们玩，玩成个憨疙瘩，也不是您老之意，是吧？

伯厚说：这就对了嘛，不过，有事你就去忙，回来爹再跟你唠。

张典已经来了，实踏踏扑到爷爷怀里，斜着眼看着小桌上的菜。三春拿着筷子出来，叫张典自己夹鸡蛋吃，她扶起伯厚回屋里去歇息。

仲景刚转身出了院门，就听三春大声喊：当家的，你咋了？老大老二快来呀，你爹倒地啦——仲景转身跑回来一看，父亲倒在堂屋门外，身子像抽掉筋骨似的，头往一边扭。仲景赶紧去掐人中，按合谷，揉胸口。伯厚的脖颈直往边上歪。仲景根据平时观察，人临终时，脸上皱纹全消，父亲的眼角和嘴边都平展开来，面容潮红。他心里惊诧，表面尽量镇静住，叫三春拿一根针来，照父亲的指尖刺。刺了右手四个指头，挤出浓稠的血滴，是黑红色的。仲景记得这医术在南方施过，很起效。可是，他看见父亲的头仍歪向一边，一直张嘴吐气。仲景不由得喊了声爹，就掉下泪来，他预感到了父亲是寿限已到，已回天乏术。

张伯厚于这年仲春无病无疾逝世，享年七十七岁。仲景将父亲安葬到东坡高处，旁边一道缓坡，蒿草茂密，四季常青的古藤千丝万缕，藤梢儿野花摇曳。不远处，有空灵幽然的淙淙流水，黄鹂啾鸣。

仲景手拉着张典，最后离开新坟时，对着草木轻声嘱咐：多谢你们陪伴高堂。

转眼，春秋又三度轮番。

仲夏时季，张寨村头的老椿树上，有几只喜鹊大清早就喳喳喳地叫。从涅水岸边飞来的麻雀，也落到椿树枝间，与喜鹊一起争鸣，黄鹂鸣得更响亮动人，把村林闹得十分鲜活，而水那边几只白鹭，却显得异常宁静。

张典从院门里出来了，跑到椿树下玩，玩着玩着就跟娃娃们往河边跑。仲景叫翠姑把张典喊回来。

翠姑说：小娃自有他们玩的游戏，叫回来一个娃咋玩哩，跟大人玩？

仲景说：八岁的小半桩娃了，该学点正经事。说罢自己去找张典，见张典跟村娃们拐到椿树下疯玩，跳着帮帮唱歌谣：小小子儿，坐门墩儿，哭着喊着要媳妇儿。仲景拉起张典的手往家里拽。回来对翠姑说：典儿你把刚才的歌谣唱一遍，叫你娘听听。张典不假思索地唱出来。翠姑一巴掌扇到儿子脸上，说：谁叫唱这下三烂，谁叫你跟坏娃们玩，再去我打断你的腿。

张典哇一声哭起来。仲景拉起儿子，边擦泪边说：张典要记住你娘为啥打你，因为村里小娃不懂事，胡乱唱，可不能跟着学，别忘了你爷爷临走前教导的，应在家里学医文。说罢，把张典领到医斋里看医典，说：你以后得去涅阳上官学，识字懂学问，长大当个好医家，救济苍生。

张典不哭了，问：啥叫苍生？

苍生就是全天下的人，你要为他们保安康，让他们过上好日子。

是不是天下大英雄？

不是，世人都把杀人放火的争霸者当成英雄，咱不当那英雄，要当良医。

张典点点头，却一脸懵懂。仲景心想，只要你立了志，等长大了会知道爹指的路有多大意义。

第二天，仲景领着张典进了涅阳官学的门。张典上了学，背着麻布包回来，仲景就叫他蹲地上写字。张典写了几行，耐不住蹲地的姿势，急得半跪半爬地写。仲景从后边踢踢张典屁股，说：蹲好了，一直写到吃饭才算，再歪扭屁股，还会挨打。说罢，仲景跑到涅河边砍了槐木棍，叫翠姑刮成半尺宽的板子，靠在门墩上，只要张典不学好，就用板子伺候。每次打罢，看着张典泪巴巴地哭，他就会说：玉不琢，不成器，人不学，不知义。

紧紧逼了半年，张典从学堂回来写字，再不跪爬扭屁股了，蹲下去往后退着写，一气能写半院子，写写念念。翠姑提问些字词，都能对答。见儿子扎正了根子，仲景才放手。

三春回娘家了，这天晚饭烧了高粱糁，烙了葱花饼，炒了萝卜丝兑酸菜，还专为张典和张闻氏各煮了个鸡蛋。仲景吃着只说好，少不得好好地看看小妞，忽然想起藏在内心的一件事，为泛卫说亲的念头冒了出来。吃罢饭，他对翠姑说了此事，翠姑十分感谢他为小妞操心。他说等泛卫回来即可提亲。

很快到了收药季。张寨西北坡上共种了八十多亩地药材，有麦冬、二花、枸杞、蒲公英、车前草、菊花、香附子、当归、菖蒲、血参、生地、桔梗、木瓜、夏枯草、杜仲、艾草、板蓝根、半夏、葛根、莲子、黄姜。用量大的金银花、艾草、蒲公英、菊花、黄姜、麦冬，现在要应季采收大部分药材。

仲景想把应季药收了，把常用的六味药制成药丸，取名六味地黄丸，方便病夫服用。可这组药味配伍里，单缺了一味山茱萸，这药在六味地黄丸配方里还是君药，其他都是臣药。

翠姑问：草药种类那么多，换一样替下来嘛。

仲景说：换谁药性都达不到，都没有山茱萸顾得宽，这药有补益肝肾、收涩固脱之功效，对眩晕耳鸣、腰膝酸痛、阳痿遗精、崩漏带下、大汗虚脱、内热消渴等多种症候有用。没有它，别的五味就白配了。这药还只能在深山里采摘。我想等泛卫和杜度回来，趁晚秋季再去伏牛山，顺便再去找找二叔的东西。

可是，去发医典的泛卫和杜度都还没回来。仲景与仲祥一家下地干了十来天，收了药摊日头下晒，晒干再分段炮制存起。仲景忙了这边，带着药又去穰城医堂坐诊。在那里坐两天，安排青山守着别关门，凡有病夫求诊，药好时间告知过来，又往涅阳医堂里跑，来这坐两天，再到穰城去。

这天，仲景又骑上毛驴去了穰城。进到院里，见房门上挂了个大木牌子，上写：名医张仲景医堂。他奇怪了，过去明明是穰城医堂，怎么隔两天换招牌了，名医从何说起？

青山见大舅看招牌时的神态，说：大舅，这里人生地疏，挂个好牌子能招生意。

仲景更吃惊了，说：你也把医堂当生意做了，想赚钱发财，这可是医德大忌呀，你要是有这念头，不如去贩油卖麻烙烧饼，啥都比这发得快。

青山说：这里租房置药柜，还有吃喝用度都得花钱，我想收点成本，杜老师在家也同意我这样做。

仲景沉思稍许，说：你建议不错，可张寨那么大面积的药地够咱用了，不用花钱购药，如把种的药材卖出去一些，作为补贴，不是更好吗？至于吃喝花销，过些天看看费用到底有多大，我会拨钱支撑，现在先分文不收，再收违反规矩，我叫你关门。

青山去干活了，院外又来一骑毛驴，跳下来个穿长袍的中年男人，施礼道：高哉妙哉名医堂，千古行医路方长。

仲景看看来人，仿佛在哪儿见过，一时想不起来。来者道：我从南阳找到张寨，又追到此，只为沈老要请你去南阳开医堂。仲景说：谢过沈老，可我年事已高，耐不了多处折腾，你回去转告我谢意。

沈老为找医堂，串了三四条街，费半月时光才找到合适处。

你先回转，隔日我亲自去拜见沈老。

老师可兼顾一下，沈老肚里方术多得很，你去了就赚了。再说，南阳比穰城世面大，病夫也多，闯名声快。

中，我会成全沈老，试着三地兼顾，但得等到人数齐了才中。

张伯厚去世后，三春从娘家只回来一次，是伯厚三周年。她在张家吃了午饭，就坐上娘家的毛驴要走。走到门外往后看看，两眼泪汪汪的。翠姑送她到村头，在毛驴转弯的时候，翠姑听到了哭声。翠姑知道，三春这一走，不会再回来了。

三春走后，张闻氏病情加重，原来自己坐起吃饭，搀扶着能送出大小便，现在是躺到榻上叫人伺候吃喝拉撒。张家里里外外的家务事，一家十几口人的吃穿用度，都由翠姑接手。先说吃，从麦子磨面、高粱碾糁，到蒸馍、烙饼，到熬稀饭、豆粥，房后半亩菜园里的大葱、韭菜、豆角、南瓜、红白萝卜，都得浇水、薅草，上锅底小灰。还有院山墙边搭的鸡棚里，养鸡娃鸭娃数百只，牲口圈里七八头毛驴，十来只猪，五六头黄牛，这些大牲口的吃草备料，虽有郭川和吕胆打发，也得她按量调拨饲料。她已把洗衣做饭的活计交给小姐，因总体拿不下来，磨面碾糁，蒸馍炒菜还得她干。还有两间房的纺花机和织布机，一间豆腐坊，交仲祥媳妇管着。

把这忙下来，翠姑一天到晚不睡觉都干不过来，只感到担子重。过去真不知三春是怎么扛起的，得感恩年轻的后娘，一心为家的那些日子。翠姑想，这么重的家务担子，压到一个人肩上，早晚也会像张闻氏一样，被压垮的。要得减轻自己，就得叫仲祥媳妇住过来帮着做饭洗衣，也得把二叔家房子腾出来，叫仲景带着泛卫和杜度，专心在那边看病制药，然后把医堂开到家门口，病夫来了也不在这院里搅和。

正好赶上仲景从穰城回来照看母亲，翠姑见他这两天吃睡不好，身体显出虚弱，嘴唇还裂口子。翠姑在院里淋了一盆灰水，给他洗头时，发现他前额发际处，头发白了不少。翠姑算算他的岁数，已经是个六十四五的老人了。这年岁当医家看啥病都一目了然，开方术脱口而出，因过度劳累患上病症，或遇不测，那就不是一家之患，而是天下之忧。

经过食养和药调，张闻氏有了好转，仲景却更见消瘦，还时常在闲散时叹气。翠姑也一肚子心事想对他倾吐，见他这样，只好隐忍下来，陪着他去西坡看药地。在地里嗅到药材香味，仲景脸上有了笑容，一路还朗声述说过去采药的事，翠姑想以后尽量不让他走远了，在自己跟前好多陪陪他。趁他心情好，翠姑把让仲祥一家搬过来住的想法说了出来。

仲景说：中是中，你得跟老二媳妇处好，她过去跟后娘吵过不少架。

翠姑说：我从死里爬出来多少回了，还会在乎一句话，会跟个小妯娌过不去？

仲景瞅瞅她说：这是家务大事，等泛卫回来再说吧。

翠姑问：你咋只说泛卫，杜度不也去发典了？我看他更有心思。

仲景怅然嘘了一声，若有所思地说：我怎么老在惦记泛卫，把杜度忘了呢？

话刚落拍，忽听村头传来异样声音，二人抬眼看去，见涅阳城外犹如从天而降的生猛两骑，看高头大马的走向，正长声嘶鸣着奔往张寨。

仲景和翠姑从西坡跑回来，在院里刚坐定，院门口闲出两个穿官袍的小吏，跳下马来即抱拳施礼，道：老师见礼，下官陈来、陈往奉刘大人之命，请老师前去荆州。

仲景一听声音很熟，是陈来和陈往来了，还自报在荆州府当差，受刘大人指示而来。仲景一时回不过神来，正在思考，陈来又说：刘大人请老师去刘备那做侍医，并封官品，如不去，曹操可能近日来胁入曹营，到那当奸雄的侍医，华佗有前车之鉴，请老师三思。

多年不见，两人都发福了，浓密的胡须已过脖弯。仲景大为震惊，都言世事无常，没想到这两人竟然投奔了刘表，还以官吏口气来传信，他说：我年事已高，且携家带口不便远行，你二位代我谢刘大人抬爱。另外，你们在南方见过杜度发的医典没？那也有你们二位的功劳啊。

陈往说：老师，杜度去南方发医典时，被刘备封禄留用，不回来了。还有个大消息，董子正得了头疼症候，吃了他老表齐江才的药，大年三十夜半身亡。这齐江才医病索贿，在郡府里收存半间房的大米，一麻袋铢钱，近百匹细棉布。新太守邓大人把齐江才拉到开医研会的场上，当众铡了。那里老百姓倾城山呼张长沙府君！

仲景听罢心里一惊，自语：因果报应，早晚会来，真是讽刺到家了。他说：杜度只知为官府效劳，不知官府有几例病，教他日后精进。

陈来说：老师，我们此行不仅是刘大人指派，还奉刘皇叔之命。

刘备是新野县令，还奉他之命，我早就没看好这帮搅浑乱世烽烟的草莽之辈。

陈往四下瞅瞅，低嘘一声说：老师休发此言，会招杀头罪的，因为刘备已是蜀国皇帝，正与曹操争霸天下。他招你一为享受名医精方，二为保护名医圣贤，意义不一般。

仲景品品话意，说：二位还是回谢美意，张仲景身怀有限医技，只能救济当地乡里，专医帝王尚不配位。如果他们有症候可来找我，我会尽心，拜托！

陈来说：老师不去蜀地，魏国马上来抢人，这儿离许都不远，老师将插翅难飞。

仲景想起有句俗话，乱世之人不如狗。他沉着地说：天下百姓更需医家救济，故我从未看重官场吏界，不想回头了。

翠姑在一旁听得惊心动魄，忽然长吁深叹了一番，壮着胆走上前，一字一板地说：二位贵客，当年你老师为医弃官，汉榜史册被例外都没在乎，如此顶天立地之傲骨，岂有屈就之媚颜，二位如存天地良心，就照他吩咐行事吧。

陈来和陈往黯然告别，走到院外解马时，仍有提醒之词。仲景明显感到两个后生身染官气，发自骨子里的强势，见证人心变异，再不是昔日清纯义气的少年郎了。他从门口转身回来，咚的落座于太师椅上，发了半天呆，都没回过神来。

翠姑为他端来茶碗，说：泛卫小姐的亲事不能再耽误了。

仲景说：是，我又犯错了，把当年自己的心愿强套到徒弟身上，他们一介凡人，应考虑终身大事。

此时，门口来了白发长者申风水，他好像已知刚才之事，说：不须着急，你以年岁推辞，合情合理，沉着冷静。

仲景空荡荡的内心马上有了依凭，他问：申叔您老及时雨呀，如此应时而来，以你老之见，往下如何是好？

申风水说：我昨夜做有一梦，梦见我家小女骑马找你，嘴里念着奉皇家之令，要招你去陪华佗，我一乍惊醒，预想你门前会有奇遇，不放心，就来了。你在乡里医万人疾苦，到军营专侍一人，还与虎为伴，去之招灾，躲之幸存。

仲景说：申叔亦有不知，不去更难免灾，曹操也将上门要挟，如何是好？

申风水捋捋银须，眯眼笑道：据我所卜，你在逃过二郎神追捕之间，就被苍天看到并圈选其中。要不然二郎神有名的三只眼儿，手里众兵强将，一身上天入地的本事，怎就拿不到你。那是老天在上保佑，且从那时起，你便被头上三尺神灵选中，谁都坑陷不得，且佑你造福千秋医业，流芳万世。

申风水言毕，翠姑扑通一声，双膝扎跪地上，重重地磕头言谢！待她起身，那张慈悲而愁苦的脸，已泪如雨下。

送走申风水，翠姑一直守在仲景身旁，端茶闲聊。仲景不时想起当年逃避二郎神的境况，那时自己年少体壮志强。如今，是要面对称雄天下的曹操，体力心力都不如昔日，还能经得起多少磨难折腾。他内心像压了座山，憋闷得喘不过气来。

此时，外边又传来人声，泛卫几乎是蹦进院门的，进来喊了声老师师娘好，就到灶火拿起葫芦瓢咕嘟咕嘟喝水，出了灶火发现老师脸色暗沉，眼神忧郁，问：老师，我把医典发完了，发到豫州府南阳郡，正发时碰到曹营的人，也要一份回去送到宫廷。我还托人为何大人、李大人转送了，你看我表现怎样啊，老师？

仲景长叹一声，说：你听没听说刘曹两营，召医家之事？

翠姑在边上使眼色，不叫泛卫深说。泛卫认为是自己把医典发到许都，引起召医之祸，就劝道：老师，那只是人们道听途说，不可以当真。

仲景说：先不谈此事，穰城医堂缺药了，你歇好了送些过去，然后跟我进山去采药。

翠姑心里压了件事，她曾跟仲景提过泛卫与小妞的亲事，可仲景没吐口说个盘明，隔半天，他才说这事能成，待瞅个时机再说。翠姑盼着仲景跟泛卫提亲，又不愿给他添麻烦。她与泛卫私下商量，这回陪他进山采药，多转些日子散散心，也躲避曹操的人来纷扰。

泛卫说：等杜度回来一起去吧。

仲景打个手势说：不等了，陈来和陈往都投了刘表，杜度发医典时，也在荆州谋了职。

翠姑说：我去备干粮衣物，晚上泛卫陪老师述说发医典经过吧。

这时小妞从灶火里出来取柴，看见泛卫，脸红得涂了胭脂一样，窘得闪身就溜开了。翠姑看见了，这情形她觉察次数不少了，她早就为两人的微妙神情高兴，又感觉时机不到。

这天晚上翠姑安排仲景与泛卫一起下榻。到了半夜，翠姑站窗外听听，泛卫都打呼噜了，仲景还在床上翻来覆去地难以入眠。翠姑想敲窗棂，伸出手又缩回来，因怕张典踢开被子受了凉，就转身回房里去了。坐床边想了半夜心事，天明早起，帮仲景泛卫打理行李，积了一肚子的心里话，连半句也没顾上说。

仲景早起洗漱了，在院里伸胳膊踢腿。简单的晨练中，细心的翠姑看到仲景动作里少了活力，踢腿转腰有点勉强，就在边上提醒他，这季节山景不错，到青山里慢慢采药，多看看风景。

吃罢早饭，翠姑送仲景到村头，站那挥手时，额前的散发随晨风飘起，还一脸忧郁神色。仲景走几步回头看看，又转了过来，扶正翠姑的衣领，两手捂捂她额前的散发。还没等他说什么，翠姑眼眶湿了，她赶紧推着叫他快点出发。

仲景说：你也回去吧，照顾好张典上学，我过几天就回来了。

你在山里多跟泛卫说话，心里缓和下来了再回来，我还等你回来说亲呢。

好，我都想好了，托申风水做大媒，把他俩的婚事办风光点，不枉泛卫多年护我周全。

等仲景走到拐弯的地方，翠姑钻进一片树林里就放起了悲声。不知为什么，她在冥冥中老有种不祥的感觉，不知这次进山逃难，能否逃过一劫，如果刘曹揪住不放，往下可怎么办？她一想到此，内心就充满愁虑，又怕说出来不吉利，就窝在心里。此时，她站那看着仲景的背影，直到泪眼模糊，什么都看不见，才拭了泪转回来。

翠姑回到家，三春回来了。翠姑还以为她这次回来不走了，谁知三春说她老母亲病倒了，得长期照料，她回来交代些家里事，把没拿完的东西带走。说着进屋里收拾东西，打包袱，翠姑依依不舍地站在三春身边帮忙，鼻子老泛酸。三春收拾完毕，挽起包袱要走时，翠姑眼泪掉下来了，喊：娘，你何时还回来呀？

三春突然放下包袱，一把抱住翠姑，低声哭了起来。

翠姑说：娘，你忙完了就拐回来，这是你家，我们都是你儿女，等你老了需要人时，我们都会孝顺你的。

三春本来送走伯厚，感到家里没了主心骨，仲祥家媳妇说话不养人，背后老在嘲讽，她才回了娘家，没想到翠姑说出这暖心的话，她陡然有些后悔自己的决定。她流了会眼泪，心里郁积的忧愁消掉了，撩大襟擦擦泪，说：有你这话，我把老母亲送过百年，就转回来。

翠姑送走三春，坐到屋里没魂了似的，呆呆地坐那想事儿。忽然感觉院里好冷清，平时热闹非凡的药房怎么没了动静。她到药房一看，偌大的制药坊，只剩炒锅、切板和堆在墙根的草药垛。人呢，翠姑先喊小奇，没人应，又喊了其他学徒，都没应声，到他们房榻里一看，被子都卷走了，只剩小奇的床铺。

翠姑吃惊不小，爷呀妈呀地叫着，跑到后院去问仲建。

仲建说：你没看军营来人那势头，跟老鹰进了小鸡窝里似的。要是曹操再派人来，还不得把人吓个半死？不如早些抽溜，啥时清静了再来干，不清静不如散伙。

翠姑说：仲建你年少时帮他多少回，现在这般骨气，哪像当年啊？

仲建说：嫂子啊，这咋跟少年后生一身轻的时候比，人上了年纪谁不怕事儿？

翠姑心里冰凉冰凉的，出了仲建家，腿都软了，她怕仲景回来看到了伤心，还怕仲景逃不出曹刘的逼迫，晚境重受磨难，心里千纠万结，却无以言表。

仲景和泛卫从穰城医堂往北，走了三天绕到灵山。泛卫发现老师走一段路就坐石头上歇息，好像力气不足，又像丢了魂一般。又走半天进入深山，歇息次数更多。泛卫坐他边上讲发医典的事，讲大城市里见闻，讲得滔滔不绝，一副谈笑风生的样子。

仲景心情好了不少，问：你咋没想转回老家看看爹娘？

我想了，可又想叫老师心里喜欢，就直接回来了。

也好，我想问问你与小妞处这些年，对她看法怎样，说说吧？

泛卫马上转过脸看着远山，红着脸说：老师，我敢说杀董贼的话，却不敢说小妞。

仲景笑着说：看来小妞在你心里挺重要的，为啥不敢说呢，我想听听？

因为，因为我想等医堂都开妥了，一切就绪，还想等小妞也学成医家了，再说。

仲景说：好后生啊，这事等这次下了山，再说我的打算。另外，你若有时间回南方，应去看望王神仙，不妨转到桐柏山看看道长，各送一套医典。这本来都是我的事，可为开医堂老瞎忙，近来只嫌力不从心。还有，你应把你父亲的巫术真知学过来，日后带学徒传授给他们，别让这真知叫巫婆神汉为捞财给糟蹋了。

我感觉这些年医术兴盛了，人们慢慢不信巫了，现在兴起来有点过时。

不过时，而是被巫家误导了，也没人正经追到根源，捋个头绪，与医术结合用于医疗。我打听过，巫术典籍都没存住，如再不抢救，就要失传了。

好吧，我如回到襄樊，定向家父讨教。

唉，自从医典著好，人像脱了气似的，是不是命中注定必须在周折磨难里过日子，才能提起精气神儿？

泛卫说：老师，我记得当初还设了《金匮要略方论》一典，你看怎样续编。现在条件好，一年半载时间就成，老师不必气馁。

仲景摆摆手说：我忘了告诉你，原设的金匮要略里的妇儿外科医术，都编进《伤寒杂病论》里了，所以才叫《杂病论》，最早命名叫《伤寒论》。就是说一部医典把咱们多年归总的，内科、妇科、儿科、外科多科医术方略，全包括了。往下没啥可编了，这使我老感到心有松懈。

老师不是你忘了说，而是说了我没记住。老师我这些年跟你学得的，不只医术，还有老师的好人品，可作为典范效仿。

仲景说：你看我平生，有什么值得效仿，三十年前拒官，三十年后为官，三十年前恨医，三十年后学巫，可谓世事无常，身如浮萍。现本想建好两座医堂，把后生弟子们培养成才，在穰城南阳一带形起发达之势，谁知遭遇刘备曹操争霸纷扰不止，往下真不知如何是好。这些曲折道途，离奇故经，你该学哪一段啊？

泛卫说：老师此言待商，不管你这些年怎样变数，经多少劫难，老师都咬定医术不放弃，这青松品格，磐石定力，旷世罕有啊。

泛卫大词颂我，甚感愧疚。可是，现在局势又变，杜度这一走，青山那后生心不在医行，抵不住俗利诱惑，你以后得坐穰城医堂为主，涅阳医堂由我照应。勉强维持医治两城病夫，也将医术传承下去。

此时，从对面谷底卷过一阵冷风，飕飕打起旋袭来，好像奔过来千军万马一样。仲景还没反应过来，身子趔趄一下，差点摔倒。泛卫赶紧扶好他，觉得老师身子在打战，高大的身躯缩成了一团。此时天上又起响雷，仲景抬眼望天，大惊失色地说：是打雷吗，天都入冬了？

说话不及，头顶忽然被砸，眼前的石头上跳着吭吭当当的冰疙瘩，细看是拳头大的冰雹，落地上就咕噜咕噜滚跳。泛卫掏出蓑衣往老师头上搭，搀着老师钻到悬石底下的小栈道上，把身子贴到石壁上，往下看虽有万丈深谷之险，能遮住冰雹就中。偏在此时，身后传来一声粗犷的大吼，仲景猝然一愣，大惊失色地问：老天，莫非曹贼闯来啦？说罢将身子往边上趔出半步。谁知此时身处悬崖险道，一脚踩空，身子顺着石坡滚了下去。

泛卫魂都吓飞了，他反应还算及时，高喊老师小心，接着抓住树枝往下滑去，把脚踩稳到石坡上，一手抓住野枝，一手去抓老师。掉下去的仲景滚落半亩地远，被一根树干挡住，身子挂在树枝上，头却被冰雹砸得一摆一摆的，难以自救。泛卫抓住树枝把蓑衣扔过去，刚盖住老师的头，风又把蓑衣掀掉。泛卫眼泪急出来了，喊：老师你要稳住，千万别动，我这就来。说着抓住树条吊住身子，三晃两晃跳到仲景身边。

泛卫到了近前，先抱住老师的头，把蓑衣搭上去，接着想把老师扶起来，却怎么也动不了。此时，他看见刚才那个大吼的过路人站在高处，就喊他下来，先把仲景扶起，再慢慢抬离卡着的树杈，扶到一块石板上。

此时冰雹停了，天下起小雨。仲景的脸色全落了，嘴唇苍白，还一直低声呻吟，被扶上来后，身子好像散了架，咋也坐不稳了。泛卫喊了几声，发现老师意识不清，却不知是疼昏迷了，还是脑袋碰坏了。他流着泪，强忍悲情，双手捧住老师的脸，撩起袍角轻轻擦着后脑勺流的血，并叫大吼者到山下村里找劳力来，把老师抬下山，送回涅阳张寨。

　　翠姑见仲景是被抬回来的，且紧闭双眼，昏迷不醒，头上脖子上都有血。她十分后悔叫他去山里，去时还好好的人，怎么回来变成这般惨状？当她听泛卫说仲景身子挂在山崖边树枝上，冰雹砸头都没反应时，她的心一直往下沉，泪水夺眶而出。

　　泛卫先为老师开了灵芝、黄芪、枸杞、当归几味药，叫翠姑煎好端来喂到嘴里。泛卫见老师服了药，效果不佳，就到南阳去求外科医家，可人们一听说是为张仲景医病，都摆手不前。只有一个中年医家自报家门，可泛卫见他年轻，给他诉了症状，探讨几句，就要摇头摆手而去。他想起了沈槐，连夜去找。沈槐已拄杖，走不了几步路，就站那喘半天。泛卫要找木车拉他。沈槐说：我这有奇药你先拿去，如寿限不到，会有好转。

　　泛卫回来，把沈槐的药丸泡成药汤，叫翠姑灌给仲景喝。喝罢，泛卫想起过去老师治过一个昏迷病夫，针刺病人十指指尖，挤出血来，病情有所好转。他叫翠姑用针刺仲景指尖，再用力挤，挤半天出不来血，终于挤出了血，是黏稠的黑紫色。他又跑到沈槐那说了情况，沈槐说可能仲景摔到了头部要害处，内里积的血块肿了疙瘩。沈槐说无论怎么难，都要亲自去看看。他连夜坐木车到了张寨，坐于仲景病榻前切脉，问了翠姑泛卫一番，又如此这般研讨一番，然后开了十来味药。看样子一切都安排妥当了，可老先生脸上的忧愁还没消除。翠姑觉察到，老医家对仲景的病已经尽心，仲景是否寿限已到，只能看天意了。翠姑一转到无人处，就呼天唤地地求神保佑。

　　把沈槐的药连服了两天，昏睡的仲景直到第三天才醒过来，他嘴里呜呜啦啦想说什么，可谁都听不懂。翠姑把脸贴近，听了半天，也没听明白，再看看他的手势，猜出他是要笔。翠姑赶紧喊张典过来研墨，研好墨把笔递给仲景，用被子抵住他后背。仲景握笔的手一直在颤抖，笔在木简上晃半天，没写成一个字。翠姑眼里噙着泪，喊：当家的你歇息吧，医典都发出去了。她安顿好仲景躺好，进灶火炖了半碗鸡蛋羹端来。

　　仲景又抬手要写，张典把麻片铺到他笔下，麻布上很快濡成一团黑墨，还没写出一个字，笔就从手里溜掉了。仲景指指翠姑，又指指门外，翠姑问：你想叫谁来？我去喊。

　　仲景又指了一下，翠姑以为是叫泛卫来，泛卫来了。仲景又指指门外，这时小妞端茶进来了，看见泛卫，红着脸低头绕开着。仲景用手点点泛卫，又指一下小妞。

翠姑问泛卫：老师在山里跟你说他的心事没？

泛卫说：还没顾上说，就出事了。

翠姑说：好，刚才他比画你和小妞，就是他的心事。

泛卫说：师娘，我知晓了，师妹你来吧。

小妞红着脸进来了，羞答答地站到泛卫边上。泛卫拉着小妞的手，喊了几声老师。仲景嗓子里打起了呼噜，梦里好像听懂了泛卫的话，嘘了一声，脖颈跟软面团似的，头往一边歪去，还张大嘴巴往外吐气，少有还气。任翠姑和泛卫呼天唤地，都喊不醒。翠姑急得拽过张典一起跪在地上，求神保佑，刚过十二岁的张典，跪在地上大声哭号。

晌午时分，四处跑着求医的仲祥回来了，指着村南边，说：涅阳那边过来一群人马，是不是曹营的啊？

翠姑叫泛卫帮着把仲景身子顺好，放平到床上，她站门口往村路上看，大路上黄尘滚滚，一队人马往这奔来，马蹄声嘚嘚响个不停。翠姑看得心跳不止，一行五六人到了门前，前排两人跳下马来，抱拳道：张大人贤师在上，魏王有旨，学生这厢有礼了！

翠姑马上走进屋里，把床边的白布搭到仲景头上，眼泪汪汪地出来见人。下马者一见此状，惊奇地问：这是名医张仲景家吗，发生了什么？

仲祥说：是，这是张仲景的家，他去北山采药，从悬崖上摔不中了。

此时，昏睡许久的张仲景似乎觉出榻前变故，两眼眯开一条细缝，无神地看看陌生的宾客，眼睛睁了足有半盏茶工夫，好似想把眼前的世运看清，不知他是否看清了，或来不及看清，就将头往边上一歪，永远地闭上了眼睛。

年轻的军人平生没见过老人临终前弥留的样子，吓得张大嘴巴，呼喊：名医你可不能走哇，你走了我们咋交代呀。

翠姑对着仲景耳朵连喊了几声，又把手搭在他鼻子上试试，然后流着泪哽咽着说：他已经走了，再不受折磨了，也算解脱了。说罢手扶床帮放起了悲声，泛卫、张典和小妞也趴到榻前哭起来。两位军人脸上立马变得庄严沉重，肃然退后一步，同时顿足，弯腰鞠了三躬，一步一退到院门外边。门外的众人知道仲景已经离世，喊来张寨的亲邻，纷纷跪于门前，一句话不说，只是悲声连天。

接着来了三四个自称是蜀营的军人，其中就有杜度。他们到门前听见了哭声，相互惊看一眼，打了个愣，然后喊泛卫问明详情，几人顿时齐刷刷跪于门前，悲声呼喊：圣贤大人，山河千古啊——